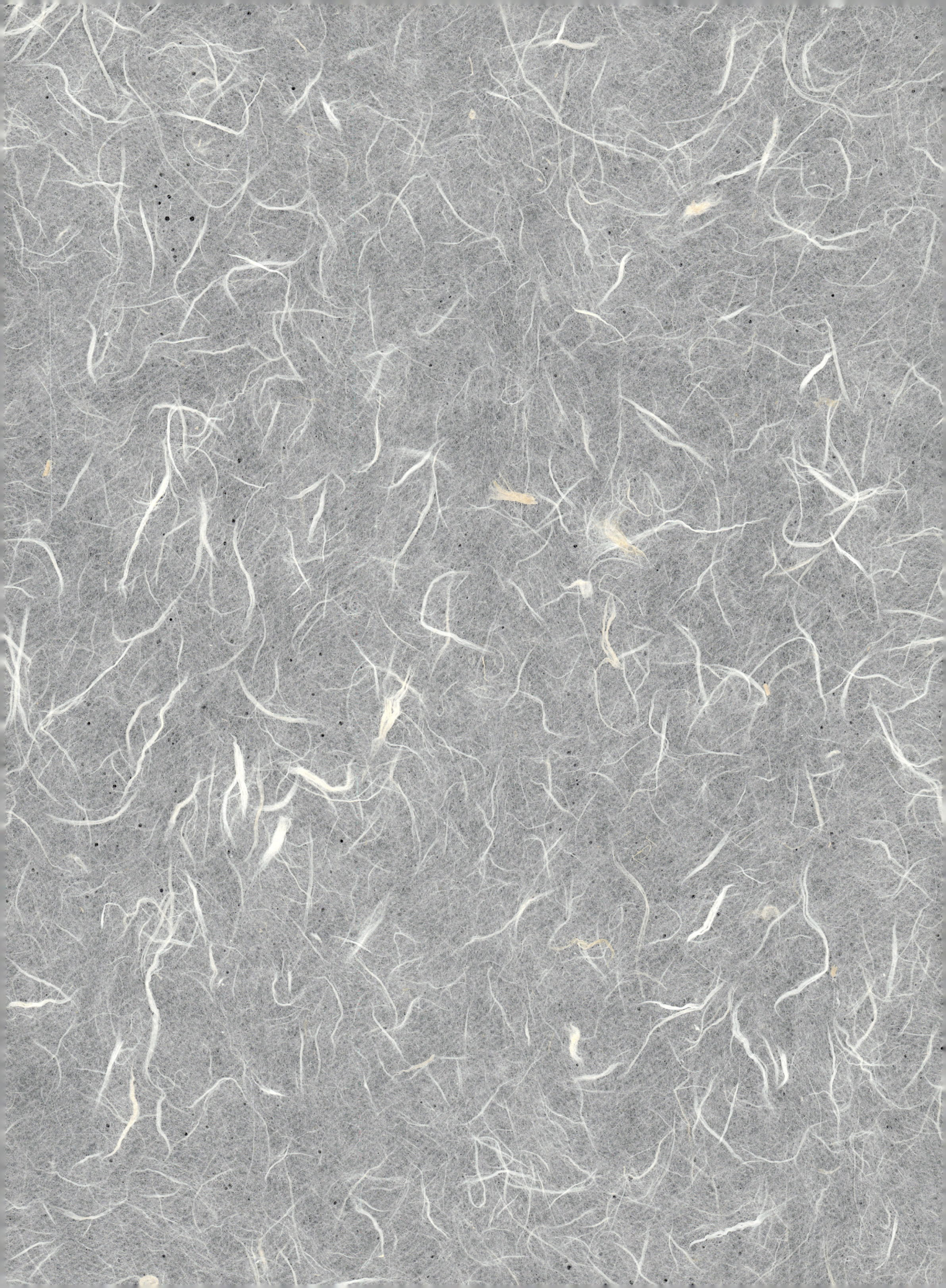

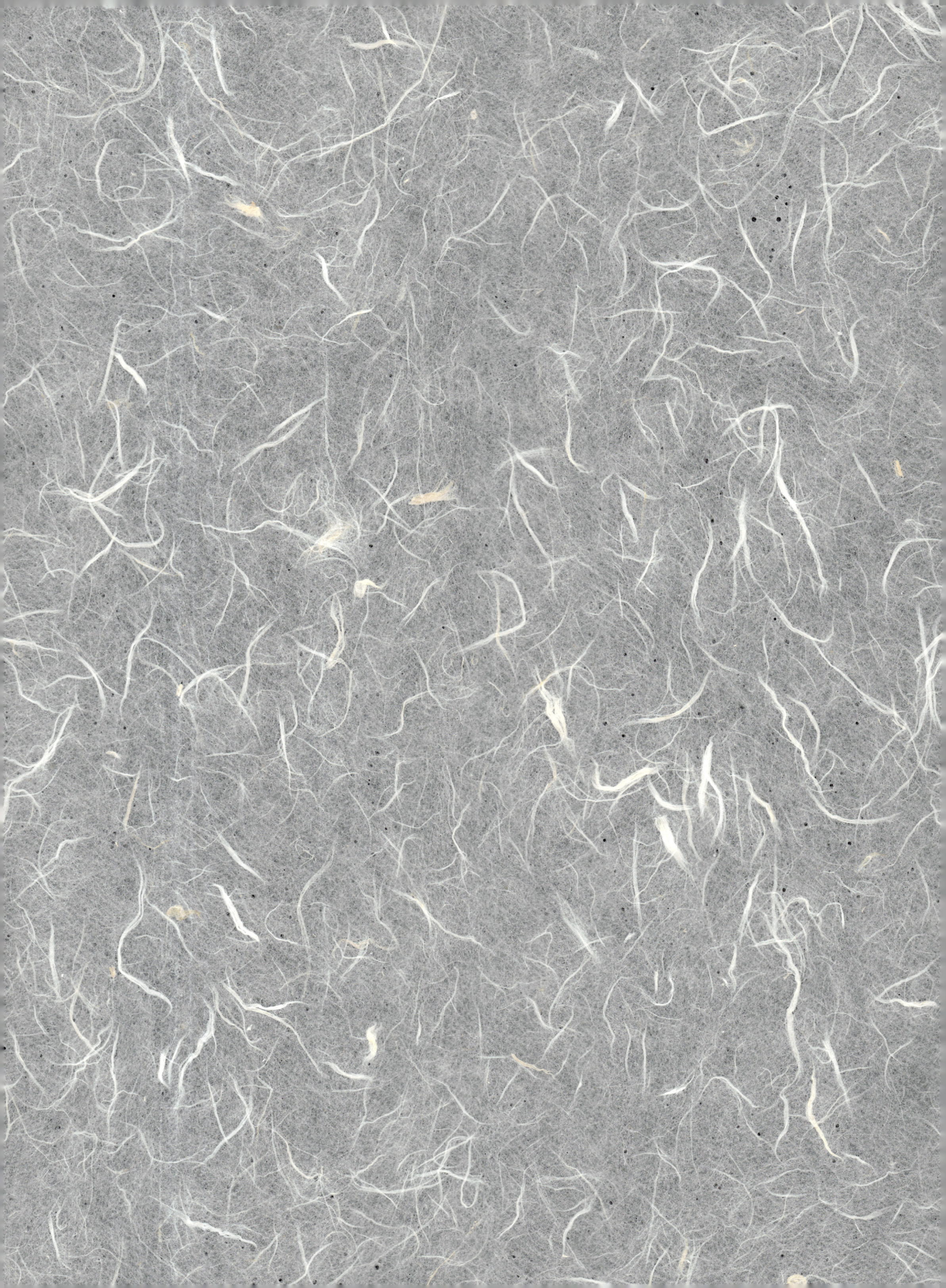

住房和城乡建设部
历史沿革及大事记

《住房和城乡建设部历史沿革及大事记》编委会　组织编写

中国城市出版社
·北京·

图书在版编目（CIP）数据

住房和城乡建设部历史沿革及大事记/《住房和城乡建设部历史沿革及大事记》编委会组织编写 . —北京：中国城市出版社，2012.4

ISBN 978-7-5074-2561-1

Ⅰ . ①住…　Ⅱ . ①住…　Ⅲ . ①住房和城乡建设部—大事记—中国　Ⅳ . ① TU984.2

中国版本图书馆 CIP 数据核字（2012）第 035081 号

责 任 编 辑　孙湛波　宋　凯　陈夕涛

装 帧 设 计　北京蓝色目标企划有限公司

责任技术编辑　张建军

出 版 发 行　中国城市出版社

地　　　　址　北京市西城区广安门南街甲 30 号（邮编：100053）

网　　　　址　www.citypress.cn

发 行 部 电 话　(010) 63454857　63289949

发 行 部 传 真　(010) 63421417　63400635

总 编 室 电 话　(010) 68171928

总 编 室 信 箱　citypress@sina.com

经　　　　销　新华书店

印　　　　刷　北京雅昌彩色印刷有限公司

字　　　　数　802 千字　　印张　48.5

开　　　　本　889×1194（毫米）　　1/16

版　　　　次　2012 年 7 月第 1 版

印　　　　次　2012 年 7 月第 1 次印刷

定　　　　价　280.00 元（内部发行）

《住房和城乡建设部历史沿革及大事记》
编委会名单

编委会主任

姜伟新　　　　　　　住房和城乡建设部部长

编委会副主任

仇保兴　　　　　　　住房和城乡建设部副部长

陈大卫　　　　　　　住房和城乡建设部副部长

齐　骥（执行）　　　住房和城乡建设部副部长

郭允冲　　　　　　　住房和城乡建设部副部长

杜　鹃　　　　　　　中央纪委驻部纪检组组长

执行编委会

主　任　　冯　俊　　倪　虹　　徐义屏

执行编委会委员（按姓名笔画排序）

王　宁	王铁宏	田世宇	许中志	何兴华
张元端	张志新	张恒修	杨忠诚	杨思忠
孟广水	林家宁	郑吉荣	赵士修	郝士钊
曹金彪	谭克文			

编委会办公室

主　任　　张志新

办公室成员、撰稿人

王　衍　　姜中桥　　陈中博　　王　敏

李　剑

撰稿人（按姓名笔画排序）

丁菊芳　　刘　佳　　刘　楠　　刘凤群

吴姗姗　　宋京平　　张竹村　　金香梅

赵晓菲　　施　鹏　　袁　琦　　袁　雷

董晓丹

序

弹指一挥间，沧海变桑田。从 1952 年中央人民政府建筑工程部成立起，中央人民政府主管建设行政的机构历经变迁、融合和发展，住房和城乡建设事业已经走过了 60 年波澜壮阔的历程。

60 年来，在党中央、国务院的坚强领导下，住房和城乡建设主管部门及全系统广大职工奋力拼搏，锐意进取，为经济发展和改善民生做出了重要贡献。从建设完成"一五"时期 156 项重大工程，到建筑业成为国民经济支柱产业；从城镇住房制度改革全面进行，到保障性安居工程大规模推进；从积极探索城市建设管理道路，到城乡人居环境明显改善……无不凝聚着几代建设人的智慧、心血甚至生命，无不彰显着住房和城乡建设系统甘于奉献、勇于拼搏、善于创新、敢于胜利的光荣传统。

2012 年是"十二五"规划的关键之年。站在新的历史起点，随着城镇化、工业化的快速推进，住房和城乡建设事业既面临着难得的发展机遇，也面临着诸多挑战。我们有信心、有决心、有恒心，以科学发展观统领全局，更加注重转变发展方式，更加着力改善保障民生，全面加强住房工作，大力推进建筑节能，加强城乡规划和城市建设管理，强化建筑市场和住房公积金监管，促进建筑业继续健康发展，努力开创住房和城乡建设事业科学发展的新局面。

"以史为鉴，可以知兴替。"为了深入汲取住房和城乡建设 60 年的发展经验，承前启后，继往开来，住房和城乡建设部党组决定组织编纂一部《住房和城乡建设部历史沿革及大事记》。这部《历史沿革及大事记》内容丰富，结构清晰，史料翔实，凡八十万言，系统反映了中央人民政府住房和城乡建设主管部门的机构沿革和职能变迁，全面再现了住房和城乡建设系统广大职工的奋斗历程和重要事件，是研究传承住房和城乡建设历史经验及光荣传统的珍贵资料，对于我们铭记过去、启迪当今、激励后人将发挥积极作用。

　　是为序。

2012 年 6 月 8 日

凡　例

一、关于题名

本书取名为"住房和城乡建设部历史沿革及大事记"，以中华人民共和国住房和城乡建设部这一行政主体为记述对象，以其前身机构至今的历史沿革为叙事主线，着力再现住房城乡建设系统服务经济社会及行业发展的历程。

二、关于布局

全书分为四编。第一编介绍机构沿革，包括历届部机关机构名称、成立依据、主要职能、内设机构名称、机构调整情况；第二编介绍历届领导班子与内设机构，包括部机关领导班子任免及届中变动情况；第三编系大事要述，记述住房城乡建设领域历史上发生的重大事件、颁布的重要文件、召开的关键会议等内容；第四编介绍直属机构，包括直属事业单位、社会团体等基本情况。

三、关于体式

1. 分类。本书大事要述部分分为八个独立单元，即：综合，工程建设与建筑业，城乡规划，城市建设，住房和房地产，村镇建设，测绘、环保、节能，标准定额。

2. 编年。在上述分类基础上，除第一章"综合"分为宏观部署、三线建设、抗震防灾、综合治理、对外合作、队伍和机关建设六个板块并按照自然时间顺序先后记述外，每章内容都按照自然时间顺序先后记述。

3. 述要。述要摘编遵循以下原则：一是尽量选取重要的被广泛认定的大事素材；

二是力求摘录信息准确完备，文字简练并能概述要旨；三是多以白描手法征引或叙述事实，不加或略加相关评价；四是不同事件根据相关原则记述，详略适当；五是准确划分事件所属类别，避免重复收录同一事件；六是对于存在内部联系而又间断发生的事项，采取同类归并的方法记载。

四、关于附表

依据已公开发表或本部档案部门现存资料，本书制作附表 6 套。具体是："住房和城乡建设法律、法规、部门规章"、"基本建设重点工程项目简表"、"工程建设标准定额目录"、"住房和城乡建设领域适用土地政策文献目录"、"住房和城乡建设统计历年主要数据"、"2010 年住房和城乡建设部统计报表制度"。

五、截稿时间

本书截稿时间为 2009 年 12 月 31 日。部分章节因个别单位交稿时间较晚，相应做了顺延。

目　录

第一编　机构沿革

第二编　领导班子与内设机构

第三编　大事要述

第四编　直属机构

第一编

机 构 沿 革

第一章　中财委基建处与中央总建筑处时期

（1949 年 10 月至 1952 年 8 月）

第一节　中财委基建处
（1949 年 10 月至 1952 年 4 月）

1949 年 10 月 1 日，中华人民共和国中央人民政府宣告成立。10 月 21 日，中央人民政府政务院及政务院财政经济委员会（时称"中财委"）同日成立，中财委由陈云任主任，薄一波、马寅初、李富春任副主任。中财委中央财经计划局设有基本建设计划处，主管全国基本建设、城市建设和地质工作。

第二节　中央总建筑处
（1952 年 4 月至 1952 年 8 月）

（一）中央总建筑处成立

1952 年 3 月 31 日，中财委副主任李富春同志给军委总后勤部函件称："中央已决定以营房管理部为基础建立中央建筑（工程）部，在中央人民政府未通知前，暂以中央总建筑处的名义进行工作，以宋裕和同志为主任，范离同志为副主任"。

1952年4月4日，周恩来同志签发了《三反后必须建立政府的建筑部门和建立国营建筑公司的决定》。遵照中央这一决定，中财委积极筹建中央人民政府建筑工程部。

1952年4月8日，中央总建筑处成立并正式开始办公。中央总建筑处办公地址设在北京市山老胡同2号。

（二）主要任务和职责

中央总建筑处从成立一开始，就明确规定是一个过渡性的机构。中央总建筑处的工作始终是围绕着筹备建立中央建筑工程部来进行的，主要包括：接收合并中央一级党政机关的建筑企业；配备干部，调整工资；全面恢复1951年未完成工程和1952年新建工程；初步接收建筑工程部队的国防工程施工任务及部队转业后的准备工作；召开第一次全国工程会议。

（三）组织机构

中央总建筑处职能组织机构为：办公室、计划处、财务处、人事处、设计处、材料供应处、工程管理处、顾问室、第三十七军。

中央总建筑处直属单位：工程公司、设计公司、工程学校。

中央总建筑处内设机构如图1所示。

中央总建筑处内设机构图（1952年4月至1952年8月）

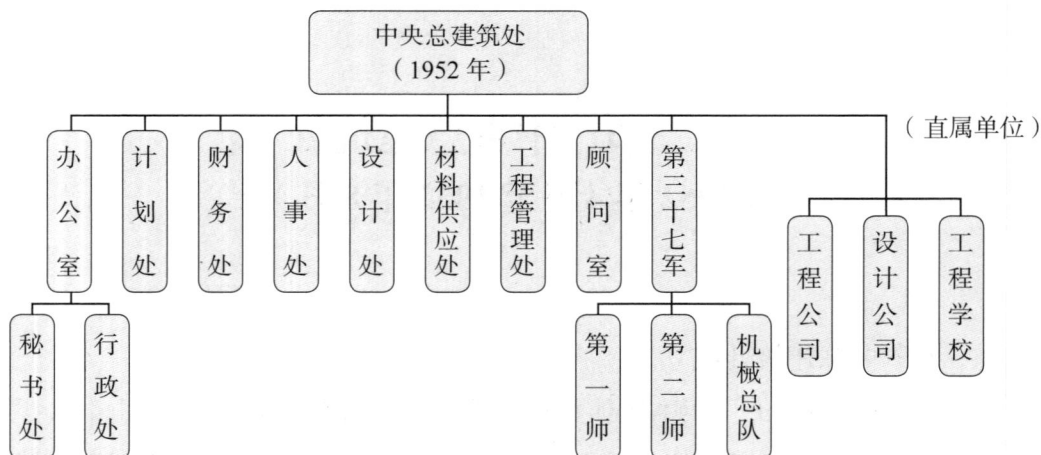

图1

（四）领导任免

中央总建筑处主任为宋裕和；副主任为范离、邓洁；党总支书记为陈永清；副书记及保卫委员为童伯铭。

第二章 建筑工程部时期

（1952 年 8 月至 1965 年 3 月）

第一节 中央人民政府建筑工程部
（1952 年 8 月至 1954 年 9 月）

（一）中央人民政府建筑工程部成立

1952 年 8 月 7 日，中央人民政府委员会第十七次会议决定，为了适应即将到来的大规模的国家建设，成立中央人民政府建筑工程部。建筑工程部在中财委指导下工作。

1952 年 8 月 24 日，中财委发布命令（（52）财经秘字第 31 号），成立建筑工程部，随令转发政务院颁发铜质方印一枚，印文"中央人民政府建筑工程部"。

1952 年 9 月 1 日，中央人民政府建筑工程部正式办公，办公地址设在北京市东四灯市口 82 号。

（二）主要任务和职责

中央人民政府建筑工程部 1952 年的主要任务还是继续完成中央总建筑处未了工作，继续承担并完成军事部门的营房建筑工程，负责城市、机关、一般民用建筑工程，以及部分工业建筑工程任务。此外，就是整顿建筑企业队伍，联系全国的建筑单位，以及健全内部组织机构等工作。

1953 年 9 月 8 日，中共中央下发了《中共中央关于中央建筑工程部工作的决定》（总号 0137 建第 82 号），指出："建筑工程部的基本任务应当是工业建设。建筑力量的使用方向，应当首先保证工业建设，特别是重工业建设，其次才是一般建筑。……中央同意建筑工程部现有的八个建筑工程师（部队建制）及一部分较有基础的建筑企业骨干，去组织这样一支建筑队伍。……为使建筑工程部便于集中力量，执行工业建设的任务，中央决定将该部现时担负的国防工程任务，移交军委有关部门；一般民用建筑企业管理，移交地方。……城市规划工作仍暂由建筑工程部负责。"

（三）组织机构

1952 年 9 月 1 日，中央人民政府建筑工程部第三次部务会议修正通过建筑工程部组织机构：部内共设六司（人事司、计划司、财务司、工程司、设计司和材料司）、一局（城市建设局）和一厅（办公厅，下设秘书处、行政处、保卫处、编译室）。另设直属设计公司、直属工程公司、直属工程机械总队三个直属单位。同时，直接领导集体转业的中国人民解放军第三十七军及该军所辖建筑工程第一师、第二师。如图 2 所示。

中央人民政府建筑工程部内设机构图（1952 年）

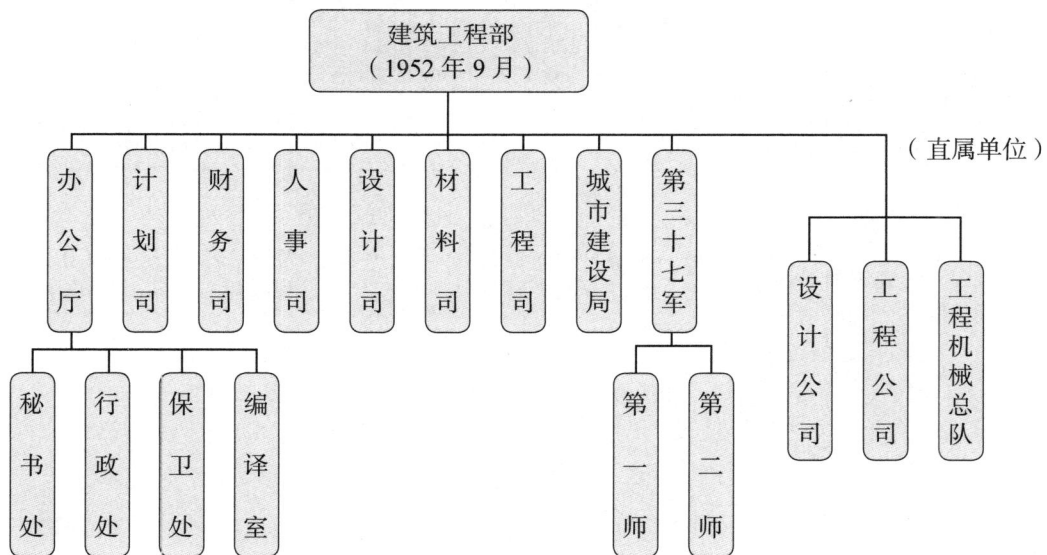

图 2

1953 年 10 月，建筑工程部建立的组织机构如下：办公厅、行政司、人事司、计划司、财务司、干部教育司、劳资司、保卫处、监察室、党团委、生产技术局、材料供应局、机械建筑局、工业建筑局、特种建筑局、城市建设局、政治部、设计院。此外，各大区建筑工程局，第1~8建筑师受本部和大区行政委员会双重领导。

1953年11月，建筑工程部进行了机构调整及精简：缩小行政司为行政处；增设基本建设司，由原计划司的基本建设处分立出来；分设卫生处，由原行政司下的卫生处改由部里直接领导；分设生产局、技术局，将原生产技术局分别设立两个职能单位；撤销工业建筑局和特种建筑局。精简后组织机构为：办公厅、行政处、人事司、计划司、基本建设司、财务司、干部教育司、劳资司、保卫处、卫生处、监察室、党（团）委、生产局、技术局、材料供应局、机械建筑局、城市建设局、政治部、设计院。如图3所示。

中央人民政府建筑工程部内设机构图（1952-1954年）

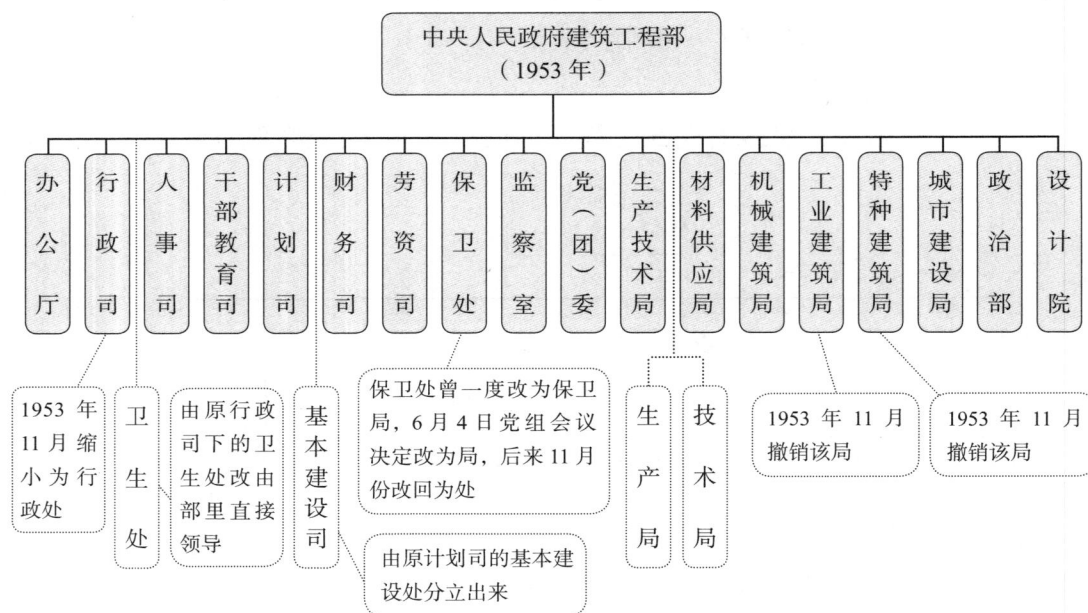

图3

1954年，建筑工程部的组织机构设置如下：办公厅、人事司、计划统计司、基本建设司、财务会计司、学校教育司、劳动工资司、生产司、技术司、材料供应司、金属结构总局、建筑机械管理局、建筑安装工程总局、地方建筑管理局、工业建筑设计总局、城市建设总局。如图4所示。

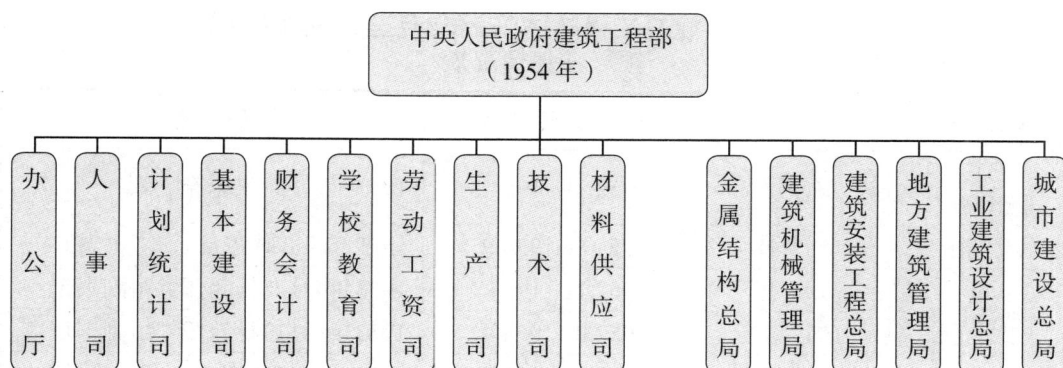

图 4

（四）领导任免

1952 年 9 月 4 日，中央人民政府党组干事会批准建筑工程部党组由周荣鑫、宋裕和、胡弼亮、帅荣、李远、范离、贺生祥、陈永清等八位同志组成，并由周荣鑫、宋裕和分任第一、第二副书记。

1952 年 10 月 10 日，中央人民政府党组干事会批准建筑工程部党组小组增焦善民、袁牧华为党组成员。

1952 年 11 月 15 日，中央人民政府委员会第十九次会议通过任命陈正人为建筑工程部部长，万里为副部长。

1952 年 11 月至 1954 年 8 月，中央人民政府建筑工程部正副部长排列顺序是：部长为陈正人；副部长为万里、周荣鑫、宋裕和。

1953 年 4 月 13 日，中央批准建筑工程部党组小组由陈正人、周荣鑫、万里、宋裕和、陈永清、孙敬文、秦仲芳七位同志组成，陈正人为书记、周荣鑫为副书记。

1953 年 4 月 28 日，中央同意万里为建筑工程部党组小组副书记。

1953 年 9 月 2 日，部长陈正人离职休养。1953 年 9 月至 1954 年 8 月期间中央没有指定和任命代理部长。

1953 年 12 月 25 日，中央会议批准，任命鲁直为中央人民政府建筑工程部副部长。但鲁直副部长因故终未到职。

中央人民政府建筑工程部（1952年8月至1954年9月）
领导任免情况表

职 务	姓 名	任免时间（年月）	备 注
部长 党组书记	陈正人	1952.11~1954.8	1953年9月离职休养
代理部长	刘秀峰	1954.8~1954.9	任副部长并代理部长
副部长 党组副书记	万　里	1952.11~1954.9	1953年4月28日起任党组副书记
	周荣鑫	1952.9~1954.9	1953年4月13日起任党组副书记
	宋裕和	1952.9~1954.9	1952.9~1953.4任党组第二副书记
副部长	鲁　直	1953.12~1954.9	未到任
党组成员	胡弼亮	1952.9~1953.4	
	帅　荣	1952.9~1953.4	
	李　远	1952.9~1953.4	
	范　离	1952.9~1953.4	
	贺生祥	1952.9~1953.4	
	陈永清	1952.9~1954.9	
	孙敬文	1953.4~1954.9	
	秦仲芳	1953.4~1954.9	

1954年8月14日，中央人民政府委员会第三十四次会议通过，任命刘秀峰为中央人民政府建筑工程部副部长并代理部长。

第二节　中华人民共和国建筑工程部、国家建设委员会、城市建设部、建筑材料工业部

（1954年9月至1958年2月）

一、中华人民共和国建筑工程部（1954年9月至1958年2月）

（一）成立

1954年9月，第一届全国人民代表大会召开，会议决定成立"中华人民共和国国务院"。《中华人民共和国国务院组织法》第二条规定，国务院下设建

筑工程部等部门。1954年11月10日，国务院通知（国政政字第6号）规定：建筑工程部隶属于国务院第三办公室直接领导；中央人民政府建筑工程部改称为"中华人民共和国建筑工程部"，简称"建筑工程部"。

1955年3月1日，中华人民共和国建筑工程部启用新印章，办公大楼正门的牌子改换为法定名称"中华人民共和国建筑工程部"。

1955年7月7日，建筑工程部办公厅函告有关单位，建筑工程部办公地址设在北京西郊百万庄。1955年7月12日，建筑工程部搬进新建办公大楼（至今未变）。

（二）组织机构

1954年10月，建筑工程部的机构设置如下：本部职能机构，包括办公厅、计划统计司、人事司、财务会计司、生产局、合同预算处、技术司、总机械师总动力师室、劳动工资司、材料供应局、运输处、基本建设司、地方建筑管理局、保卫处、卫生处、行政司、监察室、政治部、党委办公室及福利处；本部专业机构，包括工业建筑设计总局、城市建设总局、学校教育司、金属结构总局和安装工程总局；本部各地区工程管理局，包括东北工程管理局、华北工程管理局、西南工程管理局、中南工程管理局、西安工程管理局、华东工程管理局。如图5所示。

1955年1月22日，材料供应局改称为材料总局。

1955年3月，东北、华北、西南、中南、华东工程管理局均改称为东北、华北、西南、中南、华东工程管理总局。

1955年4月1日，西安工程管理局改称为"西北工程管理总局"。

1955年4月9日，成立城市建设总局，从建筑工程部划出，作为国务院的一个直属机构；1955年5月，地方建筑管理局也由本部分出，改为国务院直属机构。

1955年4月24日，成立人民防空处。

1955年7月5日，办公厅、行政司合并为办公厅，即行政司缩为总务处并入办公厅。

1955年底，政治部撤销。

1955年底内设机构为办公厅、计划司、人事司、财务司、生产局、合同预算处、技术司、劳动工资司、材料总局、运输处、基本建设司、保卫处、卫

中华人民共和国建筑工程部内设机构图（1954 年 10 月）

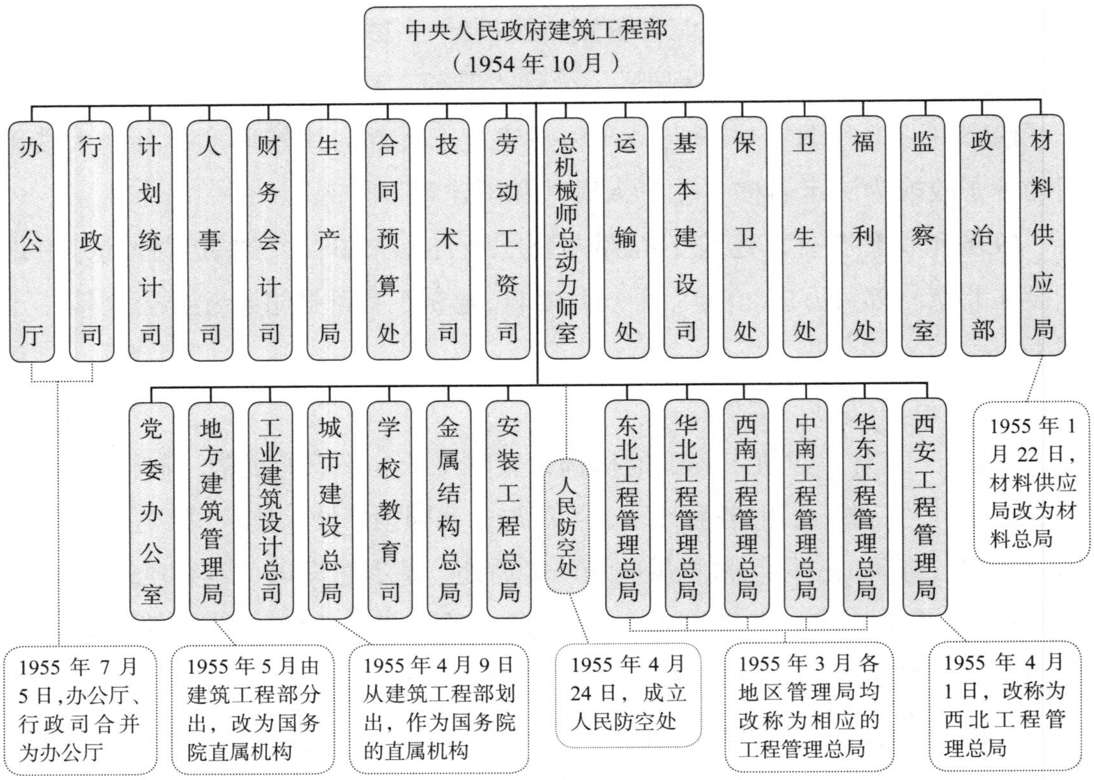

中央人民政府建筑工程部
（1954 年 10 月）

办公厅 ｜ 行政司 ｜ 计划统计司 ｜ 人事司 ｜ 财务会计司 ｜ 生产局 ｜ 合同预算处 ｜ 技术司 ｜ 劳动工资司 ｜ 总机械师总动力师室 ｜ 运输处 ｜ 基本建设司 ｜ 保卫处 ｜ 卫生处 ｜ 福利处 ｜ 监察室 ｜ 政治部 ｜ 材料供应局

党委办公室 ｜ 地方建筑管理局 ｜ 工业建筑设计总司 ｜ 城市建设总局 ｜ 学校教育司 ｜ 金属结构总局 ｜ 安装工程总局 ｜ 人民防空处 ｜ 东北工程管理总局 ｜ 华北工程管理总局 ｜ 西南工程管理总局 ｜ 中南工程管理总局 ｜ 华东工程管理总局 ｜ 西安工程管理局

1955 年 1 月 22 日，材料供应局改为材料总局

1955 年 7 月 5 日，办公厅、行政司合并为办公厅

1955 年 5 月由建筑工程部分出，改为国务院直属机构

1955 年 4 月 9 日从建筑工程部划出，作为国务院的直属机构

1955 年 4 月 24 日，成立人民防空处

1955 年 3 月各地区管理局均改称为相应的工程管理总局

1955 年 4 月 1 日，改称为西北工程管理总局

图 5

生处、监察室、职工福利处、人民防空处（第一处）；专业机构包括：学校教育局、金属结构总局、安装总局、设计总局、机械施工总局、东北工程管理总局、华北工程管理总局、西南工程管理总局、中南工程管理总局、西北工程管理总局、华东工程管理总局。

1956 年，建筑工程部对内设机构进行了一系列调整：1 月 21 日，撤销监察室，成立建筑工程部国家监察局。7 月 28 日，运输处扩大改为运输管理局。8 月 7 日，成立研究室。8 月 27 日，部卫生处与生产局安全技术处合并，成立安全技术卫生局。8 月 27 日，金属结构总局改称建筑机械金属结构制造总局；机械施工总局的机械动力处扩大成立为总机械师总动力师室。

1957 年，部内机构调整如下：第一处与保卫处合并为保卫处；职工福利处并入劳资司；总机械师总动力师室并入机械施工总局；研究室并入办公厅；成立技术监督局；将直属企业和设计单位大部分下放省市。

　　调整后至 1957 年底，建筑工程部的机构设置为：办公厅、计划司、人事司、财务司、生产局、合同预算处、技术司、劳动工资司、材料总局、运输管理局、基本建设司、保卫处、国家监察局、学校教育局、安全技术卫生局、技术监督局、建筑机械金属结构制造总局、安装总局、设计总局、机械施工总局、东北工程管理总局、华北工程管理总局、西南工程管理总局、中南工程管理总局、西北工程管理总局、华东工程管理总局。

　　建筑工程部内设机构如图 6 所示。

中华人民共和国建筑工程部内设机构图（1955-1957 年）

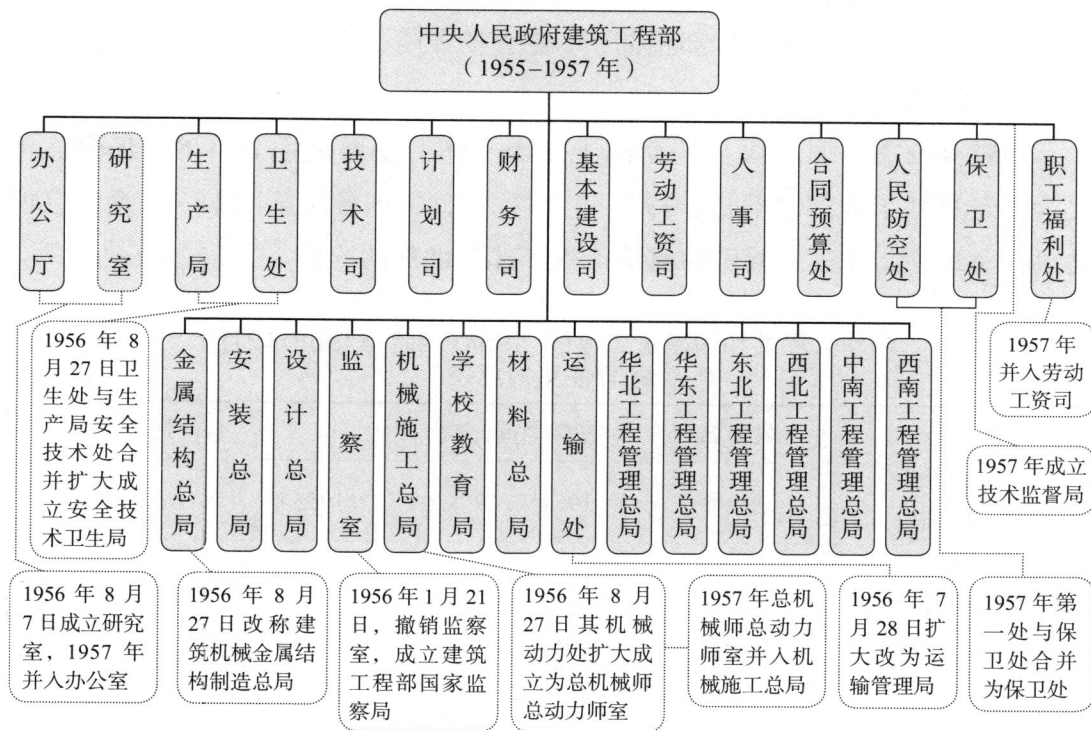

图 6

（三）领导任免

　　1954 年 9 月 29 日，毛泽东主席签署主席令，任命刘秀峰为建筑工程部部长。

　　1954 年 10 月 31 日，国务院第二次全体会议通过任命案，任命万里、周荣鑫、宋裕和为建筑工程部副部长。

　　1955 年 1 月 2 日，国务院第四次全体会议通过决议，任命杨春茂、潘纪文、许世平、焦善民任建筑工程部部长助理。

1955年1月17日中央会议批准以刘秀峰、万里、周荣鑫、宋裕和、杨春茂、潘纪文、许世平、焦善民等8人组成建筑工程部党组，刘秀峰为党组书记，万里为副书记。

1955年4月21日，国务院第九次全体会议通过决议，任命万里为城市建设总局局长，免去其建筑工程部副部长的职务。

1956年5月25日，国务院第二十九次全体会议通过决议，任命刘裕民为建筑工程部部长助理。

1956年6月14日，国务院第三十一次全体会议通过决议，任命杨春茂、潘纪文、许世平为建筑工程部副部长；免去杨春茂、潘纪文、许世平的建筑工程部部长助理职务。

1957年2月7日，国务院第四十二次全体会议通过任命事项，任命焦善民为建筑材料工业部副部长。1957年3月26日，国务院第四十三次全体会议通过任免事项，免去焦善民的建筑工程部部长助理的职务。

中华人民共和国建筑工程部（1954年9月至1958年2月）领导任免情况表

职　务	姓　名	任免时间（年月）	备　注
部长 党组书记	刘秀峰	1954.9~1958.2	1955年1月起任党组书记
副部长 党组副书记	万　里	1954.10~1955.4	1955年1月起任党组副书记
副部长 党组成员	周荣鑫	1954.10~1956	1955年1月起为党组成员
	宋裕和	1954.10~1958.2	1955年1月起为党组成员
	杨春茂	1956.6~1958.2	
	潘纪文	1956.6~1958.2	
	许世平	1956.6~1958.2	
部长助理 党组成员	杨春茂	1955.1~1956.6	
	潘纪文	1955.1~1956.6	
	许世平	1955.1~1956.6	
	焦善民	1955.1~1957.3	
	刘裕民	1956.5~1958.2	

二、国家建设委员会（1954 年 11 月至 1958 年 2 月）

（一）成立

1954 年 9 月，根据《中华人民共和国国务院组织法》的规定，成立国家建设委员会。同年 11 月 8 日，国家建设委员会正式成立。原国家计划委员会的基本建设办公室和设计、基建、城建、技术合作 4 个局的计划处，合并成立国家计划委员会基本建设综合计划局，负责编制计划，这 4 个局的其他工作，连同机构，作为组建国家建设委员会的基础。

（二）主要任务和职责

根据国务院批准的计划，组织以重工业为重心的基本建设计划的实现，从政治上、组织上、经济上、技术上采取措施，保证国家基本建设特别是"156"项工程建设的进度、质量，并力求经济节省。

（三）组织机构

1955 年 8 月，国家建设委员会的组织机构设置为办公厅、机械工业局、燃料工业局、重工业局、建筑企业局、设计组织局、交通水利局、城市建设局、标准定额局、建筑技术经济编译研究室、党委办公室、团委办公室。

1956 年 3 月 30 日，国家建设委员会的组织机构设置为办公厅、机械工业局、燃料工业局、重工业局、轻工业局、建筑组织局、设计组织局、交通局、城市建设局、建筑经济局、标准设计局、农林水利局、建筑材料局、科学工作局、劳动工资局、编译出版局、民用建筑设计局、综合研究室。

1956 年 11 月 10 日，国家建设委员会机关设 18 个厅、局，即：办公厅、机械工业局、燃料工业局、重工业局、轻工业局、交通邮电局、城市建设局、建筑经济局（原称标准定额局）、农林水利局、设计计划局、建筑计划局、区域规划局、民用建筑局、建筑材料局、科学工作局、劳动工资局、人事行政局、编译出版局。

（四）领导任免

1954 年 11 月，任命薄一波为主任，王世泰、孔祥祯、孙志远、安志文、谷牧为副主任。

1954 年 11 月 23 日，中央同意国家建设委员会党组由薄一波、王世泰、孔祥祯、孙志远、安志文、李斌、孙敬文、梁膺庸、曹言行、刘星、孙力余等11 人组成，并以薄一波为党组书记，王世泰、孔祥祯为副书记。

1955 年 1 月 19 日，任命张霖之为城市建设总局局长，并兼任国家建设委员会副主任。

1955 年 9 月 23 日，国务院第十九次全体会议通过决议，免去孙敬文国家建设委员会委员职务。

1956 年 5 月，薄一波改任国家经济委员会主任，任命王鹤寿为国家建设委员会主任（仍兼冶金工业部部长）。

1956 年 8 月 7 日，中央同意国家建设委员会党组的建议，任命刘星、李斌二同志为国家建设委员会副主任。

1956 年 11 月 16 日，国务院第四十次全体会议通过决议，任命刘星、李

国家建设委员会（1954年9月至1958年2月）领导任免情况表

职 务	姓 名	任免时间（年月）	备 注
主任 党组书记	薄一波	1954.11~1956.5	
	王鹤寿	1956.5~1958.2	无依据其为党组书记
副主任 党组副书记	谷 牧	1954.11~1956.11	无依据其为党组成员
	王世泰	1954.11~1958.2	
	孔祥祯	1954.11~1957.5	
副主任 党组成员	安志文	1954.11~1958.2	
	张霖之	1955.1~	无依据其为党组成员
	李 斌	1956.8~1958.2	
	刘 星	1956.8~1958.2	
党组成员	孙志远	1954.11~1956.11	
	安志文	1954.11~1958.2	
	李 斌	1954.11~1958.2	
	孙敬文	1954.11~1955.9	
	梁膺庸	1954.11~1955.9	
	曹言行	1954.11~1955.9	
	刘 星	1954.11~1958.2	
	孙力余	1954.11~1956.11	

职　务	姓　名	任免时间（年月）	备　注
委　员	孙敬文	1954.11~1955.9	
	王大钧	1956.12~	
	王发武	1956.12~	
	孙力余	1956.12~	
	李亚光	1956.12~	
	袁仲凡	1956.12~	
	彭　德	1956.12~	
	赵子尚	1956.12~	
	阎沛霖	1956.12~1957.10	

斌为国家建设委员会副主任，孙力余为秘书长，免去孙志远、谷牧的国家建设委员会副主任职务。

1956年12月18日，国务院第四十一次全体会议通过决议，任命王大钧、王发武、孙力余、李亚光、袁仲凡、彭德、赵子尚、阎沛霖为国家建设委员会委员。

1957年5月8日，中央批准免去孔祥祯国家建设委员会副主任职务。10月18日，国务院第五十八次全体会议通过决议，免去阎沛霖的国家建设委员会委员职务。

（五）撤销

1958年2月11日，第一届全国人大第五次会议根据国务院总理提出的议案，决定撤销国家建设委员会。国家建委撤销后，一部分工作连同机构并入国家计划委员会有关专业局和基本建设综合计划局；建筑经济局划归建筑工程部；年度设计计划编制工作并入国家经济委员会基本建设综合计划局。

三、城市建设总局与城市建设部（1955年4月至1958年2月）

（一）城市建设总局（1955年4月至1956年5月）

1. 成立

1955年4月6日，国务院第三办公室印发《关于成立城市建设总局的报告》。《报告》指出："为适应国家经济建设特别是工业建设的需要，必须建立与健全全国城市建设工作的组织机构，加强城市建设工作的领导。……我们建议将城市建设局从建筑工程部划拨出来，成立城市建设总局，作为国务院的一个直属机构，以加强城市建设工作的领导。……"

1955年4月9日，第一届全国人民代表大会常务委员会第十一次会议批准国务院设立城市建设总局，从建筑工程部划出，作为国务院的一个直属机构。

2. 主要任务和职责

1955年4月30日，国务院发出通知，明确城市建设总局负责统一领导全国的城市勘察测量、城市规划、民用建筑的设计和施工、公用事业的设计、建筑和管理等工作。

3. 组织机构

1955年5月，城市建设总局机关设13个职能单位：办公室、计划处、人事处、保卫处、财务处、行政处、研究室、监察室、技术处、城市人民防空处、编译室、出版社、专家工作科；5个专业局：城市规划局、建筑工程局、建筑设计局、市政工程局、勘察测量局。

4. 领导任免

1955年4月22日，国务院人事局电报通知建筑工程部：1955年4月21日国务院第九次全体会议通过决议，任命万里为城市建设总局局长，孙敬文、贾震为副局长，免去万里建筑工程部副部长的职务。

城市建设总局（1955年4月至1956年5月） 领导任免情况表

职 务	姓 名	任免时间（年月）	备 注
局 长	万 里	1955.4~1956.5	1955年1月起任党组书记
副局长	孙敬文	1955.4~1956.5	
	贾 震	1955.4~1956.5	
	傅雨田	1956.1~1957.2	

（二）城市建设部（1956年5月至1958年2月）

1. 成立

1956年5月12日，第一届全国人大常委会第四十次会议根据国务院总理提出的议案，为了统一管理和加强对城市建设工作的领导，决定撤销城市建设总局，改设城市建设部，由国务院第三办公室协助总理掌管其工作。

2. 主要任务和职责

城市建设部的工作任务是：领导与协助省、市、自治区城市建设部门进行城市勘察测量、城市规划、厂外工程设计、城市建筑设计、民用建筑、地方工业建筑及部分国防工程和国外工程的建筑施工、公用事业的基本建设与经营管理等工作。

3. 组织机构

1956年，城市建设部的组织机构包括：办公厅、人事司、教育司、劳动工资司、人防保卫司、财务材料司、计划统计司、技术司、勘察设计局、城市规划局、建筑工程局、市政工程局、公用事业管理局、城市设计院、给水排水设计院、民用建筑设计院。

1957年，城市建设部的厅、司、局机构，裁并为6个，即设：办公厅、人事教育司、技术司、建筑工程局、市政设计局、规划局；撤销人防保卫司、财务材料司、学校教育司、劳动工资司、城市建筑设计管理司、勘察测量司、公用事业管理司等。

4. 领导任免

1956年5月，第一届全国人大常委会第四十次会议决定任命万里为部长。

1957年2月7日，国务院第四十二次全体会议通过国务院各部门负责人任免名单（草案），其中城市建设部副部长为孙敬文，曾任城市建设总局副局长。部长助理有三位：傅雨田，曾任城市建设总局副局长；贾震，曾任城市建

城市建设部（1956年5月至1958年2月）
领导任免情况表

职　务	姓　名	任免时间（年月）	备　注
部　长	万　里	1956.5～1958.2	1955年1月起任党组书记
副部长	孙敬文	1957.2～1958.2	
部长助理	傅雨田	1957.2～1958.2	
	贾　震	1957.2～1957.10	
	秦仲芳	1957.2～1958.2	

设总局副局长；秦仲芳，曾任城市建设总局建筑工程管理局局长。

1957 年 10 月 18 日，国务院第四十七次全体会议通过决议，免去贾震的城市建设部部长助理职务。

5. 撤销

1958 年 2 月第一届全国人民代表大会第五次会议通过决定，撤销城市建设部。

四、建筑材料工业部（1956 年 5 月至 1958 年 2 月）

1956 年 5 月 12 日，第一届全国人大常委会第四十次会议根据国务院总理提出的议案，由于重工业部的产业过多，业务过重，难于全面兼顾，而且已经具备了分部的条件，因此决定撤销重工业部，分别设立冶金工业部、化学工业部和建筑材料工业部。建筑材料工业部以原重工业部管理中央直属建筑材料工业企业的建筑材料工业管理局为基础进行组建。

1958 年 2 月，建筑材料工业部与建筑工程部、城市建设部合并成为建筑工程部。

第三节　建筑工程部、国家基本建设委员会
（1958 年 2 月至 1965 年 3 月）

一、建筑工程部（1958 年 2 月至 1965 年 3 月）

（一）成立

1958 年，由于国家管理体制已经有变，许多原由中央管理的企业和事业单位已经或即将下放给地方管理。为了适应这一新情况，中央决定将建筑工程部、城市建设部和建筑材料工业部合并成为建筑工程部。2 月 11 日，第一届全国人民代表大会第五次会议根据国务院总理周恩来提出的议案，决定："一、

撤销国家建设委员会。国家建设委员会管理的工作,分别交由国家计划委员会、国家经济委员会和建筑工程部管理。……五、建筑材料工业部、建筑工程部和城市建设部合并为建筑工程部。"此时的建筑工程部,既是管理建筑、建材的专业部门,又是城乡建设的综合管理部门。

1958年2月26日,中华人民共和国建筑工程部、中华人民共和国城市建设部联合发出通知,自3月1日起城市建设部撤销,与建筑工程部合并办公。

1958年3月15日,建筑材料工业部合并到建筑工程部。

（二）主要任务和职责

建筑工程部的任务是：贯彻执行党中央有关建筑业和城市建设的方针、政策；根据国家计划完成建筑工程的各项任务与指标；完成有关建筑业的法规、条例、规范、章程及其他技术立法工作,并组织贯彻执行；承担基本建设及部分国防工程的建设任务；领导直属建筑企业及设计科研单位；归口管理各省、市、自治区有关建筑业的工作；担任一部分援外工程任务；进行建筑业的技术改造工作。

（三）组织机构

1958年5月,三部合并以后,根据工作任务和建筑工程部下放27个建筑企业及17个水泥厂的新情况,对部内组织机构进行了调整,调整后的机构包括：办公厅、行政司、计划统计司、长远规划司、财务会计司、劳动工资司、技术司、基本建设局、人事教育局、施工局、城市规划局、监察及技术监督局、市政建设局、金属制造安装局、机械施工局、供销局、水泥工业管理局、玻璃陶瓷工业管理局、非金属矿及地方材料工业管理局、技术情报局、科学工作局、科学设计分局、设计总局、保卫处。

1958年8月,金属制造安装局与机械施工局合并为机械局。

1958年9月,劳动工资司并入人事教育局。

1958年11月,根据工作需要及机构精简的精神,组织机构继续进行调整：办公厅、行政司、保卫处合并为办公厅；计划统计司与长远规划司合并为计划统计司；施工局与技术司合并为施工管理局；市政建设局与城市规划局合并为城市建设局；撤销监察及技术监督局；撤销人事教育局,成立人事司和教育局；撤销机械局,成立机械设备制造局和安装及机械施工局；国家经济技术委员会建筑经济局划归建筑工程部领导。

精简后的建筑工程部实设组织机构如下（1958 年末）：办公厅、计划统计司、财务会计司、施工管理局、基本建设局、人事司、教育局、城市建设局、机械设备制造局、安装及机械施工局、供销局、水泥工业管理局、玻璃陶瓷工业管理局、非金属矿及地方材料工业管理局、技术情报局、科学工作局、科学设计分局、设计总局、建筑经济局。

1958 年建筑工程部内设机构及变化情况如图 7 所示。

建筑工程部内设机构图（1958 年）

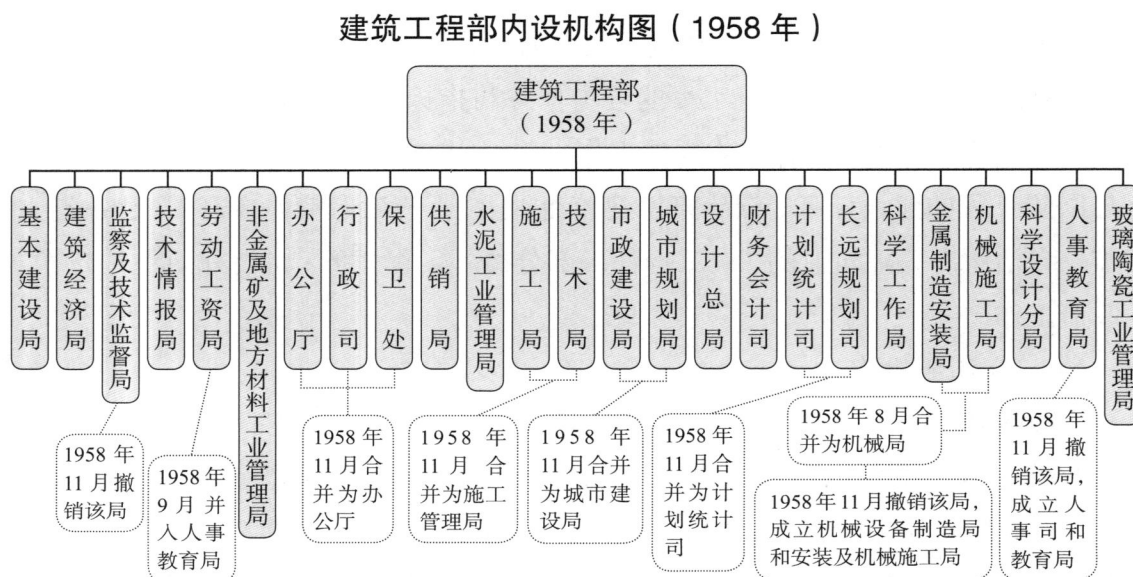

图 7

1959 年 5 月 8 日，成立行政司。

1959 年 5 月 22 日，成立劳动工资司。

1959 年 10 月 10 日，增设城市规划局，将原供销局分设为物资供应局和产品销售局。

1959 年 11 月 23 日，成立施工技术局。

1960 年 2 月 1 日，撤销非金属矿及地方材料工业管理局，分别设立非金属矿工业管理局和新材料及地方建筑材料工业管理局；以产品销售局运输处为基础，恢复运输局。

1960 年 3 月 12 日，在原设计局人民防空处的基础上，建立部的人民防空处。

日常工作由办公厅负责领导。

1960 年 3 月 30 日，建筑工程部发出通知，决定改变其产品销售局、城市规划局、城市设计院的隶属关系，撤销运输局。

1960 年 8 月 8 日，建筑工程部党组决定从第一工程局调一半的人员和设备成立直属第六工程局，增加东北地区的施工力量。

1960 年 8 月 10 日，建筑工程部产品销售局移交国家经委物资供应总局；建筑工程部运输管理局撤销，有关建筑材料及非金属矿产品销售运输业务移交国家经委物资供应总局负责，有关建筑施工、建筑材料生产、原材料运输及有关运输工具管理等业务并入建筑工程部物资供应局，统一由物资供应局负责。

1960 年 9 月 1 日，建筑工程部城市规划局和城市设计院移交国家基本建设委员会领导。

1961 年 11 月 3 日，建筑工程部决定将物资供应局改为供销运输局，负责管理物资供应、产品销售和运输等方面的业务。

1962 年 6 月 5 日，将技术情报局对外合作处划归对外建筑技术联络局；科学技术局和技术情报局合并为科学技术局，并另设技术情报所；办公厅、行政司合并为办公厅。

1962 年 11 月 29 日，国务院同意成立建筑工程部西南工程管理局。

1962 年 12 月 6 日，非金属矿及地方建筑材料工业管理局分为非金属矿工业管理局和地方建筑材料工业管理局。施工管理局分为第一施工管理局和第二施工管理局。撤销第五工程局，另行成立机械施工管理局和安装工程管理局，这两个局均为部的职能机构。

1963 年 4 月 6 日，国务院同意成立建筑工程部华北工程管理局。

1963 年 9 月，建筑工程部对机构进行了调整，设置如下机构：办公厅、计划司、财务司、劳资司、人事教育司、技术情报局、安装局、施工局、机械动力司、科学技术司、设计局、材料供应局、援外局、机关党委和监委。

1964 年 3 月 10 日，建筑工程部成立政治部，下设组织部、宣传部、干部部、群众工作部。

1964 年 4 月 9 日，中央监委派驻建筑工程部的监察组正式成立。

1965 年 4 月 10 日，建筑工程部的组织机构包括：政治部、办公厅、计划财务司、劳动工资司、教育局、施工管理局、设计局、材料供应局、城市建设局、建筑机械管理局、监察组。如图 8 所示。

建筑工程部内设机构图（1965 年）

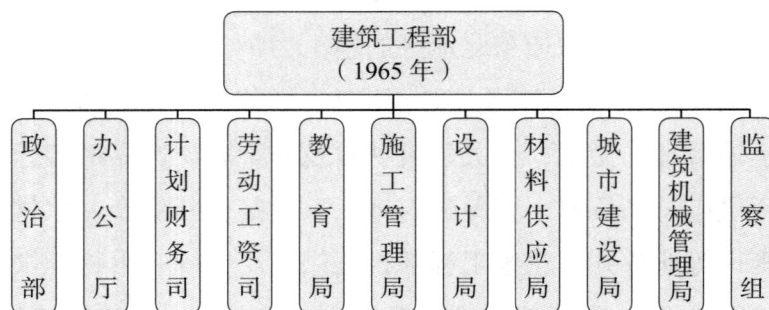

图 8

（四）领导任免

1958 年 3 月 19 日，中共建筑工程部党组印发通知，宣布了部长、副部长名单和部长助理名单：部长为刘秀峰；副部长为赖际发、宋裕和、孙敬文、杨春茂、陈云涛、潘纪文、许世平、刘裕民；部长助理为傅雨田、秦仲芳、王大钧、王涛。

1958 年 6 月，部长助理为傅雨田、王大钧、王涛。

1958 年 9 月 13 日，中央决定调孙敬文任石油工业部副部长。

1959 年 8 月 25 日，国务院第九十一次全体会议通过任命赖际发、杨春茂、陈云涛、许世平、宋裕和、刘裕民为副部长。

1964 年 8 月 10 日，中央决定免去刘秀峰的建筑工程部部长、党组书记的职务；李人俊任建筑工程部部长、党组书记，免去其石油工业部副部长、党组副书记的职务；刘裕民、赖际发任建筑工程部党组副书记。

1964 年 8 月 17 日，中央批准汪少川为建筑工程部党组委员。

1965 年 2 月 8 日，中国共产党中央委员会决定调李人俊同志到中央另行分配工作，免去李人俊建筑工程部部长、党组书记的职务。

建筑工程部（1958年2月至1965年3月）
领导任免情况表

职　务	姓　名	任免时间（年月）	备　注
部长 党组书记	刘秀峰	1958.3~1964.8	
	李人俊	1964.8~1965.2	
副部长 党组副书记	赖际发	1958.3~1965.3	1964年8月起任党组副书记
	刘裕民	1958.3~1965.3	1964年8月起任党组副书记
副部长 党组成员	宋裕和	1958.3~1965.3	
	孙敬文	1958.3~1958.9	1958年9月调职
	杨春茂	1958.3~1965.3	1965年免职
	陈云涛	1958.3~1965.3	1965年5月调职
	潘纪文	1958.3~1959	1959年免职
	许世平	1958.3~1965.3	
部长助理 党组成员	傅雨田	1958.3~1959	
	秦仲芳	1958.3~1958.6	
	王大钧	1958.3~1964	
	王　涛	1958.3~1959	

二、国家基本建设委员会（1958年9月至1961年1月）

（一）成立

1958年9月19日中共中央通知，成立中共中央基本建设委员会。10月12日全国人大常委会根据国务院提出的建议，决定成立中华人民共和国基本建设委员会。国家基本建设委员会具有双重性质，既属中共中央，又属国务院。

（二）主要任务和职责

国家基本建设委员会总的任务是根据国家批准的国民经济计划，负责组织以工业交通为中心的基本建设计划的实现，加强基本建设项目的管理，组织成套设备的供应，采取一切有效措施，保证多快好省地完成国家的基本建设任务。

（三）组织机构

1959年，国家基本建设委员会机关包括：办公厅、综合计划局、冶金局、轻工化工局、机械局、交通局、煤炭石油局、水利电力局、设计局、建筑安装局、建筑材料局、建筑经济局、财贸基建局、非工业局、设备成套办公室、华东地区局、华北西南地区局、西北东北地区局、华中华南地区局。

1960 年，厅、局机构由 19 个调整合并为 13 个，即撤销水利电力局，并将煤炭石油局改为燃料局；撤销非工业局，并将财贸基建局改为农业财贸基建局；撤销建筑安装局、建筑经济局和 4 个地区局；增设城市规划局和研究室，并将冶金局改为重工业局，轻工化工局改为轻工局（图 9）。

国家基本建设委员会内设机构图（1958－1961 年）

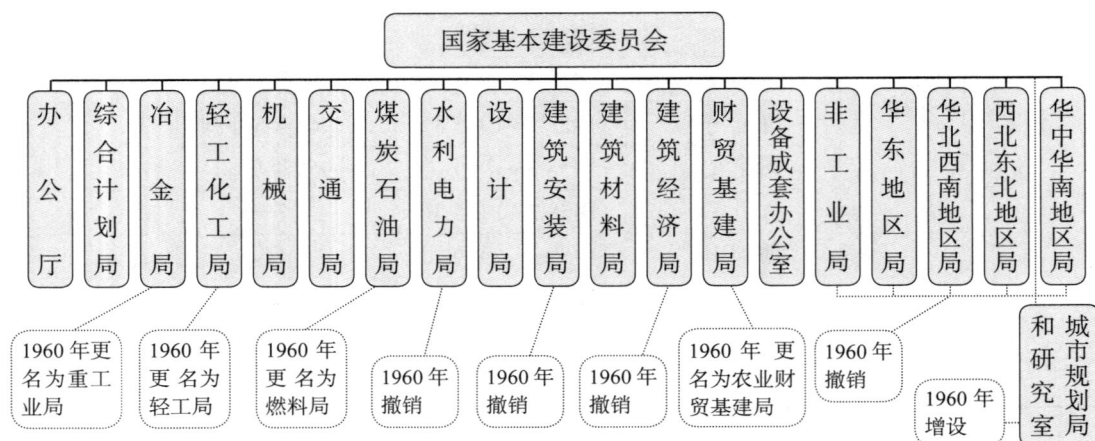

图 9

（四）领导任免

1958 年 9 月 20 日，中共中央决定任命陈云为国家基本建设委员会主任，宋劭文、刘岱峰、柴树藩为副主任。

1958 年，中央通知陈云、宋劭文、刘岱峰、柴树藩为国家基本建设委员会党组成员，陈云为书记，宋劭文为副书记。

1959 年 12 月 11 日，中共中央批准杨作材、吕克白为国家基本建设委员会党组成员。

1960 年 2 月 3 日，中央决定程子华任国家基本建设委员会第一副主任，同年 8 月 24 日决定其任国家基本建设委员会党组副书记。

1960 年 11 月 6 日，中央批准罗日运任国家基本建设委员会委员。

（五）撤销

1960 年冬，中央决定对国民经济实行"调整、巩固、充实、提高"的方针，开始缩小基本建设的规模，调整发展速度。为了更好地集中力量，加强国家计

国家基本建设委员会（1958年9月至1961年1月）领导任免情况表

职　务	姓　名	任免时间（年月）	备　注
主任 党组书记	陈　云	1958.9~1961.1	
副主任 党组副书记	程子华	1960.2~1961.1	1960年8月起任党组副书记
	宋劭文	1958.9~1961.1	1964年8月起任党组副书记
副主任 党组成员	刘岱峰	1958.9~1961.1	
	柴树藩	1958.9~1961.1	
党组成员	杨作材	1959.12~1961.1	
	吕克白	1959.12~1961.1	
委　员	罗日运	1960.11~1961.1	

划工作，1961年1月30日，第二届全国人大常委会第三十五次会议决定，撤销国家基本建设委员会，将其业务并入国家计划委员会。

1964年5月8日，国务院决定基本建设管理工作由国家经济委员会负责。

第三章　国家基本建设委员会时期

（1965年3月至1982年5月）

第一节　国家基本建设委员会及其归口领导的
建筑工程部、建筑材料工业部等机构

（1965年3月至1970年6月）

一、国家基本建设委员会（1965年3月至1970年6月）

（一）成立

1965年3月27日，中共中央决定成立国家基本建设委员会；同时决定将建筑工程部加以改组，按照建筑工程施工和建筑材料生产的分工，成立建筑工程和建筑材料工业两个部，建筑工程部和建筑材料工业部都划归国家基本建设委员会归口领导和管理。

1965年3月31日，第三届全国人大常委会第五次会议根据国务院总理提出的议案，为了加强全国基本建设的管理工作，保证国家基本建设计划的实现，决定设立国家基本建设委员会。原国家计划委员会承担的基本建设管理任务及机构，全部划归国家基本建设委员会。

1965年4月12日，国家基本建设委员会正式办公。

（二）主要任务和职责

国家基本建设委员会的主要任务是：组织国家基本建设计划的实现；切实抓好西南、西北战略基地和一、二线后方基地的建设及其他的重点项目建设；组织和领导设计、施工等方面的革命化运动，改革和制订基本建设方面的规章制度；组织和领导基本建设方面的科学研究工作和群众性的技术革命、技术革新运动，并积极采用先进技术；总结基本建设方面的经验，并及时组织交流推广；管理城市建设和城市规划方面的工作。

（三）组织机构

1965 年 6 月 9 日，国务院同意国家基本建设委员会机关设：办公厅、政策研究室、基本建设综合司、设计局、施工局、设备材料局、城市规划局、第一局、第二局、第三局、第四局、第五局、第六办公室、第七办公室。如图 10 所示。

国家基本建设委员会内设机构图（1965 年 6 月）

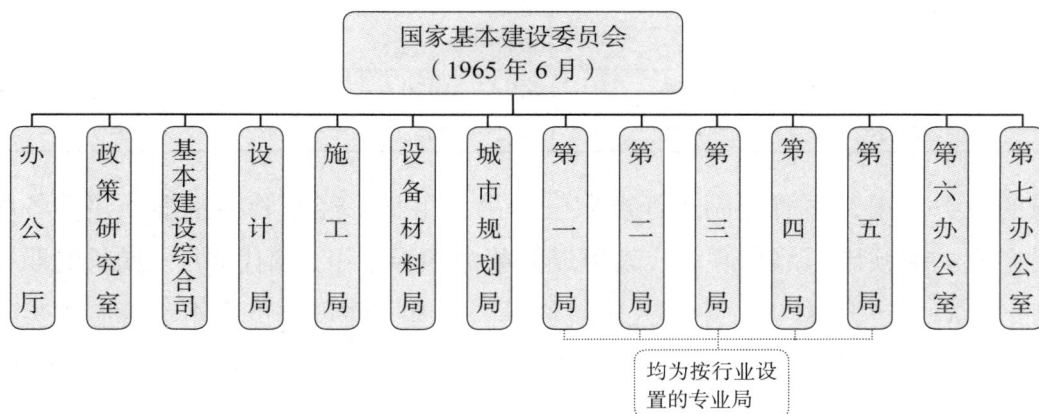

图 10

（四）领导任免

1965 年 3 月 27 日，中央决定谷牧任国家基本建设委员会主任，孙敬文、宋养初、刘裕民、谢北一、吕克白、赵北克任副主任，顾明任秘书长；国家建委党组由以上 8 位同志组成，谷牧为书记，孙敬文为副书记。

1965 年 11 月 15 日，任命顾明为国家基本建设委员会副主任，仍兼秘书长职务。

（五）国家基本建设军事管制委员会和革命委员会

根据毛泽东同志 1967 年 3 月 3 日关于军队要协同地方管工业的指示，国家基本建设委员会于 1968 年 2 月 6 日实行军事管制，李良汉任军管会主任，严宗三、孙明任副主任。1968 年 3 月 1 日，经李富春副总理批准，在军事管制委员会的领导下，成立一个由军管会、领导干部和群众代表三方面共 9 人组

国家基本建设委员会（1965年3月至1970年6月）
领导任免情况表

职　务	姓　名	任免时间（年月）	备　注
主任 党组书记	谷　牧	1965.3～1968.2	
	李良汉	1968.2～1970.6	任革命委员会主任，无依据其为党组书记
副主任 党组副书记	孙敬文	1965.3～1970.6	
副主任 党组成员	宋养初	1965.3～1970.6	
	刘裕民	1965.3～1970.6	
	谢北一	1965.3～1970.6	
	吕克白	1965.3～1970.6	
	赵北克	1965.3～1970.6	
	顾　明	1965.11～1970.6	
党组成员	顾　明	1965.3～1965.11	

成的业务小组，军管会副主任严宗三为第一组长。经军管会批准，建委各厅、局亦成立由领导干部和群众代表组成的革命领导小组，取代原厅、局长的职权。

1970年5月31日，中国人民解放军国家基本建设委员会军事管制委员会、中国人民解放军建筑工程部军事管制委员会、中国人民解放军建筑材料工业部军事管制委员会联合向毛泽东主席、林彪（副主席）、中共中央报送了"关于建立中国共产党国家建设委员会核心小组的请示报告"和"关于建立国家基本建设委员会革命委员会的请示报告"。

（六）与其他机构合并

1970年6月，中共中央批准将国家基本建设委员会、建筑工程部、建筑材料工业部、中央基本建设政治部4个单位合并，建立新的国家基本建设委员会。

二、国家基本建设委员会归口领导的建筑工程部、建筑材料工业部等机构（1965年3月至1970年6月）

1965年3月31日，第三届全国人大常委会第五次会议根据国务院总理提出的议案，为了改进和加强对建筑材料工业的领导，决定将建筑工程部分设为建筑工程部、建筑材料工业部。据此决定，两部自4月26日起正式办公，并同时启用国务院颁发的"中华人民共和国建筑工程部"和"中华人民共和国建筑材料工业部"印章。两部都划归国家基本建设委员会归口领导和管理。

（一）建筑工程部（1965 年 3 月至 1970 年 6 月）

建筑工程部的任务是：贯彻执行党中央和国务院的决议、指示和有关建筑业和城市建设的方针、政策，领导直属建筑企业及设计科研单位、归口管理各省、市、自治区有关建筑和城市建设方面的业务工作，担任一部分援外工程任务，积极进行建筑业的技术改造工作，直接领导直属企业、事业单位的政治思想工作。

1. 组织机构

1965 年 5 月，建筑工程部的机构设置为办公厅、劳资局、施工局、供应局、城市建设局、教育局、设计局、机械局、政治部、建研院、援外局、监察组。

1965 年 12 月，建筑工程部机关包括：办公厅、计划财务司、劳动工资司、施工管理局、供应局、城市建设局、教育局、设计局、建筑机械管理局和建筑工程部政治部以及中监委驻部监察组。

1966 年 3 月 1 日，国务院同意建筑工程部成立视察室。

1966 年 5 月，建筑工程部对组织机构进行了调整，将施工管理局和计划财务司的计划统计工作合并，成立生产计划局。将财务司的基建工作调整为财务基建司。调整后组织机构包括：办公厅、财务基建司、劳动工资司、生产计划局、供应局、城市建设司、教育司、科学局、设计局、机械管理局、政治部、监察组、党委办公室，如图 11 所示。人员编制共 490 人。

建筑工程部内设机构图（1966 年 5 月）

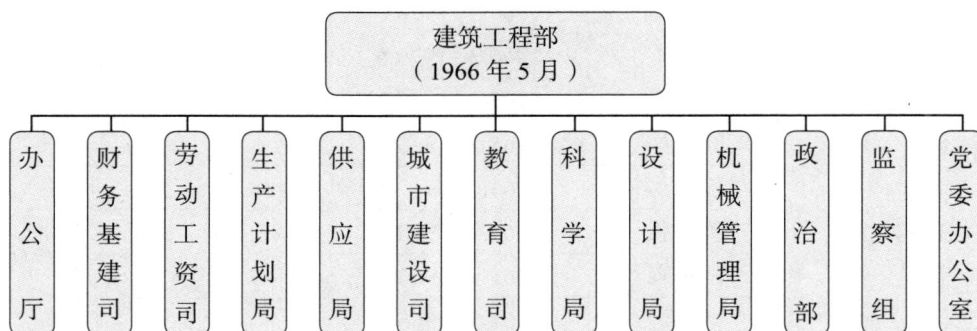

图 11

2. 领导任免

1965 年 3 月 27 日，任命刘裕民为建筑工程部部长。

1965 年 5 月 17 日，中发〔65〕284 号文，同意汪少川任建筑工程部副部长兼政治部主任，许世平继任建筑工程部副部长。同意由刘裕民、汪少川、许世平、任朴斋、阎子祥、丁秀、黄彬森、苗树森、何郝炬 9 位同志组成建筑工程部党委，刘裕民任党委书记，汪少川任副书记。

1966 年 2 月 19 日，中央同意提任朴斋、苗树森、何郝炬、李景昭为建筑工程部副部长，李景昭并为部党委委员。

1966 年 2 月 21 日，中央批准赵化风任建筑工程部党委委员、政治部副主任。

1967 年，建筑工程部政治部干部部汇总的部长、副部长名单为：刘裕民为部长兼书记；汪少川为副部长、副书记兼政治部主任；许世平、任朴斋、苗树森、何郝炬、李景昭为副部长及党委委员；黄彬森为政治部副主任、党委委员兼部机关党委书记；赵化风为政治部副主任及党委委员；阎子祥为设计局局长及党

建筑工程部（1965年3月至1970年6月）领导任免情况表

职　务	姓　名	任免时间（年月）	备　注
部长 党委书记	刘裕民	1965.3~1970.6	
副部长 党委副书记	汪少川	1965.5~1970.6	
副部长 党委委员	许世平	1965.5~1970.6	
	任朴斋	1966.2~1970.6	
	苗树森	1966.2~1970.6	
	何郝炬	1966.2~1970.6	未正式到职
	李景昭	1966.2~1970.6	
党委委员	任朴斋	1965.5~1966.2	
	阎子祥	1965.5~1970.6	
	丁　秀	1965.5~1967	
	黄彬森	1965.5~1970.6	
	苗树森	1965.5~1966.2	
	何郝炬	1965.5~1966.2	
	赵化风	1966.2~1970.6	

委委员。

3. 建筑工程部军事管制委员会和革命委员会（1968 年 9 月至 1970 年 6 月）

1968 年 9 月，中国人民解放军建筑工程部军事管制委员会发布建筑工程部机关组织机构，包括：政治部、办公厅、财务基建司、劳动工资司、生产计划局、设计局、城市建设局、材料供应局、建筑机械管理局、教育局、科学技术局、建筑技术联络局、党委办公室、保卫处、中国人民解放军基本建设工程兵第二纵队整编办公室、中共中央监委驻建筑工程部监察组。

1968 年，中国人民解放军建筑工程部军事管制委员会向毛泽东主席、林彪（副主席）、中共中央、中央文革、国务院、中央军委请示报告成立建筑工程部革命委员会。

1969 年 2 月 12 日，中国人民解放军建筑工程部军事管制委员会发出建筑工程部军管会关于成立办事机构的通知，决定在军管会的领导下成立政工、生产、后勤、办事四个组，作为军管会的办事机构，并于 1969 年 2 月 15 日正式办公。部机关原各司、局、部、厅等机构一律停止工作。

1969 年 6 月 30 日，中国人民解放军建筑工程部军事管制委员会发出建立建筑工程部"五七干校"的决定。

1968 年 3 月至 1968 年 9 月，中国人民解放军建筑工程部军事管制委员会批复成立建工部各司（局）、直属单位的革命委员会或革命领导小组。

建筑工程部革命委员会名单如下：张国传（工程兵司令部军管会副参谋长，主任）、汪少川（建工部副部长）、苗树森（建工部副部长）、马尽忠（工程兵司令部军管会副处长组长）、戴先明（工程兵后勤部军管会科长组长）、任朴斋（建工部副部长）、黄彬森（政治部副主任）、葛继常（生产计划局处长）、马成福（生产计划局科长）、温志忠（办公厅汽车司机）、沈维勤（女，设计局技术员）、陈祯（设计局科员）、王连宝（政治部干事）、邵大正（科技局办事员）、潘德胜（机械局技术员）。

（二）建筑材料工业部（1965 年 3 月至 1970 年 6 月）

1965 年 3 月 31 日，第三届全国人大常委会第五次会议根据国务院总理提出的议案，为了改进和加强对建筑业和建筑材料工业的领导，决定将建筑工程部分设为建筑工程部和建筑材料工业部。

建筑材料工业部的管理范围是：（1）部直接领导和管理的工业有：水泥及水泥制品；平板玻璃及工业技术玻璃；玻璃纤维及其制品；建筑卫生陶瓷；硅酸盐新材料；非金属矿（石棉、云母、石墨、石膏、金刚石等）；（2）归口管理的工业有：砖、瓦、石灰、砂石采场、大理石采场及加工，防水保温等材料工业。

（三）中共中央基本建设政治部

1966年2月18日，中共中央印发关于成立基本建设政治部的通知，决定成立中共中央基本建设政治部，由国家基本建设委员会代管。中央决定由谢有法任主任，李桂林、刘火、耿一凡任副主任，耿一凡兼任秘书长。

（四）中国人民解放军基本建设工程兵

根据中共中央书记处的指示，拟把全国施工队伍逐步整编为中国人民解放军基本建设工程兵，以建立一支非常无产阶级化、年轻、精干、机动灵活、劳武结合、能工能战的基本建设队伍，更好地适应边备战边建设的需要，1966年7月16日经中共中央军委同意，国家建委中共党组向中共中央写了请示报告，提出，在国家建委暂设中国人民解放军基建工程兵整编办公室，以做好整编试点的各项工作，由国家建委代管。报告得到了批准。

1972年3月29日，国家基本建设委员会向国务院报告关于基本建设工程兵的基本情况。从1966年下半年开始，进行"工改兵"整编试点，现共有15.6万人。1970年7月国家建设革命委员会下设基本建设工程兵整编办公室。1977年11月29日，国家基本建设委员会党组关于成立基本建设工程兵领导机构的问题呈报中央。中央于1977年12月底批准成立基本建设工程兵领导机构。在国务院、中央军委统一领导下，各项工作由国家建设委员会负责抓总。部队建设的具体方针政策的制订、施工生产指标、机械装备等由国家建设委员会和国务院有关部门负责。截至1977年11月，基建工程兵整编发展到21个支队（师）、102个大队（团），共34.8万人。

1978年10月，国务院、中央军委批准李人林为基本建设工程兵主任，孔修、王森为副主任。

第二节　国家基本建设委员会
（1970年6月至1979年3月）

（一）成立

1970年，国务院各部门的绝大部分直属企业、事业单位下放给地方管理，扩大地方的投资权限，同年6月22日，中共中央批准《关于国务院各部门设立党的核心小组和革命委员会的请示报告》，将国家基本建设委员会、建筑工程部、建筑材料工业部、中央基本建设政治部4个单位合并，建立国家基本建设革命委员会。7月1日，"中华人民共和国国家基本建设革命委员会"新印章启用。

1975年10月，"国家基本建设革命委员会"名称改为"国家基本建设委员会"。

（二）组织机构

1970年7月17日，国家基本建设革命委员会下设六组二室：政工组、办事组、综合组、设计施工组、建材工业组、对外技术联络组、基建工程兵整编办公室、"五七干校"办公室。

1973年5月23日，国务院决定重建国家测绘总局，该局隶属国务院建制，归国家建委领导。

1973年12月26日，国家基本建设革命委员会的机构设置为政工组、办事组、综合局、设计局、建筑材料工业局、外事局、城市建设局、建筑工程局、科学教育局、党的核心小组办公室。

1975年10月，国务院决定将国家基本建设委员会主管的建筑材料工业局划出，设立国家建筑材料工业总局，由国家基本建设委员会代管。1979年4月，国家建筑材料工业总局改为建筑材料工业部。1982年5月，改为国家建筑材料工业局，隶属于国家经济委员会领导。

1975年底，国家基本建设委员会的内设机构为：政工组、办事组、办公室、综合组、设计局、设备材料局、外事局、城建局、施工局、科技局。

（三）领导任免

1968年2月至1973年5月国家基本建设革命委员会主任为李良汉。

1970年6月5日革命委员会主任由李良汉担任;副主任由赖际发、李大同、张国传、谢北一担任。

1970年6月5日,国家基本建设革命委员会核心小组由9人组成:李良汉、赖际发、李大同、张国传、谢北一、任朴斋、刘让腾、宋养初、陈祯。

1973年5月18日,中发〔1973〕20号,任命谷牧为国家基本建设委员会主任、党的核心小组组长,兼国家计划委员会副主任、党的核心小组组长。1975年10月,中共中央发电任命韩光、宋养初、刘让腾、赖际发、彭敏、谢北一、张百发、李人林、任朴斋、白向银、吕克白、李景昭为副主任。1978年5月7日,中共中央发电任命李超伯为国家基本建设委员会副主任。

1977年9月24日,中共中央通知中央一级国家机关的领导小组或党的核心小组,改称党组。现任领导小组或党的核心小组组长、副组长、成员,分别改称党组书记、副书记、党组成员。

国家基本建设革命委员会（1970年6月至1975年10月）领导任免情况表

职 务	姓 名	任免时间(年月)	备 注
革委会主任 党的核心小组组长	李良汉	1970.6~1973.5	
	谷 牧	1973.5~1975.10	
革委会副主任 党的核心小组成员	赖际发	1970.6~1975.10	
	李大同	1970.6~1975.10	
	张国传	1970.6~1975.10	
	刘让腾	1970.6~1975.10	
	宋养初	1970.6~1975.10	
	谢北一	1970.6~1975.10	
	任朴斋	1970.6~1975.10	
党的核心小组成员	陈 祯	1970.6~1975	免 职

1975年10月,取消革命委员会后,国家基本建设委员会主要领导人任免情况如下:

国家基本建设委员会（1975年10月至1979年3月）领导任免情况表

职　务	姓　名	任免时间（年月）	备　注
主任 党的核心小组组长 （1977年改为 党组书记）	谷　牧	1975.10～1979.3	
副主任 党的核心小组副组长 （1977年改为 党组副书记）	韩　光	1975.10～1979.3	
	宋养初	1975.10～1979.3	
副主任 党的核心小组成员 （1977年改为 党组成员）	刘让腾	1975.10～1978	1978年免职
	彭　敏	1975.10～1979.3	
	李人林	1975.10～1979.3	
	谢北一	1975.10～1979.3	
	张百发	1975.10～1979.3	
	任朴斋	1975.10～1979.3	
	白向银	1975.10～1979.3	
	李景昭	1975.10～1979.3	
	吕克白	1975.10～1979.3	
	赖际发	1975.10～1979.3	
	赵武成	1978.3～1979.3	
	李超伯	1978.5～1979.3	
党的核心小组成员 （1977年改为 党组成员）	孙洪敏	1975.10～1979.3	
	孙靖韬	1978～1979.3	
	何广乾	1978～1979.3	

（四）国家基本建设委员会的拆分

1979年3月，国家基本建设委员会分为国家基本建设委员会、建筑材料工业部、国家建筑工程总局、国家测绘总局、国家城市建设总局和国务院环境保护领导小组办公室6个单位。国家建筑工程总局、国家城市建设总局、国家测绘总局和国务院环境保护领导小组办公室由国家基本建设委员会代管。

第三节 国家基本建设委员会及其代管下的 国家建筑工程总局、国家城市建设总局等机构 （1979年3月至1982年5月）

一、国家基本建设委员会（1979年3月至1982年5月）

（一）拆分后的国家基本建设委员会成立

1979年3月，国家基本建设委员会分为国家基本建设委员会、建筑材料工业部、国家建筑工程总局、国家测绘总局、国家城市建设总局和国务院环境保护领导小组办公室6个单位。国家建筑工程总局、国家城市建设总局、国家测绘总局和国务院环境保护领导小组办公室由国家基本建设委员会代管。

（二）组织机构

1980年2月，国务院批复国家基本建设委员会机构编制为：办公厅、综合局、设计局、施工局、建筑工程机械局、设备材料局、燃料动力局、重工业局、化工轻工局、交通局、国防军工局、干部局、政策研究室、抗震办公室，编制人数总额为495人。

1981年，国家基本建设委员会机关设：办公厅、综合局、设计局、施工局、建筑工程机械局、设备材料局、燃料动力局、重工业局、化工轻工局、交通局、国防军工局、政策研究室、抗震办公室、人事教育司。

（三）领导任免

1980年12月9日，中央决定韩光任国家基本建设委员会主任、党组书记，免去谷牧国家基本建设委员会主任、党组书记职务。

1981年3月，国务院任命韩光为国家基本建设委员会主任。副主任有：宋养初、吕克白、谢北一、彭敏、李人林、张百发、李景昭、李超伯、赵武成。

1981年6月10日，中共中央任命萧桐、王德瑛为国家基本建设委员会副主任。

1981年8月15日，国务院任命李曦沐为国家基本建设委员会副秘书长。

国家基本建设委员会（1979年3月至1982年5月）领导任免情况表

职　务	姓　名	任免时间（年月）	备　注
主任 党组书记	谷　牧	1979.3~1980.12	
	韩　光	1980.12~1982.5	
副主任 党组副书记	彭　敏	1979.3~1982.5	
	谢北一	1979.3~1982.5	
副主任 党组成员	张百发	1979.3~1982.5	1978年免职
	宋养初	1979.3~1982.5	
	吕克白	1979.3~1982.5	
	李人林	1979.3~1982.5	
	李景昭	1979.3~1982.5	
	李超伯	1979.3~1982.5	
	赵武成	1979.5~1982.5	
	于　眉	1980.5~1980.9	病故
	萧　桐	1981.6~1982.5	
	王德瑛	1981.6~1982.3	
党组成员	王大钧	1979.5~1982.5	
	邵井蛙	1980~1982.5	
	孙靖韬	1979.5~1982.5	
	何广乾	1979.5~1982.5	
	武子文	1979.5~1982.5	
	王铁云	1979.5~1982.5	
	赵海峰	1981.6~1982.5	
	徐　青	1981.6~1982.5	

（四）国家基本建设委员会撤销

1982年5月，国务院进行机构改革，根据第五届全国人大常委会第二十三次会议通过的《国务院部委机构改革实施方案》，撤销国家基本建设委员会，国家基本建设委员会的国土局划归国家计划委员会，主管基本建设计划执行的综合局、设计局、重工业局、燃料动力局、化工轻工局、交通及非工业局、国防军工局以及施工局的大部分，划归国家经济委员会。

二、国家基本建设委员会代管下的国家建筑工程总局、国家城市建设总局及其他机构（1979 年 3 月至 1982 年 5 月）

1979 年 2 月 9 日，国家基本建设委员会在给国务院的报告中提出，由于国家基本建设委员会既管全国基本建设战线的综合性工作，又管建筑工程（含设计、施工）和城市建设，业务范围过广，头绪繁多，领导精力分散，顾此失彼，既不利于抓好基本建设方面的方针、政策问题，也影响建工、城建工作的展开。为此，建议成立国家建筑工程总局和国家城市建设总局。

1979 年 3 月 12 日，国务院发出《国务院关于成立国家建工、城建两个总局的通知》（国发〔1997〕70 号），批准成立国家建筑工程总局和国家城市建设总局，直属国务院，由国家基本建设委员会代管。

（一）国家建筑工程总局（1979 年 3 月至 1982 年 5 月）

1. 主要任务和职责

1979 年 3 月 12 日，国务院批准国家建筑工程总局的业务范围为：负责制定全国建筑设计和施工方面的各种定额、规范、标准等立法性工作。管理原建工系统勘察设计和建筑安装队伍（不含各工业部自有设计施工队伍）的生产、建设及平衡调度工作。承担工业、民用建筑任务。管理总局系统建筑机械、设备的制造和调配。组织协调全国建筑科学技术的规划和科研任务。管理高等建工院校及综合院校建工专业的教学工作。组织调动建筑设计和施工力量出国承包工程，以及建筑安装工程的援外工作。行政编制为 400 人。

2. 组织机构

1979 年，国家建筑工程总局机关设：科技局、财务经济局、机关党委、劳动工资局、干部局、机械局、外事局、教育局、设计局、基建与物资局、施工局、施工企业局。

1981 年，国家建筑工程总局机关设：办公厅、科技局、财务经济局、劳动工资局、干部局、机械局、外事局、教育局、设计局、基建物资局、施工局、直属企业局、纪检组。

3. 领导任免

1979 年 5 月 4 日，中央组织部下发文件任命萧桐为国家建筑工程总局局长、党组书记；阎子祥为国家建筑工程总局副局长、党组副书记；刘一心、孟侃、张哲民、冯舜华、程希、袁镜身、张恩树为国家建筑工程总局副局长、党组成员；王瑞峰为国家建筑工程总局顾问。

1979 年 12 月 28 日，中共中央组织部下发文件任命刘一心兼国家建筑工程总局纪律检查组组长。

1981 年 11 月 6 日，国务院任命廉仲为国家建筑工程总局副局长，王建业为国家建筑工程总局顾问。

**国家建筑工程总局（1979年3月至1982年5月）
领导任免情况表**

职　务	姓　名	任免时间（年月）	备　注
局长 党组书记	萧　桐	1979.5~1982.5	
副局长 党组副书记	阎子祥	1979.5~1982.5	
副局长 党组成员	刘一心	1979.5~1982.5	
	孟　侃	1979.5~1982.5	
	张哲民	1979.5~1982.5	
	冯舜华	1979.5~1982.5	
	程　希	1979.5~1982.5	
	袁镜身	1979.5~1982.5	
	张恩树	1979.5~1982.5	
	廉　仲	1981.11~1982.5	

4. 国家建筑工程总局并入城乡建设环境保护部

1982 年 5 月 4 日，第五届全国人大常委会第二十三次会议通过《关于国务院部委机构改革实施方案的决议》，国家建筑工程总局并入城乡建设环境保护部。

（二）国家城市建设总局（1979 年 3 月至 1982 年 5 月）

1. 主要任务和职责

1979 年 3 月 12 日，国务院批准国家城市建设总局的业务范围为：负责制定全国城市建设的制度、标准、法规等立法性工作。指导和组织城市规划工作,参与经济建设的区域规划工作。组织管理公用事业和市政工程(包括城市供水、排水、煤气、供热、道路、桥梁、公共交通及防洪等)的生产、建设与维护。负责住宅建设、房屋管理(包括私有房产)、城市园林绿化和自然风景区的建设与维护,以及城市的环境卫生。管理城建专用机械设备的生产和分配。组织协调城市建设方面的科学研究和学校教育工作。负责城建业务的对外交流和援外等工作。行政编制定为250人。

1979年5月7日,国家城市建设总局发出《关于国家城市建设总局正式办公和启用印章的通知》,决定自5月10日起正式办公,启用总局印章。

2. 组织机构

1979年城市建设总局机关设置为:办公厅、政策研究室、科教局、规划局、房产局、市政工程局、环卫局、公用局、人防办公室、人事处、计划物资局、园林局。

3. 领导任免

1979年5月,邵井蛙担任国家城市建设总局局长、党组书记。

1980年7月22日,召开局长办公会议,明确总局领导分工为:邵井蛙,负责总局全面工作;丁秀,协助邵井蛙管理全局工作,主管计划物资局、环境卫生局;曹洪涛,主管城市规划局、城市规划设计研究所;秦仲芳,主管房产住宅局、园林绿化局;顾康乐,主管科教设计局;吴力永,主管办公厅、市政

国家城市建设总局(1979年3月至1982年5月)
领导任免情况表

职 务	姓 名	任免时间(年月)	备 注
局长 党组书记	邵井蛙	1979.5~1982.5	
副局长 党组副书记	丁 秀	1979.5~1982.5	
副局长 党组成员	曹洪涛	1979.5~1982.5	
	秦仲芳	1979.5~1982.5	
	顾康乐	1979.5~1982.5	
	吴力永	1979.5~1982.5	
	魏 伯	1980~1982.5	

工程局、人防办公室；魏伯，主管公用事业局、政策研究室，协助顾康乐管理科教设计局。

4. 国家城市建设总局并入城乡建设环境保护部

1982 年 5 月 4 日，第五届全国人大常委会第二十三次会议通过《关于国务院部委机构改革实施方案的决议》，国家城市建设总局并入城乡环境保护部。

（三）其他代管机构

1. 国家测绘总局

1979 年 3 月，国家测绘总局从国家基本建设委员会中独立出来，为国务院直属机构，由国家基本建设委员会代管。

之前，1956 年 1 月 23 日，第一届全国人大常委会第三十一次会议决定设立国家测绘总局；1970 年 6 月 22 日，中共中央批准将国家测绘总局与总参测绘局合并，归总参谋部领导；1973 年 5 月 23 日，国务院、中央军委发出《关于调整测绘部门体制的通知》，决定国务院重建国家测绘总局，对重建工作提出的原则之一是国家测绘总局属国务院建制，归国家建委领导。

1982 年 5 月 4 日，第五届全国人大常委会第二十三次会议通过《关于国务院部委机构改革实施方案的决议》，国家测绘总局并入城乡建设环境保护部。

国家测绘总局（1979年3月至1982年5月）
领导任免情况表

职　务	姓　名	任免时间（年月）	备　注
局长 党组书记	王大钧	1979.5~1982.5	
副局长 党组副书记	李　青	1979.5~1982.5	
	李廷赞	1979.5~1982.5	
副局长 党组成员	杨磊光	1979.5~1982.5	
	李思敬	1979.5~1982.5	
	张俊才	1979.5~1982.5	
	杨星五	1979.5~1982.5	
	洪　枫	1981~1982.5	

2. 国务院环境保护领导小组办公室

1974 年 5 月，国务院环境保护领导小组成立，它是由国务院专设的环境保护领导机构，负责统一管理全国的环境保护工作。1979 年 5 月，国务院环境保护领导小组办公室由国家基本建设委员会代管。1982 年国务院环境保护领导小组撤销，其办公室并入新成立的中华人民共和国城乡建设环境保护部。

**国务院环境保护领导小组办公室(1979年3月至1982年5月)
领导任免情况表**

职　务	姓　名	任免时间(年月)	备　注
主　任	李超伯	1979.3~1982.5	
副主任	孙靖韬	1979.3~1982.5	
	陈西平	1979.3~1982.5	
党组成员	徐　勋	1979.3~1982.5	
	张树中	1979.3~1982.5	
	苏　民	1979.3~1982.5	
	曲格平	1979.3~1982.5	

第四章 城乡建设环境保护部时期

（1982 年 5 月至 1988 年 4 月）

1982 年 5 月 4 日，第五届全国人大常委会第二十三次会议通过《关于国务院部委机构改革实施方案的决议》，决定将国家城市建设总局、国家建筑工程总局、国家测绘总局和国家基本建设委员会的部分机构，以及国务院环境保护领导小组办公室合并，成立城乡建设环境保护部。

1982 年 5 月 5 日，城乡建设环境保护部开始办公，办公地点设在北京西郊百万庄（原国家建委办公大楼）。5 月 27 日，启用新印章。

城乡建设环境保护部简称"建设部"。

第一节 主要任务和职责

城乡建设环境保护部是国务院主管城乡建设、环境保护、建筑业和测绘工作的职能部门。其主要任务是：贯彻执行中央和国务院的有关方针政策和指示，根据国家的社会、经济发展计划，拟定城乡建设环境保护工作的方针、政策和法规，指导全国城市、县镇、乡村的规划和建设，防治环境的污染和破坏，为城乡人民创造良好的生产和生活环境。

其主要职责是：

1. 编制全国城市建设、环境保护、建筑工程的中长期计划和年度计划，经国家批准后，负责组织实施。

2. 指导和组织城市规划工作。会同国家计委，负责审查城市总体规划，做好城市总体规划与国民经济发展计划的衔接工作，参与区域规划和国家重大建设项目的选址以及城市能源、通讯、交通等的规划工作。

3. 指导城市的市政公用事业和市容、园林绿化的管理工作。管理城市煤气、供热、供水及城市行政区划内的公共交通及其邻近地区的客运交通；根据水利部门城市地下水资源的开发规划，负责城市地下水资源的分配、利用和管理工作；负责城市道路桥梁、防洪、排水及污水处理设施的建设和维护；管理城市维护和建设的专用资金；管理城市和风景名胜区及风景名胜区内的古建筑、古建筑遗址的规划和环境保护工作。

4. 负责城市住宅建设和公房、私房及地产的管理工作，编制住宅建设计划，制定有关政策、法规，会同物价、财政部门制定房租标准，参与财政部门制定房产税收政策。

5. 指导乡村居民点、村庄、集镇的规划和建设。

6. 管理环境保护工作，保护水质、大气、土壤、海洋环境和自然环境，防治环境污染，保持生态平衡；制定环境保护规划、法规和标准；在国家经委的组织协助下，负责对新工矿区和大中型建设项目以及现有企业技术改造中的环境保护工作的监督检查；审批环境保护影响报告书；负责自然保护区的统筹规划和有关方针、政策、法规的研究制定，以及有关工作的协调等；归口管理野生动植物和珍稀物种的保护和出口管制工作。具体管理工作，仍由各专业部门负责。

7. 主管建筑业。负责制定建筑业的发展规划和计划；负责城乡国营和集体建筑勘察设计单位、建筑施工企业的注册登记审查管理工作，农村建筑队进入城镇施工的审批管理工作，平衡调度建工、城建系统的施工力量；负责组织行业内部的经济联合；负责制定城乡建筑工程和市政工程设计、施工的标准、规范、规程，以及设计、施工的概预算、材料、能源、劳动定额与费用标准；负责审批大型民用建筑、市政工程和有关环境的设计方案，以及通用的工业厂房和民用建筑的标准设计；管理工程抗震和建筑附建式人防工作；负责部范围内的对外经援项目的承建工作，管理对外承包和劳务出口工作。

8. 管理全国基本测绘工作，组织制定全国性的测绘法规，指导有关部门的测绘业务。

9. 负责管理批准的城市（包括市、县城、镇、工矿区）规划区范围内的土地。

10. 管理建筑机械、市政公用事业专用设备的生产和分配，组织协调地方建筑材料、建筑制品的生产；负责防治污染设备的生产规划、科研和鉴定工作。

11. 领导本系统的勘察、设计、施工、科研、教育、出版事业和外事工作。

第二节　人员编制、内设机构

1982 年 10 月 29 日，国务院发出《关于城乡建设环境保护部机构编制的批复》，核定机关行政编制总额为 895 人，批准内设下列机构：办公厅、政策研究室、计划财务局、劳动工资局、科学技术局、外事局、教育局、干部局、机关事务局、设计局、材料设备局、城市规划局、城市住宅局、市政公用事业局、市容园林局、乡村建设局、环境保护局、建筑管理局、机械管理局。同时设机关党委和纪律检查组。另设国家测绘局。

1982 年 6 月，国务院批准，在原国家建筑工程总局所属的中国建筑工程公司基础上成立中国建筑工程总公司，由城乡建设环境保护部领导，负责管理直属的勘察、设计、施工、生产单位，并对各省、市、自治区的分公司进行业务指导；管理其对外承包和劳务合作等方面的业务；审查本公司联营企业的资格、确定企业的经营范围，有计划地开拓国际市场。

1983 年 6 月 21 日，国务院批准增设老干部局，人员编制由部编制内调剂解决。

1984 年 7 月 24 日，经国务院领导同志批准，城市规划局改由城乡建设环境保护部、国家计委双重领导，以城乡建设环境保护部为主，对外有两个名称，即：国家计划委员会城市规划局、城乡建设环境保护部城市规划局。

1984 年 5 月 8 日，国务院决定成立国务院环境保护委员会。同年 10 月 25

日，将环境保护局，改为国家环境保护局，作为国务院环境保护委员会的办事机构，仍隶属城乡建设环境保护部领导。

1985年8月9日，经国务院批准，市政公用事业局、市容园林局合并为城市建设管理局，机械管理局和材料设备局合并为机械管理局。

1986年12月8日，政策研究室改名为政策法规局，乡村建设局改名为乡村建设管理局，建筑管理局改名为建筑业管理局。

1987年4月11日，城市住宅局改名为房地产业管理局。

城乡建设环境保护部内设机构如图12所示。

城乡建设环境保护部内设机构图（1982-1988年）

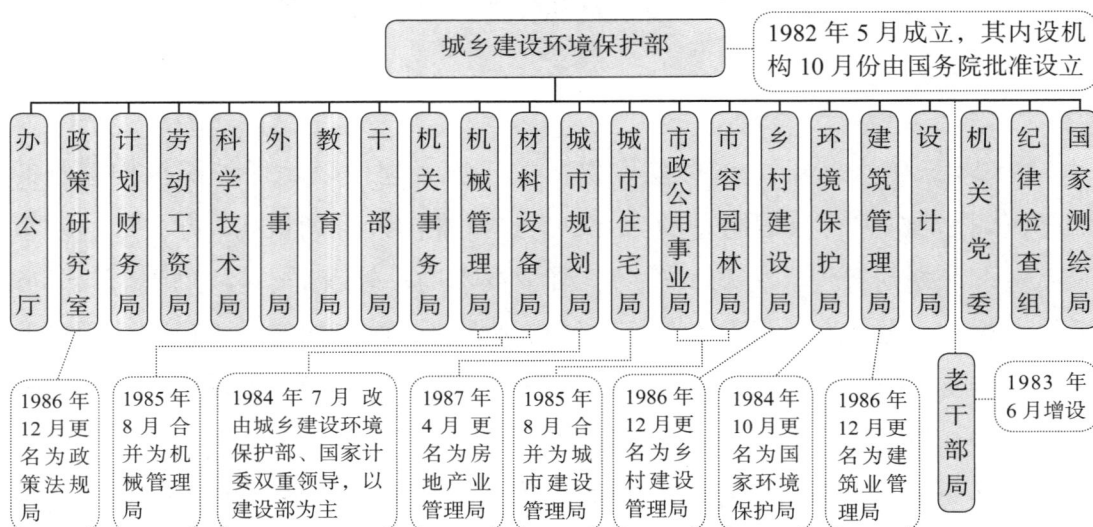

图12

第三节　领导任免

1982年4月7日，中共中央任命李锡铭为城乡建设环境保护部部长、党组书记，谢北一为副部长、党组副书记，萧桐、戴念慈为副部长、党组成员，李景昭、李超伯、曹洪涛为顾问。

1982 年 12 月 6 日，中共中央任命廉仲任城乡建设环境保护部副部长、党组副书记，杨慎、许溶烈任党组成员。

1983 年 7 月 10 日，中共中央任命储传亨任城乡建设环境保护部副部长、党组成员。

1984 年 5 月 24 日，中共中央任命李锡铭为北京市委书记，免去其城乡建设环境保护部部长、党组书记职务，任命芮杏文为城乡建设环境保护部部长、党组书记（仍兼任国家计委副主任、党组成员）。

1985 年 6 月 1 日，中共中央决定调芮杏文到上海市任市委委员、常委、书记，免去其城乡建设环境保护部部长、党组书记和国家计委副主任、党组成员职务。

1985 年 11 月 18 日，中共中央任命叶如棠为城乡建设环境保护部部长、党组书记。

1985 年 12 月 26 日，中共中央任命杨慎为城乡建设环境保护部副部长，任命周干峙为副部长、党组成员，任命叶维钧为党组成员，免去萧桐、戴念慈副部长、党组成员职务。

1986 年 12 月 7 日，中共中央批准廉仲兼任中央纪委驻城乡建设环境保护部纪律检查组组长，免去邵井蛙纪律检查组组长职务。

城乡建设环境保护部（1982年5月至1988年4月）领导任免情况表

职　务	姓　名	任免时间（年月）	备　注
部长 党组书记	李锡铭	1982.4~1984.5	
	芮杏文	1984.5~1985.6	
	叶如棠	1985.11~1988.4	
副部长 党组副书记	谢北一	1982.4~1982.8	
	廉　仲	1982.12~1988.4	
副部长 党组成员	萧　桐	1982.4~1985.12	
	戴念慈	1982.4~1985.12	
	储传亨	1983.7~1988.4	
	杨　慎	1985.12~1988.4	
	周干峙	1985.12~1988.4	
党组成员	杨　慎	1982.12~1985.12	
	许溶烈	1982.12~1988.4	
	叶维钧	1985.12~1988.4	

第五章 建设部时期

（1988 年 4 月至 2008 年 3 月）

第一节 1988 年 4 月至 1993 年 4 月

1988 年 4 月 9 日，第七届全国人大第一次会议批准国务院机构改革方案。为加强对全国建设工作的综合管理，决定撤销城乡建设环境保护部，组建建设部，原国家计委主管的基本建设方面的勘察设计、建筑施工、标准定额工作及其机构划归建设部。

1988 年 4 月 22 日，启用"中华人民共和国建设部"印章，原"中华人民共和国城乡建设环境保护部"印章停止使用。办公地点仍在北京西郊百万庄（北京市海淀区三里河路 9 号）。

一、基本职能与归口管理机构

新组建的建设部是国务院领导下综合管理全国建设事业的职能部门，其基本职能包括四个方面：一是对全国各部门、各地区基本建设的勘察设计、建筑施工进行综合管理和监督，会同国家计委组织制定各行业建设项目的标准定额；二是规划和指导全国城市建设和村镇建设；三是归口管理全国建筑业、房地产业和市政公用事业；四是开拓国外建筑市场，发展对外工程承包，带动建筑材料和机械设备出口。

建设部的主要职责包括：

1. 研究制定工程建设、城市建设、村镇建设、建筑业、房地产业和市政公用事业的方针政策和行政法规，并检查监督其执行情况。

2. 根据国民经济和社会发展的战略目标和规划，研究制订城市建设、村镇建设、建筑业、房地产业的发展战略及中长期规划、年度计划，并指导其实施。

3. 制订行业的体制改革方案，及时总结经验，不断完善各项改革措施。

4. 制订行业的科技发展规划和技术政策，组织重大科技项目攻关、新技术开发、技术引进及其消化推广工作，不断推动技术进步。

5. 统筹协调本系统人才培养规划，指导职工队伍的培训和继续教育，归口管理全国建筑、城建专业的人才培养规格和规范。

6. 研究制定工程建设实施阶段标准定额的方针政策及规章制度；受国家计委委托，研究制定建设项目决策阶段标准定额和工程造价管理的方针政策及规章制度，组织制定建设项目经济评价方法、评价参数以及各类建设项目的建设标准、投资估算指标、建设工期定额；与国家技术监督局联合发布工程建设国家标准；制定归口产品的标准，建立和健全归口产品的行业质量监督、检测认证体系，审查颁发生产许可证。

7. 统筹规划全国设计和施工力量的发展，指导全国设计、施工工作，组织制定施工企业、设计单位、房地产开发公司、工程总承包公司、工程咨询公司、建筑制品生产企业的资格等级标准，并按审批权限审批新开办的上述各类公司、企业。

8. 归口管理工程建设的施工监理工作；会同国家计委组织制定工程建设招标投标法规；指导与监督设计、施工招标投标活动，维护招标投标双方的合法权益；负责建筑市场的管理；建立和健全工程的行业质量监督、检测体系，检查监督重大工程质量事故和伤亡事故的调查处理。

9. 研究制订全国城市发展规划，指导和管理城市规划、城市勘察和市政工程测量工作；负责国务院交办的城市总体规划和历史文化名城的审查报批工作；参与制订国土规划和区域规划。

10. 指导和管理全国城镇住宅建设，城市土地使用权有偿转让，负责房地产行业管理、房政管理和房地产开发经营管理，参与指导住房制度改革、房屋商品化工作。

11. 指导和管理全国城市的市政设施、公用事业、园林绿化、环境卫生工作，归口管理全国城市节约用水、城市规划区地下水的开发利用和保护；主管全国风景名胜区的规划建设工作。

12. 指导全国村镇的规划和建设工作。

13. 积极开拓国外建筑市场，发展对外工程承包；带动建筑材料和机械设备的出口，为国家多创外汇。

14. 管理对外经济技术合作、学术交流和其他外事工作。

15. 指导和管理城镇建设及工业与民用建筑的抗震、设防和建筑附建式人防工作。

16. 管理部机关和直属企事业单位的干部工作；指导与管理部机关、直属单位与行业的劳动工资工作。

关于建设部、国家测绘局与国家土地管理局在土地管理职能方面的分工问题，1990 年 5 月 19 日，国务院发出《国务院批转机构改革办公室对建设部、国家测绘局与国家土地管理局有关职能分工意见的通知》（国发〔1990〕31号），明确了城市规划与建设用地管理、城市综合开发与建设用地管理、土地与房屋的权属管理、国有土地使用权的出让和转让、地籍管理和地籍测绘管理等问题。

国家测绘局由建设部归口管理；中国建筑工程总公司由建设部归口管理。

二、人员编制与内设机构

1988 年 10 月 19 日，国家机构编制委员会发出《关于核定行政编制总数的通知》，核定建设部行政机关干部和后勤人员的编制总额为 716 人（其中工勤人员 66 人）。1988 年 10 月 12 日，国家机构编制委员会批准建设部增设总工程师、总规划师各一名，原来级别不变，核准司局级领导干部职数增加 4 人，总数不超过 49 名（不含机关党委和监察、审计机构）。

1990 年 10 月 30 日，国家机构编制委员会对建设部报送的"三定"方案进行修改后，印发了《建设部"三定"方案》，批准建设部行政编制定为 645名，后勤附属编制 71 名；批准建设部设部长 1 人，副部长 4 人，总规划师 1 人，总工程师 1 人，司级领导职数不超过 49 人（不含机关党委和监察、审计机构的司级领导职数）。

根据国家机构编制委员会《关于印发建设部"三定"方案的通知》（国机中编〔1990〕14 号），建设部下设 15 个司（厅）：办公厅、综合计划财务司、体改法规司、科技发展司、人才开发司、标准定额司、建设监理司、城市规划司、设计管理司、施工管理司、房地产业司、城市建设司、村镇建设司、国际合作司、人事劳资司。此外还设监察局、审计局、直属机关党委、老干部局。

建设部（1988–1993 年）内设机构如图 13 所示。

建设部内设机构图（1988–1993 年）

图 13

三、部领导和三总师任免

1988 年 3 月 5 日，中央批准成立建设部筹备组，组长：林汉雄，成员：叶如棠、干志坚、储传亨。

1988 年 4 月 12 日，杨尚昆签署七届第 2 号主席令，任命林汉雄为建设部部长。

1988 年 7 月 11 日，经部务会议研究，并征得国务院领导同志同意，建设部决定任命储传亨为建设部总规划师，杨慎为总经济师，许溶烈为总工程师。

1988 年 11 月 19 日，国务院任命谭庆琏为建设部副部长。

1991 年 1 月 19 日，中共中央决定任命侯捷为建设部部长，免去林汉雄建设部部长职务。3 月 2 日，杨尚昆签署七届第 42 号主席令，任命侯捷为建设部部长，免去林汉雄的建设部部长职务。

1991年4月29日，中共中央同意成立建设部党组，任命侯捷为建设部党组书记，叶如棠为党组副书记。

1991年5月20日，中共中央任命郭锡权为中央纪委驻建设部纪律检查组组长。

1992年1月31日，经中组部组任字〔1992〕5号文件批准，建设部党组任命杨思忠、谭克文为党组成员。

1992年3月12日，中共中央同意免去干志坚建设部副部长职务。

1992年8月20日，中共中央同意调李振东任建设部副部长、党组成员（排在周干峙之前）。

1992年11月8日，建设部党组决定任命杨思忠为总经济师。

建设部（1988年4月至1993年4月）领导任免情况表

职　务	姓　名	任免时间（年月）	备　注
部长 党组书记	林汉雄	1988.4~1991.3	未担任过党组书记
	侯　捷	1991.3~1993.3	1991年4月起担任党组书记
常务副部长 党组副书记	叶如棠	1988.4~1993.4	1991年4月起担任党组副书记
副部长 党组成员	干志坚	1988.4~1992.3	
	周干峙	1988.4~1993.5	
	谭庆琏	1988.11~1993.4	
	李振东	1992.8~1993.4	
中纪委驻部 纪检组长	郭锡权	1991.5~1993.4	
党组成员	杨思忠	1992.1~1993.4	
	谭克文	1992.1~1993.4	
三总师	储传亨（总规划师）	1988.7~1993.4	
	杨　慎（总经济师）	1988.7~1992	
	许溶烈（总工程师）	1988.7~1993.4	
	杨思忠（总经济师）	1992.11~1993.4	

第二节　1993年4月至1998年3月

1993年3月22日，第八届全国人民代表大会第一次会议审议通过了国务院机构改革方案。4月19日，国务院印发《关于国务院机构设置的通知》（国发〔1993〕25号），决定保留建设部，作为41个国务院组成部门之一。

1993年12月9日，国务院办公厅印发《国务院办公厅关于印发建设部和建设部管理的国家测绘局职能配置、内设机构和人员编制方案的通知》（国办发〔1993〕88号），确定了建设部"三定"方案。

一、职能调整和主要职能

根据国办发〔1993〕88号文件精神，建设部是国务院综合管理全国建设事业（工程建设、城市建设、村镇建设、建筑业、房地产业、市政公用事业）的职能部门。

此次机构改革，建设部加强的职能有：制定建筑业、房地产业、市政公用事业的产业政策、发展战略和中长期规划，推动行业的改革与发展；加强工程建设、城乡建设和建设行业的法制工作和行政执法监督；培育和发展全国建筑市场和房地产市场，规范市场行为，更多更好地发挥市场机制的作用；指导和推进城镇住宅建设，研究制订国家公务员住宅控制标准和解决社会低收入者住宅的有关政策。

取消、弱化和转移的职能主要有：将属于地方政府的职能下放给地方，包括市政公用工程项目的审批，城乡规划、建设、管理的具体业务，工程建设的地方标准定额，建筑业的百元产值工资含量包干系数、人工费单价的核定等；弱化计划管理的职能，减少审批事务，落实企业转换经营机制条例规定的十四项经营自主权；按照国务院规定，取消评优活动和达标升级活动，确需保留的授权或委托有关协会办理；现由部机关管理的职工培训、教材编写、信息交流和学术活动等，转交学会、协会办理。

调整后的建设部主要职责是：

1. 研究制定工程建设、城市建设、村镇建设、建筑业、房地产业、市政公用事业的方针、政策、法规以及相关的发展战略、产业政策、改革方案和中长期规划并指导实施。

2. 组织制定工程建设实施阶段的国家标准、全国统一定额和部管行业的标准定额，并与国家技术监督局联合发布国家标准；组织制定建设项目可行性研究经济评价方法、经济参数、建设标准、投资估价指标、建设工期定额、建设用地指标和工程造价管理制度，与国家计委等部门联合审定发布。

3. 制定工程建设设计、施工招标投标法规；指导与监督有关设计、施工的招标投标活动；综合管理工程监理工作；指导和规范建筑市场；负责工程勘察设计、建筑安装的行业管理；监督检查工程质量及施工安全。

4. 指导和管理全国城市规划、城市勘察和市政工程测量工作；负责国务院交办的城市总体规划的审查报批，会同国家文物局对历史文化名城进行审查报批，参与制订国土规划和区域规划；管理城市建设档案工作。

5. 指导全国城市供水、燃气热力、公共客运交通、市政设施、园林、绿化、市容和环境卫生工作；主管全国风景名胜区工作；综合管理城市计划用水、节约用水和城市规划区地下水的开发利用和保护工作；指导城市环境综合整治、城建监察和城市防洪排涝工作。

6. 负责房地产行业管理；指导城镇土地使用权有偿转让、房地产开发经营、房屋商品化工作，规范房地产市场；指导和推进城镇住宅建设；参与指导住房制度改革。

7. 指导全国集镇和村庄的规划、建设工作，推进村镇建设发展。

8. 制订行业科技发展规划、计划和技术经济政策，组织重大科技项目攻关和科技成果转化、推广，指导与管理重大技术引进工作。

9. 制订行业人才培养规划，指导职工队伍的培训和继续教育；受国家教委委托综合管理全国院校建筑、城建类专业的教育标准、培养规格；管理部属高校工作。

10. 综合管理全国城镇建设及工业与民用建筑的抗震设防和附建式人防工

程建设工作。

11.管理建设行业的对外经济技术合作和外事工作，指导企业开拓国外建筑市场和房地产市场，开展对外工程承包、房地产和劳务合作业务。

12.指导直属企事业单位的人事、劳资工作；指导行业的劳动工资、社会保险、劳动标准及专业技术职称工作。

按照国务院规定，国家测绘局和中国建筑工程总公司由建设部管理。

二、人员编制与内设机构

根据国办发〔1993〕88号文件规定，建设部机关行政编制为510名。其中，部长1名，副部长4名；考虑到一名副部长兼任国家土地局局长，可多配一名副部长；正副司长50名（含总规划师、总工程师、总经济师各1名，机关党委专职副书记2名）。

内设14个职能司（厅）：办公厅、计划财务司、体改法规司、科学技术司、建筑业司、勘察设计司、建设监理司、标准定额司、城市建设司、城市规划司、房地产业司、村镇建设司、外事司、人事教育劳动司。另设机关党委。

纪检、监察、审计等派驻机构和后勤、老干部服务机构及编制，按有关规定另行核定。

建设部（1993-1998年）内设机构如图14所示。

建设部内设机构图（1993-1998年）

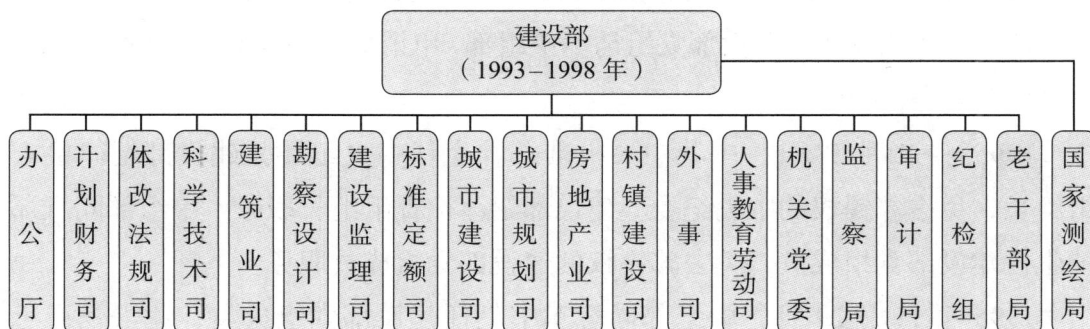

图14

三、部领导和三总师任免

1993 年 3 月 29 日，江泽民主席签署八届第 2 号主席令，任命侯捷为建设部部长。

1993 年 4 月 22 日，中共中央同意调毛如柏任建设部副部长，免去周干峙建设部副部长职务，中组部同意毛如柏任建设部党组成员，免去周干峙的建设部党组成员职务。5 月 16 日，国务院决定任命毛如柏任建设部副部长，免去周干峙的建设部副部长职务。

1993 年 8 月 19 日，中共中央同意邹玉川任建设部副部长，中组部同意邹玉川为建设部党组成员。10 月 16 日，建设部党组根据国务院国人字〔1993〕146 号文和中组部任字 184 号文，通知各有关单位：邹玉川任建设部副部长兼国家土地管理局局长、建设部党组成员。

1993 年 11 月 19 日，建设部党组任命宋春华为总规划师，免去储传亨的总规划师职务。

1993 年 12 月 24 日，经中组部批准，建设部党组任命宋春华为建设部党组成员，免去谭克文的建设部党组成员职务。

1994 年 6 月 17 日，建设部党组决定任命汪光焘为总工程师，免去许溶烈的总工程师职务。

1995 年 7 月 20 日，中组部同意免去宋春华的建设部党组成员职务。8 月 17 日，建设部党组决定免去宋春华的党组成员、总规划师职务。

1995 年 8 月 17 日，建设部党组决定免去汪光焘的总工程师职务。

1995 年 9 月 8 日，建设部党组请示中组部，申请免去杨思忠的部党组成员、总经济师职务。

1995 年 11 月 23 日，中共中央批准郑坤生任中央纪委驻建设部纪律检查组组长，免去郭锡权的中央纪委驻建设部纪律检查组组长职务，中组部同意郑坤生任建设部党组成员，免去郭锡权的建设部党组成员职务。

1995 年 11 月 24 日，中组部同意车书剑任建设部党组成员，免去杨思忠的建设部党组成员职务。

1996 年 5 月 10 日，建设部党组决定任命姚兵为总工程师，陈为邦为总规划师，张耀儒为总经济师。

1996 年 12 月 26 日，中共中央批准调赵宝江任建设部副部长，中组部同意赵宝江任党组成员。1997 年 1 月 27 日，国务院任命赵宝江为建设部副部长。

1997 年 8 月 13 日，中共中央决定：俞正声任建设部党组书记、建设部副部长，侯捷不再担任建设部党组书记职务。9 月 8 日，国务院决定任命俞正声为建设部副部长。

建设部（1993年4月至1998年3月）
领导任免情况表

职　务	姓　名	任免时间（年月）	备　注
部长 党组书记	侯　捷	1993.3~1997.8	
党组书记 副部长	俞正声	1997.8~1998.3	1998年3月起任党组 书记、部长
副部长 党组副书记	叶如棠	1993.4~1998.3	
副部长 党组成员	谭庆琏	1993.4~1998.4	
	李振东	1993.4~1998.3	
	毛如柏	1993.5~1997.9	1993年4月起任党组成员
	邹玉川	1993.8~1998.4	
	赵宝江	1997.1~1998.3	1996年12月起任党组成员
	宋春华	1998.1~1998.3	1997年12月起任党组成员
	郑一军	1998.1~1998.3	1997年12月起任党组成员
党组成员	谭克文	1993.4~1993.12	
	宋春华	1993.12~1995.8	
	杨思忠	1993.4~1995.9	
	车书剑	1995.11~1999.1	
中纪委驻部 纪检组长、党组成员	郭锡权	1993.4~1995.11	
	郑坤生	1995.11~1998.3	
三总师	储传亨（总规划师）	1993.4~1993.11	
	许溶烈（总工程师）	1993.4~1994.6	
	宋春华（总规划师）	1993.11~1995.8	
	汪光焘（总工程师）	1994.6~1995.8	
	杨思忠（总经济师）	1993.4~1995.9	
	姚　兵（总工程师）	1996.5~1998.3	
	陈为邦（总规划师）	1996.5~1998.3	
	张耀儒（总经济师）	1996.5~1998.3	

1997 年 8 月 13 日，中共中央决定毛如柏不再担任建设部副部长职务，调任宁夏回族自治区党委委员、常委、书记。中组部决定免去毛如柏的建设部党组成员职务。9 月 8 日，国务院决定免去毛如柏的建设部副部长职务。

1997 年 12 月 25 日，中共中央批准宋春华、郑一军任建设部副部长，中组部同意宋春华、郑一军任建设部党组成员。1998 年 1 月 8 日，国务院决定任命宋春华、郑一军为建设部副部长。

第三节　1998 年 3 月至 2008 年 3 月

1998 年 3 月 10 日，第九届全国人大第一次会议审议通过了国务院机构改革方案，建设部作为保留的部门，成为 29 个国务院组成部门之一。

1998 年 6 月 23 日，国务院办公厅印发《关于印发建设部职能配置内设机构和人员编制规定的通知》（国办发〔1998〕86 号），确定建设部"三定"方案。

一、职能调整和主要职能

根据国办发〔1998〕86 号精神，建设部划出的职能有：国家测绘局改由国土资源部管理；将组织制订有关的计划统计、财务会计的改革措施和规章制度职能，交给国家统计局和财政部；将城市规划区地下水资源的管理职能，交给水利部；将燃气用具的生产管理以及产品生产许可证管理职能，交给国家经济贸易委员会和国家质量技术监督局；将城市防洪职能，交给水利部；将建筑机械行业规划和行业管理职能，交给国家经济贸易委员会。

划入的职能有：拟定全国城镇住房制度综合配套改革的政策和方案并组织实施，指导城镇住房制度改革工作；组织协调建设企业参与国际工程承包和建筑劳务合作。

转变的职能有：部管各行业统计的具体工作，委托部信息中心承担；部管各行业科技成果评审、转化推广的具体工作，交给事业单位承担；部管各行业资质审核的具体工作，交给有关行业协会承担，建设部负责监督；城市出租汽车管理职能与住宅建成后住户室内装饰的指导职能，下放给地方人民政府，建设部与交通部、国家轻工业局均不再承担此项管理职能；工程建设标准、建设项目可行性研究经济评价方法、经济参数、建设标准、建设工期定额、建设用地指标和工程造价管理制度的编制和修订的具体工作，委托直属研究机构和有关社会中介组织承担；取消负责归口管理的行业产品许可证工作；城市计划用水、节约用水的具体管理工作，交给各城市人民政府承担。

根据以上职能调整，建设部主要职责是：

1. 研究拟定城市规划、村镇规划、工程建设、城市建设、村镇建设、建筑业、住宅房地产、勘察设计咨询业、市政公用事业的方针、政策、法规，以及相关的发展战略、中长期规划并指导实施，进行行业管理。

2. 指导全国城市规划、村镇规划、城市勘察和市政工程测量工作；负责国务院交办的城市总体规划和省域城镇体系规划的审查报批；参与土地利用总体规划的审查；承担对历史文化名城相关的审查报批和保护监督工作；管理城市建设档案。

3. 组织制定工程建设实施阶段的国家标准，由国家质量技术监督局统一编号并发布；组织制定和发布全国统一定额和部管行业标准、经济定额的国家标准；组织制定建设行业可行性研究经济评价方法、经济参数、建设标准、建设工期定额、建设用地指标和工程造价管理制度，与国家发展计划委员会等部门联合发布；监督指导各类工程建设标准定额的实施。

4. 指导全国建筑活动；规范建筑市场，指导监督建筑市场准入、工程招投标、工程监理以及工程质量和安全；拟定勘察设计、施工、建设监理和相关社会中介组织管理法规和规章并监督指导；组织协调建设企业参与国际工程承包、建筑劳务合作。

5. 指导全国城市和村镇建设；指导城市供水、节水、燃气、热力、市政设施、公共客运、园林、市容和环卫工作；指导城市规划区的绿化工作；负责对国家重点风景名胜区及其规划的审查报批和保护监督工作；指导城市规划区内地下水的开发利用与保护；指导城市市容环境治理和城建监察。

6. 指导全国住宅建设和城镇住房制度改革工作；负责住宅和房地产业行业管理；指导城镇土地使用权有偿转让和开发利用工作；指导规范房地产市场。

7. 负责制订各类房屋建筑及其附属设施和城市市政设施的建设工程的抗震设计规范；指导城市地下空间的开发利用。

8. 制订部管各行业科技发展规划和技术经济政策；组织重大科技项目攻关和成果推广，指导重大技术引进和创新工作。

9. 拟定高等院校建设类专业的教育标准、培养规格；指导部管各行业职工队伍的培训和继续教育工作。

10. 管理建设行业的对外经济技术合作和外事工作；指导企业开拓国外建筑市场和房地产市场。

11. 管理机关和直属事业单位的人事、机构编制工作；负责部管各行业的科技人才队伍建设、专业技术职称标准和执业资格的管理工作。

此外，国务院决定对国家重大建设项目实行稽查特派员制度，建设部应参与和配合此项工作，但不进行重复检查，待特派员办法出台后再相应调整职责分工。

二、人员编制与内设机构

根据国办发〔1998〕86 号文件规定,建设部机关行政编制为 275 名。其中：部长 1 名，副部长 4 名，司局级领导职数 45 名（含总规划师、总工程师、总经济师各 1 名和机关党委专职副书记）。离退休干部工作机构、机关后勤服务机构及编制，按有关规定另行核定。

内设 12 个职能司（厅）:办公厅、综合财务司、政策法规司、科学技术司、标准定额司、建筑管理司、勘察设计司、城乡规划司（村镇建设办公室）、城市建设司、住宅与房地产业司（住房制度改革办公室）、外事司、人事教育司。

另设机关党委。

2001 年 7 月 12 日，根据国务院第 100 次总理办公会议精神，为加大对建筑市场的监管力度，决定成立全国建筑市场稽查特派员办公室。

2001 年 11 月 6 日，根据中央机构编制委员会办公室《关于建设部内设机构调整的批复》，建设部内设机构作如下调整：

1. 撤销建筑管理司和勘察设计司。原由勘察设计司承担的"指导城市地下空间的开发利用"的职能转由城乡规划司承担。

2. 设立建筑市场管理司。负责指导和规范全国建筑市场，拟定规范建筑市场各方主体的市场行为以及工程招标投标、建设监理、合同管理、工程风险管理和工程勘察设计咨询市场的规章制度并监督执行；拟定建筑施工企业、建筑安装企业、建筑制品企业、建设监理单位、勘察设计咨询单位资质标准并监督执行；认定从事各类工程建设项目招标代理业务的招标代理机构的资格；组织协调建筑企业参与国际工程承包、建筑劳务合作；提出施工、监理和勘察设计咨询等专业技术人员执业资格标准。

3. 设立工程质量安全监督与行业发展司。负责提出建筑业发展战略、中长期规划、改革方案、规章制度、技术政策；提出工程勘察设计咨询业中长期规划、改革方案、产业政策、规章制度、技术政策；拟定建筑工程质量、建筑安全生产的政策、规章制度并监督执行；组织或参与工程重大质量事故、安全事故的调查处理；组织全国工程建设标准设计的审定、编制和推广；拟定各类房屋建筑及其附属设施和城市市政设施的建设工程抗震设计规范。

2002 年 3 月 26 日，中央机构编制委员会办公室批复建设部，同意住宅与房地产业司加挂住房公积金监督管理司牌子，具体承担全国住房公积金监督管理工作，拟订有关政策法规、制度办法，建立住房公积金信息管理系统，加强住房公积金管理和使用情况的监控。6 月 24 日，启用"住房公积金监督管理司"印章。

2004 年 8 月 23 日，经中央机构编制委员会批准，中央机构编制委员会办公室批复建设部，同意成立建设部稽查办公室，核定事业编制 32 名。2005 年 6 月 22 日，人事部复函建设部，同意建设部稽查办公室列入依照公务员制度管理范围。2005 年 7 月 5 日，建设部稽查办公室成立，原全国建筑市场稽查特派员办公室同时撤销。

2005 年 1 月 25 日，根据中央机构编制委员会办公室《关于建设部独立设置村镇建设办公室的批复》（中央编办复字〔2004〕183 号），村镇建设办公室从规划司独立出来，单独设置村镇建设办公室，承担村镇建设指导工作。城乡规划司不再承担村镇建设指导职责。

2007 年 12 月，经中央机构编制委员会办公室同意，与住宅与房地产业司合署的住房公积金监督管理司（住房制度改革办公室）独立设置，并更名为住房保障与公积金监督管理司（住房制度改革办公室）。主要职责是：贯彻国家关于推进城镇住房制度改革的方针、政策和措施并组织实施；指导城镇住房制度改革工作；拟定住房保障的政策法规并监督执行，指导廉租住房建设；拟定住房公积金的归集、管理、使用和监督制度，建立健全住房公积金监督网络，建立并管理住房公积金信息系统，负责对住房公积金和保障性资金管理和使用情况的监督管理；建立并管理住房公积金监督举报系统，受理投诉举报，查处住房公积金管理的重大违纪案件。2007 年 12 月 12 日，启用"建设部住房保障与公积金监督管理司"印章。

建设部（1998-2008 年）内设机构如图 15 所示。

建设部内设机构图（1998-2008 年）

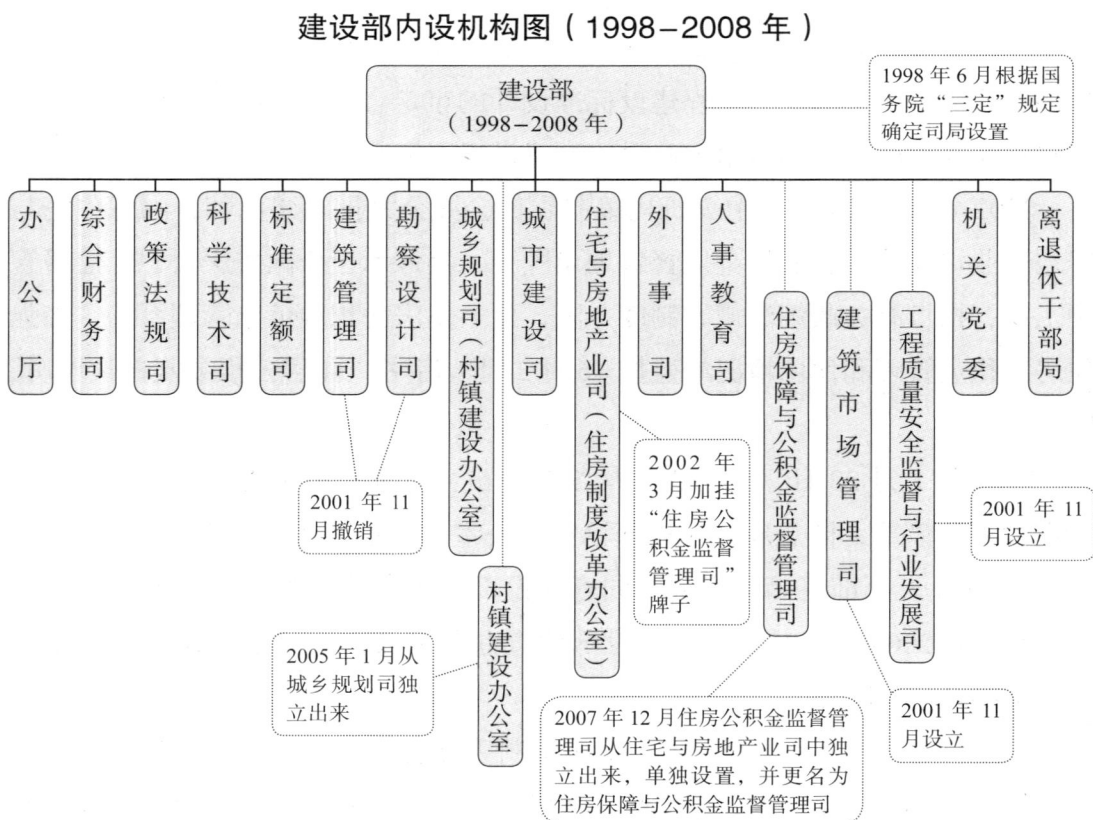

图 15

三、部领导和三总师任免

1998年3月18日，江泽民主席签署九届第2号主席令，任命俞正声为建设部部长。

1998年3月20日，中共中央批准刘志峰任建设部副部长（排在赵宝江同志之后），免去谭庆琏、邹玉川的建设部副部长职务，中组部同意刘志峰任建设部党组成员，免去谭庆琏、邹玉川的建设部党组成员职务。4月9日，国务院决定任命刘志峰为建设部副部长（排在赵宝江同志之后），免去谭庆琏、邹玉川的建设部副部长职务。

1998年5月20日，中共中央批准免去李振东的建设部副部长职务，中组部决定免去李振东的建设部党组成员职务。6月28日，国务院决定免去李振东的建设部副部长职务。

1998年7月17日，建设部党组任命徐义屏为总经济师兼标准定额司司长。

1999年1月4日，中组部同意免去车书剑的建设部党组成员职务（任命车书剑为国务院稽查特派员）。

1999年3月30日，中组部同意傅雯娟任建设部党组成员。

1999年11月26日，中共中央批准调郑坤生任新华通讯社香港分社社长、香港工委纪律检查组组长，中组部决定调郑坤生任香港工委委员，免去郑坤生的建设部党组成员职务。12月9日，国务院决定任命郑坤生为新华通讯社香港分社副社长。

1999年12月16日，中组部同意储传亨、干志坚、廉仲离职休养。

1999年12月21日，建设部党组决定免去陈为邦总规划师职务，办理退休手续。

2000年10月8日，中共中央批准姚兵任中央纪委驻建设部纪检组组长，中组部同意姚兵任建设部党组成员。

2000年11月1日，建设部党组决定免去姚兵总工程师职务，任命金德钧为总工程师兼建筑管理司司长。

2001年2月8日，中共中央批准免去叶如棠的建设部副部长职务。2月22日，国务院决定免去叶如棠的建设部副部长职务。

2001 年 6 月 7 日，中共中央批准傅雯娟任建设部副部长，免去赵宝江、宋春华的建设部副部长职务。6 月 20 日，国务院决定任命傅雯娟为建设部副部长，免去赵宝江、宋春华的建设部副部长职务。6 月 7 日，中组部同意免去赵宝江、宋春华的建设部党组成员职务。

2001 年 6 月 7 日，中组部同意齐骥任建设部党组成员。

2001 年 8 月 9 日，建设部党组任命谢家瑾为总经济师兼住宅与房地产业司司长，免去徐义屏总经济师兼办公厅主任职务；任命陈晓丽为总规划师。

2001 年 8 月 23 日，中共中央批准刘志峰任建设部党组副书记。

2001 年 10 月 15 日，中组部同意郭锡权离职休养。

2001 年 10 月 25 日，中共中央批准仇保兴任建设部副部长，中组部决定仇保兴任建设部党组成员。11 月 12 日，国务院任命仇保兴为建设部副部长。

2001 年 11 月 21 日，中组部同意林汉雄离职休养。

2001 年 11 月 22 日，中共中央决定任命汪光焘为建设部党组书记、部长，调俞正声任湖北省委委员、常委、书记，免去其建设部党组书记、部长职务。12 月 29 日，江泽民主席签署九届第 66 号主席令，任命汪光焘为建设部部长，免去俞正声的建设部部长职务。

2003 年 8 月 27 日，国务院决定任命黄卫为建设部副部长，免去郑一军的建设部副部长职务。

2004 年 10 月 15 日，建设部党组决定任命王铁宏为总工程师，免去金德钧的总工程师职务。

2007 年 1 月 7 日，建设部党组决定免去陈晓丽的总规划师职务。

2007 年 1 月 18 日，中共中央批准齐骥任建设部副部长，免去刘志峰的建设部党组副书记和副部长职务。2 月 5 日，国务院决定任命齐骥为建设部副部长，免去刘志峰的建设部副部长职务。

2007 年 7 月 26 日，中共中央决定任命姜伟新为建设部党组书记，批准姜伟新任建设部副部长，免去汪光焘的建设部党组书记职务，改任党组成员。2007 年 8 月 10 日，国务院决定任命姜伟新为建设部副部长，免去其国家发展和改革委员会副主任职务。

2007 年 8 月 30 日，中共中央任命傅雯娟为中央纪委驻国家环境保护总局纪检组组长，免去其建设部副部长职务；中组部任命傅雯娟为国家环境保护总局党组成员，免去其建设部党组成员职务。9 月 8 日，国务院决定免去傅雯娟的建设部副部长职务。

2007 年 9 月 25 日，建设部党组决定免去谢家瑾的总经济师职务。

建设部（1998年3月至2008年3月）
领导任免情况表

职　务	姓　名	任免时间（年月）	备　注
部长 党组书记	俞正声	1998.3～2001.11	
	汪光焘	2001.11～2008.3	2007年7月起改任 部长、党组成员
副部长 党组书记	姜伟新	2007.7～2008.3	
副部长 党组副书记	叶如棠	1998.3～2001.2	
	刘志峰	2001.8～2007.2	
副部长 党组成员	赵宝江	1998.3～2001.6	
	刘志峰	1998.3～2001.8	
	宋春华	1998.3～2001.6	
	郑一军	1998.3～2003.8	
	仇保兴	2001.11～2008.3	
	傅雯娟	2001.6～2007.9	
	黄　卫	2003.8～2008.3	
	齐　骥	2007.2～2008.3	
党组成员	车书剑	1998.3～1999.1	
	傅雯娟	1999.3～2001.6	
	齐　骥	2001.6～2007.2	
中纪委驻部 纪检组长、党组成员	郑坤生	1998.3～1999.11	
	姚　兵	2000.10～2008.3	
三总师	姚　兵（总工程师）	1998.3～2000.11	
	徐义屏（总经济师）	1998.7～2001.8	
	陈为邦（总规划师）	1998.3～1999.12	
	金德钧（总工程师）	2000.11～2004.10	
	谢家瑾（总经济师）	2001.8～2007.9	
	陈晓丽（总规划师）	2001.8～2007.1	
	王铁宏（总工程师）	2004.10～2008.3	

第六章　住房和城乡建设部时期

（2008 年 3 月－　　　　）

2008 年 3 月 11 日，第十一届全国人大第一次会议听取了关于国务院机构改革方案的说明，决定组建住房和城乡建设部，不再保留建设部。3 月 15 日，会议通过了国务院机构改革方案。3 月 21 日，国务院印发了《国务院关于机构设置的通知》（国发〔2008〕11 号），住房和城乡建设部成为 27 个国务院组成部门之一。

2008 年 3 月 31 日，启用"中华人民共和国住房和城乡建设部"印章。

第一节　职责调整和主要职责

2008 年 7 月 10 日，国务院办公厅印发《住房和城乡建设部主要职责内设机构和人员编制规定》（国办发〔2008〕74 号），明确了住房和城乡建设部的职责调整内容、主要职责以及与有关部委的分工。

（一）调整的职责

1. 将原建设部的职责划入住房和城乡建设部。

2. 取消已由国务院公布取消的行政审批事项。

3. 取消住房和城乡建设领域个人执业资格行政审批的审查事项。

4. 将指导城市客运的职责划给交通运输部。

5. 将城市管理的具体职责交给城市人民政府，并由城市人民政府确定市政公用事业、绿化、供水、节水、排水、污水处理、城市客运、市政设施、园林、市容、环卫和建设档案等方面的管理体制。

6. 加快建立住房保障体系，完善廉租住房制度，着力解决低收入家庭住房困难问题。

7. 加强城乡规划管理，推进建筑节能，改善人居生态环境，促进城镇化健康发展。

（二）主要职能

调整后住房和城乡建设部的主要职能是：

1. 承担保障城镇低收入家庭住房的责任。拟订住房保障相关政策并指导实施，拟订廉租住房规划及政策，会同有关部门做好中央有关廉租住房资金安排，监督地方组织实施，编制住房保障发展规划和年度计划并监督实施。

2. 承担推进住房制度改革的责任。拟订适合国情的住房政策，指导住房建设和住房制度改革，拟订全国住房建设规划并指导实施，研究提出住房和城乡建设重大问题的政策建议。

3. 承担规范住房和城乡建设管理秩序的责任。起草住房和城乡建设的法律法规草案，制定部门规章，依法组织编制和实施城乡规划，拟订城乡规划的政策和规章制度，会同有关部门组织编制全国城镇体系规划，负责国务院交办的城市总体规划、省域城镇体系规划的审查报批和监督实施，参与土地利用总体规划纲要的审查，拟订住房和城乡建设的科技发展规划和经济政策。

4. 承担建立科学规范的工程建设标准体系的责任。组织制定工程建设实施阶段的国家标准，制定和发布工程建设全国统一定额和行业标准，拟订建设项目可行性研究评价方法、经济参数、建设标准和工程造价的管理制度，拟订公共服务设施（不含通信设施）建设标准并监督执行，指导监督各类工程建设标准定额的实施和工程造价计价，组织发布工程造价信息。

5. 承担规范房地产市场秩序、监督管理房地产市场的责任。会同或配合有关部门组织拟订房地产市场监管政策并监督执行，指导城镇土地使用权有偿转让和开发利用工作，提出房地产业的行业发展规划和产业政策，制定房地产开发、房屋权属管理、房屋租赁、房屋面积管理、房地产估价与经纪管理、物业管理、房屋征收拆迁的规章制度并监督执行。

6. 监督管理建筑市场、规范市场各方主体行为。指导全国建筑活动，组织实施房屋和市政工程项目招投标活动的监督执法，拟订勘察设计、施工、建设监理的法规和规章并监督和指导实施，拟订工程建设、建筑业、勘察设计的行业发展战略、中长期规划、改革方案、产业政策、规章制度并监督执行，拟订规范建筑市场各方主体行为的规章制度并监督执行，组织协调建筑企业参与国际工程承包、建筑劳务合作。

7. 研究拟订城市建设的政策、规划并指导实施，指导城市市政公用设施建设、安全和应急管理，拟订全国风景名胜区的发展规划、政策并指导实施，负责国家级风景名胜区的审查报批和监督管理，组织审核世界自然遗产的申报，会同文物等有关主管部门审核世界自然与文化双重遗产的申报，会同文物主管部门负责历史文化名城（镇、村）的保护和监督管理工作。

8. 承担规范村镇建设、指导全国村镇建设的责任。拟订村庄和小城镇建设政策并指导实施，指导村镇规划编制、农村住房建设和安全及危房改造，指导小城镇和村庄人居生态环境的改善工作，指导全国重点镇的建设。

9. 承担建筑工程质量安全监管的责任。拟订建筑工程质量、建筑安全生产和竣工验收备案的政策、规章制度并监督执行，组织或参与工程重大质量、安全事故的调查处理，拟订建筑业、工程勘察设计咨询业的技术政策并指导实施。

10. 承担推进建筑节能、城镇减排的责任。会同有关部门拟订建筑节能的政策、规划并监督实施，组织实施重大建筑节能项目，推进城镇减排。

11. 负责住房公积金监督管理，确保公积金的有效使用和安全。会同有关部门拟订住房公积金政策、发展规划并组织实施，制定住房公积金缴存、使用、管理和监督制度，监督全国住房公积金和其他住房资金的管理、使用和安全，管理住房公积金信息系统。

12. 开展住房和城乡建设方面的国际交流与合作。

（三）与有关部委的分工

1. 城市地铁、轨道交通方面的职责分工。住房和城乡建设部指导城市地铁、轨道交通的规划和建设，交通运输部指导城市地铁、轨道交通的运营。

2. 工程建设国家标准由国务院标准化行政主管部门统一编号并会同住房和城乡建设部联合发布。

第二节　人员编制与内设机构

根据国办发〔2008〕74号文件规定，住房和城乡建设部机关行政编制为345名（含两委人员编制10名、援派机动编制4名、离退休干部工作人员编制37名）。其中：部长1名、副部长4名，司局级领导职数57名（含总规划师1名、总工程师1名、总经济师1名、机关党委专职副书记2名、离退休干部局领导职数3名）。

住房和城乡建设部设15个内设机构：办公厅、法规司、住房改革与发展司（研究室）、住房保障司、城乡规划司、标准定额司、房地产市场监管司、建筑市场监管司、城市建设司、村镇建设司、工程质量安全监管司、建筑节能与科技司、住房公积金监管司、计划财务与外事司、人事司。

另设机关党委和离退休干部局。

住房和城乡建设部内设机构如图16所示。

住房和城乡建设部内设机构图（2008-2010年）

图16

第三节　部领导和三总师任免

2008年3月16日，中华人民共和国主席令第2号决定任命姜伟新为住房和城乡建设部部长。3月17日，中共中央决定成立住房和城乡建设部党组，姜伟新任党组书记。

2008年3月17日，中共中央批准仇保兴、陈大卫、黄卫、齐骥任住房和城乡建设部副部长，批准郭允冲任中央纪委驻住房和城乡建设部纪检组组长。3月18日，国务院任命仇保兴、陈大卫、黄卫、齐骥为住房和城乡建设部副部长。

2008年8月20日，住房和城乡建设部党组决定任命王铁宏为总工程师，李秉仁为总经济师。

2008年10月16日，中共中央提名黄卫为北京市副市长人选，免去其住

住房和城乡建设部（2008年3月至2010年12月）
领导任免情况表

职　务	姓　名	任免时间（年月）	备　注
党组书记、部长	姜伟新	2008.3～	
副部长 党组成员	仇保兴	2008.3～	
	陈大卫	2008.3～	
	黄　卫	2008.3～2008.11	
	齐　骥	2008.3～	
	郭允冲	2009.5～	
中纪委驻部纪检组长、 党组成员	郭允冲	2008.3～2009.4	
	龙新南	2009.4～2010.5	
	杜　鹃	2010.5～	
党组成员	姚　兵	2008.3～2008.8	
三总师	王铁宏（总工程师）	2008.3～2009.3	
	陈　重（总工程师）	2011.11～	
	李秉仁（总经济师）	2008.8～2011.4	
	唐　凯（总规划师）	2010.6～	

房和城乡建设部副部长职务。

2008 年 11 月 1 日，国务院决定免去黄卫的住房和城乡建设部副部长职务。

2009 年 3 月 13 日，住房和城乡建设部党组决定任命王铁宏为办公厅主任，免去其总工程师职务。

2009 年 4 月 30 日，中共中央批准郭允冲任住房和城乡建设部副部长，免去其中央纪委驻住房和城乡建设部纪检组组长职务，批准龙新南任中央纪委驻住房和城乡建设部纪检组组长。2009 年 5 月 10 日，国务院任命郭允冲为住房和城乡建设部副部长。

2010 年 5 月 27 日，中共中央批准杜鹃任中央纪委驻住房和城乡建设部纪检组组长，免去龙新南的中央纪委驻住房和城乡建设部纪检组组长职务。5 月 27 日，中组部任命龙新南为新华通讯社党组成员，免去其住房和城乡建设部党组成员职务。

2010 年 6 月 26 日，住房和城乡建设部党组决定任命唐凯为总规划师，免去其城乡规划司司长职务。

第二编

领导班子与内设机构

第一章 历届领导班子

第一节 建筑工程部
（1952–1965年）

1952年4月，成立中央财政经济委员会中央总建筑处。同年，成立中央人民政府建筑工程部。1954年，中央人民政府建筑工程部改称中华人民共和国建筑工程部，时间直到1958年。

第一任

部长、党组书记：

　　陈正人（1952.11~1954.8）（1953.4起任党组书记）

副部长、党组副书记：

　　万　里（1952.11~1954.9）

　　周荣鑫（1952.11~1954.9）（1952.9起任党组第一副书记，

　　　　1953.4起任党组副书记）

　　宋裕和（1952.11~1954.9）（1952.9起任党组第二副书记）

第二任

部长、党组书记：

　　刘秀峰（1954.8~1964.9）

副部长、党组副书记：

万　里（1954.10～1955.4）（1955.1 起任党组副书记）

周荣鑫（1954.10～1956）（1955.1 起为党组成员）

副部长、党组成员：

宋裕和（1954.10～1958.2）

杨春茂（1956.6～1958.2）

潘纪文（1956.6～1958.2）

许世平（1956.6～1958.2）

部长助理、党组成员：

杨春茂（1955.1～1956.6）

潘纪文（1955.1～1956.6）

许世平（1955.1～1956.6）

焦善民（1955.1～1957.3）

刘裕民（1956.5～1958.2）

1958 年 2 月，第一届全国人大第五次会议通过决议，撤销国家建设委员会、建筑材料工业部、建筑工程部、城市建设部，合并组建建筑工程部，时间直到 1965 年。

部长、党组书记：

刘秀峰（1958.3～1964.8）

李人俊（1964.8～1965.2）

副部长、党组副书记：

赖际发（1958.3～1965.3，1964.8 起任党组副书记）

副部长、党组成员：

宋裕和（1958.3～1965.3）

杨春茂（1958.3～1965.3）

孙敬文（1958.3～1958.9）

陈云涛（1958.3～1965.3）

潘纪文（1958.3～1959）

许世平（1958.3～1965.3）

刘裕民（1958.3～1965.3，1964.8 起任党组副书记）

部长助理、党组成员：

秦仲芳（1958.3～1958.6）

傅雨田（1958.3～1959）

王　涛（1958.3～1959）

王大钧（1958.3～1964）

第二节　国家基本建设委员会、建筑工程部、
国家建筑工程总局、国家城市建设总局
（1965–1982 年）

1965 年 3 月，建筑工程部分为建筑工程部和建筑材料工业部，成立国家基本建设委员会。

建筑工程部（1965 年 3 月至 1970 年 6 月）：

部长、党委书记：

刘裕民（1965.3～1970.6）

副部长、党委副书记：

汪少川（1965.5～1970.6）

副部长、党委委员：

许世平（1965.5～1970.6）

任朴斋（1966.2～1970.6）

苗树森（1966.2～1970.6）

李景昭（1966.2～1970.6）

何郝矩（1966.2～1970.6，未正式到职）

党委委员：

丁　秀（1965.5～1967）

阎子祥（1965.5~1970.6）

赵化风（1966.2~1970.6）

黄彬森（1965.5~1970.6）

国家基本建设委员会（1965 年 3 月至 1979 年 5 月）：

主任：

谷　牧（1965.3~1968.2）

副主任：

孙敬文（1965.3~1970.6）

刘裕民（1965.3~1970.6）

赵北克（1965.3~1970.6）

顾　明（1965.11~1970.6）

宋养初（1965.3~1970.6）

吕克白（1965.3~1970.6）

谢北一（1965.3~1970.6）

1970 年 6 月，国家基本建设委员会、建筑工程部、建筑材料工业部、中央基本建设政治部合并成立国家基本建设委员会。

革委会主任、党的核心小组组长：

李良汉（1970.6~1973.5）

谷　牧（1973.5~1975.10）

革委会副主任、党的核心小组成员：

赖际发（1970.6~1975.10）

张国传（1970.6~1975.10）

李大同（1970.6~1975.10）

刘让腾（1970.6~1975.10）

宋养初（1970.6~1975.10）

谢北一（1970.6~1975.10）

任朴斋（1970.6~1975.10）

党的核心小组成员：

陈　祯（1970.6~1975）（免职）

1975 年 10 月，取消革委会后，国家基本建设委员会的主要领导为：

主任、党的核心小组组长（1977 年改为党组书记）：

谷　牧（兼，1975.10~1979.3）

副主任、党的核心小组副组长（1977 年改为党组副书记）：

韩　光（1975.10~1979.3）

宋养初（1975.10~1979.3）

副主任、党的核心小组成员（1977 年改为党组成员）：

刘让腾（1975.10~1978）

赖际发（1975.10~1979.3）

彭　敏（1975.10~1979.3）

李人林（1975.10~1979.3）

谢北一（1975.10~1979.3）

张百发（1975.10~1979.3）

任朴斋（1975.10~1979.3）

白向银（1975.10~1979.3）

李景昭（1975.10~1979.3）

吕克白（1975.10~1979.3）

赵武成（1978.3~1979.3）

李超伯（1978.5~1979.3）

党的核心小组成员（1977 年改为党组成员）：

孙洪敏（1975.10~1979.3）

孙靖韬（1978~1979.3）

何广乾（1978~1979.3）

1979 年 5 月，国家基本建设委员会分为国家基本建设委员会、建筑材料工业部、国家建筑工程总局、国家测绘总局、国家城市建设总局和国务院环境保护领导小组办公室。三个总局和一个办公室由国家基本建设委员会代管。

国家基本建设委员会（1979 年 3 月至 1982 年 5 月）：

党组书记、主任：

　　谷　牧（1979.3~1980.12）

　　韩　光（1980.12~1982.5）

党组副书记、副主任：

　　彭　敏（1979.3~1982.5）

　　谢北一（1979.3~1982.5）

党组成员、副主任：

　　宋养初（1979.3~1982.5）

　　李人林（1979.3~1982.5）

　　张百发（1979.3~1982.5）

　　吕克白（1979.3~1982.5）

　　李景昭（1979.3~1982.5）

　　李超伯（1979.3~1982.5）

　　赵武成（1979.5~1982.5）

　　于　眉（1980.5~1980.9）

　　萧　桐（1981.6~1982.5）

　　王德瑛（1981.6~1982.3）

国家建筑工程总局（1979 年 3 月至 1982 年 5 月）：

局长、党组书记：

　　萧　桐（1979.5~1982.5）

副局长、党组副书记：

　　阎子祥（1979.5~1982.5）

副局长、党组成员：

　　刘一心（1979.5~1982.5）

　　孟　侃（1979.5~1982.5）

　　张哲民（1979.5~1982.5）

　　冯舜华（1979.5~1982.5）

程　希（1979.5~1982.5）

袁镜身（1979.5~1982.5）

张恩树（1979.5~1982.5）

廉　仲（1981.11~1982.5）

国家城市建设总局（1979 年 3 月至 1982 年 5 月）：

局长、党组书记：

邵井蛙（1979.5~1982.5）

副局长、党组副书记：

丁　秀（1979.5~1982.5）

副局长、党组成员：

曹洪涛（1979.5~1982.5）

秦仲芳（1979.5~1982.5）

顾康乐（1979.5~1982.5）

吴力永（1979.5~1982.5）

魏　伯（1980~1982.5）

国家测绘总局（1979 年 3 月至 1982 年 5 月）：

局长、党组书记：

王大钧（1979.5~1982.5）

副局长、党组副书记：

李　青（1979.5~1982.5）

李廷赞（1979.5~1982.5）

副局长、党组成员：

杨磊光（1979.5~1982.5）

李思敬（1979.5~1982.5）

张俊才（1979.5~1982.5）

杨星五（1979.5~1982.5）

洪　枫（1981~1982.5）

国务院环境保护领导小组办公室（1979 年 3 月至 1982 年 5 月）：

主任：

李超伯（1979.3~1982.5）

副主任：

孙靖韬（1979.3~1982.5）

陈西平（1979.3~1982.5）

徐　勋（1979.3~1982.5）

张树中（1979.3~1982.5）

苏　民（1979.3~1982.5）

曲格平（1979.3~1982.5）

第三节　城乡建设环境保护部
（1982—1988 年）

1982 年 5 月，第五届全国人大第二十三次会议决议，将国家基本建设委员会、国家城市建设总局、国家建筑工程总局、国家测绘总局合并，设立城乡建设环境保护部。

第一任

部长、党组书记：

李锡铭（1982.4~1984.5）

副部长、党组副书记：

谢北一（1982.4~1982.8）

廉　仲（1982.12~1984.5）

副部长、党组成员：

萧　桐（1982.4~1984.5）

戴念慈（1982.4～1984.5）

储传亨（1983.7～1984.5）

党组成员：

杨　慎（1982.12～1984.5）

许溶烈（1982.12～1984.5）

第二任

部长、党组书记：

芮杏文（1984.5～1985.6）

副部长、党组副书记：

廉　仲（1984.5～1985.6）

副部长、党组成员：

萧　桐（1984.5～1985.6）

戴念慈（1984.5～1985.6）

储传亨（1984.5～1985.6）

党组成员：

杨　慎（1984.5～1985.6）

许溶烈（1984.5～1985.6）

第三任

部长、党组书记：

叶如棠（1985.11～1988.4）

副部长、党组副书记：

廉　仲（1985.6～1988.4）

副部长、党组成员：

萧　桐（1985.6～1985.12）

戴念慈（1985.6～1985.12）

储传亨（1985.6～1988.4）

杨　慎（1985.12～1988.4）

周干峙（1985.12～1988.4）

党组成员：

许溶烈（1985.6～1988.4）

叶维钧（1985.12～1988.4）

第四节　建设部
（1988–2008 年）

（一）第一阶段（1988 年 4 月至 1993 年 4 月）

1988 年 4 月 9 日，第七届全国人大第一次会议批准国务院机构改革方案。1988 年 5 月，第七届全国人民代表大会第七次会议通过《关于国务院机构改革方案的决定》，撤销"城乡建设环境保护部"，设立"建设部"。

部长：

林汉雄（1988.4～1991.3）

部长、党组书记：

侯　捷（1991.3～1993.3；1991.4 任党组书记）

副部长、党组副书记（正部长级）：

叶如棠（1988.4～1993.4；1991.4 任党组副书记）

副部长、党组成员：

干志坚（1988.4～1992.3）

李振东（1992.8～1993.4）

周干峙（1988.4～1993.5）

谭庆琏（1988.11～1993.4）

中央纪委驻建设部纪检组组长、党组成员：

郭锡权（1991.5～1993.4）

总规划师、部务会议成员：

储传亨（1988.7~1993.4）

总经济师、部务会议成员：

　　杨　慎（1988.7~1992.4）

总经济师、党组成员：

　　杨思忠（1992.1~1995.11；1992.11~1993.4 任总经济师）

党组成员：

　　谭克文（1992.1~1993.4）

总工程师：

　　许溶烈（1988.7~1993.4）

（二）第二阶段（1993.4~1998.3）

1993 年 3 月 22 日，第八届全国人民代表大会第一次会议审议通过了国务院机构改革方案。4 月 19 日，国务院印发《关于国务院机构设置的通知》（国发〔1993〕25 号），决定保留建设部，作为 41 个国务院组成部门之一。

部长、党组书记：

　　侯　捷（1993.3~1997.8）

党组书记、副部长：

　　俞正声（1997.8~1998.3）

副部长、党组副书记（正部长级）：

　　叶如棠（1993.4~1998.3）

副部长、党组成员：

　　李振东（1993.4~1998.3）

　　谭庆琏（1993.4~1998.4）

　　毛如柏（1993.5~1997.9；1993.4 任党组成员）

副部长兼国家土地管理局局长、党组成员：

　　邹玉川（1993.8~1998.4）

副部长、党组成员：

　　赵宝江（1997.1~1998.3；1996.12 任党组成员）

　　宋春华（1998.1~1998.3；1997.12 任党组成员）

郑一军（1998.1~1998.3；1997.12 任党组成员）

中纪委驻部纪检组组长、党组成员：

郭锡权（1993.4~1995.11）

郑坤生（1995.11~1998.3）

党组成员、总经济师：

杨思忠（1993.4~1995.9）

党组成员：

宋春华（1993.12~1995.8）

车书剑（1995.11~1999.1）

总工程师：

许溶烈（1993.4~1994.6）

总规划师：

宋春华（1993.11~1995.8）

陈为邦（1996.5~1998.3）

总工程师：

汪光焘（1994.6~1995.8）

姚　兵（1996.5~1998.3）

总经济师：

张耀儒（1996.5~1998.3）

（三）第三阶段（1998.3~2008.3）

1998 年 3 月 10 日，第九届全国人大第一次会议审议通过了国务院机构改革方案，建设部作为保留的部门，成为 29 个国务院组成部门之一。

部长、党组书记：

俞正声（1998.3~2001.11）

汪光焘（2001.11~2008.3；2007.7 任部长、党组成员）

党组书记、副部长：

姜伟新（2007.7~2008.3）

副部长、党组副书记（正部长级）：

叶如棠（1998.3~2001.2）

副部长、党组副书记：

刘志峰（2001.8~2007.2；1998.3 任副部长、党组成员）

副部长、党组成员：

赵宝江（1998.3~2001.6）

宋春华（1998.3~2001.6）

郑一军（1998.3~2003.8）

傅雯娟（2001.6~2007.9；1999.3 任党组成员）

仇保兴（2001.11~2008.3）

黄　卫（2003.8~2008.3）

齐　骥（2007.2~2008.3；2001.6 任党组成员）

中纪委驻部纪检组组长、党组成员：

郑坤生（1998.3~1999.11）

姚　兵（2000.10~2008.3）

党组成员：

车书剑（1998.3~1999.1）

总工程师：

姚　兵（1998.3~2000.11）

金德钧（2000.11~2004.10）

王铁宏（2004.10~2008.3）

总规划师：

陈为邦（1998.3~1999.12）

陈晓丽（2001.8~2007.1）

总经济师：

徐义屏（1998.7~2001.8）

谢家瑾（2001.8~2007.9）

第五节　住房和城乡建设部
（2008－　　　）

2008年3月11日，第十一届全国人大第一次会议听取了关于国务院机构改革方案的说明，决定组建住房和城乡建设部，不再保留建设部。3月15日，会议通过了国务院机构改革方案。3月21日，国务院印发了《国务院关于机构设置的通知》（国发〔2008〕11号），住房和城乡建设部成为27个国务院组成部门之一。

住房和城乡建设部设15个内设机构：办公厅、法规司、住房改革与发展司（研究室）、住房保障司、城乡规划司、标准定额司、房地产市场监管司、建筑市场监管司、城市建设司、村镇建设司、工程质量安全监管司、建筑节能与科技司、住房公积金监管司、计划财务与外事司、人事司。另设机关党委和离退休干部局。

部长、党组书记：

　　姜伟新（2008.3～　　　）

副部长、党组成员：

　　仇保兴（2008.3～　　　）

　　陈大卫（2008.3～　　　）

　　黄　卫（2008.3～2008.11）

　　齐　骥（2008.3～　　　）

　　郭允冲（2009.5～　　　）

中纪委驻部纪检组组长、党组成员：

　　郭允冲（2008.3～2009.4）

　　龙新南（2009.4～2010.5）

　　杜　鹃（2010.5～　　　）

党组成员：

姚　兵（2008.3～2008.8）

总工程师：

王铁宏（2008.3～2009.3）

陈　重（2011.11～　　　）

总经济师：

李秉仁（2008.8～2011.4）

总规划师：

唐　凯（2010.6～　　　）

第二章 内设机构及主要负责同志

（1982— ）

第一节 城乡建设环境保护部

办公厅

    主　任：曹大澂（1982.11 任职）

        张法亭（1986.1 任职）

政策研究室（1986 年 12 月更名为政策法规局）

    副主任：李梦白（1982.11～1985.3）

政策法规局

    局　长：李梦白（1986.12～1987.11）

        张启成（1987.11～1988.6）

计划财务局

    局　长：冯世秀（1982.11～1986.12）

劳动工资局

    副局长：吴逸平（1982.11～1985.12）

科学技术局

    局　长：许溶烈（1982.11～1986.3）

外事局

    局　长：阮忠敬（1982.11 任职）

干部局

　　局　长：刘雪尘（1982.11 任职）

　　　　　　郝士钊（1983.5～1987.2）

行政管理局

　　局　长：王　兴（1982.11 任职）

机关事务局

　　局　长：刘学海（1985.4～1987.6）

　　　　　　张敬渠（1987.6～1988.6）

设计局

　　局　长：龚德顺（1982.11 任职）

材料设备局

　　局　长：孙靖韬（1982.11 任职）

城市规划局

　　局　长：王　凡（1982.11～1986.1）

　　　　　　赵士修（1986.1～1988.6）

城市住宅局

　　局　长：刘　挥（1982.11～1987.6）

市政公用事业局（1985 年 8 月，公用事业局与市容园林局合并成立城市建设局）

　　局　长：叶维钧（1982.11～1985.8）

市容园林局（1985 年 8 月，市容园林局与公用事业局合并成立城市建设局）

　　副局长：黄宗礼（1982.11～1985.8）

城市建设局

　　局　长：叶维钧（1985.8～1988.6）

乡村建设局（1986 年 12 月更名为乡村建设管理局）

　　副局长：查家德（1982.11 任职）

　　局　长：郑坤生（1986.9～1986.12）

乡村建设管理局

　　局　长：郑坤生（1986.12～1988.6）

环境保护局

  局　长：曲格平（1982.11 任职）

建筑管理局（1986 年 12 月更名为建筑业管理局）

  局　长：杨　慎（1982.11~1985.12）

    傅仁章（1986.1~1986.12）

建筑业管理局

  局　长：傅仁章（1986.12~1988.6）

机械管理局

  局　长：杨安年

机关党委、纪律检查组、老干部工作委员会办公室

第二节　建设部

总规划师：储传亨（1988.7~1993.10）

    宋春华（1993.10~1995.8）

    陈为邦（1996.5~1999.12）

    陈晓丽（2001.8~2007.1）

总经济师：杨　慎（1988.6~1991.3）

    杨思忠（1992.11 任职）

    张耀儒（1996.5~1998.7）

    徐义屏（1998.7~2001.8）

    谢家瑾（2001.8~2007.9）

总工程师：许溶烈（1988.6~1994.6）

    汪光焘（1994.6~1995.8）

    姚　兵（1996.5~2000.10）

    金德钧（2000.10~2004.10）

王铁宏（2004.10~2008.8）

部秘书长：谭克文（1992.11~1993.10）

办公厅

　　主　任：张朝贵（1988.6~1991.7）

　　　　　谭克文（1991.7~1992.11）

　　　　　车书剑（1992.11~1998.12）

　　　　　徐义屏（1998.12~2001.8）

　　　　　齐　骥（2001.8~2004.3）

　　　　　朱中一（2004.3~2006.3）

　　　　　李秉仁（2006.3~2008.8）

综合计划财务司（1993 年机构改革更名为计划财务司）

　　司　长：杨思忠（1988.6~1992.6）

　　　　　张耀儒（1992.6~1993.12）

计划财务司（1998 年机构改革更名为综合财务司）

　　司　长：张耀儒（1993.12~1998.6）

综合财务司

　　司　长：张允宽（1998.6~2004.3）

　　　　　秦玉文（2004.3~2008.8）

体改法规司（1998 年机构改革更名为政策法规司）

　　司　长：谭克文（1988.6~1991.7）

　　　　　张启成（1991.7~1993.12）

　　　　　陈为邦（1993.12~1994.12）

　　　　　张元端（1994.12~　　　）

政策法规司

　　司　长：赵　晨（1998.6~2000.6）

　　　　　冯　俊（2000.6~2008.8）

科技发展司（1993 年机构改革更名为科学技术司）

　　司　长：徐正忠（1988.6~1992.9）

　　　　　李国泮（1992.9~1993.12）

科学技术司

　　司　长：聂梅生（1993.12~1998.5）

　　　　　　李先逵（1998.6~1999.8）

　　　　　　赖　明（1999.8~2008.3）

人才开发司（1993 年机构改革撤销）

　　司　长：张鸿兴（1988.6 任职）

标准定额司

　　司　长：徐义屏（1988.6~1998.12）

　　　　　　齐　骥（1999.5~2001.8）

　　　　　　杨鲁豫（2001.8~2003.3）

　　　　　　陈　重（2004.3~2007.4）

建设监理司（1998 年机构改革撤销）

　　司　长：傅仁章（1988.6~1991.10）

　　　　　　姚　兵（1992.8~1998.6）

城市规划司（1998 年机构改革更名为城乡规划司）

　　司　长：赵士修（1988.6~1992.12）

　　　　　　邹时萌（1992.12~1996.8）

　　　　　　陈晓丽（1996.8~1998.6）

城乡规划司

　　司　长：陈晓丽（1998.6~1999.8）

　　　　　　唐　凯（1999.8~2008.8）

设计管理司（1993 年机构改革更名为勘察设计司）

　　司　长：吴奕良（1988.6~1993.12）

勘察设计司（2001.10 撤销）

　　司　长：吴奕良（1993.12~1996.7）

　　　　　　林选才（1996.7~2001.10）

施工管理司（1993 年机构改革撤销）

　　司　长：张青林（1988.6 任职）

建筑业司（1993 年机构改革设立，1998 年机构改革撤销）

司　长：姚　兵（1993.12~1998.6）

建筑管理司（1998 年机构改革成立，2001.10 撤销）

司　长：金德钧（1998.6~2001.10）

建筑市场管理司（2001 年 10 月成立）

司　长：张鲁风（2001.11~2003.3）

王素卿（2004.3~2008.8）

工程质量安全监督与行业发展司（2001 年 10 月成立）

司　长：林选才（2001.10~2001.12）

王素卿（2002.9~2004.3）

徐　波（2005.9~2006.11）

陈　重（2007.4~2008.8）

房地产业司（1998 年机构改革更名为住宅与房地产业司）

司　长：张元端（1988.6~1992.12）

宋春华（1992.12~1995.8）

谢家瑾（1996.2~1998.8）

住宅与房地产业司

司　长：谢家瑾（1998.6~2005.9）

沈建忠（2005.9~2008.8）

住房保障与公积金监督管理司（2007 年 10 月成立）

司　长：侯淅珉（2007.10~2008.8）

城市建设司

司　长：叶维钧（1988.6~1989.8）

汪光焘（1989.8~1995.8）

林家宁（1995.8~1998.6）

杨鲁豫（1999.5~2001.8）

李东序（2001.11~2008.8）

村镇建设司（1998 年机构改革撤销）

司　长：郑坤生（1988.6~1995.11）

田世宇（1996.3~1998.6）

村镇建设办公室（2005 年 1 月成立）

  主 任：李兵弟（2005.1～2008.8）

国际合作司（1993 年机构改革更名为外事司）

  司 长：章之骧（1988.6～1991.12）

      邹宪荣（1991.12～1993.12）

外事司

  司 长：龚沪生（1995.8～1998.6）

      李先逵（1999.8～2005.9）

      何兴华（2005.9～2008.8）

人事司（1993 年机构改革撤销）

  司 长：何居春（1988.6～1993.12）

教育司（1993 年机构改革撤销）

  司 长：秦兰仪（1991.12～1993.12）

人事教育劳动司（1993 年机构改革成立，1998 年机构改革更名为人事教育司）

  司 长：何居春（1993.12～1994.5）

      傅雯娟（1994.5～1998.6）

人事教育司

  司 长：傅雯娟（1998.6～2001.8）

      李秉仁（2001.8～2006.2）

      齐 骥（2006.2～2008.8）

机关党委

  常务副书记：刘辉炳（1988.6～1992.1）

        张秉忱（1992.1 任职）

        李建忠（1994.2～1995.1，副书记）

        李建忠（1995.1～2004.4）

        杨忠诚（2004.4～2008.8）

老干部局

  局 长：骆顺琪（1988.7～1991.12）

　　　　刘　　治（1991.12 任职）

　　　　林芳友（1998.8~2005.9）

　　　　许中志（2005.9~2008.8）

部稽查办公室

　　主　任：王铁宏（兼，2005.11~2008.8）

监察局

　　局　长：曹云鹏（1988.6~1994.4）

　　　　　　张恒修（1995.6~1998.11）

　　　　　　何俊新（1999.1~2002.12）

　　　　　　田思明（2002.12~　　　）

审计局

　　局　长：杨兰茹（1988.6~1992.10）

　　　　　　田世宇（1992.10~1996.3）

第三节　住房和城乡建设部

总经济师：李秉仁（2008.8~　　　）

总规划师：唐　凯（2010.5~　　　）

总工程师：王铁宏（2008.8~2009.3）

　　　　　陈　重（2011.11~　　　）

办公厅

　　主　任：李东序（2008.8~2009.3）

　　　　　　王铁宏（2009.3~　　　）

法规司

　　司　长：曹金彪（2008.8~　　　）

住房改革与发展司（研究室）

司　长（主任）：冯　俊（2008.8~2010.12）

倪　虹（2010.12~　　）

住房保障司

司　长：侯淅珉（2008.8~2010.12）

冯　俊（2010.12~　　）

城乡规划司

司　长：唐　凯（2008.8~2010.5）

孙安军（2010.6~　　）

标准定额司

司　长：王志宏（2008.8~2011.8）

刘　灿（2011.9~　　）

房地产市场监管司

司　长：沈建忠（2008.8~　　）

建筑市场监管司

司　长：王素卿（2008.8~2009.11）

陈　重（2009.11~2011.11）

吴慧娟（2011.11~　　）

城市建设司

司　长：陆克华（2008.8~　　）

村镇建设司

司　长：李兵弟（2008.8~2010.6）

赵　晖（2012.2~　　）

工程质量安全监管司

司　长：陈　重（2008.8~2009.11）

吴慧娟（2010.6~2011.11）

常　青（2011.11~　　）

建筑节能与科技司

司　长：陈宜明（2008.8~　　）

住房公积金监管司

司　　长：张其光（2008.8～　　　）

计划财务与外事司

　　司　　长：何兴华（2008.8～　　　）

人事司

　　司　　长：王　宁（2008.8～　　　）

机关党委

　　常务副书记：杨忠诚（2008.8～　　　）

离退休干部局

　　局　　长：许中志（2008.8～　　　）

稽查办公室

　　主　　任：王早生（2008.8～　　　）

第三编

大事要述

第一章 综 合

第一节 宏观部署

1949 年 10 月 1 日 中华人民共和国中央人民政府宣告成立。10 月 21 日，中央人民政府政务院及政务院财政经济委员会（时称"中财委"）成立，中财委设立计划局，其下设基建处，主管全国基本建设、城市建设和地质工作。

1951 年 3 月 28 日 政务院财政经济委员会发布《基本建设工作程序暂行办法》，这是我国第一部全国性基本建设管理法规。主要内容：计划拟定及核准、设计工作、施工与拨款、报告与检查、工程决算与验收交接等。办法指出：初步设计应先勘察关于设计所必需的各种资料及情况，然后据以考虑技术上的可能性与经济上的合理性，确定建筑的规模和标准。

1951 年 6 月 11—21 日 中华全国总工会根据中央指示，在北京召开全国建筑工会工作会议。会议提出加强和改革建筑业的十一条办法：一、国家设立建筑工业的管理部门，加强领导，加强管理；二、设立国营建筑公司；三、国家颁布建筑公司管理规则，把公营及私营建筑公司加以整理；四、设立国营设计公司，把设计与营造业分开；五、废除投标制，实行工程任务分配制；六、组织工地管理委员会，加强工地检查、监督和验收工作，实行民主管理；七、逐渐统一建筑材料规格；八、废除层层转包，建立合同制；九、废除把头制，设立建筑工人统一调配机关；十、组织和整理建筑业同业工会；十一、加强工会组织工作，注意吸收一些工程技术人员参加等。会议的总结报告由全国总工会主席李立三签署，于 7 月份报送中央。中共中央批准转发并作出重要指示：建筑工业，是国家最重要的工业部门之一。但我们党在这个工业部门中的影响最弱。这种情形已经并在将来还要给我们造成很大的困难和损失。因此，除告中财委准备建立专门的建筑工业管理部门并加强其领导外，各级党委必须迅速加强在这个工业部门中的工作，才能发动工人和技术人员的积极性，完成目前和将来的建设任务。

1952 年 1 月 9 日　政务院财政经济委员会颁发《基本建设工作暂行办法》（财经计建字第 24 号），并附"各种事业基本建设的限额"的规定。《办法》共八节三十六条，对基本建设的范围、组织机构、设计施工、施工工作、监督拨款的检查工作、验收交接与工程预算，以及计划的编制与批准等作了明文规定。为了扭转基本建设工作效率不高及分散、混乱的状况，《办法》特别强调有计划的、集中管理的重要性，并规定了相应的原则。《办法》指出，"凡固定资产扩大再生产的新建、改建、恢复工程及与它连带的工作为基本建设。"基本建设分为新建、改建、恢复三种。建设单位分为"限额以上"、"限额以下"两种。中央各主管部门应根据需要与可能，逐渐成立独立的设计公司及建筑安装公司，负责基本建设的调查设计及建筑安装工作，工作过程应采用合同制与经济核算制。

1952 年 4 月 14 日　中共中央发布《"三反"后必须建立政府的建筑部门和建立国营公司的决定》（中央发电卯 215 号）。《决定》指出：为做好建筑工作，准备国家的经济建设与国防建设，必须建立政府的建筑部门，并组织国营建筑工程公司。《决定》对成立中央建筑工程部和各省市的建筑工程局，整理和合并国营建筑公司，接收和加强建筑工程师，扩大建筑工程队伍等作出明确指示。提出各大行政区及各市可先建立总建筑处，并立即着手计划与组织该大区及该市已确定的国家一切建筑工程（包括工矿建筑、国防建筑、市政建筑）。此前的 3 月 31 日，政务院财政经济委员会致函军委总后方勤务部："中央已决定以营房管理部为基础建立中央建筑部，在中央政府未通过前暂以中央总建筑处名义进行工作……军事系统的建筑，除完全属军事机密的建筑归工兵负责外其余均归建筑部负责。"4月初，中国人民解放军总后方勤务部提出改组总后勤营房管理部组织方案，并经中央军委批示同意，确定了建筑部与营管部的工作范围（总勤机（头）字第352号、第358号）。中央总建筑处于4月8日正式开始办公，并于4月10日召开公营建筑企业公司会议，以筹备召开第一次全国建筑工程工作会议。此时中央总建筑处接收中央系统各建筑单位有：中直修建办事处、隆华建筑公司、中南修建公司、铁道部建筑工程处、铁道部修缮事务所、新中国工程公司、民用建筑公司、人民企业建筑公司、兴华建筑公司、军委工程大队、新民工程公司、中国建筑公司等。中央建筑工程部成立后，政务院财政经济委员会于1952年8月23日向中央总建筑处发出《你处原管业务悉数移交建筑工程部准予备案》的批复（（52）财经秘字第28号），中央总建筑处工作至此结束。

1952年4月15日 毛泽东主席、周恩来总理签署《中央人民政府人民革命军事委员会、政务院关于集体转业部队的决定》。根据《决定》，第一批集体转业的西北、西南、华东、中南四个军区和二十三兵团的共八个师，转业为建筑工程师，确定番号为建筑工程第一至第八师。第一师、第二师移交政务院财政经济委员会，后转建筑工程部；第三师移交西北建筑工程局；第四师移交西南建筑工程局；第五师、第六师移交华东建筑工程局；第七师移交太原工程局和北京市建工局；第八师移交洛阳工程局。

1952年7月2-16日 根据政务院财政经济委员会5月29日发出的通知（建发辰1号），第一次全国建筑工程工作会议在北京召开。参加会议的有各大行政区及北京、天津、上海、沈阳、武汉、重庆、广州、西安八个城市的代表30余人。会议对建筑业的基本情况作了详细的调查了解，为筹建建筑工程部作了充分的准备。会议结束后由新设立的中央建筑工程部党组向毛泽东主席、中央及中财委党组报送了会议总结。这次会议着重讨论明确了以下几个问题：一、迅速建立大行政区一级建筑工程管理机构，逐步建立省市管理机构，已建立行政管理机构的，即应迅速接管划归建工部门的企业，进行归并整顿。二、设计方针必须注意适用、安全、经济的原则，在国家经济条件许可下，适当照顾建筑外形的美观。三、必须纠正不计成本或单纯盈利的观点，实现企业化的经营方针，实行经济核算制并建立包工包料等各项制度。8月20日，中共中央批准了建筑工程部关于第一次全国建筑工程工作会议的总结报告（财字253号）。

1952年8月7日　中央人民政府委员会第十七次会议通过《关于调整中央人民政府机关的决议》，决定成立中央人民政府建筑工程部（简称建工部），同时任命周荣鑫、宋裕和为副部长。21日，周荣鑫、宋裕和向政务院总理周恩来报告：目前（部）组织已有办公室、秘书处、行政处、计划处、设计处、工程处、财务处、材料处、人事处及直属工程公司、设计公司、机械工程总队、三十七军、建筑第一师、第二师等单位。现正研究机构及编制，拟按三级制，将处改为司或局，不设科，并将办公室改为办公厅，增设城市建设处。

1952年10月22-23日　政务院财政经济委员会召开会议，讨论加强基本建设工作。政务院副总理兼财政经济委员会主任陈云在会议上指出：目前基本建设中的主要矛盾是任务十分繁重而力量十分薄弱。1953年将是大规模经济建设的一年，其任务较以往任何一年都要复杂、繁重。因此，必须迅速使这方面的力量增长起来，迅速建立和充实基本建设机构——设计机构和施工机构。而目前勘察、设计、施工力量与大规模建设的任务相比，有的相差一倍、二倍甚至几十倍，个别地方连基本建设机构都还未建立。必须迅速调集人员，建立各部的专业设计和施工组织。会议就1953年基本建设方针、工作组织和人员补充问题作出部署。

1952年11月9日　政务院财政经济委员会党组向中央财经各部党组、各大区财委发出《关于迅速准备基本建设的指示》。电文指出：基本建设工作在经济工作中已经占有头等重要的地位，恢复阶段将宣告结束，新的大规模的建设即将开始。没有专业的有力的设计组织和施工组织，是不可能完成工业化的历史任务的。目前我们面临的主要矛盾是基本建设的任务十分重大，但是基本建设的力量（主要包括设计和施工两方面）十分薄弱。必须迅速建立或健全基本建设机构，充实基本建设力量，下定决心，不容迟疑。电文提出，需要把最优秀的干部、技术人员和技术工人投入基本建设部门（包括地质部门），才能适合今后的要求。自生产部门抽调人员，是基本建设工作人员的主要来源。要克服等待依赖思想。

1952 年 11 月 11－20 日 建筑工程部召开第二次全国建筑工程工作会议，即大区建筑工程部（局）长及计划处（科）长会议。会议检查了 7 月会议规定的接收整顿和组织建立机构情况，并就设计方面、施工方面提出具体措施，原则提出新一年的工作任务安排。12 月 17 日，政务院财政经济委员会原则同意并批转了建筑工程部党组的会议总结报告（财经亥 213 号）。

1952 年 11 月 18 日 《人民日报》发表社论《把基本建设放在首要地位》。社论指出："国民经济恢复阶段即将宣告结束，新的大规模的建设即将开始。基本建设的主要矛盾是它的任务十分重大，而我们力量还十分薄弱，有的相差一倍、两倍甚至几十倍。领导机关和干部的注意力，必须把基本建设的工作提到首要地位，要立即把最优秀的干部、技术人员和技术工人投入基本建设部门，以便肩负起大规模经济建设的任务。把基本建设放在首要地位，这必须成为今后全国共同执行的方针。"社论指出："要反对两种错误倾向：一种是左的冒进倾向，不懂得基本建设的复杂性，既不周密设计，也不准备就施工，造成了许多返工浪费现象；另一种是右的保守倾向，设计时只求安全，不惜浪费材料，把'没有设计，不准施工'看成可以拖延建设。"社论最后说："必须按照中财委基本建设会议所规定的办法增长设计和施工力量。"

1952 年 12 月 23 日 政务院财政经济委员会召开会议讨论基本建设的准备工作。会议指出，我国将于明年开始展开大规模的有计划的经济建设和文化建设。基本建设的任务空前繁重。从现在起，应抓紧三个环节，进行基本建设的准备工作，即：加紧进行勘察设计工作，组织训练施工力量，进行工程材料的准备与运输。基本建设前期准备工作的关键在于设计，各部门必须抓紧设计工作这一项，以带动全部准备工作顺利前进。

1953 年 2 月 1–9 日　建筑工程部召开第三次全国建筑工程工作会议。会议研究了建筑部门的基本情况："三反"运动以前，国营、地方国营的建筑企业很少。1952 年 7 月以来，从中央、大区到多数省、市都开始建立了建筑工程部门的行政领导机构，集结了相当数量的设计施工力量，完成了国家交给的许多建筑任务。但是，现有建筑部门力量不能适应国家建设任务的要求，力量不足，技术不高，组织不纯。根据这种情况，会议明确：建筑工程按五类排队（即国防、重工业、文教、一般财经机关和机关团体的工程）。会议要求必须集中使用建筑力量，首先保证主要工程，然后适当照顾其他工程。在组织上，整顿与巩固现有力量，有计划地培养后备力量。会议明确提出：各大行政区建筑工程局行政管理属大区行政委员会，中央建筑工程部对各大行政区建工局的领导，只保持四项统一，即：计划统一，技术规格统一，财务制度统一，政策执行统一。

1953 年 8 月 3 日　中共中央政治局会议听取建筑工程部部长陈正人关于目前工作情况和今后任务的报告。8 月 4 日，中共中央办公厅以办决字第 38 号通知了中央政治局决定事项；9 月 7 日，中共中央办公厅印发了《中共中央关于中央建筑工程部工作的决定》（总号 0137）。根据通知和《决定》，"中央建筑工程部的基本任务，应当是工业建设。建筑力量的使用方向，应当首先保证工业建设，特别是重工业建设，其次才是一般建筑。"两份文件的主要内容包括：中央同意建筑工程部党组对国营建筑工业目前情况的分析与今后任务意见的报告，国防工程的建筑原则上确定交军委办理，已拨给中央建筑工程部的八个建筑工程师不再调回；一般民用建筑企业的管理移交地方，各级党委共同努力建设一支具有良好政治素质与高度技术的工业建筑队伍并逐步使之机械化；城市规划工作应由中央建筑工程部管理。建筑工程部党组在报告中提出，目前初步组织了一支建筑队伍，实现了使建筑业基本上转化为国营的方针，开始建立了省市以上的领导机构。今后的任务有四项：一、整顿队伍，巩固组织。二、调整力量，合理使用，培养后备。三、加强领导，改进设计工作。四、大力改善施工管理（建字第 82 号）。

1953 年 11 月 建筑工程部召开第四次建筑工程工作会议。会议根据当年
9 月中央关于建筑工程部队归各大行政区工程局领导，部队与公司逐步合并的
指示，决定输送技工和部分技术人员到建筑工程部队，改变原有组织形式，走
向企业化。

1954 年 2 月 26 日 建筑工程部召开全国第五次建筑工程工作会议，总结
1953 年的工作，部署 1954 年的任务。会议分析存在的问题是：建筑技术力量
不够，质量不高，工种不平衡，现有国营建筑公司只有极少数具备承包工业建
筑的初步条件，缺乏安全生产教育等。1954 年，要进一步整顿、组织国营建
筑公司，整顿工人队伍，培养后备力量，提高经营管理水平和技术水平，推行
生产区域管理制与贯彻行政责任制，加强计划管理和技术管理，提高劳动生产
率，保证工程质量和进度，降低成本。会后，部党组向中央报告提出：加强科
学管理，建立责任制和经济核算，推行计件工资。

1954 年 7 月底至 8 月初 建筑工程部召开全国第六次建筑工程工作会议。
会议明确今后的主要任务是工业建筑的施工、设计和重点城市建设。面临的形
势特点：一是工程庞大，厂房建筑增多；二是结构复杂，技术要求严格；三是
齐头并进，进度紧张。会议提出：一、必须迅速地建设工业建筑基地。二、增
强本部的组织机构。三、城市建设工作必须赶上工业建设。四、积极增长技术
力量。五、合理调配现有力量。六、继续加强建筑师的训练工作。七、继续加
强对地方建筑企业的领导。会议指出，上半年各地区对国营建筑企业初步进行
了整编，由原来的 62 个合并为 33 个，整顿了工人队伍；推行了区域管理制、
一长负责制，华北、东北、中南、西北四个重点工业建设区按照实线和虚线适
当分工原则对专业施工和城市建筑进行了管理机构调整；建立了一些必要的技
术质量责任制度；部机关机构精简按中央人民政府人事部核定数由 1904 人减
少为 1441 人。10 月 18 日，中财委批复建筑工程部党组关于第六次全国建筑
工程工作会议情况的报告，同意会议各项部署，强调对新工业城市在明年施工

前的各项准备工作和施工机构的调整，尤应抓紧并有计划地进行，以便能有准备地迎接今后工业建设的繁重任务。

1955 年 3 月 26 日　国防部颁发《关于建筑工程部队改为企业组织的命令》，撤销八个师建筑工程部队番号，实行"兵改企"。建筑工程部于 4 月 1 日转发了这一文件（（55）建发卯 2 号），同时做好建筑工程部队由供给制改为工资制的具体方案报国务院（（55）建发丑 111 号）。

1955 年 5 月 8 日　国务院常务会议通过《国务院关于加强和发展建筑工业的决定》。《决定》提出：必须把我国建筑工业的技术水平、组织水平和管理水平大大提高一步，采取积极步骤逐步实现建筑工业化，逐步完成对建筑工业的技术改造，并积极实行施工组织的专业化，提高建筑企业的管理水平，大力发展建筑材料的生产，加强设计工作和建筑科研工作，培养干部，开展社会主义劳动竞赛，提高劳动生产率，改善职工物质文化生活。

1955 年 6 月 13 日　国务院副总理李富春作了《厉行节约，为完成社会主义建设而奋斗》的报告。报告指出，近代化的工业和原有的城市相结合，近代化的工厂和现有的适合人民生活水平的房屋、办公室、宿舍相结合，这是当前最切合实际的社会主义建设方针。浪费现象最突出的是非生产性的建设过多、过好、过早；在工业建设中，因急于求成，不按建设程序办事，不弄清情况，不进行系统的准备工作，甚至建设方案未确定就盲目备料，仓促施工，因而浪费资金，积压器材。产生浪费的原因是：没有真正认识艰苦奋斗的必要；缺乏经济核算观点，不研究经济效果；缺乏统一的严格制度。1955 年 7 月 4 日，中共中央将该报告发给各地方和各部门的党组织。

1955 年 6 月 30 日　国务院副总理、国家建设委员会主任薄一波发表广播讲话《反对铺张浪费现象，保证基本建设工程又好又省又快地完成》。讲话强调：设计的质量和先进性必将关系到我国今后十几年或几十年整个工业生产的技术水平问题。没有设计任务书，不准进行初步设计；没有初步设计，不准进行技术设计；没有批准技术设计，不准交付施工图。现在基本建设中的铺张浪费现象很严重，为纠正这一点，必须改进设计和施工两方面的工作。根据党中央的号召，在全国开展以反对基本建设中的铺张浪费为中心的节约运动。他还指出，在我国目前的设计工作中存在着很多问题，不重视经济的倾向，是当前设计思想中表现得最突出的问题。讲话谈到民用建筑方面如何正确地继承和发展民族形式及如何理解建筑的美观问题时，指出在设计中应当尽可能地吸取一切科学技术的先进成就，但必须结合当时当地的实际情况、当前建筑材料的生产水平、施工的技术水平，特别是原有的设备基础以及其他各种具体条件等。

1955 年 7 月 8 日 国务院常务会议通过，并于 7 月 12 日颁发《基本建设工程设计和预算文件审核批准暂行办法》（（55）国秘字第 139 号），规定凡国家投资的基本建设工程和公私合营企业的基本建设工程均按本《暂行办法》办理。《暂行办法》规定了各行业应由国家建设委员会审核、国务院批准的设计文件及总概算项目的最低限额，应由国务院各部或各省、市、自治区人民委员会审核批准的项目的最低限额。在省、市、自治区审批限额以下的基本建设工程的设计文件及总预算，其审核和批准程序由省、市、自治区人民委员会自行规定。国家建委，国务院各部，各省、市、自治区人民委员会应设置审核基本建设工程设计文件及预算文件的工作机构。《暂行办法》还规定了报送基本建设工程设计及预算文件时所应遵守的规定，以及审核机关在收到设计及预算文件后审核完毕的期限。

1955 年 7 月 第一届全国人民代表大会第二次会议公布第一个五年计划。"一五"计划的基本任务包括："集中主要力量进行以苏联帮助我国设计的 156 个建设单位为中心的、由限额以上的 694 个建设单位组成的工业建设，建立我国的社会主义工业化的初步基础"；"建立对农业和手工业的社会主义改造的初步基础"；"基本上把资本主义工商业分别纳入各种形式的国家资本主义轨道，建立对于私营工商业的社会主义改造的基础"。在五年内，基本建设的投资为 427.4 亿元，占总支出的 55.8%；工业基本建设的新建和改建单位，限额以上的有 1600 个，完成 1271 个，限额以下的 6000 多个；新建铁路干线和支线共 4000 公里以上，新建国营机械化农场 91 个，建设 13 座大型水库，房屋建筑面积约 1.5 亿平方米。建筑工程部部长刘秀峰在会议发言中表示：今后我们的任务，主要是承建一机部、二机部、燃料工业部及其他方面的建设工程，在国家 156 项重大工程中，我部已知将担负 80 多项。建筑企业的分散性和流动性很大，经常处在调动、合并、整编的状态中，加强企业思想政治工作意义重大。我们完全有信心把国家重大工程一个一个建设起来。

1955 年 12 月 15 日 建筑工程部部长刘秀峰向全国人大常委会委员长刘少奇汇报建筑工程部的工作，主要就建设队伍、机械化施工、生产基地建设、基本建设方面的计划、制度、定额等项工作情况和存在的问题进行了汇报。刘少奇委员长针对大城市住宅、商店、学校、俱乐部，干部和工程师配备、培养、培训制度，设计和施工人员从地方调配，工人签订长短合同及考虑生活住所，建筑机械生产与调拨，发挥传统手工及竹材利用等问题提出指导和论述。

1956 年 2 月 20 日 建筑工程部部长刘秀峰向毛泽东主席汇报建筑工程部工作。目前的基本情况是以承包工业建设任务为主，承包对象主要是一机部、二机部、轻工业部、石油工业部的大部分建筑安装任务和煤炭部、电力部、重工业部的部分建筑任务。在 156 项重大工程中本部承担的工程由 82 项增至121 项。现有力量是：六个地区管理局，设有 25 个建筑公司；三个专业总局（安装、金属结构、机械施工），下设 24 个专业公司和工厂、71 个附属加工企业；设计总局下设一个综合勘察设计院，6 个工业建筑设计院。汇报中着重谈到建筑业要坚决地有步骤地实行建筑工业化的方针，并就设计力量薄弱、计划盲目加多加快、材料供应吃紧、建筑队伍向农村倒流、工人福利等问题提出建议措施。此间，毛泽东主席问到能不能建造容纳一万人的大礼堂，能不能建十层以上的楼房，得到肯定回答。

1956 年 2 月 22 日至 3 月 4 日 国家建设委员会召开全国第一次基本建设工作会议。会议着重讨论了今后若干年内设计、建筑、城市建设的初步规划以及改进基本建设工作的基本措施。国家建委主任薄一波在会上作了《为提前和超额完成第一个五年计划的基本建设任务而努力》的报告。会议就国家建委拟定的《关于改善建筑工业工作的决议》、《关于加强设计工作的决议》、《关于加强新工业区和新工业城市规划和建设工作几个问题的决定》三个草案进行了讨论。建筑工程部部长刘秀峰在会上作了《加强管理，提高技术，为完成更大的基本建设任务而奋斗》的报告。

1956 年 5 月 8 日　国务院常务会议通过发展建筑业的三个重要文件：《关于加强和发展建筑工业的决定》、《关于加强设计工作的决定》、《关于加强新工业区和新工业城市建设工作中几个问题的决定》。《决定》提出：要采取积极步骤逐步实现建筑工业化，逐步完成对建筑工业的技术改造，并积极地实行施工组织的专业化，提高建筑企业的管理水平，大力发展建筑材料的生产；加强设计工作和建筑科学研究工作；积极开展区域规划，合理地布置第二个和第三个五年计划时期内新建的工业企业和居民点，正确地配置国家的生产力。进行区域规划、布置新工业和新工业城市时，必须贯彻经济和安全兼顾的原则。工业不宜过分集中，城市发展的规模也不宜过大。设计机构必须按专业化原则分工，建立和健全管理制度，提高劳动生产率。

1956 年 9 月 24 日　中国共产党第八次全国代表大会秘书处印发建筑工程部部长刘秀峰在八大会议上作的《关于当前基本建设中的三个问题》的发言。主要内容为：一、关于基本建设的计划平衡问题，这是保证国家基本建设计划顺利完成的关键。二、关于建筑机构的设置问题，应根据专业分工和区域设置的原则，把分属于中央各工业部的施工力量进行适当的归并，统一承包。三、关于基本建设的承包方式问题，建议把属于建筑安装工程的投资全部由施工单位承包，由其如质如量按进度交出整个工厂。

1957 年 11 月 14 日　全国人大常委会第八十四次会议原则批准《国务院关于改进工业管理体制的规定》。主要内容：第一，适当扩大省、自治区、直辖市管理工业的权限。调整现有企业的隶属关系，把目前由中央直接管理的一部分企业，下放给省、自治区、直辖市领导，作为地方企业。第二，适当扩大企业主管人员对企业内部的管理权限。建筑工程部随即将部属 31 个企业中的 27 个下放到地方，并于 1958 年 5 月 26 日和 6 月 20 日两次向中央写出报告。

1958 年 9 月 24 日　中共中央、国务院发出《关于改进限额以上基本建设项目设计任务书审批办法的规定》，指出对于限额以上基本建设项目设计任务书应采取中央和地方分工负责审批的办法，并规定了中央负责审批的项目范围。

1958 年 9-10 月　国家基本建设委员会先后在西北、华北、东北、华南、华中、西南协作区召开基本建设工作会议。会议检查 1958 年的基本建设工作情况，讨论 1959 年基本建设工作的安排。其中 1958 年 9 月 20 日召开的华北协作区基本建设会议研究了基本建设的排队问题、快速施工、设计、工业布局、甲乙方关系、建筑材料、建筑安装力量、当年任务计划如何结算、对建委工作的意见等九项问题。在 9 月 25 日的华北协作区会议上，陈云同志到会讲话指出：基本建设项目的建筑材料供应、设备制造有先后，排队是必要的；工业布局目前应是大中小结合、以中小为主，不宜于集中，要力求分散；建立完整的工业体系要有步骤，只能从全国和大区开始；设计工作在建设中的地位是能否多快好省的一个关键问题；快速施工要有计划地推广分批突击，改变劳动工资制度、组织形式，将其作为一项广泛的群众运动。

1959 年 3 月 2-16 日　全国基本建设工作会议召开。会议讨论了五个问题：一、关于第二季度基本建设项目排队问题；二、关于设备成套工作问题；三、关于 1959 年建设项目设计文件的审查和补课问题；四、关于基本建设工程质量问题；五、关于省、市、自治区基本建设委员会的任务和工作问题。

1959 年 3 月 7-10 日　建筑工程部召开全国建筑工程厅（局）长扩大会议，与会代表 800 余人。会议总结了 1958 年工作，全面部署 1959 年工作。建工部部长刘秀峰作了《充分发扬去年大跃进的经验，为实现今年更大更好更全面的跃进而斗争》的总结讲话。会议提出不再在全国提"以快速施工为纲"，仍继续推行快速施工，对材料有缺口提出了"产、挖、调、代、省、新"六个字的解决办法；政治挂帅要与一定的物质鼓励相结合；实行日工资加一定奖励的办法。

1960 年 3 月 14 日至 4 月 1 日　全国基本建设会议在北京召开。会议讨论了 1960 年的基本建设方针与任务，安排 1960 年的基本建设工作与分季的基本建设计划，交流与总结大跃进以来基本建设方面的经验。

1960 年 11 月 25 日至 12 月 9 日　中央召开基本建设会议，总结 1960 年基本建设工作的经验，讨论 1961 年基本建设方面的任务。会议提出坚决执行"调整、巩固、充实、提高"的方针，防止把基本建设战线拉得过长，压缩基本建设规模，建筑行业进行大规模精减。建筑工程部系统职工由 146 万人精减到 56.8 万人。

1962 年 5 月 27 日　国务院颁发《关于切实做好停建项目维护工作的通知》，要求做好停建工程的设备维护和材料保管工作，避免国家财产遭受损失。

1962 年 5 月　国务院批准颁发基本建设和设计工作的三个文件：《关于加强基本建设计划管理的几项规定》、《关于编制和审批基本建设设计任务书的规定》、《关于基本建设设计文件编制和审批办法的几项规定》。《关于加强基本建设计划管理的几项规定》要求："所有的基本建设都必须按照基本建设程序办事。列入国家基本建设年度计划的建设项目必须具备经过批准的设计任务书。"

1962 年 6 月　国务院批转国家档案局《关于加强管理城市基本建设档案试行情况的报告》，强调指出城建档案是城市建设、城市管理工作的重要条件；城建档案应当由城市规划、建设部门集中统一管理。

1962 年 12 月 10 日　中共中央、国务院发出《关于严格执行基本建设程序、严格执行经济合同的通知》（中发（62）669 号）。《通知》指出，1963 年起，各部门、各地区进行的基本建设，一律都要按照基本建设程序办事。设计任务书未经批准的，不准正式列入年度计划，设计文件未经批准的，一律不准动工。已列入 1963 年计划草案的新开工项目，没有批准设计任务书的，只作为预备项目；没有批准设计文件的，不得开始施工。1963 年继续施工的项目，凡是没有批准设计任务书和设计文件或者已经批准需要修改的，都必须在 1963 年 3 月底以前补做、补报、补批。所有预备项目，以及设计任务书和设计文件逾期不报和未经批准的续建项目，建设银行和物资部门不得拨给工程款项和材料、设备。

1963 年 3 月 25 日至 4 月 5 日　建筑工程部召开建筑工程厅（局）长扩大会议，毛泽东主席等党和国家领导人接见了出席会议的全体人员，国务院副总理薄一波到会讲话。会议要求继续贯彻"调整、巩固、充实、提高"八字方针，企业的一切群众运动都要密切结合生产，推动生产，建立规章制度要以提高质量、提高劳动生产率、加强经济核算为中心，整顿企业管理秩序。全国建筑安装力量实行集中统一领导，提倡专业管理，推行承发包制度。

1963 年 4 月 18 日　中央精简小组以（68）中简字第 75 号批复建筑工程部《1963 年精简职工计划》（（63）建宋劳字第 55 号）。

1963 年 11 月 8 日　国家计划委员会、财政部印发《关于使用各项专项资金安排基本建设投资的几项规定》（（63）财预王字第 950 号）。《规定》指出，各地方、各部门的专项资金，系指根据国家现行财政制度规定留给各地方、各部门自行管理的各种资金。这部分资金的使用，应当按照专款专用的原则，首先保证国家原规定用途的正常需要，然后如果资金确有多余，才能安排一些当前急需的小型基本建设项目。

1963 年 12 月 2 日　中共中央、国务院发布《关于加强基本建设拨款监督工作指示》。《指示》要求：一、必须严格按照国家计划和基本建设程序监督拨款；二、必须认真审查基本建设预算，努力降低工程造价；三、必须加强基本建设储备资金的管理，充分动员内部资源；四、必须进一步加强基本建设财务管理，严格执行财政制度；五、必须严格执行结算纪律；六、必须加强建设银行的机构。根据中央和国务院的指示精神，国家计划委员会和财政部拟定《关于基本建设拨款的几项规定》。国务院正式颁发了这个规定。

1964 年 4 月 经国务院总理周恩来审批，国务院批转《北京市人民委员会关于人民大会堂基建工程档案整理工作情况和加强基建工程档案工作意见的报告》，明确规定省级人民委员会应加强对城市基建等科技档案工作的领导。"各大中城市都要指定一个城市建设管理部门或城市规划管理部门，统一收集和管理全市重要工程的基建档案（包括竣工图）。""城市基建工程档案工作，应由建筑工程部负责按专业统一管理。"

1964 年 11 月 30 日 国务院批转国家计划委员会、国家建设委员会、财政部、物资部试行《关于改进基本建设计划管理的几项规定》（草案）。提出包括城市建设在内的 18 个部门的投资，继续划归地方统筹安排，中央各部门不再下达建设项目和投资指标。地方的工业基本建设，大中型项目由中央安排；小型项目由中央各有关部门同有关地方具体安排，节约的投资归地方调剂使用。

1964 年 12 月 14 日 国家计划委员会、国家经济委员会印发《关于改变基本建设计划考核标准的规定》。现行的基本建设考核制度，是以货币工作量为主的，哪个建设单位钱花得多，哪个单位就算完成计划好。因此，本《规定》提出考核基本建设计划完成的标准，不能以货币工作量为准。对于当年计划建成投产的项目和单项工程，应以竣工投产（或交付使用）为准；对于当年计划不竣工投产的项目和单项工程，应以工程形象进度（即工程部位）为准。建筑公司以下的工程处、施工大队等，应以分部、分项工程的形象进度、实物工程量为准。但是，为了综合统计、财务结算以及企业进行经济核算的需要，货币工作量可以作为计算上的数据使用。

1965 年 3 月 16 日至 4 月 4 日 国家基本建设委员会在北京召开全国设计工作会议。薄一波、彭真同志到会讲话。会议总结从去年 11 月开始进行了五个多月的设计革命运动，提出设计革命的奋斗目标是培养一支用毛泽东思想武装起来的设计队伍。对今后运动提出五项要求：一、要在设计工作中坚持政治挂帅的原则；二、树立深入实际、联系群众的革命作风；三、改革不合理的规章制度；四、要做好整顿设计队伍和提拔新生力量的工作；五、健全设计工作的领导机构。

1965 年 10 月 20 日至 11 月 8 日 全国基本建设工作会议在北京召开。会议总结了一年来的工作，提出 1966 年工作部署：一、施工队伍推行亦工亦农的劳动制度；二、改革施工队伍的管理体制，仿照解放军的组织形式，既有野战军、特种兵，又有地方部队；把工交各部的专业安装队伍和专业性很强的土建队伍，按行业或相近行业联合，组成若干个全国性建设托拉斯；三、开展施工管理制度的革命，主要是取消甲乙方承发包制度，实行现场的统一领导和全面负责制；四、抓好设计革命化；五、大力发展新型建筑材料；六、改进基建物资供应，由物资部门按项目直接供应到施工现场，逐步扩大成套供应的范围。

1966 年 3 月 30 日 中共中央批转国家基本建设委员会《关于施工队伍整编为基本建设工程兵试点意见的报告》和《关于施工队伍整编为基本建设工程兵的试点方案》（中发〔66〕195 号）。《方案》提出，中央各部直属 160 万人的施工队伍，除了给生产企业保留少数零星施工力量以外，都应在今后五年或稍长一点时间内基本上整编完毕。基本建设工程兵归军委和国家建委双重领导，以建委为主。7 月 5 日，基本建设工程兵整编办公室正式办公。8 月 1 日，中央军委发布命令，授予基本建设工程兵部队番号，中国人民解放军基本建设工程兵正式成立。

1968 年 2 月 国家基本建设委员会军事管制委员会成立。1969 年 9 月至 1970 年 5 月，中国人民解放军国家建委、建筑材料工业部、建筑工程部军事管制委员会先后各自或联合报请中央批准成立革命委员会。1969 年 10 月，国家基本建设委员会大批干部下放到江西省清江县"五七干校"。同时，在北京的一批部属勘察设计单位开始向外地搬迁。1969 年 5 月，建筑工程部机关下放到"五七干校"的干部 488 名，占总人数的 72%，事业单位下放到"五七干校"的干部、技术人员 1983 名，占总人数的 51%。1970 年 2 月 3 日，中国人民解放军建筑工程部军事管制委员会印发《关于设立建工部军管会指挥组》（（70）军建管秘 1 号），对建工部迁豫单位和"五七干校"实行统一领导，建工部河南"五七干校"筹建领导组即行撤销。1970 年 6 月，中共中央批准将国家基本建设委员会、建筑工程部、建筑材料工业部、中央基本建设政治部 4 个单位合并，建立国家基本建设革命委员会。1975 年 10 月，国家基本建设革命委员会改名国家基本建设委员会。

1970 年 10 月 5 日 国家基本建设革命委员会向国务院业务组报送《关于直属企业、事业单位体制下放和机关精减的情况报告》（（70）基革 114 号）。

1971 年 1 月 12 日 国家基本建设革命委员会上报国务院《关于我委原在京直属事业单位撤销和下放搬迁工作情况的报告》（（71）建革字第 6 号）。《报告》表明，国家建委原在京科研、设计、勘察事业单位共 15 个，职工 8800 余人，其中原建工部 7 个，4000 人，原建材部 8 个，4800 余人，除留 700 人（其中工人 200 人）另组建建筑科学研究院外，其余 8113 人全部下放。

1972 年 3 月 29 日 国家基本建设委员会向国务院报告关于基建工程兵的基本情况。从 1966 年下半年开始，中央决定在施工队伍中进行"工改兵"整编试点，现共有 15.6 万人。基建工程兵有以下一些优越性：一、政治素质起了变化，促进了队伍革命化；二、家属拖累小，机动灵活，能够适应南征北战的要求；三、劳武结合，能工能战；四、年轻力壮，战斗力强，从根本上解决了施工队伍的更新问题。目前，基建工程兵存在的问题是，工效比较低，1971 年劳动生产率平均为 1600 多元；不搞定额，不计成本，不讲核算，吃大锅饭；技术水平比较低。

1972 年 5 月 30 日 国务院批转国家计划委员会、国家基本建设委员会、财政部《关于加强基本建设管理的几项意见》。《意见》指出：所有基本建设都要纳入国家计划，不许乱拉资金，乱挤物资，搞计划外工程。要按照基本建设程序办事，勘察设计要提出几个可比较的方案，采用成熟的新工艺和新技术。建设项目所需设备进行成套供应，要以实物进度、新增能力、劳动生产率作为检查计划完成情况的标准。努力降低工程造价，积极进行基本建设投资大包干试点等。

1973 年 10 月 22 日 国务院批准国家计划委员会、国家基本建设委员会、财政部《关于基本建设拨款管理的几项规定》，共计十六条。主要内容有：国家计划确定的建设项目，凡是有条件的，要积极推行投资包干办法，竣工以后，投资包干的结余，原则上留给包干的地方和单位，按照批准的计划使用。建设银行对计划以内的项目，要保证资金供应，对计划以外的项目，不得拨款；严格按基本建设程序办事，在初步设计和概算没有批准以前，建设银行不得拨付工程款；建设银行在计划年度内拨给有关部门的资金，不得超过年度基本建设财务计划中核定的预付拨款数；施工所需的备料资金，一般不得超过当年建安工作量的 25%；建设项目竣工后，及时办理竣工验收，编报竣工决算。

1974 年 5 月 6 日至 6 月 7 日 国家基本建设委员会在北京召开全国基本建设会议，会议交流抓革命、促生产的经验，讨论如何更好地完成 1974 年基本建设任务的问题。会议提出要集中力量打歼灭战，保投产，保重点；加强施工队伍的建设；加强物资调剂、调度和设备成套工作等。会议期间就建筑业的技术革新和技术改造问题进行了座谈，提出发展施工机械化；发展新材料，积极进行墙体改革；改革工艺，提高施工生产技术水平；巩固和发展结构改革成果；抓好设计定型化和标准化。

1974 年 10 月 24 日 国务院、中央军委发出通知，为了加强对中国人民解放军基建工程兵的领导，决定这支部队由国家建委负责抓总，国务院各有关部负责所属部队的领导和管理，党政工作由各大军区或大军区指定的军事机关代管。

1975年4月5－26日 国家基本建设委员会在北京召开全国基本建设会议。会议提出1975年基本建设战线的任务：一、要把学习理论当做首要任务抓紧抓好。基本建设部门的首要职能，是在基本建设战线对资产阶级实行全面专政，而不仅仅是每年完成多少投资，建成投产多少项目。二、积极推广基本建设大包干，破除承发包制度；各项建设资金都由建设银行管理；对成套需要的设备，统一组织供应；对地方项目所需材料，以建委为主，统一分配和调度；试行把部直供项目所需统配部管材料指标划给地方统一组织供应；各省、市、自治区建委要把本地区的所有施工队伍统管起来。三、抓革命、促生产，迅速把基本建设搞上去。国务院批转了会议综合简报（国发〔1975〕71号）。

1977年2月25日至3月20日 国家基本建设委员会在北京召开全国基本建设会议。会议提出1977年的任务：放手发动群众，大打一场批"四人帮"的人民战争；保重点、保投产，打好基本建设歼灭战（指出本年必保的项目是：关系国民经济全局的国家重点建设项目138个；计划建成投产的大中型项目122个、单项工程305个；基本建设挖潜措施和收尾项目230个）；大力整顿基本建设管理，维护计划的严肃性；实行基建物资的统一调度，改变计划和供应脱节的状况；坚持按基本建设程序办事；推行基本建设大包干；破除承发包制度；各地施工力量实行统管；发展新工艺、新设备、新技术。4月3日，国务院印发《国务院关于批转全国基本建设会议纪要的通知》（国发〔1977〕32号）。

1977年11月29日 国家基本建设委员会党组向国务院、中央军委报送《关于成立基本建设工程兵领导机构的报告》（（77）建党字第24号）。中共中央于12月底批准成立基建工程兵领导机构（基本建设工程兵办公室）。在国务院、中央军委统一领导下，各项工作由国家基本建设委员会负责抓总。部队建设的具体方针政策的制定、施工生产指标、机械装备等由国家基本建设委员会和国务院有关部负责。截至11月，基建工程兵整编发展到21个支队（师）、102个大队（团），共34.8万人。

1978 年 4 月 10－27 日　国家基本建设委员会在北京召开全国基本建设工作会议。国务院副总理谷牧到会并讲话。会议根据发展国民经济的十年规划纲要，研究基本建设工作如何适应新的形势，集中力量打歼灭战，把今后三年和八年基本建设这一仗打好。会议提出：基本建设的审批权限，应当集中在中央和省、市、自治区两级；要坚持基本建设程序；要切实做到投资计划、财务拨款、材料、设备和施工力量五落实；实行统一领导，分级管理，从上到下建立统一的、强有力的指挥系统；搞好基本建设队伍的整顿和建设。会议还讨论了加速发展建筑材料工业、抓好农村房屋建设等问题。

1978 年 4 月 22 日　国家计划委员会、国家基本建设委员会、财政部印发《关于试行加强基本建设管理几个规定的通知》（计基〔1978〕234 号），附 5 个文件：《关于加强基本建设管理的几项意见》、《关于基本建设程序的若干意见》、《关于基本建设项目和大中型划分标准的规定》、《关于加强自筹基本建设管理的规定》、《关于基本建设投资与各项费用划分规定》。

1979 年 3 月 3－25 日　国家基本建设委员会在北京召开全国基本建设工作会议。会议提出要抓好四件事：一、要抓缩小基本建设规模。办法有两条：一是要认真抓好在建项目的清理，二是要严格控制新项目上马。二、要抓调整投资方向。通过调整基本建设的投资方向，来逐步协调国民经济，特别是工业内部的各项比例关系。三、要抓整顿基本建设管理和基本建设企业的管理。首先要求领导同志不要随意批项目，提过急要求；其次提项目的单位要按程序办事；最后在建设过程中，要讲究经济效果。四、要抓改革管理体制。当前要着重抓好基本建设投资由财政拨款改为银行贷款的试点工作。

1979 年 4 月 13 日　中共中央、国务院批转国家基本建设委员会党组《关于改进当前基本建设工作的若干意见》（中发〔1979〕33 号）。《意见》要求：今后新开工的项目，都要按照国家计划委员会、国家基本建设委员会、财政部1978 年 4 月 22 日发布的《关于基本建设程序的若干规定》（计基〔1978〕234号），认真做好前期工作。要层层负责，把好"六关"：一是认真编制和审批计划任务书。没有批准计划任务书的,不得进行初步设计。二是慎重选择厂址。三是搞好新建工矿区规划,认真落实原材料、燃料、动力、供水、运输等协作配合条件,安排好配套项目、市政设施和其他生活服务设施建设。四是做好建厂前的环境综合调查,提出建厂对环境影响的预评价报告,并认真制定环境保护措施和劳动保护措施。五是设计文件必须符合规定的内容和深度。没有批准的初步设计,不能列入年度基建计划。六是建立开工报告制度。

1979 年 5 月 10 日 国家计划委员会、国家基本建设委员会印发《关于做好基本建设前期工作的通知》((79)建发设字 280 号)。《通知》提出,基本建设前期工作,是整个建设过程的重要组成部分,其主要内容是指计划任务书编制、厂址选择、协作配套关系落实、工矿区规划、设备预安排、施工准备等工程开工前的各项工作。

1979 年 8 月 28 日 国务院批转国家计划委员会、国家基本建设委员会、财政部《关于基本建设投资试行贷款办法的报告》及附件《基本建设贷款试行条例》(国发〔1979〕214 号)。文件规定:基本建设投资贷款的对象只能是实行独立核算,有还款能力的工业、交通运输、农垦、畜牧、水产、商业、旅游等各类企业。《报告》提出,基本建设投资"拨改贷",符合运用经济规律管理经济的原则,对于充分调动各地区、各部门、各企业单位的主动性和积极性,加强基本建设管理,改变目前基本建设"长、散、乱"的状况,提高投资效果,都有积极的作用。贷款还本付息,重工业企业最长不超过 15 年;其他企业最长不超过 10 年;小型、零星项目最长不超过 5 年。贷款利率一般为年息 3%。

1980 年 3 月 23 日至 4 月 14 日 国家基本建设委员会召开全国基本建设工作会议。国务院副总理谷牧 4 月 13 日到会讲话,他指出,一定要加快改革,取信于民,同时要量力而行,实事求是;要充分发挥国家、地方、企业、职工个人四个方面的积极性。国务院副总理姚依林在讲话中传达了邓小平同志关于建筑业地位和住宅政策问题的重要谈话。会议提出 1980 年的工作中心,要继续搞好在建项目的清理工作,把所有在建项目,特别是大中型项目的情况弄清楚，下决心再停建缓建一批。对那些已经建设多年，长期不投产、长期收不完尾的项目，要采取坚决的果断措施，有的缩小规模，有的削减内容，有的适可而止、建到一定程度不再续建。扩大基建投资由银行贷款的试点范围，明年争取做到按规定应该用贷款建设的项目都用贷款进行建设。扩大国营施工企业的经营管理自主权，确定建筑安装企业的合理利润，实行利润留成制度，允许施工企业在完成计划之外自行承揽部分任务，允许建设单位选择承包工程的施工单位，推行经济合同制。1980 年 6 月 22 日，中共中央、国务院批转了《国家建委党组全国基本建设工作会议汇报提纲》（中发〔1980〕72 号）。

1980 年 4 月 2 日　邓小平同志同中共中央负责同志谈话，对长期规划中建筑业的地位问题和住宅政策问题提出指导意见。关于建筑业，小平同志说，从多数资本主义国家看，建筑业是国民经济三大支柱产业之一，这不是没有道理的。过去我们很不重视建筑业，只把它看成是消费领域的问题。建设起来的住宅，当然是为人民生活服务的。但是这种生产消费资料的部门，也是发展生产、增加收入的重要产业部门。要改变一个观念，就是认为建筑业是赔钱的。应该看到，建筑业是可以赚钱的，是可以为国家增加收入、增加积累的一个重要产业部门。要不然，就不能说明为什么资本主义国家把它当做经济的三大支柱之一。所以在长期规划中，必须把建筑业放在重要地位。与此相联系，建筑业发展起来，就可以解决大量人口的就业问题，就可以多盖房，更好地满足城乡人民的需要。随着建筑业的发展，也就带动了建材工业的发展。关于住宅问题，小平同志说，要考虑城市建筑住宅、分配房屋的一系列政策。城镇居民个人可以购买房屋，也可以自己盖。不但新房子可以出售，老房子也可以出售。可以一次付款，也可以分期付款，十年、十五年付清。住宅出售以后，房租恐怕要调整，要联系房价调整房租，使人们考虑到买房合算。因此要研究逐步提高房租。房租太低，人们就不买房子了。繁华的市中心和偏僻地方的房子，交通方便地区和不方便地区的房子，城区和郊区的房子，租金应该有所不同。将来房租提高了，对低工资的职工要给予补贴。这些政策要联系起来考虑。建房还可以鼓励公私合营或民建公助，也可以私人自己想办法。农村盖房要有新设计，不要老是小四合院，要发展楼房。平房改楼房，能节约耕地，盖什么样的楼房，要适合不同地区、不同居民的需要。

1980 年 5 月 4 日　国家基本建设委员会、国家计划委员会、财政部、国家劳动总局、国家物资总局发布《关于扩大国营施工企业经营管理自主权有关问题的暂行规定》（（80）建发施字 185 号），恢复了国营施工企业的法定利润，增加了技术装备费。凡实行独立核算的国营施工企业，自 1980 年起暂按工程预算成本的 2.5% 计取法定利润；按 3% 向建设单位收取技术装备费。

1981 年 11 月 4 日　中共中央主席胡耀邦视察援助唐山重建工程的邯郸市第二建筑公司职工驻地，接见了邯郸二建领导。胡耀邦称赞他们的经验就是有干劲，发扬了国家主人翁精神。如果全国建筑业都像邯郸二建那样，我们的建筑投资就可以大大节省，工期就可以大大缩短，质量就可以大大提高，我们就可以节省数以亿计的资金办更多的事，加快四化建设步伐。

1982 年 1 月 2 日　中共中央、国务院发布《关于国营工业企业进行全面整顿的决定》（中发〔1982〕2 号）。

1982 年 2 月 26 日　国家基本建设委员会、国家计划委员会印发《关于缩短建设工期，提高投资效益的若干规定》（（82）建发综字 76 号）。《规定》提出，坚决改变边勘察、边设计、边施工的错误做法，适当提前设计年度；努力提高设计质量；恢复和健全设计责任制，实行设计总负责人、审核人等制度；由于设计质量事故而引起工程返工、拖期、概算超支、工程报废，设计单位必须承担经济责任，视所造成损失、浪费的大小，按设计费的一定比例索赔；广泛开展创优秀设计活动，由国家建委每隔一定时期组织一次全国性的设计评奖；加强概、预算管理；逐步恢复由设计单位编制施工图预算及联合会审制度。

1982 年 3 月 6 日　国务院领导同志视察邯郸市第二建筑公司时强调，要解决"吃大锅饭"的问题；缩短建设周期，是基本建设提高经济效益的根本措施。

1982 年 6 月 15—25 日　全国城乡建设环境保护工作会议在北京召开。城乡建设环境保护部部长李锡铭在工作报告中动员全国城乡建设、环境保护、建筑业和测绘系统的力量，进一步贯彻执行调整、改革、整顿的方针，并提出本部的工作目标和当前的十项主要任务：一、抓紧搞好城市规划，按照规划建设和管理城市。二、继续抓好城市住宅建设，采取多种办法解决住宅紧张问题。三、加强市政公用设施的维护和建设，抓好市容卫生和园林绿化管理。四、乡村建设要搞好规划，节约用地，坚决刹住乱占耕地的歪风。五、抓好环境保护，防止环境污染和生态破坏。六、努力把建筑业搞活，全面提高经济效益。七、测绘工作要加快速度、增加品种、扩大服务面。八、加强科学研究，提高勘察设计水平。九、搞好企业整顿，加强队伍建设。十、加强立法和执法工作。

1982 年 8 月 19 日　国务院、中央军委决定撤销中国人民解放军基本建设工程兵，所属部队大部分按系统对口集体转到国务院有关部门和所在省、市、自治区，少部分转交武警部队。撤销工作要求于 1983 年底基本完成，基建工程兵开始实行"兵改工"。

1983 年 3 月 2 日　国务院领导同志对城乡建设环境保护部提出的关于"民工包干"问题的报告作了批示：这个原则应同时适用于矿山、煤矿、林业。请劳动人事部研究。建设部的报告提出："六五"期间，国营建筑企业原则上不再增加固定工人，采取与集体建筑队伍联合包工的办法，逐步建立起以国营企业为主导、集体企业为骨干、农村建筑队为补充的城乡结合的建筑队伍管理体系。

1983 年 3 月 5—14 日　城乡建设环境保护部在山东省济南市召开全国建筑工作会议。会议传达、讨论经国务院副总理万里批示同意的《建筑业改革大纲》，研究落实改革的步骤方法，制定相应的政策措施，商讨近一个时期内行业建设发展规划等问题。《改革大纲》包括：一、改革经营方式，全面推行施工队包工制；二、改革工资分配办法，把按人头核定工资总额改为按产值工资含量包干；三、改革建筑业管理体制和组织结构，建立以国营企业为主导、集体企业为骨干、农村建筑队为补充的队伍管理体系，政企分开，实行专业化、商品化生产；四、改革城市住宅的投资方式，综合开发，统一建设，实行商品化经营；五、改革单纯用行政手段分配建设任务的办法，有领导地开展竞争，实行投标、议标制；六、改革工程质量监督办法，以社会监督为主，实行第三方认证制度；七、改革干部制度，把人才搞活；八、改革落后的生产方式和管理办法，以产品为中心进行全面技术改造，推行目标管理；九、勘察设计单位实行企业化经营；十、改革科研管理办法，试行项目承包制，积极发展设计、施工、生产、科研联合体。

1983 年 7 月 26 日至 8 月 5 日　全国基本建设工作会议在北京召开。会议着重研究了如何控制基本建设规模和确保重点建设项目的问题。国务院副总理李鹏到会讲话。

1984 年 3 月 26 日　国务院常务会议听取城乡建设环境保护部部长李锡铭关于建筑业发展纲要的汇报。会议指出，发展我国建筑业是一件大事，纲要所提出的政策措施从方向上说是好的。要改革建筑业的分配制度，奖金（工资）不封顶，改革建筑业的用工制度，国营建筑企业保留骨干力量，可以大量使用民工，农民建筑队可以进城承包任务，组建农村房屋建筑材料成套供应公司，实行市场调节，支援村镇建设，城市住宅补贴出售要逐步推广，今后不论企业建房、市政建房，都必须规定回收一定比例的投资，划拨一笔外汇，作为各对外承包企业的经营资金。要走综合开发的路子。

1984 年 4 月 20 日　中央财经领导小组会议讨论建材工业发展纲要。会议确定：建筑业要进行一次较大的改革。初步意见包括：一、改变单纯用行政手段分配施工任务的老办法，实行招标承包制；二、先在大城市实行总承包制的试点，材料拨给建筑部门，包工包料；三、改革建筑业的劳动用工制度，实行民工制度，可进可出；四、组建工程公司、开发公司，实行统一开发，一包到底等。

1984 年 9 月 18 日　国务院印发《关于改革建筑业和基本建设管理体制若干问题的暂行规定》（国发〔1984〕123 号），提出十六项改革措施。主要内容有：实行建设项目投资包干责任制；工程招标承包制，建立工程承包公司，建筑安装企业实行百元产值工资含量包干；建立城市综合开发公司，对城市土地、房屋实行综合开发，勘察设计单位要向企业化、社会化方向发展，全面推行技术经济承包责任制，改革建设资金管理、项目审批程序、建材供应、设备供应、建安企业用工制度、工程质量监督办法等；推行住宅商品化。

1987 年 5 月　国家计划委员会在北京召开全国施工工作会议。国务院副总理李鹏出席会议并作重要讲话。会议介绍了鲁布革水电站实行国际招标、采用先进施工技术的经验，总结了建设领域改革开放进展情况，提出了下一步深化改革的主要政策，包括：大力推广招投标制；取消施工企业法定利润和技术装备费，改为实行 7% 的计划利润；施工企业全部实行百元产值工资含量包干制等。

1988 年 12 月 12 日　全国建设工作会议在北京召开。建设部部长林汉雄在题为《迎接挑战，深化改革，努力做好今后两三年的工作》的工作报告中指出："治理环境、整顿秩序"为全面推进我国建设事业的改革、发展提供了时机；要振奋精神、迎接挑战；要深化改革、开拓前进，做好今后两三年的工作，重点抓好以下工作：一、抓立法、抓改革，加强对建设事业各项工作的宏观指导。二、加快施工、设计体制改革的步伐，调整队伍结构，提高设计水平。三、加速住房制度和土地使用制度的改革，促进房地产业的发展。四、全面整顿建设市场秩序。五、进一步加强规划管理，完善城市基础设施建设，推进城市化进程。六、加快改革对外工程承包的现行体制，降低成本，扩展经营，统一步调，协调作战。七、狠抓质量管理，加快技术进步。八、加快改革管理体制的进程。九、积极探索中国村镇建设发展的新道路。十、加强人才开发，搞好干部培训，提高队伍素质。十一、两个文明一起抓，大力培养"行业精神"，树立良好的职业道德。

1990 年 2 月 12-14 日　全国建设工作座谈会在北京召开。建设部部长林汉雄在题为《团结奋斗,开拓进取,努力做好一九九〇年的建设工作》的总结讲话中指出,1989 年各项工程建设任务完成得比较好,建设立法取得可喜成绩,建设市场和房地产市场整顿工作已初见成效;施工队伍膨胀势头开始回落;建设事业改革有所深化;国际合作与对外工程承包不断发展;城市规划、建设、管理工作得到加强,村镇建设工作取得新的进展,人才开发和科技进步成效明显。1990 年治理整顿的重点是:要强化工程质量管理,大力提高工程质量水平,进一步调整和精干施工队伍,妥善处理队伍窝工问题;继续把建设市场整顿好;借宣传贯彻《城市规划法》之机,加强城市管理。要不断完善、充实、深化建设领域各项改革措施;集中优势力量,确保重点建设任务的胜利完成;认真学习宣传贯彻《城市规划法》,强化规划管理;认真落实产业倾斜政策,加强市政公用设施建设;努力搞好住宅建设,缓解住房困难,以利社会安定;要处理好搞活房地产业、住房制度改革问题;改善和加强村镇建设的管理工作;认真抓好技术进步和人才开发,努力提高队伍素质,提高建设工作效益;继续加强法制工作;加强精神文明建设。

1991 年 12 月 16-20 日　全国建设工作会议在北京召开。会议的主要任务是总结过去 10 年建设事业取得的成就及经验,研讨今后 10 年和"八五"时期建设事业的发展规划,部署明后两年的工作重点。国务院总理李鹏在与会议代表座谈时指出,这 10 年建设工作取得的很多成绩,超过了前 30 年的总和,是改革开放促进了建设事业的进步与发展。施工企业和设计单位应和国家大中型企业一样,不断增强活力,最重要的就是深化改革,全面推行投标招标制,真正引入竞争机制,实行项目经理责任制。建设战绩要实现高质量、高效益、高素质。在城市建设中,要有一个比较科学合理的规划,不要盲目追求建设高指标,要讲求实效;建设项目要注意配套,功能齐全,还要注意发展装修业,满足不同用户要求。各级领导要加强对农村建房的指导。国务院副总理邹家华在会议讲话中指出,最近 10 年是我国建设事业发展最快,成绩最大的 10 年。要充分认识建设战线肩负的历史重任;精心设计,精心施工,切实搞好关系国计民生的重点工程建设;要千方百计搞好大中型国营建筑施工企业。要搞好城市规划、建设和管理，当前必须处理好 10 个方面的关系：城市发展与经济发展的关系；城建规划、建设和管理的关系；城市建设的近期需要与长远目标的关系；城市发展与周围地区发展的关系；城市现代化与保持传统风格的关系；新区开发与旧区改建的关系；重点建设与一般建设的关系；房屋设施建设与环境建设的关系；硬投入与软投入的关系；物质文明建设与精神文明建设的关系。建设部部长侯捷在题为《坚持改革，开拓进取，为完成新时期的建设任务而努力奋斗》的讲话中指出，80 年代工程建设成绩卓著，建筑业获得巨大发展；城市建设取得重大进展，城市面貌发生了显著变化；城镇住宅建设取得了前所未有的成就，房地产业迅速崛起；广大农村的村镇建设突飞猛进，建设成就令人瞩目；建设教育事业和科技事业得到迅速发展，取得了可喜的成绩；对外工程承包合作与交流有了新的进展，初步打开了局面。90 年代的奋斗目标和主要任务是：高质量、高效益地搞好国家计划确定的重点建设，为国民经济发展增添后劲；积极发展建筑业，使之更好地发挥支柱产业作用；加强城市的规划、建设和管理，进一步提高城市的功能；加快城镇住宅建设，推进住房制度改革，大力发展房地产业；精心组织，精心指导，努力提高村镇建设总体水平。1992、1993 两年要着重抓好深化内部改革，调整有关经济政策，努力搞好国营大中型企业和勘察设计单位；坚持"质量第一"的方针，下大力气打好质量翻身仗；以住房"解困"和危旧房改造为重点，加快城镇住宅建设；切实把灾后重建工作和防洪人防设施建设抓紧抓好；深入进行社会主义思想教育，进一步加强精神文明建设。会议审定了《建设事业十年规划和"八五"计划纲要》，提出建设事业在"八五"期间的主要任务是：努力完成国家重点建设和全社会固定资产投资计划；建筑业的发展重点要从量的扩大转到质的提高上；继续贯彻《城市规划法》，加强城市规划工作；城市建设继续实行"统一规划、合理布局、因地制宜、综合开发、配套建设"的原则，提高城市功能，进一步改善城市面貌；村镇建设要同农村经济发展相适应，做好规划指导、技术服务和建设管理工作，提高建设水平；动员各方面力量加快城镇住宅建设；推进城镇住房制度改革；大力推进科技进度等。

1992 年 6 月 30 日 建设部印发《一九九二年至一九九五年建设事业改革

要点》(建法〔1992〕415号)。《要点》提出:深化工程建设管理体制和运行机制的改革,大力提高工程建设组织管理水平,充分发挥投资效益;深化建筑业改革,促进建筑业的振兴和发展;深化城市规划、城市建设和市政公用事业的改革,强化城市功能和主导作用;深化房地产业改革,使房地产业有个更大的发展;深化村镇建设体制改革,提高村镇建设整体水平;深化建设科技体制和教育体制改革,推进科技进步和人才培养工作;逐步理顺建设行政管理体制,认真转变政府职能,切实加强对改革的领导与协调。

1993年4月24-28日 全国建设工作会议在北京召开。会议的主要任务是贯彻党的十四大和第八届全国人大第一次会议精神,总结1991年全国建设工作会议以来建设战线取得的成绩和经验,研究在建立社会主义市场经济体制的新形势下深化改革、扩大开放的思路和政策,部署今后的工作。国务院副总理邹家华在会议讲话中指出,建筑业是我国最早实行改革和开放的行业之一,一些行之有效的经验还为其他行业所借鉴。建筑业要真正成为国民经济的支柱产业,还要大力开拓国际市场。要推进房地产业活而有序地健康发展,要强化规划管理。建设部部长侯捷作了《把握历史机遇,加大改革力度,推动建设事业又好又快地向前发展》的报告,他指出,过去一年多来,建设事业蓬勃发展,增长速度明显加快;建设管理体制改革步步深入,显示出一些新的特点;建设立法工作进展快,依法行政水平有了提高;精神文明建设得到加强,行业新风发扬光大。"八五"后三年,要着力抓好以下九件事:加大改革力度,积极探索和建立适应社会主义市场经济发展的建设管理体制和运行机制;狠抓建设法制工作,保障建设事业健康有序地发展;加快建筑业的振兴和发展,使建筑业真正成为支柱产业;按照优化结构、提高质量、增进效益的要求,高质高效地完成国家确定的建设项目和技术改造项目;搞好城乡规划、建设和管理,加快城市化进程;放开搞活,严格管理,促进房地产业健康发展;建立和完善科技教育与经济建设有效结合的运行机制,大力发展科学技术和教育事业;坚持两手抓,两手都要硬,把社会主义精神文明建设提高到一个新的水平;认真搞好机构改革,转变职能,理顺关系,精兵简政,提高效率。

1994年1月20-23日 全国建设工作会议在北京召开。建设部部长侯捷在题为《认真贯彻党的十四届三中全会精神，努力做好1994年建设工作》的讲话中指出，过去一年，建设系统抓住机遇，加快发展，各项建设事业取得好成绩；加强房地产市场宏观调控，促进了房地产业健康发展；加强法制建设，建设立法工作取得较大进展；深化科技教育体制改革，建设科技、教育事业得到迅速发展；多层次、多渠道开展对外工作，国际合作与交流取得新进展；以建立社会主义市场经济体制为目标，改革步伐进一步加快。1994年要着重抓好十项工作：加大企业改革力度，积极探索建立现代企业制度的有效途径；大力培育和完善建设市场体系，积极发挥市场对资源优化配置的基础作用；加快政府职能转变，改善和加强对建设市场的宏观调控与监督；切实把加强法制工作作为大事来抓，进一步加快立法进度，提高立法质量；把加强城镇住宅建设作为一项战略任务来抓，努力提高人民群众的居住水平；大力加强市政公用基础设施建设，进一步提高城市功能和环境质量；加快小城镇建设，促进农村经济和社会的全面发展；进一步加强重点建设和技改项目管理，优质高效地完成国家确定的工程建设任务；大力发展科技教育事业，提高行业整体素质；坚持两手抓，两手都要硬的方针，大力推进社会主义精神文明建设。

1994年9月6日 建设部印发《建设事业体制改革总体规划（1994年～2000年）》（建法〔1994〕556号）。到本世纪末，建设事业体制改革的总体目标是：基本建立起适应社会主义市场经济要求的建设事业经济体制和运行机制，使建筑业、房地产业和市政公用事业初步转入社会主义市场经济体制的运行轨道，工程建设、城市建设、村镇建设的质量、效益上一个新台阶。

1995年1月17-20日 全国建设工作会议在北京召开。建设部部长侯捷在题为《统一认识，扎实工作，确保建设事业持续稳定协调发展》的讲话中指出，过去一年，各项建设事业保持着持续发展的好势头，各项改革取得新进展，多层次、全方位对外开放的整体格局开始形成，宏观调控与综合管理职能得到了加强，社会主义精神文明建设取得了显著成效。1995年，要落实去年第四季度全国建设系统精神文明建设工作会议、全国建筑业工作会议、全国勘察设计工作会议部署，重点做好以下工作：组织跨世纪城市规划的编制和实施，加快城市现代化进程；进一步加强房地产宏观调控，大力发展城镇住宅建设；大力抓好小城镇建设，加快乡村城市化步伐；集中力量保重点，优质高效地完成国家计划确定的工程建设与技术改造项目；以深化国有企业改革为重点，协调配套地推进适应建立社会主义市场经济体制的各项改革；切实把科技教育放在优先发展的战略地位，大力推动技术进步，加速人才培养；加强和改善对建设事业的宏观调控与监督服务；进一步加强和改善党对建设工作的领导。

1995 年 10 月 27 日至 11 月 5 日 建设部、财政部举办全国小城镇和村庄建设成就展览。中共中央总书记江泽民、国务院总理李鹏分别为展览题词，江总书记的题词是："搞好小城镇建设促进农村经济社会全面发展"，李鹏总理的题词是："建设好小城镇，促进农村经济社会发展。"国务院副总理邹家华为开幕式剪彩。全国人大常委会委员长乔石参观展览会并指示：小城镇和村庄建设一定要先搞好规划。各地小城镇和村庄建设一定要重视道路、通信、供水、卫生等基础设施，为群众生活提供方便的配套服务。

1996 年 1 月 24-26 日 全国建设工作会议在北京召开。会议的主要任务是贯彻党的十四届五中全会和中央经济工作会议精神，总结"八五"时期建设事业取得的成就和经验，研究"九五"期间建设事业改革与发展的基本思路，对 1996 年的工作作出部署。国务院副总理邹家华在会议讲话中指出，建设系统要转变思想观念，深化体制改革，以最小的投入产出最大的效益。要加强管理，规范市场秩序，提高人员素质。要加快住宅建设，进一步改善城乡人民的居住条件。建设部门要抓好规划这个龙头，按照各个城市的不同特点确定城市功能，合理控制城市规模。建设中一定要注意工程质量问题。建设主管部门一定要狠抓质量，认真推行招标投标制。要全面推行工程监理制，严格控制工程的进度和保证工程质量。建设部部长侯捷在工作报告中指出，"八五"时期建设事业取得的成就是：建筑业为国家重点建设、城市基础设施建设、城乡住宅建设做出了重大贡献，越来越显示出支柱产业作用；城市规划工作逐步深化，市政公用设施建设取得了前所未有的成绩；城市住宅建设持续快速发展，房地产业逐步走向稳步发展的轨道；以小城镇为重点带动村镇建设全面发展，大大加快了农村工业化和城市化进程；建设科技与教育事业取得重大进展，为加快建设事业发展发挥了重要作用；法制建设取得了重大进展，为建设事业的健康发展提供了法律保证。"九五"时期的主要奋斗目标是：加快建筑业振兴与发展，使之初步成为带动国民经济增长和结构升级的支柱产业；加快城市住宅建设，改善功能与质量，使之达到小康居住水平；加强城市基础设施建设，使城市市政公用设施的功能水平基本与经济、社会发展相适应，城市的投资环境和生活环境有明显提高；加快乡村城市化的进程；初步建立起适应社会主义市场经济要求的建设事业管理体制和运行机制。1996年的主要任务是：要把促进建筑业的振兴和发展作为一项突出的工作切实抓出成效；要把改善人民群众居住条件作为一项重大任务下大力气抓好；要加快解决城市供水不足、交通阻塞和环境质量差的问题；加强勘察设计，优质高效地完成工程建设和技术改造项目；统一思想，齐心协力，奋发进取，讲求实效，开创工作新局面。

1996 年 7 月 12 日　建设部印发《〈建设事业"九五"计划和 2010 年远景目标纲要〉及专项规划》（建计〔1996〕413 号），提出振兴建筑业，推进乡村城市化，加快勘察设计技术更新，基本建立起与社会主义市场经济体制相配套的建设法规体系框架，组织制定和修订项目建设标准，突出重点领域和重大关键技术等。

1997 年 1 月 14 日　全国建设工作会议在北京召开。建设部部长侯捷在题为《把握大局，奋力开拓，做好 1997 年建设工作》的工作报告中回顾了 1996 年工作：大力推进住宅建设，搞活房地产流通，积极探索形成住房消费热点的新路子；以查处劣质住宅工程为重点，全面加强工程质量管理；以规范建筑市场为中心，在全国范围开展了工程建设项目执法监察；把社会主义精神文明建设摆在突出位置来抓；积极筹备并参加了联合国"人居二"大会（注：指1996 年 6 月在土耳其召开的联合国第二次人类住区大会，会议通过《人居议程》和《伊斯坦布尔宣言》，提出"人人享有适当住房"和"城市化进程中人类住区的可持续发展"两大主题），扩大了我国的国际影响；强化宏观管理，加强法制建设；认真组织实施村镇建设"625"试点工程（注：指6个乡村城市化试点县、2个试点地区、500个试点小城镇），加强分类指导；贯彻实施科教兴业战略取得了新进展。1997年要着重做好七个方面的工作：发展住宅建设，积极培育新的消费热点和新的经济增长点；努力提高工程建设投资效益，优质高效地完成国家计划确定的重点基本建设项目和技术改造项目；进一步规范建筑市场和勘察设计市场，为建设事业的改革与发展创造良好的外部环境；以创建文明城市、文明村镇、文明行业、文明工地为中心内容，把两个文明建设作为统一目标来抓好抓实，努力开创城乡建设新局面；贯彻落实"抓大放小"方针，深化建设系统企业改革；实施科教兴业战略，加快实现两个根本性转变，提高行业的整体素质和水平；切实抓好立法、普法、执法工作，全方位推进法制建设，为建设事业的改革与发展提供强有力的法律保障。

1998年1月13日 全国建设工作会议在北京召开。国务院副总理邹家华在讲话中指出：经济建设要处理好改革、发展和稳定之间的关系；质量保证是经济健康发展的重要前提，对质量问题不能含糊，要一丝不苟地狠抓；规划是建设工作的"龙头"。建设部部长侯捷回顾了1997年我国建设事业在工程建设、积极培育住房消费热点、加强建筑市场综合管理、加强城市和村镇规划、建设管理、加快各项改革事业、加强宏观管理、促进国际经济技术交流与合作、加强社会主义精神文明建设等八个方面取得的实绩。他指出，1998年要着力抓好以下工作：一、大力发展普通居民住宅，加速培育新的经济增长点。二、把制度创新与摆脱困境结合起来，打好国有企业改革攻坚战。三、加强对城市化的正确引导，实现城市和村镇建设的可持续发展。四、下大力气把工程质量抓上去，为建筑业的振兴和发展打下扎实基础。五、认真实施"科教兴国"战略，努力开拓高质量、高效益发展建设事业新路子。六、切实加强国际交流与合作，不断提高对外开放水平。七、加强政策法规和市场规则建设，适应建立社会主义市场经济体制的需要。八、以创建文明行业为重点，大力提高社会主义精神文明建设水平。

1998年10月14日 中国共产党第十五届中央委员会第三次全体会议通

过的《中共中央关于农业和农村工作若干重大问题的决定》明确提出：发展小城镇，是带动农村经济和社会发展的一个大战略，有利于乡镇企业相对集中，更大规模地转移农业富余劳动力，避免向大中城市盲目流动，有利于提高农民素质，改善生活质量，也有利于扩大内需，推动国民经济更快增长。要制定和完善促进小城镇健康发展的政策措施，进一步改革小城镇户籍管理制度。小城镇要合理布局，科学规划，重视基础设施建设，注意节约用地和保护环境。

1999 年 1 月 12 日　全国建设工作会议在北京召开。建设部部长俞正声在讲话中强调，要采取坚决的措施确保工程质量，把工程质量放在建设工作的中心和首位。他指出，1998 年，建设工作为基本实现全年的经济发展目标作出了重要贡献；建设系统为抗洪抢险、灾后重建付出了巨大努力。建设事业的改革取得了突破性进展：明确了深化城镇住房制度改革和加快住房建设的总体思路、原则和重点；建设部机关机构改革基本完成，分流人员的绝大部分得到了妥善安置；广泛地推进了有形建筑市场的建立，绝大部分地区建起了有形建筑市场；水价改革等也取得了积极进展。有关部门之间的协作配合取得了重要突破：建立了城市规划部际联席会议制度，加快了城市规划审批工作；成立了住房建设和房改五人小组，在加快住房建设、推进城镇住房制度改革中发挥了重要作用。1999 年，要继续推进城镇住房制度改革，抓好住房建设、城市基础设施建设和灾后重建；要加强城乡规划、建设和管理；要改进工作作风和工作方法；要加强精神文明建设和党风廉政建设，深入开展以"讲学习、讲政治、讲正气"为主要内容的党风党性教育，积极开展创建文明行业活动，要突出抓好向范玉恕同志学习的活动；要切实关心下岗职工的生活和再就业，关心民工生活，保护他们的合法权益；继续抓好建设工程交易中心（有形建筑市场）建设、住房资金和住房公积金管理、重大工程质量事故的查处和超标准占房的查处等工作。

1999 年 12 月 28－29 日　全国建设工作会议在北京召开，建设部部长俞正声指出，2000 年要重点做好八个方面的工作：一、进一步深化住房制度改革，启动住房消费，加快住房建设。二、全面贯彻落实《中华人民共和国建筑法》、

《中华人民共和国招标投标法》以及国务院即将颁布的《建设工程质量管理条例》和《建设工程勘察设计条例》，继续改革、整顿和规范建设市场，确保建设工程质量。三、加大城乡规划依法行政力度，进一步加强和改进城乡规划管理工作。四、进一步统一思想、提高认识，积极推进小城镇建设健康发展。五、加强城市基础设施建设和城市管理，搞好风景名胜区的规划、建设和管理。六、根据行业特点实行分类指导，进一步推进建设系统国有企业的改革和发展。七、深化教育管理体制和科研事业单位体制改革，加强技术创新和信息化建设，扩大国际交流与合作。八、加强思想政治工作，抓好党风廉政建设和精神文明建设，巩固和发展"三讲"教育成果。

2000 年 7 月 17 日 建设部印发《关于进一步搞好企业集团试点工作的若干意见》（建法〔2000〕156 号）。《意见》要求，进一步提高对企业集团试点工作重要性的认识；企业集团要建立以资本为主要纽带的母子公司体制；各级建设行政主管部门要支持试点企业集团实施联合、兼并与资产重组的发展战略，实现低成本有效扩张的目标；加快制订企业集团试点方案的工作进度。

2000 年 12 月 22—24 日 全国建设工作会议在广东省广州市召开。广东省省长卢瑞华致辞。建设部部长俞正声在报告中提出，要紧紧围绕结构调整，推进建设事业全面发展。"十五"期间的建设工作，必须牢牢把握推进经济社会发展、提高人民生活水平这一根本目标，紧紧围绕结构调整，依靠改革开放和科技进步推动建设事业发展。建设事业"十五"期间要初步形成城镇建设有序发展的新机制；初步形成城镇建设与生态环境建设相互协调，可持续发展的新格局；基本形成社会、市场化的住房供应、分配、管理和服务体系；争取形成城市基础设施建设投入产出良性循环机制；基本建立公平竞争、健康有序的建设市场；基本完成建设系统企业所有制结构和组织结构调整，形成一批具有较强国际竞争力的骨干企业；健全适应市场经济运行和对外开放要求的建设法律法规，依靠经济和法律手段管理各项建设活动。2001 年要进一步加大经济适用住房和城镇基础设施建设；继续深入整顿规范建设市场，确保工程质量，严厉打击招投标弄虚作假、工程项目转包、违法分包、挂靠、欺诈等违法违规行为；改进和加强城乡规划管理，为推进城镇化和西部大开发服务，促进城乡经济的良性互动和地区协调发展；加强城市生态环境和交通设施建设；推进经济结构的战略性调整；做好加入世界贸易组织的各项准备工作，增强企业的国际竞争力；建立健全技术创新体系，加快信息化进程；进一步转变政府职能，为"十五"计划的实施开好头、起好步。

2001 年 3 月 5 日　第九届全国人民代表大会第四次会议提出《关于国民经济和社会发展第十个五年计划纲要的报告》。"十五规划"要求逐步形成合理的城镇体系，注意发展城市间的经济联系，在着重发展小城镇的同时，积极发展中小城市，完善区域性中心城市功能，发挥大城市的辐射带动作用，走出一条符合我国国情、大中小城市和小城镇协调发展的城镇化道路。

2001 年 5 月 10 日　建设部印发《建设事业"十五"计划纲要》（建综〔2001〕96 号）。《纲要》提出建设事业"十五"时期的发展目标和主要任务是：积极稳妥地推进城镇化进程，提高城镇建设和管理的综合水平，基本建立符合社会主义市场经济要求的城镇住房新体制，加强对西部城镇发展的引导，加大对城镇基础设施的扶持力度，深化改革，建立规范的建设市场运行与管理体系，推动企业改革和结构调整等。

2002 年 1 月 7—8 日　全国建设工作会议在北京召开。建设部部长汪光焘在题为《贯彻扩大内需方针，加快建设事业发展》的工作报告中指出，2001 年，建设事业发展态势良好。建设事业"十五"开局良好，为拉动经济增长作出了重要贡献；城乡规划、管理力度加强，人居环境进一步改善；整顿规范建筑市场取得阶段成果，市场秩序混乱状况得到初步遏制；体制改革继续深化；以科技创新推进建设事业发展；依法行政全面推进；精神文明建设成效明显，党风廉政建设切实加强。2002 年是中国成为世界贸易组织（WTO）成员后，开始全面履行各项承诺的第一年。我们应当从三个方面来把握建设事业改革与发展面临的宏观经济形势：第一，明确建设事业在扩大内需、拉动经济增长中承担的重要任务。第二，深刻认识经济结构对城乡规划管理和城镇建设提出的要求。第三，充分估量加入世界贸易组织（WTO）对建设事业的影响。2002 年要重点抓好八个方面的工作：一、立足于扩大内需，加快建设事业改革与发展。继续扩大面向中低收入居民的住房建设，促进住房消费。推进投融资体制改革，加快城市基础设施建设。注重发挥投资效益和使用效益，提高发展质量。二、继续加强和改进城乡规划管理。三、引导小城镇健康发展。坚持因地制宜，分类指导的原则。加强小城镇的规划管理。四、加大整顿规范建筑市场秩序治本力度。五、以改善生态环境为重点，加强城市建设与管理，增强可持续发展能力。六、加强和改进风景名胜区管理工作。七、继续深化建设领域国有企业改革。八、大力推进建设事业科技进步。

2003 年 1 月 6－7 日 全国建设工作会议在北京召开。建设部部长汪光焘在工作报告中回顾了五年来的工作，指出：我们坚持以邓小平理论和"三个代表"重要思想为指导，解放思想，务实创新，各项工作都取得了新的进展。初步发挥了城乡规划监督管理和综合调控作用，加强了建设领域经济运行的调查研究和政策调控，整顿和规范市场秩序取得新进展，市政公用事业改革取得新进展，初步建立了标准体系，形成质量安全监督管理体制，重视群众关心的热点问题，全力做好维护稳定工作。2003 年要着重抓好六项工作：继续贯彻《国务院关于加强城乡规划监督管理的通知》，强化城乡规划综合调控作用；深化城镇住房制度改革，促进住房建设，全面提高城乡居民居住水平；推进基础设施建设，改善城市环境，提高发展质量；深入整顿规范建设市场，加强宏观调控；进一步转变政府职能，提高行政管理效率；推进科技进步，加快信息化步伐。

2004 年 1 月 13－14 日 全国建设工作会议在北京召开。建设部部长汪光焘在题为《开拓进取，推动建设事业持续健康发展》的报告中回顾了 2003 年工作：积极抗击"非典"，为保障城市的正常运转发挥了重要作用；促进房地产业持续健康发展，有效拉动国民经济增长；加强和改进规划的编制和监督实施，城乡规划的调控作用进一步发挥；市政基础设施建设得到加强，人居环境进一步改善；建筑市场秩序逐步好转，建筑业稳步发展；世界遗产和风景名胜资源保护工作得到加强；加快法规和标准建设，推动科技创新；认真解决关系群众切身利益问题，维护社会稳定。2004年要着力抓好以下工作：认真解决拖欠工程款和农民工工资问题，继续做好建筑市场整顿；加强城乡规划的监督，推动大中小城市和小城镇协调发展；加快市政公用事业市场化进程，推进基础设施和环境卫生体系建设；认真贯彻落实国发〔2003〕18号文件，保持房地产市场持续健康发展；加强监管，提高工程质量和安全水平；正确处理保护与开发利用的关系，严格风景名胜资源保护；以实施《行政许可法》为契机，完善法规标准，创新管理机制；着力解决社会热点难点问题，保持社会稳定；加强思想作风和组织建设，提高建设系统的凝聚力和战斗力。大会向获得建设系统先进集体和劳动模范、先进工作者的单位和个人及国家园林城市、中国人居环境范例奖获奖城市颁奖。

2004年12月27-28日　全国建设工作会议在北京召开。建设部部长汪光焘在题为《牢固树立和认真落实科学发展观，推进建设事业持续健康发展》的报告中回顾了2004年工作取得的新进展：贯彻落实中央宏观调控政策取得成效；城乡规划对城镇发展的综合指导作用进一步增强；着力解决关系人民群众切身利益的突出问题，维护社会稳定；建筑市场、房地产市场和市政公用市场监管得到加强；工程质量和生产安全形势继续好转；标准体系建设进一步完善，科技创新有了提高；立法和依法行政工作取得成效；党风廉政建设和人才工作取得进展。2005年要认真做好以下工作：一、继续落实中央宏观调控措施，保持经济平稳较快发展。二、充分发挥城乡规划作用，促进城乡和区域协调发展。三、完善城镇功能，进一步改善人居环境。四、依靠科技进步，推进资源能源节约。五、加强法律法规和标准体系建设，推进依法行政。六、积极预防和化解矛盾，切实维护社会稳定。七、认真组织编制建设事业"十一五"规划。八、加强自身建设，努力提高行政能力。

2005年9月29日　胡锦涛总书记主持中共中央政治局第二十五次集体学习，内容是国外城市化发展模式和中国特色的城镇化道路。胡锦涛总书记强调，坚持走中国特色城镇化道路，按照循序渐进、节约土地、集约发展、合理布局的原则，努力形成资源节约、环境友好、经济高效、社会和谐的城镇发展新格局。同济大学唐子来教授、北京大学周一星教授就"国外城市化发展模式和中国特色的城镇化道路"进行了讲解，并谈了他们的有关看法和建议。

2005 年 12 月 26－27 日　全国建设工作会议在江苏省南京市召开。建设部部长汪光焘在会上作了题为《全面落实科学发展观，实现城乡建设持续健康发展》的报告。报告指出，2005 年及"十五"期间，建设系统改革与发展取得新进展，房地产市场调控初见成效；城乡规划综合调控作用进一步发挥；城乡人居环境进一步改善；建筑市场秩序、城市综合防灾和工程安全形势进一步好转；标准规范引导和科技带动作用增强；法制建设和依法行政工作得到加强；促进了建设领域维护社会稳定工作；党的建设、精神文明建设和人才建设工作呈现新局面。2006 年，要切实做好以下工作：一、继续贯彻中央宏观调控政策措施，保持房地产、建筑市场和市政公用事业持续健康发展。二、充分发挥城乡规划的综合性、全局性和战略性作用，促进城镇化健康发展。三、贯彻"工业反哺农业、城市支持农村"的方针，做好建设社会主义新农村相关工作。四、按照建设资源节约型、环境友好型社会的要求，转变城镇发展模式。五、完善住房政策，改善城乡居民的居住条件。六、推进行政管理机制创新，完善建设事业改革与发展的制度保障。

2006 年 3 月 15 日　建设部印发《建设事业"十一五"规划纲要》（建综〔2006〕53 号）。《纲要》提出：要强化城乡规划的综合调控，促进城乡统筹和区域协调；完善城镇基础设施系统，提高城市综合承载能力；加强村镇建设指导和管理，努力建设社会主义新农村；加强历史文化名城（街区、村镇）和风景名胜资源的保护与监管；加强和改善宏观调控，促进房地产市场持续健康发展；完善建筑市场机制与监督管理体系；完善建设领域安全生产监管和综合防灾与应急管理机制；积极推进建设领域科技创新；加强建设领域人才工作；全面推进依法行政；加强精神文明建设和廉政建设；创新实施机制，保障规划实施。

2007 年 1 月 23 日　全国建设工作会议在北京召开。建设部部长汪光焘在题为《把握形势，明确任务，切实做好 2007 年建设工作》的报告中指出，2006 年工作取得新进展：全面贯彻落实房地产市场调控政策措施；建立健全城乡规划编制和实施监督机制；大力推进节能和人居环境改善；清理拖欠工程款和农民工工资工作取得阶段性成果，建筑市场秩序进一步规范；加强安全生产管理和保障城市安全运行；维护群众利益，促进社会和谐稳定；坚持反腐倡廉，加强精神文明建设；加强重点领域专项研究，提高谋划城乡建设改革发展的能力。2007 年要切实做好：一、全面落实两个"国八条"和"国六条"（注：指国办发明电〔2005〕8 号、国办发〔2005〕26 号和国办发〔2006〕37 号），着力改善中低收入家庭住房条件。二、加强城乡规划制度建设，推进科学制定和实施城乡规划。三、巩固三年清理拖欠工程款和农民工工资成果，促进建筑业健康发展。四、抓紧建筑节能法规制度建设，全面推进建筑"四节一环保"（注：指节能、节地、节水、节材和环境保护）。五、深化市政公用事业改革，推进城镇资源节约、环境治理。六、完善工程建设标准，发挥对建设资源节约型社会的引导作用。七、坚持为农民农村农业服务思想，确保城乡建设中农民权益保护。八、着力解决涉及群众切身利益的突出问题，维护社会和谐稳定。九、推进建设行政管理体制创新，提高公共服务水平。十、全面贯彻党风廉政建设各项工作，加强思想作风建设。

2007 年 12 月 28—29 日　全国建设工作会议暨党风廉政、精神文明建设工作会议在北京召开。建设部部长汪光焘在题为《深入贯彻落实科学发展观，推进城乡建设又好又快发展》的报告中回顾了五年来城乡建设工作：进一步强化了城乡规划的公共政策地位；居民住房条件有了较大改善；节能减排取得新进展；房地产业和建筑业保持了持续较快发展；建筑工程质量安全和城市安全运行的监管机制形成；城乡建设法制建设步伐加快。2008 年要重点抓好九个方面的工作：一、全面贯彻实施《中华人民共和国城乡规划法》，充分发挥对城乡建设和发展的引导调控作用。二、加强和改善房地产市场调控，加快解决城镇中低收入家庭住房困难。三、推进市政公用事业改革，不断提高城市综合承载能力。四、完善工程建设标准定额体系，不断增强基础服务能力。五、推动新技术推广应用，促进城乡建设节能降耗。六、完善建筑市场监管制度和手段，促进建筑业持续健康发展。七、完善管理和监督机制，保证工程质量和城市运行安全。八、推进城乡建设法制建设和行政管理体制改革，提高社会管理和公共服务水平。九、加强思想组织作风建设，增强建设系统的凝聚力和战斗力。

2009 年 1 月 9 日　全国住房和城乡建设工作会议暨党风廉政、精神文明建设工作会议在北京召开。住房和城乡建设部部长姜伟新在题为《落实科学发展观，做好今年住房和城乡建设工作》的报告中指出，2008 年住房和城乡建设工作取得明显成效：一是为夺取抗震救灾斗争全面胜利做出积极贡献。二是保障性住房建设取得突破性进展。三是房地产市场调控的针对性增强。四是城乡规划管理取得新成效。五是建筑节能工作有所推进。六是城乡建设管理水平有一定提高。七是工程质量安全和市场监管力度进一步加大。八是法制和标准建设步伐加快。九是反腐倡廉和精神文明建设不断推进。2009 年住房和城乡建设系统要着力做好九方面工作：一是全面推进保障性住房建设。二是促进房地产市场健康稳定发展。三是进一步做好统筹城乡规划建设工作。四是力争建筑节能取得新突破。五是提高工程质量安全和建筑市场监管水平。六是推动法制和工程标准建设。七是维护建设领域社会稳定。八是认真做好汶川地震灾区重建相关工作。九是继续深入开展反腐倡廉和精神文明建设工作。

2009 年 12 月 18 日　全国住房和城乡建设工作会议暨党风廉政、精神文明建设工作会议在北京召开。住房和城乡建设部部长姜伟新做了题为《为百姓住有所居和城乡建设事业科学发展做出新贡献》的工作报告。会议客观分析了住房城乡建设事业面临的形势和存在的问题。会议要求住房城乡建设系统 2010 年扎实做好六个方面工作：一是进一步加强住房工作，促进人民群众住有所居。继续大规模推进保障性安居工程建设，包括 375 万户城市保障性住房和 297 万户各类棚户区改造。加强和改善房地产宏观调控，完善住房公积金管理，组织实施好住房公积金贷款支持保障性住房建设的试点工作，大力发展公共租赁住房和限价商品房。二是提高城乡规划水平，促进城镇化健康发展。三是继续推进建筑节能和城镇减排，提高发展质量和效益。完成北方既有居住建筑 5000 万平方米的供热计量和节能改造任务，全面完成国务院要求的"十一五"期间改造 1.5 亿平方米的任务。四是认真履行市场监管职责，为住房和城乡建设创造良好的市场环境。五是继续做好法规和建设标准完善及改革工作。六是切实加强党风廉政、精神文明和作风建设。会议还向江苏省南京市、陕西省宝鸡市颁发了"中国人居环境奖"，向北京奥林匹克公园环境建设等 32 个项目颁发了"中国人居环境范例奖"。

第二节　三线建设

1964 年 5 月中旬至 6 月中旬　中共中央在北京召开工作会议，提出一、二、三线的战略布局及建设大三线的方针，从而开始了"三线"建设和部分沿海企业向内地搬迁。

1964 年 8 月中旬　中央书记处召开会议讨论研究内地建设问题。会议决定，首先集中力量建设内地，在人力、物力、财力上给予保证。为贯彻中央书记处会议精神，建筑工程部调整力量部署，开始以优势力量进行内地建设。1965 年在成都、重庆、渡口、贵阳、西安、龙凤、兰州、北京等地重新组建了八个工程局，参加内地建设。从 1964 年到 1972 年，全国 50% 以上的基本建设投资用于内地大中型骨干企业建设。

1965 年 2 月 26 日　中共中央、国务院作出《关于西南三线建设体制问题的决定》，决定成立西南三线建设委员会，以加强对整个西南三线建设的领导。3 月 29 日，中共中央发出《关于西南三线建设委员会组成人员的批复》，同意李井泉为主任，程子华、阎秀峰为副主任。

1966 年 2 月 23 日至 3 月 7 日 中共中央西南局在四川省成都市召开西南三线建设会议,总结交流经验。会议提出:实行党委一元化领导,取消甲、乙方,成立现场统一指挥领导机构;集中力量打歼灭战;队伍革命化,战斗化;工农结合,以厂带社;发扬延安、大庆精神搞"干打垒",每平方米 40 元,"糊豆沙"(卵石、白灰、沙子)得到广泛应用。

1967 年 7 月 26 日 国家基本建设委员会发布《关于积极推动搬迁工作的通知》。

1967 年 9 月 9 日 国家计划委员会、国防工业办公室、国家基本建设委员会发出《关于抓紧小三线生产建设工作的通知》,要求在 1968 年全面完成前三年小三线建设规划。

1968 年 3 月 6 日至 5 月 8 日 全国小三线建设工作会议在北京召开。会议检查了小三线建设前三年(1965~1967 年)规划的执行情况,并安排 1968 年生产、建设计划,讨论后三年(1968~1970 年)规划设想。

1969 年 11 月 22 日 国务院批转建筑工程部军管会《关于支援内地建设的沿海建筑力量问题的请示报告》,同意《报告》提出的对到西南、西北地区参加三线建设的建筑队伍的处理原则,具体事宜由建工部与有关地方商办。

1970 年 12 月 16 日至 1971 年 2 月 19 日 国务院召开全国计划会议,同时召开全国基本建设会议。会议提出:1971 年要狠抓大三线和国防工业的建设;大办农业,加快农业机械化的进程;狠抓原材料工业,特别是钢铁工业,大打矿山之仗;发展科学技术,努力赶超世界先进水平。会议决定,1971 年开始试行对财政收支包干,进行基本建设投资包干试点,先由华北协作区和江苏省试点。

第三节　抗震防灾

1966 年 3 月 8－22 日　河北省邢台地区相继发生里氏 6.8 级和 7.2 级强烈地震。据不完全统计，受灾面积达 10 余万平方公里，死亡 8064 人。周恩来总理三次视察灾区，慰问灾民。周总理提出了"预防为主"的思想，我国开始进行地震预测的研究。1967 年组织编制《抗震设计规范》。

1968 年 6 月 10 日　国家基本建设委员会印发《一九六八年京津地区抗震工作规划要点》（（68）基军设 49 号）。

1975 年 2 月 24 日　国家基本建设委员会在北京召开地震工作会议，要求迅速加强京津地区地震预报和抗震工作，建设地震预报系统和加强地震科学研究工作，大力开展防震抗震的群众运动，加速培训和发展地震工作队伍，增加必要的仪器装备和经费，加强对地震工作的领导和管理。

1976 年 2 月 28 日　全国人民防空领导小组、国家计划委员会、国家基本建设委员会、财政部印发《关于在基本建设和城市建设中加强人防战备工程建设的几点意见》（（76）人防字第 1 号、（76）建发设字第 50 号、（76）财预字第 4 号），要求把人防工程规划纳入基本建设总体规划，统筹安排，全面规划。

1976 年 7 月 28 日　河北省唐山、丰南一带发生 7.8 级强烈地震。震中位置位于唐山市区，震中烈度为 11 度，区内所有建筑物几乎荡然无存。北京市和天津市受到严重波及。地震共造成 24.2 万人死亡，16.4 万人受重伤；毁坏公产房屋 1479 万平方米，倒塌民房 530 万间；全市供水、供电、通信、交通等生命线工程全部破坏；直接经济损失高达 54 亿元。唐山钢铁公司破坏严重，被迫停产。三座大型水库和两座中型水库的大坝滑塌开裂，防浪墙倒塌。8 月

23 日，国务院联合工作组在河北省唐山市召开会议，河北省建筑工程调查组就唐山地震的相关情况作了汇报。

1976 年 11 月 25-29 日 国家基本建设委员会在北京召开（第一次）全国抗震工作会议。会议交流了唐山地震后从各方面总结的抗震经验，研究确定了建筑物抗震设防标准，并提出要认真汲取唐山地震经验，重新审定各地的地震基本烈度，加强建筑物抗震工作的统一领导，抗震加固所需资金材料，主要应由各地、各部自力更生，统筹解决等。

1977 年 1 月 13 日 国家基本建设委员会印发题为《认真吸取唐山地震经验，切实加强抗震工作》的通知（建发抗字第 5 号文）。通知提出，要根据唐山地震经验，修订抗震设计规范；修订施工验收规范，增加抗震内容。1978 年 2 月，国家建委组织全国 29 个单位的规划人员修订唐山市总体规划，编制唐山市建设规划，并进行了部分市政工程设计。

1977 年 1 月 31 日 国务院、中央军委颁发《关于进一步加强人防工程建设计划管理的通知》，规定人防工程建设必须全面纳入国家和地方计划；今后新建、扩建的战时必须坚持生产的重要工业、交通项目和住宅、旅馆以及重要的公共建筑等，都要同时修建必要的地下人防工程，尤其是地震活动区的大、中城市，要更好地结合基本建设搞好人防地下室的建设。

1978 年 1 月 24-30 日 国家基本建设委员会在河北省承德市召开（第二次）全国抗震工作会议。会议总结交流了一年来的抗震工作经验，讨论了 1978 年抗震工作计划和今后八年地震工程科学技术发展规划，研究确定了 38 个全国抗震工作的重点城市，并重点研究了城市抗震问题。

1979 年 3 月 22-29 日 国家基本建设委员会在山东省烟台市召开第三次全国抗震工作会议。会议对中共中央 1978 年 13 号文件以及第二次全国抗震工作会议提出的各项抗震工作任务执行情况进行了检查，围绕抗震工作如何适应全党工作着重点转移，当前抗震工作存在的问题，当年抗震工作任务和有关具体方针政策进行了讨论，拟订了《关于抗震加固工作的几项规定（草案）》。

1980 年 4 月 10-14 日 国家基本建设委员会在北京召开第四次全国抗震工作会议。会议检查了上年工作任务执行情况，总结了三年来的经验，并对 1980 年工作任务和措施做出部署：抗震加固要确保重点，提高质量，降低消耗，抓好地震区新建和在建工程的抗震设防，城市防震工作要迈开步子，抓好重点抗震科研项目，加强领导，健全抗震管理机构。

1980 年 7 月 15-26 日 经国务院批准，国家经济贸易委员会、国家基本建设委员会、国家科学技术委员会、国家档案局在北京联合召开全国科学技术档案工作会议。国务院副总理万里出席会议并做重要讲话，提出要加强对科技档案特别是城建档案工作的领导。1980 年 8 月，《国务院批转全国科学技术档案工作会议的报告》（国发〔1980〕246 号）中明确指出："大中城市，要以城市为单位，由市人民政府主管城建工作的领导人主持，由市建委或规划部门成立城市基建档案馆，集中统一管理城市基建档案。"

1980 年 12 月 国务院批准发布《科学技术档案工作条例》，明确规定："大中城市应当建立城市基本建设档案馆，收集和保管本城市应当长期和永久保存的基本建设档案。"

1981 年 3 月 30 日 国务院工业、交通等专业主管机关科技档案工作情况交流会在北京召开。中共中央办公厅副主任、国家档案局局长曾三对科技档案工作按专业统一管理的原则、方针作了全面论述。

1982 年 3 月 10-14 日 国家基本建设委员会召开第五次全国抗震工作会议。会议总结了 1981 年的主要工作，提出 1982 年抗震工作主要任务：进一步提高抗震加固质量和经验效益，继续编好抗震防灾"六五"计划，对地震区农村建设给予指导和帮助，继续抓好抗震科学研究，抓好城市地震防灾，在城乡建设中注意合理利用土地，草拟《地震防灾法》。

1982 年 12 月 27 日 北京市城建档案工作会议召开。中央顾问委员会委员曾三、城乡建设环境保护部部长李锡铭、国家档案局副局长李凤楼出席会议并讲话。1983 年 3 月，城乡建设环境保护部、国家档案局印发了领导同志的讲话（（85）城办字第 185 号），要求各地进一步加强城建档案工作，充分发挥城建档案在城市规划、建设和管理中的积极作用。

1983 年 5 月 24 日 城乡建设环境保护部印发《全国抗震防灾"六五"计划纲要》（（83）城抗字第 323 号）。

1984 年 4 月 13－18 日 城乡建设环境保护部在河南省郑州市召开第六次全国抗震工作会议。会议研究了《抗震防灾法》、《抗震防灾"七五"规划和后十年设想》编制工作，总结了抗震工作的进展情况和改革工作，提出 1984 年要着重抓好的工作：进一步提高对抗震工作重要意义的认识，采取切实有效措施，确保抗震加固质量，总结汇编抗震科研成果，全面抓好抗震工作，抓好《抗御地震灾害法》的报审工作，加强领导，健全机构，搞好抗办自身建设。

1984 年 5 月 8 日 城乡建设环境保护部印发《设备抗震加固暂行规定》、《地震基本烈度六度地区重要城市抗震设防和加固的暂行规定》、《抗震加固技术管理办法》（（84）城抗字第 267 号），自发布之日起试行。

1984 年 6 月 5 日 城乡建设环境保护部在北京召开全国附建式人防工程建设工作会议，总结交流经验，研究改进管理工作，对防空地下室设计规范提出修改意见。

1985 年 1 月 23 日 城乡建设环境保护部印发《城市抗震防灾规划编制工作暂行规定》（（85）城抗震字第 44 号）。

1985 年 4 月 20—22 日 城乡建设环境保护部在北京召开第七次全国抗震工作会议暨全国抗震系统先进集体先进个人表彰大会。会议指出，我国抗震工作大体经历了三个阶段：新中国成立到 1966 年邢台地震之前为开创阶段；邢台地震到 1975 年，我国抗震防灾工作开始奠定全面发展基础；唐山大地震至 1985 年为全面发展阶段。会议强调 1985 年要着重抓好以下工作：确保抗震加固质量，力争提前完成抗震防灾"六五"计划，认真编好"七五"计划，把城市抗震防灾规划工作提上重要议事日程，认真抓紧抓好。

1986 年 7 月 28 日至 8 月 1 日 城乡建设环境保护部在河北省唐山市召开唐山地震十周年抗震防灾经验交流会暨第八次全国抗震工作会议。会议总结了十年来我国抗震防灾工作的主要经验：新建工程都要进行抗震设防，对缺乏抗震能力的工程都进行抗震加固，编制和实施抗震防灾规划，提高城市的综合抗震能力，正确解决六度区的抗震设防问题，参考基本烈度，根据实际情况进行抗震设防。会议提出"七五"期间主要任务：改革抗震工作计划管理体制，抓好抗震防灾的立法工作，全面开展城市抗震防灾规划工作，增加全国重点抗震城市，抓好地震工程科技攻关项目，继续搞好抗震加固工作。国务院副总理万里接见了会议代表。

1986 年 9 月 9—11 日 城乡建设环境保护部抗震办公室在北京召开国际城市抗震防灾学术讨论会，总结唐山大地震十年来城市抗震防灾经验，交流地震工程和工程抗震方面的信息。

1986 年 11 月 25 日 国务院办公厅转发城乡建设环境保护部《关于加强抗震防灾工作的报告》（国办发〔1986〕89 号）。

1987 年 5 月 27 日 城乡建设环境保护部印发《全国抗震防灾"七五"计划》（（87）城抗字第 305 号）。

1987 年 11 月 城乡建设环境保护部、国家档案局联合印发《城市建设档案管理暂行规定》（（87）城办字第 585 号），明确规定："城建档案馆是市人民政府所属的科学技术事业单位，由各主管城市建设的部门直接领导。城建档案馆是保管城市重要城建档案的基地，并兼有政府职能部门的性质。"

1989 年 7 月 18-22 日　建设部在云南省昆明市召开第九次全国抗震工作会议。会议交流重点地区应急措施会议贯彻落实情况，总结云南澜沧—耿马地震和四川巴塘地震的经验教训，研究部署在新的地震形势下的抗震防灾工作，讨论新建工程抗震设防等五个规定。会议要求各省、自治区、直辖市要根据震情趋势和具体情况，因地制宜地确定抗震防灾重点防御区，并制定区域综合防御体系，各级抗震办公室要把新建工程的抗震设防管理切实抓起来，要大力开展抗震防灾知识的宣传普及工作，要抓好大震发生后震灾地区的抗震工作，切实加强组织机构建设。

1989 年 9 月 12 日　建设部印发《地震基本烈度六度区现有建筑抗震加固暂行规定和地震基本烈度十度区建筑抗震设防暂行规定的通知》（（89）建抗字第 426 号）。

1990 年 3 月 3 日　国家档案局印发《关于认真学习江泽民同志讲话的通知》（国档发〔1990〕2 号）。江泽民同志在讲话中多次强调了城建档案工作的重要性。

1991 年 4 月 5 日　建设部颁布《企业抗震工作暂行规定》（建抗〔1991〕138 号），自颁布之日起施行。

1991 年 7 月　安徽、江苏等省市发生洪涝灾害。7 月 6 日，建设部部长侯捷到国家防汛总指挥部了解到一些地区洪涝灾害严重后，当即同建设部和水利部有关同志商谈有关防汛救灾问题，并指派工作组赴江苏灾害严重的城市了解灾情。7 月 13 日上午，侯捷主持召开部党组会议，决定由副部长叶如棠、谭庆琏分别带队立即赶往安徽、江苏两省洪涝灾害严重地区，了解灾情、帮助工作。当天下午又召开了由部机关各司局党政负责同志和在京直属单位负责同志参加的紧急会议，部署了抗洪救灾相关工作。

1991 年 10 月 31 日　建设部抗震办公室印发《抗震办公室震时应急预案（试行）》（（91）建抗震字第 88 号）。

1992 年 4 月 27—29 日　建设部在北京召开第十次全国抗震工作会议。会议主要内容：总结交流改革开放十年来抗震防灾工作的经验，研究部署今后的工作；研究如何做好对付突发性地震的准备，以减轻地震灾害；研究如何在新的地震活跃期中，提高区域、城镇、工程建设的综合抗震能力。

1992 年 5 月 3 日　建设部印发全国抗震防灾十年规划和"八五"计划（建综〔1992〕253 号）。

1994 年 6 月 20 日　建设部印发《关于结合民用建筑修建防空地下室的若干规定》（建防〔1994〕389 号）。

1994 年 11 月 10 日　建设部令第 38 号发布《建设工程抗御地震灾害管理规定》，自 1994 年 12 月 1 日起施行。本规定适用于抗震设防地区。

1997 年 8 月 28 日　建设部印发全国抗震防灾"九五"计划和 2010 年远景目标（建抗〔1997〕215 号）和《关于加强全国抗震防灾工作的几点意见》（建抗〔1997〕216 号）。

1997 年 10 月 27 日　建设部令第 58 号发布《城市地下空间开发利用管理规定》，自 1997 年 12 月 1 日起施行。

1998 年 1 月 17 日　全国城建档案工作会议在北京召开。会议的主要任务是：以党的十五大精神为指导，总结 1993 年以来全国城建档案工作取得的经验，研究、探讨新形势下城建档案工作的发展方向和具体途径，部署今后几年工作。建设部常务副部长叶如棠指出工作重点是加大宣传力度，加强领导、健全机构，保证城建档案的形成和归档，信息开发利用等。

2001 年 7 月 26 日　建设部召开全国抗震工作会议。会议提出：抓好当前抗震防灾工作，要理清思路，依法管理，建立责任追究制度和社会监督制度，抓好抗震防灾规划和设防区划的编制实施和管理工作，建设行政法规体系和技术法规体系，重点抓好新建工程的抗震设防、旧有建筑的加固设防、村镇建设抗震设防，加强工程勘察成果报告的监督管理，认真贯彻落实新修订的抗震设计规范。

2002 年 5 月 13 日　根据《国务院办公厅关于进一步规范地震震情灾情信息报送和新闻报道的通知》（国办函〔2002〕13 号）精神，建设部对《建设部破坏性地震应急预案》做了局部修订；印发《建设部破坏性地震应急预案》（建抗〔2002〕112 号）。原《建设部破坏性地震应急预案的通知》（建抗〔2001〕147 号）同时废止。

2002 年 7 月 25 日　建设部令第 111 号发布《超限高层建筑工程抗震设防管理规定》，自 2002 年 9 月 1 日起施行，原《超限高层建筑工程抗震设防管理暂行规定》（建设部令第 59 号）同时废止。

2003 年 4 月 13 日　国务院召开全国非典型肺炎防治工作会议，对继续做好非典型肺炎防治工作进一步作出部署。4 月 15 日，建设部、卫生部印发《关于认真贯彻全国非典型肺炎防治工作会议精神的紧急通知》（建办电〔2003〕7号）；4 月 25 日，建设部印发《关于进一步做好建设系统防治非典型肺炎工作的补充通知》（建办电〔2003〕12 号）；4 月 28 日，建设部印发《关于做好建筑施工务工人员就地务工和防控"非典"工作的紧急通知》（建办质〔2003〕26 号）；4 月 30 日，建设部、卫生部印发《关于做好建筑空调通风系统预防非典型肺炎工作的紧急通知》（建办电〔2003〕13 号）；5 月 4 日，建设部印发《关于确保城市公共交通正常营运的紧急通知》（建城电〔2003〕14号），国家环境保护总局、建设部印发《关于加强"非典"疫区城镇污水消毒灭菌的紧急通知》（环明传〔2003〕5号）；5月9日，建设部印发《关于在村镇建设中做好防控非典型肺炎工作的紧急通知》（建村电〔2003〕15号）；5月12日，建设部印发《关于认真贯彻〈国务院减轻企业负担部际联席会议关于防治"非典"期间对部分行业减免行政事业性收费的通知〉等文件的通知》（建综电〔2003〕16号）；5月14日，卫生部、建设部印发《收治传染性非典型肺炎患者医院建筑设计要则》（卫发电〔2003〕55号）；5月16日，建设部、卫生部、科学技术部印发《关于印发〈建筑空调通风系统预防"非典"、确保安全使用的应急管理措施〉的通知》（建科电〔2003〕17号）；5月27日，建设部印发《关于在防治"非典"期间做好建筑施工务工人员管理工作的紧急通知》（建办电〔2003〕18号）；6月2日，建设部印发《城乡社区建筑与环境和公共场所防控"非典"应急管理措施》（建科电〔2003〕19号）。

2003年9月19日　建设部令第117号发布《城市抗震防灾规划管理规定》，自2003年11月1日起施行。

2003年10月17日　建设部印发《关于认真贯彻全国预防非典工作电视电话会议精神的紧急通知》（建办电〔2003〕38号）。《通知》要求：一、提高认识，加强领导，进一步完善和落实防范非典预案；二、严格行业监管，确保城镇供水安全，做好垃圾和污水处理工作；三、积极协调配合，做好人员聚集和流动性大的重点部位和重要公共场所的预防工作；四、深化改革，加强城乡公共卫生基础设施建设；五、组织动员社会各界积极开展清洁城乡环境卫生活动，大力推进和形成环卫专业队伍与社会组织个人共建清洁生活环境的社会共识和良性互动；六、进一步健全完善预防工作责任制和处置机制。

2006年1月27日　建设部令第148号发布《房屋建筑工程抗震设防管理规定》，自2006年4月1日起施行。

2007 年 7 月 11 日　建设部印发《关于加强建设系统防灾减灾工作的意见》（建质〔2007〕170 号）。

2008 年 1 月 27 日　建设部印发《关于学习和贯彻〈中华人民共和国突发事件应对法〉的意见》（建质〔2008〕17 号）。

2008 年 1 月 28 日　建设部印发《关于贯彻落实国务院电视电话会议精神，进一步做好建设系统应对大范围雨雪冰冻灾害工作的紧急通知》（建办电〔2008〕6 号）。《通知》要求各级住房城乡建设主管部门切实加强组织领导，全力做好供水、供气、供暖的服务与保障工作，确保城市公共交通运行畅通，切实防范大雪凝冻压塌房屋事故，加大城市供热采暖节能工作力度，进一步加强城市照明节电工作，加强监督检查和应急值班工作，积极协助做好煤电油运保障工作。

2008 年 2 月 7 日　在广西壮族自治区考察抗灾救灾工作的胡锦涛总书记专程到南宁市青秀区金浦垃圾中转站看望慰问一线环卫工人，并做重要讲话。13 日，建设部印发《关于认真学习贯彻胡锦涛总书记在广西南宁看望慰问环卫工人时的重要讲话的通知》（建城〔2008〕34 号）。

2008 年 5 月 12－14 日　四川汶川地震发生后，根据党中央、国务院部署，住房和城乡建设部迅速采取紧急措施：一、启动《建设系统破坏性地震应急预案》一级响应；二、立即开展灾区灾情调查工作，建立信息报告制度；三、抓紧组织做好技术支持准备工作；四、加强组织领导和工作部署；五、迅速开展市政公用设施的抢险抢修，确保供水、供气和城市道路畅通；六、迅速开展应急评估和震害调查，防止发生二次人员伤亡。组织相关专家在重灾区察看受灾严重、建筑物受到破坏的学校、政府机关，为灾后重建规划组织方案的制订奠定基础。按照国务院应急办的部署，住房和城乡建设部负责地震灾情和灾后重建情况统计。城镇市政公用设施、城乡住房灾情统计范围为：四川、甘肃、陕西、重庆、贵州、云南、湖北、湖南等 8 个省市。灾后重建统计范围为：四川、甘肃、陕西省。5 月 13 日发出内部明电《关于做好住房和城乡建设系统抗震救灾和防范次生灾害工作的紧急通知》（建办质电〔2008〕34 号）。

2008 年 5 月 20 日　住房和城乡建设部印发《地震灾区过渡安置房建设技术导则（试行）》（建科〔2008〕94 号）。5 月 30 日，住房和城乡建设部办公厅印发《关于地震灾区过渡安置房（活动板房）建设有关问题的通知》（建办办电〔2008〕52 号）；6 月 2 日，印发《关于地震灾区过渡安置房（活动板房）建设有关问题的补充通知》（建办办电〔2008〕56 号）。两个通知对过渡安置房建设原则、标准、规划选址、场地平整职责、场地建设规模、学校等公共设施优先建设、《地震灾区过渡安置房建设技术导则》执行、建筑布局和形式、基础与地坪、消防和防火、供排水及垃圾处理、水电配套职责、室内设施配套、验收标准和方法、当地建材价格和质量、建设过程监管、建设质量和合理工期等问题做出明确规定。

2008 年 5 月 30 日　住房和城乡建设部印发《地震灾区建筑垃圾处理技术导则（试行）》（建科〔2008〕99 号）。

2008 年 6 月 2 日　住房和城乡建设部召开全国住房和城乡建设系统电视电话会议，进一步部署地震灾区过渡安置房建设工作。会议提出，目前过渡安置房建设开局良好，希望住房和城乡建设系统再接再厉、继续努力，确保完成首批 100 万套过渡安置房建设任务，让灾区人民尽快住有所居，恢复正常的生产与生活。

2008 年 6 月 24 日　住房和城乡建设部印发《关于积极防御地震等自然灾害　充分发挥城建档案作用的通知》（建办档〔2008〕39 号）。

2008 年 7 月 3 日　国务院发出《国务院关于做好汶川地震灾后恢复重建工作的指导意见》（国发〔2008〕22 号）。《意见》明确灾后恢复重建工作的指导思想和基本原则，保证国家和各级政府有力、有序、有效地进行灾后恢复重建各项工作，力争用三年左右时间完成灾后恢复重建的主要任务。

2008 年 8 月 11 日　住房和城乡建设部印发《汶川地震灾区市政公用基础设施灾后重建指导意见》和《汶川地震灾区风景名胜区灾后重建指导意见》（建城〔2008〕139 号），要求各级住房城乡建设主管部门充分发挥两个意见的指导作用，科学编制灾后重建实施方案和工作计划，合理确定灾后重建标准和建设规模。

2008 年 8 月 29 日　住房和城乡建设部、财政部、国土资源部发布《关于汶川地震灾区城镇居民住房重建的指导意见》（建法〔2008〕151 号），要求四川、陕西、甘肃等受灾省份组织建设安居房，加大廉租住房保障力度，优先安排除险加固，积极推进原址重建，并确保灾后住房工程建设质量。

2008 年 9 月 5 日　住房和城乡建设部印发《关于加强汶川地震灾后恢复重建房屋建筑工程质量安全管理的通知》（建质〔2008〕136 号）。《通知》要求着力抓好恢复重建工程质量安全监督管理工作，认真落实各方责任主体及有关机构质量责任，努力提高恢复重建工程质量技术水平，切实加强安全生产管理，组织好《建筑抗震分类标准》和《建筑抗震设计规范》的宣传培训工作。

2008 年 9 月 19 日　国务院发布《国务院关于印发汶川地震灾后恢复重建总体规划的通知》（国发〔2008〕31 号），提出中国将用 3 年左右的时间，耗资 1 万亿元，完成四川、甘肃、陕西重灾区灾后恢复重建主要任务，使广大灾区基本生活条件和经济社会发展水平达到或超过灾前水平。同年 11 月，国家发展和改革委员会会同住房和城乡建设部等多个部门发布《汶川地震灾后恢复重建土地利用专项规划》、《汶川地震灾后恢复重建市场服务体系专项规划》、《汶川地震灾后恢复重建生态修复专项规划》、《汶川地震灾后恢复重建农村建设专项规划》、《汶川地震灾后恢复重建城镇体系专项规划》、《汶川地震灾后恢复重建公共服务设施建设专项规划》和《汶川地震灾后恢复重建城乡住房建设专项规划》。

2008年10月7日 住房和城乡建设部令第1号发布《市政公用设施抗震设防管理规定》，自2008年12月1日起施行。

2008年12月21日 《北川新县城灾后重建总体规划》通过住房和城乡建设部、四川省建设厅的联合技术审查。规划目标为"再造一座安全、宜居、特色、繁荣、文明、和谐新北川"。此前5月22日，温家宝总理在北川老县城视察时提出"再造一个新北川"。11月6日，温家宝总理听取北川新县城规划情况汇报后指出，新县城要按照"安全、宜居、特色、繁荣、文明、和谐"的12字标准进行建设，努力使新北川县城成为"城建工程标志、抗震精神标志和文化遗产标志"。

2009年2月16日 住房和城乡建设部印发《住房和城乡建设部事故灾难应对工作规程》（建质〔2009〕21号），对住房城乡建设领域事故灾难范围、分级标准、应对原则、管理机构、工作机构、处置程序、信息报告内容等做了明确规定。《建设部安全事故与自然灾害预防、接报与应急处置工作程序》（建质函〔2005〕380号）同时废止。

2009年3月19日 住房和城乡建设部印发《关于贯彻实施〈防震减灾法〉加强城乡建设抗震防灾工作的通知》（建质〔2009〕42号）。

2009年5月4日 住房和城乡建设部印发《关于切实做好全国中小学校舍安全工程有关问题的通知》（建质〔2009〕77号）。

第四节　综合治理

1955年7月3日 周恩来总理签发《国务院关于1955年下半年在基本建

设中如何贯彻节约方针的指示》，《指示》要求已经完成设计正在施工的生产性建设，要注意节约，做适当修改；未施工的非生产性建筑，削减修改设计后再施工。指示提出了工矿区以平房为主，新工业区、城市郊区可建部分楼房，旧城市和个别新工业区可建 2~4 层楼房。指示要求建筑企业本身所需的临时工程，除仓库和附属企业外，按年平均人数每人不得超过 3 平方米；新工业城市在规划中存在的规模偏大、标准偏高和对现有城市利用不够的偏向，应作必要的和适当的修改。8 月 5 日，国务院批转了《国家建委关于在基本建设中贯彻中共中央和国务院节约方针的措施》（（55）国发未 19 号）。

1956 年 1 月 24 日 国务院发出《关于纠正与防止国家建设征用土地中浪费现象的通知》。

1957 年 2 月 8 日 中共中央发出《关于一九五七年开展增产节约运动的指示》，以保证 1957 年度的国民经济计划和财政收支计划的顺利实现。1957年 6 月 3 日，国务院发出《关于进一步开展增产节约运动的指示》，指出开展增产节约运动的关键是积极开展整风运动，克服官僚主义、宗派主义、主观主义。增产节约的重点是基本建设。要减缓一些项目，纠正建筑标准过高、技术经济定额过大、只顾建设大型企业不愿建设中小企业的缺点和错误。工业建设要注意各厂际间的协作配合，反对"全能"和"单干"。在一个区或者一个城市，同类型工厂尽可能使用可以共同使用的附属车间。民用建筑提倡简易房屋，坚决制止脱离经济、适用，追求豪华的倾向。城市规划和城市建设中，要纠正规模过大、标准过高、占地过多和大量拆除民房求新过急的浪费现象。

1962 年 3 月 20 日 中共中央发出《关于严禁各地进行计划外工程的通知》。3 月 2 日，建设银行总行报告，当前有些地区仍在违反国家规定进行计划外工程的建设。中央在通知中指出，这种不顾国家困难继续扩大计划缺口的分散主义行为，必须严格禁止。正在建设的所有计划外工程一律停止施工，特别是楼、馆、堂、所，不论建设到什么程度，必须立即停止施工。中央重申，建设大中型项目都要报中央批准；地方小型项目由中央局批准，中央各部直属的小型项目由国家计划委员会批准。凡未经批准的项目，各级财政部门和银行不得付款。

1964 年 5 月 7 日　国务院颁发《关于严格禁止楼馆堂所建设的规定》（（64）国计字 202 号）。文件提出：自今以后，从中央直到基层单位，包括一切党政机关、军队、学校、团体、企业、事业单位和人民公社，不经批准，都不得以任何资金、任何名义，进行宾馆、招待所、别墅、大会堂、大礼堂、展览馆、剧院以及高级宿舍等楼馆堂所的建设。既不许新建，也不许改建和扩建。办公楼，原有单位一律禁止新建，新成立的单位必须从现有的办公楼中调剂使用。新建单位必须建设办公楼的，一律采取低标准。楼馆堂所建设，不但在经济困难时期必须严格禁止，就是今后经济好转了、发展了，也必须严格控制。大量地兴建楼馆堂所工程，不但同我国的经济状况很不适应，而且严重地脱离群众，违反勤俭建国的原则，破坏党和人民政府艰苦朴素的优良传统。7 月 24 日，国务院又印发《关于严格禁止楼馆堂所建设的补充规定》（（64）国计字 343 号）。其中第四条"关于建筑标准"明确规定："一切非生产性建设的建筑标准，都不应当超过当地一般职工宿舍的建筑标准，在这个标准以下的为低标准，超过这个标准的为高标准。"

1970 年 2 月 5 日　中共中央发出《关于反对铺张浪费的通知》（中发〔1970〕6 号）。《通知》重申：一、严禁新建、扩建和改建楼、堂、馆、所，已施工的要一律停下来；二、任何地方不许兴建高标准的城市建设工程，不许随意拆迁房屋，目前还在施工的，重新审查，酌情处理；三、一切新建、扩建企业和"五七"干校，非生产性建筑和生活设施必须从简。

1973 年 6 月 18 日　国家计划委员会、国家基本建设委员会印发《关于贯彻执行国务院有关在基本建设中节约用地的指示的通知》（（73）建革综字第 364 号）。

1978 年 4 月 22 日　国家计划委员会、国家基本建设委员会、财政部印发《关于试行加强基本建设管理几个规定的通知》(计基〔1978〕234 号)，"附件四"附发了《关于楼堂馆所和一般房屋建筑的界限》，进一步明确了楼堂馆所的范围。

1979 年 5 月 24 日　国家基本建设委员会以国务院清理基本建设在建项目办公室的名义印发《关于认真做好清理在建项目工作的几项具体规定》((79)清办字第 2 号)。《规定》指出：清理基本建设在建项目，是调整国民经济的一项重要内容，也是根治基本建设"长、散、乱"的重要措施。《规定》要求，未列入 1979 年计划的项目，一律先停下来，逐个清理；已列入 1979 年计划的，采取边落实边清理的方法。目的是通过清理和整顿，使国民经济的发展逐步协调起来，使"骨头"和"肉"的关系逐步得到改善。此前 5 月 9 日，国务院办公厅印发了《国务院办公厅关于设立清理基本建设在建项目办公室的通知》((1979)室字 15 号)。

1979 年 9 月 11–22 日　国家基本建设委员会、国务院清理基本建设在建项目办公室在北戴河召开全国清理基本建设在建项目工作会议。会议的目标是着重研究解决已列入计划的 38 个和未列入当年计划的 561 个大中型项目的处理问题。会议确定：停 130 项，缓 202 项，地方或部门要求继续的 187 项，保证当前生产、生活急需的 98 项，上年普查中由大改小的 45 项。国务院清办于 23 日印发了《全国清理基本建设在建项目工作会议大中型项目处理方案汇总表》。中央纪检委常委、国务院清办主任韩光在会议上讲话。1981 年 1 月 22 日，国家建委、国家计委、国务院清办、财政部、建设银行印发《关于基本建设停缓建项目善后工作的若干规定》((81)建发综字 22 号)。

1981 年 3 月 3 日　国务院作出《关于加强基本建设计划管理、控制基本建设规模的若干规定》(国发〔1981〕30 号)。《规定》指出，当前国民经济中的一个突出问题是基本建设规模过大，项目过多，重复建设、盲目建设的情况比较严重，建设资金的使用浪费很大，效果很差。为此规定：全国和地方的基本建设规模都要进行严格控制；各种渠道安排的基本建设资金，必须根据有利于国民经济调整的原则，明确使用方向；银行发放基本建设贷款，必须切实做好信贷平衡，量力而行；利用外资安排的基本建设要严格控制；国防费安排的军事工程等要适当压缩；严格基本建设项目的审批制度和责任制度，严格基本建设纪律。

1981年3月25日　国家计划委员会、国家基本建设委员会、财政部印发《关于制止盲目建设、重复建设的几项规定》（（81）建发综字100号）。文件规定了十二个不准：一、不准搞资源不清的项目；二、不准搞工程地质、水文地质不清的项目；三、不准搞工艺不过关的项目；四、不准搞工艺技术十分落后、消耗过高的项目；五、不准搞协作配套条件不落实的项目；六、不准搞污染环境而无治理方案的项目；七、不准搞"长线"产品项目；八、不准搞重复建设的项目；九、不准搞"大而全"、"小而全"项目；十、不准搞同现有生产企业争原料的项目；十一、不准盲目引进项目；十二、不准搞"楼堂馆所"。

1981年8月15日　国家基本建设委员会根据中央书记处第九十七次会议"国家建委要同国家农委配合，搞好我国的国土整治。建委的任务不能只管基建项目，而且应该管土地利用，土地开发，综合开发，地区开发，整治环境，大河流开发"的决定，经多次召开党组会议讨论研究，起草了上报国务院的《关于开展国土整治工作的报告》（（81）建发办字365号）。建委要根据中央书记处会议决定精神，把国土整治作为全委的重要任务，同时充分发挥现由建委代管的环境保护办公室、测绘总局、城市建设总局、建筑工程总局在这方面的作用。在建委内，拟先设一个国土局，作为职能机构，管国土整治的日常事务。1981年10月7日，国务院印发《关于批转国家建委开展国土整治工作报告的通知》（国发〔1981〕145号）。

1981年8月16-23日　国家基本建设委员会、国务院清理基本建设在建项目办公室在山东齐鲁石化总公司召开停缓建项目善后工作会议。参加会议的有各省、市、自治区建委、清办、建行，部分省、市计委和国务院有关部、委、局以及部分停缓建单位的代表，共 144 人。会议对前一时期维护稳定、保管工程设备作出肯定，对积极利用停缓建工程"变死物为活物"、安排好职工生活等后续工作做出部署。

1982 年 10 月 29 日 中共中央办公厅、国务院办公厅转发中央书记处农村政策研究室、城乡建设环境保护部《关于切实解决滥占耕地建房问题的报告》（中办发〔1982〕39 号），提出严格控制占用耕地建房，坚决刹住干部带头占地建房风。

1983 年 7 月 9 日 国务院发出《关于严格控制基本建设规模，清理在建项目的紧急通知》（国发〔1983〕106 号）。《通知》对计划内项目、协作配套项目、继续建设项目、计划新开工项目提出了明确的清理要求。凡是计划外的项目，一律要停下来。

1986 年 3 月 21 日 中共中央、国务院发布《关于加强土地管理制止乱占耕地的通知》（中发〔1986〕7 号），决定成立国家土地管理局，作为国务院的直属机构，负责全国土地、城乡地改的统一管理工作。

1986 年 12 月 13 日 国务院办公厅批转建设部《关于整顿建筑市场情况的报告》（国办发〔1986〕93 号）。批文指出：整顿建筑市场，纠正行业不正之风，对于巩固和发展建筑业改革成果，具有重要意义。各级人民政府要加强领导，采取有效措施，进一步抓好这项工作。各有关部门要加强指导和督促检查，密切配合，共同把整顿建筑市场的工作做好。

1988 年 9 月 22 日 国务院令第 15 号颁布《楼堂馆所建设管理暂行条例》。

2001 年 4 月 6 日 建设部召开全国整顿和规范建筑市场秩序工作会议。建设部部长俞正声在讲话中指出，当前建筑市场上存在的主要问题，从勘察、设计、施工、监理单位来讲，主要是转包、违法分包和无证、越级承接工程业务包括挂靠、卖图签等，以及不执行强制性技术标准、偷工减料等。建设部确定今年整顿规范建筑市场的重点之一是依法查处不执行强制性技术标准、偷工减料等问题。

2001 年 4 月 20 日 建设部召开全国整顿和规范建筑市场秩序电视电话会议，建设部部长俞正声向全国县以上建设行政主管部门的领导以及一、二级资质施工、房地产开发企业，甲、乙级资质勘察、设计、监理单位以及工程招标代理机构的负责人传达了全国整顿和规范建筑市场经济秩序工作会议精神，部署整顿和规范建筑市场秩序工作。

2001 年 4 月 27 日 国务院印发《关于整顿和规范市场经济秩序的决定》（国发〔2001〕11 号）。内容包括：一、充分认识整顿和规范市场经济秩序的重要意义；二、整顿和规范市场经济秩序的主要内容和当前工作重点，整顿建筑市场是八个主要内容之一，其重点是查处规避招标、假招标和转包；三、加大打击力度，严惩破坏市场经济秩序的违法犯罪活动；四、深化改革，转变政府职能；五、健全市场法律法规，严格执法；六、完善市场监督机制，加大监管力度；七、加强思想道德教育，建立健全社会信用制度；八、加强领导，分工负责。

2003 年 9 月 30 日 劳动和社会保障部、建设部印发《关于切实解决建筑业企业拖欠农民工工资问题的通知》（劳社部发〔2003〕27 号），要求建筑业企业招用农民工，必须依法与农民工签订劳动合同，并向劳动保障部门进行用工备案。同时，要规范用工行为，禁止无用工资格的个人、组织及"包工头"的非法用工行为。

2003 年 11 月 22 日 国务院办公厅印发《关于切实解决建设领域拖欠工程款问题的通知》（国办发〔2003〕94 号）。

2003 年 12 月 31 日 建设部发出《关于对部分省市贯彻〈国务院办公厅

关于切实解决建设领域拖欠工程款问题的通知〉情况进行联合检查的通知》（建市电〔2003〕61号）的内部明电，建设部、国家发展和改革委员会、财政部、劳动和社会保障部、中国人民银行、中国银行业监督管理委员会和中国保险监督管理委员会联合组成调查工作组对北京、河北、黑龙江、湖北、重庆、四川、天津、新疆、江苏、广东等地进行了检查。

2003年12月31日 建设部印发《关于建立解决拖欠工程款和拖欠农民工工资问题情况报告制度的通知》（建办市〔2003〕61号）。

2004年1月2日 国务院副总理曾培炎主持召开电视电话会议，部署全国建设领域清理解决拖欠工程款工作。曾培炎指出，党中央、国务院高度重视解决建设领域拖欠工程款问题，到目前为止，全国清欠工作取得积极进展。据对10个省、市、区调查，已清还农民工工资占欠款的50%左右。但一些地区清还拖欠农民工工资的进度与工作要求差距还比较大。曾培炎指出，各级政府和有关部门要采取有效措施，抓紧兑现去年拖欠的农民工工资，让辛苦一年的农民工能回家过上一个好年。各级政府要加强领导，抓紧兑付到人。各有关部门要切实履行职责，搞好部门间协调配合。财政部门要积极调度和安排资金，保证政府投资项目的工资兑付。建设部门要督促企业加快工资支付进度，对故意拖欠拒不支付的企业，要采取经济、法律等措施予以惩戒。劳动保障部门要及时受理侵害农民工合法权益的劳务纠纷案件，无论企业是否与农民工签订了劳务用工合同，都要责令用人单位及时补发拖欠工资。司法部门要为农民工提供必要的法律援助。新闻媒体要充分发挥舆论监督作用，为清欠工作创造良好的社会氛围。同时，各地要抓紧研究建立解决拖欠农民工工资问题的长效机制。国务院有关部门近期要组成清理拖欠农民工工资联合检查组，分赴各省、市、自治区检查督促清欠工作。要通过多种措施，努力保证春节前使绝大多数农民工能够拿到去年的工资。在清理已有拖欠的同时，要从源头上防止新的拖欠发生。

2004年1月3日 建设部印发《关于贯彻〈国务院办公厅关于切实解决

建设领域拖欠工程款问题的通知〉的实施意见》（建市〔2004〕1号）。

2004年1月6日 建设部发出《关于全国解决拖欠农民工工资问题情况的通报》的内部明电（建市电〔2004〕2号），明确要求各级建设主管部门把解决拖欠农民工工资问题作为清欠工作的首要任务来抓，同时建立日报责任制，实行责任追究制度。1月10日，建设部发出《关于加快解决拖欠农民工工资问题的紧急通知》的内部明电（建市电〔2004〕3号），明确了进一步加大解决好拖欠农民工工资问题的工作力度，确保将拖欠的农民工工资足额发放到农民工手中。同日,建设部发出《关于全国解决拖欠农民工工资问题的通报》的内部明电（建市电〔2004〕4号），通报各地农民工工资的偿付情况，要求2003年拖欠农民工工资清欠率仍然较低的省、自治区、直辖市务必抓紧工作，确保2003年拖欠农民工工资问题春节前基本解决。

2004年3月5日 温家宝总理在第十届全国人民代表大会第二次会议上提出：切实保障农民工工资按时足额支付。当前要抓紧解决克扣和拖欠农民工工资问题。国务院决定，用三年时间基本解决建设领域拖欠工程款和农民工工资问题。清欠要从政府投资的工程做起，同时督促各类企业加快清欠。对拖欠农民工工资拒不支付的企业和经营者，要坚决依法查处。要建立健全及时支付农民工工资的机制，从源头防止新的拖欠。各类企业都要按时发放工资，严格执行最低工资制度。要保证机关事业单位工资和离退休费的按时足额发放，任何地方都不得出现新的拖欠。要严格工资专户管理，财政资金要优先保证发放工资。

2004年4月12日 建设部印发《关于建设领域解决拖欠工程款问题工作方案》的函（建市〔2004〕63号）。

2004年5月13日 建设部印发《关于抓紧做好拖欠工程款调查统计工作的通知》（建办电〔2004〕18号）。

2004 年 6 月 17 日　建设部印发《关于解决建设领域拖欠工程款摸底调查工作的紧急通知》（建办市电〔2004〕24 号）。

2004 年 6 月 21 日　建设部印发《关于贯彻落实国阅〔2004〕76 号文件进一步做好解决建设领域拖欠工程款工作的通知》（建市〔2004〕101 号）。

2004 年 7 月 5 日　建设部印发《关于请报送解决拖欠工程款有关情况的通知》（建办市电〔2004〕29 号）。

2004 年 7 月 19 日　建设部印发《关于请做好中央本级由预算拨款的部委机关项目拖欠工程款摸底调查的函》（建办市函〔2004〕421 号）。

2004 年 8 月 23 日　国务院召开全国清理拖欠工程款电视电话会，国务院副总理曾培炎出席会议并讲话。曾培炎指出，当前，要巩固前一段清理拖欠工程款取得的成绩，以解决政府项目拖欠工程款为重点，全面推进清欠工作，建立健全防范拖欠的长效机制，到 2006 年基本解决建设领域拖欠工程款问题。今年是实现三年清欠目标的第一年，各地区、各部门认真贯彻党中央、国务院的部署，加强组织领导，落实清欠计划，创造了一个良好开局。到目前为止，2003 年拖欠的农民工工资已基本清偿，历年的积欠绝大部分已偿付。清理拖欠工程款取得了阶段性成果，各地基本摸清了欠款底数，锁定了清欠目标。必须清醒地看到，拖欠工程款问题由来已久，数额较大，成因复杂。据初步统计，到 2003 年年底，全国建设项目累计拖欠施工单位工程款 3600 多亿元，其中已竣工项目拖欠 1700 多亿元，涉及 12.4 万个项目，有的拖欠款还是 10 年前形成的老账。政府投资项目和房地产开发项目拖欠问题仍很严重。工程结算难、拖欠认定难、司法执行难等问题仍未解决。在清理旧欠的同时，一些地方还在产生新的拖欠。这些问题需要引起我们的高度重视。用三年时间，到 2006 年基本解决建设领域拖欠工程款问题，是本届政府对社会、对人民作出的郑重承诺，是坚持立党为公、执政为民的实际行动，是加强和改善宏观调控的积极举措，也是一项维护正常市场秩序和社会信用的工程，对促进经济较快平稳协调发展具有重要意义。曾培炎要求,要在清偿农民工工资已经取得明显成效的基础上,以解决政府项目拖欠工程款问题为重点,全面推进清欠工作。政府项目拖欠关系到政府的形象和信用,要带头清欠。中央本级预算拨款项目拖欠的工程款,要在今年底以前基本还清;地方各级政府投资工程的拖欠款,要在2005年底以前基本还清。要继续抓好清理偿还农民工工资工作,在明年春节前把2003年以前的欠款全部还清。抓紧解决房地产开发等社会项目拖欠工程款问题。在认真解决已竣工项目拖欠的同时,要远近结合,标本兼治,加快建立防范拖欠的长效机制,防止在建项目和新建项目发生拖欠。建设部部长汪光焘对清理拖欠工程款和农民工工资工作进行了总结和部署。国家发展和改革委员会副主任姜伟新、财政部副部长朱志刚,以及北京、天津、山东、安徽、贵州五省市主管建设的领导作了发言。

2004年9月3日 建设部印发《关于贯彻落实国务院电视电话会议精神的通知》(建市〔2004〕157号)。

2004年9月6日 建设部印发《关于学习贯彻〈曾培炎副总理在全国清理拖欠工程款电视电话会议上的讲话〉的通知》(建市〔2004〕158号)。

2004年9月6日 劳动和社会保障部、建设部印发《建设领域农民工工资支付管理暂行办法》(劳社部发〔2004〕22号),自发布之日起施行。办法要求建筑企业今后必须把工资直接发放给农民工本人,而不是通过"包工头"或其他不具备用工主体资格的组织和个人转发。

2004年10月27日 建设部印发《关于开展全国清理拖欠工程款和农民工工资检查工作的通知》(建办市电〔2004〕58号)。

2004年11月1日 国务院办公厅转发《建设部等部门关于进一步解决建设领域拖欠工程款问题意见》的通知(国办发〔2004〕78号)。

2004 年 11 月 2 日　建设部印发《关于对全国拖欠农民工工资偿付情况的通报》（建办市〔2004〕90 号）。

2004 年 11 月 12 日　建设部印发《关于严格执行报送清欠工程款有关工作进展情况和网上填报问题的通知》（建办市函〔2004〕660 号）。

2004 年 11 月 29 日　建设部印发《关于抓紧做好农民工工资偿付工作的通知》（建市电〔2004〕57 号）。

2004 年 12 月 20 日　建设部印发《关于抓紧做好拖欠工程款网上上报数据核查清理工作的函》（建办市函〔2004〕750 号）。

2005 年 1 月 14 日　建设部印发《关于学习贯彻〈曾培炎副总理在部分地区清理拖欠工程款工作座谈会上的讲话〉的通知》（建市〔2005〕9 号）。

2005 年 1 月 14 日　建设部印发《关于清理建设领域拖欠工程款和农民工工资工作督查情况的通报》（建市〔2005〕8 号）。

2005 年 1 月 17 日　建设部印发《全国清理建设领域拖欠工程款和农民工工资工作督查情况通报》，通报部际工作协商会议 17 个成员单位组成的 10 个督查组对全国 30 个省、自治区、直辖市（不含西藏自治区）清欠工作的督查情况。

2005 年 3 月 8 日　建设部印发《关于做好 2005 年建设领域拖欠工程款清偿情况月报工作的通知》（建市函〔2005〕61 号）。

2005 年 3 月 29 日　建设部印发《2005 年清理建设领域拖欠工程款工作要点》的通知（建市〔2005〕45 号）。

2005 年 4 月 1 日　建设部印送《清理建设领域拖欠农民工工资的有关工作情况的函》（建办市函〔2005〕167 号）。

2005 年 4 月 6 日　建设部印发《关于贯彻国务院〈研究清理建设领域拖欠工程款问题会议〉精神》，对各地区进行督查的通知（建办市函〔2005〕173 号）。

2005 年 6 月 1 日　建设部印发《关于进一步做好清理政府投资项目拖欠工程款工作的通知》（建办市函〔2005〕289 号）。

2005 年 7 月 7 日　建设部印发《关于 2005 年二季度全国建设领域拖欠工程款清偿情况的通报》（建办市函〔2005〕374 号）。

2005 年 9 月 8 日　建设部印发《关于全国建设领域拖欠工程款情况的通报》（建办市函〔2005〕537 号）。

2005 年 9 月 14 日　建设部印发《关于要求各地对 2004 年以来新竣工工程拖欠工程款情况进行检查的通知》（建办市函〔2005〕548 号）。

2005 年 10 月 9 日　建设部印发《关于全国建筑领域拖欠工程款清偿情况的通报》（建办市函〔2005〕587 号）。

2005 年 11 月 23 日　建设部印发《关于做好拖欠工程款和农民工工资突发事件防范工作的通知》（建办市函〔2005〕707 号）。

2005 年 11 月 29 日　建设部印发《关于报送 2005 年清欠工作总结和 2006 年工作要点的通知》（建办市电〔2005〕85 号）。

2005 年 12 月 12 日　建设部印发《关于全国建设领域拖欠工程款清偿情

况的通报》（建办市函〔2005〕763 号）。

2006 年 1 月 4 日 建设部印发《关于认真学习贯彻〈曾培炎副总理在全国清理拖欠工程款电视电话会议上的讲话〉的通知》（建市〔2006〕1 号）、《关于严禁政府投资项目使用带资承包方式进行建设的通知》（建市〔2006〕6 号）。

2006 年 2 月 22 日 建设部印发《关于对中央建筑企业上报的新欠项目进行调查的通知》（建办市函〔2006〕86 号）。

2006 年 3 月 26 日 建设部印发《关于对发展建筑劳务企业情况进行定期调查和通报的通知》（建办市函〔2006〕164 号）。

2006 年 3 月 30 日 建设部印发《关于贯彻〈国务院关于解决农民工问题的若干意见〉的实施意见》（建人函〔2006〕80 号）。

2006 年 4 月 14 日 建设部印发《2006 年清理建设领域拖欠工程款工作要点的通知》（建市〔2006〕83 号）。

2006 年 4 月 30 日 建设部印发《关于请做好 2006 年清欠工作督察准备工作的通知》（建办市函〔2006〕268 号）。

2006 年 6 月 28 日 建设部印发《关于 2006 年上半年全国建设领域拖欠工程款清偿情况的函》（建办市函〔2006〕364 号）。

2006 年 7 月 6 日 全国 2006 年清理建设领域拖欠工程款电视电话会议在国务院小礼堂召开，中共中央政治局委员、国务院副总理曾培炎在会上作重要讲话。建设部部长汪光焘代表部际联席会议成员单位在主会场作了发言，天津、上海、江苏、海南分别在分会场作了发言。解决建设领域拖欠工程款部际工作会议各成员单位、国务院国有资产监督管理委员会下属 19 家建筑企业均派代表参加会议。

2006 年 8 月 22 日 建设部印发《关于清理建设领域拖欠工程款工作中有关问题的处理意见》(建市〔2006〕209 号)。

2006 年 9 月 26 日 建设部印发《关于对工程拖欠项目情况进行检查的通知》(建办市函〔2006〕640 号)。

2006 年 9 月 27 日 建设部印发《关于对部分中央建筑企业进行调查的通知》(建办市函〔2006〕646 号)。

2006 年 10 月 9 日 建设部印发《关于请报送拖欠工程款典型案例分析报告的通知》(建办市电〔2006〕136 号)。

2006 年 11 月 15 日 建设部印发《关于对三年清欠工作进行总结和对 2004 年以后开工并竣工工程拖欠工程款情况进行专项检查的函》(建办市电〔2006〕147 号)。

2006 年 11 月 20 日 建设部印发《关于请报送三年清欠工作总结的函》(建办市函〔2006〕756 号)。

2006 年 12 月 7 日 建设部印发《关于组织开展建设领域工程款支付情况调查的通知》(建市函〔2006〕361 号)。

2007 年 1 月 31 日 建设部印发《关于做好春节期间建设领域拖欠工程款和农民工工资的紧急通知》(建市函〔2007〕57 号)。

2007 年 2 月 26 日 建设部印发《关于对防新欠长效机制落实情况进行定期调查和通报》的函(建市函〔2007〕109 号)。

2007 年 3 月 29 日 建设部、国土资源部、财政部、国家审计署、监察部、国家税务总局、国家发展和改革委员会、国家工商行政管理总局印发《关于开展房地产市场秩序专项整治的通知》（建稽〔2007〕87 号）。其后，国家有关部门相继出台《关于进一步加强规范外商直接投资房地产业审批和监管的通知》（商资函〔2007〕50 号）、《关于加强商业性房地产信贷管理的通知》（银发〔2007〕359 号）、《土地储备管理办法》（国土资发〔2007〕277 号）等遏制房价地价过快上涨政策。

2007 年 4 月 4 日 建设部等 17 部门和最高人民法院印发《三年来解决建设领域拖欠工程款工作的总结》的通知（建市〔2007〕91 号）。

2007 年 4 月 26 日 建设部印发《关于开展建设领域竣工工程工程款支付情况调查有关工作的通知》（建市〔2007〕110 号）。

2007 年 4 月 30 日 建设部印发《2007 年清理建设领域拖欠工程款工作要点》的请示（建市〔2007〕90 号）。

2007 年 5 月 23 日 建设部印发《关于落实温家宝总理批示精神调查核实拖欠工程款和农民工工资情况的函》（建市函〔2007〕181 号）。

2007 年 12 月 25 日 建设部印发《关于进一步做好"两节"期间建设领域农民工工资支付工作的紧急通知》（建办市函〔2007〕836 号）。

2007 年 12 月 28 日 建设部印发《关于进行清欠"回头看"工作督察的通知》（建办市电〔2007〕99 号）。

2007 年 建设领域竣工工程工程款支付情况调查制度开始建立。调查范围为工程合同额在 100 万元以上（含 100 万元），且在调查期内竣工的工程项目。

2008 年 2 月 14 日　建设部上报《关于解决建设领域拖欠工程款和农民工工资 "回头看" 工作的报告》（ 建市〔2008〕37 号 ）。

2008 年 4 月 8 日　建设部印发《关于开展清欠表彰工作的通知》（ 建办市函〔2008〕182 号 ）。

2008 年 12 月 13 日　住房和城乡建设部、监察部发出《关于加强建设用地容积率管理和监督检查的通知》（ 建规〔2008〕227 号 ）。住房和城乡建设部还制定了《规范城乡规划管理工作指导意见》，以中央专项治理工作领导小组的名义下发执行，要求各地对 2007 年以来的房地产项目进行自查，然后由住房和城乡建设部会同监察部组织抽查。据不完全统计，全国各地自查房地产项目 6.8 万个，查出存在违规变更规则、违规调整容积率的项目 1500 个（ 其中涉及用地性质调整占 10%，涉及容积率调整占 90% ），住房和城乡建设部与监察部配合地方对这些违规问题及时进行了处理。此外，住房和城乡建设部会同监察部制定《关于举报案件和案件线索管理暂行办法》，梳理六批案件线索和群众举报 123 件。2009 年下半年，先后组织 8 个联合检查组进行了督查，对发现的问题提出了处理意见。2009 年 11 月，住房和城乡建设部会同监察部联合印发《关于深入推进房地产开发领域违规变更规划调整容积率问题专项治理的通知》。同年，住房和城乡建设部完成《控制性详细规划编制和审批办法》，并增加了向地方城市派驻规划督察员的规模和数量，进一步加强了规划执行情况的督查力度。

2009 年 4 月 10 日　住房和城乡建设部、监察部印发《关于房地产开发中违规变更规划调整容积率问题开展专项治理的通知》（ 建规〔2009〕53 号 ），明确了专项治理工作的主要内容、进度安排及要求。

2009 年 4 月 17 日　住房和城乡建设部印发《关于加强稽查执法工作的若干意见》（ 建稽〔2009〕60 号 ）。

2009 年 4 月 24 日 住房和城乡建设部、监察部在京联合召开房地产开发中违规变更规划调整容积率问题开展专项治理电视电话会议，会议由住房和城乡建设部部长姜伟新主持，副部长仇保兴与监察部副部长郝明金讲话，对专项治理工作进行了部署。

2009 年 10 月 10 日 住房和城乡建设部制定并以中央专项治理工作领导小组名义印发《加强工程建设实施和工程质量管理工作指导意见》（中治工发〔2009〕6 号）。初步起草完成《建筑市场管理条例》征求意见稿，并向国务院法制办作了汇报。2009 年 8-9 月，住房和城乡建设部分两批对全国 30 个省、自治区、直辖市（除西藏自治区外）进行建设工程质量监督检查，共计抽查 90 个城市的 180 项在建工程，对其中 50 个违反工程建设强制性标准和存在质量安全隐患的工程项目下发了《建设工程质量监督执法建议书》；同年 11 月，组织督查河北、安徽、河南、广西等省、自治区的廉租住房建设情况，督促各地加快保障性安居工程建设进度，确保工程质量；同年 12 月，印发《关于加强工程建设实施和工程质量管理专项治理排查工作的意见》（建办市〔2009〕47 号），提出具体排查内容，要求各地认真开展排查工作，及时上报排查工作报告。

2009 年 10 月 10 日 中央办公厅、国务院办公厅印发《关于开展工程建设领域突出问题专项治理工作的意见》（中办发〔2009〕27 号），明确中央成立中央治理工程建设领域突出问题工作领导小组，下设办公室，办公室设在中央纪委、监察部。按照中央专项治理领导小组办公室关于《工程建设领域突出问题专项治理工作实施方案》（中治工发〔2009〕2 号）的要求，由住房和城乡建设部牵头负责进行"规范城乡规划管理"和"加强工程建设实施和工程质量管理"两项专项治理工作。

2009 年 10 月 26 日 住房和城乡建设部印发《住房和城乡建设系统开展工程建设领域突出问题专项治理工作方案》（建市〔2009〕255 号）。

第五节　对外合作

1955 年 1 月 20 日　建筑工程部发布《关于组织学习全苏建筑工作者会议文件的决定》，要求通过学习检查设计与施工两个系统各主要业务部门的工作，明确建筑业的发展方向，提出改进工作的意见。此前的 1 月 6 日，建筑工程部党组向中央转呈了关于全苏建筑工作者会议情况和讨论问题的报告（建发子 5号）。苏联全苏建筑工作者会议是 1954 年 12 月召开的，建筑工程部副部长周荣鑫率领代表团赴莫斯科参加了这次会议。

1955 年 7 月　中国建筑学会派遣杨廷宝（团长）、汪季琦（副团长）、贾震、沈勃、徐中、华揽洪、戴念慈、吴良镛八人组成的代表团参加了在海牙召开的国际建筑师协会第四届大会。大会的主要内容是讨论 1945 年到 1955 年的居住建筑。中国在此次大会上被接纳为会员国并当选为该协会执行委员。1957 年 2月，中共中央批准周荣鑫、贾震、蓝田、汪季琦、沈勃五人担任中国建筑学会分党组成员；1957 年 8 月，中央国际活动指导委员会批准杨廷宝教授出任国际建筑师协会执行委员一职。

1955 年 8 月 24 日至 11 月 12 日　经国务院和中组部批准，建筑工程部部长刘秀峰任团长的建筑工作者考察团（由建工部、国家建委、重工业部、燃料工业部组成）赴苏联考察，苏联国家建委负责接待。考察团详细研究了苏联工业厂房和住宅建筑的经验以及苏联建筑机构的工作情况，整理考察资料 930余件。

1958 年　从 1956 年开始至 1958 年底，建筑工程部共承担了蒙古、越南、柬埔寨、也门、尼泊尔等国家的 40 多项对外援助任务。《1958 年援外工作总结报告》指出，总体上是"三条任务、四种形式"。三条任务：一是总交货人任务，二是协作交货人任务,三是在国外负责统一领导任务。四种形式:全部包干（如对蒙古）,施工技术指导（如对越南、柬埔寨）,除普通工由受援国解决外全部负责（如对也门）,只负责设计和设备供应（如对尼泊尔）。

1965 年 5 月 28 日　国家基本建设委员会、对外经济委员会印发《关于援外设计工作若干问题的规定（草案）》（（65）外经技常字第 460 号）。主要内容：一、坚持政治挂帅；二、树立深入实际、联系群众作风,充分了解受援国的国情,下楼出院,广泛实行三结合；三、积极采用新技术；四、加快设计进度；五、贯彻勤俭节约的方针；六、合理确定生产规模、产品品种和厂址；七、加强配合协作；八、加强领导。

1972 年 6 月　联合国在瑞典斯德哥尔摩召开人类环境会议。在国务院总理周恩来指示下,中国代表团 40 余人出席。

1974 年 1 月 22 日　国务院批转国家计划委员会、国家基本建设委员会、财政部《关于做好成套设备项目建设工作的报告》。4 月 20 日,国家基本建设委员会发布《关于编制和审批进口成套设备项目总体设计的通知》（（74）建发设字 189 号）。主要内容：一、编制总体设计的指导思想、依据。二、总体设计的主要内容及与单项工程设计的关系。三、总体设计的审批程序及修改程序。四、负责总体设计的编报单位及报批时间。

1975 年 8 月 6 日　国务院在上海金山石化总厂召开引进项目建设现场经验交流会。国务院副总理谷牧主持会议并作重要讲话。"四三方案"（注：指 20 世纪 70 年代陆续引进一批成套设备,这是继 20 世纪 50 年代从苏联、东欧引进项目后第二次对外引进高潮）安排的 13 套化肥工程、4 套化纤工程、3 套化工工程等引进成套设备工程的建设、设计、施工单位及所在省、主管部门的有关领导出席会议。会议讨论了存在的问题及改进措施。

1980 年 6 月 26—28 日　国家基本建设委员会在上海宝山钢铁公司召开全

国大型工程现场会。会上介绍了宝钢建设广泛采用先进技术和管理经验，包括以钢代木、先打桩后挖槽、网络施工及各种先进的打桩技术。

1984年7月3—8日 "英国利物浦国际园林节中国周"在英国利物浦举办，城乡建设环境保护部领导率团赴英主持中国周活动。

1984年11月27—30日 "中瑞（典）建筑节能学术讨论会"在哈尔滨举行，双方研讨了建筑节能工作，并签署了"建筑节能中瑞合作项目"。

1985年7月22—28日 "亚太地区乡村中心规划讨论会"在浙江省杭州市召开。会议由我国和联合国亚洲及太平洋经济社会委员会（简称亚太经社会）联合召开，中心内容是亚太地区部分国家的专家和高级管理人员交流农村中心规划和建设的经验，讨论各国在村镇规划与建设中存在的问题。城乡建设环境保护部顾问李景昭致开幕词。

1986年5月5—16日 城乡建设环境保护部城市住宅局副局长朱毅等参加在土耳其伊斯坦布尔市召开的"联合国人类居住委员会第九届会议"。朱毅作了题为《中国的社会公共团体和个人在住宅建设中的作用》的发言。

1986年11月9—12日 城乡建设环境保护部副部长周干峙率团赴美参加在美国波特兰市召开的"太平洋盆地住房问题会议"。

1987年5月6—29日 中国建筑师代表团赴匈牙利访问，考察了匈牙利的城市规划、古建筑及现代建筑风格和特点，以及匈牙利高等建筑教育改革经验等内容。

1987年6月9—15日 由联合国人类居住中心和城乡建设环境保护部共同主办的"国际住房年中国昆明住房讨论会"在云南省昆明市召开。

1988年1月23-30日 应城乡建设环境保护部叶如棠部长邀请,法国设备、住房、领土整治及运输部长梅埃涅里先生一行 14 人开始对华访问。国务院副总理万里在中南海紫光阁会见梅埃涅里部长及其随行人员。访问期间,叶如棠部长和梅埃涅里部长签署了两部关于建设领域合作协定;交通部、北京市政府、水电部、国家建材局、上海市政府和上海市建委、广东省和深圳市等领导进行了接见和会谈。

1988年4月4-9日 根据联合国开发计划署"亚太地区低造价建筑材料技术和施工体系"项目计划,中华人民共和国城乡建设环境保护部在北京举办了"亚太地区屋面防水材料与施工技术"讲习班,阿富汗、孟加拉(国)、印度尼西亚、马来西亚、朝鲜民主主义人民共和国、尼泊尔、巴基斯坦、菲律宾、斯里兰卡、泰国、汤加及图瓦卢等 12 个国家均派出代表参加。

1990年10月1日 河北省唐山市人民政府震后重建项目获联合国人居奖(UN Habitat Scroll of Honor Award)。1992 年 10 月 5 日,广东省深圳市城市住宅建设项目获联合国人居奖。1995 年 10 月 2 日,上海市住房解困项目获联合国人居奖。1996 年 10 月 1 日,建设部部长侯捷获联合国人居奖特别表彰奖。1997 年 10 月 6 日,广东省中山市市长黄子强获联合国人居奖。1998 年 10 月 5 日,四川省成都市府南河综合整治项目获联合国人居奖。1999 年 10 月 4 日,辽宁省大连市市长薄熙来获联合国人居奖。2001 年 10 月 1 日,浙江省杭州市人民政府获联合国人居奖。2002 年 10 月 7 日,内蒙古自治区包头市人民政府获联合国人居奖。2003 年 10 月 6 日,山东省威海市人民政府获联合国人居奖。2004 年 10 月 4 日,福建省厦门市人民政府获联合国人居奖。2005 年 10 月 3 日,山东省烟台市人民政府获联合国人居奖。2006 年 10 月 2 日,江苏省扬州市人民政府获联合国人居奖。2007 年 10 月 1 日,广西壮族自治区南宁市人民政府获联合国人居奖特别表彰奖。2008 年 10 月 6 日,"世界人居日"庆典暨"联合国人居奖"颁奖仪式在安哥拉举行,浙江省绍兴市人民政府、江苏省张家港市人民政府获联合国人居奖,张家港市成为全国第一个荣膺"联合国人居奖"的县级市,江苏省南京市人民政府荣获本年度联合国人居奖特别荣誉奖。2009

年 10 月 5 日，山东省日照市人民政府获联合国人居奖。

1990 年 12 月 27 日 中华人民共和国建设部村镇建设司和日本农林水产省构造改善局、日本农业土木综合研究所在日本东京签署《关于中国村镇建设与日本农村整备的技术交流协议书》，中国建设部和日本农林水产省作为"中国村镇建设及日本农村整备的交流事业"的一环。建设部村镇建设司司长郑坤生与日本农林水产省构造改善局建设部长中道弘交换了备忘录，原则上决定每年开展一次互访活动。

1993 年 国家测绘局在北京举办国际大地测量协会科学大会，这是我国首次举办测绘领域的国际大会；1994 年 5 月，第十三届联合国亚太区域测绘会议在北京举行。

1996 年 5 月 29 日至 6 月 10 日 建设部副部长毛如柏率领中国村镇建设代表团赴日本、韩国考察。考察团在日本考察了东京、京都、大阪等地的农村建设情况，并与日本农林水产省事务次官（主管业务的副部长）举行会谈；在韩国，考察了汉城等地的农村建设情况，并与韩国交通建设部部长举行会谈。

1997 年 3 月 建设部与亚洲开发银行合作的"供水价格研究"项目正式实施，为期一年。总预算 67 万美元，其中亚行赠款 60 万美元，国内配套资金 7 万美元。上海、深圳、成都、福州和张家口为该项目的试点城市。该项目对促进我部制订《城市供水价格管理办法》起到积极作用。2001 年 1 月，"城市供水价格研究（二期）"启动，为期一年。在项目一期的基础上，进行了更加深入的技术和财政研究。项目选择了成都、福州和张家口三个城市为调研城市，旨在执行一期项目的成果《中国城市供水价格管理办法》，取得了一定的成果。亚行为该项目提供了 95 万美元的咨询赠款，国内配套 25 万美元，共计 120 万美元。

1997 年 4 月 14 - 15 日 经建设部领导批示，由建设部外事司计划安排的标准定额司委托中国工程建设标准化协会和香港工务科委托香港工程师学会联合举办的 "'97 内地与香港工程建设标准交流研讨会" 在北京召开。自 1997 年起，每年都举办一次由建设部外事司牵头有关业务司与香港特别行政区工务司联合召开的相关业务研讨会，至今相继举办 10 余次。

1997 年 12 月 15 - 18 日 建设部村镇建设司司长田世宇率团出席国际经济合作组织（OECD）在法国巴黎召开的小城镇建设研讨会。美国、英国、法国、德国、意大利、荷兰、比利时、芬兰、瑞典等 24 个国家的 40 多位代表出席了会议。中国代表团在会上介绍了中国改革开放以来的经济发展情况和农村建设情况。与会代表对中国经济的高速发展和农村的巨大变化表示高度赞赏。会前，国际经济合作组织安排中国代表团先后考察了意大利博洛尼亚大区、西班牙巴伦西亚省的农村建设情况，包括市政建设、古建筑改造利用、中小企业发展、环境保护等，代表团成员很受启迪。

1998 年 1 月 应建设部邀请，日本建设大臣瓦力访华，与我部探讨建设领域的合作事宜。1 月 8 日下午，李鹏总理在人民大会堂会见了瓦力一行。

1998 年 5 月 11 - 15 日 建设部、中国残疾人联合会与亚太经社会在北京召开 "促进无障碍环境试点项目国际研讨会"。建设部部长俞正声、中国残联主席邓朴方、北京市副市长孟学农出席闭幕式并讲话。亚太经社会官员萱庞先生代表亚太经社会执行秘书穆迪先生在开幕、闭幕式上讲话。

1999 年 4 月 30 日 第二十二次世界园艺博览会开幕。国家主席江泽民出席并宣布 1999 中国昆明世界园艺博览会开幕。全国建设系统共有 11 个省、自治区、直辖市建委牵头负责组织建设实施工作，31 个省、自治区、直辖市的园林部门参加了世博园的设计、施工及展出管理。

1999 年 10 月 建设部与联合国人居署在辽宁省大连市举办 "世界人居日"

全球庆典活动。

2000 年 5 月 23 日　中国世界遗产地首次工作会议在江苏省苏州市召开。此次会议由中国联合国教科文组织全国委员会、建设部和国家文物局共同举办。

2000 年 5 月　应建设部邀请，美国住房与城市发展部部长科莫访华，与建设部磋商中美住房合作项目的实施计划。5 月 23 日下午，朱镕基总理在中南海紫光阁会见了科莫一行。

2000 年 10 月　建设部与联合国人居署在四川省成都市召开"21 世纪城市建设与环境国际大会"。这是全球首次人居最佳范例经验交流会，通过了向人居最佳范例学习的《成都宣言》。

2000 年 10 月　建设部与联合国人居署在浙江省杭州市召开联合国"伊斯坦布尔 +5"大会亚太地区筹备会议暨"城市环境与住房发展国际研讨会"。

2000 年 10 月　建设部与亚洲开发银行合作的"加强城市固体废物管理"项目正式启动，为期 10 个月，项目总预算为 76 万美元，亚行提供 60 万美元。为配合项目进行，建设部先选择了上海、南京、天津、哈尔滨和北海作为试点城市，后根据我国西部发展的战略，又增加贵州都匀和宁夏银川为试点城市。

2001 年 6 月 19 日　建设部与亚洲开发银行合作的"有利于低收入阶层的城市供热收费体制改革研究"项目由亚行董事会批准，于 2002 年 9 月 10 日启动，为期一年。总预算为 120 万美元，其中亚行提供赠款 85 万美元，国内配套 35 万美元。确定辽宁沈阳、山东德州、黑龙江的齐齐哈尔、新疆的奎屯为项目试点城市。

2001 年 10 月 25 日　建设部与亚洲开发银行合作的"中国城市污水收费政策研究"项目由亚行董事会批准，于 2002 年 4 月启动，为期一年。项目确定重庆市、常州市、唐山市和张家口市为试点城市。总预算为 87.5 万美元，其中亚行提供赠款 70 万美元，国内配套 17.5 万美元。

2001 年 11 月 27-29 日 建设部、世界银行、联合国工业发展组织共同举办的 21 世纪国际城市污水处理及资源化发展战略研讨会与展览会在北京召开。

2001 年 12 月 11 日 中国正式成为世界贸易组织（WTO）成员国。入世后，我国的工程咨询设计市场按照我国政府在多边谈判中承诺的减让表期限向其他 WTO 成员开放。入世当年，允许在国内设立合资、合作和外资控股的工程咨询设计企业。2006 年 12 月后，允许设立外国独资的工程咨询设计企业。

2002 年 8 月 2-8 日 建设部部长汪光焘作为中国政府特使赴玻利维亚出席总统政权交接仪式。

2002 年 8 月 建设部与联合国人居署在内蒙古自治区包头市召开"中低收入者住房发展国际大会"。

2002 年 9 月 17 日 来自全国 28 处世界遗产地的代表和中外专家及各界人士，在四川省乐山市举办的世界遗产保护论坛上一致通过《保护世界遗产乐山宣言》。

2002 年 12 月 3 日 国际展览局第 132 次大会在蒙特卡洛投票产生了 2010 年世界博览会举办城市，中国上海市获得举办权。国家主席江泽民向中国"申博"代表团致电祝贺。

2003 年 9 月 建设部与联合国人居署在山东省威海市举办"可持续的城市化战略国际大会"。

2004 年 2 月 15 日　建设部与荷兰住房、空间规划和环境部签署《关于扩大两国在住房、建设和城市发展领域的交流与合作的谅解备忘录》。中荷双方开展了"中国西部小城镇环境基础设施经济适用技术及示范项目"合作，项目总投资为 3950 万欧元，其中荷兰政府提供赠款资金 1500 万欧元，中方投入配套资金约 2450 万欧元。在中国西部主要是四川、重庆、云南、贵州小城镇环境基础设施建设领域组织了 11 个示范工程项目，在经济适用技术集成、价格／收费政策和市场化政策研究、示范工程建设与可持续运营管理等方面取得了多项的成果和管理经验。

2004 年 9 月 6 日　建设部印发《关于做好外商投资建筑业企业资质管理工作有关问题的通知》（建市〔2004〕159 号）。

2005 年 3 月 28 日　首届"国际智能与绿色建筑技术研讨会暨首届国际智能与绿色建筑技术与产品展览会"在北京召开。国务院副总理曾培炎发来贺信，指出要"按照全面落实科学发展观的要求，加快推进科技进步，大力发展节能省地型建筑。在建筑的施工和使用全过程中，高效率地利用能源资源，更好地保护生态环境，努力为人们提供健康、舒适、安全的居住工作环境"；同时，"希望中国的建筑师与世界各国同行加强交流与合作，共同推动人类建筑向智能便捷、节能生态、绿色环保的方向阔步前进"。建设部部长汪光焘、副部长仇保兴，科学技术部副部长刘燕华，信息产业部和部分国外政府及机构代表等出席本次会议并讲话。

2005 年 5 月 24 日　建设部负责组织实施的"中国供热改革与建筑节能项目"由财政部代表中国与世界银行签署了赠款协议。该项目由全球环境基金赠款 1800 万美元用于支持中国北方城市的供热改革与建筑节能工作。项目在中央层面进行项目管理与协调，并开展相关政策研究支持和成果扩散活动；在天津和其他北方城市实施综合建筑节能与供热体制改革的示范项目，以提高中国北方地区城市民用建筑及集中供热系统的能效。

2005 年 5 月　应建设部邀请，柬埔寨国土管理、城市规划与建设部部长尹春林访华，与我部签署了在建设领域开展合作的谅解备忘录。5 月 25 日下午，曾培炎副总理在人民大会堂会见了尹春林一行。

2005 年 11 月 21 日　建设部与德国技术合作公司签署"中国既有建筑节能改造项目"执行协议。该项目在唐山、北京、天津开展了既有建筑节能改造示范，支持开展了既有建筑节能改造政策咨询、建筑节能技术标准研究等活动，在北方 15 个城市进行了既有建筑综合节能改造经验与技术宣讲，引导和促进了中国既有建筑节能改造。2011 年 3 月 29 日，项目总结会召开。

2005 年 11 月　建设部与联合国人居署在广西壮族自治区南宁市举办"可持续的城市化战略国际大会"。

2005 年 12 月 4-18 日　建设部部长汪光焘作为胡锦涛主席特使赴乌拉圭出席南方共同市场峰会，并访问圣卢亚西、安提瓜和巴布达。

2006 年 3 月 28 日　第二届"国际智能、绿色建筑与建筑节能大会暨新技术与产品博览会"在北京召开。国务院副总理曾培炎出席开幕式并讲话。他指出，为全面贯彻落实科学发展观，加快建设资源节约型、环境友好型社会，实现新的五年规划确定的到 2010 年的节能目标，中国将加强政策引导和法制建设，积极推行绿色建筑标准，大力发展节能省地型建筑。推动建筑向节能、绿色、智能化方向发展，是国际建筑界实践可持续发展理念的大趋势，也是中国经济社会发展面临的重要任务。随着我国城镇化、工业化进程加快，社会主义新农村建设逐步推进，发展绿色建筑，开展建筑节能有着广阔的前景和巨大的潜力。建设部部长汪光焘在开幕式上致辞。来自中国和英国、美国、印度等国家绿色建筑领域的生产商、承建商和科研机构参加了本届博览会。

2006 年 9 月 17-22 日　第十二届亚洲建筑师大会暨第二十七次亚洲建筑师协会理事会在北京召开，会议的主题是"演变中的亚洲城市与建筑"。9 月

20日，第十二届亚洲建筑师大会在北京举行全体大会，中华人民共和国建设部部长、第十二届亚洲建筑师大会组委会名誉主席汪光焘致辞。来自亚洲及世界各地的建筑师及青年学生1000多人参加了大会。

2007年1月12－20日 建设部部长汪光焘作为中国政府特使赴厄瓜多尔出席总统权力交接仪式。

2007年3月26日 第三届"国际智能、绿色建筑与建筑节能大会暨新技术与产品博览会"在北京召开。大会主题是"推广绿色建筑——从建材、结构到评估标准的整体创新"。国务院副总理曾培炎为大会发来贺信，强调要完善政策法规，推行绿色标准和节能改造，降低建筑能耗，努力实现建筑业可持续发展。建设部部长汪光焘、副部长仇保兴，国家发展和改革委员会副主任解振华，国家环境保护总局副局长吴晓青，科学技术部和部分国外政府及机构代表等出席会议并讲话。

2007年7月11日 建设部与新加坡环境及水源部签署了《关于在城镇环境治理和水资源综合利用领域开展交流与合作谅解备忘录》。

2007年11月18日 国务院总理温家宝访问新加坡期间与新加坡总理李显龙签署中新两国政府合作建设中新天津生态城的框架协议，建设部部长汪光焘与新加坡国家发展部部长马宝山签署了补充协议。2008年9月28日，温家宝总理和新加坡国务资政吴作栋共同出席了中新天津生态城的开工奠基仪式。住房和城乡建设部部长姜伟新陪同出席。

2007年11月26日 建设部与法兰西共和国生态、可持续发展及国土整治部签署了《关于城市可持续发展的合作协议》。

2008年1月18日 建设部与大不列颠及北爱尔兰联合王国商业、企业和管理改革部签署了《关于开展可持续城市合作的谅解备忘录》。在此基础上，

2010 年 3 月 29 日，住房和城乡建设部与大不列颠及北爱尔兰联合王国商务、创新和技能部 / 英国贸易投资总署签署了《关于推进绿色建筑和生态城市发展合作备忘录》。约定双方将在城市可持续发展与生态城市、绿色建筑等方面开展合作。

2008 年 1 月 31 日 中新天津生态城联合工作委员会第一次会议在天津召开。中华人民共和国国务院副总理、联合协调理事会中方主席吴仪和新加坡副总理、联合协调理事会新方主席黄根成分别发表书面致辞。联合工作委员会中方主席、建设部部长汪光焘和新方主席、国家发展部部长马宝山出席会议。此后，中新双方分别于 2008 年 4 月 8 日、2008 年 7 月 1 日、2009 年 6 月 3 日召开了联合工作委员会第二次至第四次会议。

2008 年 3 月 31 日 第四届"国际智能、绿色建筑与建筑节能大会暨新技术与产品博览会"在北京召开。大会主题是"推广绿色建筑，促进节能减排"。住房和城乡建设部部长姜伟新在开幕式上指出，建筑节能减排是一项长期而艰巨的历史任务，也是一项重要而紧迫的现实工作。住房和城乡建设部副部长仇保兴、国家发展和改革委员会副主任解振华、科学技术部副部长尚勇、财政部副部长张少春、环境保护部副部长周建和部分国外政府及机构代表等出席会议并讲话。

2008 年 9 月 3 日 中华人民共和国国务院副总理王岐山和新加坡副总理黄根成在天津共同主持召开了中新天津生态城联合协调理事会第一次会议。2009 年 8 月 24 日，在王岐山和黄根成主持下，中新双方召开了中新天津生态城联合协调理事会第二次会议。

2008 年 11 月 3–6 日 联合国人居署和中国住房和城乡建设部在南京召开第四届世界城市论坛。论坛主题为"迈向和谐的城市——从现在到未来"。

2008 年 11 月 7–9 日 住房和城乡建设部与国际水协会（IWA）中国委员

会在北京主办第三届中国城镇水务发展国际研讨会暨水处理新技术与设备博览会。大会的主题是：进一步推进节水减排、改善水环境、保障水安全。

2008 年 11 月　住房和城乡建设部与亚洲开发银行合作的"小城镇污水与固废管理"项目启动，为期 18 个月。项目总预算为 130 万美元，其中亚行提供 100 万美元。

2009 年 3 月 27 日　第五届"国际智能、绿色建筑与建筑节能大会暨新技术与产品博览会"在北京召开。大会主题是"贯彻落实科学发展观，加快推进建筑节能"。全国人大常委会副委员长、中国科协主席韩启德出席开幕式并讲话，他指出，作为一个负责任的发展中国家，中国政府坚持以人为本、全面协调可持续的科学发展观，高度重视应对全球气候变化，在发展经济的同时，大力推动节能减排工作，减缓温室气体排放并为此进行了不懈努力；采取了制定应对气候变化国家方案、建设资源节约环境友好型社会、建设生态文明、发展循环经济、构建和谐社会等一系列战略部署。住房和城乡建设部部长姜伟新、副部长仇保兴，科学技术部党组成员、科技日报社社长张景安，国家发展和改革委员会秘书长韩永文，工业和信息化部副部长奚国华，环境保护部副部长吴晓青和部分国外政府及机构代表等出席会议并讲话。

2009 年 7 月 15 日　住房和城乡建设部与美利坚合众国能源部签署了《建筑与社区节能领域合作谅解备忘录》。约定双方将在建筑节能标准研究和技术开发，示范和培训，以及零能耗建筑和社区方面开展广泛的合作。

2009 年 7 月　建设部与亚洲开发银行合作的"污水、污泥资源化利用政策研究"项目启动，该项目 2009 年被列入技术援助项目，为期 18 个月，亚行捐赠 100 万美元。

2009 年 11 月 30 日　住房和城乡建设部与欧盟委员会企业与工业总司及能源与交通总司签署了《关于建筑能效与质量的合作框架》。约定双方将加强在建筑能效测评标识、标准方面的合作与交流。

第六节 队伍和机关建设

1952 年 2 月 1 日 毛泽东主席签署中央人民政府人民革命军事委员会命令，批准中国人民解放军的部分师、团转为中国人民解放军专业工程部队的改编计划。命令说："你们过去曾是久经锻炼的有高度组织性纪律性的战斗队，我相信你们将在生产建设的战线上，成为有熟练技术的建设突击队。"1953 年 3 月，在改编的原三十七军政治部基础上成立了建筑工程部政治部。1954 年 7 月，鉴于建筑施工企业力量分布和领导体制等原因，建工部党组提请撤销政治部建制，改由地方党委管理（（54）建发午 18 号）。

1954 年 2 月 20 日至 3 月 1 日 建筑工程部召开建筑工程部队首届功模代表会议。朱德总司令亲临会议讲话，指出：建设事业是"万岁事业"，担负建设任务是非常光荣的。建筑工程部副部长万里作了关于工程部队一年来工作总结及今后任务的报告。

1954 年 12 月 26 日 建筑工程部召开第一次政治工作会议，研究建筑部队如何转变为企业和确立建筑部门政治工作的方针任务、工作范围和组织机构，制定了《政治工作试行条例（草案）》和《建筑企业中党组织保证监督的任务》。

1956 年 5 月 14–26 日 建筑工程部、城市建设部在北京召开先进生产者代表会议，出席会议代表 514 人（其中集体代表 119 位），列席代表 187 人。国家副主席朱德接见了全体代表。有 20 多位先进生产者介绍经验，进行操作表演。会议鉴定推广了 197 项先进经验。配合先进生产者代表会议的召开，建筑展览会在北京揭幕。

1959 年 11 月上旬 建筑工程部邀集参加全国群英大会的建筑系统代表进行经验交流，来自各地的建筑安装、城市建设、勘察设计、建筑材料方面的先进集体和先进生产者代表共 500 多人参加会议。11 月 2 日，建筑工程部部长刘秀峰、中国建筑工会全国委员会主席张天民出席大会并讲话。

1966 年 2 月 18 日 中共中央批准成立基本建设政治部，学习解放军的办法加强基本建设战线的思想政治工作。

1978 年 11 月 18 日 国家基本建设委员会、国家劳动总局、中华全国总工会在北京联合召开京、津、唐三市建筑业开展创"全优工号"社会主义劳动竞赛动员大会。国务院副总理谷牧、全国总工会主席倪志福、国家建委副主任张百发等同志出席会议并讲话。

1980 年 4 月 5 日 国家基本建设委员会、中华全国总工会、国家建筑工程总局、国家劳动总局、中国人民银行在北京联合召开京、津、唐三市基建施工企业创全优工程竞赛表彰大会，为 31 个创全优工程的先进单位颁发锦旗。

1981 年 5 月 23 日 国家基本建设委员会、中华全国总工会、国家建筑工程总局、国家劳动总局、中国人民建设银行在北京联合召开北京、天津、唐山三市创全优工程竞赛总结表彰大会，表彰了北京市建工局、天津市建工局、唐山建设指挥部和北京市第六建筑公司、天津市第二建筑公司、支援唐山建设的邯郸市第二建筑公司、唐山市第一建筑公司等 75 个单位。邯郸市第二建筑公司每人平均产值达 1.1 万多元，每人每年平均竣工面积近 60 平方米。会议要求全国建筑业都要学习京、津、唐创全优工程的经验，把创全优活动推向全国，把京、津、唐和全国建筑水平提高一步。

1981 年 9 月 15-24 日 国家基本建设委员会在河北省唐山市召开全国施

工企业政治工作会议。会议总结、交流、推广了施工企业加强思想政治工作经验。国家建委主任韩光主持会议并作报告。国家建工总局局长萧桐、国家城建总局局长邵井蛙、国家劳动总局局长康永和出席会议并讲话。京、津、唐、沪、宁、杭六市在大会上提出了《关于深入开展创全优工程竞赛活动的倡议书》；内蒙古三建公司等 7 个企业提出了《关于施工企业端正经营思想、改善经营作风的倡议书》。10 月 17 日，国家建委向中央书记处、国务院报送了《关于召开全国施工企业政治工作会议情况的报告》（（81）建发办字 456 号）。11 月 9 日，国家城市建设总局发出《关于贯彻全国施工企业政治工作会议精神的通知》（（81）城发办字 288 号）。

1981 年 11 月 9－11 日　国家基本建设委员会在北京召开全国优秀设计总结表彰会议。会议评选出 70 年代的国家优秀设计项目 121 个，表扬项目 92 个。据会议期间的统计资料，全国共有 1450 个勘察设计单位，职工 31 万人。

1982 年 10 月　国家经济委员会和全国总工会在北京召开了全国建筑行业先进施工企业、先进集体和先进个人表彰大会，颁奖大会在中南海怀仁堂举行。经国家评选委员会评选，国务院批准，大会命名"全国先进施工企业"32 个，"全国施工企业先进集体"38 个，"全国（基建）劳模"61 名。国务院副总理万里、薄一波等领导同志出席会议并发表重要讲话。

1983 年 3 月 14－21 日　城乡建设环境保护部和中国建筑工会全国委员会在北京召开全国城市环境卫生、园林绿化先进集体、先进个人代表大会。

1983 年 10 月 24 日至 11 月 2 日　城乡建设环境保护部、共青团中央委员会、中国建筑工会全国委员会在北京举行全国建筑青年工人技术比赛，授予钱长乐、阎崇华等 40 名同志"全国建筑青年工人技术能手"称号。中央书记处候补书记郝建秀，国务委员张劲夫接见了参加比赛的全体选手。

1985 年 12 月 24－26 日　城乡建设环境保护部、中国建筑工会全国委员会在北京召开全国城市公共交通系统先进企业、先进集体、先进个人表彰大会。这是新中国成立以来全国公共交通系统第一次表彰大会。国务院副总理李鹏在大会讲话中指出，城市公共交通是城市的动脉，是社会主义生产的第一道工序，希望大家为城市的社会生活，为城市的工农业生产，为城市的建设作出更大贡献。

1986年10月　国家测绘局召开庆祝建局30周年暨先进集体、先进个人代表会议，授予2个单位"先进集体"称号，10人"劳动模范"称号；向从事测绘工作满30年的职工颁发荣誉证书。党和国家领导人李先念、万里、薄一波、谷牧、韩光、许德珩以及城乡建设环境保护部历任部长为建局30周年题词祝贺。

1987年10月20日　根据国务院批准，劳动人事部发布《关于实行技师聘任制的暂行规定》，结合城乡建设系统的实际情况，城乡建设环境保护部和劳动人事部印发《关于城乡建设系统实行技师聘任制的实施意见》（（87）城劳字第545号）。

1990年7月10—14日　建设部在北京召开全国建设系统思想政治工作会议和劳动模范表彰会议，表彰了1076名建设部劳动模范、84个全国建设系统思想政治工作优秀企业和34名优秀思想政治工作者。建设部部长林汉雄出席会议并讲话。

1990年10月24日　建设部印发《全国建设系统职业道德建设三年规划》，公布建设系统7个主要行业的职业道德准则。

1990年12月2日　建设部印发《建设部机关行政复议和行政应诉工作暂行规定》（（90）建法字第628号），自发布之日起施行。

1991年4月17日　国务院总理李鹏签发《国务院关于表彰国家测绘局第

一大地测量队的决定》，授予该大队"功绩卓著、无私奉献的英雄测绘大队"荣誉称号。

1992 年 10 月 6 日　建设部在四川省成都市召开建设部精神文明建设经验交流会，表彰了 122 个建设部精神文明建设先进单位。

1993 年 2 月 4 日　建设部党组印发《建设部关于部属高等学校实行党委领导下的院长负责制的实施意见》（建党〔1993〕8 号）。

1993 年 6 月 15 日　建设部印发《关于深化建设教育改革的意见》（建教〔1993〕425 号）。《意见》共十二部分：一、建设教育的形势；二、建设教育改革的指导思想；三、建设教育改革的重点是管理体制改革；四、部与地方建设行政主管部门的教育职能；五、部归口管理建设类专业学历教育；六、部和省、自治区、直辖市建设教育主管部门归口管理建设系统职工培训；七、深化办学体制的改革，实行分级办学，分级管理；八、积极推进学校内部管理体制改革；九、加快教育教学改革，提高教育质量，为建设事业培养适应需要的合格人才；十、大力推进部直属高校的改革；十一、稳定教育管理机构，建设一支具有良好的业务素质、结构合理、相对稳定的建设教育工作队伍；十二、多渠道筹措建设教育资金。

1993 年 11 月 20−23 日　建设部在河南省郑州市召开了全国建设系统职业道德建设座谈会。会议总结交流了三年来职业道德建设经验，讨论了在市场经济新形势下深化职业道德建设的思路和框架。

1994 年 5 月 6 日　建设部印发《全国建设系统第二个职业道德建设三年规划》，提出用 3 年时间、运用多种形式建立一套覆盖全系统各行业重点工种、重要岗位的职业道德规范。

1994 年 6 月 8 日　建设部印发《建设部关于当前和今后纠正行业不正之

风意见》的通知，提出了市政、公用事业、建筑业、房地产业、城市规划、勘察设计等纠风工作重点和具体措施。

1994年10月19—22日　建设部在江西省九江市召开全国建设系统精神文明建设工作会议暨中国建设职工政研会第四次年会。中宣部秘书长戴舟出席会议并讲话。建设部部长侯捷作会议主报告。会议回顾总结了两年来建设系统精神文明建设工作情况和经验，研究了进一步加强行业精神文明建设措施，表彰了16名全国建设系统行业标兵、1109名劳动模范、167个精神文明建设先进单位和49名优秀思想政治工作者。

1995年3月13—15日　建设部在天津市召开全国建设系统职业道德建设与行风建设试点工作座谈会，确定了第一批职业道德建设试点单位，包括9个省市建委（建设厅）、15个企事业单位。

1995年9月13日　建设部办公厅下发了《关于在建设系统"窗口"行业开展不说"服务忌语"活动的通知》。要求把开展不说"服务忌语"活动同贯彻实施建设部第二个职业道德建设三年规划结合起来，认真组织实施。

1995年11月24日　人事部、建设部印发《关于一九九四年"全国建设系统劳动模范"荣誉称号获得者享受省部级劳动模范待遇的通知》（人核培发〔1995〕144号），决定1994年12月28日获得"全国建设系统劳动模范"荣誉称号的于清洲等1108名人员，按国家规定享受省部级劳动模范和先进工作者有关待遇。

1996年4月16日　中共建设部党组印发《关于学习徐虎同志先进事迹的决定》（建党〔1996〕25号）。徐虎同志是上海市普陀区房管局西部集团中山物业公司水电修理工，立足本职，服务周到，在完成上班8小时工作外，利用晚上业余时间上门服务，为群众解决水电急修项目2100多个，被群众誉为"夜行天使"和"岗位活雷锋"，先后被评为上海市劳动模范、"上海市十大先进标兵"、建设部劳动模范和全国建设系统行业标兵，1989 年、1995 年两次被评为全国劳动模范。4 月 17-18 日，中宣部、建设部和上海市委在京联合召开徐虎同志先进事迹报告会、学习徐虎同志先进事迹座谈会。中宣部副部长徐光春、建设部部长侯捷、副部长叶如棠、李振东，上海市委副书记陈至立等分别出席会议并讲话。

1996 年 5 月 15－16 日　建设部、国务院纠风办联合在山东省烟台市召开了推广烟台市建委社会服务承诺制现场会。国务院纠风办主任徐青出席会议并讲话，建设部部长侯捷作主报告，副部长叶如棠和国务院纠风办副主任王宝良主持了会议。烟台市建委和所属管道煤气公司、公交公司、自来水公司分别介绍了实施社会服务承诺制的做法和成效。与会代表进行了实地参观和考察。

1996 年 7 月 5 日　建设部印发《关于表彰全国首次城市市政公用设施普查优秀单位、先进单位和先进个人的决定》（建计〔1996〕407 号），分别授予12 个、9 个和 9 个省级普查办公室为优秀单位、先进单位和受表扬单位称号；授予 190 个城市普查办公室先进单位称号；授予 432 个基层市政公用设施管养单位为先进单位称号；授予 1276 名先进个人称号。

1996 年 10 月 4 日　中共建设部党组发出《关于学习李素丽同志先进事迹的决定》（建党〔1996〕71 号）。李素丽同志是北京市公共交通总公司 21 路车队售票员，自 1981 年参加工作以来，真诚热情为乘客服务，被誉为"老人的拐杖、盲人的眼睛、外地人的向导、病人的护士、群众的贴心人"，多次荣获首都劳动奖章、五一劳动奖章、优秀共产党员、建设部劳动模范、全国优秀售票员等称号。10 月 8 日，中宣部、建设部、北京市委市政府联合在北京人民大会堂举行了李素丽事迹报告会。会前，中共中央政治局委员尉健行接见了李素丽及报告团全体成员。叶如棠在报告会上宣读了《建设部关于学习李素丽先进事迹的决定》。10 月 9 日上午，建设部组织北京公交总公司 10 名售票员和上海、天津、沈阳、西安、济南、郑州、南京、成都、昆明、广州十大城市公交公司售票员代表现场观摩李素丽的优质服务并进行了座谈，发出"学习李素丽，岗位作奉献，真情为他人"倡议。

1996 年 12 月 11 日 建设部印发《关于开展"为人民服务，树行业新风"活动通知》，公布确定了首批 50 个全国建设系统文明服务示范窗口单位。

1997 年 5 月 26 日 中共建设部党组授予上海市普陀区房管局西部集团中山物业公司水电维修工徐虎、北京市公共交通总公司 21 路车队售票员李素丽、天津市建工集团第三建筑公司项目经理范玉恕等同志为全国建设系统行业标兵称号；授予徐州市市政工程养护管理处下水道四班、北京市液化气公司呼家楼供应站为全国建设系统行业楷模。

1997 年 5 月 26 日 建设部联合天津市委、市政府在天津召开了宣传学习范玉恕先进事迹报告会。

1997 年 5 月 28-30 日 建设部在北京召开全国建设系统精神文明建设工作会议暨中国建设职工政研会第五次年会。会议宣读了部党组关于授予徐虎等同志"全国建设系统行业标兵"称号、授予徐州下水道四班等"全国建设系统行业楷模"称号的决定；表彰了 192 个"全国建设系统精神文明建设先进单位"、85 名"全国建设系统优秀思想政治工作者"。

1997 年 7 月 建设部印发《建设系统职业道德建设第三个三年规划》。重点是创文明行业，树行业新风，促行业发展，为行业争光。要求大中城市及有条件的小城市，在二、三年内创建一、二个市民公认的文明行业，建立和形成有效的创建文明行业的工作机制。

1998 年 4 月 23 日 中共建设部党组追授罗宝晨、张焕来等六位同志城建卫士称号（建党〔1998〕16 号）。1998 年 3 月 5 日，西安市煤气公司罗宝晨、宁方磊、卢照东、张军峰、史沈根和西安市天然气公司张焕来等六位同志，在抢险堵漏过程中为保卫国家财产和人民群众安全光荣牺牲。

1998年5月22日 建设部发文，确定了城市供水、燃气、公共交通、出租汽车、房地产、市政、环卫、风景园林、城市规划等行业推出的第二批63个文明服务示范窗口单位。

1998年9月7日 中共建设部党组决定在全国建设系统开展向李建国同志学习的活动（建党〔1998〕49号）。李建国同志生前是湖南省常德市安乡县环卫所副所长，在1998年抗御特大洪涝灾害中，负责守护安乡县安昌垸东线大堤电排涵闸，带病坚守岗位，不幸于1998年8月27日病倒在抗洪大堤上，献出年仅34岁的宝贵生命。

1998年12月17日 建设部与团中央、公安部、中央综治办等八部门在人民大会堂联合举行了"第二届全国杰出（优秀）外来务工青年表彰颁奖大会"，全国建设系统2人获"杰出外来务工青年"称号、19人获"优秀外来务工青年"称号、6人获"优秀外来务工青年"提名奖、9人获"外来务工青年良师益友"称号，北京城建集团团委被评为"千校百万"培训先进集体。

1999年6月14日 中宣部、建设部、天津市委在北京召开范玉恕同志先进事迹报告会，中共中央政治局委员、书记处书记、国务院副总理温家宝出席报告会并作重要讲话。

1999年7月2日 建设部印发《关于加强建设事业统计工作的意见》（建综〔1999〕178号）。《意见》强调：充分认识建设事业统计信息工作的重要性，实行综合归口管理与分专业实施的工作方式，建立和完善建设事业统计信息工作制度，积极稳妥地改革统计制度方法，推广应用电子计算机网络传输方法，做好统计法规的宣传教育，开展统计执法检查，加强统计调查分析，抓好统计人员业务培训，加强对统计信息工作的领导。

1999 年 11 月 9 日　人事部、建设部印发《关于表彰全国建设系统劳动模范和先进工作者的决定》（人发〔1999〕129 号），授予蒲新荣等 491 名同志全国建设系统劳动模范称号；授予徐义屏等 359 名同志全国建设系统先进工作者称号。被授予全国建设系统劳动模范和全国建设系统先进工作者荣誉称号的人员，享受省部级劳动模范和先进工作者待遇。

2000 年 9 月 21 日　首届"梁思成奖"评选工作启动。经国务院批准，建设部设立梁思成奖，以表彰、奖励在建筑设计创作中作出重大成绩和贡献的杰出建筑师。12 月 7 日，建设部公布首届"梁思成建筑奖"九位获奖者名单：齐康、莫伯治、赵冬日、关肇邺、魏敦山、张锦秋、何镜堂、张开济、吴良镛（建设〔2000〕228 号）。同日，建设部、财政部印发《关于梁思成基金管理办法的通知》（建设〔2000〕279 号）。2001 年 10 月 31 日，建设部印发《梁思成建筑奖评选办法》（建设〔2001〕218 号）。

2001 年 5 月 9 日　国务院第一百次总理办公会议决定，由建设部选调一批有责任心、有经验的离退休干部担任全国建筑市场稽查特派员，对建设项目单位执行国家有关建筑市场、工程质量和安全等法规的情况进行监督检查。全国建筑市场稽查特派员由建设部负责管理。6 月 6 日，建设部印发《关于开展全国建筑市场稽查工作的通知》（建建〔2001〕116 号），从 2001 年 6 月份开始，建筑市场稽查特派员对各地建筑市场进行监督检查。

2002 年 6 月 19 日　全国出租租赁汽车行业表彰大会在云南省昆明市召开，全国出租租赁汽车行业 148 家先进出租汽车企业代表、17 家先进租赁汽车企业代表、154 名优秀思想政治工作者和 145 名见义勇为标兵获表彰。

2002 年 7 月 2 日　建设部党组决定，按照中央文明办关于开展文化科技卫生"三下乡"活动的要求，在全国建设系统实施科技、规划、设计三方面下乡和为农民建房、修路、改水、改厕、改善人居环境五服务活动（简称"三下乡、五服务"），印发《建设系统"三下乡、五服务"工作方案》（建村

〔2002〕181号）。

2003年1月11日 建设部印发《关于表彰全国工程建设标准定额工作先进集体、先进个人、荣誉工作者和优秀标准的通报》（建标〔2003〕5号）。决定对为发展工程建设标准定额事业做出突出成绩的128个先进集体、141名先进个人和173名荣誉工作者以及79本优秀标准予以表彰。《人民法院法庭建设标准》、《人民检察院办案用房和专业技术用房建设标准》、《党政机关办公楼建设标准》、《城市污水处理工程项目建设标准》、《看守所建设标准》、《监狱建设标准》、《洁净手术室建设标准》荣获全国工程建设标准定额优秀标准。

2003年8月12日 建设部印发《关于废止〈城乡建设环境保护部关于颁发试行城市规划设计单位注册登记管理暂行办法的通知〉等9个规范性文件的通知》（建法函〔2003〕184号），自发布之日起生效。具体文件是：一、城乡建设环境保护部关于颁发试行《城市规划设计单位注册登记管理暂行办法》的通知（〔87〕城规字335号）；二、城乡建设环境保护部关于印发《村镇建设管理暂行规定》的通知（〔85〕城乡字558号）；三、建设部关于印发《工程技术人员支援村镇建设的暂行规定》的通知（〔87〕城乡字511号）；四、关于印发《建设部关于加强施工企业对外承包工程资质管理规定》的通知（〔89〕建施字379号）；五、建设部关于印发《建设工程施工合同管理办法》的通知（建建〔1993〕78号）；六、建设部关于颁发村镇规划设计单位专项工程设计证书的通知（建村〔1993〕252号）；七、建设部关于印发《建设工程施工合同管理人员持证上岗制度试点实施办法》的通知（建监招〔1996〕41号）；八、建设部关于历史名镇（村）申报工作的通知（建村〔1997〕87号）；九、《建设部关于加强商品房销售管理的通知》（建房〔1998〕17号）。

2004年1月8日 人事部、建设部印发《关于表彰全国建设系统先进集体和劳动模范、先进工作者的决定》（国人部发〔2004〕7号），授予北京城建集团有限责任公司等48个单位"全国建设系统先进集体荣誉称号"；授予北京市公共交通总公司驾驶员郭联华等378名同志"全国建设系统劳动模范"

荣誉称号,授予北京市建筑设计研究院总建筑师邵伟平等470名同志为"全国建设系统先进工作者"荣誉称号。被授予全国建设系统劳动模范和全国建设系统先进工作者荣誉称号的人员,享受省部级劳动模范和先进工作者待遇。

2004年10月18日 建设部发布《关于"建设部机关直接实施的行政许可事项有关规定和内容"的公告》,规定了建设部机关直接实施的行政许可事项。

2005年9月28-29日 建设部召开全国建设统计信息工作会议。建设部部长汪光焘、副部长傅雯娟、国家统计局相关领导出席会议并讲话。建设部印发《关于表彰全国建设统计信息工作先进单位和先进工作者的通报》(建综〔2005〕155号),授予北京市西城区建设委员会等62个单位"全国建设统计信息工作先进单位"称号;授予李宝伟等140名同志"全国建设统计信息工作先进工作者"称号。

2005年11月10日 建设部印发《建设部信访工作管理办法》(建办〔2005〕205号)。

2005年11月17日 建设部印发《关于进一步加强建设统计信息工作的意见》(建综〔2005〕209号),《意见》明确了建设统计信息工作的指导思想和工作目标、理顺建设统计管理体制和健全工作机制、完善建设统计信息工作管理制度、推进统计制度方法改革、加强建设统计队伍建设、加快建设统计信息工作现代化建设、提高建设统计信息工作服务水平。

2006年10月13日 建设部党组发布《关于在全国建设系统开展学习张璟同志先进事迹活动的决定》(建党〔2006〕50号)。张璟同志生前是江苏省南京市住房公积金管理中心副主任,从事住房制度改革工作近20年,为开创和发展南京市住房公积金管理事业做出了突出贡献,2006年6月17日因胆囊癌不幸去世,年仅52岁。

2006 年 11 月 20 日 建设部办公厅印发《关于开展涉及建设领域自然灾害信息上报工作的通知》（建办质函〔2006〕757 号），建立涉及建设领域自然灾害信息上报制度。

2006 年 12 月 19 日 建设部党组授予印伟民同志全国建设系统行业标兵称号（建党〔2006〕63 号）。印伟民同志，1954 年出生，北京热力集团输配分公司党委书记，北京热力集团抢修队队长。他带领的北京热力抢险队被誉为首都热力战线上的铁军，他本人 12 次荣获"北京市城建系统优秀共产党员"称号，先后被评为"北京市爱国立功标兵"、"北京市劳动模范"、"全国建设系统劳动模范"、"全国劳动模范"。

2007 年 12 月 26 日 人事部、建设部印发《关于表彰全国建设系统先进集体、劳动模范和先进工作者的决定》（国人部发〔2007〕157 号），授予北京首汽（集团）第三营运分公司于凯车队等 199 个单位"全国建设系统先进集体"荣誉称号；授予王霄云等 323 名同志"全国建设系统劳动模范"荣誉称号；授予王玮等 466 名同志"全国建设系统先进工作者"荣誉称号；追授王忠平同志"全国建设系统先进工作者"荣誉称号。被授予"全国建设系统劳动模范"和"全国建设系统先进工作者"荣誉称号的人员，享受省部级劳动模范和先进工作者待遇。

2008 年 2 月 3 日 建设部党组印发《关于在全国建设系统开展向王忠平同志学习活动的决定》（建党〔2008〕8 号）。王忠平同志生前是湖北省宜昌市兴山县建设局局长、党委书记，为湖北省宜昌市兴山县的移民迁建和城建事业做出了突出贡献；2007 年 8 月 10 日因病医治无效不幸去世，年仅 48 岁。建设部党组追授王忠平同志"全国建设系统行业标兵"称号。

2008 年 6 月 17 日 住房和城乡建设部、人力资源和社会保障部印发《建筑业农民工技能培训示范工程实施意见》（建人〔2008〕109 号）。《意见》提出，要把组织实施示范工程摆上重要位置，明确培训对象，建立健全各项制度，规范开展职业技能鉴定，推行持证上岗，落实培训资金来源，加强资金使用管理，加强协调配合，确保示范工程取得实效。

2008 年 9 月 12 日　住房和城乡建设部召开全国住房和城乡建设系统抗震救灾工作总结表彰电视电话会议，表彰全国住房和城乡建设系统抗震救灾先进集体、先进个人。

2009 年 5 月 31 日　住房和城乡建设部党组印发《关于在全国住房和城乡建设系统开展向崔学选同志学习活动的决定》（建党〔2009〕39 号）。崔学选同志，1955 年出生，现任山东省潍坊市建设局局长，山东省援建北川工作指挥部乡（镇）村组组长。"5·12"汶川特大地震灾害发生后，他主动请缨，迅速赶赴抗震救灾第一线，带领一线援建人员为抗震救灾和恢复重建工作做出了突出贡献。因长期高强度工作，积劳成疾，2005 年病倒在援建一线，被诊断为乙状结肠癌晚期。2009 年 5 月 11 日，胡锦涛总书记在四川考察灾后重建工作时，得知崔学选同志因过度劳累病倒，对他表示了亲切问候。住房和城乡建设部党组授予他"全国住房城乡建设系统抗震救灾先进个人"荣誉称号。

2009 年 9 月 28 日　住房和城乡建设部部长姜伟新在《中国建设报》发表署名文章《继往开来，推进城乡建设事业科学发展》。文章指出，新中国成立60 年来，特别是改革开放 30 年来，在党中央、国务院的正确领导下，我国城乡建设事业蓬勃发展，取得了历史性的辉煌成就，为促进国民经济发展和改善民生做出了重要贡献，也为今后的更大发展奠定了坚实的基础。城乡建设成就举世瞩目，城乡面貌焕然一新，城乡居民住房条件得到很大改善，建筑业和房地产业为国民经济发展做出巨大贡献；建筑业、城镇住房制度、市政公用事业、城乡建设行政管理体制等方面的改革为城乡建设注入不竭动力。文章提出要为百姓住有所居、为城乡建设事业科学发展而不懈努力，在新形势下推进住房和城乡建设工作，要高举中国特色社会主义伟大旗帜，牢固树立和切实践行科学发展观，促进人民群众住有所居和城乡建设事业健康科学发展。

2009 年 12 月 14 日　住房和城乡建设部印发《关于积极开展向刘义权同志学习活动进一步做好城乡建设档案工作的通知》（建办〔2009〕284 号）。刘义权同志长期从事部队档案工作，为党和军队档案事业做出了突出贡献。2009年 10 月，胡锦涛总书记作出重要批示，希望全国档案工作者学习刘义权同志事迹和崇高精神。

第二章　工程建设与建筑业

1949 年　国民经济恢复时期开始时，中国建筑业拥有一支约 20 万职工的施工队伍。据建筑工程部编制的 1952 年企业单位目录记载，具有企业编号的企业有 62 家。1949 年 12 月 5 日，中央军事委员会颁布《关于一九五〇年军队参加生产建设工作的指示》，指示军队参加生产，参加各项建筑工程。指出人民解放军参加生产，不是临时的，应从长期建设的观点出发，以劳动增加社会和国家的财富。

1950 年 8 月 10 日　政务院财政经济委员会发布《关于改进与加强基本建设计划工作的指示》，强调指出：一切新建工程，设计未经主管机关批准前，一律不得施工。

1950 年 12 月 1 日　政务院第六十一次政务会议通过《关于决算制度、预算审核、投资的施工计划和货币管理的决定》。《决定》要求：在建立基本建设概预算制度的同时，为防止基本建设的盲目性，加强投资的计划性，减少国家在经济、文化建设中的浪费，一切企业投资或文化事业的投资，在请领款项以前，必须审慎设计，做出施工计划、施工图案和财务支拨计划，并须经过相应人民政府或其财经、文化机关的批准。未经设计，未做施工计划、施工图案和财务支拨计划，或已作而未经批准者，财政部门应拒绝拨款。

1951 年 1 月 27 日　政务院财政经济委员会发出《关于 1951 年基本建设计划的指示》。《指示》强调：基本建设计划，必须按照先设计后施工的步骤，否则欲速则不达。对设计计划的具体要求包括：一、步骤与时间。步骤分初步设计、技术设计及施工详图三个步骤。除施工详图得在工程进行时逐步完成外，需说明每一步骤开始与完成时间及分季的进度。二、设计及勘察所需的员工和器材。三、设计及勘察所需经费，如需外汇必须说明。文件还就施工计划提出要求。

1951 年 6 月 19 日 政务院财政经济委员会发布《关于严格检查基本建设工程设计的通知》，其主要内容是为了防止和克服基本建设中的盲目性。政务院于 1950 年 12 月做出决定，1951 年 3 月中财委亦曾发出通知，坚决反对不经过周密的工程设计即行施工的现象，但违反决定的现象仍然严重地存在。为此通令全国，对各部门的基本建设工程状况加以深入的检查，并在 7 月底以前完成。检查中发现不合基本建设程序者应设法纠正，并将检查结果上报中财委，主要负责人应做检查。强调任何基本建设都必须有慎重的正确的设计然后施工，并把这种思想贯彻到实际行动。

1951 年 8 月 10 日 政务院财政经济委员会发布《关于改进与加强基本建设设计工作的指示》。《指示》针对当时基本建设未经认真的设计，盲目施工，造成严重浪费国家资财的情况，重申决定：一切新建工程，设计未经主管机关批准前，除建设所需的准备工作外，其主要建筑安装工程，一律不得施工；一切新建单位，因设计资料不足或不正确者，应继续搜集所需资料，不得草率进行设计；设计未经批准已经施工者，一律按"6·19 通知"进行一次检查，并将检查结果报告中财委。指示还提出，要正确掌握年度计划工作总量，检查年度计划执行情况，及时正确地修正年度计划。

1952 年 11 月 根据中央人民政府委员会第十九次会议决定，中央财经计划局从政务院财政经济委员会划出，并以其为基础成立中央人民政府国家计划委员会。国家计划委员会内设基本建设计划局。1953 年 5 月，国家计划委员会成立基本建设联合办公室。1954 年 9 月，根据《中华人民共和国国务院组织法》规定，国家建设委员会成立（时称一届建委）。1958 年 2 月，由于国家管理体制改变，许多原由中央集中管理的企事业单位下放给地方管理，第一届全国人大第五次会议决定撤销一届建委。1958 年 11 月，第一届全国人大常委会第一百零二次会议决定成立基本建设委员会（时称二届建委），主管基本建设计划执行工作。1961 年 1 月，第二届全国人大常委会第三十五次会议决定撤销二届建委。1965 年 3 月，第三届全国人大常委会第五次会议决定设立国家基本建设委员会（时称三届建委），国家计委承担的基本建设管理任务及其机构全部划归国家建委。1982 年国务院机构改革，国家建委撤销，其部分职能和机构合并到新的国家经济委员会和新成立的城乡建设环境保护部。1983 年 2 月，合并到国家经委的机构和基本建设业务改并到国家计委，改并的机构有：基本建设综合局、设计管理局、施工管理局、重点建设一局、重点建设二局和设计鉴定局。1988 年国务院机构改革，国家计委的设计管理局、施工管理局和设计鉴定局划归建设部。

1953 年 3 月 7 日　中共中央批复同意《中财委关于简化设计文件批准顺序的报告》。主要内容是：按现行基本建设顺序规定，凡限额以上工程的计划任务书及初步设计须经中财委审核，但目前中财委力量不足，为了不误施工，由中财委负责审批的限额以上项目限于：一、投资特大，意义特大；二、新产品的工厂；三、具有代表性的第三种工程（约 20~30 个基建单位）。其他工程委托各部部长负责审查定案，报国家计委及中财委备案。

1953 年 3 月 10 日　建筑工程部发布《建筑工程包工试行办法》，自发布之日起试行。本《办法》根据 1952 年 1 月 9 日政务院财政经济委员会发布的《基本建设工作暂行办法》制定，在传统的营造商包工办法的基础上，吸收了苏联承发包制度的一些经验。《办法》要求，凡建筑工程之发包、承包、施工及验收等，均依本办法处理，私营营造厂商包工办法另订。

1953 年 10 月 7—9 日　国家计划委员会召开全国勘察设计计划会议，布置1954 年度设计工作计划的编制工作，从 1954 年度起，各主要经济部门应立即开始编制统一的勘察设计工作计划。这是我国首次编制全国范围的设计计划。

会议由国家计委负责同志报告编制设计工作计划的意义。苏联顾问报告了苏联编制设计工作计划的方法和经验。

1954 年 1 月　建筑工程部与第一机械工业部、第二机械工业部、重工业部发布《设计收费暂行办法》。《办法》规定一般工程的收费额为 2.2%，少数特殊复杂工程，民用为 2.5%，工业为 2.2%。设计院内部的计划管理，或按建筑面积，或按图纸张数，估计工日，确定进度，编制作业计划。

1954 年 2 月 1 日　国家计划委员会批复建筑工程部（54）建发西 50 号电，同意建筑工程部队从 1954 年起实行包工包料，包括省市建筑企业承包第一机械工业部、第二机械工业部、燃料工业部工程在内。复电指出：包工包料对于提高建筑企业的管理水平和促进建筑企业的经济核算都是有利的，而且可以节省人力、物力，减少材料积压和浪费，便于进一步提高建筑材料供应的计划性。复电对包料范围、因材料积压引起的损耗处理、材料周转资金、工程预付款等问题作了规定。

1954 年 5 月 11 日　建筑工程部召开财务会议，讨论《建筑企业经济核算单位的规定》、《材料资金管理办法》等七项规章制度，并确定财务工作的任务是面向工地、协助工地做好经济核算工作。

1954 年 5 月 28 日　建筑工程部发布《关于使用标准设计施工图的暂行规定》。《规定》要求根据国家计划委员会 1953 年底指示，各大区迅速制订城市职工宿舍建筑标准设计，使同一地区有同一标准的职工宿舍，以降低成本，提高建筑质量，简化施工过程，为材料工厂化、施工机械化打下基础。各大区已先后成立了标准设计机构，按苏联先进经验设计了各种标准设计施工图，为避免使用错误或造成损失，《规定》说明了使用标准设计时的十条注意事项。

1954 年 8 月 3 日　政务院财经委员会批准建筑工程部、第一机械工业部、第二机械工业部直属勘察设计机构《1954 年度勘察设计收费暂行办法》，主要内容包括收费标准和各设计阶段收费比例（此前，国家计划委员会印发的《关于各级勘察设计机构编制及预算报送办法的规定》指出，各级勘察设计机构均为事业单位，一律不收勘察设计费）。

1954 年 8 月 国家计划委员会颁发《工业与民用建筑设计及预算编制条例》。内容包括：总则、设计基础资料、设计阶段、设计文件的编制、设计协议、设计及预算文件的批注，设计与预算的等级等。

1955 年 1 月 22 日 建筑工程部发出《关于实行包料工作中若干问题的指示》（中建（55）办秘字第 10 号），指出：包工包料对于提高建筑企业的管理水平和促进企业的经济核算都是有利的，而且可以节省人力、物力，减少材料积压浪费，提高材料工作的计划性。确定从 1955 年起实行包工包料。1955 年 2 月 1 日，国家建设委员会发出《关于包料问题给建工部的批复》（建发亥 63 号），指出：建筑工程部（包括省、市建筑企业承包第一机械工业部、第二机械工业部、燃料工业部工程在内）从 1955 年起应实行包工包料。国家统一分配物资、部管物资市场采购材料、地方统筹分配材料，由承包部负责（需要计划由甲方编制，乙方参加；订货计划由乙方负责）。国外材料由发包部负责订货、付款，材料到达工程所在地终点站后，由发包部接货，发包部及承包部共同验收，由承包部运到工程地点，保管使用。国内特殊材料由发包部负责订货、付款。1955 年 5 月 10 日，建筑工程部又发出《关于实行包料工作中若干问题的补充指示》（中建（55）办秘字第 47 号），对材料专业机构与用材单位之间的关系，材料差价处理，呆滞、积压材料的处理与回收，专业系统所需材料的供应等问题，作出明确规定。

1955 年 2 月 4—24 日 建筑工程部召开设计及施工工作会议。会议指出，建筑工业化是我国建筑业坚定不移的发展方向，要实行工厂化、机械化和专业化的方针。会议确定了 1955 年主要任务：一、大力改进设计工作，迅速转向工业设计，加强标准设计工作；二、积极稳步地发展工厂化机械化施工，实行建筑机械的专业化，加强建筑基地的规划和建设；三、加强施工的准备工作，争取全年比较均衡的施工；四、反对浪费，厉行节约，贯彻经济核算制，降低工程造价；五、采取各种有效措施，提高劳动生产率；六、继续加强施工管理，严格保证工程的质量和进度；七、积极提高技术，培养技术人才，加强科学技术的研究工作；八、加强政治思想领导，保证党对建筑事业的各项方针、政策、指示的正确贯彻。会上批评了建筑设计中忽视经济适用原则的形式主义和复古主义倾向，要求降低工程造价，逐渐转向工业设计和加强标准设计；在施工方面总结了长春第一汽车制造厂和洛阳第一拖拉机厂的施工准备工作经验，批判了企业中的浪费现象，规定了加强施工准备、加强施工管理和克服浪费的办法。建筑工程部部长刘秀峰做总结报告，副部长万里、周荣鑫分别就设计和企业管理问题做了报告。

1955 年 2 月 11 日　建筑工程部颁发《勘察设计工作承包暂行办法》。《办法》共八章三十二条，明确规定了建筑工程部所属各工业建筑设计院及勘察公司承包勘察设计工作的范围、委托承包手续、勘察设计过程中的配合关系以及任务变更、设计进度、协议书及合同等有关事项。

1955 年 3 月 16 日　建筑工程部颁发《1955 年建筑安装工程总承包与分承包试行办法》（草案），对总包与分包的各自职责、任务、相互关系及合同内容与格式等作了规定。凡建筑工程部所属国营建筑、安装、机械、金属结构公司所承包之建筑安装工程在一个现场上施工时，均以建筑公司为总承包人，专业安装公司为分承包人。

1955 年 4 月 11 日　国家建设委员会发布《1955 年建筑安装工程包工暂行办法》（（55）建建孔字第 22 号）。《办法》规定了建设单位和施工单位的职责、分工协作及预付款、拨款和结算的办法等。

1955 年 5 月 11 日　建筑工程部发布《关于国营建筑企业推行经济活动分析工作的指示》，指出近两年来经过推行计划管理，建筑企业初步具备了推行经济活动分析工作的条件。要求各国营建筑企业树立经济核算思想，有计划有步骤地开展经济活动分析的工作。内容包括：建筑安装工程计划和工程项目移交计划完成的情况；劳动生产率计划完成的情况；材料供应和耗用计划完成的情况；建筑机械和运输工具的利用情况；建筑机械使用费的分析；运输费用及其他直接费用的分析；降低工程成本计划完成的情况；行政管理费和其他间接费开支的情况；财务计划和资产负债表的分析。其中，主要是对生产、劳动、材料和成本计划完成情况的分析。

1955 年 5 月 20 日　建筑工程部颁发《建筑工程部运输管理办法》（中建（55）运字第 020 号）。《办法》包括总则、计划与统计、铁路运输、航路运输、公路运输、自有运力管理、报告制度和附则，共八章。

1955 年 6 月 23 日　建筑工程部党组向中央报送《关于贯彻中央厉行全面节约指示的报告》，汇报了对厉行节约工作的部署情况。建筑工程部制定了以下措施：一、在设计方面，对非生产的建筑工程，在不改变结构的原则下，拟定了修改图纸的紧急措施 40 条。争取 6 月底提出平房建筑方案和楼房的初步设计和定额指标，报请中央批准后进行施工详图的设计。二、在施工方面，加紧作好施工组织设计、合理安排进度计划，争取均衡施工，在施工准备阶段即能严格贯彻中央全面节约指示。三、在本部基本建设方面，凡新近开工项目，用修改设计降低标准的办法达到降低 10%~15% 的规定。7 月以后开工的工程一律根据中央规定的新标准执行。四、尽量降低暂设工程的费用。6 月 27 日，建工部发布《关于贯彻中央厉行全面节约指示的指示》、《关于采取技术措施，修改当前设计以降低建筑造价的指示》，要求：在设计方面，一切非生产性的建筑工程，在不改变结构的原则下，修改图纸，在已实现降低造价 10% 的基础上，再降低 10% ~ 15% 的造价；在施工方面，凡 6 月底以前开工者，必须保证实现降低造价 10% 的任务，7 月份以后开工的工程，要降低造价 15%。各工程管理局、工程局、建筑企业的领导，必须亲自动员贯彻，结合检查各单位过去的浪费情况，进行批判和检讨。7 月 24 日，建工部发布《关于进一步加强财务成本管理工作厉行节约反对浪费的指示》，作出如下规定：一、保证完成和超额完成 1955 年度财务计划，按期上缴；二、全面地均衡地完成和超额完成降低成本任务；三、继续深入开展反浪费运动；四、进一步提高财务成本的管理水平和领导水平；五、必须逐步建立与健全严密的财政制度和财政监督制度，严肃财政纪律。1955 年 8 月 5 日，国务院将《关于贯彻中央厉行全面节约指示的指示》予以转发（（55）国发未 19 号）。

1955 年 9 月 27 日　国家建设委员会颁发《工业与民用建设设计和预算编制暂行办法》和《工业与民用建设预算编制暂行细则》（（55）建组安字第 20 号）。《办法》规定，基本建设项目应由国家的设计机构进行设计，阐述了该办法的适用范围，对设计委托方式，设计单位的责任，设计任务书内容，设计基础资料内容，设计阶段的划分，各阶段设计文件应包括内容及深度，标准设计任务书的编制、范围、批准权限，总概算及总预算的内容，设计图纸签署范围、装订规格、报批规定，审批机关的审批期限，设计人应对施工进行监督等均作了详细的规定。

1955 年 9 月　建筑工程部发布《关于进一步签好包工合同的指示》，指出：截至 6 月底，全年承包任务中只有 43.91% 签了合同，40.97% 签了协议书。已签订的合同，数量不多，质量不高，签订总合同和年度合同的很少，绝大部分是单位工程合同和分部分项合同。要求今后从施工准备工作开始，必须按包工暂行办法规定的程序和形式签订合同，会同设计单位抓紧办好各种技术文件，编好概算和预算。

1955 年 10 月　第一机械工业部、第二机械工业部、中国人民银行总行、建筑工程部发布《关于改善工程价款结算工作的联合指示》，分析了造成工程拖欠款的原因主要是工程价款结算账单的提出与审核不及时，以及不严格执行原已同意的预算和合同等。为此，决定采取以下措施：一、必须坚决执行没有批准的设计预算、没有签订合同不得进行施工的规定。二、已经主管机关批准施工但未提出预算和签订合同的工程，应即抓紧编制预算，补订合同，以便据以结算工程价款；预算未编出前，暂按工程进度比例先行拨付。三、已经主管机关批准而且竣工，但尚未编制预算和签订合同的工程，应即抓紧按规定程序提前补齐单价表，再按建设单位主管机关批准的施工文件所列投资额或概算数字，结算全部工程价款。《指示》还规定了有关价款结算的一些具体问题的解决办法。

1955 年 11 月 14 日　建筑工程部发布试行《建筑安装工程包工合同基本特殊条款》（中建（55）合字第 142 号）。《条款》共九章四十六条，统一解决施工单位（承包人）和建设单位（发包人）在执行《1955 年建筑安装工程包工暂行办法》中相互关系上的各项具体问题。作为包工办法的组成部分，条款还对施工准备、材料技术供应、技术资料供应、暂设工程、施工与工程更改变更、竣工工程的验收与结算、奖励与处罚等作了规定。

1955 年 11 月 19 日　国务院发布《基本建设工程设计任务书审查批准暂行办法》（（55）国秘齐字第 214 号），对设计任务书的内容、审查和批准权限等有关事项作了规定。凡国营、地方国营和公私合营的基本建设工程及其设计任务书的审批，均按本办法办理。

1956 年 2 月 11 日　建筑工程部发布《1956 年技术组织措施计划纲要》。《纲要》包括十个部分：一、设计工作，要求学习与运用苏联的先进设计理论，工业与民用建筑降低造价 10%；二、提高机械化施工水平，按工程量计算的机械化施工程度，要求达到：土方 60%，结构安装 70%，垂直运输 70%，混凝土搅拌 100%，砂浆搅拌 70%；三、采用新结构、新材料及新施工方法；四、改进施工管理；五、加强技术管理；六、加强科学研究工作；七、改进安全技术劳动保护工作；八、降低成本；九、争取提前开工的技术措施；十、提高职工技术水平。

1956 年 4 月 20 日　《人民日报》发表社论《逐步实现建筑工业化》。社论说，加强与改善建筑工业的根本方向，就是逐步实现建筑工业化。我国有许多规模巨大、技术复杂的工程，如不采用工业化的建筑方法，就不能保证建设进度，保证工程质量，保证施工安全和降低造价。为了实现建筑工业化，需要尽快制定标准的结构构件和配件目录图册，以便广泛采用标准设计。还需要扩大建筑和筑路机械制造业，大力发展建材工业，改善建筑施工的组织形式，实行专业化。社论强调，逐步实现建筑工业化——积极有步骤地实行工厂化、机械化施工，逐步地改变手工劳动的施工方法，是我国建筑业的历史任务。

1956 年 4 月 25 日　国家建设委员会颁发《勘察设计工作统一价目表》。该价目表是以苏联 1951 年的勘察设计工作统一价目表和 1954 年对该价目表的修正系数为基础，结合我国的具体条件编制的。

1956 年 5 月 25 日　国务院第二十九次全体会议通过决议，发布《工厂安全卫生规程》、《建筑安装工程安全技术规程》和《工人职员伤亡事故报告规程》。6 月 22 日,《人民日报》发表三个规程的全文。

1956 年 6 月 18 日　国家建设委员会印发《建筑安装工程施工及验收暂行技术规范（十四种）》((56)建建孔字第 608 号),自 1956 年 10 月 1 日起实行。

1956 年 6 月　国家建设委员会颁发《勘察设计机构计划编制及统计规程》。《规程》吸收了当时苏联设计机构的经验，把设计机构的计划、统计工作，从年度计划起，至各个设计人员的作业计划，都作了具体规定，使设计机构的工作能够均衡地进行。在勘察设计机构中实行该规程及统一价目表,可使生产、劳动、财务计划管理均以此作为衡量勘察设计工作的尺度，并便于勘察设计机构内部之间进行比较和组织劳动竞赛。

1956 年 8 月 4 日　国务院批复同意原由国家经济委员会管理的基本建设计划中的勘察设计计划和建筑安装计划（包工计划），划归国家建设委员会管理。至于整个基本建设计划仍由国家经委汇总。

1956 年 10 月 31 日　国家建设委员会颁发《勘察设计工作委托与承包暂行办法》。《办法》是为贯彻国务院关于加强设计工作的决定，建立勘察设计工作的委托与承包制度，以利于基本建设计划的准确执行而出台的。其主要内容是：规定限额以上勘察设计项目的委托、承包依据、委托期限、双方的义务、双方签订的技术文件提交进度表、合同格式和委托项目格式等。该办法主要适用于各部、各省对外委托与承包的勘察设计工作，各部、各省内部的委托与承包办法，由各部、各省自订。

1956 年 11 月 6 日　国务院发出《关于严格审查与控制 1956 年基本建设的紧急指示》（（56.11）建周 25 号），以减少 1957 年将因基本建设工程停工过多而造成的更大的损失。

1957 年 1 月 2 日　国家建设委员会颁发《民用建筑设计分工的决定》。

1957 年 1 月 20 日　国家建设委员会颁发《建设工程验收规程》，自 1957 年 4 月起执行。

1957 年 2 月 25 日至 3 月 8 日　建筑工程部召开设计施工会议，研究了开展增产节约运动的要求，规定了若干具体的技术措施方案。建筑工程部部长刘秀峰作《三年来的回顾和今后的工作》报告，指出：1954 年一面施工，一面从组织上、技术力量上进行调整和准备；1955 年明确了建筑工业化的方向，确定了实行工厂化、机械化和专业化的方针；1956 年是在工业建筑方面普遍取得经验的一年，建筑工业化水平提高很快，基地建设初具规模；1957 年的工作方针和要求是深入开展增产节约运动，贯彻勤俭办企业的方针，大力提高技术水平和管理水平，在"好"和"省"的基础上，比较均衡地完成和超额完成全年的建筑安装任务。副部长周荣鑫、潘纪文分别就"关于勘察设计工作问题"、"贯彻执行勤俭办企业方针的几个问题"作了发言，周荣鑫副部长作了总结报告。会议部署了 1957 年的工作，研究了开展增产节约运动的要求，规定了若干具体的技术措施方案（如降低工业建筑标准的暂行措施）；确定了 1957 年新技术措施计划，研讨了有关专业化、先进企业的建立与管理、施工安全等问题。

1957 年 5 月 31 日至 6 月 7 日　国家计划委员会、国家建设委员会、国家经济委员会联合召开全国设计工作会议，动员全体设计人员用整风精神检查"一五"计划中基本建设工作和设计工作方面的经验教训，提出改进意见，以便在"二五"计划期间更好地贯彻勤俭建国的方针。

1958 年 3 月 17 日至 4 月 1 日　建筑工程部召开建筑材料工业部、城市建设部与建筑工程部三部合并后的设计施工会议，总结 5 年来的工作，确定今后奋斗目标和基本措施。4 月 1 日，建筑工程部部长刘秀峰在会上发表题为《鼓足干劲，力争上游，更多更快更好更省地完成国家建设任务》的报告。报告提出"初步规划草案"：在施工方面，"二五"期间要比"一五"期间的工期平均缩短四分之一，工程质量达到优和良，1958 年的工程成本要比 1957 年降低15%；在设计方面，1958 年工期要比 1957 年平均缩短 50%，工程造价要降低20%，到 1962 年降低 30%，设计质量也要大大提高。"草案"还提出进行技术革命的具体要求，并实行企业下放。

1958 年 4 月 11 日　中共中央、国务院发出《中共中央国务院关于工业企业下放的几项决定》。5 月 22 日，建筑工程部分别向相关各省省委、人委及工程管理总局发出《关于建筑施工力量下放问题的决定》（中建（58）办电字154 号 ~158 号）。5 月 26 日，建筑工程部党组向中央经济小组并中央报送《建筑工程部党组关于建筑企业下放问题的报告》，确定下放建筑工程部所属 31个建筑工程公司中的 27 个建筑企业及 17 个水泥厂。安装力量由建筑工程部统一调整后分轻重缓急陆续下放；施工机械基本上全部下放；勘察设计机构目前不宜下放；建筑材料工业，已经下放了 3 个水泥厂，计划再下放 17 个水泥厂。富拉尔基直属公司、包头公司、兰州工程局、茂名工程局 4 个单位，因正在施工高潮，暂由建筑工程部管理。鉴于建筑力量分布不平衡，对 10 个公司作了调整，加强了山东、安徽等 7 个省、自治区。6 月 6 日，中央批准了这个报告。6 月 7 日，建筑工程部发出《关于建筑施工力量下放问题的决定》（中建（58）办制字第 3 号）。6 月 15 日，接交工作办理完毕。6 月 14 日，建筑工程部发出《关于下放安装力量的决定》（中建（58）办秘字第 182 号）。

1958 年 4 月 15 – 23 日　建筑工程部召开地方建筑设计会议。会议主要研究地方设计单位如何转向工业设计的问题，制定了五年规划及贯彻"多快好省"方针的具体措施。会议讨论通过《地方建筑设计工作五年规划纲要（草案）》，要求组织全面跃进。一是地方设计力量要立即承担一般中小型地方工业建筑设计；二是三年内基本上承担地方工业建筑设计；三是四年内能重点掌握几种中小型工业的工艺设计，对某些较复杂的工业建筑的设计，也要逐渐承担下来。

1958 年 5 – 6 月　建筑工程部与中国建筑学会在上海召开住宅标准及建筑艺术座谈会，集中研究设计思想和艺术创作问题。建筑工程部部长刘秀峰在会上作《创造中国社会主义建筑新风格》的报告，其中提到：研究建筑理论特别是研究建筑历史，要从一个国家、一个民族的经济文化发展来看问题，应以"适用、经济、在可能条件下注意美观"的方针作为准则；既要学习社会主义国家的东西，也不拒绝批判地吸收资本主义国家某些有用的东西。要在学习古今中外建筑上一切好的东西基础上创造自己的新风格、新形式。

1958 年 7 月 5 日　国务院第七十八次全体会议通过《国务院关于改进基本建设财务管理制度的几项规定》，确定基本建设投资实行包干制度，以发挥各建设单位的主动性和积极性。建设部门和建设单位在确定投资总额范围以内，有权因地因事制宜修改设计定额，调整各建设项目之间可调剂使用资金。原定工程竣工后，资金如有结余可留给建设部门和建设单位用于新的建设工程。年终工程未完，投资有结余可以结转下年继续使用。1959 年 5 月 20 日，国务院补发《关于改进基本建设财务管理制度的几条补充规定》。

1958 年 9 月 2 日　建筑工程部发出《关于解决目前施工中材料不足的几项措施的指示》，提倡建筑安装企业组织多种经营，是应当积极提倡的方向。

1958 年 9 月 23 日　建筑工程部党组在给中央的《关于普遍推行快速施工》报告中提出"以快速施工为纲"，把快速施工由"尖端"、"卫星"阶段发展为

"大面积丰收"。10月15日至11月6日,建筑工程部召开快速施工经验交流会。会议于包头开幕,经过太原、北京,最后在天津结束。会议采取边看、边听、边议、边促、边改方式进行。12月7日,建筑工程部党组向中央、主席报送《建筑工程部关于快速施工经验交流会情况的报告》。《报告》认为:快速施工是企业管理和施工技术上的一个革命,不仅可以大大加快工程进度,对建筑企业本身也有很大的促进作用,鞭策后进环节赶上先进环节,使先进环节更加先进。

1958年12月23-26日 全国基本建设工程质量现场会议在浙江省杭州市召开。23日、26日,国务院副总理陈云分别在会议开幕和结束时讲话,指出当前基本建设的缺点和问题突出表现在工程质量事故严重。原因有以下五点:一、注意了多快省,注意"好"不够;二、出现了片面节约材料和不适当地使用代用材料的倾向;三、有些地方把必要的规章制度打掉了;四、业务机关放松了必要的管理工作,特别是技术管理工作;五、不少省、市、自治区的施工力量同其担负的基本建设任务是不能适应的,力量小、任务大,技术工人不够,某些必要的施工设备不足。陈云指出,我们的头脑必须清醒,不能把科学当做迷信去破。希望通过会议引起全国全党的注意,采取措施,改变在工程质量方面的这种情况。此外,陈云还谈到了关于厂房的建筑结构问题、关于设计问题、关于施工问题、关于建筑材料问题、关于安全作业问题、关于加强地方党委对基本建设部门的领导和在基本建设部门中继续开展群众运动的问题。1959年1月8日,中共中央批转陈云在全国基本建设工程质量杭州现场会议上的两个讲话纪要和建筑工程部党组关于工程质量事故和伤亡事故问题的报告(中发(59)21号)。中央在批语中指出:"两个文件很重要,解决了目前基本建设中急需解决的问题,望各地区党委,各部门党组讨论后转发到所属基层设计单位、施工单位、大中型厂矿和交通运输企业的党组织,依照执行。"中央责成各地党委和有关部门党组,立即组织力量对1958年的各项工作,首先是重大工程,进行一次全面检查,并根据检查结果,对质量不好有危险性的建筑物,有计划地予以补救。

1959年5月 建筑工程部颁发《建筑安装工程技术监督暂行办法》((59)

建赖施字第 136 号）。

1959 年 6 月　建筑工程部在上海召开住宅标准及建筑艺术座谈会。建筑工程部部长刘秀峰在会上作了《创造中国的社会主义的建筑新风格》报告。

1959 年 8 月 1 日　国家基本建设委员会、财政部颁发《关于勘察设计收费问题的规定》（（59）基设杨字第 182 号，（59）财经字第 238 号）。《规定》指出，凡是由国家预算或地方预算开支的勘察设计机构进行的勘察设计工作，一律不再收勘察设计费。勘察设计机构在建设地点工作时，必需雇用的临时工人、职工需用的设施，非中央统配的物资，短途用的运输车辆以及不便携带的非专业性工具，甲方应当负责筹措和解决。《规定》自 1959 年 9 月 1 日起开始执行。

1959 年 8 月 20 日　建筑工程部颁发《建筑安装施工程序的暂行规定》等五个文件（（59）建裕施字第 182 号）。其中，《关于建筑安装施工程序的暂行规定》是建筑安装企业从接到上级正式下达的任务起到交工止应遵循的基本工作顺序和工作方法。《规定》要求在做好施工准备的前提下，以计划管理为基础，用加强技术管理和不断提高技术水平的办法，保证多快好省地全面完成国家建设任务。另外几个文件是《关于施工管理的几项规定》、《关于加强技术管理的几项规定》、《关于加强建筑安装企业安全生产的几项规定》和《关于整顿提高建筑安装企业附属企业和多种经营的办法》。

1960 年 1 月 10—19 日　国家计划委员会、国家基本建设委员会、财政部在广东省广州市召开全国基本建设投资包干经验交流会议。会议肯定了基本建设中实行投资包干是一种好办法，要求建设部门、建筑部门、财政部门、基本建设委员会、计划委员会、建设单位、建筑企业、设计机构、建设银行等各方面要密切合作，把这项工作做好。同时，针对有些实行投资包干单位随意扩大建设规模的现象，会议强调：建设单位、建筑企业用节省下来的投资扩大建设规模时，必须服从计划管理；如果经过计划平衡不需要扩大建设规模，应将多余的资金上交主管部门，用于其他急需的建设事业。据不完全统计，1959 年全国实行投资包干的建设单位达到 5000 多个，占全国投资总额的 40% 左右。其中冶金、煤炭、水电、石油、化工等系统实行包干的投资额占本部门投资总额的 75%~85%。

1960 年 1 月 13 日 建筑工程部印发《关于颁发建筑工业、建材工业基本建设管理制度的通知》((60) 建赖基字第 23 号)。《通知》中有 7 个附件，分别是《建筑工程部基本建设计划管理暂行办法》、《建筑工程部限额以上新建厂矿厂址选择暂行办法》、《建筑工程部基本建设工程设计文件审批暂行办法》、《建筑工程部基本建设工程技术管理暂行办法》、《建筑工程部直属建设单位财务会计工作的若干规定》、《建筑工程部基本建设设备供应管理暂行办法》、《建筑工程部基本建设工程交工及验收暂行办法》。

1960 年 2 月 10－18 日 建筑工程部在北京召开全国建筑工程厅局长扩大会议，总结 1959 年工作，研究部署 1960 年工作，并分别举行施工管理、勘察设计、建筑材料、城市建设、科学研究和学校教育等专业会议。会议结束时建筑安装系统全体代表提出了《大搞技术革新和技术革命，积极向"三化"(机械化半机械化、配套成龙联动化、预制装配化)"二新"(新材料、新结构)进军的倡议书》。随着苏联援助的"156 项工程"的引进实施，到 1960 年初，建筑工程部已开始把建筑工业化含义由"工厂化、机械化和专业化"扩展为"三化"、"两新"。刘秀峰部长作了题为《全面开展以技术革新和技术革命为中心的增产节约运动，更多更快更好更省地完成今年任务》的总结报告。

1960 年 3 月 建筑工程部颁发《1960 年基本建设工作纲要》和《1960 年基本建设工程技术组织措施要点》((60) 建赖基字第 88 号)。《纲要》提出要抓好十个环节：第一，抓当年投产项目的建设。第二，抓新产品和尖端工业项目的建设。第三，抓"小洋群"企业的建设。第四，抓设备配套。第五，抓矿山建设。第六，抓建厂进度。第七，抓工程质量。第八，抓收尾工程。第九，抓生产准备工作。第十，一手抓当年建设，一手抓下年建设的准备工作。要点对各级基建部门职工提出了共同努力的目标：一、继续深入地贯彻洋土并举的方针；二、采取各种组织措施，力争提前投入生产；三、及早安排矿山建设；四、千方百计地节约建设资金与三大材料；五、推广新技术；六、保证工程质量；七、技术经验交流。

1960 年 8 月 12 日　建筑工程部颁发《基本建设单位推行投资包干制度的规定》（（60）建宋基字第 500 号）。《规定》要求部直属建设单位一律按规定实行包干；部属系统地方建设单位，凡省、市、自治区已有规定的，应按当地规定执行，尚无规定的，可按此办法办理。

1960 年 10 月 20-26 日　全国设计工作现场会议在上海召开。会议认为，我国的设计工作与三年来国民经济的大跃进相结合，已经由翻版、模仿阶段逐步进入到了一个独创设计的新阶段。会议强调两条腿走路，土洋结合，贯彻群众路线，注意三结合。1960 年 11 月 15 日，国家基本建设委员会党组向中央报送了《关于设计工作上海现场会议的报告》（（60）基设字 426 号）。

1961 年 3 月 15 日　建筑工程部印发《关于 1961 年科学技术工作的指示》（（61）建赖科字第 19 号）。

1961 年 11 月 1-17 日　建筑工程部召开厅局长扩大会议，贯彻工业七十条精神和"调整、巩固、充实、提高"的八字方针，总结三年来的经验教训。会议指出：过去设计方面片面节约，不适当地降低结构质量；施工方面片面求快，放松了质量管理；以及实行了所谓"三边"（边设计、边施工、边投产）等不正常做法。会议要求各单位按照能进则进、该退则退的精神，积极安排生产，建筑企业要抓紧搞好奖励工作，克服平均主义，实行综合超额奖或综合奖，适当恢复一些单项奖，适于计件的应实行计件，努力提高技术水平，加强企业管理工作。

1962 年 10 月　建筑工程部颁发《建筑安装企业工作条例》（简称"建安

一百条"），结合建筑业实际情况贯彻工业七十条精神。《条例》规定建立以总工程师为首的技术责任制，提出实行计件工资、综合奖以及各种单项和特殊奖励，加强基层管理，贯彻按劳付酬原则等。

1962 年 12 月 20 日　建筑工程部召开施工技术工作会议，在总结经验的基础上，初步拟定十一项技术管理的规定：关于建筑企业技术责任制的规定；关于编制和贯彻施工组织设计的规定；关于现场平面管理的规定；关于技术档案管理的规定；关于图纸会审、技术交底的规定；关于施工准备的规定；关于安全生产的规定；关于预制加工厂管理的规定；建筑安装工程质量评定办法；建筑安装企业技术监督条例；关于加强材料、构件检验、试验工作的规定。这些规定、办法、条例，经 1963 年 4 月间召开的厅、局长会议讨论，于 1963 年 6 月正式颁发实行。

1963 年 6 月 21 日　国家计划委员会发布《关于制止违法发包基本建设工程的几项规定》，规定一切基本建设工程，不准交给私营建筑承包商承包，建设银行发现有出包给私营建筑承包商的，一律不予拨款。

1963 年 10 月 31 日　国家计划委员会、财政部印发《关于基本建设投资和各项费用划分的规定》（（63）计基安字第 3556 号、（63）财建制王字第 3921 号）。

1963 年 12 月 16 日　国务院颁布《关于基本建设拨款的几项规定的通知》。《通知》指出，基本建设必须严格执行国家的统一计划，认真执行基本建设程序；必须按照批准的设计文件施工；在国家批准的投资总额范围内，正确地编制预算和财务计划，作为拨款监督的依据；储备设备、材料所需的资金，实行定额管理；认真执行经济合同，计划以外订购的设备，建行不得拨款；基本建设资金同其他资金必须划清界限，分别管理，专款专用，等等。

1964 年 1 月 22－28 日　经国务院 1 月 15 日国会字 379 号批复同意，全国建筑安装工作会议在北京召开。22日，建筑工程部刘裕民副部长作题为《鼓足革命干劲，发扬革命精神，更出色地完成一九六四年的任务》报告。会议着重讨论研究了学习解放军、学习石油部，加强政治思想工作，发扬革命精神，多快好省地完成国家建设任务问题。建筑工程部部长刘秀峰在会议上讲话，要求努力实现机关、企业、队伍的革命化，把学解放军、学石油部落实到生产、技术和队伍建设上。

1964年2月中旬 建筑工程部召开财务工作会议。根据国务院批转国家经济委员会和财政部关于设置总会计师的规定，建筑工程部决定实行总会计师制度，要求各公司和现场型工程局，上半年配备齐总会计师，并且建立各级行政领导的经济责任制，加强财务管理和经济核算的基础工作。

1964年3月20日至4月1日 建筑工程部在北京召开科学技术会议，主要研究如何把解放军和先进工业部门的工作经验学到手，并做好科学技术组织管理工作。会议认为，科学研究机构的根本任务是出成果，出人才。会议经过讨论制订计划管理办法和成果管理办法草案。

1964年3月23日 建筑工程部印发《关于布置国家科委下达的档案资料工作任务的通知》（（64）建办档字第35号）。《通知》要求技术档案必须实行统一管理，凡是没有建立档案室的单位，必须在今年内建立；今年内完成历年积存的技术文件的清理工作；健全技术档案室工作。

1964年5月15日 建筑工程部颁发试行《建筑结构问题的规定》（（64）建设技字第33号）。《规定》针对过去片面求快求省、结构选型不当、地基处理不善、安全系数偏小等问题，作出了提高结构技术的具体规定；同时废止1960年3月11日《关于一九六〇年房屋结构设计若干技术问题的规定》（（60）建裕设字第27号）和1960年11月4日《关于保证砖拱与砖薄壳结构工程质量的意见》（（60）建裕设字第129号）。

1964 年 9 月 21 日至 10 月 19 日 中央召开全国计划会议。会议确定，今后的基本建设只包括新建、扩建和续建项目的投资；简化设计任务书的内容和审批手续，实行设计工作的革命化；取消基本建设现场的甲、乙方，实行一个单位的统一领导；简化调整基本建设计划的审批手续，改进基本建设计划的考核办法。

1964 年 12 月 根据中共中央北戴河工作会议精神，基本建设取消甲、乙方制度。设计单位不再编制施工图预算。

1965 年 5 月 5-17 日 建筑工程部召开建筑工程厅局长扩大会议，根据全国工业交通工作会议和全国工业交通政治工作会议的精神，全面部署建筑工程部所属企业的工作。提出要把政治思想工作放在首位；社会主义教育运动、技术革命、设计革命、企业管理革命要落实到生产建设上；保重点，保质量，保投产，全面完成国家建设任务，为"三五"计划的建设工作做好准备。

1965 年 5 月 21 日 国家基本建设委员会印发《关于试行编制基本建设工程竣工图的几项规定的通知》（（65）基设字 34 号）。主要内容：一、各项工程都应编制竣工图；二、编制竣工图，应根据不同情况区别对待；三、竣工图应在施工过程中及时编制；四、竣工图应由建设单位组织施工单位和设计单位进行编制；五、交验竣工图作为验收条件之一；六、竣工图一般应编制两套；七、已经竣工但尚未编制的应补做竣工图。

1965 年 8 月 28 日 国务院颁发《关于改进设计工作的若干规定（草案）》（（65）国经字 317 号）。9 月 20 日，建筑工程部转发（（65）建设办字 44 号）。

1965 年 11 月 15 日 国家基本建设委员会印发《关于解决当前现场设计工作中几个问题的意见》（（65）基设字 183 号）。主要内容：一、区别不同工程，不同专业的具体情况，合理安排现场设计；二、加强现场设计的技术领导，及时审查设计文件；三、做好技术资料的供应工作，组织好业务学习；四、注意劳逸结合；五、建立休整制度；六、解决劳动保护用品；七、解决粮食补助和野外工作津贴问题；八、解决交通工具和文化用品；九、安排好现场设计人员的家属生活；十、设计院和现场基建指挥部的领导分工问题。

1966 年 1 月 19 日　国家基本建设委员会印发《关于在六省一市的建设工程试行省（市）建设公司负责制的若干规定》（草案），提出在吉林、河北、河南、湖南、福建、江西、北京六省一市组织省（市）建设公司（或建工厅、局），试行承担各该省（市）的地方和中央部门的建设任务，改变承发包关系的做法，逐步实行省（市）建设公司负责制。

1966 年 1 月 27 日　建筑工程部发出《关于试行〈关于基本建设若干规定〉的通知》（（66）建许计字 24 号）。

1966 年 2 月 15 日　国家基本建设委员会颁发《关于重点建设项目的管理办法》，规定从 1966 年起，国家建委直接抓一批重点建设项目。各部门、各地区对这些项目必须按计划一气建成，不得变动；建设进度不准拖后。重点项目所需的投资、材料、设备和施工力量必须给予切实保证，不留缺口。所需主要设备，由机电设备成套总局一次安排生产订货，按建设年度分年分期交货。

1966 年 3 月 1 日　国家基本建设委员会征求对《建筑设计防火的若干规定》（（66）基设字 49 号）的意见。《规定》对 1960 年《关于建筑设计防火的原则规定》做了修改。

1966 年 3 月 24 日　建筑工程部发出《关于颁发重点工程管理办法（草案）的通知》（（66）建许施字 15 号）。

1966 年 3 月 28 日　建筑工程部颁发《建筑安装工程质量评定试行办法》，并附发单位工程质量鉴定表、分项工程质量检验评定记录表、工业与民用建筑工程主要分项工程表，自 5 月份起试行。同时，颁发《建筑安装工程质量检验评定标准》（试行），对地基、土方等 17 项分项工程的质量要求、检验方法、质量评定都作出了具体规定。1963 年 4 月颁发的《建筑安装工程施工质量评定试行办法》废止。

1966 年 4 月 5 日　建筑工程部颁发《单位工程成本核算试行办法》（（66）建计财字 88 号）。

1966 年 10 月 5 日　国家计划委员会、国家基本建设委员会、财政部发出《关于建工部直属施工队伍经常费用开支暂行办法的复文》（（66）基施字 276 号），自 1967 年开始试行。10 月 22 日，建筑工程部转发（（66）建任财字 206 号）。12 月 10 日，建筑工程部颁发《关于建工部直属施工队伍经常费用开支暂行办法补充规定》（（66）建任财字 223 号）。

1970 年 2 月 28 日　中共中央召开基本建设座谈会。会议形成了《关于当前基本建设工作中的几个问题的报告》。主要内容：一、用毛泽东思想统率基本建设，走自己工业发展的道路；二、继续开展设计革命；三、把施工队伍整编成为一支非常无产阶级化、战斗化的基本建设工程兵队伍；四、集中力量打歼灭战；五、贯彻"五、七"指示，密切工农关系；六、大搞增产节约，挖掘物资潜力；七、加强组织领导。

1970 年 5 月 13 日　建筑工程部军事管制委员会印发关于《加强生产建设中的安全工作》的通知（（70）军建管生字第 61 号）。

1970 年 5 月 29 日　中共中央发出《关于开展增产节约运动的指示》（中发〔1970〕34 号），提出基本建设工程要集中力量打歼灭战，建成一批，投产一批，尽快形成生产力。要开展"设计革命"，提倡"干打垒"精神。

1970 年 8 月 18 日　国家基本建设委员会印发《关于设计工作中厉行节约的几点意见》。《意见》要求加强概算工作，设计单位要认真编好概算。主要内容：一、"挖掘工艺设计的潜力。第二汽车厂发动群众大搞设计革命，组织'三结合'设计审查小组，修改了不少不合理的工艺设计，节约了大量的材料、设备和投资"；二、"推广新结构、新材料。如在钢筋混凝土结构上推广低合金钢代替普通钢，可节约钢材 30% 以上。用钢筋混凝土油罐代替金属油罐，可节约钢材 50% 以上"；三、"推广'干打垒'。一般工业厂房的围护墙和民用建筑，要本着因地制宜、经济实用原则设计，要有土用土、有石用石等"；四、"加强概算工作。设计单位要认真编好概算"；五、"利用库存，因材设计"。

1971 年 3 月 29 日至 5 月 31 日　经国务院批准，国家基本建设委员会在北京召开全国设计革命会议。会议重点批判了基本建设方面的"大、洋、全"，提出进一步贯彻毛泽东主席关于开展群众性设计革命运动的指示，搞好设计战线的"斗、批、改"，为多快好省地完成"四五"计划的基本建设任务创造条件。会议形成了《全国设计革命会议纪要》（（71）建革字 100 号）。《纪要》认为，我国的设计体制和设计上的规章制度、技术标准、设计规范，基本上是第一个五年计划期间从苏联搬过来的。现行的标准、规范和定额，有许多保守、落后和烦琐的东西，常常成为设计上贪大求洋、因循守旧的合法根据。国家建委要组织有关部和省、直辖市、自治区分工负责修订，今明两年内陆续拿出成品。

1971 年 9 月 9 日　国家基本建设委员会发出《关于试行设计工作的两个文件的通知》（（71）建革字 73 号）。《通知》提出清理和修订设计标准、技术规范，继续采用和推广标准设计，管好技术档案等要求。《通知》还要求，在 1972 年底以前将现行的设计标准、技术规范清理、修订完毕。全国通用的设计标准和技术规范，由国家基本建设委员会组织有关部或者省、市、自治区的力量进行清理和修订。全国性的专业设计标准和技术规范，由国务院有关专业部组织清理和修订。附发《关于加强设计管理工作的几点意见》和《关于解决现场设计人员粮食补助、劳保用品等问题的意见》。

1972 年 5 月 15—23 日　国家基本建设委员会在湖北省襄樊市召开基本建设工程质量和安全施工现场会议。会后形成的《基本建设工程质量和安全施工现场会议纪要》按国务院指示印送各地贯彻执行（（72）建革施字253号）。

1972年11月5日　国务院批转国家计划委员会、国家基本建设委员会《关于继续压缩基本建设中使用民工的报告》。截至9月底，各地使用的民工已由年初的1100多万人压缩至370万人，但窝工现象仍很严重。国务院要求各地区、各部门对民工使用情况进行一次严格检查，将多余民工迅速减下来，未经批准擅自动用的民工原则上一律退回农村。

1973年1月7日至3月30日　国务院在北京召开全国计划会议。会议讨论了1973年国民经济计划，并根据周恩来总理对"三个突破"问题（职工人数突破了5000万人，工资支出突破了300亿元，粮食销量突破了800亿斤）的意见研究了解决办法。会议提出：一、大力加强农业；二、要紧缩基本建设战线；三、节省国防和行政费支出；四、精减职工（精减1972年超计划招收的职工，动员1970年以来从农村来的临时工、基本建设占用的常年民工和违反国家规定流入城镇的人返回农村，争取以上几方面减少500万人）；五、1973年不再招收新职工。

1973年1月30日　国家计划委员会、国家基本建设委员会、财政部颁发《关于改变经常费办法，实行取费制度的通知》。《通知》指出：为了加强基本建设管理，促进建设单位和施工单位的经济核算，决定自1973年1月1日起，凡实行经常费的建筑安装企业，改为取费制度，国家不再直接拨给经常费。取费办法，按照建筑安装企业所在省、市、自治区现行的办法执行；也可暂按建筑安装工作量的26%收取工资和管理费；有条件的也可采取建筑安装工作量包干。远离大中城市的山区建设工程，可增加一定的系数，由各省、市、自治区建委（基建局）规定。建筑工程部按照此通知于1月1日起在施工企业中实行的经常费制度停止执行，重新恢复了建设单位和施工单位之间按施工图预算结算的制度。

1973年6月6日　国家计划委员会、国家基本建设委员会、财政部颁发《关于当前基本建设计划安排中几个问题的通知》。主要内容：一、1973 年国家计划所列的投资额是基本建设工作量，也是基本建设总规模的计划指标。二、安排给建设单位的投资，必须与计划要求完成的建设内容相适应，不得留缺口。三、为下一年度建设准备的储备资金，都包括在国家下达的基建拨款计划指标之内。四、建设单位动用库存物资，必须用于今年计划内项目。

1973 年 8 月 21 日　国家基本建设委员会颁发《关于基本建设项目竣工验收暂行规定》，对竣工验收的范围、依据、标准、组织及工作程序等作了明确规定。同时还印发《关于做好缓建项目的几点意见》，对今年计划内的项目，规定有九种情况应暂缓建设。对于缓建项目的材料和设备、施工力量和生产准备人员，投资和工程维护费，已建工程和已征土地等事项的处理，以及如何向职工进行思想和路线教育，《意见》都作了明文规定。

1974 年 6 月 25 日　国家基本建设委员会发布《关于迎接设计革命十周年的通知》（（74）建发设字 304 号），要求各地、各部认真总结设计革命经验，推选先进的集体和个人，写出典型经验的书面总结，组织经验交流，加强宣传报道，推动设计革命深入开展。

1975 年 5 月 15 日　国家基本建设委员会颁发《基本建设大包干试行办法》，对包干内容范围和形式、包干依据、包干单位需要的物资供应、经济核算，以及基本建设计划和拨款等做了明确规定。

1975 年 12 月 29 日　国务院港口建设领导小组办公室发布《三年改变港口面貌的任务基本实现》（《港口建设情况》第 33 期）。三年来，沿海省、市、自治区贯彻周恩来总理关于三年改变港口面貌的指示，大规模地进行港口建设，新建深水泊位 44 个；改建老码头 13 个；长江口和珠江航道进行了逐步整治；供水供油设施很大改善；船舶修理能力初步提高。

1976 年 2 月 6 日　国家计划委员会、国家基本建设委员会发出《关于集中力量保投产、保重点项目建设的通知》。要求动员各方面力量，开展大协作、大会战，确保"五五"期间146项重点项目按期建成投产。

1977年10月27日　国家基本建设委员会颁发《关于保证基本建设工程质量的若干规定》和《关于加强建筑安装企业安全施工的规定》。《关于保证基本建设工程质量的若干规定》提出十二条要求，如严格遵守基建程序，坚持三结合现场设计，加强施工管理，建立健全质量检查机构，提高建材质量，开展技术培训，定期开展质量大检查，坚持质量回访以及严格执行事故报告处理制度等。《关于加强建筑安装企业安全施工的规定》共有八款三十八条，对安全管理制度，施工现场管理，土石方工程，高空作业，机电设备和吊装作业，防火、防爆、防尘、防毒、防自然灾害等均作了规定。

1977年12月20—29日　国家基本建设委员会在北京召开全国施工工作会议，提出要抓好企业整顿，保重点、保竣工、保投产，加强对县以上集体所有制施工队伍的领导，并决定在南宁、常州两市进行建筑工业化试点。

1978年3月14日　国家基本建设委员会、财政部发布《施工企业经济核算暂行办法》、《建筑安装工程费用项目划分暂行规定》，对每项费用的组成作了具体说明。

1978年7月　国家基本建设委员会在河南省新乡市召开全国建筑工业化规划工作会议。会议讨论建筑工业发展规划纲要以及勘察、设计、科研、建筑教育等事业发展规划。9月4日，国家基本建设委员会印发了《1978至1985年建筑工业发展规划纲要》（（78）建发施字第401号）。

1978年9月15日　国家基本建设委员会颁发《设计文件的编制和审批办法》。《办法》对设计的依据和程序、设计文件的内容和深度，以及设计单位的责任等方面的规定比较明确具体。在设计文件的审批权限方面，过去部属大中型建设项目和地方管理的重大建设项目的初步设计和总概算由主管部审查批

准，现改为大型建设项目按隶属关系，由主管部或省、市、自治区审查，报国
家建委批准；特大、特殊项目，由国家建委报请国务院批准；中型项目，由主
管部或省、市、自治区审查批准，抄送国家建委备案，国家指定的中型项目的
初步设计和总概算要报国家建委审批。

1978年9月29日　国家计划委员会、国家基本建设委员会、财政部颁发
试行《加强基本建设概、预、决算管理工作的几项规定》（（78）建发设字第
386号、（78）财基字第534号）。其主要内容：初步设计编制总概算，采用三
阶段的技术设计编制修正总概算。设计概算由设计单位负责编制。各主管部门
在审批设计的同时，要认真审批概算。进行施工图设计时，对主要单项工程和
单位工程，还应编制施工图修正概算。单位工程开工前必须编制出施工图预算；
施工图预算由施工单位负责编制，由施工单位会同建设单位、设计单位和建设
银行共同审定。建设项目或单项工程竣工后会同建设单位负责及时编制决算，
报其主管部门和财政部门，并分送建设银行和主体设计单位。设计和概算批准
后，不得任意修改。各地、各部应积极创造条件，推广基本建设大包干。包干
投资额，应以批准的初步设计总概算为依据。

1979年1月6-15日　国家基本建设委员会在北京召开勘察设计工作会议。
会议交流一年来开展学大庆和设计革命的经验，讨论设计工作重点转移到现代
化建设方面的问题。会议提出设计单位要实行企业化，推行合同制。会议要求
当前要着重抓好：一、对引进项目中先进技术的学习、消化和改进、提高工作；
二、吸取技革和科研成果；三、勘察设计要搞些科研工作；四、进行技术培训；
五、做好技术情报工作；六、勘察设计单位的装备要现代化；七、狠抓设计标
准化工作。

1979年4月20日　国家基本建设委员会颁发《关于基本建设推行合同制
的意见》、《建筑安装工程合同试行条例》和《勘察设计合同试行条例》（（79）
建发综字第249号）。《意见》指出，建设单位是全面负责工程建设任务的组织
者，应根据国家计划的要求和经济条件，分别与勘察、设计、施工安装、物资

供应、运输等单位签订合同，以协调整个建设过程的经济活动，保证实现规定的经济效果。

1979 年 6 月 8 日　国家计划委员会、国家基本建设委员会、财政部根据中发〔1979〕33 号文件精神，制定《关于勘察设计单位实行企业化取费试点的通知》((79)建发设字 315 号、(79)财基字 200 号)。这是新中国成立以来首次实行设计收费的制度。全国 18 家勘察设计单位成为全国首批企业化管理改革试点单位，自此，由核拨事业费改为停拨事业费，收取设计费，采取自收自支、自负盈亏、自我约束、自我发展的企业化管理的经营模式。

1979 年 8 月 22 日至 9 月 4 日　国家建筑工程总局在辽宁省旅大市召开城市建设工作会议。会议主要讨论建工系统勘察设计工作如何贯彻"调整、改革、整顿、提高"八字方针，特别是如何提高设计思想，提高设计质量，提高技术水平，以及改进管理等方面的问题。

1979 年 9 月 23 日　国家基本建设委员会印发《关于保证基本建设工程质量的若干规定》((79)建发施字第 316 号)。《规定》要求勘察设计工作必须坚持设计程序，严格执行审批制度；未经必要的勘察，不准设计；没有经过主管部门批准的初步设计，不能出施工图；没有施工图，不准施工；改建和扩建项目，必须首先搞清原有工程的设计详图、技术条件、基础资料、施工质量、运营和使用情况，并经主管部门批准，才能进行设计和施工等。

1979 年 11 月 15 日　国家建筑工程总局颁发试行《加强建筑设计技术经济工作的暂行办法》((79)建工设技字第 16 号)。《办法》提出：一、明确设计院技术经济工作的主要任务。二、加强对技术经济工作的组织建设和领导。三、加强设计概算管理。四、建立和健全制度。五、培训、提高设计技术经济人员水平。六、充分发挥电子计算机的作用。

1979 年 12 月 31 日　国家建筑工程总局印发《关于一九八〇年技术管理

和施工技术工作的意见》（（79）建工施字第 463 号）。

1979 年　勘察设计统计报表制度开始实行。统计内容包括建筑勘察设计机构人员、生产经营及科技活动情况。目前统计范围为持有国家建设行政主管部门统一印制的《工程勘察证书》、《工程设计证书》的企业。

1980 年 2 月 10 日　国家建筑工程总局印发《关于加强援外工程施工现场质量管理的若干规定》（（80）建工外字第 21 号）。

1980 年 3 月 16 日　国家基本建设委员会印发《全国勘察设计单位进行登记和颁发证书的暂行办法》（（80）建发设字 100 号）。这是新中国成立以来首次对勘察设计单位实行登记发证的准入制度。

1980 年 5 月 5 日　国家基本建设委员会印发《关于勘察设计单位逐步实行企业化的规划要求》（（80）建发设字 203 号）。主要内容：根据中发〔1980〕1 号、中发〔1980〕6 号关于事业及科研设计单位改为企业经营的要求，1983 年全国有条件的勘察设计单位均改为企业化。未试点单位可采用事业费包干，收入留成的办法。对已发现的问题提出如下解决办法：在经费上可以"以丰补欠"，改进收费制度，在完成上级下达任务后，可以参加一定范围的竞争，并要注意设计体制的改革，勘察单位逐步实行地方化，设计单位要不断扩大设计业务范围。

1980 年 5 月 16 日　国家基本建设委员会、国家计划委员会、财政部印发《关于进一步做好勘察设计单位企业化试点工作的通知》（（80）建发设字 217 号），确定增加 16 个试点单位。属于列入国家、部门、地区科研计划的科研任务，在国家、部门和地区的科研费中开支。属于国家下达的标准规范等任务，除发给一部分补助费外，其他标准规范、业务建设，以及未列入国家有关科研计划又需要进行的科研等费用，由勘察设计单位自行负担。

1980 年 6 月 7 日 国家建筑工程总局颁发《直属勘察设计单位试行企业化取费暂行实施办法》（（80）建工设字 328 号），从 1980 年 1 月 1 日起试行企业化取费，勘察设计单位与建设单位实行经济合同制。《办法》规定了取费率与拨款办法及奖励标准等。这是我国设计单位改革靠国家财政拨款作为经费主要来源，打破"大锅饭"的第一个法定文件。

1980 年 6 月 10 日 国家建筑工程总局印发《1980-1981 年建筑技术发展推广意见》，提出：一、加强建筑技术的综合研究，提高设计水平；二、从实际出发，因地制宜，发展工业化建筑体系；三、发展新型建筑材料和建筑制品；四、发展中小型建筑机械和手扶工具；五、抓好混凝土预制厂的技术改造；六、大力发展预应力混凝土技术；七、改革地基基础工程，发展勘察新技术；八、积极提高安装技术水平；九、大力节约能源和节约三材；十、发展电算技术；十一、加强建筑经济工作，讲求技术经济效果。

1980 年 6 月 30 日 国家基本建设委员会转发《国家建筑工程总局关于调整城镇集体所有制建筑企业若干经济政策的意见》，规定从利润中提取企业基金，先提后税，所提基金主要用于职工集体福利方面。意见对劳动保护用品的发放和扩大企业经营管理自主权等都作了规定。

1980 年 7 月 26 日 国务院发布《关于中外合营企业建设用地的暂行规定》（国发〔1980〕201 号）。中外合营企业用地，不论新征用土地，还是利用原有企业的场地，都应计收场地使用费；中外合营企业的建设用地，只有使用权，没有所有权。

1980 年 11 月 18 日 国务院批转国家计划委员会、国家基本建设委员会、财政部、中国人民建设银行《关于实行基本建设拨款改贷款的报告》（国发〔1980〕286 号）。《报告》提出从 1981 年起，凡是实行独立核算、有还款能力的企业，进行基本建设所需要的投资，除尽量利用企业自有资金外，一律改为银行贷款。确实无法实行贷款的企业，应经有关单位申请、签证、审查同意后，才能给予财政拨款。

1981 年 1 月 30 日 国家基本建设委员会印发《对全国勘察设计单位进行登记和颁发证书的补充办法》((81)建发设字 34 号)。登记和发证的范围主要是在 1979 年 12 月 31 日以前成立的勘察设计单位中进行。全国勘察设计单位的登记、发证工作，在 1981 年年底以前完成，从 1982 年 1 月 1 日起，每年国家基本建设投资总规模内的勘察设计任务，必须由取得证书的单位承担。

1981 年 5 月 11 日 国家建筑工程总局印发《建筑安装工程施工实行总、分包制的暂行规定》((81)建工施字 228 号)和《关于施工管理的若干规定（草案)》((81)建工施字 229 号)。同日，国家建筑工程总局还印发了《关于加强职工教育工作的意见》((80)建工教字第 268 号)。

1981 年 7 月 17 日 国家建筑工程总局发出《关于加强建筑标准设计管理工作的通知》，确定以设计局为归口管理全国建筑标准设计的职能机构，同时决定由中国建筑科学研究院建筑标准设计研究所具体负责以下工作：拟订标准设计和有关科研项目的规划、计划以及规章制度，提出年度项目经费分配计划；组织新编全国建筑标准设计技术条件的协调和图集的技术审查、审定；组织全国标准设计的技术交流和各地同类项目的协调，选择和推荐全国通用的标准设计项目；负责全国通用建筑标准设计图集的管理、推广使用和出版发行工作。

1981 年 11 月 17 日 国家建筑工程总局印发《国家建工总局系统经援成套项目试行投资包干制的实施办法》((81)建工外字第 682 号)。

1981 年 12 月 15 日 国家基本建设委员会、财政部、国家劳动总局、中国人民建设银行颁发《关于施工企业推行经济责任制的若干规定》((81)建发施字第 540 号)。《规定》指出，全国施工企业必须按照《国务院批转关于实行工业生产经济责任制若干问题的暂行规定的通知》(国发〔1981〕166 号)精神，结合施工企业自身的特点，进一步完善经济责任制。施工企业承担工程建设任务要实行承发包制。国营施工企业对国家实行上交利润包干。施工企业的内部分配，应积极试行层层"定、包、奖"的办法、组织混合工作队按幢号实行预算包干的办法、全优综合超额计件制的办法、计件性的全优工程超额奖的办法等。继续扩大国营施工企业经营自主权。

1982 年 7 月 28 日至 8 月 3 日　城乡建设环境保护部在北京召开全国建筑工程质量安全工作会议。会议分析、研究了在县社建设中"治乱"的紧急措施，讨论通过《关于加强县社建筑勘察设计管理的暂行规定》《关于加强县社建筑施工技术管理的暂行规定》和《关于加强集体所有制建筑企业安全生产管理的暂行规定》等三个文件，并于 8 月 20 日正式印发（（82）城建字第 248 号）。

1982 年 8 月 30 日　城乡建设环境保护部和劳动人事部印发《国营建筑企业实行合同工制度的试行办法》（（82）城劳字第 259 号，劳人计（1982）9 号）。

1983 年 2 月 18 日　城乡建设环境保护部印发《关于重新划定建筑工程重大质量事故的通知》（（83）城建技字第 13 号），对 50 年代制定的建筑工程重大质量事故分类进行了重新划定，并从 1983 年开始实施。《通知》明确规定，凡属以下情况之一的质量事故即为重大质量事故：一、建筑物、构筑物或其主要结构倒塌；二、超过规范规定的基础不均匀下沉、建筑物倾斜、结构开裂和主体结构强度严重不足等影响结构安全和建筑寿命，造成不可补救的永久性缺陷；三、影响设备以及相应系统的使用功能，造成永久性缺陷；四、一次返工损失在 1000 元以上的质量事故（包括返工损失的全部工程价款）。

1983 年 3 月 4 日　国务院办公厅转发城乡建设环境保护部《关于迅速采取措施制止房屋倒塌事故报告》（国办发〔1983〕15 号），要求所有工程建设单位和设计、施工单位，都要坚持"百年大计，质量第一"的方针，采取有效措施，制止房屋倒塌事故。城乡建设部门要认真担负起工程质量监督检查的责任，加强管理，严格执法，迅速扭转质量低、事故多的严重状况，确保城乡建设事业的顺利进行。

1983 年 3 月 13 – 23 日　国家计划委员会在北京召开全国勘察设计工作会议。会议讨论了改革设计管理、采用先进技术、加强经济分析工作、开创新局面的问题，交流了经验，并建议及早筹建中国勘察设计协会。国务院副总理姚依林到会并在讲话中指出，从事勘察设计工作的同志，要站在国家的立场上来办事，不断提高业务水平、技术水平，注意研究经济问题。

1983 年 5 月 6 日　城乡建设环境保护部印发《建筑业技术改造规划要点（草案）》，共四章二十五条。规划提出的技术改造任务是，从我国的自然条件和地区特点出发，围绕建筑产品改造，提高经济效益，积极采用新技术、新设备、新材料、新工艺、新建筑体系，用社会化大生产方式改造行业的生产结构、技术结构和组织结构，逐步把勘察设计、施工生产和维修制造，转移到先进的技术基础上来，加速我国建筑工业化的步伐。技术改造的目标是：一、改善建筑功能，提高工程质量；二、节约用地，降低建筑能耗；三、提高工效，缩短工期；四、节约原材料。

1983 年 5 月 7 日　城乡建设环境保护部、国家标准局印发《建筑工程质量监督条例（试行）》（（83）城建字第 265 号）。

1983 年 5 月 9 日　城乡建设环境保护部印发《安装企业技术改造意见》（（83）城建技字第 40 号），从技术改造的重点、技术措施、经营管理及职工培训四方面提出改造意见。

1983 年 5 月 10 日　城乡建设环境保护部印发《国营建筑企业与集体建筑企业联合经营和住宅工程平方米造价包干试行办法》（（83）城建字第 308 号）。

1983 年 5 月 27 日　城乡建设环境保护部印发《国营建筑企业安全生产工作条例》（（83）城劳字第 333 号），自公布之日起施行。

1983 年 6 月 7 日　城乡建设环境保护部印发《建筑安装工程招标投标试

行办法》（（83）城建字第 401 号）。

1983 年 7 月 12 日　国家计划委员会、财政部、劳动人事部印发《关于勘察设计单位试行技术经济责任制的通知》（计设〔1983〕1022 号），附发《关于勘察设计单位试行技术经济责任制的若干规定》。《规定》提出将国家按人头多少拨给事业费的办法，改为按承担任务的数量、质量和国家规定的收费标准向建设单位收取勘察设计费。

1983 年 8 月 6 日　国务院常务会议研究建筑业发展有关问题。会议指出，在本世纪内，中国的建材工业和建筑业，应当有个大发展。会议指定由李锡铭、吕克白负责，组织一个班子，认真研究，提出方案，列入长远计划。9 月 10 日，由李锡铭、吕克白、萧桐、杜恩训、王燕谋组成领导小组，杨慎为办公室主任，负责纲要起草和各项政策的拟定工作。1985 年 3 月 26 日，《发展建筑业纲要》得到国务院常务会肯定，并于同年 4 月在全国建设厅局长会议上印发执行。

1983 年 8 月 8 日　国务院印发《关于颁发〈建设工程勘察设计合同条例〉和〈建筑安装工程承包合同条例〉的通知》（国发〔1983〕122 号）。《建设工程勘察设计合同条例》对勘察设计合同应具备的主要条款、定金、合同双方的责任、应承担的违约责任等作了规定。8 月 31 日，城乡建设环境保护部转发了国务院《建设工程勘察设计合同条例》、《建筑安装工程承包合同条例》和《中华人民共和国经济合同仲裁条例》。

1983 年 9 月 20 日　国务院颁布《建筑税征收暂行办法》（国发〔1983〕147 号），自 1983 年 10 月 1 日起在全国统一征收建筑税。建筑税以自筹资金和更新改造资金为征税依据，按 10% 的税率计征。能源、交通、学校教学设施和医院医护设施等的投资，免征建筑税。11 月 30 日，城乡建设环境保护部转发财政部《建筑税征收暂行办法实施细则》（（83）城计财字第 158 号）。

1983 年 10 月 4 日　国家计划委员会印发《关于〈基本建设设计工作管理

暂行办法〉、〈基本建设勘察工作管理暂行办法〉的通知》(计设〔1983〕1477号)。文件指出：基本建设设计工作是工程建设的关键环节，在建设项目确定以前，为项目决策提供科学依据；在建设项目确定以后，为工程建设提供设计文件。做好设计工作，对工程项目建设过程中节约投资和建成后取得好的经济效益，起着决定性的作用。基本建设勘察工作在工程建设各重要环节中居先行地位。勘察成果资料是进行规划、设计、施工必不可少的基本依据，对工程建设的经济效益有着直接影响。文件还要求：设计单位不得借"技术咨询"、"技术服务"和"利用业余时间"等名义，通过承担工程建设的可行性研究和设计任务收取费用分给职工个人；凡我国能勘察和设计的国内建设工程，一般不得委托外商勘察和设计。

1983 年 11 月 11 日 城乡建设环境保护部印发《城乡建筑工程设计单位注册登记审查管理办法》((83)城设字第 853 号)。

1983 年 11 月 15 日 城乡建设环境保护部印发《市政工程勘察设计试行技术经济责任制细则》((88)城设字第 818 号)，对实行技术经济责任制的基本原则、条件、主要指标、盈余分成比例及使用原则，以及如何加强科学管理，健全考核制度等做出明确规定。

1983 年 11 月 20 日 城乡建设环境保护部印发《关于城镇集体所有制建筑企业若干政策问题的实施办法》((83)城建字第 817 号)，对企业的开办和关闭、生产经营和管理、资金和纳税、收益分配和工资福利、人才培养和技术改造、领导制度、农建队进城施工等问题做出具体规定。

1984 年 2 月 15 日 城乡建设环境保护部印发《建筑行业科技发展和技术改造中长期规划大纲》((84)城建字第 17 号)。总的方针是：围绕建筑产品改造，提高经济效益，采取新技术、新设备、新材料、新工艺、新建筑体系，用社会化大生产方式改造行业的生产结构、技术结构和组织结构，逐步把勘察设计、施工生产和维修制造转移到先进的技术基础上来。总的目标是：一、促进建筑产品的更新换代;二、向社会化大生产方式转化,逐步实行专业化生产,向商品化供应过渡;三、提高社会、环境、经济效益。

1984年3月3日　城乡建设环境保护部印发《建筑工程保修办法（试行）》（（84）城建字第79号），自1984年7月1日起试行。

1984年3月22日　城乡建设环境保护部印发《建筑企业营业管理条例》（（84）城建字第84号），自公布之日起施行。《条例》对建筑企业的登记、变更、歇业，企业等级，营业范围，监督管理，企业的奖惩等做出明确规定。《关于加强县社建筑施工技术管理的暂行规定》（（82）城建字第248号）同时废止。

1984年4月6日　国家计划委员会印发《关于颁发试行〈工程设计收费标准〉的通知》（计设〔1984〕596号）。该收费标准是在1979年国家计委、国家建委、财政部《关于勘察设计单位实行企业化取费试点的通知》中关于收费规定的基础上制定的，在收费方法上对不同工程项目规定了不同的收费方式，在全部31个行业中大部分工程项目采用了以实物工程量或生产能力为单位的定额收费办法。有7个行业的全部项目和12个行业的部分项目，仍采用概算投资额百分比收费办法。

1984年4月12日　城乡建设环境保护部印发《建筑安装企业百元产值工资含量包干实施办法》（（84）城劳字第198号）。百元产值工资含量包干是企业的工资分配办法，根据企业完成建筑安装工作量和主要经济指标的情况，按规定的包干工资系数计提工资总额。工资含量必须随全优工程、工程质量、降低成本、竣工面积等主要经济技术指标完成好坏浮动。工资总额列入成本。

1984年4月18日　城乡建设环境保护部印发《关于健全总工程师制度的暂行办法》（（84）城干技字第50号），明确总工程师（总建筑师）是技术管理领导职务，在设立总工程师的建筑设计单位还可以同时设置总建筑师。

1984 年 6 月 6 日　城乡建设环境保护部印发《关于进一步抓好建筑勘察设计改革试点工作的通知》((84) 城设字第 332 号)。《通知》要求建筑勘察设计单位由事业单位的管理办法改革为按项目或劳务收取设计费，实行企业化经营。在设计单位内部试行建筑师和结构师项目负责制。随文附发武汉市建筑设计院的改革经验。

1984 年 6 月 25 日至 7 月 5 日　国家计划委员会、城乡建设环境保护部、建设银行、机械工业部和国家物资局在北京联合召开全国建筑业和基本建设管理体制改革座谈会。7 月 3 日，国务院常务会议听取座谈会情况汇报。会议指出，建筑业和基本建设体制改革办法是可以行得通的，困难也是很多的，只能前进不能后退，在前进中不断总结，不断完善。

1984 年 8 月 23 日　城乡建设环境保护部印发《城乡全民所有制建筑勘察设计单位改革要点》((84) 城设字第 482 号)，提出建筑 (含市政) 勘察设计单位要逐步向企业化和社会化方向发展，以全民所有制勘察设计单位为主体，允许集体和个体单位并存，形成开放型、竞争型体制。

1984 年 9 月 29 日　国家计划委员会、城乡建设环境保护部、劳动人事部、中国人民银行印发《基本建设项目投资包干责任制办法》(计基〔1984〕2008 号)。《办法》对包干形式、包干内容、权益和奖罚、包干条款的检查等，作了规定。基本建设项目投资包干责任制，是指建设单位对国家计划确定的建设项目按建设规模、投资总额、建设工期、工程质量和材料消耗包干，实行责、权、利相结合的经营管理责任制，是基本建设管理的一项重大改革。

1984 年 10 月 15 日　经国务院批准，劳动人事部、城乡建设环境保护部颁发《国营建筑企业招用农民合同制工人和使用农村建筑队暂行办法》(劳人计〔1984〕49 号)。制定《暂行办法》的目的是为了改革建筑业用工制度，逐步降低固定工比例，加大临时工、季节工和民工比重，积极推动劳工合同制，提高国营建筑企业的劳动生产率和经济效益，开辟农村劳动力参加城乡建设的途径。1987 年 3 月 20 日，城乡建设环境保护部发布《关于征求对〈国营建筑企业招用农民合同制工人补充规定〉意见的通知》（（87）城劳字第 172 号）。该规定是在 1984 年颁发的《国营建筑企业招用农民合同制工人和使用农村建筑队暂行办法》的基础上草拟的。

1984 年 11 月 5 日　国家计划委员会、城乡建设环境保护部印发《工程承包公司暂行办法》（计设〔1984〕2301 号）。内容包括总则、工程承包公司的组建、工程承包公司的任务、工程承包公司的责、权、利以及附则共五章。

1984 年 11 月 10 日　国务院批转国家计委《关于工程设计改革的几点意见》（国发〔1984〕157 号）。批转通知指出，"工程设计是工程建设的首要环节，是整个工程的灵魂"。国家计委于 9 月 15 日报送的《关于工程设计改革的几点意见》（计设〔1984〕1868 号）指出：目前我国已经拥有工程勘察设计队伍 36 万人，门类基本齐全。但由于过去受"左"的思想影响，加上管理体制上的一些弊端，设计工作还存在不少问题。意见提出：设计单位要逐步脱离部门领导，政企职责分开，实行社会化。各地区、各部门要逐步成立勘察设计协会，组织技术交流和行业协作。具体内容包括：一、国营、集体和个体设计并存，开展竞争；二、促进设计技术进步，积极推行同国外合作；三、实行企业化，增加设计单位的活力；四、逐步实行专业化和社会化；五、发扬技术民主，繁荣设计创作；六、组建工程咨询公司和工程承包公司；七、加强对设计改革的领导。

1984 年 11 月 20 日　国家计划委员会、城乡建设环境保护部印发《建设工程招标投标暂行规定》（计施〔1984〕2410 号）。建设工程招标形式包括：一、全过程招标；二、勘察设计招标；三、材料、设备供应招标；四、工程施工招标。招标采取的方式有：一、公开招标；二、邀请招标。该文件是以城乡建设环境保护部 1983 年印发的《建筑安装工程招标投标试行办法》为基础，吸收各地区、各部门试点经验后拟定的。

1985 年 2 月 5 日　城乡建设环境保护部印发《建筑工程质量监督站工作暂行规定》（（85）城建字第 63 号），自发布之日起执行。1987 年 5 月 3 日，国家计划委员会和城乡建设环境保护部颁布《建筑工程质量监督站工作补充规定》，以完善前一规定。

1985 年 4 月 15 日　城乡建设环境保护部印发《城乡建设环境保护部科学技术进步奖励办法（试行）》（（85）城科字第 212 号）。

1985 年 8 月 30 日　城乡建设环境保护部印发《结合民用建筑修建防空地下室实施办法》（（85）城防字第 464 号），自印发之日起实行。

1985 年 10 月 21 日　城乡建设环境保护部印发《建筑工程质量检测工作规定》（（85）城建字第 580 号），自印发之日起执行。

1985 年 12 月 11 日　城乡建设环境保护部印发《推进城乡勘察设计改革实施要点》（（85）城设字第 680 号）。《要点》指出，勘察设计单位要继续完善技术经济承包责任制，向企业化、社会化方向发展；业余勘察设计只能有组织、适量适度地进行，不允许任何单位和个人以"业余劳动"为名进行无证勘察设计；严格勘察设计单位的资格审查和发证管理，坚决取缔无证勘察设计。

1986 年 2 月 6 日　国务院批转国家计划委员会、劳动人事部、城乡建设环境保护部、财政部、中国人民建设银行《国营建筑施工企业百元产值工资含量包干试行办法》（国发〔1986〕20 号）。

1986 年 4 月 21 日　城乡建设环境保护部印发《关于确保工程质量的几项措施的通知》（（86）城建字第 182 号），针对 1986 年工程质量管理目标，提出具体措施：一、端正经营思想，切实做到"五不准"；二、严格资质审查，取缔无证营业；三、制止越级营业，惩处非法经营；四、跨省市营业，须经资格复查；五、健全企业质量保证体系，实行质量责任制；六、强化质量指标在分配中的否决作用；七、推行样板间工程和竣工标志；八、加强政府监督，改善检测手段；九、定期发布工程质量公报，奖优罚劣；十、认真查处重大质量事故。

1986 年 4 月 30 日　城乡建设环境保护部印发《建筑安装工程总分包实施办法》（（86）城建字第 180 号），自发布之日起实行。

1986 年 6 月 14 日　国家计划委员会、城乡建设环境保护部发布《工程设计招标暂行办法》，规定今后新建、扩建和技术改造的大中型项目，除了有特殊要求的外，都要积极地实行招标、投标，开展设计竞争，择优选择设计单位。

1986 年 10 月 16 日　城乡建设环境保护部、国家计划委员会、财政部印发《关于城市规划设计单位按工程勘察设计单位办法试行技术经济责任制的通知》（（86）城规字第 485 号）。

1986 年 10 月 24 日　城乡建设环境保护部发布《城乡建设环境保护部城乡建设科技发展基金管理办法》（（86）城科综字第 62 号）。

1987 年 1 月 10－17 日　国家计划委员会在北京召开全国勘察设计工作会议。会议主要任务是贯彻最近国务院的几次常务会议和全国计划会议精神，总结交流经验，研究设计改革，布置当前工作。会议最后两天进行了基本建设工作座谈会。国务院副总理李鹏到会讲话，他特别强调引进国外先进技术要从我国国情和每个企业、每个项目的实际情况出发，更多地考虑适用性和整体配套能力。国务委员兼国家计委主任宋平强调，设计单位要加强业务建设，切实抓好建设标准、规范、定额等基础工作。要经过几年的努力，使各类标准、规范、定额基本配套起来，构成比较合理，水平有较大的提高。出席会议的国家计委领导强调，各部门、各地区要重视基础工作，特别是标准、规范、定额工作。各设计单位要把承担标准规范、定额编制工作视为自己义不容辞的责任，抓紧抓好。

1987 年 1 月 22 日　城乡建设环境保护部印发《建筑工程质量责任暂行规定》（（87）城建字第 52 号），自发布之日起执行。

1987 年 5 月 14 日　城乡建设环境保护部发布《城乡建设"七五"科技发展重点项目计划》（（87）城科字第 268 号）和《城乡建设环境保护部科学技术项目管理暂行办法》。

1987 年 10 月 10 日　国家计划委员会、财政部、中国人民建设银行颁发《关于改革国营施工企业经营机制的若干规定》（计施〔1987〕1806 号），对有关问题作如下规定：一、国营施工企业对国家实行上交所得税或上缴利润承包经营责任制。二、施工企业内部可以根据承包工程的不同情况，按照所有权与经营权适当分离的原则，实行多层次、多形式的内部承包经营责任制。三、积极发展多种形式的联合承包。四、鼓励承包单位加快建设进度，努力做到早投产、早受益。五、现行施工机械折旧年限偏长，不利于企业的设备更新。从 1988 年 1 月 1 日开始，国营施工企业的固定资产全面实行分类折旧，适当缩短施工机械的折旧年限。六、实行计划利润制。从 1988 年 1 月 1 日开始，施工企业利润率暂按工程直接费与间接费之和的 7% 计算。实行计划利润后，不再计取法定利润和技术装备费。七、采取多种形式，精干现有国营施工队伍。八、支持大中型国营施工企业逐步建立稳定的后方基地。九、严格控制国营施工队伍发展，今后，一般不再组建新的国营施工企业。1988 年，国家计划委员会、财政部、中国人民建设银行以计施〔1988〕474 号文件对施工企业计划利润和税利承包作了补充规定。

1988 年 2 月 23 日　城乡建设环境保护部部长叶如棠在全国建筑企业承包经营责任制电话会议上做了题为《调整经营体制，深化企业改革》的讲话。叶如棠强调，要积极贯彻"包死基数、确保上交、超收多留、欠收自补"的原则，进一步扩大竞争机制的作用，进一步完善企业内部配套改革。

1988 年 7 月 25 日　建设部印发《关于开展建设监理工作的通知》（（88）

建建字第 142 号）。《通知》就启动建立建设监理制度，开展建设监理工作做出初步安排，标志着我国建设监理制度开始建立。

1988 年 7 月 28 日　国务院总理李鹏圈阅同意建设部副部长干志坚呈交的《建设有中国特色的建设监理制度》的报告。

1988 年 8 月 13 日　建设部在北京召开第一次全国建设监理试点工作会议，部署试点工作。

1988 年 10 月 10 日　建设部在上海召开第二次全国建设监理试点工作会议，会议研究拟定了《关于开展建设监理试点工作的若干意见》（（88）建建字第 366 号），明确了建设监理试点工作的指导思想、目的、组织领导、试点监理单位、试点监理工程、监理工作内容，试点范围确定为北京、天津、上海、沈阳、哈尔滨、南京、宁波、深圳 8 市和能源、交通两部。

1988 年 11 月 5 日　建设部印发《防空地下室竣工验收暂行办法》（（88）建防字第 359 号）。

1989 年 3 月 8 日　国家计划委员会、建设部印发《促进工程设计技术进步若干问题的规定》（（89）建设字第 91 号）。主要内容：一、要严格控制重复引进，努力提高国产化水平；二、设计软件实行有偿转让，加快商品化步伐；三、要大力运用电算技术，提高装备水平；四、坚持正确设计思想，继续开展创优秀设计活动；五、要强化培训，提高设计人员的素质；六、创造条件，开展国际交流与合作。

1989 年 5 月 30 日　建设部印发《施工企业资质等级标准》（（89）建施字第 224 号），要求自 1989 年下半年开始，建筑、冶金建设、有色金属工业建设、机械电子工业设备安装、化学工业建设、石油工业建设、石油化工建设、核工业建设、火电及送变电建设、煤炭工业建设、建材工业建设、林业建设、水利水电建设、海洋石油建设、铁路建设、交通建设、邮电建设、地矿建设、市政工程建设、建筑装饰等20个类别的施工企业都要按照新发布的《施工企业资质等级标准》进行资质复查，重新确定资质等级，换发资质证书。1995年、2001年4月20日二度修订《施工企业资质等级标准》（建建〔2001〕82号），形成《建筑业企业资质等级标准》。

1989年6月28日　建设部印发《施工企业资质管理规定》（建设部令第2号），将施工企业分为一、二、三、四4个等级和非等级企业。1995年10月6日、2001年4月18日、2007年6月26日三度修订（建设部令第48、87、159号），形成《建筑业企业资质管理规定》。现建筑业企业资质共分为施工总承包、专业分包和劳务分包三个序列，多个序列划分为若干资质类别，各资质类别又划分为若干资质等级。新规定自2007年9月1日起施行。

1989年7月28日　建设部印发《建设监理试行规定》（（89）建建字第367号），提出建设监理包括政府监理和社会监理。政府监理是指政府建设主管部门对建设单位的建设行为实施的强制性监理和对社会监理单位实行的监督管理。社会监理是指社会监理单位受建设单位的委托，对工程建设实施监理，社会监理单位的称谓是工程建设监理公司或工程建设监理事务所。对于符合监理条件的工程设计、科学研究、工程建设咨询等单位，可以兼承建设监理业务。同时确定了建设监理在建设前期阶段、设计阶段、施工招标阶段、施工阶段和保修阶段的主要工作内容。

1989年8月27日　建设部印发《关于加强施工企业对外承包工程资质管理的通知》（（89）建施字第379号）。对外承包工程资质管理分四个层次：一、具有对外承包权"窗口"企业的资质管理；二、选派施工队伍的资质管理；三、工程承包合同中工程项目与施工企业相"对号"的资质管理；四、派出国外施工队伍的管理。自1990年3月1日起，只有取得《施工企业对外承包工程资质证书》的企业才能申请对外承包权，或与有对外承包权的企业进行合作。

1989 年 9 月 25 日 建设部印发《工程设计计算机软件管理暂行办法》和《工程设计计算机软件开发导则》（（89）建设字第 413 号）。

1989 年 9 月 30 日 建设部令第 3 号发布《工程建设重大事故和调查程序规定》，自 1989 年 12 月 1 日起实施。规定将重大事故分为四个等级，并对重大事故的报告和现场保护、重大事故的调查以及罚则做出了规定。2007 年 9 月 21 日，根据建设部令第 161 号关于废止《工程建设重大事故报告和调查程序规定》等部令的决定，该规定废止。

1989 年 10 月 19 日 建设部、国家计划委员会印发《新建工程抗震设防暂行规定》（（89）建抗字第 586 号），自发布之日起实施。

1989 年 10 月 23－26 日 建设部在上海召开第三次全国建设监理试点工作会议。会议通过把建设监理试点工作从"八市"、"二部"的范围扩大到全国各地区、各部门，从而使建设监理试点工作进入一个新的更加广泛的阶段。本次会议后，"全国建设监理试点工作会议"改称为"全国建设监理工作会议"，不再标有"试点"二字。

1989 年 11 月 27 日 建设部印发《施工企业实行工法制度的试行管理办法》（（89）建施字第 546 号），自发布之日起施行。工法制度内容包括工法特点、适用范围、施工程序、操作要点、机具设备、质量标准、劳动组织及安全、技术经济指标和应用实例等。工法分为一级（国家级），二级（地区、部门级），三级（企业级）三个等级。

1989 年 12 月 31 日 建设部令第 6 号发布《国家优质工程奖评选与管理办法》，自 1990 年 1 月 1 日起施行。办法对优质工程奖的设置、评选范围、评选条件、申报办法、评审组织和程序、评审纪律及奖励办法做了规定。根据 2001 年 7 月 1 日建设部令第 92 号关于废止《国家优秀工程奖评选与管理办法》等部令的决定，该办法废止。

1990 年 4 月 9 日 建设部印发《建设工程质量监督管理规定》((90)建建字第 151 号)。

1990 年 6 月 2 日 建设部发布《关于勘察设计单位推行全面质量管理工作有关问题的通知》((90)建设字第 268 号)。《通知》附发了《关于勘察设计单位巩固深化全面质量管理的意见》。

1990 年 10 月 23 日 建设部印发《建筑企业统计基础工作规范(试行)》((90)建综字第 571 号)。内容包括:统计机构与统计人员、岗位责任制、原始记录、统计台账、统计报表、统计分析、统计资料管理与统计信息传输、计算技术和统计培训等。执行对象为:从事建筑工程、安装工程、市政施工、房屋修缮、装饰装修和建筑制品等企业。1995 年建设部印发《建设事业统计工作规范(试行)》(建计〔1995〕4 号)。执行对象为:市政管理、公用、园林绿化及风景名胜区、环境卫生、房地产、建筑工程、安装工程、市政工程施工、房屋修缮、装饰装修、建筑制品制造、村镇建设和勘察设计等企事业单位。原《建筑企业统计基础工作规范(试行)》废止。

1990 年 12 月 12—14 日 建设部在天津召开第四次全国建设监理工作会议暨京津塘高速公路建设监理现场会,总结、推广京津塘高速公路建设监理经验,推动建设工程监理工作在全国范围的进一步发展。

1990 年 12 月 13—15 日 全国勘察设计工作暨表彰会议在北京召开。国务委员宋健、国务院副秘书长李昌安、李世忠和康世恩、张劲夫、韩光、袁宝华等老同志出席会议。这次会议的主要任务是,贯彻中共中央、国务院召开的经济工作座谈会和全国计划会议的精神,认真总结十年改革成果,表彰先进,研究和部署今后治理整顿、深化改革工作,进一步提高勘察设计工作的质量、水平和效益,为实现社会主义现代化建设的第二步战略目标作出新的贡献。

1991 年 2 月 2 日 建设部印发《关于建筑工程设计施工图质量审查问题

的通知》（建设〔1991〕64号）。《通知》强调，必须严格执行国家规定的建筑工程设计审批制度，初步设计由建设主管部门或项目主管部门组织审查批准，施工图设计由单位自行负责。各设计单位要切实加强质量管理。1986年原城乡建设环境保护部《关于开展建筑工程设计施工图质量监督试点工作的通知》（（86）城设字393号）即行废止。

1991年3月13日　建设部印发《关于改进和调整部分勘察设计不合理收费办法和标准的通知》（建设〔1991〕150号），提出现行收费标准中，凡以概算百分比收费的，仍继续执行现行的收费标准，暂不调整；现行收费标准中，凡按实物工程量、生产能力或工日为单位的定额收费的行业和项目，可根据原国家建委（79）建发设字第315号关于房地产开发项目的成本和利润测算模板规定的控制费率水平进行适当调整。各行业的定额调整系数由各行业主管部门根据本行业实际情况制定，但一律不得超过上述费率控制水平。

1991年3月28日　建设部和人事部共同确认了首批100名监理工程师的执业资格，标志着我国建设领域首次建立了执业资格制度。

1991年4月3日　建设部印发《关于国营施工企业实行新一轮承包经营责任制的意见》（建施字〔1991〕218号）。《意见》要求，在新一轮承包中对企业上缴利税的承包方式和承包基数要从实际出发，区别不同情况予以确定；建立健全承包考核指标；搞好工程项目承包，完善企业内部经济责任制；搞好工效挂钩，理顺分配关系；稳定承包经营者队伍；理顺企业领导体制，处理好党政工关系；维护承包合同的严肃性和承包企业的合法权益。

1991年6月21日　建设部印发《工程勘察设计单位实行收费资格证书的规定》（建设字〔1991〕408号），要求持有"工程勘察证书"或"工程设计证书"的单位，必须经过收费资格认证，符合收费条件的，才能取得工程勘察设计收费资格证书，并办理工商登记后，方可对外收取工程勘察设计费。否则，均属非法经营。

　　1991 年 7 月 1 日　建设部印发《关于改进和调整部分民用建筑和市政工程设计不合理收费办法和标准的通知》（建设〔1991〕452 号）。

　　1991 年 7 月 3 日　建设部印发《关于加强工程建设设计、施工招标投标管理工作的通知》（建建〔1991〕449 号）。

　　1991 年 7 月 13 日　建设部、国家工商行政管理局印发《工程勘察设计单位登记管理暂行办法》（建设〔1991〕483 号），对工程勘察设计单位申请企业法人登记应具备的条件、工程勘察设计单位可以从事的活动等方面做出了规定。

　　1991 年 7 月 22 日　建设部印发《工程勘察和工程设计单位资格管理办法》（建设字〔1991〕504 号），自 1992 年 1 月 1 日起施行。《办法》决定在全国范围内重新换发资格证书，将工程设计资格按照归口部门分为 28 类行业，工程勘察资格分为工程地质勘察、岩土工程、水文地质勘察、工程测量四个专业。资格等级各分为甲、乙、丙、丁四级。1997 年 12 月 23 日（建设部令第 60 号），2001 年 7 月 25 日（建设部令第 93 号），2007 年 6 月 26 日，建设部对其几度修订，形成现行的《建设工程勘察设计资质管理规定》（建设部令第 160 号）。

　　1991 年 7 月 29 日　建设部、国家计划委员会、人事部印发《建设企事业单位关键岗位持证上岗管理规定》（建教〔1991〕522 号），要求自 1991 年 12 月 1 日起，建筑业、房地产业、市政公用事业等企事业单位中涉及工程质量、产品质量、服务质量、经济效益、生产安全和人民生命财产安全的重要岗位人员必须持证上岗。

　　1991 年 11 月 21 日　建设部、国家工商行政管理局印发《建筑市场管理规定》（建法〔1991〕798 号），自 1991 年 12 月 1 日起施行。原城乡建设环境保护部、国家工商行政管理局于 1978 年 2 月 10 日印发的《关于加强建筑市场管理的暂行规定》同时废止。

1991 年 12 月 5 日　建设部令第 15 号发布《建设工程施工现场管理规定》，自 1992 年 1 月 1 日起施行。2007 年 9 月 21 日，根据建设部令第 161 号《关于废止〈工程建设重大事故报告和调查程序规定〉等部令的决定》，《建设工程施工现场管理规定》废止。

1991 年 12 月 16 日　国务院副总理邹家华在全国建设工作会议上讲话时指出："在实行招标投标制度的同时，要把工程建设监理制度建立起来。过去几年，建设部组织各有关部门和地方，开展了工程监理试点，取得了明显成效，今后要继续坚持下去，并使之逐步完善。"之后他还特别强调："我还想特别讲一下建设监理问题。监理制度的建立，对于保证工程质量有很大的作用，所以要组建一支工程建设监理队伍。监理队伍由业主聘请，向业主负责，对工程建设随时随地实施监理。"

1992 年 1 月 1 日　建设部、对外贸易经济合作部印发《成立中外合营工程设计机构审批管理的规定》（建设〔1992〕180 号），自颁布之日起执行。《规定》鼓励我国设计单位与外国设计机构合营，开展国际工程设计业务。

1992 年 1 月 18 日　建设部令第 16 号发布《工程建设监理单位资质管理试行办法》，自 1992 年 2 月 1 日起施行。本《办法》所称工程建设监理，是指监理单位受建设单位的委托对工程建设项目实施阶段进行监督和管理的活动；所称监理单位，是指取得监理资质证书，具有法人资格的监理公司、监理事务所和兼承监理业务的工程设计、科学研究及工程建设咨询单位。2001 年 8 月 29 日和 2007 年 6 月 26 日（建设部令第 102 号、第 158 号）两度修订，形成现行的《工程监理企业资质管理规定》。

1992 年 3 月 27 日　建设部以建设〔1992〕163 号文发出了《关于推广应用计算机辅助设计（CAD）技术，大力提高我国工程设计水平的通知》，对工程设计单位普及和发展 CAD 技术提出了要求。

　　1992年4月16日　建设部、对外经济贸易部发布《关于印发〈成立中外合营工程设计机构审批管理的规定〉的通知》，自印发之日起执行。2002年，建设部、对外贸易经济合作部发布《外商投资建设工程设计企业管理规定》，规定自2002年10月1日起，废止《成立中外合营工程设计机构审批管理规定》。

　　1992年4月3日　建设部印发《工程总承包企业资质管理暂行规定（试行）》（建施〔1992〕189号），自发布之日起施行。《规定》将工程总承包企业按照资质条件分为一级工程总承包企业、二级工程总承包企业、三级工程总承包企业；明确了各级总承包企业承揽工程的范围和处罚规定。

　　1992年6月1日　建设部印发《建筑劳务实行基地化管理暂行办法》（建施〔1992〕342号），自1992年6月15日起执行。

　　1992年6月4日　建设部令第18号发布《监理工程师资格考试和注册试行办法》，自1992年7月1日起施行。2006年1月26日，建设部令第147号发布《注册监理工程师管理规定》，自2006年4月1日起施行，原办法同时废止。

　　1992年9月18日　国家物价局和建设部发出《关于发布建设工程监理费有关规定的通知》（〔1992〕价费字479号）。

　　1992年11月9日　建设部印发《建筑装饰设计资格分级标准》（建设字〔1992〕第786号）。《分级标准》规定，建筑装饰设计资格分为甲、乙、丙三级，并对承担任务范围作了规定。

　　1992年11月17日　建设部印发《设计单位进行工程总承包资格管理的有关规定》（建设〔1992〕805号），对设计单位申请工程总承包资格证书的条件和程序等作了规定。

　　1992年12月30日　建设部令第23号发布《工程建设招标投标管理办

法》，自公布之日起施行。2001 年 6 月 1 日，建设部令第 89 号发布《房屋建筑和市政基础设施工程施工招标投标管理办法》，原《工程建设招标投标管理办法》废止。

1993 年 1 月 29 日　建设部印发《建设工程施工合同管理办法》（建建〔1993〕78 号），自发布之日起施行。

1993 年 2 月 23 日　建设部、国家体制改革委员会、国务院经济贸易办公室印发《全民所有制建筑安装企业转换经营机制实施办法》（建法〔1993〕133 号），自发布之日起施行。

1993 年 4 月 19 日　建设部印发《关于调整施工企业资质管理权限的通知》（（93）建施企字第 12 号），将现有一级施工企业在办理资质中的部分手续下放到企业所在地省级建设主管部门，并扩大了一级施工企业的兼营范围等。

1993 年 5 月 26 日　建设部在天津召开全国工程质量暨第五次建设监理工作会议。会议全面总结了监理试点的成功经验，并根据形势发展的需要和全国监理工作的现状，部署了结束试点、转向稳步发展阶段的各项工作。

1993 年 7 月 30 日　建设部印发《关于勘察设计单位巩固深化全面质量管理，贯彻 GB/T 19000—ISO 9000"系列标准"的通知》（建设〔1993〕566 号）。自 1990 年建设部（90）建设字第 268 号《关于勘察设计单位巩固深化全面质量管理的意见》发出后，我国勘察设计单位普遍推行全面质量管理，按照全面质量管理的理论、体系、手段和方法，建立健全了勘察设计单位的质量保证体系，使管理工作的现代化水平不断提高。在提高设计质量，增强全体职工的质量意识，提高单位的整体素质和效益等方面都取得显著的成效。截至 1991 年底，甲、乙级勘察设计单位的达标验收工作基本按计划全部完成。

1993 年 9 月 10 日　建设部印发《关于进一步开放和完善工程勘察设计市

场的通知》（建设〔1993〕678 号）。内容包括：一、打破封锁，建立全国统一的勘察设计市场；二、建立备案制度；三、发挥国有大、中型勘察设计单位的市场主体作用；四、统一进行民办（私营）设计事务所的试点；五、规范市场行为，纠正不正之风；六、加强内部各项管理制度；七、转变政府职能，为市场提供良好服务。

1993 年 11 月 4 日　建设部印发《私营设计事务所试点办法》（建设〔1993〕794 号），并在上海、广州、深圳三地实施设立私营建筑设计事务所试点。1995 年 5 月 15 日，建设部印发《私营设计事务所试点办法》（建设〔1995〕282 号）。

1994 年 3 月 17 日　建设部、国家体制改革委员会印发《关于在全国大中城市推行建筑业行业管理的意见》（建法〔1994〕193 号），决定在部分城市建筑业行业管理试点的基础上，在全国大中城市全面推行建筑业行业管理。

1994 年 3 月 22 日　建设部令第 32 号发布《在中国境内承包工程的外国企业资质管理暂行办法》，自 1994 年 7 月 1 日起施行。我国台湾、香港、澳门地区的企业在大陆境内承包工程的，参照本《办法》执行。2002 年 9 月 27 日，建设部、对外经济合作部令第 113 号发布《外商投资建筑业企业管理规定》，原办法自 2003 年 10 月 1 日起废止。

1994 年 6 月 16 日　建设部印发《在中国境内承包工程的外国企业资质管理暂行办法实施细则》（建建〔1994〕410 号），自 1994 年 7 月 1 日起施行。后因《在中国境内承包工程的外国企业资质管理暂行办法》被废止而随之废止。

1994 年 8 月 13 日　建设部印发《工程建设项目报建管理办法》（建建〔1994〕482 号），自发布之日起实施。本《办法》适用我国境内兴建的所有工程建设项目，以及外国独资、合资、合作的工程建设项目。

1994 年 9 月 29 日　国务院印发《关于工程勘察设计单位改建为企业问题的批复》（国函〔1994〕100 号）。《批复》内容：一、原则同意实行事业单位企业化管理的工程勘察设计单位逐步改建为企业；二、工程勘察设计单位改建为企业，是工程勘察设计体制改革的一项重要内容。应抓紧研究制定实施意见和办法，使这项工作有领导、有组织、有步骤地进行；三、工程勘察设计单位改建为企业，不是简单地更换个名称，要着重经营机制的转换，使之真正成为自主经营、自负盈亏的企业。1995 年 2 月 8 日，建设部以建设〔1995〕43 号通知转发了该批复。

1994 年 11 月 3 日　建设部印发《建筑劳务资格鉴定和证书制度试行办法》（建人〔1994〕665 号），自发布之日起施行。劳务资格包括高级技师、技师、技术等级工及劳务技工和劳务普工。

1994 年 11 月 18-21 日　全国勘察设计工作会议暨表彰大会在北京召开。国务院总理李鹏，副总理朱镕基、邹家华、李岚清，中央书记处书记吴邦国、姜春云等同志会见了与会代表。国务院总理李鹏、副总理邹家华做了重要讲话。李鹏指出，我们的改革目标非常明确：就是以邓小平同志建设有中国特色的社会主义理论为指导，从计划经济向社会主义市场经济过渡，逐步建立起社会主义市场经济制度。因此，勘察设计工作要逐步与社会主义市场经济相适应，这样才能求得自身的发展，才能为国家作出更多的贡献。邹家华指出，改革开放15 年来，我国经济持续快速发展，基本建设发展更是举世瞩目；勘察设计工作在我国的经济建设中占有十分重要的地位；从现在到本世纪末的 6 年中，是我国社会主义现代化建设至关重要的时期。第一，要建立新型的勘察设计体制，以适应市场经济体制的需要。第二，要努力提高技术水平。第三，勘察设计主管部门要加强对勘察设计工作的领导，加强市场管理，规范市场行为，建立良好的市场秩序。会议学习了《国务院关于工程勘察设计单位改为企业若干问题的意见的批复》，讨论了《建设工程设计法》、《工程勘察设计单位改建企业的实施意见》等待议文件。

1995 年 1 月 7 日　建设部印发《建筑施工企业项目经理资质管理办法》（建建〔1995〕1 号），自颁布之日起施行。《建筑施工企业项目经理资质管理试行办法》（建施〔1992〕464 号）同时废止。

1995 年 1 月 19 日　国务院副总理邹家华在听取全国建设工作会议情况汇报时指出："工程建设监理是建设部做的非常好的一件事，建设监理是非常好的一种制度，如果都采用监理制，既能保证投资效果，又能保证工程质量。全国都要推行监理制，要逐步推开。监理费应该在概算里考虑，由业主出。监理工作一定要做好，工作经验要总结，不足的地方要完善"。

1995 年 5 月 11 日　建设部印发《关于确定 30 个大型勘察设计单位作为现代企业制度试点单位的通知》（建设〔1995〕254 号），确定机械部第七设计研究院等 30 家大型勘察设计单位，作为建设部勘察设计行业建立现代企业制度的试点单位。

1995 年 8 月 7 日　建设部令第 46 号发布《建筑装饰装修管理规定》，自 1995 年 9 月 1 日起施行，2004 年 7 月 2 日废止（建设部令第 127 号）。

1995 年 9 月 18 日　建设部、对外贸易经济合作部印发《关于设立外商投资建筑业企业的若干规定》（建建〔1995〕533 号），自颁布之日起施行。《规定》所称外商投资建筑业企业是指中外合资、合作经营土木建筑工程，线路、管道及设备安装工程，建筑装饰装修工程的新建、扩建、改建活动的企业。暂不允许设立外商独资建筑业企业。2002 年，建设部、对外贸易经济合作部发布《外商投资建筑业企业管理规定》，规定自 2002 年 12 月 1 日起，废止《关于设立外商投资建筑业企业的若干规定》。

1995 年 9 月 23 日　国务院令第 184 号发布施行《中华人民共和国注册建筑师条例》。

1995 年 12 月 15 日　建设部、国家计划委员会印发《工程建设监理规定》（建监〔1995〕737 号），自 1996 年 1 月 1 日起实施。《规定》所称工程建设监理是指监理单位受项目法人的委托，依据国家批准的工程项目建设文件、有关工程建设的法律、法规和工程建设监理合同及其他工程建设合同，对工程建设实施监督、监理。建设部于 1989 年 7 月 28 日发布的《建设监理试行规定》（（89）建监字第 367 号）同时废止。

1995 年 12 月 19－21 日　建设部在北京召开第六次全国建设监理工作会议。会议全面总结了试点工作经验，明确提出从 1996 年开始，建设监理转入全面推行阶段。国务院副总理邹家华在给会议的贺信中指出：推行建设监理制，使我国工程建设项目管理体制逐步由传统的自筹、自建、自管的小生产管理模式，向社会化、专业化、现代化的管理模式转变，是工程建设领域里的一项重大改革；各级建设主管部门在积极推行建设监理制的同时，要高度重视和切实加强建设监理队伍建设，逐步实现建设监理制度化、规范化、科学化，使人员素质、监理手段和监理水平有一个大的提高。

1996 年 1 月 17 日　建设部印发《工程勘察设计单位建立现代企业制度试点指导意见》（建法〔1996〕39 号），对建立现代企业制度试点的目的、原则、主要内容、转变政府职能、认真抓好试点的配套改革等问题提出了相关意见，并选择了一批国有大型勘察设计单位进行现代化制度试点。

1996 年 3 月 6 日　建设部印发《工程造价咨询单位资质管理办法（试行）》（建标〔1996〕133 号）。

1996 年 3 月 22 日　建设部印发《建筑施工企业工法管理办法》（建建〔1996〕163 号）。2005 年 8 月 31 日，建设部印发《工程建设工法管理办法》（建质〔2005〕145 号），原《建筑施工企业工法管理办法》同时废止。

1996 年 4 月 9 日　国务院办公厅转发建设部等部门《关于开展建设工程

项目执法监督意见》（国办发〔1996〕12号）。执法检查的范围是，各地区、各部门1995年以来竣工和1996年在建及新开工（工程投资总额在50万元以上）的建设工程项目；1995年以前竣工、存在严重违法违纪或重大工程质量问题的建设工程项目。围绕建设工程项目的立项、报建、招标投标、工程质量和竣工验收五个方面，重点检查工程建设中存在的严重违法违纪和不正当竞争行为。

1996年5月30日　建设部印发《〈工程造价咨询单位资质管理办法（试行）〉实施细则》（建标〔1996〕316号）。《细则》对工程造价咨询单位的资质评审机构及职责、工程造价咨询单位资质评审程序、资质管理、中外合营、中外合作工程造价咨询单位的资质管理等内容进行了详细规定。

1996年7月5日　建设部印发《关于设立外商投资建筑业企业的若干规定实施意见》（建建〔1996〕405号）。后因《关于设立外商投资建筑业企业的若干规定》被废止而随之废止。

1996年7月25日　建设部、国家工商行政管理局印发《建设工程勘察设计合同管理办法》（建设〔1996〕444号），以明确签订建设工程勘察合同、建设工程设计合同双方的技术责任，保护合同当事人的合法权益。

1996年12月2日　建设部印发《关于强化工程质量监理工作的通知》（建监〔1996〕612号），要求严格按资质等级承接监理业务；普及监理培训，强化岗前教育；强化总监负责制和岗位责任制；监理细则中要突出质量监理对策；强化质量监测手段；严格实施"三控制"监理；禁止转包监理业务；严格奖惩制度。

1997年4月4日　建设部发出《关于严肃工程建设重大质量事故报告和调查处理制度的通知》（建监〔1997〕63号），要求自1997年1月1日起，在全国实行工程建设重大质量事故快报制度，工程建设重大质量事故定期报告制度，工程建设重大质量事故现场会报告制度，工程建设重大质量事故实行结案归档制度。

1997 年 8 月 29 日　建设部印发《关于工程勘察和设计单位实行工资总额同经济效益挂钩有关问题的通知》（建设〔1997〕220 号）。

1998 年 8 月 7 日　建设部印发《关于进一步加强工程招标投标管理的规定》（建建〔1998〕162 号）。内容包括：招标发包工程的范围、方式和招标公告的发布；进一步加快有形建筑市场的建设；落实项目法人责任，规范招标投标程序，推进工程造价管理的改革；改进和完善对工程招标投标的监督管理；工程招标投标的统计考核；禁止工程转包和违法分包；积极推进社会中介组织的发展；继续加强与纪检监察等部门的密切合作。

1999 年 1 月 6 日　建设部发布《工程建设标准设计管理规定》（建设〔1999〕4 号）。内容包括：总则、编制、质量管理、推广应用、管理机构、附则。

1999 年 1 月 8 日　根据中共中央、国务院领导同志的重要指示，建设部向各地建委（建设厅）和国务院有关部门建设司（局）发出紧急通知。通知的主要内容是：要求重庆市建委抓紧对 1 月 4 日綦江县跨江人行桥整体垮塌事故的调查处理；要求各地区、各部门建设行政主管部门立即组织全面的质量和安全检查。

1999 年 1 月 14 日　建设部印发《关于开展换发建筑工程设计资质证书工作的通知》（建设〔1999〕9 号），并随文印发《建筑工程设计资质分级标准》和《关于整顿勘察设计市场和换发建筑工程设计资质证书若干问题的规定》。

1999 年 1 月 21 日　建设部令第 65 号发布《建设工程勘察设计市场管理规定》，自 1999 年 2 月 1 日起施行。《规定》对勘察设计业务的委托、勘察设计业务的承接、合同、监督管理、罚则作了明确要求。2007 年 9 月 21 日，建设部令 161 号发布关于废止《工程建设重大事故报告和调查程序规定》等部令的决定，将其废止。

1999 年 1 月 22 日 建设部印发《工程勘察设计单位年检管理办法》（建设〔1999〕17 号），自 1999 年 2 月 1 日起执行。《办法》规定，凡经国务院有关部门和地方建设行政主管部门核发资质证书的工程勘察设计单位，均应按本办法接受年检。2000 年 12 月 26 日，建设部印发《工程勘察设计单位年检管理办法》（建设〔2000〕298 号），原《工程勘察设计单位年检管理办法》同时废止。

1999 年 2 月 1 日 国务院在北京召开全国基础设施建设工程质量工作会议。国务院总理朱镕基同与会代表进行座谈并在闭幕会上作了重要讲话。他强调指出，抓好工程质量管理，是当前经济工作中一项关系全局的重大任务，各地方、各部门必须高度重视，严格要求、严格制度、严格管理、严格责任，要以对国家、对人民、对历史极端负责的精神和一丝不苟的认真态度，扎扎实实地把工程建设质量工作提高到一个新水平。朱镕基强调，抓好工程质量，首先必须提高认识，加强领导。提高工程质量，必须改革、整顿和规范建设市场。特别要建立健全和严格执行项目法人责任制、招标投标制、工程监理制和合同管理制。抓好工程质量管理，必须强化法治，依法惩治腐败。提高工程质量，关键要狠抓落实。

1999 年 4 月 19 日 建设部印发《关于加强工程监理工作通知》（建建监〔1999〕16 号）。

1999 年 7 月 11 日 建设部印发《关于加强勘察设计质量工作的通知》（建设〔1999〕176 号），要求勘察设计单位确保其勘察、设计成果符合国家标准、规范、规程，特别是不得违反国家强制性标准、规范、规程，以保证符合建设工程的安全、经济、环保等方面的要求。

1999 年 8 月 13 日 建设部印发《关于开展建设项目设计咨询试点工作的

通知》（建设〔1999〕208号），对设计咨询的目的和意义、设计咨询的主要内容、设计咨询单位应当具备的条件、设计咨询单位和建设单位应当遵循的原则、设计咨询单位与被咨询的设计单位应当遵循的原则、设计咨询的收费、设计咨询与设计审查的关系等做出了具体规定。对重大或地质情况复杂的建设项目勘察纲要和勘察成果报告的咨询，参照本通知试行。

1999年8月26日 建设部以建设〔1999〕218号文发出了《关于印发〈关于推进大型工程设计单位创建国际型工程公司的指导意见〉的通知》。

1999年10月19日 建设部印发《关于工程设计与工程监理有关问题的通知》（建设〔1999〕254号），规定允许取得监理资质的设计单位对自己设计的工程进行施工监理，设计单位可以按照有关规定申请取得工程监理资格，勘察设计单位应对工程勘察设计阶段的质量负责。

1999年12月18日 国务院办公厅转发建设部等部门《关于工程勘察设计单位体制改革的若干意见》（国办发〔1999〕101号），明确勘察设计单位体制改革的思路是改企转制、政企分开、调整结构、扶优扶强。改革的目标是勘察设计单位由现行的事业性质改为科技型企业，使之成为适应市场经济要求的法人实体。

2000年1月11日 建设部印发《关于加强勘察设计市场准入管理的补充通知》（建设〔2000〕17号）。内容包括：严格对勘察设计市场准入的管理；境外注册人员和境外办事机构市场准入管理规定；注册建筑师、注册结构工程师执业及管理的补充规定；加强市场准入管理，认真落实年检制度；加强合同备案管理等。

2000年1月14日 建设部、国家工商行政管理局联合印发《建设工程委托监理合同（示范文本）》（GF 2000—0202），同时废止《工程建设监理合同（示范文本）》（建监字〔1995〕547号）。

2000年1月25日　建设部令第74号发布《工程造价咨询单位管理办法》，自2000年3月1日起施行。2006年3月22日，建设部令第149号发布《工程造价咨询企业管理办法》，该办法是根据《中华人民共和国行政许可法》、《国务院对需保留的行政审批项目设定行政许可的决定》制定的。《办法》共分六章：总则、资质等级与标准、资质许可、工程造价咨询管理、法律责任、附则，自2006年7月1日起施行。原《工程造价咨询单位管理办法》废止。

2000年1月30日　国务院令第279号发布《建设工程质量管理条例》，明确了工程建设各方责任主体的质量义务和责任，自发布之日起施行。该《条例》共八章八十二条。

2000年3月1日　建设部、国家工商行政管理局印发《建筑工程勘察设计合同管理办法》和《建筑工程勘察合同》、《建筑工程设计合同》文本，自发布之日起施行（建设〔2000〕50号）。《办法》规定，凡在我国境内的建设工程，对其进行勘察、设计的单位，应当按照此管理办法，接受建设行政主管部门和工商行政管理部门对建设工程项目勘察设计合同的管理与监督。在施行中，要加强对合同履行情况的监督和检查，做好合同纠纷的调解工作。

2000年3月29日　建设部印发《关于国外独资工程设计咨询企业或机构申报专项工程设计资质有关问题的通知》（建设〔2000〕67号），允许国外独资工程设计咨询企业或机构（包括我国香港、澳门特区和台湾地区）在我国境内从事部分专项工程设计咨询工作。允许的专项工程设计专业有建筑智能化系统集成专项设计、建筑装饰专项设计和环境专项工程设计。

2000年4月27日　国家发展计划委员会、财政部、国家国防动员委员会、建设部印发《关于规范防空地下室易地建设收费的规定的通知》（计价格〔2000〕474号），要求加强结合地面建筑修建战时可用于防空的地下室工作，促进防空地下室建设与经济建设协调发展。

2000 年 6 月 30 日　建设部令第 79 号发布《工程建设项目招标代理机构资格认定办法》，自发布之日起施行。2007 年 3 月 1 日，《工程建设项目招标代理机构资格认定办法》（建设部令第 154 号）发布后，原办法废止。

2000 年 6 月 30 日　建设部令第 80 号发布《房屋建筑工程质量保修办法》。

2000 年 7 月 5 日　建设部印发《关于设计单位执行有关建设工程合理使用年限问题的通知》（建设〔2000〕146 号）。《通知》规定，凡在建设工程有关建设标准、规范中有合理使用年限规定的，设计单位必须在相关的设计文件中注明。目前建设工程标准、规范中尚未制定合理使用年限规定的，或建设单位对建设工程的合理使用年限有特殊要求的，须由建设单位与设计单位签订合同时予以明确，并由设计单位在设计文件中注明。

2000 年 8 月 1 日　建设部令第 81 号印发《建设工程勘察质量管理办法》（建设〔2000〕167 号），自发布之日起施行。

2000 年 8 月 19 日　建设部发布《关于工程造价咨询机构与政府部门实行脱钩改制的通知》（建标〔2000〕208 号）。《通知》根据国务院办公厅《关于经济鉴证类中介机构与政府部门实行脱钩改制意见的通知》（国办发〔2000〕51 号）提出，这次脱钩的范围是所有挂靠政府部门及下属单位的工程造价咨询机构。要求 2000 年 10 月 31 日前要完成脱钩工作，逾期未完成脱钩改制工作的工程造价咨询机构，一律停止执业或注销其工程造价咨询资质证书。属于脱钩改制范围的工程造价咨询机构，必须在人员、财务、业务、名称方面彻底与挂靠单位脱钩。

2000 年 8 月 25 日　建设部发布《实施工程建设强制性标准监督规定》，自发布之日起施行。《规定》对建设项目规划审查机关、施工图设计文件审查单位、建筑安全监督管理机构、工程质量监督机构、工程建设标准批准部门等提出了相关要求，明确了相应的处罚规定。

2000 年 9 月 25 日　国务院令第 293 号发布《建设工程勘察设计管理条例》。

2000 年 10 月 18 日　建设部令第 82 号发布《建设工程设计招标投标管理办法》，自发布之日起施行。

2000 年 10 月 24 日　国务院办公厅转发建设部、国家发展计划委员会、国家经济贸易委员会、财政部、劳动和社会保障部、中央机构编制委员会、中央企业工作委员会、人事部、国家税务总局、国家工商行政管理局《中央所属工程勘察设计单位体制改革实施方案》（国办发〔2000〕71 号）。《方案》对体制改革的基本原则、配套政策、组织领导等作了具体规定，明确要求中央所属的 178 家工程勘察设计单位在半年内全部由事业单位改为科技型企业，并按批准的方案进行管理体制的调整，与主管部门脱离行政隶属关系。

2000 年 12 月 7 日　建设部、国家质量技术监督局发布《建设工程监理规范》（GB 50319—2000），自 2001 年 5 月 1 日起实施。

2000 年 12 月 13 日　建设部印发《建筑工程设计事务所管理办法》（建设〔2000〕285 号）。

2000 年 12 月 18–19 日　全国勘察设计工作会议在北京召开。会议的主要任务是贯彻党的十五届五中全会和中央经济工作会议精神，总结交流"九五"经验，研究部署"十五"目标和任务，推进勘察设计体制改革，表彰做出突出贡献的单位和个人。12 月 18 日，温家宝副总理与刚刚评选出的"梁思成建筑奖"获得者、勘察设计大师、优秀勘察设计院长座谈。他强调要认真贯彻党的十五大和十五届五中全会精神，尊重知识，尊重人才，努力提高勘察设计水平，切实加强工程质量管理。要按照建立社会主义市场经济体制的要求和国务院的总体部署，加快推进勘察设计业的改革，进一步推动勘察设计业的健康发展。

2001 年 1 月 17 日　建设部令第 86 号发布《建设工程监理范围和规模标准规定》，自发布之日起施行。《规定》要求必须实行的监理工程有：一、国家重点建设工程；二、大中型公用事业工程；三、成片开发建设的住宅小区工程；四、利用外国政府或者国际组织贷款、援助资金的工程；五、国家规定必须实行监理的其他工程。

2001 年 2 月 10 日　建设部颁发《工程勘察资质分级标准和工程设计资质分级标准》（建设〔2001〕22 号）。

2001 年 5 月 16 日　建设部、财政部、劳动和社会保障部、国土资源部印发《关于工程勘察设计单位体制改革中有关问题的通知》（建设〔2001〕102 号）。对改企中的有关问题（包括国有资本核定、国有资产产权登记、工商登记、清产核资以及勘察设计单位社会保险统筹等）、建立现代企业制度中的有关问题（包括国有资产管理、改制后的收入分配制度改革、勘察设计资质变更、改制的程序等）作出规定。

2001 年 5 月 25 日　建设部印发《关于进一步加强勘察设计质量管理的紧急通知》（建设〔2001〕105 号），针对近年来工程建设质量事故时有发生，给国家和人民生命财产造成重大损失的情况，要求采取 7 个方面的措施切实加以解决。

2001 年 6 月 1 日　建设部令第 89 号发布《房屋建筑和市政基础设施工程施工招标投标管理办法》，自发布之日起施行。

2001 年 7 月 25 日　建设部令第 93 号发布《建设工程勘察设计企业资质管理规定》，自发布之日起施行。1997 年 12 月 23 日，建设部令第 60 号《建设工程勘察和设计单位资质管理规定》同时废止。

2001 年 7 月 31 日　建设部印发《建筑市场稽查暂行办法》（建建〔2001

166 号），自印发之日起施行。

2001 年 11 月 5 日　建设部令第 107 号发布《建筑工程施工发包与承包计价管理办法》，自 2001 年 12 月 1 日起施行。

2001 年 11 月 14 日　建设部印发《工程监理企业资质管理规定实施意见》（建市〔2001〕229 号），对资质申请、资质审批、资质年检等作了具体规定。

2001 年 11 月 29 日　建设部令第 109 号发布《建设领域推广应用新技术管理规定》，自发布之日起施行。

2002 年 1 月 7 日　国家发展计划委员会、建设部发布《工程勘察设计收费管理规定》（计价格〔2002〕10 号），自 2002 年 3 月 1 日起实施。新的收费标准进行了重大的调整，与 1992 年颁布的有关收费标准相比，这次工程勘察设计收费由政府定价改为政府指导价，在基准价的基础上允许上下浮动 20%，采用新技术的收费幅度上限为 25%。调整后，大多数工程勘察收费采取实物定额计费，工程设计收费由原来按 30 个部门分别计费，改为按工程性质分七类收费。调整后的工程勘察收费比现行标准提高 120%，工程设计收费比现行标准提高 56%。

2002 年 3 月 8 日　国务院办公厅转发建设部、国家发展计划委员会、监察部《关于健全和规范有形建筑市场的若干意见》（国办发〔2002〕21 号）。

2002 年 3 月 20 日　建设部、劳动和社会保障部印发《关于建设行业生产操作人员实行职业资格证书制度有关问题的通知》（建人教〔2002〕73 号），要求在建设行业内各类企业、事业单位施工、生产、服务的技术工种操作人员实行资格证书制度。

2002 年 7 月 17 日　建设部印发《房屋建筑工程施工旁站监理管理办法

（试行）》（建市〔2002〕第189号），自2003年1月1日起施行。

2002年9月9日　建设部印发《建设领域安全生产行政责任规定》（建法〔2002〕223号）。

2002年9月27日　建设部、对外贸易经济合作部令第113号发布《外商投资建筑业企业管理规定》，自2002年12月1日起施行。建设部、对外贸易经济合作部颁布的《关于设立外商投资建筑业企业的若干规定》（建建〔1995〕533号）废止。2003年4月8日，建设部印发《外商投资建筑业企业管理规定中有关资质管理的实施办法》（建市〔2003〕73号）。

2002年9月27日　建设部、对外贸易经济合作部令第114号发布《外商投资建设工程设计企业管理规定》，自2002年12月1日起施行。

2002年12月4日　建设部令第115号发布《建设工程勘察质量管理办法》，自2003年2月1日起施行。2007年11月22日，建设部对其修订（建设部令163号）。

2002年12月6日　人事部、建设部联合颁布了《关于印发〈建造师执业资格制度暂行规定〉的通知》（人发〔2002〕111号）。《通知》决定对建设工程项目总承包及施工管理的专业技术人员实行建造师执业资格制度，纳入全国专业技术人员执业资格制度统一规划。建造师分为一级建造师和二级建造师。

2003年2月13日　建设部印发《关于培育发展工程总承包和项目管理企业的指导意见》（建市〔2003〕30号）。

2003年2月13日　建设部、对外贸易经济合作部令第116号发布《外商投资城市规划服务企业管理规定》，自2003年5月1日起施行。

2003 年 3 月 8 日　国家发展计划委员会、建设部、铁道部、交通部、信息产业部、水利部、民用航空总局令第 30 号发布《工程建设项目施工招标投标办法》，自 5 月 1 日起施行。工程建设项目，必须通过招标选择施工单位，任何单位和个人不得将依法必须进行招标的项目化整为零或者以其他任何方式规避招标。工程施工招标投标活动，依法由招标人负责。任何单位和个人不得以任何方式非法干涉工程施工招标投标活动。施工招标投标活动不受地区或者部门限制。

2003 年 4 月 23 日　建设部印发《关于建筑业企业项目经理资质管理制度向建造师执业资格制度过渡有关问题的通知》（建市〔2003〕86 号）。《通知》根据 2003 年 2 月 27 日《国务院关于取消第二批行政审批项目和改变一批行政审批项目管理方式的决定》（国发〔2003〕5 号），取消建筑施工企业项目经理资质核准，由注册建造师代替，并设立过渡期。《通知》规定过渡时间定为五年。"符合考核认定条件的一级项目经理，可通过考核认定取得一级建造师资格。二级建造师考核认定工作由省级建设行政主管部门负责。"

2003 年 5 月 23 日　建设部印发《关于加强建筑意外伤害保险工作的指导意见》（建质〔2003〕107 号），要求年内推行建筑意外伤害保险，工程不投保不发施工许可证。

2003 年 6 月 4 日　建设部印发试行《建设工程质量责任主体和有关机构不良记录管理办法》（建质〔2003〕113 号），自 2003 年 7 月 1 日起执行。试行办法第五条中规定，勘察、设计单位未按照工程建设强制性标准进行勘察、设计的应予记录；勘察、设计中采用可能影响工程质量和安全，且没有国家技术标准的新技术、新工艺、新材料，未按规定审定的，应予以记录。

2003 年 6 月 12 日　国家发展和改革委员会、建设部、铁道部、交通部、信息产业部、水利部、中国民用航空总局、国家广播电影电视总局令第 2 号发布《工程建设项目勘察设计招标投标办法》，自 2003 年 8 月 1 日起施行。

2003 年 8 月 15 日 建设部印发《关于建设行政主管部门对工程监理企业履行质量责任加强监督的若干意见》（建质〔2003〕167 号）。

2003 年 9 月 28 日 建设部印发《关于做好在中国境内承包工程的外国企业资质管理有关工作的通知》（建市〔2003〕193 号）。

2003 年 11 月 26 日 建设部印发《关于建造师专业划分有关问题的通知》（建市〔2003〕232 号）。《通知》将一级建造师专业划分为 14 个，二级建造师专业划分为 12 个。2006 年人事部办公厅、建设部办公厅联合印发《关于建造师资格考试相关科目专业类别调整有关问题通知》（国人厅发〔2006〕213 号），将一级建造师考试专业合并为 10 个，二级建造师考试专业为 6 个。

2003 年 12 月 19 日 建设部、商务部发布《〈外商投资建筑业企业管理规定〉的补充规定》、《〈外商投资建设工程设计企业管理规定〉的补充规定》、《〈外商投资城市规划服务企业管理规定〉的补充规定》（建设部令第 121 号、122 号、123 号），均自 2004 年 1 月 1 日起施行。

2004 年 1 月 30 日 建设部印发《关于加强住宅工程质量管理的若干意见》（建质〔2004〕18 号）。

2004 年 2 月 3 日 建设部令第 124 号颁布《房屋建筑和市政基础设施工程施工分包管理办法》，自 4 月 1 日起施行。原城乡建设环境保护部于 1986 年 4 月 30 日发布的《建筑安装工程总分包实施办法》同时废止。

2004 年 2 月 19 日 人事部、建设部联合印发《关于印发建造师执业资格考试实施办法和〈建造师执业资格考核认定办法〉的通知》。对满足相应条件的项目经理考核认定为建造师。

2004 年 5 月 10 日 建设部印发《关于外国企业在中华人民共和国境内从

事建设工程设计活动的暂行规定》的通知（建市〔2004〕78号）。

2004年7月　建筑业特级、一级企业主要指标快速调查月报制度开始施行。统计内容有企业基本情况、主要的生产和财务指标、房屋施竣工面积等。调查范围为取得建设行政主管部门颁发的全国特级、一级资质等级的建筑业企业。

2004年8月6日　建设部印发《关于在房地产开发项目中推行工程建设合同担保的若干规定（试行）》（建市〔2004〕137号）。

2004年11月16日　建设部印发《建设工程项目管理试行办法》（建市〔2004〕200号），自2004年12月1日起施行。《办法》对企业资质、执业资格、服务范围、服务内容、委托方式、服务收费、禁止行为、监督管理、行业指导等作出规定。

2005年1月12日　建设部、财政部印发《建设工程质量保证金管理暂行办法》（建质〔2005〕7号），自公布之日起实施。《办法》旨在规范建设工程质量保证金管理，落实建设工程在缺陷责任期内的维修责任。

2005年2月4日　建设部令第137号发布《勘察设计注册工程师管理规定》，自2005年4月1日起施行。

2005年6月7日　建设部印发《建筑工程安全防护、文明施工措施费及使用管理规定》（建办〔2005〕89号），自2005年9月1日起实施。

2005年6月29-30日　建设部在辽宁省大连市召开第七次全国建设监理工作会议。会议的主要内容是按照全面落实科学发展观的要求，回顾10年来建设监理工作取得的成就，总结、交流经验，表彰先进，分析建设监理工作的发展方向和改进措施，部署今后的建设监理工作，推进建设监理工作持续健康发展。

2005 年 7 月 12 日 建设部、国家发展和改革委员会、财政部、劳动和社会保障部、商务部、国务院国有资产监督管理委员会颁发《关于加快建筑业改革与发展的若干意见》（建质〔2005〕119 号）。《意见》明确了建筑业改革与发展的指导思想和目标，强调在政府宏观指导下充分发挥市场配置资源的基础作用，按照我国入世承诺，建立健全现代市场体制。《意见》提出要加快企业产权制度改革，实现体制机制创新；优化产业结构，适应市场发展需求；发展壮大优势企业，积极参与国际竞争；加强技术创新，转变经济增长方式；大力发展劳务分包企业，抓好农民工培训教育；完善工程建设标准体系，建立市场形成造价机制；改革政府投资工程建设方式，提高建设项目投资效益；创新政府监管体制，维护良好的市场环境。

2005 年 8 月 5 日 建设部印发《关于建立和完善劳务分包制度发展建筑劳务企业的意见》（建市〔2005〕131 号），拟用三年时间在全国建立基本规范的建筑劳务分包制度，农民工基本被劳务企业或其他用工企业直接吸纳。"包工头"承揽分包业务被禁止。

2005 年 8 月 5 日 建设部、保监会印发《关于推进建设工程质量保险工作的意见》（建质〔2005〕133 号）。

2005 年 8 月 12 日 建设部印发《关于加快推进建筑市场信用体系建设工作的意见》（建市〔2005〕138 号）。

2005 年 9 月 28 日 建设部令第 141 号发布《建设工程质量检测管理办法》，自 2005 年 11 月 1 日起施行。

2005 年 10 月 10 日 建设部印发《关于加强房屋建筑和市政基础设施工程项目施工招标投标行政监督工作的若干意见》（建市〔2005〕208 号）。

2006 年 1 月 16 日 建设部印发《关于对 2003 年全国人大〈建筑法〉执

法检查提出整改要求落实情况进行检查的通知》（建办市电〔2006〕3号）。

2006年1月25日 建设部印发《关于严格实施建筑施工企业安全生产许可制度的若干补充规定》（建质〔2006〕18号）。

2006年1月26日 建设部令第147号发布《注册监理工程师管理规定》，自2006年4月1日起施行。同时废止建设部令第18号。

2006年3月6日 建设部印发《〈建筑智能化工程设计与施工资质标准〉等四个设计与施工资质标准的通知》（建市〔2006〕40号）。

2006年4月6日 建设部印发了《关于做好一级建造师执业资格考核认定收尾工作的通知》（建办市〔2006〕19号），对因异地或国外施工等特殊原因错过一级建造师考核认定的人员，进行了补充考核认定。

2006年4月14日 建设部颁发《关于继续开放铁路建设市场的通知》（建市〔2006〕87号）。

2006年7月11日 建设部印发《关于进一步加强建筑业技术创新工作的意见》（建质〔2006〕174号）。主要内容：一、进一步提高加强建筑业技术创新工作重要性的认识；二、加强建筑业技术创新工作的指导思想和主要目标；三、建立健全建筑业技术创新体系；四、建立并完善知识产权保护与建筑技术转移机制；五、切实发挥工程设计咨询在建筑业技术创新中的主导作用；六、改革现行的设计施工生产组织管理方式；七、引导和推动建筑业走新型产业化道路；八、加强建筑业新技术、新工艺、新材料、新设备的研发和推广应用；九、发挥技术标准在技术创新中的促进作用；十、加速建筑业人力资源的开发与整合；十一、进一步完善有利于建筑业技术创新的配套政策措施。

2006年9月4日 建设部印发《〈建筑智能化工程设计与施工资质标准〉

等四个设计与施工资质标准的实施办法》（建办市〔2006〕68号）。

2006年10月16日 建设部印发《关于落实建设工程安全生产监理责任的若干意见》（建市〔2006〕248号），对建设工程安全生产监理的主要工作内容、工作程序、监理责任等作出规定。

2006年11月29日 建设部发出《关于报送2006年建设工程监理统计报表的通知》，要求自2006年起正式实行建设工程监理统计报表制度。

2006年12月27日 根据新修订的《全国工程勘察设计大师评选办法》（建质函〔2006〕161号），建设部公布评选出的第五批全国工程勘察设计大师名单，有21人被授予"全国工程勘察设计大师"称号。鉴于前四批公布的大师已有361人，行业内知名的德高望重的老专家已基本上获得这个称号，从2006年起，将评选名额调整为原则上不超过20人。

2006年12月28日 建设部令第153号发布《注册建造师管理规定》。

2007年1月5日 建设部、国家发展和改革委员会、财政部、监察部和审计署印发《关于加强大型公共建筑工程建设管理的若干意见》（建质〔2007〕1号）。

2007年1月5日 建设部、商务部印发《外商投资建设工程设计企业管理规定实施细则》（建市〔2007〕18号）。

2007年1月22日 建设部、商务部令第155号发布《外商投资建设工程服务企业管理规定》，自2007年3月26日起施行。

2007年3月29日 建设部印发《工程设计资质标准》（建市〔2007〕86号）。

2007 年 3 月 30 日　国家发展和改革委员会、建设部印发《建设工程监理与相关服务收费管理规定》（发改价格〔2007〕670 号）和《建设工程监理与相关服务收费标准》。这是自 1992 年 9 月 18 日国家物价局和建设部发布《工程建设监理费有关规定》15 年来，第一次对建设工程监理收费标准进行调整。

2007 年 4 月 10 日　建设部发布《关于印发〈一级建造师注册实施办法〉的通知》（建市〔2007〕101 号）。正式开展了一级建造师的注册工作。

2007 年 6 月 26 日　建设部令第 160 号发布《建设工程勘察设计资质管理规定》，自 2007 年 9 月 1 日起施行。2001 年 7 月 25 日建设部令第 93 号发布的《建设工程勘察设计企业资质管理规定》同时废止。

2007 年 7 月 4 日　建设部发布《关于印发〈注册建造师执业工程规模标准〉（试行）的通知》（建市〔2007〕171 号）。明确了各专业类别注册建造师执业的工程规模。

2007 年 7 月 31 日　建设部印发《工程监理企业资质管理规定实施意见》（建市〔2007〕190 号）。

2007 年 8 月 21 日　建设部印发《建设工程勘察设计资质管理规定实施意见》（建市〔2007〕202 号）。

2007 年 9 月 10 日　建设部印发《绿色施工导则》（建质〔2007〕223 号），推动建筑业实施绿色施工。

2007 年 9 月 21 日　建设部印发《关于建设工程企业发生改制、重组、分立等情况资质核定有关问题的通知》（建市〔2007〕229 号），对建设工程企业改制、重组、分立后涉及资质办理的有关事项进行了说明。

2007 年 9 月 21 日　建设部颁发《工程建设项目招标代理机构资格认定办法实施意见》（建市〔2007〕230 号）。

2007 年 11 月 17 日　国务院办公厅发布《关于加强和规范新开工项目管理的通知》（国办发〔2007〕64 号），要求严格规范投资项目新开工条件，建立新开工项目管理联动机制，加强新开工项目统计和信息管理，强化新开工项目的监督检查，提高服务意识和工作效率。

2007 年 11 月 19 日　建设部办公厅印发《关于建筑业企业项目经理资质管理制度向建造师执业资格制度过渡有关问题的补充通知》（建办市〔2007〕54 号）。对具有项目经理资质但未取得建造师资格证书人员，满足相应条件可颁发建造师临时执业证书，证书有效期为 5 年。

2007 年 11 月 22 日　建设部令第 163 号发布《建设工程勘察质量管理办法》，自发布之日起施行。

2008 年 1 月 29 日　建设部令第 167 号发布《中华人民共和国注册建筑师条例实施细则》，自 2008 年 3 月 15 日起施行。1996 年 6 月 19 日建设部令第 52 号发布的《中华人民共和国建筑师条例实施细则》同时废止。

2008 年 2 月 21 日　建设部发布《关于印发〈注册建造师施工管理签章文件目录〉（试行）的通知》。明确细化了各专业类别注册建造师担任施工单位项目负责人时，在施工管理过程中应进行签章的文件。

2008 年 2 月 26 日　建设部印发《关于发布〈注册建造师执业管理办法〉（试行）的通知》（建市〔2008〕48 号）。对建造师的执业范围、执业行业进行了详细规定。

2008 年 3 月 21 日　住房和城乡建设部印发《建筑工程方案设计招标投标

管理办法》（建市〔2008〕63 号），自 2008 年 5 月 1 日起施行。

2008 年 4 月 18 日 住房和城乡建设部印发《建筑施工特种作业人员管理规定》（建质〔2008〕75 号），自 2008 年 6 月 1 日起施行。《规定》包括建筑施工特种作业范围、人员考核、从业、延期复核条件以及监督管理等方面的内容。

2008 年 5 月 13 日 住房和城乡建设部印发《建筑施工企业安全生产管理机构设置及专职安全生产管理人员配备办法》（建质〔2008〕91 号），自发布之日起实施，原《建筑施工企业安全生产管理机构设置及专职安全生产管理人员配备办法》（建质〔2004〕213 号）废止。

2008 年 7 月 21 日 国务院令第 527 号发布《对外承包工程管理条例》。

2008 年 11 月 12 日 住房和城乡建设部印发《关于大型工程监理单位创建工程项目管理企业的指导意见》的通知（建市〔2008〕226 号），对推动有条件的大型监理单位创建工程项目管理企业，提高工程建设管理水平，提出了指导意见。

2008 年 11 月 19 日 国家统计局、国家发展和改革委员会、住房和城乡建设部印发《关于建立固定资产投资项目管理信息抄送制度的通知》（国统字〔2008〕158 号）。《通知》要求自 2009 年 1 月开始，发展改革部门办理的审批、核准、备案文件要以"随办随抄"方式及时送同级统计部门，建设行政主管部门在每月 5 日之前，向同级统计部门抄送上月工程施工许可管理的登记资料；各级统计部门要充分利用各级发展改革部门和建设行政主管部门的管理信息和行政记录，规范投资统计基础，及时将汇总的项目信息上报上级统计部门。同时，各级统计部门将所有附表的项目信息在每月 10 日前抄送同级发展改革部门和建设行政主管部门。

2008 年 工程招标代理机构统计报表制度开始建立。统计范围为取得住房城乡建设行政主管部门颁发的工程招标代理机构资格证书的企业。统计内容有工程招标代理机构的基本情况、人员、业务和财务状况等。

2009年5月6日　住房和城乡建设部印发《关于进一步强化住宅工程质量管理和责任的通知》（建市〔2009〕68号）。

2009年6月10日　住房和城乡建设部印发《注册土木工程师（岩土）执业及管理工作暂行规定》（建市〔2009〕105号）。自2009年9月1日起，凡《工程勘察资质标准》规定的甲级、乙级岩土工程项目，统一实施注册土木工程师（岩土）执业制度。

2009年10月12日　商务部、住房和城乡建设部联合发布第9号令《对外承包工程资格管理办法》。

2009年10月19日　住房和城乡建设部令第2号发布《关于修改〈房屋建筑工程和市政基础设施工程竣工验收备案管理暂行办法〉的决定》，自发布之日起施行。决定将《房屋建筑工程和市政基础设施工程竣工验收备案管理暂行办法》（建设部令第78号）名称修改为《房屋建筑工程和市政基础设施工程竣工验收备案管理办法》，并对部分条文做了修改。

2009年12月22日　住房和城乡建设部印发《关于做好住宅工程质量分户验收工作的通知》（建质〔2009〕291号）。

2009年　建筑市场信用体系建设继续推进，实施不良行为信息上报和通报制度；个人注册执业等建筑市场准入制度进一步健全；以住宅、大型公共建筑、城市轨道交通等工程为重点，在全系统组织开展了工程质量安全大检查。

第三章　城乡规划

1953 年 9 月 8 日　中共中央在《中共中央关于中央建筑工程部工作的决定》（总号 0137 建第 82 号）中指出"城市规划工作仍暂由建筑工程部负责"。1954 年 9 月，国家建设委员会成立，并于 1956 年 4 月设区域规划局，作为内设 18 个厅局之一。1954 年 10 月，建筑工程部设城市建设总局。1955 年 4 月 9 日，第一届全国人大常委会第十一次会议决定成立城市建设总局，从建筑工程部划出，作为国务院的一个直属机构。1955 年 5 月，城市建设总局机关设立城市规划局，作为 5 个专业局之一。1956 年 5 月，城市建设部成立，内设城市规划局。1958 年 2 月，国家建设委员会撤销。同年 5 月，建筑工程部下设城市规划局，同年 11 月，将城市规划局与市政建设局合并为城市建设局，1959 年 10 月重新增设城市规划局。1958 年 11 月，国家基本建设委员会成立。1960 年 9 月 1 日，建筑工程部城市规划局和城市设计院移交国家基本建设委员会。同年，国家基本建设委员会增设城市规划局。1961 年 1 月，国家基本建设委员会撤销，其业务并入国家计划委员会，城市规划局划归国家计划委员会领导，改称城市建设计划局。1965 年 3 月，国家基本建设委员会成立，内设城市规划局。1969 年 10 月，国家基本建设委员会城市规划局撤销，大批干部下放到江西省清江县"五七"干校。1970 年 6 月，建筑工程部、建筑材料工业部、国家基本建设委员会、中央基本建设政治部 4 个单位合并，建立新的国家基本建设委员会。1973 年，国家基本建设委员会机关设置城市建设局。1979 年 3 月，成立国家城市建设总局，直属国务院，由国家基本建设委员会代管，城市建设总局设规划局。1982 年 10 月 29 日，国务院发布《关于城乡建设环境保护部机构编制的批复》，批准设置城市规划局等内设机构。1984 年，城市规划局改由城乡建设环境保护部、国家计委双重领导（以城乡建设环境保护部为主）。1988 年 4 月，城乡建设环境保护部撤销，组建建设部。1990 年 10 月，国家机构编制委员会印发《关于印发建设部"三定"方案的通知》（国机中编〔1990〕14 号），建设部内设城市规划司。1998 年 6 月，国务院办公厅国办发〔1998〕86 号文件明确建设部内设城乡规划司（村镇建设办公室）。2008 年 7 月，国务院办公厅国办发〔2008〕74 号文件明确住房和城乡建设部设立城乡规划司。

1953 年 12 月 5 日　政务院公布《国家建设征用土地办法》。《办法》规定国家建设征用土地的基本原则是：既应根据国家建设的确实需要，保证必需的土地，又照顾当地人民的切身利益，对土地被征用者的生产和生活有妥善的安置。同时制定了包括国家征用土地的审批主体、审批手续、勘测、土地补偿费、农民安置转移、征用土地产权等方面共二十二条办法。办法还规定，凡属荒地、空地可资利用的，应尽量利用，而不征用或少征用人民的耕地良田，凡属目前并不十分需要的工程，不应举办。1958 年 1 月 6 日，经全国人大常委会批准，国务院公布了修正后的《国家建设征用土地办法》（议法字 1 号）。1982 年 5 月 14 日，国务院公布《国家建设征用土地条例》（国发〔1982〕80 号）。

1955 年 11 月 7 日　国务院发布《关于城乡划分标准的规定》（（55）国秘字第 203 号），提出符合如下标准之一的地区为城镇：一、设置市人民委员会的地区和县（旗）以上人民委员会所在地（游牧区流动的行政领导机关除外）；二、常住人口在 2000 人以上，居民 50% 以上是非农业人口的居民区。

1956 年 5 月 8 日　国务院常务会议通过《国务院关于加强新工业区和新工业城市建设工作几个问题的决定》。主要内容包括：积极开展区域规划，贯彻经济和安全兼顾的原则，合理布置第二个和第三个五年计划时期内新建的工业企业和居民点。

1956 年 8 月 14 日　国家建设委员会颁发《城市规划编制暂行办法》。内容分七章四十四条，包括城市规划基础资料、规划设计阶段、总体规划和详细规划等方面的内容以及设计文件及协议的编订办法。

1957 年 6 月 7-8 日　城市建设部召开省、市、自治区城市建设厅（局）长座谈会，讨论了在城市规划和设计工作中如何贯彻勤俭建国的方针。

1958 年 1 月 31 日　国家建设委员会、城市建设部发出《关于城市规划几项控制指标的通知》。《通知》对近期规划（5 年以内）的控制指标规定：居住面积为每居民平均 4 平方米以下；生活居住用地为每居民平均 18~28 平方米。远期规划（10~15 年）的控制指标规定：居住面积为每居民平均 5 平方米以下；生活居住用地为每居民平均 35 平方米以下。

1958 年 6 月 21 日至 7 月 3 日　建筑工程部在山东省青岛市召开全国城市规划工作座谈会，90 多位代表出席。会议讨论了城市建设工作如何适应全国大跃进形势的问题，形成了《城市规划工作纲要三十条（草案）》。7 月 3 日，建筑工程部部长刘秀峰在城市规划工作座谈会上作总结报告，强调的内容包括：从全局出发进行城市规划和建设及相关基本政策问题；大、中、小城市相结合，以发展中小城市为主，在大城市周围建立卫星城市；从实际出发，逐步建立现代化城市；城市规划标准、定额问题；在实用、经济的基础上注意美观；近期规划和远期规划问题；关于旧城市利用和改造问题；关于县镇规划与建设问题；关于农村规划与建设问题；关于如何多快好省地进行城市规划和建设的问题等。会后，建筑工程部向中央、主席报送《建筑工程部关于城市规划和建设工作的报告》。

1960 年 4 月　建筑工程部在广西壮族自治区桂林市召开城市规划工作会议，提出要在 10~15 年内把我国城市基本建成现代化的城市，有计划地建设卫星城市。

1960 年 9 月 10 日　建筑工程部党组就城市规划问题向中央写出报告，提出今后城市建设的基本方针，应以发展中小城市为主，实现城市园林化。

1964 年 7 月 20 日 国务院颁发《关于国家建设征用土地审批权限适当下放的通知》，将征用土地审批权全由省、市、区掌握，改为征用土地 10 亩以下和迁移居民 5 户以下的（不包括水利、水电工程移民）审批权下放到乡、州或县、市掌握。

1980 年 10 月 5–15 日 国家基本建设委员会召开全国城市规划工作会议。会议提出，城市建设要实行综合开发，控制大城市规模，合理发展中等城市，积极发展小城市。今后，大城市和特大城市，原则上不再安排新建大中型工业项目；中等城市可以有选择地安排一些工业项目；国家新建项目应优先在小城市和资源、地理、交通、协作条件好的小城镇选厂定点。城市中新建、扩建项目的选址、用地必须经规划部门统一安排。国务院副总理谷牧在会议结束时讲话指出："规划规划，纸上画画，墙上挂挂，不如首长一句话"的只讲人治，不讲法治的局面应当结束。他还专门讲到"要使不同的城市各具特色"、"要大力加强城市住宅建设"、"城市规划要重视解决环境污染问题"等重要话题。12 月 9 日,国务院批转《全国城市规划工作会议纪要》（国发〔1980〕299 号），同意会议提出的"控制大城市规模，合理发展中等城市，积极发展小城市"的方针。

1980 年 12 月 16 日 国家基本建设委员会颁发《城市规划编制审批暂行办法》和《城市规划定额指标暂行规定》（（80）建发城字 492 号）。《办法》规定城市规划按其内容和深度的不同,分为总体规划和详细规划两个设计阶段。对城市总体规划、详细规划的内容以及编制、审批程序做了明确规定。《规定》对不同情况的城市生活居住用地、公共建筑用地、道路广场用地、公共绿地等定额指标做了具体规定。按人口规模把城市划分为：特大城市（100 万人口以上）、大城市（50 万以上～100 万人口）、中等城市（20 万以上～50 万人口）和小城市（20 万和 20 万以下人口）4 个等级。

1981 年 5 月 11 日　国家城市建设总局向国务院报送《关于京、津、沪三市城市规划座谈会的报告》（（81）城发规字 125 号），提出：三大城市规模仍在膨胀，必须严加控制；城市用地混乱，应由市政府统一征地，积极实行综合开发；市内违章建设仍很严重，急需大力整顿；建议开展京、津、唐地区的区域规划。

1982 年 2 月 8 日　国务院批转国家基本建设委员会、国家文物事业管理局和国家城市建设总局《关于保护我国历史文化名城的请示的通知》（国发〔1982〕26 号），批准北京等 24 个城市为第一批历史文化名城。1983 年 3 月 9 日，城乡建设环境保护部发布《城乡建设环境保护部关于加强历史文化名城规划工作的通知》（（83）城规字第 107 号）。1986 年 12 月 8 日，国务院批准上海等 38 个城市（县）为国家第二批历史文化名城（国发〔1986〕104 号）。1994 年 1 月 4 日，国务院批准正定等 37 个城市（县）为国家第三批历史文化名城（国发〔1994〕3 号）。从 2001 年至 2008 年，国务院又先后批准了 11 个城市（县）为国家历史文化名城。

1983 年 7 月 18 日　城乡建设环境保护部印发《关于加强县镇规划工作的意见》（（83）城规字 490 号）。

1983 年 11 月 5 日　国务院批转城乡建设环境保护部《关于重点项目建设中城市规划和前期工作意见报告》（国发〔1983〕176 号）。《报告》指出：重点项目建设工程与城市发展有着密切的关系。重点项目建设的前期工作与城市规划工作相结合，是保证重点项目顺利进行，并取得良好的经济效益、社会效益和环境效益的重要条件，各部门、各地区都要认真抓好重点项目建设前期工作与城市规划的结合，使重点项目和城市统一规划，协调发展。

1984 年 1 月 5 日　国务院颁布《城市规划条例》（国发〔1984〕2 号），自发布之日起施行。《条例》对城市规划的制定、旧城改建、城市土地使用和各项建设的规划管理等作了规定。

1984 年 5 月 29 日　城乡建设环境保护部印发《关于加强城市土地管理工作的通知》（（84）城研字第 320 号），对加强城市土地的规划管理和地政管理工作，保障城市规划实施，提高土地利用效益等提出要求。

1985 年 6 月 12 日　城乡建设环境保护部制定《城市规划设计单位注册登记管理暂行办法》（（85）城规字第 335 号），自颁发之日起试行。

1986 年 6 月 6 日　城乡建设环境保护部和国家计划委员会发布《关于加强城市规划工作的几点意见》（（86）城规字第 288 号），就继续贯彻城市发展基本方针、促进城市规划同国民经济发展计划紧密结合、提高规划设计水平、依法管理城市、加强队伍建设以及各城市规划管理机构的设置等提出意见。

1987 年 8 月 5 日　城乡建设环境保护部发出《关于贯彻国务院加强城市建设工作的通知精神，切实加强城市规划实施管理的通知》（（87）城规字 429 号）。《通知》针对有些城市出现不服从城市规划管理部门对建设用地统一规划管理的问题、在城市规划区内擅自乱批滥占土地的混乱现象，就切实加强城市规划的实施管理等工作提出了相关要求。

1987 年 11 月 5 日　城乡建设环境保护部印发《关于加强城市规划管理工作的若干规定》。《规定》要求各城市健全法制管理，改革管理体制，理顺内外关系，建立科学的规划管理程序和制度，健全规划管理机构和加强队伍建设，运用法制、行政、经济等管理手段对城市土地使用和各项建设活动实行集中、统一的规划管理。

1988 年 12 月 28 日　建设部、全国农业区划委员会、国家科学技术委员会、民政部发布《关于开展县域规划工作的意见》，对开展县域规划的意义和目的、编制规划的指导思想和原则以及规划的内容和要求等提出了意见。

1989 年 12 月 26 日　第七届全国人民代表大会常务委员会第十一次会议

通过并颁布《中华人民共和国城市规划法》（共和国主席令第 23 号公布），自 1990 年 4 月 1 日起施行，国务院发布的《城市规划条例》同时废止。

1990 年 4 月 29 日　建设部印发《全国大城市规划工作座谈会纪要》（建规字〔1990〕165 号）。

1991 年 8 月 23 日　建设部、国家计划委员会发布《关于印发〈建设项目选址规划管理办法〉的通知》（建规字〔1991〕583 号）。根据《城市规划法》和国家基本建设程序，该办法对建设项目选址规划管理的制度、建设项目选址意见书的内容以及如何实行分级规划管理作了规定。

1991 年 9 月 3 日　建设部令第 14 号发布《城市规划编制办法》，自 1991 年 10 月 1 日起施行，原国家基本建设委员会 1980 年 12 月 26 日印发的《城市规划编制审批暂行办法》同时废止。2005 年 12 月 31 日，建设部令第 146 号发布《城市规划编制办法》，原《城市规划编制办法》于 2006 年 4 月 1 日废止。

1992 年 7 月 27 日　建设部印发《城市规划设计单位资格管理办法》（建规〔1992〕494 号）。《办法》共四章，包括：总则、城市规划设计资格证书及分级标准、资格审批与管理、附则。

1992 年 10 月 5 日　建设部、国家工商行政管理局印发《城市规划设计单位登记管理暂行办法》（建规〔1992〕710 号），自 1992 年 12 月 1 日起施行。

1993 年 4 月 23 日　国家物价局、建设部发布《关于发布城市规划设计收费标准的通知》（〔1993〕价费字 168 号），并附《城市规划收费工日定额（试行）》。

1994 年 6 月　建设部部长侯捷率队赴长江三峡库区考察移民迁建工作，

就移民迁建城镇规划与地方政府交换意见。14 日，由建设部副部长谭庆琏代表建设部，与长江水利委员会、三峡建设委员会移民局的领导就三峡库区移民迁建城镇规划如何加快进度和提高水平问题进行商谈并达成共识。意见提出：一、三峡工程关键在于移民；二、移民工作的前提是搞好规划；三、努力提高规划设计水平。建设部、三峡建设委员会移民局、长江水利委员会于同年 8 月 20 日印发《关于加快三峡工程移民迁建城镇规划进度和提高规划水平的通知》（建村〔1994〕426 号）。

1994 年 8 月 15 日　建设部令第 36 号发布《城镇体系规划编制审批办法》，自 1994 年 9 月 1 日起施行。

1994 年 10 月 27 日　建设部发布《关于加强城市地下空间规划管理的通知》（建规〔1994〕651 号），要求各地规划部门加强对城市规划区内地下空间和各地下工程建设（包括地下人防工程）的规划与管理工作，使城市地下空间与地面建设协调配合，构成一个有机整体。

1995 年 6 月 1 日　建设部令第 43 号发布《开发区规划管理办法》，自 1995 年 7 月 1 日起施行。该《办法》共十八条，对开发区立项和选址、开发区规划的编制和审批、开发区内土地利用和各项建设的规划管理等作了规定。

1995 年 6 月 8 日　建设部印发《城市规划编制办法实施细则》（建规〔1995〕333 号），从发布之日起执行。《细则》分六章三十二条，分别是：第一章总则，第二章总体规划，第三章总体规划阶段的各项专业规划，第四章分区规划，第五章控制性详细规划，第六章修建性详细规划。2005 年 12 月 31 日，建设部发布《城市规划编制办法》，原《城市规划编制办法》及《城市规划编制办法实施细则》于 2006 年 4 月 1 日废止。

1995 年 6 月 29 日　建设部令第 44 号发布《建制镇规划建设管理办法》，自 1995 年 7 月 1 日起施行。全文共分七章，包括总则、规划管理、设计管理与施工管理、房地产管理、市政公用设施、环境卫生管理、罚则及附则。

1996年5月8日 国务院发布《关于加强城市规划工作的通知》（国发〔1996〕18号），要求充分认识城市规划的重要性，加强对城市规划工作的领导，城市规划应由城市人民政府集中统一管理，不得下放规划管理权，要坚持执行《城市规划法》规定的"一书二证"（选址意见书、建设用地规划许可证、建设工程规划许可证）制度。切实节约和合理利用土地，严格控制城市规模。大城市的城市建设用地和人口规模，到2000年应控制在已经批准的城市总体规划的近期建设规划规定范围内，不得扩大；非农业人口100万以上的大城市的城市建设用地规模，原则上不得再扩大。加大执法力度，保障城市规划的实施。同年9月16日，建设部发出《关于贯彻〈国务院关于加强城市规划工作的通知〉的几点意见》（建规〔1996〕525号）。

1998年5月14日 建设部印发《关于加强省域城镇体系规划工作的通知》（建规〔1998〕108号），要求各省、自治区加强省域城镇体系规划工作，加快工作步伐；各省、自治区要在1999年12月31日以前完成新一轮省域城镇体系规划的编制和报批工作。省域城镇体系规划必须面向实际，突出重点，注重实效，充实力量，完善管理机制，保障城镇体系规划的实施。通知后附《关于充实完善省域城镇体系规划内容的要求》，指出：新一轮省域城镇体系规划的规划期限一般到2020年。其中，以2010年为重点。

1998年7月10日 建设部印发《省域城镇体系规划审查办法》（建规〔1998〕145号）。《审查办法》规定了规划审查的主要依据、规划审查的重点及规划审查报批程序。依据该办法，1998年建设部基本完成对安徽、贵州、浙江、云南的省域城镇体系规划审查工作。

1998年8月3日 建设部印发《城市总体规划审查工作规则》（建规〔1998〕161号）。1999年4月22日，国务院批准了建设部制定并经修订完善的《城市总体规划审查工作规则》（国办函〔1999〕31号）。《工作规则》规定了审查的组织形式、主要依据、重点内容、程序与时限。同年 9 月 30 日，建设部发出《关于贯彻落实〈城市总体规划审查工作规则〉的通知》（建规〔1999〕244 号）。

2000 年 3 月 13 日　国务院办公厅发布《关于加强和改进城乡规划工作的通知》（国办发〔2000〕25 号）。《通知》指出：充分认识城乡规划的重要性，进一步明确城乡规划工作的基本原则，切实加强和改进规划编制工作，严格规范审批和修改程序；各省、自治区省域城镇体系规划的编制工作原则上要在 2002 年底前完成，县域城镇体系规划报省级人民政府审批，经济比较发达地区应在 2001 年底前完成，其他地区原则上应在 2002 年底前完成，由国务院审批总体规划的城市必须在 2000 年底前完成本期规划的修编工作，国家重点风景名胜区尚未编制规划的，应在 2002 年底前完成规划编制工作；加强城乡规划实施的监督管理，推进城乡规划法制化。

2001 年 1 月 23 日　建设部令第 84 号发布《城市规划编制单位资质管理规定》，自 2001 年 3 月 1 日起施行。

2002 年 5 月 15 日　国务院印发《关于加强城乡规划监督管理的通知》（国发〔2002〕13 号）。《通知》要求：一、端正城乡建设指导思想，明确城乡建设和发展重点；二、大力加强对城乡规划的综合调控；三、严格控制建设项目的建设规模和占地规模；四、严格执行城乡规划和风景名胜区规划编制和调整程序；五、健全机构，加强培训，明确责任；六、加强城乡规划管理监督检查。

2002 年 8 月 2 日　建设部、中央机构编制委员会办公室、国家发展计划委员会、财政部、监察部、国土资源部、文化部、国家旅游局、国家文物局联合印发通知（建规〔2002〕204 号），对贯彻落实《国务院关于加强城乡规划监督管理的通知》提出要求：一、抓紧编制和调整近期建设规划；二、明确城乡规划强制性内容；三、严格建设项目选址与用地的审批程序；四、认真做好历史文化名城保护工作；五、加强风景名胜区的规划监督管理；六、提高镇规划建设管理水平；七、切实加强城乡结合部规划管理；八、加强规划集中统一管理；九、建立健全规划实施的监督机制；十、规范城乡规划管理的行政行为；十一、建立行政纠正和行政责任追究制度；十二、提高人员素质和规划管理水平。

2002 年 8 月 12－13 日　全国城乡规划工作会议在北京召开。建设部副部长仇保兴在会议上强调，贯彻落实好《国务院关于加强城乡规划监督管理的通知》（国发〔2002〕13 号）精神是当前城乡规划工作的首要大事，各地要狠抓落实，强化城乡规划的调控和监督。

2002 年 8 月 29 日　建设部印发《近期建设规划工作暂行办法》和《城市规划强制性内容暂行规定》（建规〔2002〕218 号），要求各地抓紧组织制定近期建设规划和明确城市规划强制性内容工作。

2002 年 9 月 13 日　建设部令第 112 号发布《城市绿线管理办法》，自2002 年 11 月 1 日起施行。城市绿线，是指城市各类绿地范围的控制线。

2002 年 10 月 16 日　建设部印发《城市绿地系统规划编制纲要（试行）》（建城〔2002〕240 号）。

2002 年 12 月 26 日　建设部印发《关于加强国有土地使用权出让规划管理工作的通知》（建规〔2002〕270 号）。《通知》规定：充分认识实施土地收购储备制度、经营性土地招标拍卖和挂牌出让制度的重要意义；切实加强对土地收购储备、国有土地使用权出让的综合调控和指导；严格规范土地收购、国有土地使用权出让规划管理程序；切实加强已出让使用权土地使用的监督管理。

2003 年 2 月 28 日　建设部印发《关于加强省域城镇体系规划实施工作的通知》（建规〔2003〕43 号）。

2003 年 3 月　按照《长江水资源和水环境保护总体规划》编制工作的统一部署，建设部组织开展长江流域城镇化发展以及城市污水和垃圾治理有关情况调研和规划的编制工作。

2003 年 6 月 25 日　建设部印发《关于做好山洪灾害防治规划编制工作的通知》（建办规〔2003〕39 号）。

2003 年 9 月 2 日　建设部印发《关于进一步加强与规范各类开发区规划建设管理的通知》（建规〔2003〕178 号）。

2003 年 10 月 8 日　建设部、国家文物局发布《中国历史文化名镇（村）评选办法》，并公布山西省灵石县静升镇等 10 个镇为第一批中国历史文化名镇，北京市门头沟区斋堂镇爨底下村等 12 个村为第一批中国历史文化名村（建村〔2003〕199 号）。建设部会同国家文物局于 2005 年 9 月 16 日公布河北省蔚县暖泉镇等 34 个镇为第二批中国历史文化名镇，北京市门头沟区斋堂镇灵水村等 24 个村为第二批中国历史文化名村（建规〔2005〕159 号）；于 2007 年 5 月 17 日公布河北省永年县广府镇等 41 个镇为第三批中国历史文化名镇，北京市门头沟区龙泉镇琉璃渠村等 36 个村为第三批中国历史文化名村（建规〔2007〕360 号）；住房和城乡建设部会同国家文物局于 2008 年 10 月 14 日公布北京市密云县古北口镇等 58 个镇为第四批中国历史文化名镇，河北省涉县偏城镇偏城村等 36 个村为第四批中国历史文化名村（建规〔2008〕192 号）。

2003 年 11 月 13 日　江泽民同志为建设部编写、汪光焘同志任主编的《领导干部城乡规划建设知识读本》题写书名。

2003 年 12 月 17 日　建设部令第 119 号发布《城市紫线管理办法》，自 2004 年 2 月 1 日起施行。城市紫线是指国家历史文化名城内的历史文化街区和省、自治区、直辖市人民政府公布的历史文化街区的保护界限，以及历史文化街区外经县级以上人民政府公布保护的历史建筑的保护范围界限，是城市规划的强制性内容之一。

2003 年 建设部和广东省人民政府联合启动了《珠三角城镇群协调发展规划》编制工作。2003 年 3 月 28—31 日，由建设部汪光焘部长带队到珠三角进行了第一次实地研究。2005 年 8 月 31 日，广东省人民政府印发了《珠三角城镇群协调发展规划（2004—2020）》。

2004 年 3 月 6 日 建设部印发《关于加强对城市优秀近现代建筑规划保护的指导意见》（建规〔2004〕36 号）。

2004 年 12 月 22 日 建设部、国家文物局发布《中国历史文化名镇名村评价指标体系（试行）》（建村〔2004〕228 号）。2007 年 11 月 20 日，建设部、国家文物局发布《中国历史文化名镇名村评价指标体系》（建规函〔2007〕360 号）。

2005 年 1 月 5 日 建设部印发《关于加强城市总体规划修编和审批工作的通知》（建规〔2005〕2 号）。《通知》要求：一、充分认识做好城市总体规划修编工作的重要性；二、切实加强城市总体规划与土地利用总体规划的协调和衔接；三、认真做好城市总体规划修编的前期论证工作；四、改进和完善城市总体规划修编的方法与内容；五、严格执行城市总体规划审批制度。要求各地在修编城市总体规划前，要对原总体规划实施情况进行认真总结，要客观分析资源条件和制约因素，解决好资源保护、生态建设、重大基础设施建设等城市发展的重要环节。

2005 年 1 月 9—10 日 建设部在安徽省合肥市召开全国城市总体规划修编工作会议。会议主题是"总结历史，更新观念，示范带动，抓住战略机遇期，确立正确的方针，指导总体规划的修编"。建设部部长汪光焘在会上讲话指出，要切实加强城乡总体规划与土地利用总体规划的协调和衔接，总体规划修编必须注意几点：一、要认真研究城市前瞻性、综合性、战略性的发展目标，为经济社会各项事业的发展提供可选择的空间布局；二、认真研究本地区的资源（土地、水、能源）、环境问题，体现城市可持续发展；三、强调城乡统筹、区域协调，是城市总体规划编制的重要理念；四、适应社会主义市场经济体制改革的要求，城市总体规划才会适应历史机遇期；五、要充分体现"以人为本"，实现公开、公正、公平，加强公众参与；六、大城市城市总体规划修编要先期研究城市交通改善，突出城市公共交通优先战略的落实；七、应用现代科技手段和成果，改进规划修编和实施监督。

2005 年 1 月　建设部组织编制《全国城镇体系规划纲要（2005—2020）》。2007 年 1 月 11 日，建设部将全国城镇体系规划成果上报国务院。

2005 年 3 月 16 日　国务院常务会议审议并原则通过《环渤海京津冀地区、长江三角洲地区、珠江三角洲地区城际轨道交通网规划（2005—2020 年）》。

2005 年 5 月 19 日　建设部发布《建设部关于建立派驻城乡规划督察员制度的指导意见》（建规〔2005〕81 号）。我国将建立派驻城乡规划督察员制度，通过上级政府向下一级政府派出城乡规划督察员，依据国家有关城乡规划的法律、法规、部门规章和相关政策，以及经过批准的规划、国家强制性标准，对城乡规划的编制、审批、实施管理工作进行事前和事中的监督，及时发现、制止和查处违法违规行为，保证城乡规划和有关法律法规的有效实施。

2005 年 7 月 20 日　建设部在北京召开全国城市总体规划修编工作会议。建设部部长汪光焘在会议上强调：要全面贯彻中央部署，切实搞好城市总体规划修编工作；认真研究省域城镇体系规划中对城市的评估；对规划期限没有到期的城市总体规划，除因国家重大发展战略决策确实对城市定位和发展布局提出新的要求等特殊情况外，原则上还应考虑进行修编；对规划期限已经到期的城市总体规划，要抓紧按照法定程序组织修编新的总体规划；对于城市行政区划已经调整的，原则上应当继续实施已经批准的城市总体规划，同时研究加强和改善规划实施管理体制和工作机制，以适应加强统一规划管理的要求。建设部副部长仇保兴做会议总结。

2005 年 9 月 6 日　建设部、监察部发布《关于开展城乡规划效能监察的通知》（建规〔2005〕161 号）。

2005 年 11–12 月　建设部根据国务院办公厅要求，牵头组织国务院办公厅秘书二局、国家发展和改革委员会、国土资源部、公安部、农业部、国务院发展研究中心等 9 个相关部委共同开展《关于城市规划人口分析与预测研究》的课题研究，12 月份分别赴湖北、重庆、广东的城镇进行调研。

2005 年 12 月 20 日　建设部令第 144 号发布《城市黄线管理办法》，自 2006 年 3 月 1 日起施行。城市黄线是指对城市发展全局有影响的、城市规划中确定的、必须控制的城市基础设施用地的控制界限。

2005 年 12 月 20 日　建设部令第 145 号发布《城市蓝线管理办法》，自 2006 年 3 月 1 日起施行。城市蓝线指城市规划确定的江、河、湖、库、区和湿地等城市地表水体保护和控制的地域界线。

2006 年 2 月 23 日　国务院办公厅转发建设部《关于加强城市总体规划工作意见的通知》（国办发〔2006〕12 号），要求进一步贯彻《城市规划法》的精神，深化城市总体规划"依法制定、依法实施、依法管理"的工作理念。

2006 年 5 月 26 日　建设部印发《关于进一步做好城市规划遥感动态监测工作的通知》（建规〔2006〕124 号）。

2006 年 7 月 27 日　建设部印发《建设部关于开展派出规划督察员试点工作的通知》（建稽〔2006〕187 号），正式启动城乡规划督察员试点工作，向南京、杭州、西安、郑州、昆明、桂林 6 个城市派出首批 9 名督察员，负责对试点城市总体规划和国家重点风景名胜区总体规划，以及历史文化名城保护规划的执行情况进行督察。

2006 年 10 月 11 日　国务院办公厅印发《关于开展全国主体功能区划规划编制工作的通知》（国办发〔2006〕85 号）。《通知》指出，编制全国主体功能区划规划要根据资源环境承载能力、现有开发密度和发展潜力，统筹考虑未来我国人口分布、经济布局、国土利用和城镇化格局，将国土空间划分为优化开发、重点开发、限制开发和禁止开发 4 类主体功能区，并按照主体功能定位调整完善区域政策和绩效评价，规范空间开发秩序，形成合理的空间开发结构，实现人口、经济、资源环境以及城乡、区域协调发展。

2007 年 8 月 2 日　国务院发布《国务院关于东北地区振兴规划的批复》（国函〔2007〕76 号），原则同意《东北地区振兴规划》。《规划》提出将东北地区建设成为综合经济发展水平较高的重要经济增长区域，并确立了"四基地一区"的目标定位，即具有国际竞争力的装备制造业基地、国家新型原材料和能源保障基地、国家重要的商品粮和农牧业生产基地、国家重要的技术研发与创新基地、国家生态安全的重要保障区。

2007 年 10 月 28 日　第十届全国人大常委会第三十次会议通过并颁布《中华人民共和国城乡规划法》，自 2008 年 1 月 1 日起施行。《中华人民共和国城市规划法》同时废止。

2007 年 12 月 24 日　建设部办公厅印发《关于贯彻落实城市总体规划指标体系的指导意见》（建办规〔2007〕65 号）。

2008 年 1 月 16 日　建设部印发《关于加快国家级风景名胜区总体规划编制报批工作的通知》（建城函〔2008〕13 号），要求各地切实按照《风景名胜区条例》和总体规划要求，加强对风景名胜区开发建设等各项活动的规范化管理。总体规划未经批准的，各级主管部门不得申报批准各类建设活动。

2008 年 1 月 24 日 建设部印发《关于加强城中村整治改造工作的指导意见》（建规〔2008〕15 号）。《意见》明确了城中村整治、改造的重要意义，指导思想与基本原则；要求科学制定与实施城中村整治、改造规划；改善城中村住房条件；加大对城中村公共设施的扶持力度；加强领导，创新城中村整治、改造工作机制。

2008 年 3 月 3 日 建设部和北京市、天津市、河北省政府联合制定完成《京津冀城镇群协调发展规划（2008—2020 年）》，并印发了《关于印发〈京津冀城镇群协调发展规划（2008—2020 年）〉的通知》（建规〔2008〕53 号），要求将规划切实落实到相关法定规划的制定、实施和城乡建设管理过程中。

2008 年 5 月 20 日 住房和城乡建设部印发《住房和城乡建设部城乡规划督察员管理暂行办法》（建稽〔2008〕92 号）。《暂行办法》对城乡规划督察员遴选条件、聘任、培训与派遣、组织结构及日常管理、相关待遇、纪律与考核、离任与交接等作出明确规定。

2008 年 10 月 6 日 国务院印发《全国土地利用总体规划纲要（2006—2020 年）》（国发〔2008〕33 号）（规划范围未包括香港特别行政区、澳门特别行政区和台湾省），要求规划期内全国耕地保有量 2010 年和 2020 年分别保持在 18.18 亿亩和 18.05 亿亩。《纲要》包括土地利用面临的形势、指导原则与目标任务、保护和合理利用农用地、节约集约利用建设用地、协调土地利用与生态建设、统筹区域土地利用、规划实施保障措施七章。

2008 年 12 月 13 日 住房和城乡建设部、监察部印发《关于加强建设用地容积率管理和监督检查的通知》（建规〔2008〕227 号），要求切实加强建设用地容积率管理和监督检查，提高规划管理依法行政水平，促进党风廉政建设。

2009 年 4 月 16 日 住房和城乡建设部印发《城市总体规划实施评估办法（试行）》（建规〔2009〕59 号）。《评估办法》对城市总体规划实施评估工作的组织机关、评估时间间隔、实施程序、评估报告内容等作出规定。

2009 年 5 月 13 日　住房和城乡建设部印发《住房和城乡建设部城乡规划督察员工作规程》（建稽〔2009〕86 号）。《工作规程》规定了城乡规划督察员（组）管理机构、督察事项、督察员工作方式、工作文书、对涉及督察事项的违法违规行为或线索的处理程序等。《工作规程》自公布之日起施行，2007 年 3 月 20 日发布的《建设部城乡规划督察员（组）试点工作暂行规程》同时废止。

2009 年 7 月 27 日　住房和城乡建设部印发《关于开展利用卫星遥感技术辅助城乡规划督察工作的通知》（建办稽函〔2009〕648 号），在石家庄、哈尔滨等 13 个城市开展利用卫星遥感技术辅助城乡规划督察工作；9 月 11 日，印发《关于增加呼和浩特等 15 个城市开展利用卫星遥感技术辅助城乡规划督察工作的通知》（建办稽函〔2009〕775 号），新增呼和浩特、长春等 15 个城市开展利用卫星遥感技术辅助城乡规划督察工作。

2009 年 12 月 1 日　住房和城乡建设部印发《关于〈海峡西岸城市群发展规划〉意见的函》（建规函〔2009〕285 号），原则同意住房和城乡建设部和福建省政府联合制定完成的《海峡西岸城市群发展规划》。

2009 年　由国务院审批总体规划的城市由 86 个增加到 106 个，其中有 72 个已经核准开展新一轮总体规划的制定工作；新增向 17 个城市派驻督察员，派驻城市增加到 51 个；在 6 个省 11 个乡镇进行乡镇规划编制试点；全国有 12 万个村庄的村庄整治工作接近完成。

第四章　城市建设

1949 年 10 月 21 日　中央人民政府政务院及政务院财政经济委员会成立。政务院财政经济委员会计划局下设基建处，主管全国基本建设、城市建设和地质工作。1952 年 8 月 7 日，中央人民政府建筑工程部成立，其后增设城市建设处。1953 年 7 月 13 日，国家计划委员会设城市建设计划局。1954 年国家建设委员会成立后，国家计委城市建设计划局划归国家建委领导，国家建委下设 14 个厅、局，城市建设局成为机构之一。1955 年 4 月 9 日，城市建设局划出，国务院设立城市建设总局。1956 年 5 月 12 日，城市建设总局改为城市建设部。1958 年 2 月，国家建设委员会撤销，城市建设部和建筑工程部、建筑材料工业部合并成为新的建筑工程部。同年 5 月，建筑工程部下设城市规划局，同年 11 月，将城市规划局与市政建设局合并为城市建设局。1965 年 3 月 31 日，国家基本建设委员会设立，建筑工程部又分设为建筑工程部和建筑材料工业部。1970 年 6 月，国家基本建设委员会、建筑工程部、建筑材料工业部和中央基本建设政治部 4 个单位合并建立新的国家基本建设委员会。1979 年 3 月 12 日，国家城市建设总局和国家建筑工程总局又分别设立，直属国务院，由国家基本建设委员会代管。1982 年 5 月，国家城市建设总局并入城乡建设环境保护部。

1950 年 7 月 6 日　政务院颁发《关于保护古文物建筑的指示》，并随文颁发《古文化遗址及古墓葬调查发掘暂行办法》。指示要求各级人民政府重视古文物、建筑的保护工作。

1950 年 11 月 21 日　政务院发布《城市郊区土地改革条例》。

1951 年 2 月 18 日　中共中央发出题为《政治局扩大会议决议要点》的党内通报，其中明确要求加强党委对城市建设工作的领导，在城市建设计划中，应贯彻为生产、为工人服务的观点。

1952 年 9 月 1-9 日　建筑工程部召开全国性的城市建设座谈会。会议总结了过去三年来城市建设的工作，讨论了苏联城市建设专家协助草拟的《中华人民共和国编制城市规划设计与修建设计程序（草稿）》，提出：在建筑工程部设立城市建设局，统一城市建设计划与技术指导；在各大区建筑工程局下设立城市建设处，并在各重点城市成立城市建设委员会，领导城市规划设计和监督检查工作。会议对城市进行了分类，提出了有重点地进行城市建设的方针，并要求 39 个城市成立市建设委员会。1952 年 10 月 16 日，政务院财政经济委员会党组同意建筑工程部党组关于城市建设座谈会的报告，并请中央审核通报各大区（财经酉 124 号）。10 月 19 日，中央批转该报告，要求各地研究执行（财酉第 208 号）。

1953 年 9 月 4 日　中共中央发出《关于城市建设中几个问题的指示》。中央针对城市建设无计划所造成的混乱现象，要求工业建设比重较大的城市迅速组织力量，加强城市规划设计工作，拟订城市总体规划草案，报中央审查；各中央局、分局及有关的市委、市政府必须建立和健全大区财委的城市建设局（处）及工业建设比重较大城市的城市建设委员会，并根据"一五"计划对工业布局的初步意见拟订城市建设的指标，除重要工业城市由中央建筑工程部城市建设局直接帮助设计外，其他城市的设计工作，全部由各大区城市建设部门直接领导，中央在技术上给予指导；中小城市，一般不再扩大基本建设。其后，建筑工程部党组提出设立计委或财委下辖的代表国家进行领导城市建设的执行机构（城市建设部）及建工部机构调整和精简的报告。

1953 年 10 月 12 日　政务院颁发《关于在基本建设工程中保护历史及革命文物的指示》，要求对具有重大历史意义的地面古迹及革命建筑物予以保护。在此之前，3 月 24 日，中国人民政治协商会议全国委员会文化教育组开会，讨论革命建筑及名胜古迹的保护、修整，保护地下文物及考古发掘等问题，郑振铎在会上作了报告。8 月 14 日，政务院发出命令，重申 1950 年 5 月政务院颁发的《古文化遗址及古墓葬之调查发掘暂行办法》，规定各单位进行各种工程建设时发现遗址和古墓葬，不得擅自发掘，违者要根据情节轻重予以处分。

1954 年 6 月 10 – 28 日　建筑工程部召开全国第一次城市建设会议。会议明确了城市建设必须为国家社会主义工业化、为生产、为劳动人民服务，采取与工业建设相适应的重点建设、稳步前进的方针。会议确定城市建设的任务是：一、配合苏联援建项目的需要，集中力量新建、改建若干重点城市，适当照顾一般城市的需要，克服目前在城市建设中的盲目现象和分散现象；二、城市公用事业建设计划首先保证新建和扩建工业城市的需要，适当地照顾现有大、中城市的维护修理工作，城市规划已经确定的城市，应根据城市建筑总造价作出分年投资计划，各个城市对各建设单位的附属设备、公用事业设备等加以统筹考虑、统一筹划，避免分散和浪费资金。会议对首都北京以外的其他城市进行了分类；会议提出城市建设规划与设计工作要贯彻"全面规划，分期建设，由内向外，填空补实"原则；建立城市建筑监督管理制度；加强城市各种公用事业的管理与设计工作；拟定必要的城市经济技术定额；培养城市建设干部等。会上印发了《城市规划编制程序暂行办法（草案）》、《关于城市建设中几项定额问题（草稿）》、《城市建筑管理暂行条例（草案）》三个文件。

1954 年 8 月 11 日　《人民日报》发表社论《贯彻重点建设城市的方针》。社论指出：保证劳动者物质文化生活水平的不断提高，是社会主义城市的基本特征。从 1950 年到 1954 年的五年中，国家支出十万多亿元来修建公用事业和改善环境卫生。仅 1952 年一年，北京、天津、沈阳、鞍山、上海五个城市就修了 500 万平方米左右的工人住宅。按照社会主义城市的标准改造我国的旧城市和建设新城市，是我们坚定不移的奋斗目标。但在具体步骤上必须坚持重点建设、稳步前进的方针，目前城市建设工作必须保证国家的工业建设，具体说就是必须首先集中力量建设那些有重要工程的新工业城市。

1955 年 6 月 25 日　城市建设总局向国务院报送《关于在城市建设工作方面贯彻中央厉行节约指示的报告》（（55）城发巳 16 号）。《报告》在城市规划、城市建设投资和市政工程方面提出了节约计划，指出：尽速修改当前建筑区的规划和近期建设计划，认真复查后三年投资计划，修正年度计划，进行排队审核。对于那些可办可不办的项目，坚决加以削减；可以缓办的推迟；并对计划内的各项工程，在可能条件下根据不同地区、不同需要，降低其标准，降低造价。今后各级城市建设部门，应健全业务计划机构，加强计划管理，加强检查，严格执行专款专用制度。8 月 5 日，国务院向各省、市、自治区批转了该报告（（55）国发未 15 号）。

1955 年 10 月 24-31 日　国家城市建设总局召开新建工业城市市政工程建设座谈会，安排市政工程设计、城市规划和市政工程的施工准备工作进度，确定施工力量的组织方案。11 月 2-12 日，召开省、市、自治区城市建设局长会议，主要讨论城市建设工作的方针、任务和组织机构，整顿民用建筑施工队伍，调整民用建筑设计机构三个问题。

1955 年　国家建设委员会向中央报告，提出今后城市建设的方针是："不盲目地发展大城市，除沿海的上海、天津、青岛、广州、大连等旧有大城市应限制发展，对于第一个五年计划新建和扩建工业项目较多的城市，如西安、兰州、太原、武汉、大同、石家庄、洛阳、沈阳、哈尔滨、吉林、长春、鞍山、抚顺、本溪、成都等也不宜再建重大的新工厂，城市人口的发展规模，亦应予以严格控制。"报告还提出今后"新建的重要工厂应当分散布置，不宜集中"；"今后新建的城市原则上以建设小城市和工人镇为主，并在可能条件下建设少数中等城市，没有特殊原因，不建大城市"。关于城市规模的划分，报告认为："50 万人口以上的为大城市；20 万人口以上、50 万人口以下的为中等城市；20 万人口以下的为小城市，为一两个厂矿服务所建立的居民点并不设市的为工人镇。"

1956 年 2 月　城市建设总局局长万里在《关于城市建设的工作报告》中，

就新建与扩建的工业城市，沿海各大城市、省会城市、自治区首府、一般城市及少数疗养区，分别提出不同类型城市的规划方针。

1956 年 11 月 2－12 日　城市建设部召开全国城市建设工作会议。城市建设部部长万里在题为《及时总结经验，提高城市建设工作的水平》的报告中指出，关于城市规划，要处理好资料搜集和勘察测量问题、城市规划与厂址选择结合问题、城市发展规模问题、远近期结合问题、居住区规划问题、在规划设计中全面考虑建筑艺术、适用和经济问题、规划定额问题、城市绿化问题；关于原有城市的建设方针和规划，要处理好原有城市的建设方针问题、规划方法问题、疗养区的规划问题、小城镇建设问题；关于市政公用事业，要认识到，市政公用事业与工业、住宅和公共服务设施，都应当保持一个合理的比例关系，市政公用事业的投资方针，在全国范围内，应当是突出重点，照顾一般，市政公用事业的建设进度必须与工业建设相适应，必须加强市政公用事业的经营管理；关于民用建筑设计，主要任务是按照国家的造价标准和在保证工程质量的基础上，尽可能地为居民创造方便、卫生、安静、舒适的工作和居住条件，应当正确地把现代建筑技术、建筑材料和施工条件，与我国人民群众所喜爱的建筑形式结合起来；关于城市建设管理，首先对城市建设中的各项主要工程都要加以统一规划，对于有些建设单位，强调特殊、多要土地，长期荒芜等问题，要切实解决，在实践中发现城市规划确有不切实际的地方，就应加以补充和修正，城市建设要贯彻勤俭建设和保证重点建设的方针，要从实际出发，要走群众路线，要搞好协作。

1957 年 1 月　城市建设部在天津召开第一次全国供水会议。

1957 年 4 月　城市建设部在北京召开第一次全国公共交通会议。

1958 年 2 月 25－27 日　城市建设部在同建筑工程部合并期间，召开全国城市绿化会议。会议以反保守、反浪费为主，明确了城市绿化的方针、任务和方法。会议明确两条方针：放手发动群众，普遍植树，全面绿化；城市绿化应该和生产相结合。会上要求，在 1958 年清明前后，开展一个广泛的植树运动；制定一个几年以内绿化全市的规划；多种种植，因地制宜。

1959 年 7 月 18－28 日　建筑工程部在河北省保定市召开全国供水会议。全国 168 个单位，297 人参会。7 月 19 日，建筑工程部副部长许世平在会上作报告。报告指出，1959 年城市供水担负着重大任务。目前城市统一供水的生产能力只有 616 万吨，如果保证 1959 年新建的工业企业用水，就需达到 1293 万吨，供需相差 677 万吨。必须大力加强给水工程的基本建设，采取各种措施，加速进度。同时抓紧现有自来水企业的生产管理，并把城市给水的增产节约工作推向新高潮，并坚持贯彻下去。

1961 年 1 月 27 日　国务院批转国家档案局《关于加强管理城市基本建设档案的意见》和《关于如何加强管理城市基本建设档案的报告》。

1961 年　根据中央指示，建筑工程部部长刘秀峰组织有关部门对沈阳市进行城市综合调查，包括工业、交通、商业、财政、城市建设等，历时三个月。调查报告指出，鉴于沈阳市城市脏、乱、差情况在全国具有普遍性，主要原因是缺乏城建维护资金，建议从工商利润中提取 5% 作为城市维护资金。随后，刘秀峰部长又派出城市建设局负责人萧桐等会同国家计委的同志组成联合调查组，在沈阳就提取工商利润 5% 进行调查和试点。1962 年 4 月 10 日，城市建设局向刘秀峰部长作了关于城市建设具体工作安排的请示。

1962 年 5 月 28 日　建筑工程部发出《关于加强供水管理、降低漏失率节约用水的通知》。

1962 年 6 月 2 日　建筑工程部印发《关于继续进行城市给水排水工程技术改造设计工作的指示》（（62）建裕城字第 43 号）。《指示》提出，在组织领导这项工作时注意几个问题：一、要正确处理技术改造与扩建的关系。根据现有工程设备和实际条件，进行填平补齐，调整平衡设备，在提高水质、降低成本、改造劳动条件和保证生产安全的前提下，挖掘潜力，解决当前的需要，合理利用原有设备，充分挖掘现有工程潜力，避免扩大设计规模，影响技术改造设计的现实性。二、深入调查现状，核实生产和生活用水量，是技术改造设计的重要环节。通过调查现状，建立技术档案，为管理创造条件。三、认真贯彻党的方针政策，从思想上明确给水排水工程技术改造设计是贯彻八字方针的重要内容之一，也是通过实践提高技术水平的工作方法。

1962 年 10 月 6 日　中共中央、国务院在第一次全国城市工作会议后发出《关于当前城市工作若干问题的指示》。《指示》决定，从 1963 年起，大中城市的工商业附加税、公用事业附加税和城市房地产税，统一划给市财政，保证使用城市的公用事业、公共设施以及房屋等的维修和保养所需材料列入国家计划。

1962 年 11 月 6 日　国家计划委员会、财政部、建筑工程部、国家房产管理局发出《加强城市房屋公用事业和市政工程设施维修工作的通知》（计城程字 2714 号，（62）建陈城字 92 号），自 1963 年 1 月 1 日开始实行。《通知》对房屋、公用事业和市政工程设施维修保养所需资金和材料做了规定：房屋维修资金，要贯彻以租养房的原则制定城市房屋的租金标准，专款专用，保证用于房屋的经常维修；公用事业的大修资金，将公用事业综合大修理折旧率提高至 2.4%（分行业为：自来水 1.5%，煤气 2%，电车 3%，公共汽车 4%）；市政工程设施维修资金，由市财政的附加收入和房地产税解决；维修材料凡属中央安排的，各省、市、自治区计委须按中央下达的维修材料指标进行分配。

1962 年 12 月 24 日至 1963 年 1 月 4 日　建筑工程部召开第三次全国城市建设工作会议，总结 1960 年以来城市建设工作的成就和经验，讨论编制城市建设的第三个五年计划，修订城市建设工作的各项具体规定草案。对今后任务，强调继续贯彻八字方针，有步骤有计划地填补缺口，解决供需矛盾，并做好支援农业的工作。至本年底，全国设市的城市由解放初期的 60 个增加到 202 个。从 1952 年到 1961 年，国家对市政建设共投资 40 亿零 5200 万元，城市住宅建设共投资 99 亿零 2800 万元，新建住宅面积 2 亿零 400 万平方米。

1963 年 3 月 26 日　建筑工程部颁发关于试行《城市建设工作条例（草案）》和市政工程、公用事业、园林绿化三个专业规定（草案）的通知（（63）建许城字第 26 号）。《城市建设工作条例（草案）》具体规定了建筑管理、勘测管理、市容管理和市政工程、公用事业、园林绿化等工作的方针政策和管理工作上的若干任务问题，适用于全国所有的城市建设业务管理部门。三个专业工作规定根据这些专业的特点，具体规定了经营管理工作和养护维修工作一些基本任务和基本措施，适用于全国所有的城市建设事业、企业单位，以作为这些单位贯彻执行《国营工业企业工作条例（草案）》的补充。

1963 年 5 月 4 日　国家计划委员会印发《关于城市维护和建设问题的通知》（（63）计城李字第 1430 号），指出"住宅和各项市政设施维修工作，应当纳入国家计划，按照计划程序和分级管理办法上报批准，用城市维护资金进行房屋和城市设施的改建、扩建、新建，一律要按照基本建设程序办理"。

1963 年 9 月 16 日至 10 月 12 日　中共中央、国务院召开第二次城市工作会议。会议在当前城市工作主要任务中提出加强房屋和其他市政设施工作，并提出对民用建筑和市政公用设施实行"六统一"：统一规划、统一投资、统一设计、统一施工、统一分配、统一管理。10 月 22 日，中共中央、国务院批准印发了《第二次城市工作会议纪要》（中发（63）699 号）。《纪要》指出：为了进一步加强住宅、中小学校和其他市政设施的维修，必须确定和增辟经常的固定的资金来源，适当增拨一些城市维修和建设费用。议定的措施是：一、房地产税划归市财政；二、提高公用事业大修理基金；三、加大公用事业附加税；四、贯彻"以租养房"原则，调整住宅租金标准；五、城市预算超收部分增加提成比例；六、安排必要资金解决部分城市防洪供水、公共卫生急需。此外，《纪要》还提出：各大、中城市都应编制城市的近期建设规划，并修改现有的总体规划。

1964 年 2 月 18 日　建筑工程部建筑材料、城市建设工作会议在北京召开。城市建设方面的内容为：贯彻第二次城市工作会议精神，学习大庆油田经验，总结 1936 年城建工作经验，讨论确定 1964 年城建工作任务。

1965 年 6 月 28 日至 7 月 4 日　建筑工程部城市建设工作会议在北京召开。

1966 年 2 月 28 日至 3 月 9 日　建筑工程部城市建设局召开第一次全国城市排水会议。

1971 年 11 月 22－29 日　国家基本建设委员会召开城市建设座谈会，讨论如何加强城市建设工作的问题。

1973 年 3 月 27－31 日　国家基本建设委员会城市建设局召开城市公共交通座谈会，研究当前存在的问题和需要采取的具体措施。

1973 年 12 月 22 日　国家计划委员会、国家基本建设委员会、财政部发布《关于加强城市维护费管理工作的通知》（（73）建发城字第 803 号），规定城市维护费要保证用于城市公用事业、公共设施，以及房屋等的维修和保养，不能挪作他用。随着国家税制改革，今后城市维护费来源：一、城市公用事业附加；二、从"工商税"收入中提取 1% 和随同"工商所得税"征收 1% 的附加；三、国家预算拨款（原为城市房地产税，现改为在国家预算内相应增列一笔城市维护费。今后征收的城市房地产税作为国家预算收入统一上缴财政，不再专项留给地方）。《通知》还规定，城市维护费的安排和使用，由城市建设部门统一归口。

1978 年 3 月 6－8 日　国务院在北京召开第三次全国城市工作会议。4 月 4 日，中共中央批准了会议制订的《关于加强城市建设工作的意见》（中发〔1978〕13 号）。《意见》就城市规划、旧城改造、住宅及市政公用设施等方面提出工作要求。文件引用了毛主席早年"城市太大了不好"、"多搞小城镇"、

"生产生活同时抓"、"城市要有全面规划"等指示。提出有步骤地推行民用建筑"六统一"，即统一规划、投资、设计、施工、分配和管理。为了协调安排好"骨头"与"肉"的关系，今后在国家基本建设计划中，要专列"城市住宅建设"和"市政公用设施建设"（包括给水、排水、公共交通、煤气、道路、桥梁、防洪、园林绿化等）户头。12月28日，国家计划委员会、国家基本建设委员会、财政部颁发《关于47个城市试行从工商利润中提取百分之五作为城市维护和建设资金的有关规定》（（78）建发城字第630号），自1979年起，在全国47个城市，试行从上年工商利润中提取5%，作为城市维护和建设资金。规定对资金提取范围、提取办法、使用范围、计划体制和材料设备供应，以及资金管理等作出说明。

1978年　城市建设统计报表制度开始实行。内容有城市住房、市政公用设施数量及投资、维护建设情况。统计范围为城市建设系统。1986年将统计范围扩大到全社会。1988年，城市建设统计数据开始采用计算机汇总上报。2001年将其中的住房内容移交给部房地产业司统计，2009年将其中的城市公共交通统计移交给交通运输部。

1979年6月14日　国家城市建设总局在重庆召开全国市政工程工作会议。

1979年12月8日　国家城市建设总局、中央爱国卫生运动委员会、卫生部发出《关于改变城市环境卫生体制问题的通知》，要求各设市城市环境卫生部门归由市基本建设委员会或城市建设局领导。

1979年12月30日　国家城市建设总局印发《关于加强市政工程工作的意见》，就市政工程工作的方针和任务、管理体制、定员标准等18个方面的工作提出了意见。

1980年5月15日　国务院批转国家文物事业管理局、国家基本建设委员会《关于加强古建筑和文物古迹保护管理工作的请示报告》（国发〔1980〕120

号），要求各级人民政府和有关部门，采取有力措施，制止破坏，切实把古建筑和文物古迹保护管理工作抓起来。

1980 年 9 月 23 日　国家城市建设总局颁发《城市供水工作暂行规定》。

1980 年 12 月 8 日　城市环境卫生体制由卫生部划归国家城市建设总局（国家城建总局、中央爱国卫生运动委员会、卫生部《关于改变城市环境卫生体制问题的通知》）。

1981 年 3 月 17 日　国务院批转国家城市建设总局等部门《关于加强风景名胜保护管理工作报告的通知》（国发〔1981〕38 号）。

1981 年 4 月 26 日　国家城市建设总局印发《关于城市维护和建设资金的使用和管理问题的通知》（（81）城发计字 100 号）。

1981 年 5 月 6 日　国家劳动总局、国家城市建设总局、公安部、国家工商行政管理局印发《关于解决发展城镇集体经济和个体经济所需场地问题的通知》（（81）劳总劳字 27 号）。

1981 年 6 月 20－26 日　全国城市建设局长座谈会在北京召开。23 日，国务院副总理万里接见全国城建局长座谈会代表。万里在接见代表时讲话指出，城市建设在调整时期要加强，将来更要加强。要吸收中国古老的和国外的好经验。国家规定用于城市维护的资金及大中城市从工商利润中提取的 5% 的资金，要真正用到城市维护和建设中去。建设要有规划。中小城市、小城镇的交通、城市建设要跟上。总之，解决城市建设问题，一是思想认识的问题，二是组织问题，三是钱和物资的问题。

1981 年 9 月 5 日　国家城市建设总局印发《关于加强城市污水处理厂管理工作的暂行规定》（（81）城发市字第 229 号）。《规定》对城市污水处理厂的性质和任务、建设原则、运营管理、技术管理、养护维修和安全生产、水质检测、科学研究、队伍建设等提出了明确要求。

1982 年 2 月 5 日　国务院颁布《征收排污费暂行办法》（国发〔1982〕21号）。

1982 年 8 月 31 日　城乡建设环境保护部印发《市政工程设施管理条例》（（82）城公字第 284 号），对城市道路、桥涵、排水、防洪、道路照明等设施的管理做出明确规定。

1982 年 11 月 8 日　国务院发布第一批（44 处）国家级风景名胜区名单（国发〔1982〕36 号）。1988 年 8 月 1 日，国务院发布第二批（40 处）国家级风景名胜区名单；1994 年 1 月 10 日，国务院发布第三批（35 处）国家级风景名胜区名单；2002 年 5 月 17 日，国务院发布第四批（32 处）国家级风景名胜区名单；2004 年 1 月 13 日，国务院发布第五批（26 处）国家级风景名胜区名单；2005 年 12 月 31 日，国务院发布第六批（10 处）国家级风景名胜区名单；2009 年 12 月 28 日，国务院发布第七批（21 处）国家级风景名胜区名单。

1982 年 12 月 11 日　城乡建设环境保护部《关于颁发〈城市市容环境卫生管理条例（试行）〉的通知》。

1982 年 12 月　国家科学技术委员会、国家计划委员会、国家经济贸易委员会召开全国交通运输技术政策讨论会，确定 18 项交通运输技术政策研究课题，其中"城市交通运输的发展方向问题"由城乡建设环境保护部会同铁道部、公安部、交通部共同完成。这是新中国成立以来第一次进行城市交通技术政策研究。

1983 年 5 月 28 日　城乡建设环境保护部、文化部颁发《关于在建设中认真保护文物古迹和风景名胜的通知》。《通知》要求在编制城乡规划、历史文化名城保护规划和风景名胜区总体规划时，要将各级文物保护单位和风景名胜区的保护措施纳入规划；新的建设项目选址，可避开文物和风景名胜集中的地区。

1983 年 10 月 5 日　中央组织部、城乡建设环境保护部、中国科学技术协会联合举办的首届市长研究班在北京开学。12 月 5 日，国务院副总理万里在中南海接见首届市长研究班学员。万里指出，总结城市建设和管理上的教训，重新认识城市对社会主义建设的重要作用，科学地建设和管理城市，是一项十分紧迫的任务。胡启立、李鹏、宋平等参加接见。

1983 年 10 月 6 日　城乡建设环境保护部召开全国第一次城市节水会议，朱镕基同志出席会议。

1984 年 1 月 14－20 日　全国城乡建设技术政策论证会在北京召开。20 日上午，国务院副总理李鹏在会见中国城市科学研究会的代表时指出：要加强城市科学研究，把城市管理和发展纳入科学轨道。

1984 年 5 月 28 日　中共中央政治局委员、国务院副总理万里，中共中央书记处书记胡启立，国务院副总理田纪云邀请出席第六届全国人大第二次会议的部分城市市长和市委书记到国务院会议室座谈城市改革问题。万里强调城市改革的重要性和迫切性，指出要加强城市改革，国务院各部门要跟上改革的步伐，不要给下面的改革设置障碍，要做改革的促进派，市委书记、市长要解放思想，坚决改革。

1984 年 10 月 26 日　国家计划委员会、城乡建设环境保护部印发《城市建设综合开发公司暂行办法》（计设〔1984〕2233 号）。

1984 年 11 月 27 日　国家科学技术委员会发表《城市建设技术政策》蓝皮书。蓝皮书作为制定、指导、监督、检查我国城乡建设技术发展方向的基本政策依据，对城市园林绿化和风景名胜区提出了具体的技术政策。

1984 年 12 月 16 日 城乡建设环境保护部召开全国煤气工作会议，国务院副总理李鹏到会讲话。

1985 年 4 月 19 日 国务院批转城乡建设环境保护部《关于改革城市公共交通工作的报告》（国发〔1985〕59 号），要求对各种车辆严格管理，大力发展公共交通，增加客运车辆；加快道路网的改造和改建，修通必要的环路，形成通畅的干道系统。

1985 年 6 月 7 日 国务院颁发《风景名胜区管理暂行条例》（国发〔1985〕76 号）。2006 年 9 月 19 日，国务院令第 474 号颁发《风景名胜区管理条例》，原《风景名胜区管理暂行条例》废止。

1985 年 6 月 10 日 城乡建设环境保护部印发《城市煤气工作暂行条例》和《发展城市煤气的技术政策》（(85)城字第 325 号）。

1985 年 8 月 2 日 城乡建设环境保护部根据《国务院关于制止买卖、租赁土地的通知》（国发〔1983〕182 号）精神，印发《关于建立健全城市地政管理机构的通知》（(85)城住字第 428 号）。

1985 年 12 月 24–26 日 城乡建设环境保护部和中国建筑工会全国委员会在北京组织召开了全国城市公共交通系统先进企业、先进集体、先进个人表彰会。国务院副总理李鹏出席大会并作重要讲话，城乡建设环境保护部储传亨副部长出席大会。会议总结和交流了近三年来在全国城市公共交通职工中开展优质服务竞赛、搞好企业改革和加强思想整治工作的经验，同时表彰了在优质服务竞赛中涌现出来的先进企业、先进集体和先进个人。对 10 家全国城市公共交通系统先进企业、30 个全国城市公共交通系统先进集体、70 名全国城市公共交通系统劳动模范、877 个全国城市公共交通系统职工优质服务竞赛先进集体、1113 名全国城市公共交通系统职工优质服务竞赛先进个人进行了表彰。

1986 年 2 月 6 日 国务院批转城乡建设环境保护部、国家计划委员会《关于加强城市集中供热管理工作的报告》（国发〔1986〕22 号）。《报告》提出五个方面的意见：一、明确发展城市集中供热的方针；二、健全城市集中供热管理体制；三、采取多种渠道解决城市集中供热的建设资金；四、对城市集中供热采取优惠政策和合理的价格政策；五、加强城市集中供热的立法和管理工作。

1986 年 6 月 3 日 城乡建设环境保护部在北京召开全国城市供热工作会议。会议内容是：在第六届全国人大第四次会议精神指导下，认真贯彻《国务院批转城乡建设环境保护部、国家计划委员会关于加强城市集中供热管理工作报告的通知》（国发〔1986〕22 号）精神，讨论"七五"城市集中供热规划及 2000 年设想，研究制定城市集中供热的技术政策、管理条例，总结交流城市集中供热建设、管理和企业改革工作的经验。副部长储传亨作了讲话。

1986 年 8 月 27 日 城乡建设环境保护部发布《建筑、市政工程设计，城市规划设计和建设勘察单位资格认证分级标准》（（86）城设字第 430 号）。

1986 年 11 月 25—30 日 全国城市建设工作会议在北京召开。国务委员谷牧主持开幕会议，国务院副总理万里在会上作重要讲话，国务院副总理李鹏出席闭幕式并作总结讲话。会议总结十一届三中全会以来我国城市建设的基本经验和教训，讨论在改革、开放、搞活的新形势下城市建设发展的战略方针政策以及城市建设管理体制改革等问题。

1987 年 4 月 25 日 城乡建设环境保护部印发《关于把城市环境卫生设施的建设纳入城市总体规划的通知》。

1987 年 5 月 21 日 国务院发布《关于加强城市建设工作的通知》（国发〔1987〕47 号）。《通知》指出：城市建设工作必须按照建设具有中国特色的社会主义的要求和对内搞活经济、对外实行开放的方针，努力同我国经济、社会发展和整个经济体制改革的进程相适应，保持一个稳定、合理的发展速度。

1987 年 6 月 10 日　城乡建设环境保护部印发《风景名胜区管理暂行条例实施办法》（（87）城城字第 281 号），自发布之日起施行。

1987 年 8 月 24 日　城乡建设环境保护部和国家工商行政管理局印发《关于加强城市建设综合开发公司资质管理工作的通知》（（87）城房字第 446 号），要求各级城市建设主管部门应以资质审查为重点，尽快把城市综合开发的行业归口管理工作抓起来。

1987 年 12 月 11 日　联合国教科文组织《保护世界文化和自然遗产公约》世界遗产委员会召开第十一届全体会议。会议正式批准我国泰山风景名胜区、长城、故宫、敦煌石窟、秦始皇陵（包括兵马俑坑）和北京猿人遗址六项文化和自然遗产列入"世界遗产清单"。这是我国自 1985 年成为《保护世界文化和自然遗产公约》缔约国以来，首批列入"世界遗产清单"的文化和自然遗产。至 2010 年，黄山、武陵源、九寨沟、黄龙、峨眉山—乐山大佛、庐山、武夷山、三清山风景名胜区，苏州古典园林、北京皇家园林颐和园、青城山—都江堰、安徽古村落、云南"三江并流"、四川大熊猫栖息地，中国南方喀斯特、五台山作为文化景观、"中国丹霞"分别被批准列入《世界遗产名录》。

1988 年 6 月 15 日　建设部、公安部、国家旅游局颁发《城市出租汽车管理暂行办法》（（88）建城字第 35 号）。

1988 年 10 月 6 日　建设部发布《加强城市地下水资源管理的通知》（（88）城建字第 267 号）。《通知》要求：继续健全地下水资源管理机构，完善各项管理规章；进一步做好城市地下水资源的评价；加强对自备水井的管理，加强计划供水；加强对凿井单位的管理；切实管理好城市地下水资源费的征收和使用；各省、自治区、直辖市的城建部门要把本地区对城市地下水资源的管理现状，取得的成效，存在的问题以及改进的意见，进行一次系统的总结。

1988 年 12 月 20 日　经国务院 1988 年 11 月 30 日批准，建设部令第 1 号颁发《城市节约用水管理规定》，自 1989 年 9 月 30 日起施行。

1989 年 4 月 26 日　建设部印发《关于加强城市综合开发工作的若干意见》（（89）建房字第 218 号）。主要内容：一、进一步提高城市建设中综合开发的比例；二、加强对综合开发的领导和行业归口管理；三、建立综合开发计划制度；四、综合开发公司的任务与性质；五、综合开发收益的使用与管理。

1990 年 9 月 3 日　建设部印发《关于发布中国国家风景名胜区徽志的通知》（（90）建城字第 439 号）。

1990 年 12 月 27 日　建设部印发《城市公共交通当前产业政策实施办法》（建城〔1990〕700 号）。

1990 年 12 月 31 日　建设部令第 8 号发布《城市客运车辆保养修理单位管理办法》。2001 年 7 月 1 日，根据建设部令第 92 号《关于废止〈国家优秀工程奖评选与管理办法〉等部令的决定》，办法废止。

1990 年 12 月 31 日　建设部令第 9 号发布《城市公厕管理办法》，自 1991 年 1 月 1 日起施行。

1991 年 2 月 25 日　建设部印发《关于中国国家风景名胜区徽志使用办法的通知》（建城〔1991〕107 号）。

1991 年 3 月 30 日　建设部、劳动部、公安部令第 10 号发布《城市燃气安全管理规定》，自 1991 年 5 月 1 日起施行。

1991 年 8 月 9 日　建设部印发《关于中国国家风景名胜区徽志设置问题的补充通知》（建城〔1991〕546 号）。

1991 年 8 月 23 日　建设部、国家环境保护局印发《关于加快城市污水集中处理工程建设的若干规定》（建城〔1991〕594 号），提出要明确城市污水集中处理工程建设的责任，疏通、拓宽城市污水集中处理工程建设资金渠道，统筹建设城市污水集中处理工程，力争实现国家提出的规划目标。

1991 年 9 月 25 日　建设部印发《城市环境卫生与当前产业政策实施办法》（建城〔1991〕637 号），附发《城市环境卫生业发展序列和重点发展方向》。

1991 年 10 月 29 日　建设部印发《城市供水业当前产业政策实施办法》（建城〔1991〕710 号），附发《城市供水业发展目录》。

1992 年 4 月 20 日　建设部令第 20 号发布《城建监察规定》。1996 年 9 月 22 日，建设部对其修订，自发布之日起施行。1996 年 9 月 22 日，建设部第 55 号发布《关于修改〈城建监察规定〉的决定》，自发布之日起施行。

1992 年 5 月 27 日　建设部印发《城市园林绿化当前产业政策实施办法》（建城〔1992〕313 号），附发《城市园林绿化当前发展序列和重点发展方向》。

1992 年 6 月 2 日　建设部在人民大会堂组织召开了全国城市公共交通系统优质服务竞赛总结表彰大会，国务院副总理邹家华到会并作重要讲话，建设部周干峙副部长出席大会并发表讲话。会议总结和交流了自 1991 年 5 月 1 日至 1992 年 4 月 30 日以来在全国城市公共交通职工中开展优质服务竞赛，树社会主义新风和促进社会主义精神文明建设工作的经验，表彰了一批在优质服务竞赛中涌现出来的先进企业、先进集体、先进个人和优秀安全驾驶员。

1992 年 6 月 22 日　国务院令第 100 号颁发《城市绿化条例》。2001 年 5 月 30 日，国务院发布《关于加强城市绿化建设的通知》（国发〔2001〕20 号）。

1992 年 6 月 22 日　国务院令第 101 号颁发《城市市容和环境卫生管理

条例》。

1992 年 6 月 28 日　国务院发布城市市容和环境卫生管理条例（国务院令第 101 号）。

1992 年 7 月 4 日　国务院批转建设部等部门《关于解决我国城市生活垃圾问题的几点意见》的通知（国发〔1992〕39 号）。

1992 年 9 月 8 日　建设部印发《中国风景名胜区事业"八五"发展规划纲要》（建城〔1992〕628 号）。

1992 年 11 月 16 日　建设部印发《关于印发〈风景名胜区环境卫生管理标准〉的通知》（建城〔1992〕182 号）。

1992 年 11 月 30 日　建设部令第 21 号发布《城市道路照明设施管理规定》。2001 年 9 月 4 日，建设部令第 104 号发布《关于修改〈城市道路照明设施管理规定〉的决定》。

1992 年 12 月 8 日　建设部印发《城市排水监测工作管理规定》（建城〔1992〕886 号），自公布之日起实施。

1992 年 12 月 8 日　建设部印发《关于命名"园林城市"的通知》（建城〔1992〕889 号），命名北京市、合肥市和珠海市为园林城市。2004 年 6 月 15 日，建设部印发《关于印发创建"生态园林城市"实施意见的通知》（建城〔2004〕98 号），决定在创建"园林城市"的基础上，开展创建"生态园林城市"活动。2005 年 3 月 25 日，建设部印发《关于印发〈国家园林城市申报与评审办法〉、〈国家园林城市标准〉的通知》（建城〔2005〕43 号），对原《创建国家园林城市实施方案》以及《国家园林城市标准》进行了修订。2010 年 8 月 9 日，住房和城乡建设部印发《关于印发〈国家园林城市申报与评审办法〉、

〈国家园林城市标准〉的通知》（建城〔2010〕125 号），对原申报与评审办法、标准再次进行了修订。2006 年 1 月 6 日，建设部印发《关于开展创建国家园林县城活动的通知》（建城函〔2006〕4 号），决定开展创建国家园林县城的活动，并印发了《国家园林县城标准》和《国家园林县城评选办法》。2007 年 11 月 21 日，建设部城建司印发《关于请报送国家园林城镇候选镇的通知》（建城园函〔2007〕170 号），拟开展国家园林城镇创建活动。1994 年 4 月 8 日、1996 年 4 月 18 日、1997 年 8 月 1 日、1999 年 9 月 9 日、2002 年 3 月 13 日、2002 年 12 月 16 日、2003 年 12 月 30 日、2006 年 1 月 23 日、2006 年 3 月 30 日、2006 年 9 月 26 日、2006 年 12 月 28 日、2007 年 6 月 7 日、2008 年 2 月 1 日、2008 年 9 月 4 日、2010 年 2 月 4 日、2010 年 12 月 10 日，建设部、住房和城乡建设部又分别命名了一批国家园林城市、园林城区、园林城镇、园林县城、国家生态园林城市示范城市。2003 年、2004 年、2008 年、2010 年，先后开展了国家园林城市（区）复查工作。

1992 年 12 月 13 日　建设部在山东省济南市召开全国城市建设工作会议，建设部部长侯捷主持。

1993 年 2 月 4 日　建设部令第 26 号发布《城市供水企业资质管理规定》。2004 年 7 月 2 日，根据建设部令第 127 号关于废止《城市房屋修缮管理规定》等部令的决定，《城市供水企业资质管理规定》废止。

1993 年 3 月 16 日　建设部印发《城市建设投资体制改革的思路和要点》（建城〔1993〕191 号）。

1993 年 6 月 30 日　公安部、建设部印发《关于加强公园、风景区游览安全管理工作的通知》（公通字〔1993〕59 号）。

1993 年 8 月 10 日　建设部令第 27 号发布《城市生活垃圾管理办法》。2007 年 7 月 1 日，建设部令第 157 号重新发布《城市生活垃圾管理办法》，原办法废止。

1993 年 9 月 7 日　《关于发布全民所有制城市公共交通企业转换经营机制实施办法的通知》（（93）建城字第 671 号）。

1993 年 11 月 4 日　建设部印发《关于印发〈城市绿化规划建设指标的规定〉的通知》（建城〔1993〕784 号），自发布之日起施行。

1993 年 11 月 19 日　建设部印发《关于加强动物园野生动物移地保护工作的通知》（建城〔1993〕835 号）。

1993 年 12 月 20 日　建设部印发《关于印发〈风景名胜区建设管理规定〉的通知》（建城〔1993〕848 号）。

1993 年 12 月 20 日　建设部令第 31 号发布《城市公共交通车船乘坐规则》，自 1994 年 4 月 1 日起实施。

1994 年 3 月 4 日　建设部印发《中国风景名胜区形势与展望》绿皮书（建城〔1994〕150 号）。绿皮书强调了资源保护工作的首要地位。

1994 年 4 月 12 日　建设部关于印发《城市道路和公共场所清扫保洁管理办法》的通知（建城〔1994〕238 号）。

1994 年 5 月 20 日　建设部印发《城市排水许可管理办法》（建城〔1994〕330 号），自发布之日起实施。

1994 年 7 月 19 日　国务院令第 158 号颁发《城市供水条例》。

1994 年 7 月 26 日　建设部印发《关于严格执行〈取水许可制度实施办法〉

和〈城市地下水开发利用保护规定〉的通知》（建城〔1994〕461 号）。

1994 年 8 月 16 日　建设部令第 37 号发布《城市动物园管理规定》，自 1994 年 9 月 1 日起施行。2001 年 9 月 7 日，建设部令第 105 号发布《建设部关于修改〈城市动物园管理规定〉的决定》。2004 年 7 月 23 日，建设部令第 133 号发布《建设部关于修改〈城市动物园管理规定〉的决定》。为促进动物园（包括设动物展区的公园）健康、可持续发展，2010 年 10 月 18 日，住房和城乡建设部发布《关于进一步加强动物园管理的意见》（建城〔2010〕172 号）。

1994 年 8 月 31 日　建设部印发《城建监察标志和城建监察证使用公告》（建城〔1994〕543 号）。

1994 年 11 月 14 日　建设部令第 39 号发布《风景名胜区管理处罚规定》，自 1995 年 1 月 1 日起施行。

1994 年 11 月 14 日　建设部确定南京市公共交通总公司等 23 家市政公用企业为建设部建立现代企业制度的试点单位（建城〔1994〕755 号），以创造经验，推动全行业的改革。

1994 年 11 月 29 日　建设部印发《关于组建国家城市排水监测网的通知》（建城〔1994〕715 号）。《通知》指出：在国家的统一规划指导下，按照统一的监测技术规范和《国家城市排水监测网章程》开展各项排水监测管理工作，保证城市排水水质符合有关标准。

1994 年 11 月 30 日　建设部印发《关于印发〈关于加强城市绿地和绿化种植保护的规定〉的通知》（建城〔1994〕716 号），自发布之日起施行。

1994 年 12 月 28 日　建设部、国家统计局印发《关于开展城市市政公用设施普查工作的通知》（建计〔1995〕30号）。普查范围和内容为设市城市的市政公用设施，包括建设部门经营管理、非建设部门经营管理的市政公用设施。普查的标准时间为1995年6月30日。1996年7月5日，普查工作结束，整理汇编《全国城市市政公用设施普查资料》。

1995年2月24日　建设部印发《城建监察队伍标志和装备规定》（建城〔1995〕89号），自颁布之日起施行。9月21日，建设部对有关条款进行更正（建城〔1995〕543号）。

1995年3月14日　建设部、国家计划委员会发出《关于加强城市供热规划管理工作的通知》（建城〔1995〕126号），随文印发《城市供热规划技术要求》和《城市供热规划内容深度》。

1995年3月29日　建设部印发《关于印发〈风景名胜区安全管理标准〉的通知》（建城〔1995〕159号）。

1995年7月4日　建设部印发《关于印发〈城市园林绿化企业资质管理办法〉和〈城市园林绿化企业资质标准〉的通知》（建城〔1995〕383号），开始对城市园林绿化企业实行资质审查发证管理。2006年5月23日，建设部印发《关于印发〈城市园林绿化企业资质标准〉的通知》（建城〔2006〕122号），修订了《城市园林绿化企业资质标准》，1995年7月印发的《城市园林绿化企业资质标准》同时废止。2006年7月23日，建设部印发《关于印发〈建设部园林绿化企业资质申报和审批工作规程〉的通知》（建城〔2006〕182号），自发布之日起施行。2007年2月1日，建设部印发《关于印发修订〈建设部园林绿化一级企业资质申报和审批工作规程〉和〈城市园林绿化企业资质标准〉的通知》（建城〔2007〕27号），对建城〔2006〕122号文、建城〔2006〕182号文作了修订，自发布之日起施行。2008年5月6日，住房和城乡建设部印发《关于规范城市园林绿化企业资质管理的通知》（建城〔2008〕85号），自发布之日起施行。2008年9月10日，住房和城乡建设部城建司印发《关于统一城市园林绿化企业资质证书编号等的通知》（建城园函〔2008〕154号），自发布之日起施行。2009年10月9日，住房和城乡建设部印发《关于修订〈城市园林绿化企业资质标准〉的通知》（建城〔2009〕157号），自发布之日起施行，建城〔2007〕27号文同时废止。2009年10月9日，住房和城乡建设部印发《关于印发〈城市园林绿化企业一级资质申报管理工作规程〉的通知》（建城〔2009〕158号），自发布之日起施行。

1995年8月7日 建设部令第47号发布《城市车辆清洗管理办法》。2004年7月2日废止（建设部令127号）。

1995年12月8日 建设部印发《城市中水设施管理暂行办法》（建城〔1995〕713号），自发布之日起施行。

1996年2月26日 建设部关于印发《城市建筑垃圾管理规定》的通知（建城〔1996〕96号）。

1996年6月4日 国务院令第198号颁布《城市道路管理条例》，自1996年10月1日起施行。

1996年7月1日 建设部令第51号发布《城市燃气和集中供热企业资质管理规定》自1996年8月1日起施行，2004年7月2日废止（建设部令127号）。

1996年7月9日 建设部、卫生部令第53号发布《生活饮用水卫生监督管理办法》，自1997年1月1日起施行。

1996年9月28日 建设部关于印发《关于加强户外广告、霓虹灯设置管理的规定》的通知（建城〔1996〕542号）。

1996年11月29日 建设部印发《关于开展创建文明风景名胜区活动的

通知》（建城〔1996〕611 号）。

1997 年 5 月 27 日 建设部印发《城市建设档案馆目标管理考评办法》（建办〔1997〕120 号）。

1997 年 8 月 第一届国际园林花卉博览会在辽宁省大连市举办。1998 年 9 月 26 日至 10 月 10 日，2000 年 9 月 20 日至 10 月 20 日，2001 年 9 月 28 日至 11 月 28 日，2004 年 9 月 16 日至 2005 年 4 月 8 日，2007 年 9 月 22 日至 2008 年 3 月 21 日，2009 年 9 月 26 日至 2010 年 5 月，分别在江苏省南京市、上海市、广东省广州市、深圳市、福建省厦门市、山东省济南市举办第二～七届国际园林花卉博览会。2011 年 9 月至 2012 年 4 月，第八届国际园林花卉博览会在重庆市举办。2013 年 4 月至 2013 年 10 月，第九届国际园林花卉博览会将在北京市举办。

1997 年 10 月 27 日 建设部令第 58 号发布《城市地下空间开发利用管理规定》，自 1997 年 12 月 1 日起施行。

1997 年 12 月 23 日 建设部令第 61 号发布《城市建设档案管理规定》。2001 年 7 月 4 日，建设部令第 90 号发布《关于修改〈城市建设档案管理规定〉的决定》，对其修订。

1997 年 12 月 23 日 建设部令第 62 号发布《城市燃气管理规定》，自 1998 年 1 月 1 日起施行。

1997 年 12 月 31 日 建设部令第 63 号发布《城市出租车管理办法》，自 1998 年 2 月 1 日起施行。

1998 年 9 月 23 日 国家发展计划委员会、建设部印发《城市供水价格管理办法》（计价格〔1998〕810 号），进一步规范城市供水价格。

1999 年 2 月 3 日 建设部令第 67 号发布《城市供水水质管理规定》。2004 年 7 月 23 日、2007 年 3 月 1 日，建设部对其两度修订（建设部令第 132 号、156 号）。

1999 年 10 月 5 日 全国城市建设工作会议在辽宁省大连市开幕。建设部部长俞正声主持会议，并宣读了温家宝副总理致全国城市建设工作会议的信；副部长赵宝江做工作报告。

1999 年 11 月 10 日 建设部印发《关于发布国家标准〈风景名胜区规划规范〉的通知》（建城〔1999〕267 号）。

2000 年 1 月 21 日 建设部发布《燃气燃烧器具安装维修管理规定》（建设部令第 73 号）。

2000 年 1 月 27 日 建设部印发《城市建设统计指标体系及制度方法修订工作方案的通知》（建综〔2000〕26 号），部署城市建设统计指标体系及制度方法修订工作。

2000 年 4 月 27 日 建设部决定设立"中国人居环境奖"。2001 年 12 月 28 日，建设部印发《关于公布 2001 年"中国人居环境奖"和"中国人居环境范例奖"获奖名单的通知》（建城〔2001〕267 号），广东省深圳市等 5 个城市获得中国人居环境奖。北京市大气污染治理和环境综合整治等 28 个项目获得中国人居环境范例奖。2002 年，建设部印发《中国人居环境奖申报和评选办法》（建城〔2002〕127 号）。2003 年 2 月 20 日，建设部印发《关于公布 2002 年中国人居环境奖获奖名单的通报》（建城〔2003〕37 号），授予山东省青岛市等 3 个城市中国人居环境奖；授予北京市"菖蒲河改造——皇城保护"等 34 个项目中国人居环境范例奖；授予昆明世界园艺博览园中国人居环境特别奖。2006 年 4 月 29 日，建设部印发《中国人居环境奖申报和评选办法》及附件《中国人居环境奖参考指标体系》、《中国人居环境范例奖评选主题及内容》（建城〔2006〕101 号）。原《中国人居环境奖申报和评选办法》（建城〔2002〕127 号）同时废止。2008 年 2 月 4 日，建设部公布 2007 年中国人居环境奖获奖城市（项目）名单，授予江苏省昆山市、山东省日照市、河北省廊坊市 2007 年中国人居环境奖；授予北京市北二环城市绿化建设项目等 25 个项目为 2007 年中国人居环境范例奖。

2000 年 4 月 28 日　建设部印发《关于加强风景名胜区规划管理工作的通知》（建城〔2000〕94 号）。

2000 年 4 月 29 日　建设部印发《关于贯彻落实〈关于清理整顿城市出租汽车等公共客运交通的意见〉》的通知（建城〔2000〕95 号）。

2000 年 5 月 11 日　建设部印发《〈创建国家园林城市实施方案〉、〈国家园林城市标准〉的通知》（建城〔2000〕106 号），进一步规范国家园林城市申报、考核及有关管理工作。

2000 年 5 月 29 日　建设部、国家环境保护总局、科学技术部印发《城市生活垃圾处理及污染防治技术政策》（建城〔2000〕120 号），引导城市生活垃圾处理及污染技术发展，提高城市生活垃圾处理水平，促进社会、经济和环境的可持续发展。

2000 年 5 月 29 日　建设部、国家环境保护总局、科学技术部印发《城市污水处理及污染防治技术政策》（建城〔2000〕124 号），旨在为控制城市污染，促进城市污水处理设施建设及相关产业的发展。

2000 年 6 月 1 日　建设部印发《城市市政公用事业利用外资暂行规定》（建综〔2000〕118 号），自发布之日起施行。

2000 年 9 月 1 日　建设部印发《城市古树名木保护管理办法》（建城

〔2000〕192 号），自发布之日起施行。

2001 年 2 月 23 日　建设部、国家质量技术监督总局令第 85 号发布《游乐园管理规定》，自 2001 年 4 月 1 日起施行。

2001 年 4 月 20 日　建设部印发《关于发布〈国家重点风景名胜区规划编制审批管理办法〉的通知》（建城〔2001〕83 号）。

2001 年 7 月 6 日　建设部城市建设司印发《关于对申报国家园林城市的园林绿化统一组织进行遥感的通知》（建城园函〔2001〕48 号），要求申报国家园林城市的城市统一进行遥感测试，核定城市园林绿化情况。2010 年 9 月 19 日，住房和城乡建设部城市建设司印发《关于修订〈国家园林城市遥感与测试要求〉的通知》（建城园函〔2010〕150 号）。

2001 年 12 月 11 日　建设部印发《关于城市建设统计指标解释的通知》（建综〔2001〕255 号）。12 月 24 日，建设部印发《关于执行城市和县城建设统计报表制度的通知》（建综〔2001〕257 号）。《通知》指出：2001 年起，加大城市建设统计基础工作研究和统计培训，出版发行《城市建设统计年报》；2002 年起，每年年末编印《建设工作重要指标参考数据》，作为统计快报数据，印发部内使用；2004 年起，每年汇编《建设事业统计摘要》，供部内、有关综合部门及全国建设部门使用；2006 年起，出版发行《中国城乡建设统计年鉴》。

2002 年 2 月 22 日　建设部、交通部、财政部、国家发展计划委员会、公安部联合印发《关于进一步加强城市出租汽车行业管理工作的意见》（建城〔2002〕43 号）。

2002 年 3 月 19 日　国家发展计划委员会、建设部印发《关于组织开展城市供水价格全国统一审价工作的通知》（计价格〔2002〕395 号），要求全面审查供水企业 1999 年、2000 年、2001 年三年供水价格调整后企业生产经营成本、费用、财务收支情况，以及附加在水价内外的各种基金、收费。

2002 年 4 月 1 日　国家发展计划委员会、财政部、建设部、水利部、国家环境保护总局印发《关于进一步推进城市供水价格改革工作的通知》（计价格〔2002〕515 号），要求城市生活用水将推行阶梯式计量水价，2003 年底以前所有城市都要开征污水处理费。

2002 年 4 月 25 日　文化部、国家文物局、国家发展计划委员会、财政部、教育部、建设部、国土资源部、国家环境保护总局、国家林业局 9 部门印发《关于加强和改善世界遗产保护管理工作的意见》（文物发〔2002〕16 号）。

2002 年 6 月 7 日　国家发展计划委员会、财政部、建设部、国家环境保护总局《关于实行城市生活垃圾处理收费制度促进垃圾处理产业化的通知》（计价格〔2002〕872 号）。

2002 年 7 月 17 日　国家发展计划委员会、建设部印发《关于城市供水价格全国统一审价工作有关问题的补充通知》（计价格〔2002〕1182 号）。

2002 年 8 月 14 日　建设部印发《关于立即制止风景名胜区开山采石加强风景名胜区保护的通知》（建城〔2002〕213 号）。

2002 年 9 月 8 日　国务院副总理温家宝、国务委员司马义·艾买提在反映"我国盲道多障碍"上作出批示。温家宝批示：城市要重视盲道建设和管理，所有公共场所都要尽量给残疾人提供方便。这是社会文明的一个重要表现。司马义·艾买提批示：无障碍设施的建设和管理问题，应当引起足够的重视。一是要规范建设，即城市道路和公共场所及设施在建设时应按规定设计和建设无障碍设施。二是要加强无障碍设施的管理，对不按规定建设和占用无障碍设施的行为加大检查纠正和处罚力度，确保无障碍设施的正常使用。

2002 年 9 月 10 日　国家发展计划委员会、建设部、国家环境保护总局《关于印发推进城市污水、垃圾处理产业化发展意见的通知》（计投资〔2002〕1591 号）。

2002 年 9 月 13 日　建设部令第 112 号发布《城市绿线管理办法》，2002 年 11 月 1 日起施行。

2002 年 9 月　国务院副总理李岚清在建设部关于城市节水工作的报告上指出：有了标准，就要加大执法力度，不执行者，就要认真依法查处。建议《节水型生活用水器具》标准在媒体上公布，并在中央电视台发消息。建设部据此发出《关于做好 2003 年全国城市节约用水宣传周工作的通知》（建城〔2003〕72 号）。通知要求：各地要认真贯彻 2002 年发布的《节水型生活用水器具》、《城市居民生活用水量标准》、《城市供水管网漏损控制及评定标准》；在城市新建、改建、扩建的公共和民用建筑中，一律不得使用不符合《节水型生活用水器具》标准的水龙头、便器及便器系统、便器冲洗阀；在 2005 年前各单位现有房屋建筑中安装使用的不符合标准规定的用水器具要全部更换。2005年 12 月 30 日，建设部办公厅又以建办城函〔2005〕806 号转发了北京市《关于严格执行（节水型生活用水器具）标准加快淘汰非节水型生活用水器具的通知》（京建材〔2005〕1095 号），要求各地特别是缺水城市，要进一步贯彻落实《国务院关于加强城市供水节水和水污染防治工作的通知》和《中国节水技术政策大纲》要求，严格执行《节水型生活用水器具》（CJ 164—2002）标准，进一步加大推广使用节水型生活用水器具力度，加快淘汰非节水型生活用水器具，全面推进节水型城市建设。

2002 年 10 月 16 日　建设部印发《关于印发〈城市绿地系统规划编制纲要（试行）〉的通知》（建城〔2002〕240 号），自发布之日起施行。

2002 年 10 月 18 日　建设部、国家经济贸易委员会印发《关于表彰第一批"节水型城市"的通报》（城建〔2002〕243 号），北京等 10 个城市被命名为首批节水型城市。第二批"节水型城市"于 2005 年 2 月 21 日命名，包括天津等 8 个城市；第三批"节水型城市"于 2007 年 3 月 12 日命名，包括宁波等 11 个城市；第四批"节水型城市"于 2009 年 3 月 23 日命名，包括沈阳等11 个城市。

2002 年 10 月 31 日 建设部、民政部、全国老龄委办公室、中国残疾人联合会共同组织召开全国无障碍设施建设工作电视电话会议。会议决定将北京市、天津市、上海市、大连市、青岛市、南京市、杭州市、厦门市、广州市、西安市、苏州市、秦皇岛市 12 个城市作为首批全国无障碍设施建设示范城（区）创建城市。

2002 年 11 月 6 日 建设部印发《关于加强城市生物多样性保护工作的通知》（建城〔2002〕249 号），自发布之日起施行。

2002 年 12 月 27 日 建设部印发《关于加快市政公用行业市场化进程的意见》（建城〔2002〕272 号）。

2003 年 4 月 11 日 建设部印发《关于做好国家重点风景名胜区核心景区划定与保护工作的通知》（建城〔2003〕77 号）。

2003 年 6 月 25 日 建设部印发《关于印发〈国家重点风景名胜区总体规划编制报批管理规定〉的通知》（建城〔2003〕126 号）。

2003 年 7 月 21 日 建设部、国家发展和改革委员会、财政部、人事部、民政部、劳动和社会保障部、国家税务总局、国家环保总局发布了《关于印发〈关于城镇供热体制改革试点工作的指导意见〉的通知》（建城〔2003〕148号）。

2003 年 8 月 14 日 城镇供热体制改革试点工作会议在北京市召开。会议强调贯彻落实建设部、国家发展和改革委员会、财政部等八部委联合印发的《关于城镇供热体制改革试点工作的意见》的通知；建设部副部长仇保兴讲话，部署城镇供热体制改革试点工作。

2003 年 8 月 15 日　建设部、公安部联合印发《关于开展创建"绿色交通示范城市"活动的通知》（建城〔2003〕169 号）。

2003 年 9 月 3 日　建设部印发《关于推行全国建设系统"12319"服务热线的通知》（建精〔2003〕179 号）。

2003 年 9 月 3 日　建设部令第 117 号发布《城市抗震防灾规划管理规定》。

2003 年 9 月 14 日　建设部、国家发展和改革委员会、财政部印发《关于加快城市供水管网改造的意见》（建城〔2003〕188 号）。《意见》指出，充分认识加快城市供水管网改造的重要性；进一步明确城市供水管网改造的目标和任务；采取有效措施，加大城市供水管网改造投资力度；加强城市供水管网改造的组织领导。

2003 年 10 月 10 日　建设部令第 118 号发布《城市桥梁检测和养护维修管理办法》，自 2004 年 1 月 1 日起施行。

2003 年 11 月 18 日　建设部印发《关于国家重点风景名胜区监督管理信息系统建设工作指导意见》（建城〔2003〕220 号）。

2003 年 11 月 18 日　国家发展和改革委员会、国家环境保护总局、卫生部、财政部、建设部发出《关于实行危险废物处置收费制度促进危险废物处置产业化的通知》（发改价格〔2003〕1874 号），经国务院同意，实行危险废物处置收费制度，促进危险废物处置产业化。

2004 年 1 月 9 日　建设部印发《国家重点风景名胜区审查办法》（建城〔2004〕9 号）。

2004 年 2 月 11 日　建设部印发《关于同意荣成市桑沟湾城市湿地公园为国家城市湿地公园的批复》（建城函〔2004〕34 号），命名山东省荣成市桑沟湾国家城市湿地公园。

2004 年 2 月 12 日　建设部、国家发展和改革委员会、国土资源部、财政部印发《关于清理和控制城市建设中脱离实际的宽马路、大广场建设的通知》（建规〔2004〕29 号）。《通知》要求：暂停城市宽马路、大广场的建设；清理城市各类广场、道路建设项目；规范城市广场、道路建设规划；加强对城市建设用地和城市建设资金的管理；加强监督检查工作。

2004 年 3 月 12 日　建设部印发《关于优先发展城市公共交通的意见》（建城〔2004〕38 号）。

2004 年 3 月 19 日　建设部令第 126 号发布《市政公用事业特许经营管理办法》，自 2004 年 5 月 1 日起施行。

2004 年 5 月 19－20 日　建设部召开了全国城市公共交通工作会议，汪光焘部长和仇保兴副部长作了讲话。会议交流了各地贯彻落实《关于优先发展城市公共交通的意见》，开展改革与加强管理的经验及做法。

2004 年 6 月 14 日　建设部发布《关于实施〈节约能源——城市绿色照明示范工程〉的通知》（建城〔2004〕97 号）。

2004 年 6 月 29 日　建设部、国家安全生产监督管理局印发《关于加强城镇燃气安全管理工作的通知》（建城〔2004〕105 号）。

2004 年 6 月 30 日　国家发展和改革委员会、财政部、建设部、水利部、国家环境保护总局印发《关于贯彻国务院办公厅关于推进水价改革促进节约用水保护水资源有关问题的通知》（发改价格〔2004〕1250 号）。

2004 年 7 月 20 日　建设部令第 130 号发布《建设部关于修改〈城市房屋白蚁防治管理规定〉的决定》，自发布之日起施行。修改后的规定共 21 条。

2004 年 9 月 14 日　建设部印发《关于印发城市供水、管道燃气、城市生活垃圾处理特许经营协议示范文本的通知》（建城〔2004〕162 号）。

2004 年 11 月 3 日　建设部、国家发展和改革委员会印发《关于切实做好当前北方地区城镇供热工作的紧急通知》（发改运行〔2004〕2415 号）。

2004 年 11 月 4 日　国家发展和改革委员会、财政部、建设部、交通部印发《关于加强三峡库区船舶垃圾处理和收费管理的通知》（发改价格〔2004〕2428 号），目的是加快船舶垃圾处理步伐，提高船舶垃圾收集率和处理质量，减少环境污染，改善长江水域环境。

2004 年 11 月 23 日　建设部、国家发展和改革委员会发布《关于加强城市照明管理促进节约用电的意见》（建城〔2004〕204 号）。

2004 年 12 月 10 日　建设部、公安部印发《关于加强城镇燃气用户安全工作的通知》（建城〔2004〕220 号）。

2005 年 1 月 7 日　建设部令第 136 号发布《城市地下管线工程档案管理办法》，自 5 月 1 日起施行。

2005 年 1 月 7 日　中央精神文明建设委员会办公室、建设部、国家旅游局发布《全国文明风景旅游区评选和管理办法》（文明办〔2008〕1 号）。2006

年 1 月 19 日，中央文明办、建设部、国家旅游局表彰第一批全国文明风景旅游区和全国创建文明风景区先进单位，有 11 家单位获得"全国文明风景旅游区"称号，49 个景区获得"全国创建文明风景区先进单位"称号。2009 年 3 月 24 日，中央文明办、住房和城乡建设部、国家旅游局联合公布第二批全国文明风景旅游区和全国创建文明风景区先进单位，有 15 家单位获得"全国文明风景旅游区"称号，55 家单位获得"全国创建文明风景区先进单位"称号。

2005 年 1 月 20 日 建设部、公安部联合发出《关于因公致残的人民警察乘坐市内公共交通享受与残疾人同样待遇的通知》（建城〔2005〕231 号）。

2005 年 2 月 2 日 建设部印发《国家城市湿地公园管理办法（试行）》（建城〔2005〕16 号），自颁布之日起执行。此前 2004 年 2 月，建设部批准山东省荣成市桑沟湾城市湿地公园为第一批国家城市湿地公园（1 个）。2005 年 6 月，建设部公布第二批国家城市湿地公园（9 个）。2007 年 2 月，建设部公布第三批国家城市湿地公园（12 个）。2007 年 6 月，建设部公布第四批国家城市湿地公园（4 个）。2008 年 7 月，住房和城乡建设部公布第五批国家城市湿地公园（4 个）。2009 年 12 月 3 日，住房和城乡建设部公布第六批国家城市湿地公园（7 个）（建城〔2009〕277 号）。

2005 年 2 月 3 日 建设部印发《关于加强公园管理工作的意见》（建城〔2005〕17 号），自发布之日起施行。

2005 年 2 月 25 日 建设部、民政部、全国老龄办、中国残疾人联合会在北京人民大会堂召开创建全国无障碍设施建设示范城市总结会议。国务院副总理回良玉出席会议并作重要讲话，建设部部长汪光焘代表四部门做工作报告，民政部部长李学举、中国残联主席邓朴方、全国老龄办常务副主任李本公在会上讲了话。会议命名北京、天津、上海、大连、青岛、南京、杭州、厦门、广州、西安、苏州、秦皇岛 12 个城市为全国无障碍设施建设示范城市。建设部、民政部、全国老龄办、中国残联印发《关于表彰全国无障碍设施建设示范先进区的决定》（建标〔2005〕24号），对12个城市在创建全国无障碍设施示范区建设工作中取得突出成绩的地区进行了表彰。先进示范区有：北京市西城区、朝阳区，天津市河西区、大港区，上海市静安区、浦东区，大连市中山区，青岛市市南区，南京市鼓楼区，杭州市下城区，厦门市思明区，广州市番禺区，西安市雁塔区，苏州市工业园区，秦皇岛市海港区。

2005年3月23日 建设部令第138号发布《城市公共汽电车客运管理办法》，自2005年6月1日起施行。

2005年3月23日 建设部令第139号发布《城市建筑垃圾管理规定》，自2005年6月1日起施行。

2005年4月20日 建设部发布《关于做好建立〈中国国家自然遗产、国家自然与文化双遗产预备名录〉工作的通知》（建城〔2005〕56号），决定设立《中国国家自然遗产、国家自然与文化双遗产预备名录》，作为申请列入《世界自然遗产、自然与文化双遗产预备名单》的候选项目，建立了我国遗产申报管理的国家遗产预备名录、世界遗产预备名录、世界遗产名录三级申报和保护机制。

2005年5月12日 建设部、交通部、财政部、国家发展和改革委员会、公安部联合印发《关于采取措施化解燃油价格上涨对出租汽车行业影响的通知》（建城〔2005〕75号）。

2005年6月24日 建设部印发《关于印发〈城市湿地公园规划设计导则（试行）〉的通知》（建城〔2005〕97号）。

2005年6月28日 建设部令第140号发布《城市轨道交通运营管理办法》，自2005年8月1日起实施。

2005 年 7 月 14 日 建设部印发《关于推广北京市东城区数字化城市管理模式的意见》(建城〔2005〕121 号)。7 月 17 日,印发《数字化城市管理模式试点实施方案》(建办城函〔2005〕404 号)。2005 年 7 月 13 日、2006 年 3 月 9 日、2007 年 4 月 27 日,建设部分别以建城函〔2005〕207 号、建城函〔2006〕60 号、建城函〔2007〕267 号公布了三批数字化城市管理试点城市(地区)名单。

2005 年 7 月 建设部发布了《关于公布数字化城市管理试点城市(城区)名单的通知》。同月,建设部在北京东城区召开"全国数字化城市管理现场会"。

2005 年 7 月 国务院副总理曾培炎在建设部关于推广北京市东城区数字化城市管理模式工作的报告上批示:城市管理数字化符合信息化发展方向,对提高政府社会管理水平,改善公共服务质量很有意义。希望在总结试点经验的基础上,加强组织领导,完善有关技术标准,从各地实际出发,逐步推广应用,为构建社会主义和谐社会作出贡献。

2005 年 8 月 8 日 建设部、交通部、财政部、国家发展和改革委员会、公安部联合印发《关于认真做好规范出租汽车行业检查验收工作的函》(建城〔2005〕132 号)。

2005 年 8 月 9 日 建设部发布《关于进一步加强城市照明节电工作的通知》(建城函〔2005〕234 号)。

2005 年 8 月 "城市市政综合监管信息系统"系列行业标准由建设部颁布执行。同月,建设部成立了"数字化城市管理新模式推广工作领导小组"。

2005 年 9 月 10 日 建设部印发《关于加强市政公用事业监管的意见》(建城〔2005〕154 号)。

2005 年 10 月 9 日　国家发展和改革委员会、建设部、铁道部、交通部印发《关于做好 2005 年冬季电力生产和北方城镇居民采暖用煤供应工作的通知》（发改运行〔2005〕1399 号）。

2005 年 10 月 25 日　建设部、国家发展和改革委员会印发《关于印发煤热价格联动机制的指导意见的通知》（发改价格〔2005〕2200 号）。

2005 年 12 月 6 日　建设部、国家发展和改革委员会、财政部、人事部、民政部、劳动和社会保障部、国家税务总局、国家环境保护总局发布《关于进一步推进城镇供热体制改革的意见》（建城〔2005〕220 号）。

2005 年 12 月 22 日　城镇供热体制改革工作电视电话会议在北京市召开，会议强调要贯彻落实建设部等八部委印发的《关于进一步推进城镇供热体制改革的意见》，建设部副部长仇保兴讲话，部署了下一步推进城镇供热体制改革的工作，各地介绍供热收费制度改革经验。

2006 年 1 月 12 日　建设部印发《关于公布首批〈中国国家自然遗产、国家自然与文化双遗产预备名录〉的通报》（建城〔2006〕5 号）。此次公布的首批中国国家自然遗产 17 处；首批中国国家自然与文化双遗产 13 处。2009 年 9 月 10 日，住房和城乡建设部印发《关于第二批中国国家自然遗产、国家自然与文化双遗产预备名录的通知》（建城函〔2009〕213 号）。公布第二批中国国家自然遗产 18 处；中国国家自然与文化双遗产 8 处。

2006 年 1 月 20 日　建设部印发《中国城乡环境卫生体系建设》（建城〔2006〕13 号）。

2006 年 2 月 10 日　建设部、国家发展和改革委员会、财政部印发《全国城市供水管网改造近期规划（2006—2007 年）》（建综〔2006〕27 号）。《规划》要求切实做好《供水管网改造规划》的实施工作，认真做好规划与年度计划的衔接，加大城市供水管网改造的投资力度，加强供水管网改造的组织领导。

2006年2月10日 国务院在广东省广州市召开全国风景名胜区工作座谈会。国务院副总理曾培炎出席并讲话。曾培炎强调，风景名胜区资源是宝贵的自然文化遗产。加强风景名胜工作，一定要按照科学发展观的要求，完善有关法律法规，科学规划，严格保护，统一管理，合理开发，促进风景名胜区永续利用。

2006年3月31日 建设部印发《关于印发〈国家重点公园管理办法〉（试行）的通知》（建城〔2006〕67号）。2007年2月6日，建设部印发《关于公布第一批国家重点公园的通知》（建城〔2007〕34号），批准北京市颐和园等20个国家重点公园。2008年9月12日，住房和城乡建设部印发《关于公布第二批国家重点公园的通知》（建城〔2008〕168号），批准邯郸市丛台公园等26个国家重点公园。2009年12月3日，住房和城乡建设部印发《关于公布第三批国家重点公园的通知》（建城〔2009〕276号），批准北京市中山公园等10个国家重点公园。

2006年3月 建设部在江苏省无锡市召开"数字化城市管理模式推广工作试点城市座谈会"。

2006年4月9日 建设部、国家发展和改革委员会、财政部联合印发《关于切实维护出租汽车行业稳定的紧急通知》（建城〔2006〕74号）。

2006年4月25日 国家发展和改革委员会、财政部、建设部、中国人民银行、中国银行业监督管理委员会印发《关于加强宏观调控 整顿和规范各类打捆贷款的通知》（银监发〔2006〕27号）。

2006年5月12日 建设部、监察部、国务院纠正行业不正之风办公室、交通部、财政部、国家发展和改革委员会、公安部联合印发《关于规范出租汽车行业管理专项治理工作的实施意见》（建城〔2006〕107号）。

2006年5月22日 建设部印发《关于印发城镇供热、城市污水处理特许经营协议示范文本的通知》（建城〔2006〕126号）。

2006年5月23日 建设部、公安部、监察部、国务院纠风办、国家工商行政管理总局、交通部联合印发《关于印发〈关于开展打击"黑车"等非法营运专项整治行动的实施方案〉的通知》（建城〔2006〕121号）。

2006年5月24日 建设部、交通部、国家发展和改革委员会、财政部、公安部、监察部、国务院纠风办、劳动和社会保障部、国家工商行政管理总局、国家质量技术监督总局联合印发《关于进一步加强出租汽车行业管理切实减轻出租汽车司机负担的通知》（建城〔2006〕116号）。

2006年6月12日 建设部办公厅印发《全国城乡建设档案事业"十一五"规划》（建办档〔2006〕45号），概述了全国城乡档案事业发展的基本情况，说明了"十一五"规划的指导思想、总体目标和保障措施。

2006年6月13日 建设部、国家发展和改革委员会印发《节水型城市申报与考核办法》和《节水型城市考核标准》（建城〔2006〕140号），要求各地进一步加强对节水型城市建设工作的指导，促进水资源可持续开发利用和改善水环境。

2006年7月4日 建设部发布《关于印发〈"十一五"城市绿色照明工程规划纲要〉的通知》（建办城〔2006〕48号）。

2006年8月30-31日 城镇供热体制改革工作会议在辽宁省沈阳市召开，建设部副部长仇保兴讲话，部署了城镇供热体制改革具体工作。

2006 年 9 月 8 日　国务院总理温家宝作出重要批示，强调要从管理和制度上解决大型公共建筑工程建设中存在的问题，采取综合措施控制城市建设中贪大求洋、浪费资源、缺乏特色等问题。受温家宝委托，国务院副总理曾培炎主持召开座谈会，听取有关专家意见，并就《关于加强大型公共建筑工程建设管理的若干意见》进行讨论。

2006 年 10 月 12 日　建设部印发《关于认真做好〈风景名胜区条例〉宣传贯彻工作的通知》（建城函〔2006〕275 号）。通知要求各省、自治区、直辖市建设行政主管部门和各级风景名胜区，要充分认识《条例》的重要意义，认真组织好《条例》的宣传；要切实抓好《条例》的贯彻落实。

2006 年 11 月 6 日　建设部印发《城市轨道交通工程设计概预算编制办法》（建标〔2006〕279 号），自 2007 年 3 月 1 日起施行。

2006 年 11 月 9 日　建设部、民政部、公安部、教育部、卫生部、国家广播电影电视总局、国家质量监督检验检疫总局、国家工商行政管理总局、国家安全生产监督管理总局、中国气象局印发关于《加强非职业性一氧化碳中毒防范工作》的通知（建城〔2006〕274 号）。

2006 年 11 月 16 日　建设部印发《关于做好城市（县城）和村镇建设统计 2006 年年报和 2007 年定期报表的通知》（建综函〔2006〕307 号），将城市与村镇建设统计制度合并。

2006 年 11 月　建设部在江苏省扬州市召开"全国数字化城市管理工作会议"，会议提出了"'十一五'末，地级市全覆盖，有条件的县级市和县城也要建立起来"的目标。

2006 年 11 月 30 日至 12 月 1 日　建设部召开全国优先发展城市公共交通工作会议，会议认真学习了国务院领导关于优先发展城市公共交通的一系列重要批示精神，总结交流了各地贯彻落实国办发〔2005〕46号文件的做法和经验，研究部署了下一阶段大力推进城市公共交通优先发展的各项工作。会后向国务院上报了《关于优先发展城市公共交通工作情况的报告》。会上对11个全国优先发展城市公共交通示范城市、32家企业"全国城市公共交通文明企业"、92条"全国城市公共交通文明线路"、11名"全国城市公共交通标兵"和194名"全国城市公共交通先进个人"进行了表彰。

2006年12月1日　建设部、国家发展和改革委员会、财政部、劳动和社会保障部印发《关于优先发展城市公共交通若干经济政策的意见》（建城〔2006〕288号）。《意见》提出：一、加大城市公共交通的投入；二、建立低票价的补贴机制；三、认真落实燃油补助及其他各项补贴；四、规范专项经济补偿；五、维护职工合法权益，稳定职工队伍；六、加强领导，落实责任，确保行业稳定。

2006年12月25日　建设部令第152号发布《城市排水许可管理办法》。

2007年1月　建设部办公厅〔2007〕42号函确立2008年到2010年为数字城管全面推广阶段，在全国地级以上城市和条件具备的县级市要全面推广数字化城市管理新模式。

2007年3月8日　建设部印发《关于加强中小城市城乡建设档案工作的意见》（建办〔2007〕58号）。

2007年4月3日　建设部印发《国家级风景名胜区徽志使用管理办法》（建城〔2007〕93号），根据《风景名胜区条例》要求，对国家级风景名胜区徽志图案的中文标注进行局部调整。

2007年4月20日　建设部在北京组织开展中国城市公共交通周及无车日活动的培训工作，交流国际上同类活动做法与经验，讨论首届中国城市公共交通周及无车日活动方案，部分城市作交流发言。

2007 年 4 月 28 日　建设部令第 157 号发布《城市生活垃圾管理办法》，自 2007 年 7 月 1 日起施行。

2007 年 4 月　建设部公布了长沙、乌鲁木齐、白银等第三批 24 个试点城市。至此，"数字化城市管理新模式"试点城市已达 51 个，覆盖了全国 25 个省、直辖市、自治区。

2007 年 6 月 3 日　国家发展和改革委员会、建设部印发《城市供热价格管理暂行办法》（发改价格〔2007〕1195 号），自 2007 年 10 月 1 日起施行。

2007 年 6 月 4 日　建设部印发《关于印发〈中国国际园林花卉博览会申办办法〉的通知》（建城〔2007〕140 号）。2009 年 12 月 15 日，住房和城乡建设部印发《关于印发〈中国国际园林博览会管理办法〉的通知》（建城〔2009〕286 号），对申办、筹办、运营和后续管理等作了明确规定，原《中国国际园林花卉博览会申办办法》同时废止。

2007 年 6 月 13 日　建设部发布《城市公共交通分类标准》（CJJ/T114—2007），自 2007 年 10 月 1 日起实施。

2007 年 8 月 30 日　建设部印发《关于建设节约型城市园林绿化的意见》（建城〔2007〕215 号），自发布之日起施行。

2007 年 6 月　建设部在成都市召开"全国数字化城市管理试点城市工作座谈会"。

2007 年 8 月 31 日　建设部在北京召开中国城市公共交通周及无车日活动工作会议，建设部副部长仇保兴作工作报告，播放城市公共交通周及无车日活动宣传片、公益广告片，邀请国际公共交通周及无车日活动专家介绍经验，北京、上海、天津、郑州、深圳 5 个城市做城市公共交通周及无车日活动工作汇报。通过本次会议，学习借鉴国际上开展公共交通周及无车日活动的做法和经验，交流了部分城市的工作方案，具体部署了开展中国城市公共交通周及无车日活动的工作。

2007 年 9 月 16-22 日　建设部组织全国 110 个城市开展首届"中国城市公共交通周及无车日活动"，围绕"绿色交通与健康"的主题开展活动，组织中国城市公共交通周和无车日活动的海报评选工作；编制并下发《中国城市公共交通周和无车日活动手册》；制定并下发了《关于开展中国城市公共交通周和无车日活动的通知》等一系列文件；组织编制《中国城市公共交通周及无车日活动简报》，定期下发；组织拍摄宣传首届"中国城市公共交通周及无车日"活动的宣传片和广告片；中央电视台播放了宣传首届"中国城市公共交通周及无车日"活动的公益广告片；在人民网设专题宣传中国城市公共交通周及无车日活动；面向全社会陆续开展摄影作品、DV 作品和动漫作品的征集活动。

2007 年 9 月 25 日　供热计量改革经验交流现场会在天津市召开。住房和城乡建设部副部长仇保兴讲话并部署了供热计量改革具体工作，会上交流了供热计量改革典型经验。

2007 年 10 月 16 日　住房和城乡建设部印发《关于印发〈国家级风景名胜区监管信息系统建设管理办法（试行）〉的通知》（建城〔2007〕247 号）。

2007 年 10 月 31 日　建设部印发关于《燃气燃烧器具安装、维修企业资质管理有关事项》的通知（建城〔2007〕250 号）。

2007 年 11 月 15 日　建设部、民政部、中国残疾人联合会、全国老龄工作委员会办公室印发《关于开展创建全国无障碍建设城市工作的通知》（建标〔2007〕261 号），明确提出创建全国无障碍建设城市工作是落实科学发展观、构建社会主义和谐社会的一项重要任务，是社会进步、经济发展和城市建设的需要，也是造福后代、方便残疾人和老年人，服务于全社会的爱心工程。通知要求，各地建设行政主管部门对无障碍建设实施统一管理和监督，民政、残联、老龄等部门要积极配合开展工作，共同推进创建工作科学有序开展，并印发了《创建全国无障碍建设城市工作标准》。

2008 年 3 月 11 日　建设部发出《关于做好 2008 年国家级风景名胜区监管信息系统建设暨推进数字化景区试点工作的通知》（建办城函〔2008〕116号）。

2008 年 3 月 11 日　建设部印发《关于组织开展供热计量改革示范城市工作的通知》（建城函〔2008〕58 号）。

2008 年 4 月 9 日　国家发展和改革委员会、财政部、国土资源部、住房和城乡建设部、国家林业局、国家旅游局、国家宗教事务局、国家文物局印发《关于整顿和规范浏览参观点门票价格的通知》（发改价格〔2008〕905 号），促进旅游业健康发展，维护消费者合法权益。

2008 年 5 月 6 日　住房和城乡建设部发出《关于加快数字化城市管理试点工作的通知》（建城容函〔2008〕70 号）。

2008 年 5 月 11-17 日　2008 年"全国城市节约用水周"活动举办（建办城函〔2008〕192 号）。宣传周的主题是："加大节水减排力度,迎接绿色奥运"。

2008 年 5 月 27 日　住房和城乡建设部、国家发展和改革委员会、财政部印发《全国城市燃气管网改造规划》（建综〔2008〕98 号）。

2008 年 8 月 11 日　住房和城乡建设部公告第 83 号发布《风景名胜区分类标准》，自 2008 年 12 月 1 日起实施。

2008 年 9 月 5 日 住房和城乡建设部发布《市政公用设施建设项目经济评估方法与参数》（建标〔2008〕162 号）。

2008 年 9 月 11 日 国家发展和改革委员会、财政部、住房和城乡建设部印发《关于做好冬季供热采暖工作有关问题的指导意见的通知》（发改价格〔2008〕2415 号）。

2008 年 9 月 16 日 住房和城乡建设部印发《关于加强城市公共厕所建设和管理的意见》（建城〔2008〕170 号），要求各地明确城市公厕建设和管理目标，完善城市公厕建设规划，加快配套建设，提高管理水平，加大管理投入，切实加强对城市公厕建设和管理的领导。

2008 年 9 月 16 日 住房和城乡建设部印发《关于加强城市绿地系统建设提高城市防灾避险能力的意见》（建城〔2008〕171 号），自发布之日起施行。

2008 年 9 月 22 日 住房和城乡建设部组织各承诺城市开展了以"人性化街道"为主题的"2008 年中国城市无车日"活动。组织有关单位成立了活动工作机构，加大活动指导和宣传。活动得到了各承诺城市的大力响应，新增广州和江阴两个承诺城市。

2008 年 10 月 7 日 住房和城乡建设部令第 1 号发布《市政公用设施抗灾设防管理规定》，自 2008 年 12 月 1 日起施行。建设部 1994 年 11 月 10 日发布的《建设工程抗御地震灾害管理规定》（建设部令第 38 号）同时废止。

2008 年 10 月 8 日 住房和城乡建设部印发《供热计量技术导则》（建城〔2008〕183 号）。

2008 年 11 月 6 日 住房和城乡建设部印发《北方采暖地区既有居住建筑供热计量改造工程验收办法》（建城〔2008〕211 号）。

2008 年 11 月 12 日　住房和城乡建设部印发《供水、供气、供热等公用事业单位信息公开实施办法》（建城〔2008〕213 号）。

2009 年 2 月 18 日　住房和城乡建设部、环境保护部、科学技术部印发《城镇污水处理厂污泥处理处置及污染防治技术政策（试行）》（建城〔2009〕23 号）。

2009 年 2 月 24 日　住房和城乡建设部印发《全国城镇生活垃圾处理信息报告、核查和评估办法》（建城〔2009〕26 号）。

2009 年 6 月 30 日　国家发展和改革委员会、住房和城乡建设部印发《垃圾处理收费方式改革试点工作指导意见》（发改价格〔2009〕1729 号）。

2009 年 7 月 6 日　住房和城乡建设部印发《关于做好城市供水价格管理工作有关问题的通知》（发改价格〔2009〕789 号）。

2009 年 7 月 7 日　住房和城乡建设部印发《数字化城市管理模式建设导则（试行）》（建城〔2009〕119 号）。

2009 年 8 月 20 日　住房和城乡建设部印发《城镇供水系统应急净水技术指导手册（试行）》（建城〔2009〕141 号）。

2009 年 9 月 2 日　住房和城乡建设部在北京举行新闻发布会，呼吁采取措施，在我国实施和恢复绿色交通，使城市空间资源向公共交通、步行、自行车等绿色交通倾斜，构成合理的综合交通体系，减少私人机动车的使用。

2009 年 9 月 10 日　住房和城乡建设部印发《城市供水设施改造技术指南（试行）》（建科〔2009〕149 号）。

2009 年 9 月 22 日　住房和城乡建设部组织各承诺城市开展了以"健康环保的步行和自行车交通"为主题的"2009 年中国城市无车日"活动。住房和城乡建设部组织编制了《2009 年中国城市无车日活动组织手册》和《2009 年中国城市无车日活动宣传手册》，向各承诺城市免费发放；拍摄了《2009 年中国城市无车日活动公益广告片》和《2009 年中国城市无车日活动公益宣传片》，并在中央电视台播放。

2009 年 9 月 22 日　国家发展改革委、科学技术部、工业和信息化部、财政部、住房和城乡建设部、国家质检总局发布《关于印发半导体照明节能产业发展意见的通知》（发改环资〔2009〕2441 号）。

2009 年　全国共有 80 多个城市开展数字化管理试点工作；对全国城市和部分县城的 4482 个水厂的原水水质、出厂水水质进行了普查；50 多个国家级风景名胜区完成总体规划。

第五章　住房和房地产

1949 年 11 月 1 日　中央人民政府内务部成立，政务院政治法律委员会指导其工作，内务部设地政司，职能包括处理接管、接收、没收的旧伪政权、官僚资本、汉奸战犯等遗留地政、房产等事务。1954 年 9 月，中央人民政府内务部改称中华人民共和国内务部（1968 年 12 月，中共中央批准内务部军代表的报告，撤销内务部）。1956 年 5 月 12 日，第一届全国人大常委会第四十次会议决定设立城市服务部，管理城市的房地产和服务性行业等工作。1958 年 2 月 11 日，第一届全国人大第五次会议决定将城市服务部改名第二商业部，并将全国供销合作总社并入。1958 年 9 月 11 日，第一届全国人大常委会第一百零二次会议决定将第一、第二商业部合并为商业部。1962 年 6 月 8 日，第二届全国人大常委会第五十五次会议决定设立国家房产管理局，作为国务院直属机构，统一管理和使用国家房产。1970 年 6 月，中共中央批准国务院机构精简方案，决定撤销国家房产管理局。"文化大革命"后期，为落实政治运动、上山下乡等导致的平反和回城人员住房问题，国家基本建设委员会城市建设局及其后来代管的国家城市建设总局设立专门机构，开始着手恢复住宅建设和房产管理等工作。1982 年 5 月 4 日，根据第五届全国人大常委会第二十三次会议决议，国家城市建设总局并入城乡建设环境保护部。

1950 年 4 月 3 日　政务院公布《契税暂行条例》，对土地房屋买卖、典当、赠与或交换应完纳契税等问题作出规定。

1950 年 11 月 25 日　内务部发布《关于填发土地房产所有证的指示》，随文附发了土地证式样和《华东军政委员会发布土地房产所有证暂行办法》。

1951 年 2 月 4 日　政务院印发《关于没收战犯、汉奸、官僚资本家及反革命分子财产的指示》。

1951 年 8 月 8 日　政务院公布《城市房地产税暂行条例》，规定了免纳房地产税范围和房产税、地产税分别计征税率等。

1952 年 5 月 24 日　内务部印发《关于加强城市公有房地产管理的意见》（内地（52）字第 67 号）。《意见》提出，为确实掌握公产情况，对房地产的种类、数量、质量、固定设备等，应一律向市房地产管理机关进行登记，发给使用证件。

1956 年 11 月 30 日　中央工商行政管理局向国务院第八办公室报送《关于对城市私有土地进行社会主义改造的意见的报告》（工商戊 2 号），报告了半年来工商行政管理局对一些重点城市私有土地情况调查结果：城市土地中私有的比重逐渐缩小。私有土地中房基地多，纯空地少；出租地多，自用地少；出租形式不统一，租金高低悬殊，依靠地租为生的少。私人买卖土地现象日渐减少，买卖价格下降。中央工商行政管理局就此提出意见：对城市私有土地的处理，应在现有工作基础上，根据占有数量、经营方式和使用等不同情况，分别采取不同的处理原则。

1957 年 1 月 11 日　国务院发出《关于职工生活方面若干问题的指示》（议字第 1 号），要求地方人民委员会和各企业、事业单位，对现有住宅都应该注意充分合理地加以使用，做好房屋的维修工作；今后新建和扩建企业，必须根据国家计划和批准的初步设计，同时修建新增加职工所必需的住宅。

1957 年 10 月 8 日　国家计划委员会、国家经济委员会、国家建设委员会发出《关于 1958 年住宅、宿舍经济指标的几项规定（草案）》（（57）经基贾字第 1213 号），明确规定大中城市家属住宅每人居住面积 4 平方米，每户平均居住面积 16 平方米，单身宿舍居住面积每人 3 平方米，并指出了靠近农村地区，应再降低 10%~15%。

1959 年 7 月 21 日　商业部发出《中华人民共和国商业部关于在房产工作中开展红旗运动的通知》（（59）商房字第 988 号），决定在各地房产部门广泛深入开展"六好"红旗运动。主要精神是："促进生产好"，做好合理调整房屋工作；"执行政策好"，要求彻底完成私有出租房屋的社会主义改造；"完成计划好"，各地房产部门应认真制定房屋保养修缮计划和房屋租金收入计划，发动和依靠群众努力实现；"经营管理好"，改进房屋经营管理制度，革新修缮技术，改善劳动组织；"服务质量好"，更好地为生产为人民居住生活服务，改善房屋管理、修缮人员的服务态度；"红专进军好"，加强职工政治思想教育，深入开展技术革命和文化革命。

1960 年 1 月 18—20 日　商业部房地产局在山东省青岛市召开 1960 年房产管理工作会议。会议着重对今后房产工作方面应当抓什么、怎么抓进行了研究；会议还提出关于房产管理、住宅建设、组织机构和培训干部以及关于土地四方面的二十三条意见。

1960 年 3 月 11 日　商业部房地产局制定《全国房地产工作八年发展规划（草稿）》。《规划》分近期三年和远期五年，作为各级房地产部门的奋斗目标。

1960 年 10 月 28 日　中共中央批转建筑工程部党组《关于解决城市住宅问题的报告》。《报告》提出：力争在三五年内基本缓和居住紧张的局面。今后凡是新建大中型企业，都应建设相应的住宅，原有企业的超额分成，除用于技术措施外，主要应用于修建职工宿舍。各省、市、自治区应从地方自筹资金中抽出一部分，用于城市住宅建设。国家应每年拨出一定投资和材料，帮助重点城市修建一部分机动房屋，以利于调剂周转。中央批文指出：今后二三年内，各地应在勤俭建国的原则下，有计划地新建一批职工宿舍、必要的学校校舍和民房。其他非生产性建设一律停止。

1962 年 7 月 19 日 国家计划委员会印发《关于城市住宅维修的注意事项》（计城程字第 1369 号）。

1962 年 11 月 6 日 国家计划委员会、财政部、建筑工程部、国家房产管理局印发《加强城市房屋、公用事业和市政工程设施维修工作的通知》（计城程字第 2714 号、（62）建陈字第 92 号）。

1965 年 4 月 14 日 财政部、国家房产管理局印发《关于一九六五年对办公用房和中小学校舍进行租金试点工作的通知》（（65）财文行字第 169 号、（65）国房局字第 47 号）。1966 年 2 月 25 日至 31 日，两部门召开 6 个试点城市参加的统管试点工作座谈会，并印发了座谈会纪要（（66）财文行字第 53 号、（66）国房局字第 9 号）。

1965 年 4 月 24 日 国务院批转《国家房产管理局关于制止降低公有住宅租金标准问题的报告》（（65）国房字第 157 号）。报告认为：公有住宅租金标准，应当按照中央第二次城市工作会议的规定，贯彻实行"以租养房"的原则，不能做到"以租养房"的，更不能降低。1979 年 6 月 12 日，国家城市建设总局印发了《关于重申制止降低公有住宅租金标准的通知》（（79）城发房字 17 号）。

1973 年 11 月 30 日 国家基本建设委员会印发《对修订职工住宅、宿舍建设标准的几项意见》（（73）建发设字第 748 号）。主要内容：一、修订职工住宅、宿舍建筑标准应遵循的精神原则。二、职工住宅、宿舍建筑的主要指标：（1）平均每户居住面积为 18~21 平方米；集体宿舍为 3.5~4 平方米/人。（2）层高层数，多建 4、5 层；层高一般 2.8 米。（3）住户比例 20%~35%。（4）造价：南方不超过每平方米 55 元；北方不超过每平方米 65 元；严寒地区不超过每平方米 80 元。（5）综合指标一般为平均每个职工 18 平方米。三、各部门所属单位一律执行所在地区标准。

1975 年 10 月 8 日　国家基本建设委员会发布《关于加强城市房产管理工作的通知》((75)建发城字第 448 号)。《通知》要求,遵照国务院关于将城市房产交由国家建委管理的指示,国家建委已责成城市建设局管理这项业务工作,各地城市房产管理工作,由各省、自治区、直辖市建委(基建局)归口管理。

1977 年 4 月 10 日　国家基本建设委员会印发《关于厂矿企业职工住宅、宿舍建筑标准的几项意见》((77)建发设字第 88 号)。《意见》提出几项主要指标:一、面积定额:平均每户建筑面积 34.38 平方米,严寒地区为 36~40 平方米;二、层数和层高:以建楼房为主,一般可建四五层,层高一般采用 2.8 米,最高不超过 3 米;三、住户比例:20%~35%,即按定员每百名职工中建设住宅 20~35 户;四、造价:楼房南方地区 50~70 元,北方地区 65~85 元,严寒地区 80~100 元。平房的造价应低于楼房。

1978 年 9 月 5 日　国家计划委员会、国家基本建设委员会、财政部、国家物资总局发出《关于自筹资金建设职工住房的通知》。

1978 年 9 月 7-13 日　国家基本建设委员会召开城市住宅建设工作会议,讨论 1979-1985 年全国城市建设规划。其要点是,今后 7 年用于建设全国城市住宅的计划投资总额相当于全国解放后 28 年建设住宅投资的总和。住宅建设资金的主要来源包括国家投资、地方自筹、企业自筹三个渠道。城市住宅建设要同改造旧城市、建设现代化的新城市结合起来。国务院副总理谷牧在讲话中主要谈三个问题:迅速解决好住宅问题已是一个政治问题;为每人 5 平方米而奋斗需要"四个一":一个钱,一个材料,一个队伍,一个规划;整顿城建队伍和管理,就是要按经济规律办事。10 月 19 日,国务院批转国家建委《关于加快城市住宅建设的报告》(国发〔1978〕222 号),要求到 1985 年实现城市平均每人居住面积达到 5 平方米的目标。

1978 年 10 月 20 日　邓小平副总理视察北京新建的前三门高层住宅建筑时指出:今后修建住宅楼时,设计要力求布局合理,增加使用面积;更多地考虑住户的方便，如尽可能安装一些淋浴设施等；注意内部装修美观，多采用新型轻质建筑材料，降低房屋造价。

1979年3月24日　国务院、中央军委批转《总后勤部关于军队退还占用地方房屋和处理产权纠纷问题的意见》（国发〔1979〕79号）。

1979年3月29日　国家基本建设委员会印发《关于颁发城市房产管理维修主要经济技术指标试行标准的通知》（（79）建发城字205号）。

1979年4月27日　国家基本建设委员会印发《关于颁发城市房屋维修材料定额试行标准的通知》（（79）建发城字245号）。

1980年3月2–11日　国家城市建设总局召开全国城市房产住宅工作会议。会议认为，自第三次全国城市工作会议及全国城市住宅建设工作会议以来，城市住宅建设发展较快。两年成就表明，调整"骨头"与"肉"的比例关系，在住宅建设方面有了一个良好的开端。会议提出，要加快城市住宅建设，力争做到新账不再欠，老账积极还，以逐步改善城市人民的住房状况；要鼓励私人建房；要采取多种形式组织私人购房。5月20日，国家基本建设委员会转发了国家城市建设总局《关于加快城市住宅建设工作的意见》（（80）建发办字219号）。7月19日，国家城市建设总局印发了经本次会议讨论的《关于加强城市公房管理工作的意见》（（80）城发房字151号）。

1980年3月5日　国务院批转国家城市建设总局、国务院侨务办公室《关于用侨汇购买和建设住宅的暂行办法》（国发〔1980〕61号），提出要把侨汇建房纳入当地基本建设计划，在建设用地、建筑材料、施工力量等方面给予保证。

1980年8月20日　中华全国总工会、国家城市建设总局批转《全总生活部关于"公建民助"、"民建公助"建设住宅情况的调查报告》（工发总字〔1980〕214号、（80）城发房字208号）。调查报告综合福州、杭州等地做法和经验，为把路子走宽，使住宅建设搞得快一点提供借鉴参考。

1980 年 11 月 25 日至 12 月 1 日　国家城市建设总局、中华全国总工会在福建省福州市召开组织城镇职工、居民建造住宅和国家向私人出售住宅经验交流会。1981 年 4 月 10 日，国务院办公厅转发了国家城市建设总局、中华全国总工会《关于组织城镇职工、居民建造住宅和国家向私人出售住宅经验交流会情况报告》（国办发〔1981〕33 号）。转发批文指出：解决城镇居民住宅问题，除发挥国家、地方、企业积极性外，还必须调动个人建造和购买住宅的积极因素。私人建造、购买住宅所需主要建筑材料，要列入各地物资供应计划，切实给予支持。

1980 年 12 月 30 日　国家城市建设总局印发《关于认真做好住房分配工作的通知》（（80）城发房字 314 号）。《通知》针对住房分配中存在的问题提出意见：一、住房分配要发扬民主，走群众路线，分别缓急，合理安排。二、住房分配与住宅建设的投资渠道一致起来，凡能自筹资金建房的企业和单位，其职工住房问题自行解决；国家补助和地方投资建设的住宅应分配给无力建房单位的职工。三、住房分配的对象，不论干部、工人和居民，都应按需房缓急统一排队，顺序分房。四、每人分配的居住面积，由各城市按照当地现有的居住水平和新建住宅的多少具体规定。五、住房分配应采取个人申请，民主评议，组织批准，张榜公布的办法，接受群众监督。六、各级领导干部要以身作则，发扬民主，坚决执行分配的有关规定，不准个人批条子，不搞特殊化；对营私舞弊，搞不正之风，应视情节轻重，给予批评、处分。

1981 年 1 月 12 日　国务院办公厅批转国家计划委员会、国家基本建设委员会、财政部、国家物资总局、民政部、中国人民解放军总政治部《关于安排军队退休干部住房建设的报告》（国办发〔1981〕3 号）。

1981 年 9 月 3 日　国家基本建设委员会印发《对职工住宅设计标准的几项补充规定》（（81）建发设字 384 号），对 1977 年印发的《关于厂矿企业职工住宅、宿舍建筑标准的几项意见》（（77）建发设字第88号）作出调整和补充。《规定》将住宅的平均建筑面积标准分别调整为：一类42~45平方米、二类45~50平方米、三类60~70平方米、四类80~90平方米，同时对单身宿舍、托儿所、中小学等综合指标进行了调整。同时指出，这是设计和建设的标准，不是普遍的分配标准。强调当前各地居住情况仍很紧张，主要应建设第一、第二两种类型的住宅，第三、第四两种类型面积标准的采用，应单独列出，专项报批，从严掌握。

1981年11月3—10日　国家城市建设总局组织召开全国城镇房屋管理、维修工作经验交流会。会议提出，必须采取住房新建与旧房维修、改造、挖潜并举的方针，并提出"定、包、奖"的经济责任制是改进房管工作的有效途径。

1982年3月27日　国家城市建设总局印发《关于城市（镇）房地产产权产籍管理暂行规定》（（82）城管字第77号）。

1982年4月17日　国务院批复国家基本建设委员会、国家城市建设总局《关于城市出售住宅试点工作座谈会情况的报告》（（82）国函字60号），指出城市住宅试行出售给职工的办法，是一项有重大意义的改革，涉及面广，政策性强，要切实加强领导，搞好试点，为在全国城市实行这项改革积累经验和创造条件。报告提出"对新建住宅积极试行补贴出售办法"和"对原有住宅可按不同情况区别对待"等意见。1983年2月25日至3月1日，城乡建设环境保护部住宅局召开常州、郑州、沙市、四平四个城市住宅补贴出售试点经验交流会。1984年11月8日，根据国务院批复的城乡建设环境保护部《关于扩大城市公有住宅补贴出售试点报告》（国发〔1984〕140号），城乡建设环境保护部印发《关于扩大城市公有住宅补贴出售试点工作的通知》（（84）城住字第665号）。《通知》指出，公有住宅补贴出售给个人，是逐步推行住宅商品化、全面改革我国现行住房制度的重要步骤，也是当前城市改革的组成部分。截至1985年底，27个省、自治区、直辖市中160个城市和300个县试点，出售公房1093万平方米。

1983 年 5 月 25 日 国务院批复《关于城镇个人建造住宅管理办法》((83)国函字 109 号)。6 月 4 日，城乡建设环境保护部发布实施((83)城住字第 367 号)。《办法》规定，城镇居民或职工可以建造私人住宅，按正式户平均，一般每人不得超过 20 平方米。可以民建公助，也可以自筹自建或互助互建，房权归个人所有。资金、材料、施工力量的来源必须正当；触犯刑律的，依法追究刑事责任。

1983 年 12 月 6 日 城乡建设环境保护部印发《关于城镇房产经营和房屋修缮单位实行经济责任制若干问题的暂行规定》((83)城住字第 875 号)。

1983 年 12 月 15 日 国务院印发《关于严格控制城镇住宅标准的规定》(国发〔1983〕193 号)。《规定》指出，从我国经济能力和严重缺房的实际情况出发，近期内我国城镇住房只能是低标准的。要把解决无房户、严重拥挤户的住房问题放在首位，做出规划，分期分批解决。要严格控制住宅建筑面积标准。全国城镇和各工矿区住宅都应以中小户型，即一至二居室一套为主，平均每套建筑面积应控制在 50 平方米以内。1984 年 4 月 25 日，国家计划委员会、城乡建设环境保护部印发了《关于贯彻执行国务院〈关于严格控制城镇住宅标准的规定〉的若干意见》(计标〔1984〕774 号)，针对国发〔1983〕193 号文件执行中标准的理解、知识分子的住宅标准、设计标准与分配标准的关系等九个问题做出规定。1990 年 9 月 6 日，建设部以(90)建标字第 401 号文印发关于贯彻执行《国务院关于严格控制城镇住宅标准的规定》补充意见的通知，对贯彻执行国务院的规定提出八条补充意见，要求各省、自治区、直辖市计委(计经委)、建委(建设厅)，国务院各部委、各直属机构严格执行。

1983 年 12 月 17 日 国务院发布《城市私有房屋管理条例》(国发〔1983〕194 号)，对城市私有房屋的所有权登记、买卖、租赁、代管和该条例的适用范围等，作了具体规定。

1984 年 2 月 21 日 国务院领导同志在中央书记处研究室《常州、郑州、沙市、四平四城市公有住宅补贴出售的试点情况》上批示：试点的情况是好的。应当进一步推广。并且在推广中继续总结经验，不断完善。大体上国家、单位出资补贴三分之二，个人买房出三分之一的钱，一次交清者适当优待的政策是可行的。

1984 年 7 月 28 日　在云南省昆明市召开的全国房屋普查工作会议宣布，新中国建立以来第一次全国城镇房屋普查工作于 1984 年下半年全面展开，并确定以 1985 年 12 月 31 日为这次普查的标准时间。普查工作由城乡建设环境保护部和国家统计局共同组织，以城市、县城（镇）和独立工矿区范围内的全部房屋为对象，采取统一普查办法，查清全国城镇房屋的数量、质量，以及占有、使用、居住等基本情况。1986 年 12 月 2 日，城乡建设环境保护部、国家统计局发布第一次全国城镇房屋普查成果新闻公报：全国 28 个省、自治区、直辖市的 323 个市、1951 个县、5270 个城镇和工矿区的房屋建筑面积已达 46.76 亿平方米。同年，整理汇编《全国城镇房屋普查资料》。

1984 年 10 月 11 日　国务院批转城乡建设环境保护部城住字第 470 号《关于扩大城市公有住宅补贴出售试点的报告》（国发〔1984〕140 号）。11 月 8 日，城乡建设环境保护部印发《关于扩大城市公有住宅补贴出售试点工作的通知》（（84）城住字第 665 号）。《通知》指出：公有住宅补贴出售给个人，是逐步推行住宅商品化、全面改革我国现行住房制度的重要步骤，也是当前城市改革的组成部分。试点城市的人民政府要加强领导，及时解决试点中的问题，不断总结经验，为在全国开展住宅补贴出售创造条件。

1984 年 11 月 8 日　城乡建设环境保护部印发《房屋修缮工程施工管理规定》（城住字（84）第 674 号）、《房屋修缮技术管理规定》（城住字（84）第 675 号）、《房屋修缮工程质量检验评定标准》（城住字（84）第 676 号）、《房屋修缮范围和标准》（城住字（84）第 677 号）、《房屋完损等级评定标准》（城住字（84）第 678 号），自 1985 年 1 月 1 日起试行。

1984 年 12 月 25 日　农牧渔业部、国家计划委员会、城乡建设环境保护部印发《关于征用土地费实行包干使用暂行办法》((84)农(土)字第 30 号)。《办法》规定，对依法批准征用的土地，实行由县、市人民政府统一负责组织征用，包干使用征地费。用地单位不得与被征地单位擅自商议征地。

1985 年 4 月 10 日　第六届全国人民代表大会第二次会议通过《中华人民共和国继承法》(共和国主席令第 24 号公布)。其中第三条涉及房地产。内容是：遗产是公民死亡时遗留的个人合法财产，包括公民的房屋、收入、储蓄、生活用品，以及其他依法应有财产权利和合法财产。

1986 年 1 月 6 日　国务院召开城镇住房制度改革问题座谈会。会议决定，成立国务院住房制度改革领导小组和领导小组办公室，领导小组办公室设在城乡建设环境保护部；同时，提出提高房租与增加工资挂钩，暗贴和明贴结合的房租改革设想。

1986 年 2 月 5 日　城乡建设环境保护部发布《关于开展城镇房产产权登记、核发产权证工作的通知》((86)城住字第 51 号)。

1986 年 3 月 1 日　城乡建设环境保护部发布《关于城镇公房补贴出售试点问题的通知》((86)城住字第 94 号)，明确今后在未参加新的改革方案试点的城市出售公有住宅，原则上按全价出售。

1986 年 3 月 11 日　城乡建设环境保护部、国家计划委员会发布《关于商品住宅建设问题的通知》((86)城住字第 115 号)。《通知》确定，今后建造商品住宅采取先建后卖的办法。

1986 年 9 月 15 日　国务院颁布《中华人民共和国房产税暂行条例》和《中华人民共和国车船使用税暂行条例》(国发〔1986〕90 号)，自 1986 年 10 月 1 日起实行。

1986 年　城市综合开发统计（房地产开发统计）制度开始设立。统计内容有房地产开发完成投资、资金来源和商品房屋施工、新开工、竣工、销售等情况。统计范围为全国的房地产开发企业。2001 年以后，与国家统计局的房地产开发统计报表制度完全并轨。

1987 年 1 月 2 日　国家计划委员会、城乡建设环境保护部、国家统计局发布《关于加强商品房屋建设计划管理的暂行规定》（计资〔1987〕16 号），决定从 1987 年起，各地区的商品房建设纳入国家计划。

1987 年 1 月 24 日　城乡建设环境保护部印发《关于禁止将房管部门统一经营管理的非住宅用房划拨给使用单位自管的通知》（（87）城住字第 30 号）。《通知》要求，各级政府要继续贯彻执行国家有关房屋管理政策，不得以任何理由将房管部门统一经营管理的非住宅用房划拨给使用单位自管。过去已经无偿划拨的，应予以纠正。关于城市公有房屋要统一经营管理的文件有：《中共中央、国务院关于当前城市工作若干问题的指示》（中发〔62〕513 号）；《中共中央关于加强城市建设工作的意见》（中发〔1978〕13 号）；《关于不得将房管部门统一管理的非住宅用房划给各系统自行管理的通知》（（79）建发办字第 346 号）；《关于加强城市公房管理工作的意见》（（80）城发字第 151 号）；国务院国发〔1983〕139 号文规定："对原拨给单位使用的代管房产，为便于落实政策，应由房屋部门实行统一经营管理。"

1987 年 4 月 21 日　城乡建设环境保护部发布《城镇房屋所有权登记暂行办法》（（87）城住字第 242 号），决定用二至三年时间在全国城镇开展房屋所有权登记，核发所有权证。

1987 年 4 月 23 日　城乡建设环境保护部发布《关于加强城市房地产资料管理的通知》（（87）城住字第 246 号）。

1987 年 9 月 9 日　我国首块体现有偿使用原则的商品土地在广东省深圳

市售出。

1988 年 1 月 15–18 日　全国住房制度改革工作会议在北京召开。会议总结交流了试点城市经验，讨论制订全国分期分批推行住房制度改革的方案，研究部署 1988 年住房制度改革有关工作。会议期间，国务院代总理李鹏主持召开办公会议，听取情况汇报并强调指出，住房制度改革要在全国分期分批推行，要积极努力地去办。住房制度改革搞好了，会有很大经济效益和社会效益。这是一件利国利民的大好事。国务院副总理姚依林指出，这个改革意义很大。企业要把生产基金与福利基金、奖励基金、建房基金经过核定，划分开，在银行立两个户头，互不挤占。国务院秘书长、国务院住房制度改革领导小组组长陈俊生在会议讲话中强调，住房制度改革是我国经济体制上的一项重大改革，是带有全局性的问题。只有通过住宅商品化，国家、企业和个人共同努力，充分发挥各方面的积极性，才能从根本上解决我国城镇的住房问题。住房制度改革的基本目的是实现住房商品化。住房制度改革是一项涉及面很广的综合性改革，牵涉到各个方面和各个部门，必须加强领导。今后，国家主要是从宏观上统一政策，加强规划指导，并总结推广成功的经验。国家体改委副主任、国务院住房制度改革领导小组副组长高尚全作总结讲话，并部署了分期分批推行住房制度改革的方案和当年工作。

1988 年 2 月 25 日　国务院印发《关于在全国城镇分期分批推行住房制度改革实施方案的通知》（国发〔1988〕11 号）。同日，国务院办公厅转发国务院住房制度改革领导小组《关于鼓励职工购买公有旧住房的意见》（国办发〔1988〕13 号）。方案决定从 1988 年起，用三五年时间，把住房制度改革在全国城镇分期分批推开。

1988 年 7 月 18 日　国务院、中央军委发出《关于妥善处理军队与地方部分房地产权属问题的通知》（国发〔1988〕46 号）。

1988 年 8 月 8 日　建设部、国家物价局、国家工商行政管理局发布《加强房地产交易市场管理的通知》（（88）建房字第 170 号）。《通知》要求，积极为房地产交易活动创造必要的条件；加强对房地产经营单位的管理；加强房地产交易活动的管理；加强房地产交易市场价格管理；加强房地产价格评估工作；加强对房地产交易市场管理工作的领导。各地要结合本地区实际情况，本着既要搞活，又要管好的原则，制定具体实施办法。

1988 年 12 月 5 日　建设部、国务院住房制度改革领导小组发布《关于加强出售公有住房价格管理的通知》（（88）建房字第 373 号）。《通知》指出，公有住房的出售价格应按国务院国发〔1988〕11 号文件规定的内容合理确定，即新建住宅应按住宅本身建筑造价和征地、拆迁补偿费计价；旧房按重置价成新折扣、质量和环境因素等计价。《通知》强调要建立公有住房出售价格申报制度和房地产价格评估机构。

1989 年 1 月 9 日　建设部房地产业司印发《加强房地产管理、深化改革房地产企业经营机制的若干意见的通知》（（89）建房市字第 05 号）。《通知》主要内容是：一、改革房地产管理体制，实行政企分开；二、增强企业活力，发挥房地产企业的经营机制作用；三、搞活房地产经营；四、改革工商用房租金和机关、事业单位用房租金；五、加强思想政治工作。

1989 年 11 月 21 日　建设部令第 4 号发布《城市危险房屋管理规定》，自 1990 年 1 月 1 日起施行。2004 年 7 月 20 日，建设部令第 129 号发布《建设部关于修改〈城市危险房屋管理规定〉的决定》，自发布之日起施行。

1989 年 11 月 21 日　建设部令第 5 号发布《城市异产毗连房屋管理规定》，自 1990 年 1 月 1 日起施行。《规定》对"异产毗连房屋"的定义作了说明，即"结构相连或具有共有、共用设备和附属建筑，而为不同所有人所共有的房屋"；还规定了城市异产毗连房屋的各级管理主体，所有人和使用人应承担的义务，房屋损坏时的处理方法等。2001 年 8 月 15 日，建设部令第 94 号发布关于修改《城市异产毗连房屋管理规定》的决定。

1990 年 4 月 20 日 中央军委发布《中国人民解放军房地产管理条例》。共六章三十六条。

1990 年 8 月 18 日 国家计划委员会、建设部、中国人民银行、国家审计署、国家统计局和国家物价局发布《关于加强商品住宅建设管理的通知》（计投资〔1990〕1090 号）。《通知》规定，开发区总建筑面积 20 万平方米以上或总投资 1 亿元以上报国家批准。

1990 年 9 月 4 日 建设部发布《关于在全国开展住宅小区管理试点工作的通知》（（90）建房字第 450 号），对试点的范围、依据与目标、组织和进度等提出了具体要求。

1990 年 9 月 11 日 建设部、中华全国总工会印发《解决城镇居住特别困难户住房问题的若干意见》（（90）建房字第 446 号），要求到 1992 年基本解决城镇人均居住面积 2 平方米以下居住特困户的住房问题。

1990 年 12 月 31 日 建设部令第 7 号发布《城市房屋产权产籍管理暂行办法》，自 1991 年 1 月 1 日起施行。《暂行办法》共五章二十五条，对城市房屋产权产籍的定义、管理主体、城市房屋产权的管理、城市房屋产籍的管理以及罚则做了规定。根据 2001 年 7 月 1 日建设部令第 92 号关于废止《国家优秀工程奖评选与管理办法》等部令的决定，该办法废止。

1991 年 6 月 7 日 国务院印发《关于继续积极稳妥地进行城镇住房制度改革的通知》（国发〔1991〕30 号）。《通知》要求，通过多种形式、多种渠道筹集住房资金，各级人民政府要切实做好住房资金的转化，建立住房基金。各单位出售公有住房回收的资金，一律存入当地政府指定的金融机构，其使用权不变，作为单位的住房基金，用于住房建设和维修，不得挪作他用。

1991 年 6 月 12 日 建设部印发《关于加强房产测量工作的通知》（建房

〔1991〕385 号）。

1991 年 6 月 28 日　建设部发出《关于加强住宅小区建设管理提高住宅建设质量的通知》。

1991 年 7 月 8 日　建设部令第 11 号、第 12 号发布《城市房屋修缮管理规定》、《城市房屋拆迁单位管理规定》，均自 1991 年 8 月 1 日起施行。2004 年 7 月 2 日，建设部《关于废止〈城市房屋修缮管理规定〉等部令的决定》废止了《城市房屋修缮管理规定》。

1991 年 7 月 17 日　建设部、国家工商行政管理局印发《关于严格控制审批新成立房地产开发公司的通知》（建房〔1991〕491 号）。

1991 年 8 月 23 日　建设部印发《关于加强城镇国有土地经营管理的通知》（建房〔1991〕584 号）。

1991 年 8 月 31 日　司法部、建设部发布《关于房产登记管理中加强公证的联合通知》（司公通字〔1991〕117 号）。

1991 年 10 月 7–11 日　第二次全国住房制度改革工作会议在北京召开。国务院房改领导小组组长陈锦华作了《认真总结经验，积极稳妥地推进城镇住房制度改革》的工作报告。10 月 8 日，国务院总理李鹏在接见部分会议代表时指出："上海给我们提供了一个很好的经验，也就是多种方法筹集建房资金。首先是公积金制度，从个人的工资中拿出 5%，从企业的工资基金中也拿出 5%，两个 5% 构成了公积金……多种方式同时并举，形成制度，形成新的筹集资金机制。现在每年可以拿到 10 个亿，今后，生产发展了，公积金也随之增加，这叫水涨船高，从而建立起稳定的建房资金。"10 月 11 日，国务院副总理邹家华出席闭幕式并讲话。

1991 年 11 月 23 日　国务院办公厅转发国务院住房制度改革领导小组 10 月 17 日提出的《关于全面推进城镇住房制度改革意见》（国办发〔1991〕73 号），就全面推进城镇住房制度改革做出部署。

1992 年 2 月 14 日　国务院住房制度改革领导小组、建设部、国家税务局印发《城市住宅合作社暂行管理办法》（建房〔1992〕67 号），自发布之日起施行。《管理办法》对住宅合作社的设立变更和终止、合作住宅的建设、合作住宅的管理与维修等方面做出明确规定。

1992 年 3 月 1 日　国务院房改领导小组、财政部、建设部印发《关于住房资金的筹集、使用和管理的暂行规定》（（92）财综字第 31 号）。

1992 年 4 月 14 日　建设部印发试行《全国城市文明住宅小区达标考评办法》（建房〔1992〕223 号）。次日，建设部房地产业司印发《全国城市文明住宅小区达标考评实施细则》。

1992 年 4 月 27 日　国家物价局、建设部印发《关于解决在房地产交易中国有土地收益流失问题的通知》（（92）价费字第 192 号）。

1992 年 6 月 30 日　国务院办公厅、中央军委办公厅印发《关于地方、军队密切配合搞好军队住房制度改革工作的通知》（国办发〔1992〕36 号）。《通知》提出，军队房改要按照国家统一政策，结合军队高度集中统一的特点，采取统一租金标准，统一起步时间，军内自行运转的办法。

1992 年 7 月 20 日　国家物价局、建设部、财政部、中国人民建设银行印发《商品住宅价格管理暂行办法》（〔1992〕价费字 382 号），自 1992 年 8 月 10 日起实施。

1992 年 9 月 7 日　建设部发布《城市房地产市场评估管理暂行办法》（建

房〔1992〕579号），自1992年10月1日起实施。

1992年11月4日　国务院印发《关于发展房地产业若干问题的通知》（国发〔1992〕61号）。《通知》指出，房地产业在我国是一个新兴产业，是第三产业的重要组成部分，随着城镇国有土地有偿使用和房屋商品化的推进，将成为国民经济发展的支柱产业之一。

1992年12月4日　建设部令第22号发布《城市国有土地使用权出让规划管理办法》，自1993年1月1日起施行。

1993年2月17日　建设部转发国家物价局、财政部《关于发布城市房屋拆迁管理费的通知》（建房〔1993〕108号），自1993年3月1日起执行。

1993年11月16日　建设部令第28号发布《房地产开发企业资质管理规定》，自1993年12月1日起施行。2000年3月29日，建设部令第77号发布新的《房地产开发企业资质管理规定》，原规定废止。

1993年11月30日至12月3日　第三次全国房改工作会议在北京召开。国务委员、国务院房改领导小组组长李铁映作了题为《加快城镇住房制度改革，促进住房商品化和住房建设的发展》的工作报告。报告提出建立"三方合理负担，社会方式运行，货币形式分配，两种供应体系，普建公积金制度，发展住房金融，规范市场交易"的城镇住房制度基本框架。

1994年7月5日　第八届全国人大常委会第八次会议通过的《中华人民共和国城市房地产管理法》，自1995年1月1日起施行。2007年8月30日第十届全国人大常委会第二十九次会议进行了修订。

1994年7月18日　国务院印发《关于深化城镇住房制度改革的决定》（国发〔1994〕43号）。城镇住房制度改革的基本内容包括：把住房建设投资由国家、单位统包的体制改变为国家、单位、个人三者合理负担的体制；把住房实物福利分配的方式改变为以按劳分配为主的货币工资分配方式；建立以中低收入家庭为对象、具有社会保障性质的经济适用住房供应体系和以高收入家庭为对象的商品房供应体系；建立住房公积金制度。

1994 年 11 月 15 日　建设部、国务院住房制度改革领导小组、财政部发布《城镇经济适用住房建设管理办法》（建房〔1994〕761 号），自颁布之日起实施。

1994 年 11 月 15 日　建设部令第 40 号发布《城市商品房预售管理办法》，自 1995 年 1 月 1 日起施行。2001 年 8 月 15 日、2004 年 7 月 20 日，建设部对该办法两度修订（建设部令第 95、131 号）。

1994 年 11 月 23 日　财政部、国务院住房制度改革领导小组、中国人民银行印发《建立住房公积金制度的暂行规定》（（94）财综字第 126 号）。

1994 年 11 月 23 日　国务院住房制度改革领导小组、财政部、建设部印发《国有住房出售收入上交财政暂行办法》（（94）财综字第 127 号），自发布之日起施行。

1995 年 1 月 20 日　国务院住房制度改革领导小组印发《国家安居工程实施方案》。2 月 6 日，国务院办公厅向全国各地区、各部门转发该方案（国办发〔1995〕6 号），国家安居工程正式启动。3 月 8 日，建设部印发《实施国家安居工程的意见》（建房〔1995〕110 号）。

1995 年 1 月 23 日　建设部令第 41 号发布《城市房地产开发经营管理暂行办法》，自 1995 年 3 月 1 日起施行。根据 2001 年 7 月 1 日建设部令第 92 号关于废止《国家优秀工程奖评选与管理办法》等部令的决定，《城市房地产开发经营管理暂行办法》废止。

1995 年 5 月 9 日 建设部令第 42 号发布《城市房屋租赁管理办法》，自 1995 年 6 月 1 日起施行。

1995 年 5 月 26 日 国务院印发《关于严格控制高档房地产开发项目的通知》（国发〔1995〕13 号）。严格控制的高档房地产开发项目包括：别墅性质的高档住宅及度假村，单位面积高于一般民用住宅、办公楼一倍以上的公寓、写字楼，四星级宾馆、饭店。

1995 年 7 月 19 日 建设部印发《认真贯彻实施〈房地产开发建设及经营情况快速统计〉的通知》（建计〔1995〕410 号）。这是首次在全国范围内开展房地产开发建设及经营情况调查。

1995 年 8 月 7 日 建设部令第 45 号发布《城市房地产转让管理规定》，自 1995 年 9 月 1 日起施行。2001 年 8 月 15 日，建设部令第 96 号发布关于修改《城市房地产转让管理规定》的决定，自发布之日起实行。

1995 年 8 月 16 日 建设部印发《关于房改售房权属登记发证若干规定的通知》（建房〔1995〕472 号）。

1995 年 12 月 15 日 全国住房制度改革经验交流会在上海召开。国务院副总理朱镕基在讲话中强调，公积金的使用和管理是房改的中心环节，关系到整个房改工作的成败。如果公积金使用管理得不好，到处挪用，甚至把公积金都赔了，那么职工就不会缴公积金。如果公积金的管理没有一套非常完善的制度，非常严密的监督，非常成功的运营，房改工作就搞不好。上海市公积金使用管理经验的本质是"房委会决策，公积金中心运作，银行专户，财政监督"。

1996 年 1 月 5 日 建设部、公安部令第 49 号发布《城市居民住宅安全防范设施建设管理规定》，自 1996 年 2 月 1 日起施行。

1996 年 1 月 8 日 建设部令第 50 号发布《城市房地产中介服务管理规定》，自 1996 年 2 月 1 日起施行。2001 年 8 月 15 日，建设部对该规定进行了修订（建设部令第 97 号）。

1996 年 2 月 9 日 国家计划委员会、建设部印发《城市住宅小区物业管理服务收费暂行办法》（计价费〔1996〕266 号）。

1996 年 4 月 5 日 国家税务总局、建设部印发《关于土地增值税收管理有关问题的通知》（国税发〔1996〕48 号）。

1996 年 8 月 8 日 国务院办公厅转发国务院住房制度改革领导小组《关于加强国有住房出售收入管理意见》（国办发〔1996〕34 号）和《关于加强住房公积金管理意见》（国办发〔1996〕35 号）。

1997 年 5 月 9 日 建设部令第 56 号发布《城市房地产抵押管理办法》，自 1997 年 6 月 1 日起实施。《办法》对房地产抵押的设定、房地产抵押合同的订立、房地产抵押登记、抵押房地产的占用和管理、抵押房地产的处分等做了明确规定。2001 年 8 月 15 日，建设部对该办法进行了修订（建设部令第 98 号）。

1997 年 8 月 29 日 建设部印发《关于加强商品房销售、房改房与物业管理衔接工作的通知》（建房〔1997〕219 号），要求做好售后服务，解决居民买房的后顾之忧。

1997 年 10 月 27 日 建设部令第 57 号发布《城市房屋权属登记管理办法》，自 1998 年 1 月 1 日起施行。2001 年 8 月 15 日、2008 年 2 月 15 日，建设部对其两度修订（建设部令第 99 号、168 号），形成现行《房屋登记办法》，自 2008 年 7 月 1 日起施行。

1998 年 6 月 15 日　全国城镇住房制度改革与住宅建设工作会议在北京召开。会议决定从下半年起，全国城镇停止住房实物分配，实行住房分配货币化。国务院副总理温家宝在会上指出，深化城镇住房制度改革的指导思想是稳步推进住房商品化、社会化，逐步建立适应社会主义市场经济体制和我国国情的城镇住房新制度；加快住房建设，促使住宅业成为新的经济增长点，不断满足城镇居民日益增长的住房需求。推进城镇住房制度改革，必须坚持积极稳妥的方针，做到人民安心、中央放心、有利稳定、促进发展。会议提出要把握四个重点：一是改革城镇住房分配体制。从下半年起，全国城镇停止住房实物分配，实行住房分配货币化。二是建立以经济适用住房为主体的多层次的新的住房供应体系，满足不同收入群众对住房的需求。三是扩大金融服务，促进住房商品化。四是有步骤地培育和规范住房交易市场。

1998 年 7 月 3 日　国务院印发《关于进一步深化城镇住房制度改革加快住房建设的通知》（国发〔1998〕23 号），明确提出自 1998 年下半年开始停止住房实物分配，逐步实行住房分配货币化。

1998 年 7 月 14 日　建设部、国家发展计划委员会、国土资源部印发《关于大力发展经济适用住房的若干意见》（建房〔1998〕154 号），对发展经济适用住房的目的和原则、计划等方面做了明确规定。

1998 年 7 月 20 日　国务院令第 248 号发布《城市房地产开发经营管理条例》，自发布之日起施行。

1998 年 8 月 3 日　国家发展计划委员会、建设部、国土资源部、中国人民银行印发《关于进一步加快经济适用住房（安居工程）建设有关问题的通知》（计投资〔1998〕1474 号）。《通知》要求，加快经济适用住房（安居工程）建设，扩大国内需求，确保今年国民经济增长目标的实现，不断满足城镇中低收入职工家庭的住房需求。

1998 年 10 月 7 日　国务院批转国家发展计划委员会《关于加强房地产价格调控加快住房建设的意见》（国发〔1998〕34 号）。《意见》指出，必须在改革住房供应体系、停止住房实物分配、发展住房金融服务的同时，加强和改善房地产价格调控。调整住房价格构成，保持价格合理稳定，促进住房建设的发展。

1998 年 11 月　住房公积金归集和使用情况统计制度开始建立。统计内容有住房公积金的归集和使用情况。2000 年 3 月，建设部印发《关于调整〈住房公积金归集和使用情况统计表〉的通知》（建房改〔2000〕37 号）。

1999 年 2 月 10 日　建设部印发《关于进一步搞好公有住房出售工作有关问题的通知》（建房改〔1999〕43 号），要求从 1999 年起，现有公有住房的出售原则上实行成本价，并逐步与经济适用住房相衔接，严格执行《国务院关于深化城镇住房制度改革的决定》（国发〔1994〕43 号）规定的各项售房政策，不得随意增加折扣项目和扩大折扣项目幅度。

1999 年 4 月 3 日　国务院令第 262 号颁布《住房公积金管理条例》，自发布之日起施行。2002 年 3 月 24 日,国务院令 350 号发布《国务院关于修改〈住房公积金管理条例〉的决定》，自公布之日起施行。

1999 年 4 月 12 日　建设部印发《国家康居示范工程实施大纲》（建住房〔1999〕98 号）。

1999 年 4 月 22 日　建设部令第 69 号发布《已购公有住房和经济适用住房上市出售管理暂行办法》，自 1999 年 5 月 1 日起施行。

1999 年 4 月 22 日　建设部令第 70 号发布《城镇廉租住房管理办法》，自 1999 年 5 月 1 日起施行；2003 年 12 月 31 日，建设部、财政部、民政部、国土资源部、国家税务总局令第 120 号发布《城镇最低收入家庭廉租住房管理办法》，自 2004 年 3 月 1 日起施行，建设部令第 70 号同时废止；2007 年 11 月 8 日，建设部、国家发展和改革委员会、监察部、民政部、财政部、国土资源部、中国人民银行、国家税务总局、国家统计局令第 162 号发布《廉租住房保障办法》，自 2007 年 12 月 1 日起施行，此前发布的第 120 号令同时废止。上述办法对廉租住房保障方式、保障资金及房源、申请与核准、监督管理等做出了适应该时期实际而又具体明确的规定。

1999 年 4 月 29 日　建设部印发《商品住宅性能认定管理办法（试行）》（建住房〔1999〕114 号），自 1999 年 7 月 1 日起试行。

1999 年 7 月 15 日　财政部、国土资源部、建设部印发《已购公有住房和经济适用住房上市出售土地出让金和收益分配管理的若干规定》（财综字〔1999〕113 号），进一步明确已购公有住房和经济适用房上市出售所涉及的土地出让金缴纳和收益分配的有关政策。

1999 年 8 月 13 日　建设部印发《关于进一步推进现有公有住房改革的通知》（建住房〔1999〕209 号）。《通知》要求各地进一步明确可出售公有住房和不宜出售公有住房的范围，继续积极稳妥地推进现有公有住房改革。

1999 年 8 月 20 日　国务院办公厅转发建设部、国家发展计划委员会、国家经济贸易委员会、财政部、科学技术部、国家税务总局、国家质量技术监督局、国家建筑材料工业局《关于推进住宅产业现代化提高住宅质量若干意见的通知》（国办发〔1999〕72 号），就加快住宅建设从粗放型向集约型转变，全面推动住宅产业化提出了明确要求。

1999 年 9 月 6 日　建设部印发《关于加快住房分配货币化改革有关问题的通知》（建房改〔1999〕227 号），要求原则上全国各城市的货币化方案必须在 1999 年 9 月底之前出台实施。

1999 年 10 月 31 日　建设部印发《物业管理企业资质管理试行办法》（建住房〔1999〕261 号），《办法》自 2000 年 1 月 1 日起实施。办法对物业管理企业的资质等级标准做了明确规定。

1999 年 12 月 2 日　财政部、国家税务总局、建设部印发《关于个人出售住房所得征收个人所得税有关问题的通知》（财税字〔1999〕278 号）。

2000 年 4 月 28 日　建设部印发《关于房地产价格评估机构脱钩改制的通知》（建住房〔2000〕96 号）。《通知》明确了房地产价格评估机构脱钩改制的总体要求、具体要求和其他有关事项。

2000 年 5 月 8 日　建设部、财政部、国家经济贸易委员会、中华全国总工会印发《关于进一步深化国有企业住房制度改革加快解决职工住房问题的通知》（建房改〔2000〕105 号）。《通知》要求：积极稳妥地推进现有公有住房改革；停止住房实物分配，逐步实行住房分配货币化；多渠道加快住房建设，加快解决职工住房问题；积极推行物业管理，不断改善职工居住环境。

2000 年 5 月 11 日　建设部、中国人民银行印发《住房置业担保管理试行办法》（建住房〔2000〕108 号），自发布之日起施行。

2000 年 6 月 30 日　建设部令第 80 号发布《房屋建筑工程质量保修办法》，自发布之日起施行。

2000 年 7 月 19 日　国家发展计划委员会、建设部、财政部印发《关于积极稳妥地推进公有住房租金改革的意见》（计价格〔2000〕954 号）。

2000 年 9 月 11 日　建设部印发《关于进一步规范经济适用住房建设和销售行为的通知》（建住房〔2000〕196 号）。《通知》要求，要确保经济适用住房的低价位，规范经济适用住房销售行为，加强经济适用住房的总量调控。

2000 年 12 月 7 日　建设部印发《国家康居示范工程管理办法》（建住宅〔2000〕274 号）。《办法》明确了康居示范工程的组织管理、申报条件和要求等。

2000 年 12 月 28 日　建设部、国家测绘局令第 83 号发布《房产测绘管理办法》，自 2001 年 5 月 1 日起施行。

2001 年 4 月 4 日　建设部令第 88 号发布《商品房销售管理办法》，自 6 月 1 日起施行。

2001 年 8 月 29 日　建设部令第 101 号发布《城市房地产权属档案管理办法》，自 2001 年 12 月 1 日起施行。

2002 年 1 月 31 日　国家发展计划委员会、建设部印发《关于规范住房交易手续费有关问题的通知》（计价格〔2002〕121 号），自 2002 年 3 月 1 日起施行。

2002 年 3 月 20 日　房地产统计报表制度开始试行。统计内容有物业管理、住房置业担保、经济适用住房建设、房屋概况、房地产交易、房屋产权、住房公积金、房改及住房保障政策落实、住宅共用部位共用设施设备维修基金等。

2002 年 5 月 13 日　国务院印发《关于进一步加强住房公积金管理的通知》（国发〔2002〕12 号）。《通知》要求：一、调整和完善住房公积金决策体系；二、规范住房公积金管理机构设置；三、规范住房公积金银行专户和个人账户管理；四、强化住房公积金归集，加大个人贷款发放力度；五、健全和完善住房公积金监督体系；六、加强组织领导，严肃法纪，切实维护住房公积金缴存人的合法权益。

2002 年 5 月 16-18 日　国务院在北京召开全国住房公积金工作会议。国务院副总理温家宝在会议上指出，住房公积金制度建立十多年来，取得很大成绩，实践证明，实行住房公积金制度，是在社会主义市场经济条件下改善城镇居民住房条件的正确途径，应当坚持下去。住房公积金管理的基本原则是，"住房公积金管理委员会决策，住房公积金管理中心运作，银行专户储存，财政监督。"在新的形势下，完善住房公积金制度，进一步加强公积金管理，必须以这个基本原则为指导。总的要求是：健全决策体制，调整管理机构，强化监督工作，规范发展业务，努力把住房公积金管理工作提高到一个新水平。第一，健全决策体制，就是要建立统一的住房公积金使用和管理的决策机构，规范决策机构人员的组成，形成科学、民主的决策机制。第二，调整管理机构，就是各地区要在所有地级以上城市，建立统一高效、运作规范的住房公积金管理中心。住房公积金管理中心直接隶属城市人民政府，是非营利性的独立的事业单位，不得挂靠任何部门和单位，也不得投资、参股或者兴办各类经济实体。第三，强化监督工作，就是要健全监督机制，明确监督责任，加大监督力度，确保公积金使用、管理的安全有效。完善同级监督，加强自上而下的监督，形成监督体系。建立健全各项监督制度和责任追究制度。改进和强化专职机构的监督手段，充分发挥社会监督的作用，提高监督水平。第四，规范发展业务，就是要依法运用公积金，改进服务方式，提高服务水平，积极发展个人住房贷款业务。做好公积金管理工作，必须切实加强领导，精心组织。一要统一思想，做好管理机构撤并调整工作，重点抓好县（市）住房公积金管理机构的撤并调整工作。二要清产核资，认真做好移交工作，防止资产流失。对违规资金和逾期贷款，要坚决清理回收。三要严肃纪律，做到四个不准（不准任何单位和个人借机私分财物，不准突击提干，不准擅自扩充编制，不准滥发奖金和实物）。四要精心组织，稳步推进。城市人民政府要抓紧制定工作方案。各级建设、财政、人民银行、审计、监察、房改、房地产管理等部门要加强协作，保证公积金的归集、提取和贷款发放等工作正常进行。建设部部长汪光焘就住房公积金管理的有关问题作了说明。

2002 年 5 月 23 日 经国务院同意，建设部、国家发展计划委员会、国家经济贸易委员会、财政部、国土资源部、国家工商行政管理总局、监察部印发《关于整顿和规范房地产市场秩序的通知》（建住房〔2002〕123 号）。《通知》

要求：一、提高认识，加强领导；二、突出工作重点，加大打击力度，依法查处违法、违规行为；三、建立网上公示制度，促进诚信制度的建立；四、加强法制建设，提高依法经营和消费者自我保护意识；五、转变政府职能，实行政务公开。

2002 年 6 月 19 日 建设部、财政部、中国人民银行、中央机构编制委员会办公室、国家经济贸易委员会、监察部、劳动和社会保障部、审计署、国务院法制办公室、中华全国总工会印发《关于完善住房公积金决策制度的意见》（建房改〔2002〕149 号）。同日，建设部、财政部、中国人民银行、中央机构编制委员会办公室、国家经济贸易委员会、监察部、劳动和社会保障部、审计署、中华全国总工会印发《关于住房公积金管理机构调整工作的实施意见》（建房改〔2002〕150 号）。

2002 年 8 月 26 日 建设部、国家发展计划委员会、财政部、国土资源部、中国人民银行、国家税务总局印发《关于加强房地产市场宏观调控促进房地产市场健康发展的若干意见》（建住房〔2002〕217 号）。《意见》要求：一、充分发挥政府职能，加强房地产市场宏观调控；二、强化土地供应管理，严格控制土地供应总量；三、充分发挥城市规划职能，规范建设用地管理，促进土地的合理使用；四、严格控制自有资金不足、行为不规范的房地产开发企业新开工项目；五、大力发展经济适用住房，调整房地产市场供应结构；六、加快落实住房补贴，提高职工购房的支付能力；七、充分发挥金融对房地产市场的调控作用；八、继续加大对住房建设和消费环节不合理收费的清理力度；九、加强房屋拆迁管理，维护社会稳定。

2002 年 11 月 1 日 国家发展计划委员会、财政部、农业部、国土资源部、建设部、国务院纠风办印发《关于继续开展全国农民建房收费专项治理的通知》（计价检〔2002〕2126 号）。

2002 年 11 月 17 日 国家发展计划委员会、建设部印发《经济适用住房价格管理办法》（计价格〔2002〕2503号），明确规定经济适用住房价格实行政府指导价。

2003年1月10日　建设部、财政部、中央机构编制委员会办公室、中国人民银行、国家经贸委、监察部、劳动和社会保障部、审计署、国务院法制办、中华全国总工会印发《关于对贯彻落实〈住房公积金管理条例〉和〈国务院关于进一步加强住房公积金管理的通知〉情况进行执法检查的通知》（建金管〔2003〕25号）。

2003年4月3日　建设部、财政部、中国人民银行印发《关于住房公积金管理中心职责和内部授权管理的指导意见》（建金管〔2003〕70号）。

2003年6月8日　国务院令第379号发布《物业管理条例》，自2003年9月1日起施行。2007年8月26日，国务院令第504号发布《国务院关于修改〈物业管理条例〉的决定》，自2007年10月1日起施行。

2003年6月26日　建设部印发《前期物业管理招标投标管理暂行办法》（建住房〔2003〕130号），自2003年9月1日起施行。

2003年7月22日　建设部印发《关于加快建设全国住房公积金监督管理信息系统工作有关问题的通知》（建办金管〔2003〕42号）。

2003年8月12日　国务院印发《关于促进房地产市场持续健康发展的通知》（国发〔2003〕18号），将房地产业定位为拉动国民经济发展的支柱产业，明确提出要促进房地产市场持续健康发展。

2004年1月30日　建设部印发《关于加强住宅工程质量管理的若干意见》（建质〔2004〕18号）。《意见》指出：要突出重点环节，强化工程建设各方主体的质量管理责任。一、建设单位（含开发企业）是住宅工程质量的第一责任者，对建设的住宅工程质量全面负责。建设单位应设立质量管理机构并配备相应人员，加强对设计和施工质量的过程控制和验收管理。在工程建设中，要保证合理工期、造价和住宅设计标准，不得擅自变更已审查批准的施工图设计文件等。二、开发企业应在房屋销售合同中明确因住宅工程质量原因所产生的退房和保修的具体内容以及保修赔偿方式等相关条款。三、设计单位应严格执行国家有关强制性技术标准，注重提高住宅工程的科技含量。四、施工单位应严格执行国家《建筑工程施工质量验收规范》，强化施工质量过程控制，保证各工序质量达到验收规范的要求。五、监管单位应针对工程的具体情况制定监理规划和监理实施细则，按国家技术标准进行验收，工序质量验收不合格的，不得进行下道工序。

2004 年 3 月 17 日 建设部令第 125 号发布《物业管理企业资质管理办法》，自 2004 年 5 月 1 日起实行。2007 年 11 月 26 日，建设部对其修订后（建设部令 164 号），原办法废止。

2004 年 3 月 2 日 建设部、财政部、中国人民银行、中国银行业监督管理委员会印发《住房公积金行政监督办法》（建金管〔2004〕34 号）。

2004 年 5 月 13 日 经国务院原则同意，建设部、国家发展和改革委员会、国土资源部、中国人民银行印发《经济适用住房管理办法》（建住房〔2004〕77 号），自发布之日起施行。此前已经购买和签订买卖合同或协议的经济适用住房，仍按原有规定执行。2007 年 11 月 19 日，建设部、国家发展和改革委员会、监察部、财政部、国土资源部、中国人民银行和国家税务总局发布《经济适用住房管理办法》（建住房〔2007〕258 号）。原《经济适用住房管理办法》（建住房〔2004〕77 号）同时废止。

2004 年 6 月 6 日 国务院办公厅发出《关于控制城镇房屋拆迁规模严格拆迁管理的通知》（国办发〔2004〕46 号）。《通知》要求：维护群众合法权益，合理控制拆迁规模；严格拆迁程序，确保拆迁公开、公正、公平；规范拆迁行为，严格依法行政；加强拆迁补偿资金监管，落实拆迁安置，切实做好拆迁信访工作；严肃处理违法违规行为，完善法律法规政策，发挥媒体监督作用，落实工作责任。

2004 年 7 月 19 日　国家发展和改革委员会、建设部印发《物业服务收费明码标价规定》（发改价检〔2004〕1428 号），自 2004 年 10 月 1 日起施行。

2004 年 10 月 11 日　建设部印发《全国住房公积金监督管理信息系统管理暂行办法》的通知（建金管〔2004〕173 号）。

2005 年 1 月 10 日　建设部、财政部、中国人民银行印发《关于住房公积金管理若干具体问题的指导意见》（建金管〔2005〕5 号）。

2005 年 3 月 14 日　国家发展和改革委员会、建设部印发《城镇廉租住房租金管理办法》（发改价格〔2005〕405 号），自 2005 年 5 月 1 日起施行。办法规定对廉租住房租金实行政府定价。

2005 年 3 月 26 日　国务院办公厅印发《关于切实稳定住房价格的通知》（国办发明电〔2005〕8 号，时称"国八条"）。

2005 年 4 月 27 日　国务院总理温家宝召开国务院常务会议，研究进一步加强房地产市场宏观调控问题。

2005 年 5 月 9 日　国务院办公厅转发建设部、国家发展和改革委员会、财政部、国土资源部、中国人民银行、国家税务总局、中国银行业监督管理委员会《关于做好稳定住房价格工作的意见》（国办发〔2005〕26 号），要求各地区、各部门把解决房地产投资规模过大，价格上涨幅度过快等问题，作为当前加强宏观调控的一项重要任务，采取八项措施组合调控住房市场。

2005 年 5 月 27 日　国家税务总局、财政部、建设部印发《关于加强房地产税收管理的通知》（国税发〔2005〕89 号），要求各地每半年公布一次本地区享受优惠政策的普通住房标准，普通住房的平均交易价格。2005 年 6 月 1 日以后，个人将购买不足 2 年的住房对外销售的，应全额征收营业税。个人将购买超过 2 年（含 2 年）的符合当地普通住房标准的住房对外销售，应向地方税务部门申请办理免征营业税手续。

2005 年 7 月 7 日　建设部、民政部印发《城镇最低收入家庭廉租住房申请、审核及退出管理办法》（建住房〔2005〕122 号），自 2005 年 10 月 1 日起施行。

2005 年 7 月 18 日　建设部、财政部印发《关于住房公积金管理中心业务管理工作考核办法（试行）》（建金管〔2005〕123 号）。

2005 年 9 月 16 日　建设部印发《关于请加快做好住房公积金管理机构调整工作的通知》（建金管函〔2005〕284 号）。

2005 年 10 月 12 日　建设部令第 142 号发布《房地产估价机构管理办法》，自 2005 年 12 月 1 日起施行。

2005 年 11 月 16 日　人事部、建设部印发《物业管理师制度暂行规定》、《物业管理师资格考试实施办法》和《物业管理师资格认定考试办法》（国人部发〔2005〕95 号），自 2005 年 12 月 1 日起施行。

2006 年 1 月 21 日　国务院印发《关于解决农民工问题的若干意见》（国发〔2006〕5 号）。《意见》要求，各地要把长期在城市就业与生活的农民工居住问题，纳入城市住宅建设发展规划。有条件的地方，城镇单位聘用农民工，用人单位和个人可缴存住房公积金，用于农民购买或租赁自住住房。

2006 年 1 月 27 日　建设部令第 148 号发布《房屋建筑工程抗震设防管理

规定》。

2006 年 3 月 13 日 建设部、财政部、中国人民银行印发《关于住房公积金管理几个具体问题的通知》（建金管〔2006〕52 号）。

2006 年 5 月 5 日 建设部、中国人民银行印发《关于个人住房公积金信用信息共享方案的通知》（建金管〔2006〕104 号）。

2006 年 5 月 17 日 国务院总理温家宝主持召开国务院常务会议，研究促进房地产业健康发展措施。会议提出六点意见：一、切实调整住房供应结构；二、进一步发挥税收、信贷、土地政策的调节作用；三、合理控制城市房屋拆迁规模和进度，减缓被动性住房需求过快增长；四、进一步整顿和规范房地产市场秩序；五、加快城镇廉租住房制度建设，规范发展经济适用住房，积极发展住房二级市场和租赁市场，有步骤地解决低收入家庭的住房困难；六、完善房地产统计和信息披露制度。

2006 年 5 月 24 日 国务院办公厅转发建设部、国家发展和改革委员会、监察部、财政部、国土资源部、中国人民银行、国家税务总局、国家统计局和中国银行业监督管理委员会《关于调整住房供应结构稳定住房价格的意见》（国办发〔2006〕37 号），对上述时称"国六条"作了进一步细化。文件明确规定：各级城市人民政府要优先保证中低价位、中小套型普通商品住房（含经济适用住房）和廉租住房的土地供应，其年度供应量不得低于居住用地供应总量的 70%。文件提出两限普通商品住房政策，即："在限套型、限房价的基础上，采取竞地价、竞房价的办法，以招标方式确定开发建设单位"。

2006 年 6 月 14 日 建设部印发《关于推动住宅部品认证工作的通知》（建标〔2006〕139 号）。《通知》指出，为深入贯彻落实《国务院关于促进房地产市场持续健康发展的通知》（国发〔2003〕18 号）要求，经商国家认证认可监督管理委员会，决定在建设领域开展住宅部品认证工作。《通知》明确，住宅部品认证是依据现行的技术标准和产品认证实施细则，由认证机构证明产品、服务符合相关技术法规、相关技术规范的强制性要求或者标准的合格评定活动。住宅部品认证的范围包括：墙体保温材料、建筑砌块、建筑门窗及配套件、木结构规格材及配件、建筑涂料及腻子、防水卷材、隔墙、厨房家具、地板、散热器、建筑管件及管材等种类。

2006 年 7 月 5 日　财政部、建设部、国土资源部印发《关于切实落实城镇廉租住房保障资金的通知》（财综〔2006〕25 号）。

2006 年 7 月 6 日　建设部印发《关于落实新建住房结构比例要求的若干意见》（建住房〔2006〕165 号），明确规定自 2006 年 6 月 1 日起，各城市年度新审批、新开工的商品住房总面积中，套型建筑面积 90 平方米以下住房面积所占比重，必须达到 70% 以上。

2006 年 7 月 31 日　建设部、财政部、监察部、中国人民银行印发《关于切实贯彻〈住房公积金管理条例〉加强整改工作的通知》（建金管〔2006〕190 号）。

2006 年 8 月 19 日　建设部印发《城镇廉租住房工作规范化管理实施办法》（建住房〔2006〕204 号）。《办法》规定，各地要结合当地社会经济发展情况，制定城镇最低收入家庭廉租住房管理办法,建立健全廉租住房保障机制。同时，各地要制定廉租住房保障的中长期规划及年度计划。各地必须保证廉租住房资金到位，专户管理，专款专用。

2006 年 8 月 19 日　建设部印发《城镇廉租住房档案管理办法》（建住房〔2006〕205 号），自 2006 年 10 月 1 日起施行。《办法》共十九条。

2006 年 12 月 4 日　建设部、财政部令第 165 号发布《住宅专项维修资金管理办法》，自 2008 年 2 月 1 日起施行。

2007年1月15日　建设部、信息产业部发出《关于进一步规范住宅小区及商住楼通信管线及通信设施建设的通知》（信部联规〔2007〕001号）。《通知》要求住宅小区及商住楼内的通信设施建设应符合城乡规划要求，与电信发展规划相适应。

2007年3月16日　第十届全国人民代表大会第五次会议表决通过《物权法》，自2007年10月1日起施行。该法确立了平等保护国家所有权、集体所有权和私人所有权的基本原则，完善了对所有权等物权进行保护的法律制度，对房地产业发展影响深远。

2007年6月21日　建设部印发《关于进一步加强城镇房屋拆迁管理工作的通知》（建住房〔2007〕153号），要求继续合理控制拆迁规模，不得突破拆迁计划面积；严格规范拆迁程序，严肃查处违法拆迁行为；推进矛盾纠纷排查化解工作，加强拆迁案件督查督办。

2007年8月7日　国务院发布《关于解决城市低收入家庭住房困难的若干意见》（国发〔2007〕24号）。《意见》提出解决城市低收入家庭住房困难工作的指导思想、总体要求和基本原则，要求建立健全城市廉租住房制度，改进和规范经济适用住房制度，逐步改善其他住房困难群体的居住条件，完善配套政策和工作机制等。

2007年8月25日　国务院召开全国城市住房工作会议，曾培炎副总理出席会议并讲话。为落实国务院《关于解决城市低收入家庭住房困难的若干意见》，会议提出要积极采取措施，加强廉租住房制度建设，解决好城市低收入家庭住房困难，继续调整住房结构，稳定住房价格，促进房地产市场健康发展。

2007年9月10日　建设部印发《关于进一步规范住房公积金管理信息公开工作的意见》（建金管〔2007〕222号）。

2007 年 9 月 10 日　国家发展和改革委员会、建设部印发《物业服务定价成本监审办法（试行）》（发改价格〔2007〕2285 号），自 2007 年 10 月 1 日起施行。

2007 年 9 月 13 日　全国棚户区改造工作现场会在辽宁省抚顺市召开。会议要求，力争"十一五"末基本完成城市集中成片棚户区改造。

2007 年 11 月 8 日　建设部、国家发展和改革委员会、监察部、民政部、财政部、国土资源部、中国人民银行、国家税务总局和国家统计局九部委联合发布《廉租住房保障办法》（第 162 号部令），自 2007 年 12 月 1 日起执行。《办法》共三十四条。《办法》进一步明确了廉租住房的保障对象为"城市低收入住房困难家庭"，并对廉租住房制度建设中的保障方式、保障资金及房屋来源、申请与核准及监督管理问题做出了明确规定。

2007 年 11 月 19 日　建设部、国家发展和改革委员会、监察部、财政部、国土资源部、中国人民银行、国家税务总局七部委联合发布《经济适用住房管理办法》（建住房〔2007〕258 号）。《办法》共八章四十九条。《办法》规定，经济适用住房制度是解决城市低收入家庭住房困难政策体系的组成部分。经济适用住房的建设、供应、使用及监督管理，应遵守本办法。市、县人民政府要根据当地经济社会发展水平、居民住房状况和收入水平等因素，合理确定经济适用住房的政策目标、建设标准、供应范围和供应对象等，并组织实施。

2007 年 12 月 5 日　建设部、国家发展和改革委员会、财政部、劳动和社会保障部、国土资源部发布《关于改善农民工居住条件的指导意见》（建住房〔2007〕276 号）。《指导意见》要求把改善农民工居住条件作为解决城市低收入家庭住房困难工作的一项重要内容，力争到"十一五"期末，使农民工居住条件得到逐步改善。

2008 年 2 月 13 日　建设部、国家质量监督检验检疫总局印发《关于在住房公积金管理中使用组织机构代码的通知》（建保〔2008〕33号）。

2008年3月21日　住房和城乡建设部发出《关于加强廉租住房质量管理的通知》（建保〔2008〕62号）。《通知》指出廉租住房制度是解决城市低收入家庭住房困难的主要途径，并提出四项措施：一、严格建设程序，加强建设管理；二、落实有关方面责任，确保工程质量；三、强化竣工验收工作，保证使用功能；四、加强监督检查工作，建立长效机制。

2008年5月6日　住房和城乡建设部印发《房屋登记簿管理试行办法》（建住房〔2008〕84号）。《办法》规范了房屋登记簿管理、保障房屋交易安全、保护房屋权利人及相关当事人的合法权益。

2008年5月20日　住房和城乡建设部、国务院纠风办、监察部、财政部、中国人民银行、审计署、中国银行业监督管理委员会印发《关于开展加强住房公积金管理专项治理工作的实施意见的通知》（建保〔2008〕93号）。

2008年8月　全国70个大中城市房屋价格指数环比增幅-0.1%，为近几年首次出现负增长。国家统计局数据表明：1~11月全国商品房销售面积为4.9亿平方米，同比下降18.3%，其中，商品住宅销售面积下降18.8%；商品房销售额19261亿元，同比下降19.8%，其中，商品住宅销售额下降20.6%。数据显示，2008年1~11月全国商品房成交均价为3931元／平方米，同比上年同期成交均价3951元／平方米下跌了0.5%。

2008年11月　国务院出台进一步扩大内需、促进经济增长、防范国际经济环境不利影响的十项措施（时称"国十条"），总投资规模4万亿元人民币。其中，首条内容为"加快建设保障性安居工程"。

2008年12月20日　国务院办公厅印发《关于促进房地产市场健康发展的若干意见》（国办发〔2008〕131号）。《意见》提出，争取用3年时间基本解决城市低收入住房困难家庭住房及棚户区改造问题。到 2011 年底，基本解决 747 万户现有城市低收入住房困难家庭的住房问题，基本解决 240 万户现有林区、垦区、煤矿等棚户区居民住房的搬迁维修改造问题。2009~2011 年，全国平均每年新增 130 万套经济适用住房。

2008 年　城市低收入家庭住房保障统计制度开始建立。统计范围为全国设市城市和县城。统计内容有城市廉租住房制度的保障对象条件情况和经济适用房制度供应对象条件情况；廉租住房投资、建设、配租情况；廉租住房保障资金筹集、支出情况；经济适用住房投资、建设、销售情况等。

2009 年 3 月 30 日　全国保障性安居工程工作会议在湖南省长沙市召开。中共中央政治局常委、国务院副总理李克强出席会议并在讲话中强调，保障性安居工程事关群众特别是低收入群众的切身利益，事关经济社会发展。会议确定，在国家支持下，3 年内解决 750 万户城市低收入家庭、240 万户林区垦区煤矿等棚户区居民的住房困难。2009 年，这两块分别完成 260 万户和 80 万户。同时，扩大农村危房改造试点，年内安排近 80 万户。

2009 年 5 月 22 日　经国务院同意，住房和城乡建设部、国家发展和改革委员会、财政部印发《2009 年 – 2011 年廉租住房保障规划》（建保〔2009〕91 号），明确了廉租住房建设的指导思想、基本原则、总体目标、年度任务、保障方式和标准、政策、措施、监督管理等内容。

2009 年 10 月 14 日　住房和城乡建设部、财政部、国家发展和改革委员会、中国人民银行、监察部、审计署、中国银行业监督管理委员会印发《关于利用住房公积金贷款支持保障性住房建设试点工作的实施意见》（建金〔2009〕160 号），对规范、有序地开展利用住房公积金贷款支持保障性住房建设试点工作提出了具体要求。

2009 年 12 月 1 日　建设部印发《业主大会和业主委员会指导规则》（建

房〔2009〕274 号），自 2010 年 1 月 1 日起施行。

2009 年 12 月 7 日　中央经济工作会议提出：增加普通商品住房供给，支持居民自住和改善性购房需求。

2009 年 12 月 24 日　住房和城乡建设部、国家发展和改革委员会、财政部、国土资源部、中国人民银行印发《关于推进城市和国有工矿棚户区改造工作的指导意见》（建保〔2009〕295 号），提出了城市和国有工矿棚户区改造的总体要求、基本原则、政策措施和组织实施的方式。

2009 年 12 月 28 日　全国城市和国有工矿棚户区改造会议在山西省大同市召开。中共中央政治局常委、国务院副总理李克强出席会议并在讲话中强调，要认真贯彻落实党中央、国务院的决策部署，全面启动并扎实有序推进城市和国有工矿等棚户区改造，加快保障性住房建设，把这一重大民生工程办实办好，促进经济社会又好又快发展。棚户区改造是保障性安居工程建设的重要组成部分。要力争在全国范围内用 5 年时间完成城市和国有工矿集中连片棚户区改造任务，有条件的地方可提前完成；国有林区垦区煤矿棚户区改造也要争取用 3 年时间完成。同时，加快推进廉租住房建设。

2009 年　房地产统计报表制度分设为《房屋概况统计报表》、《房地产市场监管统计报表》和《住房公积金缴存使用情况统计》。同年，保障性安居工程统计报表制度开始建立。

2009 年　住房和城乡建设部 3 次向国务院上报房地产市场形势分析报告，6 次向国务院领导专题报告房地产市场形势和调控政策建议，全国房地产市场预警预报系统建设顺利进行，房地产信息系统数据采集的城市由 40 个扩大为 90 个。全国房地产市场经历了从 2008 年 8 月以来出现的负增长到快速复苏、回暖、繁荣。全国新建商品房销售量从 3 月份的 6000 多万平方米，迅速增长到 6 月份的 9500 万平方米左右。

第六章　村镇建设

1950 年 6 月 28 日　中央人民政府委员会第八次会议通过《中华人民共和国土地改革法》，规定废除地主阶级封建剥削的土地所有制。没收地主的土地及其在农村中多余的房屋，没收土地除本法规定收归国家所有者外，均由乡农民协会接收，统一公平合理地分配给无地、少地及缺乏其他生产资料的贫苦农民所有。土地改革完成后，由人民政府发给土地所有证，并承认一切土地所有者自由经营、买卖及出租其土地的权利。此外，还对特殊土地问题的处理作出规定。

1955 年 5 月 7 日　国务院颁布《关于农村土地的转移及契税工作的通知》（（55）国五办云字第 65 号），要求对于经过契税手续而发生的土地所有权的变动，应加以登记。

1961 年 11 月 29 日　建筑工程部设计局发出《关于对农村居住建筑问题进行调查研究的通知》，有计划地开展关于农村住宅问题的调查研究。

1962 年 4 月 18—23 日　建筑工程部设计局召开农村住宅设计工作座谈会，贯彻中央领导同志指示，积极支援农村，帮助农民解决住宅建设的设计问题。建筑工程部副部长宋裕和到会讲话。

1962 年 9 月 27 日　中国共产党第八届中央委员会第十次全体会议通过《农村人民公社工作条例修正草案》，规定"生产队范围内的土地，都归生产队所有。生产队所有的土地，包括社员的自留地、自留山、宅基地等，一律不准出租和买卖"，"要保障社员个人所有的一切生产资料，包括房屋……永远归社员所有，任何人不得侵犯"，"社员有买卖或者租赁房屋的权利"。

1963 年 3 月 20 日 中共中央颁布《关于各地对社员宅基地问题作一些补充规定的通知》（中发〔63〕193 号），规定"社员的宅基地，包括有建筑物和没有建筑物的空白宅基地，都归生产队集体所有，一律不准出租和买卖。但仍归各户长期使用，长期不变，生产队应保护社员的使用权，不能想收就收，想调剂就调剂"；"社员有买卖或租赁房屋的权利。房屋出卖后，宅基地的使用权即随之转移给新房主，但宅基地的所有权仍归生产队所有。"

1963 年 10 月 22 日至 11 月 2 日 建筑工程部在北京召开农村建筑设计工作会议。会议讨论了农村建筑设计调查研究的情况、当前存在的主要问题和今后的农村建筑设计工作。据会议提供的材料，1~10 月份各大区和省市设计院及建筑科研系统共调查了农业生产性建筑 222 个点，写成调查报告 37 份，完成 296 个设计项目；农村住宅 181 个点，提出研究报告 69 份，完成设计项目 246 个。

1963 年 12 月 7 日 中共中央、国务院发出《关于调整市镇建制、缩小城市郊区的指示》，提高了设置城镇的标准，要求撤销不够设市条件的市，并对缩小市的郊区、调整镇的建制、调整林场、农场、矿山、油田等地区的市镇建制作了规定。

1975 年 4 月中旬 国家基本建设委员会城市建设局在广东省湛江市召开小城镇建设座谈会，征求了对《加强小城镇建设的意见》和《城市规划的编制、审批和管理意见》两个文件稿的意见。

1978 年 12 月 5 日 国家计划委员会、国家基本建设委员会、财政部发出《关于工业比较集中的县镇开征公用事业附加的几项规定》。《规定》提出，从 1979 年起对一些工业比较集中的县镇和工矿区开征公用事业附加。开征项目主要是工业用电和工业用水附加，附加率东北地区为 10%，其他地区为5%~8%。凡是建设增加人民群众负担的项目，个别如需开征的，由省、市、自治区有关部门审查批准，财政部、国家基本建设委员会备案。

1979 年 12 月 2—9 日　国家基本建设委员会、国家农业委员会、农业部、建筑材料工业部、国家建筑工程总局在山东省青岛市召开全国（第一次）农村房屋建设工作会议。会议研究了有关农村房屋建设的方针政策，交流了各地农村房屋建设的经验，并提出了当前农村房屋建设中急迫需要解决的一些问题。

1980 年 1 月 5 日　经国务院批准，国家基本建设委员会设立农村房屋建设办公室，负责指导和协调全国农村房屋建设工作。1982 年 5 月，国务院机构改革，在城乡建设环境保护部设立乡村建设局，1982 年 10 月 29 日，国务院发出《关于城乡建设环境保护部机构编制的批复》，批准设立乡村建设局，作为内设机构之一。1986 年 12 月，乡村建设局更名为乡村建设管理局。1988 年 4 月，城乡建设环境保护部撤销，组建建设部。1990 年 10 月，国家机构编制委员会发出《关于印发建设部"三定"方案的通知》（国机中编〔1990〕14号），建设部下设村镇建设司。1998 年 6 月，国务院办公厅印发《关于建设部职能配置内设机构和人员编制规定的通知》（国办发〔1998〕86 号），内设城乡规划司（村镇建设办公室）。2004 年 12 月，中央机构编制委员会办公室以《关于建设部独立设置村镇建设办公室的批复》（中央编办复字〔2004〕183号），批准建设部独立设置村镇建设办公室。2008 年 7 月 10 日，国务院办公厅发出《住房和城乡建设部主要职责内设机构和人员编制规定》（国办发〔2008〕74 号），规定住房和城乡建设部设村镇建设司。

1980 年 3 月 14 日　国家基本建设委员会、国家农业委员会、农业部、建筑材料工业部、国家建筑工程总局印发《全国农村房屋建设工作会议的报告》，指出当前农村建房情况和进一步加强农村建房工作的意见。会议认为，我国农村房屋建设必须从实际情况出发，采取"全面规划，正确引导，依靠群众，自力更生，因地制宜，逐步建设"的方针。要十分注意政策，充分发挥社员和集体两个积极性。要认真搞好规划，精心进行设计。要注意因地制宜，就地取材。要高度重视节约用地，切实防止乱占耕地。要量力而行，分期逐步建设。

1980 年 9 月 2－8 日　农村房屋建设工作汇报会议在吉林省吉林市召开。国务院副总理万里到会讲话。会议汇报了各地落实青岛会议精神，加强农房建设组织领导等情况。会议认为，农房建设量大面广，青岛会议确定的"全面规划，正确引导，依靠群众，自力更生，因地制宜，逐步建设"的方针是符合我国农村实际情况的。农房建设中的自建互助、产权归己的做法，极大地调动了广大农民的积极性。农房建设所需国拨材料，开始有了一个渠道。

1981 年 4 月 17 日　国务院发出《关于制止农村建房侵占耕地的紧急通知》（国发〔1981〕57 号），要求各级政府立即采取有效措施，制止农村建房侵占耕地。一、要加强节约用地的教育；二、统一规划，合理布局；三、重申农村社队的土地归集体所有，不得随意占用；四、改革农房建筑材料，减少打坯烧砖，取土用地；五、对任意侵占耕地建房的进行查处，对社队企业占而不用的土地，要责令退出。

1981 年 12 月 20－29 日　经国务院批准，国家基本建设委员会、国家农业委员会在北京召开第二次全国农村房屋建设工作会议。会议是在农村经济情况好转，迫切要求改善居住条件，许多地方出现"家家备料、村村动土"的形势下召开的。国务院副总理万里到会作了重要讲话。会议对今后农房建设工作提出：一、切实加强领导；二、抓紧制定村镇建设法规；三、大力抓好村镇规划；四、注意节约用地；五、搞好建筑设计、施工；六、积极培养专业人才；七、努力搞好农村建筑材料的生产供应；八、县一级政府要调整解决主管村镇建设的机构，做到事情有人管，工作有人抓。1982 年 1 月 7 日，国务院批转了《第二次全国农村房屋建设工作会议纪要》，明确要求各地建设部门花二、三年时间，分期分批把村镇的初步规划搞起来，从而结束了农村房屋建设无人管理、自发建设的局面。

1982 年 1 月 14 日　国家基本建设委员会、国家农业委员会发出《村镇规划原则（试行）》（（82）建发农字第 9 号），把村镇规划分为总体规划和建设规划两个阶段，以便每个村庄和集镇的规划能够与整个乡镇的全面发展结合起来。

1982 年 2 月 13 日　国务院发出《村镇建房用地管理条例》（国发〔1982〕29 号），使农村建设用地实现了规范化管理。

1983 年 5 月　城乡建设环境保护部、国家民族事务委员会在广西壮族自治区南宁市召开全国少数民族地区农牧民住房工作会议，提出少数民族地区改善居住条件的设想和相关政策。

1983 年 6 月 21－27 日　城乡建设环境保护部乡村建设局和中国建筑学会在上海市嘉定县召开首次全国村镇建设学术讨论会，160 余人出席会议。

1983 年　县镇建设统计报表制度开始建立。统计内容有住房和市政公用设施数量及其投资建设维护情况，统计范围为县城、县辖建制镇、集镇和村庄。

1984 年 7 月　经国务院批准，组建了中国农房建设材料公司和中国农房建材成套供应公司。国家拨给 10 万吨钢材和 50 万标箱玻璃指标。

1984 年 11 月 19－27 日　全国村镇建设经验交流座谈会在北京召开。国务院副总理李鹏出席会议并讲话，指出：各级领导应从抓规划做起，认真处理好生产与生活的关系，第一产业、第二产业与第三产业之间的关系。规划要做到"以生产为基础，以县域为背景，以集镇为重点"，合理使用土地，多搞二、三层建筑，把山、水、田、林、路、村、电综合进行考虑，为生产、生活和引进投资创造一个良好的环境。可以组织农村开发公司，把发展农村建筑业、建筑材料业作为农村经济的支柱来抓。

1985年5月4-10日 城乡建设环境保护部在江苏省苏州市召开部分省市经济发达地区村镇建设工作座谈会，贯彻中央1985年1号文件有关小城镇建设的精神，以及国务院开辟长江三角洲、珠江三角洲和闽南三角洲地区为经济开放区的精神，研究如何加强村镇建设管理工作。会议讨论了《村镇建设管理暂行规定》、《组织科技人员下乡支援村镇建设的若干意见》、《关于集镇实行统一开发、综合建设的几点意见》三个待议文件。

1985年10月5日 城乡建设环境保护部发出《集镇实行统一开发、综合建设的几点意见》（（85）城乡字第542号）。

1985年10月29日 城乡建设环境保护部发出《村镇建设管理暂行规定》（（85）城乡字第558号）。

1985年11月9-30日 城乡建设环境保护部在北京举办首次"全国村镇建设成就展览会"。李鹏、廖汉生、马文瑞、赵朴初等领导同志参观展览。全国6万余人次参观了展览。

1985年11月 城乡建设环境保护部在北京召开全国村镇建设工作汇报会。会议交流了村镇规划、建设、管理以及人才培养、环境保护等方面的经验，研究了今后一段时期的工作部署以及当前迫切需要解决的一些问题。与会代表参观了全国村镇建设展览会和北京市村镇建设试点单位。

1986年6月25日 第六届全国人大常委会第十六次会议通过《中华人民共和国土地管理法》（共和国主席令第41号公布），其中第三十七条对村镇建设用地规划提出了具体要求。

1987年2月16-21日 城乡建设环境保护部在广东省广州市召开全国集镇建设试点工作经验交流会。会议研究了在新时期集镇建设的方针、政策，把乡村建设的重点切实转移到集镇建设上来，充分发挥集镇在城乡两个文明建设中的作用，进一步推动村镇建设的健康发展。

1987 年 10 月 29 日至 11 月 1 日　城乡建设环境保护部乡村建设管理局在北京召开试点集镇建设经验交流会。城乡建设环境保护部联系的 21 个试点集镇在会上介绍了经验，同时探讨了集镇建设试点工作的途径和方法，研究部署了有关试点工作。

1987 年 11 月 18 日　城乡建设环境保护部、国务院农村发展研究中心、农牧渔业部、国家科学技术委员会发出《关于进一步加强集镇建设工作的意见》（（87）城乡字 611 号）。

1988 年 10 月 7-11 日　建设部村镇建设司在上海召开沿海地区和城市郊区（县）村镇建设座谈会。会议明确了集镇建设工作的重心放在经济发达地区城市郊区，抓好沿海经济开放地区和大中城市城乡结合部的工作。会议围绕在沿海地区如何为外向型经济发展服务；城乡结合部及城市郊区、郊县的村镇建设如何依托城市，带动农村，搞好投资环境促进商品经济的发展等，总结交流了工作经验。会议还讨论了《村镇建设条例》、《村容镇貌管理暂行规定》两个待议文件。

1989 年 6 月 24 日　建设部、中国科学技术协会发出《村镇建设技术人员职称评定和晋升试行通则》。

1989 年　建设部在全国开展农民住宅通用设计工作。共形成省级通用图纸 1576 套，市级通用图纸 1582 套，县级通用图纸 1026 套，使农村建设实现了村镇建设有规划，农房建设有设计的目标。

1990 年 11 月 21-24 日　建设部在天津召开全国村镇建设工作会议。会议主要议题是总结过去十年村镇建设工作的经验，表彰一批村镇建设先进单位，研究"八五"及今后十年村镇建设的发展规划和政策措施，部署今后两年的工作。建设部部长林汉雄、副部长谭庆琏出席会议并讲话。

1991 年 3 月 8 日　国务院发出《国务院批转建设部等部门关于进一步加强村镇建设工作请示的通知》（国发〔1991〕15 号），同意建设部、农业部、国家土地管理局《关于进一步加强村镇建设工作的请示》。

1991 年 7 月 6—8 日　建设部村镇建设司在北京召开全国村镇建设座谈会，交流贯彻国务院 15 号文件和全国村镇建设工作会议精神的情况；介绍了各地村镇建设十年规划和"八五"计划的编制情况；研究了今后两年的工作。

1993 年 6 月 29 日　国务院令第 116 号颁布《村庄和集镇规划建设管理条例》，自 1993 年 11 月 1 日起施行。

1993 年 8 月　中央机构编制委员会在《关于地方各级党政机构设置的意见》（中编〔1993〕4 号）中明确规定，"一类乡镇可设置乡村建设办公室；二、三类乡镇可设置乡村建设助理员"，解决了乡镇级村镇建设管理机构和人员问题。

1993 年 9 月 27 日　建设部批准发布《村镇规划标准》（建标〔1993〕732 号），自 1994 年 6 月 1 日起施行。《村镇规划标准》（GB 50188—1993）适用于全国村庄和集镇的规划，县城以外的建制镇规划也按本标准执行。

1993 年 10 月 14—18 日　建设部在江苏省苏州市召开全国村镇建设工作会议，国务院总理李鹏致贺词。会议深入研讨了新形势下村镇建设工作的指导思想、工作重点和政策措施，提出"以小城镇建设为重点，带动村镇建设全面发展"的工作思路，确立了以小城镇建设为重点的村镇建设指导方针。

1994 年 9 月 8 日　建设部、国家计划委员会、国家经济体制改革委员会、国家科学技术委员会、农业部、民政部发出《关于加强小城镇建设的若干意见》

（建村〔1994〕564 号）。

1994 年 11 月 15－17 日　建设部村镇建设司在广东省顺德市召开乡村城市化试点县（市）研讨会，交流小城镇建设经验。会议考察了顺德市乡村城市化工作情况。

1995 年 2 月 24－28 日　建设部在福建省福州市召开全国村镇建设管理工作会议（建办村〔1995〕11 号）。会议深入贯彻中央经济工作会议和全国建设工作会议精神，总结了过去四年来村镇建设工作的经验，部署了今后工作。会议还表彰了在村镇建设管理工作中作出突出贡献的先进单位和个人。

1995 年 6 月 29 日　建设部令第 44 号发布《建制镇规划建设管理办法》，自 1995 年 7 月 1 日起施行。

1995 年 10 月 27 日至 11 月 5 日　建设部和财政部举办全国小城镇和村庄建设成就展览。

1996 年 8 月 13 日　建设部村镇建设司、公安部户政管理局在山东省荣成市召开乡村城市化试点县（市）工作研讨会。会议交流探讨了各乡村城市化试点县（市）的县域城镇体系规划编制方法、内容、深度等方面的基本做法和经验；总结各城市化试点县（市）开展小城镇户籍制度改革的情况，研究了存在的问题。

1996 年 11 月 23－26 日　建设部在广东省中山市小榄镇召开全国村镇建设工作会议。建设部部长侯捷出席会议并发表题为《切实加强社会主义文明村镇建设，努力实现跨世纪宏伟蓝图》的讲话。建设部副部长毛如柏做了工作报告。会议提出"坚持以小城镇建设为重点带动整个村镇建设"的方针，明确以提高村镇建设总体水平为中心，重点突破，典型引路，稳步推进，为农村两个文明建设创造良好的条件。会议传达了中央经济工作会议和全国建设工作会议精神，表彰了在村镇建设管理工作中作出突出贡献的先进单位和先进个人。
与会代表考察了中山市包括小榄镇在内的六个镇和顺德市三个镇的建设发展
情况。

1997 年 3 月　建设部组织所属设计、科研单位和有关院校对河北省张北
县农村地震复建的规划、设计工作提供支持。

1997 年 6 月 10 日　国务院批转公安部《小城镇户籍管理制度改革试点方
案》（国发〔1997〕20 号）。建设部实施的"625 工程"部分试点市、县、镇列
入了户籍制度改革试点范围。

1997 年 7 月 7 日　建设部转发《中国农业银行小城镇建设专项贷款暂行
管理规定》（建村〔1997〕166 号），明确"建制镇及经济发达具有一定规模和
条件的集镇房产开发、集贸市场建设、商饮、服务业，以及其他有偿还收入来
源的小城镇基础和公用设施等建设和开发"，可以向农业银行申请贷款，为村
镇建设开辟了新的资金渠道。

1997 年 7 月 15－29 日　建设部有关司组成工作组对三峡库区的涪陵、万
县两市和丰都、云阳、巫山、巴东、秭归县县城及村镇的搬迁情况（包括新
址选定，规划，市政建设，企事业单位用房和农房拆建，环境保护，旧址处理
等）进行了调查研究，并与重庆市建委、湖北省建设厅、三峡移民局、长江水
利委员会有关部门交换了意见，提出了建议。

1997 年 8 月 18 日　建设部发出《关于公布全国小城镇建设示范镇（第一
批）的决定》（建村〔1997〕201 号），公布第一批 17 个全国小城镇建设示范
镇。1999 年 5 月 10 日，建设部发出《关于评选全国小城镇建设示范镇的通知》
（建村〔1999〕128 号），布置全国小城镇建设示范镇评选工作。文中明确了申
报范围和条件、申报程序以及相关申报材料。1999 年 12 月，建设部发出《关
于公布全国小城镇建设示范镇的通知》（建村〔1999〕289 号），公布了第二批

58 个全国小城镇建设示范镇。

1997 年　建设部发出《关于申报历史文化名镇、名村的通知》（建村〔1997〕87 号）布置历史名镇（村）申报工作。

1998 年　长江中下游地区发生洪涝灾害。为根治水患，党中央、国务院决定在部分地区实施平垸行洪、退田还湖、移民建镇。主要涉及江西、安徽、湖南和湖北四省。1998–2003 年长江流域四省开展了较大规模的移民建镇工作。国家先后下达了 4 期移民建镇计划，移民 62 万多户、240 多万人，中央投资超过 101 亿元。

1999 年 7 月 5 日　建设部发出《关于选报乡村城市化县（市）试点的通知》（建村〔1999〕168 号），就乡村城市化县（市）试点的目的、申报条件、试点内容和要求以及申请程序作了明确规定。2000 年 4 月，建设部印发《乡村城市化县（市、区）试点工作要求》，促进乡村城市化县（市、区）试点工作规范、有序进行。

1999 年 12 月 23 日　建设部发布《关于表彰村镇建设先进集体和先进工作者的通报》（建村〔1999〕315 号）。辽宁省海城市、江苏省张家港市和锡山市、浙江省绍兴县、福建省福清市、山东省荣成市、河南省巩义市、广东省顺德市、四川省郫县 9 个全国乡村城市化试点县（市）均被授予"全国村镇建设先进县（市）"荣誉称号。

2000 年 1 月 13 日　建设部发出《关于加强村镇建设抗震防灾工作的通知》（建抗〔2000〕18 号）。《通知》要求：把村镇抗震防灾工作列入村镇建设的重要内容；抗震设防区的村镇规划应包括村镇抗震防灾的内容；因地制宜合理制定工程的抗震设防标准；加强对村镇建设工作勘察设计工作的管理；鼓励对村镇建设抗震防灾工作提供技术服务；积极抓好村镇建设抗震防灾的示范工程；加强村镇建设抗震防灾知识的普及宣传工作。

2000 年 2 月 17 日　建设部发出《村镇规划编制办法（试行）》（建村〔2000〕36 号）。《编制办法》包括现状分析图的绘制、村镇总体规划的编制、村镇建设规划的编制等内容。

2000 年 4 月 18－20 日　建设部在四川省成都市召开全国村镇建设工作会议。建设部部长俞正声在会上发表题为《提高认识，加强领导，促进小城镇健康发展》的讲话。会议提出"以促进国民经济社会发展为目标，以提高村镇建设的总体水平和效益为中心，因地制宜，突出重点，以点带面，积极稳妥地推进小城镇建设，带动村镇建设全面发展"的农村建设思路。

2000 年 6 月 13 日　中共中央、国务院发出《关于促进小城镇健康发展的若干意见》（中发〔2000〕11 号）。《意见》指出，当前加强城镇化进程的条件和时机已经成熟，应抓住机遇，把引导小城镇健康发展作为当前和今后较长时期农村改革与发展的一项重要任务。

2001 年 1 月 11 日　《中共中央、国务院关于做好 2001 年农业和农村工作的意见》（中发〔2001〕2 号）提出：发展小城镇既要积极又要稳妥。要科学规划，合理布局，明确发展重点，防止一哄而起。现阶段主要发展县城和少数有基础、有潜力的建制镇，充分发挥这些中心城镇的作用。发展小城镇关键是发展经济，要以产业发展为依托，在加工、贸易和旅游等方面形成有特色的主导产业，特别要与农业产业化、乡镇企业、专业市场和社会化服务体系建设结合起来，逐步形成产业发展、人口聚集、市场扩大的良性循环，增强小城镇吸纳农村人口、带动农村发展的能力。各地要抓紧制定促进小城镇发展的投资政策、土地政策和户籍改革实施办法。

2003 年 10 月 8 日　建设部、国家文物局发布《中国历史文化名镇（村）评选办法》，并公布山西省灵石县静升镇等 10 个镇为第一批中国历史文化名镇，北京市门头沟区斋堂镇爨底下村等 12 个村为第一批中国历史文化名村（建村〔2003〕199 号）。2005 年 9 月 16 日，建设部、国家文物局公布河北省蔚县暖

泉镇等 34 个镇为第二批中国历史文化名镇，北京市门头沟区斋堂镇灵水村等
24 个村为第二批中国历史文化名村（建规〔2005〕159 号）；2007 年 5 月 17 日，
建设部、国家文物局公布河北省永年县广府镇等 41 个镇为第三批中国历史文
化名镇，北京市门头沟区龙泉镇琉璃渠村等 36 个村为第三批中国历史文化名
村（建规〔2007〕360 号）；2008 年 10 月 14 日，住房和城乡建设部、国家文
物局公布北京市密云县古北口镇等 58 个镇为第四批中国历史文化名镇，河北
省涉县偏城镇偏城村等 36 个村为第四批中国历史文化名村（建规〔2008〕192
号）。

2004 年 2 月 4 日 建设部、国家发展和改革委员会、民政部、国土资源部、
科学技术部、农业部发布《关于公布全国重点镇名单的通知》（建村〔2004〕
23 号），确定北京市昌平区小汤山镇等 1887 个镇为全国重点镇。

2004 年 7 月 8-9 日 建设部在北京召开全国村镇建设工作会议。会议明
确今后村镇建设将重点抓好六项工作：认清形势，明确村镇建设的主要任务；
贯彻中央宏观调控政策措施，坚持城乡统筹，以科学发展观和正确政绩观推进
村镇建设工作；分类指导，加强重点镇规划建设；加强对一般镇和集镇的规划
建设指导；运用市场机制推动村镇建设；顺应改革要求，加强村镇建设各项工
作的规范化管理。建设部部长汪光焘在会议上强调，建设系统广大干部职工一
定要按照国务院领导的要求，贯彻好中央宏观调控的政策措施，加强对村镇建
设工作的规划指导和实施管理，集约使用土地，保证建设质量，为统筹城乡发
展，解决"三农"问题、推进全面建设小康社会作出新的贡献。

2005 年 6 月 11 日 建设部主办的三农问题与村镇建设——"两个趋向"
理论与实践高层研讨会在北京钓鱼台国宾馆举行。全国人大常委会副委员长蒋
正华出席会议并讲话。

2005 年 9 月 30 日 建设部发出《关于村庄整治工作的指导意见》（建村
〔2005〕174 号），提出村镇整治工作的指导思想和基本要求：要因地制宜、试

点引路、稳步推进村庄整治工作；建立村庄整治工作的推进机制；组织动员各方面力量，形成合力，共同推进村庄整治工作。

2005 年 11 月 10 日 建设部在江西省赣州市召开全国村庄整治工作会议。会议学习贯彻党的十六届五中全会精神和国务院领导同志相关指示精神，全面深刻领会建设社会主义新农村的重大意义，统一思想，提高认识，总结推广江西、浙江、辽宁、四川等地村庄整治工作的经验，对建设系统的村庄整治工作进行部署。会议强调，村庄整治的目的是为农民办实事、办好事。要从解决农民最急迫、最直接、最关心的实际问题入手，因地制宜、扎实稳步推进村庄整治，防止形式主义、强迫命令、大拆大建。建设部部长汪光焘出席并讲话指出，要把村庄整治工作列入重要议事日程，制定切实可行的工作方案和实施计划，加强对市县村庄整治工作的指导，正确把握村庄整治工作的方向和重点，建立和规范村庄整治工作程序。建设部副部长仇保兴提出村庄整治做到"五个先行"和"五种机制"和避免"四个误区"的要求。

2006 年 2 月 10 日 国务院办公厅发出《国务院办公厅关于落实中共中央国务院关于推进社会主义新农村建设若干意见有关政策措施的通知》（国办函〔2006〕13 号）。

2006 年 7 月 25 日 建设部发出《县域村镇体系规划编制暂行办法》（建规〔2006〕183 号）。2000 年 4 月 6 日建设部发出的《县域村镇体系规划编制要点》（试行）同时废止。

2006 年 11 月 17 日 城市（县城）和村镇建设统计报表制度建立。按照城乡统筹的要求，对已有的城市建设统计、县城建设统计与村镇建设统计报表制度进行整合。统计内容有全国城乡市政公用设施数量及投资、维护建设情况，镇、乡及村庄房屋建设和住房情况。

2007 年 6 月 5 日 建设部、公安部在浙江省杭州市召开社会主义新农村消防工作经验交流现场会。会议宣传贯彻公安部、中央社会治安综合治理委员会办公室、国家发展和改革委员会、财政部、民政部、建设部、农业部制定的《加强社会主义新农村建设消防工作的指导意见》，总结推广浙江、江西、内蒙古、黑龙江、广西、贵州、云南、山东、湖北、陕西等地新农村建设村庄整治和消防工作的经验；全面部署当前和今后一个时期的村庄整治和农村消防工作。

2007 年 12 月 25 日 建设部在广东省湛江市召开农村困难群众住房工作座谈会。会议深入贯彻党的十七大精神，为落实"住有所居"民生目标，认真总结和推广各地关注和抓好农村困难群众住房工作的经验做法。建设部部长汪光焘强调，各地建设系统要切实落实改善民生的责任，努力使农民住有所居。

2008 年 3 月 6 日 建设部发出《南方雨雪冰冻地区建制镇供水设施恢复重建技术指导要点》（建村〔2008〕58 号）。

2008 年 3 月 31 日 住房和城乡建设部批准发布国家标准《村庄整治技术规范》（GB 50445—2008），自 2008 年 8 月 1 日起实施。这是我国指导社会主义新农村建设村庄整治工作的首部国家标准，是村镇建设技术法规的基础成果。规范的发布实施，对推动村庄整治工作深入开展，把握改善农村人居环境工作的方向和力度，促进我国社会主义新农村建设向更高水平迈进，起到重要作用。

2008 年 10 月 15 日 住房和城乡建设部发出《关于加强汶川地震灾后农房重建指导工作的通知》（建村〔2008〕190 号），要求加强村镇规划对农房重建的指导，加强农房设计服务，开展农村建筑工匠培训，组织建设系统对口支援，建立咨询窗口和巡查服务，协助农户做好农房质量验收，推进农房登记。

2009 年 1 月 4 日 住房和城乡建设部印发《关于开展全国特色景观旅游名镇（村）示范工作的通知》（建村〔2009〕3 号），明确了全国特色景观旅游名镇（村）示范工作的指导思想、总体安排及申报、考核的条件和程序。

2009 年 3 月 26 日　住房和城乡建设部印发《农村危险房屋鉴定技术导则（试行）》（建村函〔2009〕69 号）。

2009 年 4 月 9 日　住房和城乡建设部印发《关于开展工程项目带动村镇规划一体化实施试点工作的通知》（建村函〔2009〕75 号）。《通知》对试点工作主要内容、进度安排与基本要求、保障措施等做了规定。

2009 年 4 月 14 日　住房和城乡建设部召集黑龙江省、山西省、云南省、宁夏回族自治区、贵州省住房和城乡建设厅负责同志在北京召开农村危房改造有关政策座谈会，研究解决农村危房改造实施过程中遇到的问题与困难，推动扩大农村危房改造试点工程的顺利实施。住房和城乡建设部部长姜伟新主持会议。

2009 年 5 月 8 日　住房和城乡建设部、国家发展和改革委员会、财政部印发《关于 2009 年扩大农村危房改造试点的指导意见》（建村〔2009〕84 号）。《意见》明确了扩大农村危房改造试点工作的指导思想、目标任务与基本原则，提出要加强规划编制与资金筹集，合理确定补助标准和补助对象，落实农村危房改造建设的基本要求，规范项目管理，加强组织领导和部门协作，共同推进农村危房改造试点工作。

2009 年 5 月 13 日　住房和城乡建设部在北京召开 2009 年扩大农村危房改造试点工作会议，贯彻中央关于扩大农村危房改造试点的工作要求，部署 2009 年扩大农村危房改造试点工作任务。

2009 年 9 月 2 日　住房和城乡建设部发出《关于组织开展扩大农村危房改造试点实施情况检查工作的通知》（建办村函〔2009〕746 号），决定组织开展试点实施情况检查。检查包括各地自查和住房和城乡建设部抽查两个阶段，重点检查农村危房改造试点的规划编制与实施方案、资金落实、补助对象确定、建设标准、建筑节能示范、技术服务与质量安全管理、农户档案管理、组织领导与监督等方面情况。

第七章　测绘、环保、节能

1951 年 12 月 19 日　政务院发布《关于更改地名的指示》。

1952 年　中国决定在国家大地测量和地形测量中采用高斯—克吕格平面直角坐标系。

1954 年 12 月　完成东部水准网平差，确定了"一九五四年黄海平均海平面"，建立青岛水准原点和"一九五四年黄海高程系统"。建立"一九五四年北京坐标系"。

1955 年 12 月 29 日　国务院令第 2 号颁布《关于长期保护测量标志的命令》。《命令》指出：测量标志是国家的永久性建筑物，对于各项建设有重要作用，应妥善保护，未经批准，不得移动。

1956 年 1 月 23 日　国务院提请第一届全国人大常委会第三十一次会议批准，设立国家测绘总局，以加强对全国大地测量、地形图测量、地图制图和各种工程测量的管理。1957 年 1 月 19 日，国务院决定将国家测绘总局的领导关系由国务院第三办公室划归国家建设委员会掌管。1958 年 3 月 21 日，地质部测绘局合并到国家测绘总局，国家测绘总局由地质部代管。1970 年 6 月 22 日，国家测绘总局与总参测绘局合并，归总参谋部领导。1973 年 5 月 23 日，国务院、中央军委决定保留总参测绘局，国务院重建国家测绘总局，归国家基本建设委员会领导。1979 年 3 月，国家测绘总局改为国务院直属机构，由国家基本建设委员会代管。1982 年 5 月 4 日,国家测绘总局并入城乡建设环境保护部。1982 年 9 月 24 日，国家测绘总局改为国家测绘局，归城乡建设环境保护部领导。1988 年 8 月 13 日，国家测绘局由建设部归口管理。1993 年 3 月，国家测绘局由原建设部归口管理的国家局改为由建设部管理的国家局，规格由正局级提高为副部级。1998 年 3 月，根据第九届全国人民代表大会第一次会议批准，设置国家测绘局，由建设部划归国土资源部管理。

1956 年 6 月　中国在青岛观象山施测青岛水准原点，根据 1950—1956 年的验潮资料，推算出原点高程为 72.289 米，以此作为全国统一高程的计算依据，定为"一九五六年黄海高程系统"。

1956 年　中国开始布测全国基本重力网。

1958 年 5 月　国家测绘总局和总参测绘局制定《1∶20 万、1∶50 万比例尺地形图图式》，后经 1962 年和 1969 年两次修订。

1958 年 8 月　国家测绘总局颁发《1∶500、1∶1000、1∶2000 比例尺地形图图式》，后经多次修订，1987 年 6 月 10 日由国家标准局发布为国家标准。

1958 年　国家测绘总局和总参测绘局联合颁发《一、二、三、四等三角测量细则》、《一、二、三、四等水准测量细则》、《一、二等基线测量细则》、《1∶2.5 万、1∶5 万、1∶10 万比例尺地形图图式》、《1∶5000、1∶1 万比例尺地形图图式（草案）》、《1∶1 万、1∶2.5 万、1∶5 万、1∶10 万比例尺地形图平板仪测量规范》、《1∶2.5 万、1∶5 万、1∶10 万比例尺地形图航空摄影测量外业规范》。

1959 年 1 月　全国测绘科学技术经验交流会和全国测绘技术革新展览会在湖北省武汉市举行。

1959 年 9 月 4 日　国务院批准《中华人民共和国大地测量法式（草案）》。

1959 年 11 月　建筑工程部颁发《城市测量规范》。1985 年 4 月，城乡建设环境保护部颁发修订本。

1960 年 3 月 19 日　中共中央批转建筑工程部党组《关于工业废水危害情况和加强处理利用的报告》，发至各工矿区域的中、小城市党委。中央批文指出：工业废水的处理利用是一件很重要的事情。一方面，要采取土洋结合的办法，积极进行工业废水的处理利用；另一方面，今后新建企业，都应当把废水处理利用作为生产工艺的一个组成部分，在设计和建设中加以保证。特别是一些大企业，更必须重视这件工作。

1960 年 4 月 2 日　国家测绘总局在北京召开全国测绘工作会议，研究全国测绘事业今后建设的总方针，制定全国测绘事业 1960 年至 1967 年发展规划纲要。

1960 年　新中国第一代全国 1∶100 万比例尺地形图由国家测绘总局和总参测绘局编绘完成。

1961 年 9 月　国家测绘总局颁发《统一全国重力测量系统办法》和《全国重力测量成果统一保管供应办法》。

1963 年 3－12 月　国家测绘总局颁发《测绘工作检查验收规定》、《地理调查和地理志编写细则》和《测绘技术总结编写规定（草案）》。

1963 年 5 月　国家测绘总局完成 1∶250 万比例尺《中华人民共和国全图》编制工作。

1963 年 10 月　国家测绘总局和总参测绘局颁发《一等天文测量细则（草案）》。1977 年，国家测绘局颁发修订本。

1964 年 1 月 16－29 日　国家测绘总局在北京召开全国测绘管理工作会议，研究地方测绘管理问题。

1964 年 3 月 30 日　国家测绘总局颁发《省、自治区、直辖市测绘管理工作暂行规定》。

1964 年 6 月 15 日　建筑工程部城市建设工作东北工作组研究拟制《城市工业废水、生活污水管理暂行规定（草案）》上报部党组。

1964 年 10 月 30 日　国务院批准《关于解决西南三线建设地区和青藏高原地区测图问题的请示报告》。11 月 19 日，国家科学技术委员会召开会议，决定西南三线建设地区 1:5 万测图任务由国家测绘总局和总参测绘局共同承担，分工进行。

1965 年 2 月 17 日至 3 月 6 日　国家测绘总局在北京召开总局系统测绘工作会议，确定了计划工作、成本核算、技术革新等方面进行改革的一些原则方案。与会人员受到毛泽东主席等党和国家领导人的接见。

1965 年 2 月 20 日　国务院颁发《编制出版我国地图暂行管理办法》。

1965 年 3 月　国家测绘总局颁发《大地重力测量细则》（草案），1975 年 3 月颁发了修订本，1987 年 10 月颁发行业标准《国家一等重力测量规范》。

1966 年 2 月　国家测绘总局派测量分队参加科学考察队，对珠峰高程进行首次测量。中国第一次测定珠穆朗玛峰高程为 8848.98 米，并进行地面立体摄影测量，绘制珠峰地区 1:5 万比例尺地形图。

1966 年　中国人名、地名统一译写委员会制定《外国地名汉字译写通则（试用稿）》；1978 年中国地名委员会、国家测绘总局、总参测绘局、新华社、海司航保部等单位联合制定《外国地名汉字译写通则》。

1967 年 11 月 国家测绘总局实行军事管制。

1967 年 国家大地图集自然地图卷——《中华人民共和国自然地图集》出版。

1968 年 国家测绘总局颁发《1∶1 万比例尺测图航测外业规范（初稿）》。

1969 年 国家大地图集普通地图集简本——《中华人民共和国分省地图》出版。

1970 年 12 月 国家测绘总局新编制的 1∶250 万比例尺《中华人民共和国全图》由总参测绘局出版。

1972 年 6 月 12 日 国务院批转《国家计委、国家建委关于官厅水库污染情况和解决意见的报告》（国发〔1972〕46 号）。《报告》提出建立官厅水库水源保护领导小组，组织调查研究，提出对洋河、桑干河、妫水河污染的治理规划并组织实施。报告强调，新建、扩建工厂必须有"三废"治理措施，要建立监测化验系统。批文要求：请即按此办理，力争在短期内做出成绩。

1973 年 4 月 重力基线场在北京建立。

1973 年 8 月 5–20 日 国务院召开第一次全国环境保护会议，提出设立国务院环境保护领导机构。1974 年 5 月，作为政府负责环境保护工作机构，国务院环境保护领导小组成立。1979 年 5 月，国务院环境保护领导小组办公室由国家基本建设委员会代管。1982 年 5 月，国家基本建设委员会撤销，将其部分工作和国务院环境保护领导小组办公室一起并入城乡建设环境保护部；国务院环境保护领导小组同时撤销。1984 年 5 月 8 日，国务院决定成立国务院环境保护委员会，并将城乡建设环境保护部环境保护局改为"国家局"，作为国务院环境保护委员会的办事机构，仍隶属城乡建设环境保护部领导。1988年5月，国家环境保护局改为国务院直属机构。

1973 年 9 月　国家测绘总局召开全国测绘工作会议，提出落实调整测绘部门体制措施。

1973 年 11 月 13 日　国务院批转《国家计委关于全国环境保护会议情况的报告》（国发〔1973〕158 号）。附件有《关于全国环境保护会议情况的报告》和《关于保护和改善环境的若干规定（试行草案）》。首次提出：一切新建、扩建和改建的企业，防治污染项目，必须和主体工程同时设计，同时施工，同时投产。

1973 年 11 月 17 日　国家计划委员会、国家基本建设委员会、卫生部批准颁发《工业"三废"排放试行标准》，规定新建、扩建、改建的工矿企业，必须按本标准将"三废"综合利用和净化设施与主体工程同时设计、同时施工、同时投产；正在建设的项目，没有治理措施的，要迅速补上。

1974 年 5 月　国家测绘总局和中国文字改革委员会颁发《中国地名汉语拼音字母拼写法》，1976 年修订；1979 年制定《中国地名汉语拼音字母拼写规则（汉语部分）》。

1974 年 12 月 15 日　国务院环境保护领导小组办公室颁发《环境保护规划要点和主要措施》，提出，一切新建、改建、扩建的工业交通、科研等项目，要认真执行"三同时"的规定，否则不准建设。争取十年内，分期分批地改造老企业，实现消除污染的目标。为此，需要国家每年在工业基本建设投资中拿出 5%～7%，作为治理费用，并在材料、设备上给予保证。

1975 年 3–5 月　中国对珠穆朗玛峰高程进行第二次测定。中国登山队员于珠穆朗玛峰顶树立觇标，测量人员在珠峰北坡进行了天文、重力、水准、三角、导线测量和航空像片调绘，测出珠穆朗玛峰高程为 8848.13 米。同年 6 月，公布此次测定的新数据，作为今后中国统一采用的标准数据。

1975 年 6 月 中国公布陆地海岸线的总长度为 18000 多公里。

1975 年 11 月 全国第一代 1∶2.5 万、1∶5 万、1∶10 万基本比例尺地形图基本测制完成。

1976 年 8 月 国家测绘总局在唐山地震后，组织 7 个省、直辖市测绘单位进行京、津、唐、张地区水准测量会战，两个月完成震区 5000 多公里精密水准复测。

1977 年 4 月 14 日 国家计划委员会、国家基本建设委员会、财政部、国务院环保领导小组颁发《关于治理工业"三废"开展综合利用的几项规定》。《规定》提出：新建、改建、扩建和采取技术措施增加生产能力的挖潜改造项目，凡是排放"三废"和污染环境的，必须严格执行治理"三废"措施与主体工程同时设计、同时施工、同时投产的规定。为治理"三废"开展综合利用，其工程项目，应列入基本建设计划，所需资金在各部门、各地区基本建设计划中安排解决。对于不执行"三同时"规定，人为造成环境污染的单位，要追查责任，严肃处理。

1977 年 7 月 30 日 国务院批准天山最高峰"胜利峰"改名为托木尔峰。经国家测绘总局测定，东峰高程为 7435.35 米，西峰高程为 7435.29 米，东峰为主峰。

1977 年 9 月 24 日 国家测绘总局在北京召开全国测绘部门工作会议，总结工作经验，部署测绘工作。与会代表受到党和国家领导人叶剑英、邓小平、李先念等的接见。

1978 年 6 月 2-14 日　国家测绘总局在北京召开全国测绘工作会议，研究测绘工作的服务方向、规划布局、人才培养、仪器生产、科学技术工作、航摄计划归口管理、生产单位实行企业管理办法等问题。

1978 年 9 月 26 日　国务院批转中国文字改革委员会、外交部、国家测绘总局、中国地名委员会《关于改用汉语拼音方案作为我国人名地名罗马字母拼写法的统一规范的报告》。

1978 年 10 月 16 日　国家计划委员会、国家基本建设委员会、国家经济委员会、国务院环保领导小组办公室发出通知，重申基本建设项目必须严格执行治理污染设施与主体工程同时设计、同时施工、同时投产的"三同时"规定。

1978 年 12 月　国家测绘总局在陕西省泾阳县永乐镇建立中华人民共和国大地原点。

1979 年 9 月 13 日　《中华人民共和国环境保护法（试行）》颁布试行。

1980 年 11 月 1 日　国家计划委员会、国家经济委员会、国家基本建设委员会、国务院环境保护领导小组颁发《关于基建项目、技措项目要严格执行"三同时"的通知》。《通知》提出，从 1981 年起，新建、扩建的大、中型项目凡可能产生污染、影响环境者，必须提出环境影响评价报告书，经环境保护部门审查同意后，方可确定厂址；同时，采取有效的防止污染措施，否则，不得列入计划。

1981 年 2 月 14 日　国家建筑工程总局印发《关于试行〈建筑设计节约能源技术措施〉的通知》；5 月 12 日，印发《关于做好节约能源工作的通知》（（81）建工施字第 282 号）；此间还向各省市区建工局、直属工程局印发了《关于节能工作如何抓法的意见》，在系统内征求意见。

1981 年 2 月 24 日　国务院发布《关于在国民经济调整时期加强环境保护工作的决定》（国发〔1981〕27 号）。《决定》提出，各级人民政府须把保护环境和自然资源作为综合平衡的重要内容，把环境保护的目标、要求和措施切实纳入国民经济和社会发展计划、规划。要求基本建设部门和环境保护部门认真审查在建工程项目，对于生产工艺落后、污染危害大又不好治理的工厂企业，根据实际情况有计划地关、停、并、转。对于布局不合理，资源、能源浪费大的，以及对环境污染严重、又无有效的治理措施的项目，应坚决停止建设。新建、改建、扩建的基本建设项目和挖、革、改项目，都要严格执行"三同时"的规定。提出"谁污染、谁治理"的原则，要求工厂企业必须切实负起治理污染的责任。规定对超过国家标准排放污染物的单位要征收排污费。还规定新安排的大、中型建设项目，必须在建设前期提出环境影响报告书，经环境保护部门审查同意后，才能定址建设。

1981 年 4 月 8 日　国务院办公厅转发国务院节能小组《关于 1981 年节能工作要点的通知》（国办发〔1981〕30 号）。节能小组在通知中提请国家建委组织研究制订有关建筑物的节能标准。6 月 6 日，国家建委按照此要求，印发《关于编制"六五"期间工程建设能源设计标准计划的通知》（（81）建发设字 252 号），要求各有关部门、总局，各省、自治区、直辖市建委加强对编制"六五"期间工程建设能源设计标准工作的领导。

1981 年 5 月 11 日　国家计划委员会、国家基本建设委员会、国家经济委员会、国务院环境保护领导小组颁发《基本建设项目环境保护管理办法》（（81）国环字 12 号）。《办法》规定，防止污染和其他公害的设施，必须与主体工程同时设计、同时施工、同时投产；基本建设项目的初步设计，必须有环境保护篇章，保证环境影响报告书及其审批意见所规定的各项措施得到落实。

1981 年 10 月 7 日　国务院批转国家基本建设委员会《关于开展国土整治工作的报告》。《报告》指出，目前，我国的国土资源和生态平衡遭受破坏的情况相当严重，在开展利用国土资源方面要做的事情也很多，迫切需要加强国土整治工作。国家基本建设委员会在给国务院的报告中说明了搞好国土整治工作的重大意义，提出了国土整治的主要任务。

1981 年 12 月 国家大地图集编制工作开始，历时十多年，先后编制完成了《中华人民共和国国家农业地图集》、《国家经济地图集》、《国家普通地图集》、《国家自然地图集》；1989 年编制完成了由 8 册组成的《中国历史地图集》。

1982 年 2 月 5 日 国务院发布《征收排污费暂行办法》，自 1982 年 7 月 1 日起执行。

1982 年 4 月 6 日 国务院环境保护领导小组颁布《大气环境质量标准》、《城市区域环境噪声标准》和《海水水质标准》。

1982 年 5 月 全国天文大地网整体平差工作完成。

1982 年 8 月 15 日 国家经济委员会和城乡建设环境保护部在北京召开全国工业系统防治污染经验交流会，讨论修改了《关于结合技术改造防治工业污染的几项规定》。1983 年 2 月 6 日，国务院颁发此规定（国发〔1983〕20 号）。

1982 年 8 月 23 日 第五届全国人民代表大会常务委员会第二十四次会议通过，同日全国人民代表大会常务委员会令第九号公布《中华人民共和国海洋环境保护法》，自 1983 年 3 月 1 日起施行。

1982 年 12 月 9 日 城乡建设环境保护部在江苏省南京市召开全国环境保护工作座谈会。会议重点研究了环境保护的战略目标、重点和步骤。提出环境建设、经济建设同步前进，协调发展的方针。

1982 年 国家测绘局新编 1∶250 万比例尺《中华人民共和国全图》出版。

1983－1984 年　国家测绘局、总参测绘局、中国科学院等单位完成新的国家重力基准及基本点网的观测任务，获得中国高精度重力基准和重力网。

1983 年 3 月 16 日　全国大气环境地面自动监测系统审定会在洛阳召开，城乡建设环境保护部环境保护局决定在北京、上海等 14 个城市建立大气环境地面自动监测系统。

1983 年 7 月　国家测绘局制定《测绘行业科技发展和技术改造中长期规划大纲》。

1983 年 7 月 21 日　城乡建设环境保护部颁发《全国环境监测管理条例》（（83）城环字第 483 号）。

1983 年 10 月 11 日　城乡建设环境保护部发布《中华人民共和国环境保护标准管理方法》（（83）城环字第 690 号）。

1983 年 12 月　国务院召开第二次全国环境保护会议。会议提出：保护环境是我国的一项基本国策。会议同时制定了中国环境保护事业的战略方针：经济建设、城乡建设、环境建设同步规划、同步实施、同步发展，实现经济效益、环境效益、社会效益的统一。实行"预防为主，防治结合"、"谁污染，谁治理"和"强化环境管理"三大政策。

1983 年　国家测绘局制定《全国天文经度基本点网联测细则》。

1984 年 1 月 7 日　国务院颁布《测量标志保护条例》（国发〔1984〕6 号）。

1984 年 5 月 8 日　国务院印发《关于环境保护工作的决定》（国发〔1984〕64 号）。《决定》指出：保护和改善生活环境和生态环境，防治污染和自然环境破坏，是我国社会主义现代化建设的一项基本国策。决定成立国务院环境保护委员会，其办事机构设在城乡建设环境保护部。《决定》要求，新建、扩建、改建项目（包括小型建设项目）和技术改造项目，以及一切可能对环境造成污染和破坏的工程建设和自然开发项目，都必须严格执行防治污染和生态破坏的措施，与主体工程同时设计、同时施工、同时投产的规定。环境保护设施的建设投资、材料、设备，都必须与主体工程一样，纳入固定资产投资计划。环境保护部门为建设监测系统、科研院所和学校以及环境保护示范工程所需要的基本建设投资，按计划管理体制，分别纳入中央和地方的投资计划。《决定》附发了国务院环境保护委员会组成人员名单。

1984 年 7 月 10 日　国务院环境保护委员会召开第一次会议，李鹏副总理主持会议。会议讨论并原则通过了《防治煤烟型污染技术政策的规定》和《关于加强乡镇街道企业环境管理的规定》。

1984 年 7 月 20 日　国务院环境保护委员会公布我国第一批《珍稀濒危保护植物名录》（（84）国环字第 002 号）。

1984 年 9 月 5 日　城乡建设环境保护部颁发《核电站基本建设环境管理办法》（（84）城环字第 510 号）。

1984 年 10 月　国土面积量算试验在天津开始。

1984 年 12 月 23-27 日　国家环境保护局、水利电力部在湖北省武汉市召开了长江水资源保护工作会议。会议在总结工作经验的基础上，讨论制定了《长江水资源保护工作若干规定》和《长江干流水质监测网工作条例》并于 1985 年 2 月颁布执行。

1984 年　极地测绘工作开始进行。自 1984 年 12 月参加中国首次南极科学考察以来，20 余次赴南极开展测绘工作，取得大批测绘成果；2004 年，开展北极测绘，在黄河站建立了我国在北极的第一个 GPS 常年跟踪站。

1984 年　全国 1∶100 万基础地理信息数据库建设工作开始进行。迄今为止，已建成覆盖全国的正射影像数据库和全国 1∶400 万、1∶100 万（1993 年）、1∶25 万（1998 年）、1∶5 万（2006 年）数据库，都成为当时覆盖面积最大、数据量最大、具有世界先进水平的国家级基础地理信息数据库。

1985 年 3 月 18 日　城乡建设环境保护部印发《关于试行城市勘察测绘工作管理暂行规定及技术经济承包责任制的办法的通知》。

1985 年 10 月 10－13 日　全国城市环境保护工作会议在河南省洛阳市召开。会议根据《中共中央关于经济体制改革的决定》精神，着重讨论了城市环境综合整治问题，会议期间还召开了国务院环境保护委员会第五次会议，原则通过了《关于加强城市环境综合整治的决定》。

1985 年　1985 国家高程控制网和 1985 国家重力基本网建成。

1986 年 1 月 23 日　国务院发布《地名管理条例》（国发〔1986〕11 号）。

1986 年 6 月 30 日　国家测绘局颁发《测绘许可证试行条例》。

1987 年 3 月 20 日　国家计划委员会、国务院环境保护委员会发布《建设项目环境保护设计规定》。

1987 年 11 月　国家测绘局在河北省石家庄市召开全国测绘行业质量管理工作会议，进一步加强质量管理工作。

1987 年　国家测绘局颁发《国家一、二等水准测量规范》、《国家三、四等水准测量规范》。

1989 年 2 月 15 日　国家测绘局与外交部批准中国地图出版社出版 1∶400

万比例尺《中华人民共和国地形图》，作为公开出版地图国界线画法的标准图。

1989 年 3 月 21 日　国务院令第 32 号颁布《中华人民共和国测绘成果管理规定》。

1989 年 4 月 28 日　第三次全国环境保护会议在北京召开。会议总结了自 1973 年特别是 1983 年以来环境保护工作经验，提出排污许可证制度和污染限期治理制度，强调深化环境监管，促进经济与环境协调发展。

1989 年 9 月 1 日　国务院令第 40 号颁布《中华人民共和国环境噪声污染防治条例》。

1989 年 9 月　国家测绘局在北京白家疃地震台站设置绝对重力观测室，作为中国参与世界绝对重力基准网点联测点之一。

1989 年 11 月 15 日　建设部印发《关于加强城市勘察测绘工作的通知》（建规字 529 号）。

1989 年 12 月 26 日　中华人民共和国主席令第 22 号公布《中华人民共和国环境保护法》。

1990 年 6 月 25 日　国务院令第 62 号颁布《中华人民共和国防治海岸工程建设项目污染损害海洋环境管理条例》。

1990 年 8 月 20 日　国家测绘局、外交部发出《关于更改公开地图上我国国界线画法依据的通知》。

1990 年 9 月 18 日　民政部、国家土地管理局、国家测绘局印发《省、自治区、直辖市行政区域界线勘定办法（试行）》。

1990 年 12 月 5 日 国务院印发《关于进一步加强环境保护工作的决定》（国发〔1990〕65 号），再次明确了环境保护的基本国策地位。提出"谁开发谁保护，谁破坏谁恢复，谁利用谁补偿"和"开发利用与保护增殖并重"的原则。初次提出建立环境保护责任制度和考核制度，要求地方政府制定本地区的环境保护目标和实施措施，并在年度计划中予以落实。提出城市环境综合整治工作定量考核制度，要求省、自治区、直辖市人民政府环境保护部门对城市环境综合整治工作进行定量考核，每年公布结果。还提出逐步推行污染物排放总量控制和排污许可证制度。规定对直接危害城镇饮用水源的企业，必须一律关停；禁止在饮用水源保护区新建污染环境的建设项目。

1991 年 6 月 26-29 日 国家测绘局在北京召开全国测绘工作会议。审议《测绘事业发展十年规划和第八个五年计划纲要（草案）》。

1992 年 6 月 3-14 日 联合国环境与发展大会在巴西里约热内卢举行。中国政府率先签署了《气候变化框架公约》和《生物多样性公约》。

1992 年 12 月 28 日 第七届全国人民代表大会常务委员会第二十九次会议通过《中华人民共和国测绘法》（共和国主席令第 66 号公布），自 1993 年 7 月 1 日起实施。2002 年 8 月 29 日，第九届全国人大常委会第二十九次会议通过《中华人民共和国测绘法》修订案。自 1994 年开始，每年在全国各地举行《测绘法》宣传日活动。

1993 年 3 月 31 日 国家环境保护局发布《关于在我国开展环境标志工作的通知》（环科〔1993〕176 号），标志着中国环境标志计划的开始。

1993 年 8 月 19 日 中国内陆海拔零点标志在新疆吐鲁番市亚尔乡亚尔巴西村落成。

1993 年 12 月 国务院综合国情地理信息系统（9202 工程）在中南海建立。

自此，各省先后开展了服务省级政府的综合省情地理信息系统建设。

1994年3月 《中国21世纪议程——中国21世纪人口、环境与发展白皮书》发布，从人口、环境与发展的具体国情出发，提出了中国可持续发展的总体战略、对策以及行动方案。

1995年1月 《测绘资格审查认证管理规定》发布；2004年2月《测绘资质管理规定》发布；2007年1月,《注册测绘师制度暂行规定》发布。

1995年3月 全国基础测绘分级管理制度建立；1997年起，基础测绘正式列入国民经济和社会发展年度计划；2006年8月23日，国务院办公厅转发《全国基础测绘中长期规划纲要》。

1995年7月 国务院第180号令颁布《中华人民共和国地图编制出版管理条例》。

1996年7月15-17日 国务院召开第四次全国环境保护会议，提出保护环境是实施可持续发展战略的关键，保护环境就是保护生产力。

1996年8月3日 国务院发出《关于环境保护若干问题的决定》（国发〔1996〕31号）。《决定》提出了环境保护目标：到2000年力争使环境污染和生态破坏加剧的趋势得到基本控制，部分城市和地区的环境质量有所改善，并具体提出到2000年，全国所有工业污染源排放污染物要达到国家或地方规定的标准，以及淮河、太湖要实现水体变清。再次申明了"污染者付费、利用者补偿、开发者保护、破坏者恢复"的原则，并提出"排污费高于污染治理成本"的原则，提高排污收费标准；再次明确实行环境质量行政领导负责制；责令超标排放污染物的排污单位限期治理，把20世纪70年代末以来逐步推行的污染限期治理制度化。

1996 年 9 月 4 日 国务院第 203 号令颁布《中华人民共和国测量标志保护条例》。

1996 年 9 月 23－26 日 建设部召开全国建筑节能工作会议。国务院副总理邹家华为大会题词："依靠科技进步,推广节能建筑"。建设部部长侯捷讲话,副部长叶如棠作工作报告,7 个业务司的领导在会上发言。各省、自治区、直辖市、计划单列市的有关领导和代表 200 余人参加会议。会议提出要加大建筑节能工作力度,着力贯彻《民用建筑节能设计标准》。

1997 年 7 月 1 日 国务院令第 221 号公布《中华人民共和国香港特别行政区行政区域图》;1999 年 12 月 20 日,国务院第 275 号令公布《中华人民共和国澳门特别行政区行政区域图》。

1998 年 6 月 我国第一个高精度、高分辨率 GPS A、B 级网建成。

1998 年 11 月 29 日 国务院令第 253 号颁布《建设项目环境保护管理条例》。《条例》明确了环境影响评价制度,以及建设项目环境保护设施同时设计、同时施工、同时投产使用的"三同时"制度。

1999 年 3 月 中央人口资源环境工作座谈会在北京召开,会议贯彻部署了可持续发展战略。

2000 年 2 月 18 日 建设部令第 76 号发布《民用建筑节能管理规定》,自 2000 年 10 月 1 日起施行。2005 年 11 月 10 日,建设部令第 143 号发布新的《民用建筑节能管理规定》,自 2006 年 1 月 1 日起施行,原规定废止。新规定鼓励发展建筑节能新技术和产品、施工工艺、管理技术及可再生能源的开发利用,并详细列出鼓励发展建筑节能技术和产品的八个方面,为推动民用建筑节能工作明确了发展方向。《规定》还对建设单位、工程施工单位、供热单位、公共建筑所有权人、物业管理单位、房地产开发企业、设计单位及审查机构等提出了实施建筑节能工作的具体要求。同时，对不按规定进行设计、施工的单位如何给予处罚，确定了具体实施标准。

2002年1月8日　国务院召开第五次全国环境保护会议，提出环境保护是政府的一项重要职能，要按照社会主义市场经济的要求，动员全社会的力量做好这项工作。

2002年10月28日　第九届全国人民代表大会常务委员会第三十次会议通过《中华人民共和国环境影响评价法》（共和国主席令第77号公布）。该法共五章：第一章总则、第二章规划的环境影响评价、第三章建设项目的环境影响评价、第四章法律责任、第五章附则。

2003年7月21日　建设部、国家发展和改革委员会、财政部、人事部、民政部、劳动和社会保障部、国家税务总局、国家环境保护总局印发《关于城镇供热体制改革试点工作的指导意见》（建城〔2003〕148号）。《指导意见》包括：改革单位统包的用热制度，停止福利供热，实行用热商品化、货币化；加大新型墙体材料、建筑节能技术的推广应用和供热采暖设施的技术改造力度，提高热能利用效率，改善城镇大气环境质量；继续发展和完善以集中供热为主导、多种方式相结合的经济、安全、清洁、高效的城镇供热采暖系统；加快供热企业改革，引入竞争机制，培育和规范城镇供热市场。

2004年8月27日　建设部印发《全国绿色建筑创新奖管理办法》（建科函〔2004〕183号）。

2005年4月15日　建设部印发《关于新建居住建筑严格执行节能设计标准的通知》（建科〔2005〕55号），明确了建设单位、设计单位、施工单位及监理单位严格执行节能标准的责任，要求各地建设行政主管部门切实抓好新建居住建筑严格执行建筑节能设计标准的工作，降低居住建筑能耗。

2005 年 4 月　国务院副总理曾培炎在建设部关于"四节"工作的报告上作出批示：建筑行业推行"节地、节能、节水、节材"的"四节"工作是落实科学发展观，缓解人口、资源、环境矛盾的重大举措，意义重大，经济社会效益显著。要作为当前一项重要工作，从规划、标准、政策、科技等方面采取综合措施，部门协调，扎实推进，务求实效。

2005 年 5 月 31 日　建设部印发《关于发展节能省地型住宅和公共建筑的指导意见》（建科〔2005〕78 号）。《意见》提出总体目标是：到 2020 年，我国住宅和公共建筑建造和使用的能源资源消耗水平要接近或达到现阶段中等发达国家的水平。

2005 年 12 月 3 日　国务院颁发《关于落实科学发展观加强环境保护的决定》（国发〔2005〕39 号）。《决定》强调，加强环境保护是落实科学发展观的重要举措，是全面建设小康社会的内在要求，是坚持执政为民、提高执政能力的实际行动，是构建社会主义和谐社会的有力保障，进一步阐明了环境保护的重要战略地位。决定提出新的环境保护目标：到 2010 年，重点地区和城市的环境质量得到改善，生态环境恶化趋势基本遏制；主要污染物的排放总量得到有效控制，重点行业污染物排放强度明显下降，重点城市空气质量、城市集中饮用水水源和农村饮水水质、全国地表水水质和近岸海域海水水质有所好转，草原退化趋势有所控制，水土流失治理和生态修复面积有所增加，矿山环境明显改善，地下水超采及污染趋势减缓，重点生态功能保护区、自然保护区等的生态功能基本稳定，村镇环境质量有所改善，确保核与辐射环境安全。

2006 年 6 月 28 日　建设部印发《关于推进供热计量的实施意见》（建城〔2006〕159 号），推进按热量交纳热费，促进供热采暖系统节能。

2006 年 7 月 31 日　建设部印发《民用建筑工程节能质量监督管理办法》（建质〔2006〕192 号）。《办法》对建设单位、设计单位、施工单位、监理单位的质量责任和义务做出规定，要求建设单位、设计单位、施工单位、监理单位、施工图审查机构、工程质量检测机构等单位，应当遵守国家有关建筑节能的法律法规和技术标准，履行合同约定义务，并依法对民用建筑工程节能质量负责，各地建设主管部门及其委托的工程质量监督机构依法实施建筑节能质量监督管理。

2006 年 9 月 15 日 建设部印发《关于贯彻〈国务院关于加强节能工作的决定〉的实施意见》（建科〔2006〕231 号）。《实施意见》提出：到"十一五"期末，建筑节能要实现节约 1.1 亿吨标准煤的目标。主要措施包括：要提高认识，用科学发展观指导建设领域节能工作；提高城乡规划编制的科学性，从源头上转变城乡建设方式；建立新建建筑市场准入门槛制度，做好新建建筑节能工作；完善建筑节能标准体系，确保工程质量；抓好建筑节能重点工作；加快城镇供热体制改革；组织实施国家建筑节能重点工程、重大关键技术研究项目；加强政策法规建设，建立健全节能保障机制；加强国际合作，促进建筑节能实现跨越式发展；加强节能工作的宣传和培训；加强组织领导，建立建筑节能目标考核评价体系。

2006 年 12 月 28 日 建设部印发《建设事业"十一五"重点推广技术领域》（建科〔2006〕315 号）。重点领域包括：建筑节能与新能源开发利用，节地与地下空间开发领域，节水与水资源开发利用领域，城镇环境友好技术领域，新型建筑结构、施工技术与施工、质量安全技术，信息化应用，城市公共交通技术领域。

2007 年 1 月 16 日 建设部批准发布《建筑节能工程施工质量验收规范》（GB 50411—2007）。该《规范》将建筑节能工程作为一个完整的分部工程纳入建筑工程验收体系，涉及建筑工程中节能的设计、施工、验收和管理等多个方面的技术要求，形成从设计到施工和验收的闭合循环，以使建筑节能工程质量得到控制，为实现建筑节能设计规范规定的技术要求，保证建筑节能的质量和效果，促进建筑节能目标的实现，发挥了重要作用。2007 年 5 月 14 日，建设部办公厅印发《关于加强〈建筑节能工程施工质量验收规范〉宣贯、实施及监督工作的通知》（建办标函〔2007〕302 号）。

2007 年 4 月 27 日　国家测绘局、建设部联合公布我国第一批 19 座著名风景名胜山峰高程数据；2008 年 9 月 28 日，国家测绘局、住房和城乡建设部公布第二批 31 座著名风景名胜山峰高程数据，同时与新疆维吾尔自治区人民政府联合公布中国陆地最低点新疆吐鲁番艾丁湖洼地高程新数据为 –154.31 米。

2007 年 6 月 26 日　建设部印发《关于落实〈国务院关于印发节能减排综合性工作方案的通知〉的实施方案》（建科〔2007〕159 号）。

2007 年 8 月 21 日　建设部印发《绿色建筑评价标识管理办法》（试行）（建科〔2007〕206 号），自发布之日起施行。

2007 年 9 月 13 日　国务院印发《国务院关于加强测绘工作的意见》（国发〔2007〕30 号），成为新时期指导测绘工作的纲领性文件，进一步推动测绘事业发展。

2007 年 10 月 23 日　建设部、财政部印发《关于加强国家机关办公建筑和大型公共建筑节能管理工作的实施意见》（建科〔2007〕245 号）。

2007 年　民用建筑能耗统计制度开始建立。调查内容有：城镇民用建筑（包括公共建筑和居住建筑）在使用过程中的各种能源消耗量。统计范围为 23 个城市，即：北京、天津、上海、重庆、石家庄、唐山、沈阳、哈尔滨、南京、常州、福州、厦门、济南、郑州、鹤壁、武汉、广州、深圳、海口、三亚、成都、绵阳和西安。自 2010 年起，统计范围扩大到全国城乡。

2008 年 5 月 21 日　住房和城乡建设部、财政部印发《关于推进北方采暖地区既有居住建筑供热计量及节能改造工作的实施意见》（建科〔2008〕95 号）。《意见》明确提出节能改造工作的指导思想、工作原则及目标，要求认真做好改造各项工作，完善配套措施，保障改造任务的落实。

2008 年 5 月 26 日　住房和城乡建设部、国家发展和改革委员会、财政部印发《北方地区城市集中供热管网改造规划》（建综〔2008〕96 号）。

2008 年 6 月 10 日　住房和城乡建设部印发《民用建筑供热计量管理办法》（建城〔2008〕106 号）。

2008 年 6 月 24 日　住房和城乡建设部印发《国家机关办公建筑和大型公共建筑能耗监测系统建设相关技术导则》（建科〔2008〕114 号），指导各地建筑节能监管体系建设，以贯彻落实《国务院关于印发节能减排综合性工作方案的通知》（国发〔2007〕15 号）精神，切实推进国家机关办公建筑和大型公共建筑节能管理工作。

2009 年 3 月 23 日　住房和城乡建设部、财政部印发《关于加快推进太阳能光电建筑应用的实施意见》（财建〔2009〕128 号），充分贯彻实施《可再生能源法》，落实国务院节能减排战略部署，加强政策扶持，加快推进太阳能光电技术在城乡建筑领域的应用。

2009 年 6 月 30 日　住房和城乡建设部印发《严寒和寒冷地区农村住房节能技术导则（试行）》（建村〔2009〕115 号）。主要内容包括总则、术语、基本要求、围护结构保温技术、采暖和通风节能技术、既有住房节能改造技术、照明和炊事节能技术及太阳能利用技术 8 个方面。

2009 年 10 月 15 日　住房和城乡建设部印发《高等学校校园建筑节能监管系统建设技术导则》及有关管理办法（建科〔2009〕163 号）。具体包括《高等学校校园建筑节能监管系统建设技术导则》、《高等学校校园建筑节能监管系统运行管理技术导则》、《高等学校校园建筑能耗统计审计公示办法》、《高等学校校园设施节能运行管理办法》和《高等学校节约型校园指标体系及考核评价办法》，完善了高等学校校园建筑节能平台系统的建设、运行、管理、审计和考核的具体要求和实施方法，指导高等学校节约型校园建设工作顺利进行。

2009 年 10 月 22 日　北方采暖地区供热计量改革工作会议在河北省唐山市召开。住房和城乡建设部部长姜伟新主持会议并强调，要进一步统一思想，充分认识供热计量改革在国家节能减排战略中的重要地位和作用；要明确工作重点，把供热计量改革作为今后一个时期促进建筑节能的中心环节，尽快制定推进供热计量改革的方案和措施。

2009 年 11 月 12 日　住房和城乡建设部印发《北方采暖地区既有居住建筑供热计量及节能改造项目验收办法》（建科〔2009〕261 号）。

2009 年 11 月 12 日　住房和城乡建设部与铁道部在北京签署框架协议。住房和城乡建设部党组书记、部长姜伟新会见了铁道部党组成员、副部长陆东福。双方一致同意建立部际协调机制，加强在规划审批、实施和监督管理等方面的交流和协商，相互征求对方意见，及时沟通解决有关问题，以利于铁路规划与城乡规划的高度衔接，构建以人为本、节能环保的综合交通体系，实现铁路建设、城乡规划与自然环境和谐共处、协调发展。住房和城乡建设部党组成员、副部长仇保兴与陆东福代表双方签字。

2009 年　住房和城乡建设部、财政部共同组织实施可再生能源示范工程，安排中央专项补助资金支持 21 个示范城市和 38 个示范县开展可再生能源在建筑中的应用工作。

2009 年　全国城市共建成生活垃圾无害化处理设施 554 座，总处理能力超过 33.7 万吨 / 日。

第八章　标准定额

1950 年　为适应恢复发展国民经济和大规模开展基本建设的需要，我国从苏联学来一套基本建设概预算制度，但此间国家尚未对工程建设标准实行统一管理。1953 年 5 月，国家计划委员会成立基本建设联合办公室，负责管理概预算工作，其后又成立设计工作计划局、基建局等，主管全国基本建设综合工作。1954 年 9 月，国家建设委员会成立（时称"一届建委"），先后由标准定额局、建筑企业局、城市规划局、民用建筑局、建筑材料局等对口主管标准规范工作，我国工程建设标准化工作开始由分散走向统一。"一五"期间，国家建委组织制定颁发了 44 本国家标准规范。1958 年 2 月，一届建委撤销，刚建立起来的以集中管理为主的概预算制度被全部下放。1958 年 11 月，"二届建委"成立，其主要任务是主管基本建设计划执行工作。1961 年 1 月，工程建设标准化工作转由国家计委主管。1964 年 3 月，国家计委主管工程建设标准工作的设计施工局转入国家经委。1965 年 3 月，国家基本建设委员会成立（时称"三届建委"），国家计委承担的基本建设管理任务划归国家建委，其中包括工程建设标准化工作。"文化大革命"开始后，工程建设标准化工作陷入停滞状态。1972 年底，由四部门合并组成的新国家建委恢复设立设计局，下设标准规范处。1982 年国务院机构改革，国家建委撤销，全国基本建设工作转为国家计委统一领导。1988 年国务院机构再次改革，国家计委基本建设标准定额局（研究所）划归建设部，当年 7 月，建设部重新组建建设部标准定额司和建设部标准定额研究所。

1954 年 2 月 12－20 日　建筑工程部设计总局在北京召开全国标准设计会

议。建工部副部长万里出席并讲话。会议要求统一认识，交流经验，学习苏联，动员建筑师、工程师提高技术水平，做好标准设计工作。

1954 年 12 月 国家建设委员会颁发《1955 年度建筑工程预算定额》。

1954 年 国家计划委员会颁发《建筑工程设计预算定额（试行草案）》。

1954 年 建筑工程部颁发《建筑设计规范》、《荷载暂行规范》、《钢结构设计规范试行草案》三个试行文件。

1955 年 2 月 国家建设委员会颁发《建筑安装工程间接费用定额》和《1955 年度建筑工程概算指标（草案）》。

1955 年 4 月 国家建设委员会颁发《工业与民用建设预算编制细则》。

1956 年 10 月 国家建设委员会颁发《标准设计的编制、审批、使用暂行办法》（（56）建标孔字第 1045 号），自 1956 年 12 月 1 日起在全国试行。该《办法》共五章，包括：标准设计的计划，标准设计任务书，初步设计、施工图、概算、预算的编制，标准设计的协议和审批，标准设计的使用。

1956 年 12 月 13 日 国家建设委员会、国家经济委员会颁发《1957 年民用建筑经济指标的规定》，对面积定额和平面系数、每平方米建筑面积造价、住房与单身宿舍建造数量比例、建筑楼房与平房比例、高级住宅适用范围、城市利用率及室外工程费用等问题作了规定。

1957 年 1 月 国家建设委员会颁发《关于编制工业与民用建设预算的若干规定》，明确规定了工业与民用建设各个阶段初步设计概算的编制依据。

1957 年 7 月 国家建设委员会颁发《建筑工程预算工程量计算规则》

（草案）。

1958 年 6 月 18 日 国家计划委员会、国家经济委员会发出《关于基本建设预算编制办法、预算定额、建筑安装间接费用定额等交由各省、区、市人委，各部管理的通知》（（58）经筑孙字第 0927 号），决定从即日起，将基本建设预算编制办法、预算定额、建筑安装工程间接费用等，统交各省、自治区、直辖市负责管理。

1959 年 11 月 4 日 国务院财税贸易办公室、国家计划委员会、国家基本建设委员会作出决定，收回建筑工程劳动定额管理权限，解决 1957 年下放省市区管理后地区企业间口径、水平不一的矛盾，由建筑工程部实行统一编制和统一管理。

1959 年 12 月 15－24 日 建筑工程部召开全国建筑业劳动定额会议。会议针对 1958 年以来有些单位放松定额工作、取消管理机构、妨碍全面发挥定额的作用等问题，强调要加强定额管理，不断改进和提高定额水平，更好地为生产和分配服务。

1961 年 4 月 22 日 国务院第一百一十次全体会议通过《工农业产品和工程建设技术标准暂行管理办法》，同年 4 月 27 日由国务院发布施行。这是我国第一次颁发关于工农业产品和工程建设技术标准管理办法。1962 年 11 月 10 日，国务院第一百二十次全体会议通过《工农业产品和工程建设技术标准管理办法》。同年 12 月 4 日，国务院予以发布（直秘齐字 574 号）。《办法》共六章二十七条。《办法》指出，一切正式生产的工业产品,各类工程建设的设计、施工等都必须制订或修订技术标准，并且按照本办法进行管理。技术标准分为国家标准、部标准和企业标准三级。一切工程建设的设计、施工和验收，都必须按照技术标准进行。各生产、建设企业单位，为了贯彻执行国家标准、部标准，可以制订相应的补充规定。1961 年 4 月 27 日发布的《工农业产品和工程建设技术标准管理暂行办法》停止试行。

1962 年 5 月 国家计划委员会发出《关于通用的设计标准规范制订和修订工作的通知》，布置 1962 年制订和修订通用的设计标准规范共 21 项。其中，国家标准 13 项；部标准 8 项。

1962 年 11 月 17 日 劳动部、建筑工程部印发《关于颁发建筑安装工程统一劳动定额有关问题暂行规定的通知》（（62）中劳薪字第 334 号、（62）建宋劳字第 198 号）。该定额适用于一般的工业与民用建筑安装工程。

1962 年 12 月 1 日 建筑工程部发布《关于编修技术规范工作基本程序的规定（试行）》（（62）建陈科字第 150 号）。《规定》将技术规范的编修工作分为准备、编修、定编送审三个阶段，并列出了各个阶段工作内容和应提出的编修工作文件。

1963 年 1 月 2 日 国家计划委员会发布《关于 1963 年编制基本建设预算的通知》（（63）计设程字 007 号），要求编制预算的各项定额、费用指标等依据，必须由中央统一管理。

1963 年 1 月 18 日 国家计划委员会印发《关于设计、施工技术标准规范的幅面与格式的统一规定的通知》（（63）计设杨字第 89 号），规定了工程建设设计、施工技术标准、规范的幅面尺寸、代号、封面及扉面格式、字号、字体、标题、章节的排法等。同时规定工程建设设计、施工技术标准、规范的国家标准代号为 GBJ。该规定自 1963 年 2 月 1 日起实行。

1966 年 2 月 1 日 国家基本建设委员会批转建筑工程部《关于住宅、宿舍建筑标准的意见》（（66）基设字 21 号）。《意见》指出：住宅、宿舍的建设必须执行勤俭建国方针，做到因地制宜，就地取材等原则。具体标准主要有：一、面积定额。每户平均住房面积不大于 18 平方米，宿舍每人居住面积为 3~3.5 平方米，设双人床时每人 2~2.5 平方米。二、层数。荒山、坡地多建平房；土地缺乏地区多建低标准楼房。

1966 年 6 月　为适应用定额工日计算劳动生产率的需要，建筑工程部修订颁发 1966 年全国统一劳动定额，采取细算粗编的方法，扩大工作内容，项目比 1962 年减少三分之二，水平有所提高。这一改革刚开始实行，即因"文化大革命"而中断。

1967 年　建筑工程部在直属施工企业中实行经常费制度。其具体内容是：一、"将施工企业的人工费、管理费均由财政部每年按预算拨给建工部。各施工公司按季（分月）编制预算报各工程局。而后由建工部汇总各工程局的预算，报经计委、建委、财政部批准后，据以拨款"。也就是国家按施工企业人头给钱，而不问工程任务完成情况。二、"对工程的其他费用，称为施工费，包括民工费、机械设备折旧费、工具费、临时设施费、现场水电费、试验材料费、技术革新材料费、其他零星施工费等，都由施工企业按季（分月）编制用款计划，由建设单位按施工单位编制的用款计划拨款。单位工程竣工后，向建设单位报销"。实质上是实报实销。三、"材料费的管理核算和拨款，按基建体制和材料供应方式，因地制宜地确定"。四、"工程完工后，不再与建设单位办理工程结算"。按照以上办法，工程建成后，单位工程的竣工结算，只能反映出材料费和施工费，而反映不出人工费和施工管理费。人工费和施工管理费按约占材料、施工费的 35% 估计列入。这一制度前后实行了 6 年。

1977 年 6 月 27 日　国家基本建设委员会印发《关于确定建设项目的基本烈度和设计烈度的意见》（（77）建发抗字 175 号），强调建设项目设计烈度的确定，应按照国家建委（77）建发抗字第 5 号文的现行抗震设计规范的规定执行。

1978 年 9 月 29 日　国家计划委员会、国家基本建设委员会、财政部颁发《关于加强基本建设概、预、决算管理工作的几项规定》（（78）财基字第 534 号）。《规定》明确了编制依据和管理分工：一般通用建筑工程预算定额由国家建委统一组织编制、审批，由各省、自治区、直辖市管理；专业通用定额由各有关部门按照统一的规划，组织编制审批、管理，由国家建委颁发；专业专用定额由各部制定并管理。同时由国家建委负责统一编制材料预算价格编制办法；统一基本建设其他工程和费用的项目划分等。

1979年7月31日 国务院发布《中华人民共和国标准化管理条例》(国发〔1979〕189号)。《条例》共六章，其中第三章第十三条中规定，国家标准由国务院有关部门提出草案，属于工农业产品和军民通用的，报国家标准总局审批和发布；属于工程建设和环境保护方面的，报国家基本建设委员会审批和发布……特别重大的，报国务院审批。国家基本建设委员会依据该条例的有关规定，结合工程建设标准工作的具体情况，制定并于1980年1月3日颁发《工程建设标准规范管理办法》((80)建发设字第8号)，该办法共七章。

1980年10月26–31日 国家基本建设委员会在四川省成都市召开全国工程建设标准设计工作会议。会议主要交流了工程建设标准设计工作的经验，讨论《全国工程建设标准设计管理办法》(讨论稿)，研究在国民经济调整时期进一步搞好标准设计工作的意见。会议认为：编制标准设计，必须贯彻"通用性强、安全适用、技术先进、经济合理、便于工业化生产"的原则。还要妥善处理好相对稳定和定期更新的关系，在民用建筑中，标准设计和建筑多样化的关系，工程建设标准设计和设备标准化的关系，以及设计和施工的关系。1981年1月2日，国家建委颁发《全国工程建设标准设计管理办法》((81)建发设字第3号)，该办法包括总则、标准设计的编制和修订、标准设计的划分和审批颁发、标准设计的推广和使用、标准设计的管理机构及其职责、经费、附则。同日印发了《全国工程建设标准设计工作会议纪要》((81)建发设字第4号)。

1982年2月26日 国家基本建设委员会、国家计划委员会发布《关于缩短建设工期，提高投资效益的若干规定》(建发综字76号)。《规定》指出：由于设计质量事故而引起工程返工、拖期、概算超支、工程报废，设计单位必须承担经济责任。规定还要求：加强概预算管理，逐步恢复由设计单位编制施工图预算及联合会审的制度。

1982年11月12日 国家经济委员会基本建设办公室颁布统一建筑面积

计算方法的《建筑面积计算规则》((1982)经基设字 58 号)，要求从 1983 年 1 月 1 日开始，新设计的工程项目按照这一规则的规定执行。

1982 年 11 月 17 日 国家计划委员会、国家经济贸易委员会发出《关于加强基本建设经济定额、标准、规范等基础工作的通知》(计固〔1982〕983 号)。内容包括：一、加强工程建设标准规范的制订、修订和管理工作，并要求制订工程建设方面的标准规范体系表；二、加强工程建设标准设计的制定和修订工作；三、加强建设工程概预算工作及编制依据的管理工作；四、尽快制订建设工期和设计周期定额；五、建立积累工程技术经济定额指标的工作制度；六、建立健全基础工作的管理机构；七、关于开展基础工作所需的经费。

1983 年 4 月 30 日 根据《中华人民共和国标准化管理条例》，城乡建设环境保护部印发《全国建筑标准设计管理办法》((83)城设字第 243 号)。

1983 年 7 月 17 日 国家计划委员会向国务院呈送《关于工程建设标准定额工作情况的报告》(计标〔1983〕1019 号)。8 月 8 日，国务院副总理姚依林批示："关于制定定额的工作，我的意见是，要先抓重点(重点行业与重点项目)，争取把重要的定额在 1985 年付诸实施。然后逐步再加以完善、补充和修改，不要花两三年时间，把一切都齐备了再出台，这样可以争取时间，搞得快一点。"

1983 年 7 月 19 日 国家计划委员会、中国人民建设银行发布试行《关于改进工程建设概预算工作的若干规定》(计标〔1983〕1038 号)。《规定》对设计单位做好可行性研究和设计任务书投资估算工作，加强概算工作，恢复设计单位编制施工图预算以及对概预算执行过程中建设单位、设计单位、施工单位及建设银行的责任等做出规定。

1983 年 9 月 5 日 国家计划委员会印发《关于编制工程建设标准规范制订、修订及其重点科研项目计划的通知》(计标〔1983〕1309 号)。《通知》指出，为适应基本建设工作特别是重点建设的需要，确定从 1984 年起，将工程建设标准规范制订、修订及其重点科研项目工作计划作为"国民经济和社会发展计划"的一部分，并分别纳入国家和部门的计划。

1983 年 12 月 15 日 国务院印发《国务院关于严格控制城镇住宅标准的规定》（国发〔1983〕193 号）。文件强调，要严格控制住宅建筑面积标准："全国城镇和各工矿区住宅均应以中小户型为主，平均每套建筑面积应控制在 50 平方米以内"。《通知》对制止"许多地区和部门擅自制定住宅标准，任意突破国家有关规定，为领导干部新建的住宅面积越来越大，标准越来越高，脱离国情，脱离群众"的问题，起到了重要作用。

1984 年 9 月 3 日 国家计划委员会在湖南省长沙市召开全国工程建设标准定额工作会议。会后，国家计划委员会印发了《全国工程建设标准定额工作会议情况的报告》（计标〔1984〕2213 号），会议要求各部门、各地区加强对标准定额工作的领导，及时解决工作中存在的问题和困难，使工程建设标准定额工作能够较快地开创一个新局面。会议之后，在组织机构方面除已建立了工程建设标准定额管理机构的部门、地区外，轻工部、有色金属总公司、邮电部和江苏、广西等省、自治区决定组建工程建设标准定额工作管理机构。至 1985 年底，其他尚未建立专门管理机构的部门，已有 11 个部成立或将成立规范处或标准处，29 个省、自治区、直辖市均有定额站或经济处，也明确了归口主管部门，确定了专职人员负责标准定额的管理工作。

1984 年 国家计划委员会发布《建筑结构设计统一标准》（GBJ 68—84）等 11 项工程建设国家标准。

1985 年 2 月 18 日 国家计划委员会印发《工程建设优秀国家标准规范奖励暂行办法》、《工程建设国家标准规范优秀科研成果奖励暂行办法》和《关于在工程建设标准规范中采用国际标准的几点意见》三个文件（计标〔1985〕252 号）。其中，《工程建设优秀国家标准规范奖励暂行办法》规定国标经审批发布出版后，应按下列条件考虑进行评选：一、正确体现国家的技术、经济政策；

二、在研究分析和验证的基础上，不同程度地采用了符合我国国情的国际标准和国外先进标准，以及吸取了行之有效的国内外有关先进技术和科研成果；三、国标内容的定性定量，准确可靠，并与相关标准协调一致；四、国标条文的规定，严谨明确，文字简练易懂，便于贯彻执行。

1985年3月5日　国家计划委员会、中国人民建设银行印发《关于改进工程建设概预算定额管理工作的若干规定》、《关于建筑安装工程费用划分暂行规定》和《关于工程建设其他费用项目划分暂行规定》三个文件（计标〔1985〕352号）。

1985年3月8日　国家计划委员会印发《工程建设专业标准规范管理暂行办法》（计标〔1985〕342号）。《办法》共四章十六条，对专业标准制订的范围，专业标准的制定、修订计划，专业标准的组织审查，专业标准的审批，专业标准的编号和发布等事项作出规定。

1985年12月23日　城乡建设环境保护部印发1985年全国《建筑安装工程劳动定额管理办法》。

1986年2月1日　城乡建设环境保护部印发《全国市政工程统一劳动定额》（（86）城劳字第40号），自1986年4月1日起实行。《统一劳动定额》包括土方工程、运输工程、模板工程、钢筋工程、架子工程、市政其他工程、桩基础工程、桥涵堤防工程、道路工程、给水管道工程、排水管道工程、泵站土建工程、维修工程13册。

1986年3月11日　国家计划委员会发布《关于加强工程建设标准定额工作的意见》（计标〔1986〕288号）。《意见》指出：工程建设标准定额工作是政策性、技术性、经济性很强的工作。它为设计、施工、竣工验收提供科学的依据，为建设项目评估决策、控制项目投资、确定工程造价、检查监督工程质量提供合理的尺度，是搞好基本建设管理的一项很重要的基础工作，也是提高投资效益，促进技术进步的一个重要环节。具体意见包括：要使各类标准定额基本配套，适应开工前确定工程造价的要求；大力提高标准的水平；建立一支稳定的队伍；明确经费渠道。

1986 年 4 月 26 日　国家计划委员会印发《关于编制建设工期定额的几点意见》（计标〔1986〕619 号）。《意见》内容包括：建设工期定额的概念及工期阶段划分；建设工期定额的作用；建设工期定额的结构；定额水平的确定；编制工作的组织和步骤；审批程序和经费渠道的意见和安排。

1986 年 5 月 12 日　国家计划委员会印发《关于贯彻执行全国统一安装工程预算定额的若干规定》（计标〔1986〕744 号）。此定额共 15 册，自实施之日起，原国家基本建设委员会颁发试行的通用设备安装工程预算定额（共 9 套）及各有关部门颁发的有关定额即停止使用。

1986 年 8 月 30 日　国家计划委员会印发《关于做好工程建设投资估算指标制订工作的几点意见》（计标〔1986〕1620 号）。该文件规定了估算指标的编制原则，分类及表现形式，编制方法，管理分工及进度要求，建立积累工程造价资料的工作制度。

1987 年 9 月 3－6 日　全国工程建设标准定额工作会议在北京召开。会议的主要议题是：总结三年来的工作，就进一步强化标准定额工作，解决工作中存在的主要问题，加快标准定额编修步伐，提高标准定额工作水平等进行讨论和研究。会议明确了标准定额工作下一步面临的主要任务。

1987 年 11 月　国家计划委员会、国家土地管理局印发《关于编制建设项目用地定额指标的几点意见》（〔1987〕国土（建）字第 144 号）。该文件规定了建设项目用地定额指标的作用，指标的层次结构，指标水平的确定，编制工作的组织和步骤，审批和发布以及编制经费的安排。

1987 年 12 月 7 日　国家计划委员会印发《关于制订工程项目建设标准的几点意见的通知》（计标〔1987〕2323 号）。文件着眼工程建设标准定额工作从单纯为工程建设实施阶段服务，转入了既为工程建设实施阶段服务，又为工程建设计划、决策阶段服务，规定了工程项目建设标准的作用，建设标准的内容，制订建设标准的一般原则，制订建设标准的工作安排，建设标准的审批、发布以及编制经费的安排，加强制订工程项目建设标准的组织领导。

1988 年 1 月 8 日　国家计划委员会印发《关于控制建设工程造价的若干规定》（计标〔1988〕30 号）。

1988 年 9 月 20 日　建设部、民政部、中国残疾人联合会发布专业标准《方便残疾人使用的城市道路和建筑物设计规范（试行）》（JGJ 50—88），自1989 年 4 月 1 日起施行。1989 年，该《设计规范》获建设部科技进步二等奖。1990 年 5 月 24 日，建设部、民政部、国家计委、中国残联印发《关于认真贯彻执行〈方便残疾人使用的城市道路和建筑物设计规范〉的通知》（（90）建标字 258 号）。1998 年 4 月 27 日，建设部印发《关于做好城市无障碍设施建设的通知》（建规〔1998〕93 号），要求各省、自治区、直辖市建委（建设厅、首规委办公室），直辖市规划局，副省级市、省会城市建委、规划局加强贯彻执行《方便残疾人使用的城市道路和建筑物设计规范》的力度，新建城市道路、大型公共建筑和居住区时，必须严格按照规范建设无障碍设施，对不符合规范要求的有关建设一律不予核发《建设工程规划许可证》；有关建设竣工申请规划验收时，对于违反规范要求的不得发放验收合格证明。1998 年 9 月 28 日，建设部、民政部、中国残联印发了《关于贯彻实施〈方便残疾人使用的城市道路和建筑物设计规范〉若干补充规定的通知》（建标〔1998〕177 号），要求切实有效加强公共建筑和公共设施的入口、室内，新建、在建高层住宅，新建道路和立体交叉中的人行道，各道路路口、单位门口，人行天桥和人行地道，居住小区等处的无障碍设计。1995 年 11 月，国务院新闻办公室颁布的《中国人权事业的进展》，首次收录了中国无障碍设施建设工作方面取得的成就。其内容是：为方便残疾人参与社会生活，中国制定和实施了《方便残疾人使用的城市道路和建筑物设计规范》，要求各地在市政建设与各种建筑物修建时，一定要相应建立符合中国国情与经济发展水平的无障碍设施。几年来，北京、上海、天津、广州、沈阳、深圳等大城市中，专门设置和建造的无障碍设施大为增加。2001年6月21日，建设部、民政部、中国残联发布行业标准《城市道路和建筑物无障碍设计规范（JGJ 50—2001）》（建标〔2001〕126号），原《方便残疾人使用的城市道路和建筑物设计规范（试行）》于1989年4月1日废止。《城市道路和建筑物无障碍设计规范》中的24个条款被批准为《工程建设标准强制性条文》。

1988年11月5日 建设部批准修订后的《建筑安装工程质量检验评定统一标准》（GBJ 300—88）、《建筑工程质量检验评定标准》（GBJ 301—88）、《建筑采暖卫生与煤气工程质量检验评定标准》（GB 302—88）、《建筑电气安装工程质量检验评定标准》（GBJ 303—88）、《通风与空调工程质量检验评定标准》（GBJ 304—88）、《电梯安装工程质量检验评定标准》（GBJ 310—88）为国家标准（（88）建标字第335号），自1989年9月1日起施行。

1989年3月28-30日 全国工程建设标准定额工作座谈会在北京召开。会议交流了1987年9月全国工程建设标准定额工作会议以来的工作情况，研究部署1989年、1990年两年的工作任务和工作重点。建设部副部长干志坚作了题为《抓住时机，不断进取，努力做好工程建设标准定额工作》的报告。报告指出：标准定额工作要坚决贯彻"治理经济环境，整顿经济秩序，全面深化改革"的方针，按照1987年会议提出的总目标，不失时机地大力加强宏观决策阶段和实施阶段的标准定额制订工作，研究改革工程建设标准定额的管理制度和体系，为建立具有中国特色的适应社会主义有计划商品经济发展的工程建设标准定额新体制打好基础。

1989年5月12日 建设部印发《关于收集标准定额文本和资料的通知》（（89）建办标字第034号）。《通知》明确提出，在建设部标准定额研究所建立工程建设标准定额资料馆。馆藏内容包括：工程建设国家标准、行业（专业、部）

标准、地方标准、企业标准及相关的工业产品国家标准、行业（专业、部）标准、地方标准、企业标准、经济定额等。2004 年 6 月，建设部标准定额研究所组织开展了工程建设标准定额资料馆馆藏资料清理，馆藏资料有：工程建设国家标准 249 册、行业标准 30 类 1800 册、地方标准 22 种 700 册、产品标准 700 册。

1989 年 7 月 1 日　建设部印发《建设部关于产品标准制定工作的通知》（（89）建标字第 301 号）。《通知》针对《中华人民共和国标准化法》施行后配套的法规尚未发布的情形，为保证建设部归口工业产品的标准制定工作正常进行，对当前标准制定工作有关问题做出规定。

1989 年 7 月　国家计划委员会、建设部组织开展《建设项目经济评价方法与参数》应用情况调查。对全国 100 多个单位进行的书面调查结果显示：80% 的大中型项目和 50% 的小型项目都经过可行性研究后立项决策，一般都按照《建设项目经济评价方法与参数》的规定进行了经济评估或评价；财务评价开展得比较广泛，达 95%，国民经济评价由于存在熟悉程度与配套的参数不全问题，仅为 30%。1989 年 12 月，由建设部标准定额研究所组织编制、国家计委和建设部批准发布的《建设项目经济评价方法与参数》荣获国家科技进步二等奖。1990 年 5 月，国家计委、建设部组织开展了建设项目国民经济评价所需参数（包括：社会折现率、影子汇率、影子工资、贸易费率、分电网电力影子价格、主要城市煤炭影子价格、分地区铁路运输影子价格、建筑工程影子价格、钢材水泥木材影子价格及 44 种外贸货物口岸价预测参考值）的调整工作。1993 年 4 月 7 日，国家计委、建设部印发《关于印发〈建设项目经济评价方法与参数〉的通知》（计投资〔1993〕530 号），发布了《建设项目经济评价方法与参数》（第二版）。2006 年 7 月 3 日，国家发展和改革委员会、建设部印发《关于印发〈建设项目经济评价方法与参数〉的通知》（发改投资〔2006〕1325 号），发布了《建设项目经济评价方法与参数》（第三版）。中国工程咨询协会将第三版作为注册咨询工程师（投资）考试的指定教材。

1989 年 10 月 25－27 日　为推广 1984 年发布的《建筑结构设计统一标准》

采用先进的结构可靠性设计理论和极限状态设计方法，建设部在北京召开工程结构可靠度设计标准编制工作座谈会，就房屋、铁道、港工、公路、水工五个方面的设计统一标准采用以可靠度理论为基础的极限状态设计法，统一了思想，为在工程结构规范中全面采用可靠度理论奠定了基础。

1989 年 12 月 27 日　建设部、国家土地管理局印发《工程项目建设用地指标编制工作暂行办法》（（1989）国土建字第 169 号）。《办法》规定，建设用地指标的编制纳入工程建设标准定额计划，由建设部统一归口管理，具体编制工作由国家土地管理局负责组织，编制由主编部门负责，具体工作由主编单位组织编制组承担。同时，对建设用地指标的定义、作用、编制原则、经费安排进行了规定，并将建设用地指标编制程序划分为前期准备、征求意见稿、送审稿和报批稿四个阶段，规定了建设用地指标包含的内容和具体编写要求。1999 年 2 月 12 日，国土资源部、建设部印发《关于认真贯彻执行工程项目建设用地指标的通知》（国土资发〔1999〕48 号）。

1990 年 4 月 6 日　国务院令第 53 号颁布《中华人民共和国标准化法实施条例》，其中第四十二条规定：工程建设标准化管理规定，由国务院工程建设主管部门依据《标准化法》和本条例的有关规定另行制定，报国务院批准后实施。

1990 年 4 月 29 日　国家计划委员会、建设部印发《关于标准定额工作分工意见的通知》（计投资〔1990〕442 号）。《通知》提出工程建设标准定额是国家重要的技术经济法规，是固定资产投资项目决策、勘察、设计、施工及验收的重要依据，对提高项目决策科学性和节约投资有重要意义。经国家计划委员会、建设部共同商定：属于为宏观调控和项目决策服务的建设项目经济评价方法、评价参数以及各行业建设项目的建设标准、建设工期定额、投资估算指标和建设工程造价的有关制度、方法等，由国家计委委托建设部负责组织制订，国家计委、建设部联合发布施行。属于投资项目实施的技术标准和经济定额，由建设部负责管理，其中主要的技术指标和经济定额在制定过程中应征求国家计委的意见。

1990 年 10 月 25 日 建设部、国家计划委员会印发《工程项目建设标准编制工作暂行办法》（（90）建标字第 519 号），要求各有关部门按照暂行办法，切实加强对工程项目建设标准工作的组织领导，认真搞好编制工作。

1991 年 4 月 11 日 经建设部标准定额司与国家技术监督局标准化司协商，对有关工程建设国家标准发布程序等问题达成一致意见。4 月 28 日，建设部印发了《关于工程建设国家标准发布程序等问题的商谈纪要》（建标〔1991〕274 号）。

1991 年 10 月 28 日 建设部、国家计划委员会、国家科学技术委员会发布《科研建筑工程规划面积指标》（建标〔1991〕708 号），自 1991 年 12 月 1 日起施行。《指标》对科研建筑工程包括数学、物理、化学等 7 个基础学科和 22 个分学科的规划建筑面积和规划建设用地指标进行了规定，界定科研机构建筑包括科研、科研辅助、公共设施和行政及生活服务用房，并按科研机构的全体人员划分建设规模，给出了各学科规划建筑面积指标。

1991 年 11 月 5 日 建设部印发《关于调整工程建设专业标准为国家标准、行业标准的通知》（建标〔1991〕727 号）。《通知》指出，根据《中华人民共和国标准化法》，经与国务院有关部门协商，对工程建设标准制订、修订工作进行了清理整顿，在 1986—1989 年四个年度计划中下达的 93 项专业标准中，已有 88 项调整完毕，其中转为国家标准的 38 项，转为行业标准的 50 项。

1991 年 12 月 27 日 建设部印发《关于调整工程造价价差的若干规定》（建标〔1991〕797 号）。根据国务院关于安排基本建设和技术改造项目时，要坚持量力而行，综合考虑物价、利率、汇率、劳动工资等变动因素，打足投资不留缺口的精神，结合工程造价价差调整工作中存在的问题，在总结合理确定和有效控制工程造价经验的基础上，就工程造价价差及其调整的范围，工程造价价差调整和造价指数测定工作应遵循的原则，工程造价价差的调整方法，切实做好工程造价指数的测算、发布和管理工作，做了具体规定。

1992 年 4 月 3 日　建设部印发《民用建筑设计质量评定标准》（建设字〔1992〕186 号）。

1992 年 5 月 3 日　建设部、国家计划委员会、国家教育委员会发布《普通高等学校建筑规划面积指标》（建标〔1992〕245 号），自 1992 年 8 月 1 日起施行。《指标》将大学划分为综合大学、工科院校、师范院校、农业院校、林业院校、医学院校、政法院校、财经院校、外语院校和体育院校，每类学校教室、图书馆、实验室实习场所等 11 项，校舍建设规模按学生人数划分三级，教工住宅、教工宿舍以全校教职工人员编制为基本参数，规定了每级规模学校的单位生员建筑面积总指标。

1992 年 8 月 4－7 日　全国工程建设标准定额工作会议在北京召开。建设部部长侯捷在开幕式上讲话，副部长干志坚主持会议并作了题为《解放思想，加快改革，扎扎实实做好标准定额工作》的报告。会议首次表彰了新中国成立 40 年来，尤其是近十几年来建设标准定额战线上涌现出来的 162 个先进集体和 350 名先进个人。侯捷部长讲话指出，过去的五年，是我国工程建设标准定额工作发展最快、成果最多的五年：一、标准定额工作内容有了很大扩展，由以往单纯为工程建设实施阶段服务，转向为包括项目决策在内的工程建设全过程服务；二、先后制订发布了一大批标准定额，五年中发布的技术标准数量占全国现有标准的一半以上；三、标准定额的质量和水平有了较大提高，先后有《建设项目经济评价方法与参数》和 7 项标准获得了国家科技进步奖，相当一批标准定额获得部门和地方科技进步奖，不少标准规范在实际运用中取得了良好的经济效益、社会效益和环境效益；四、国际合作与交流取得了积极的进展，分别与一些国际组织和国家签订了科技合作协议，开展了相互之间的友好往来，对提高我国的标准定额水平起到了积极的作用；五、随着标准定额工作的开展，人员数量不断增多，人员素质逐步提高，初步形成了一支门类比较齐全、专业比较配套的队伍。

1992 年 8 月 27 日　建设部印发《建设劳动定额工作暂行规定》（建人字

〔1992〕558 号）。

1992 年 12 月 30 日　建设部令第 24 号发布《工程建设国家标准管理办法》，自 1992 年 12 月 30 日起施行。《工程建设国家标准管理办法》分总则、国家标准计划、国家标准的制定、国家标准的审批与发布、国家标准的复审与修订、国家标准的日常管理、附则，共七章四十五条。第二十八条规定，国家标准由国务院工程建设行政主管部门审查批准，由国务院标准化行政主管部门统一编号，由国务院标准化行政主管部门和国务院工程建设行政主管部门联合发布。

1992 年 12 月 30 日　建设部令第 25 号发布《工程建设行业标准管理办法》，自 1992 年 12 月 30 日起施行。《办法》共十八条，其中第四条规定，国务院有关行政主管部门根据《中华人民共和国标准化法》和国务院工程建设行政主管部门确定的行业标准管理范围，履行行业标准的管理职责；第九条规定，行业标准由国务院有关行政主管部门审批、编号和发布。

1993 年 2 月 10 日　建设部印发《建设部参加国际标准化组织活动管理办法》（建标〔1993〕93 号）。

1993 年 7 月 16 日　建设部发布《城市居住区规划设计规范》（建标〔1993〕542 号），自 1994 年 2 月 1 日起施行。

1993 年 5 月　建设部标准定额司印发《关于工程建设标准规范中译英有关事项的通知》（（93）建标技字第 19 号），对开展翻译 40 项工程建设标准规范的工作进行了安排。

1993 年 8 月 23 日　建设部、国家计划委员会发布《新建工矿企业项目住宅及配套设施建筑面积指标》（建标〔1993〕632 号），自 1993 年 11 月 1 日起施行。《指标》对原国家建委《关于印发〈对职工住宅设计标准的几项补充规定〉的通知》（（81）建发设字 384 号）中"民用建筑综合指标"进行了修订，将原综合建筑面积由 16 个单项建筑面积指标构成，修订为将项目划分为 7 大项 18 小项，用于指导人口规模在 5 万人及以下的新建工矿企业项目生活区住宅及配套设施的建设。

1993 年 12 月 30 日 建设部、中国人民建设银行发布《关于调整建筑安装工程费用项目组成的若干规定》（建标〔1993〕894 号）。

1994 年 3 月 31 日 建设部印发《工程建设标准局部修订管理办法》（建标〔1994〕219 号）。《办法》规定，标准的局部修订计划应当由标准管理单位提出，并上报工程建设有关主管部门；国家标准的局部修订计划由国务院工程建设行政主管部门下达，行业标准的局部修订计划由行业主管部门审查并下达；局部修订后的国家标准由国务院工程建设行政主管部门批准并公告，行业标准由行业标准主管部门批准并公告；在标准再版前，应将局部修订的条文及其说明在指定的刊物上发表。为便于执行，配套制定了关于《工程建设标准局部修订管理办法》的说明。

1994 年 7 月 5 日 国家技术监督局复函建设部《关于批准建设部牵头组建中国燃气用具安全认证委员会的函》（技监认函（1994）268 号）。

1995 年 6 月 15 日 建设部印发《关于加强工程建设企业标准化工作的若干意见》（建标〔1995〕352 号），要求国务院各有关部门，自治区、直辖市建委（建设厅）、有关计委，各计划单列市建委加强领导，积极组织和推动所属勘察、设计和施工单位开展企业标准化工作。《意见》包括：一、充分认识工程建设企业标准化的地位和作用；二、加强工程建设企业标准化的管理；三、加强工程建设企业标准化的组织建设；四、加强工程建设企业标准化的领导。

1995 年 11 月 17 日 建设部印发《关于加强工程建设强制性国家标准和全国统一的工程计价定额出版、发行管理的通知》（建标〔1995〕660 号）。《通知》规定，标准定额的著作权属建设部所有，工程建设强制性国家标准和全国统一的工程计价定额，在编制过程中印发的征求意见稿、送审稿和报批稿，任何部门、企事业单位，社会团体和个人，不得擅自翻印和出售；未经正式出版的工程建设强制性国家标准和全国统一的工程计价定额，任何部门和单位不得举办各种名目的学习班或培训班。

1995 年　《全国统一建筑工程基础定额》（GJD-101-95）、《全国统一建筑工程预算工程量计算规则》（GJDGZ-101-95）发布。1996 年 8 月 28 日，建设部发出《贯彻执行〈全国统一建筑工程基础定额〉、〈全国统一建筑工程预算工程量计算规则〉的若干规定的通知》（建标〔1996〕494 号）。

1996 年 3 月 6 日　建设部印发《工程造价咨询单位资质管理办法（试行）》（建标〔1996〕133 号），建立了工程造价咨询单位资质管理制度。5 月 30 日，建设部印发该《办法》的实施细则（建标〔1996〕316 号），对工程造价咨询单位的资质评审机构及职责、工程造价咨询单位资质评审程序、资质管理、中外合营、中外合作工程造价咨询单位的资质管理等内容作了规定。

1996 年 5 月 29 日　建设部发布《工程建设标准化"九五"工作纲要》（建标〔1996〕310 号）。《纲要》包括：工程建设标准化工作的现状，目前工程建设标准化工作中存在的主要问题，"九五"期间工程建设标准化工作的指导思想、目标和任务，工程建设标准化工作改革和发展的主要措施。

1996 年 8 月 20 日　人事部、建设部发布《造价工程师执业资格制度暂行规定》，明确国家在工程造价领域实施造价工程师执业资格制度。

1996 年 8 月 26 日　人事部、建设部发布《关于印发〈造价工程师执业资格制度暂行规定〉的通知》（人发〔1996〕77 号）。

1996 年 8 月 28 日　建设部印发《贯彻执行〈全国统一建设工程基础定额〉、〈全国统一工程预算工程量计算规则〉的若干规定的通知》（建标

〔1996〕494号）。该定额是完成规定计量单位分项工程计价的人工、材料、施工机械台班消耗量标准；是统一全国建筑工程预算工程量计算规则、项目划分、计量单位的依据；是编制建筑工程（建工部分）地区单位估价表，确定工程造价、编制概算定额及投资估算指标的依据；也可作为制定招标投标工程标底、企业定额和投标报价的基础。

1996年12月13日 建设部印发《工程建设标准编写规定》和《工程建设标准出版印刷规定》（建标〔1996〕626号），自1997年1月1日起执行。《工程建设标准编写规定》包括总则、标准的构成、标准的层次划分及编号、标准的排列格式、引用标准、编写细则、标准条文说明的编写、附则共八章九十三条。

1996年12月30日 建设部、国家计划委员会、国家教育委员会发布《农村普通中小学校建设标准（试行）》（建标〔1996〕640号），自1997年6月1日起施行。农村中小学校舍由教学及教学辅助用房、行政教学办公用房、生活服务用房三部分构成。农村小学教学普通教室的使用面积为40~52平方米/间；农村初中教学普通教室使用面积均为56平方米/间。根据学校类别和学校规模，农村中小学校规划建设用地面积，平均每生用地面积为18~28平方米。

1997年3月 建设部、人事部审定后通过了《全国造价工程师执业资格考试大纲》。

1997年8月26日 建设部、人事部《关于公布首批认定陈西发等854名造价工程师名单的通知》（建标〔1997〕257号）。

1997年10月 全国造价工程师试点考试在北京等九省、直辖市举行。

1997年11月25-27日 全国工程建设标准定额工作会议在北京召开。会议总结交流了1992年以来全国工程建设标准定额工作的成绩和经验，研究和部署了今后五年的工作任务。建设部副部长赵宝江作了工作报告。部党组书记、部长俞正声在会议闭幕时讲话，要求标准定额工作今后要从四个方面为推进两个根本性转变服好务，即：要为建设项目宏观决策和提高投资效益服好务；要为经济结构调整服好务；要为科技进步服好务；要为工程质量服好务。

1997 年　作为中方的项目执行单位建设部标准定额司与德国技术合作公司开展的"中国地铁与轻轨技术标准的研究"合作项目，经过约两年工作，完成了《中国地铁与轻轨技术标准的研究》报告及 6 个技术分课题的研究成果。

1998 年 4 月 29 日　建设部、人事部《关于公布第二批认定俞昌璋等 999 名造价工程师名单的通知》（建标〔1998〕113 号）。

1998 年 8 月 28 日　为落实朱镕基总理对推广应用土工布的重要批示，国家经贸委主任盛华仁向朱镕基总理报告了组织实施土工布应用的问题，其中提出了由建设部牵头，有关部门共同制订国家规范，各应用部门分别组织制订行业规范的意见。9 月 6 日，朱镕基总理在报告上作了批示，首先在今年开始的大修堤防工程中应用。对产品价格也要进行监督。大规模采用后价格一定要降下来。为落实朱镕基总理重要指示，建设部部长俞正声、副部长郑一军分别于 9 月 14 日和 9 月 16 日做出批示，具体进行部署。按照建设部领导的批示，标准定额司在组织有关方面调查研究和反复论证的基础上，提出了落实这项工作的三条措施：一是组织编制国家标准《土工布应用技术规范》，当年 12 月底前完成；二是对已经实施的规范组织局部修订，对适合应用土工布的，增加相关内容；三是会同水利、交通和铁道等部门，提出一批示范工程名单。并组织相关部门专家成立标准编制组，明确编制原则和思路，经过广泛的调查研究和收集资料，总结我国土工合成材料在工程应用实践中的经验，从反滤、排水、防渗、加筋、防护等方面提出了土工合成材料应用的技术要求。12 月 22 日，建设部批准《土工合成材料应用技术规范》为国家标准（建标〔1998〕260 号），自 1999 年 1 月 1 日起施行。12 月 23 日，建设部又分别以公告第 14、15 号批准《蓄滞洪区建筑工程技术规范》、《地下工程防水技术规范》局部修订条文，自 1999 年 1 月 15 日起施行。

1999 年 1 月 5 日　建设部印发《建设工程施工发包与承包价格管理暂行规定》（建标〔1999〕1 号）。《规定》适用于在我国境内新建、改建、扩建的建设工程，也适用于现有房屋装修工程。《规定》明确了工程价格的构成、工程价格的定价方式、工程价格的分类，以及工程招标标底价和投标报价、中标价、工程价格的计价方法、工程价格的计价依据等。对工程预付款、工程进度款支付、工程造价动态管理、工程变更对工程造价增减的调整、工程费用索赔、工程竣工结算、工程竣工结算的审查、工程竣工结算监督等也进行了规定。

1999 年 2 月 12 日　国土资源部、建设部印发《关于认真贯彻执行工程项目建设用地指标的通知》（国土资发〔1999〕48 号）。

1999 年 3 月 24 日　建设部批准《住宅设计规范》（GB 50096—1999）为强制性国家标准，自 1999 年 6 月 1 日起施行。原《住宅建筑设计规范》（GBJ 96—86）同时废止。

1999 年 5 月 14 日　建设部、民政部发布强制性行业标准《老年人建筑设计规范》（JGJ 122—99）（建标〔1999〕131 号），自 1999 年 10 月 1 日起施行。

2000 年 1 月 21 日　建设部令第 75 号发布《造价工程师注册管理办法》。

2000 年 1 月 25 日　建设部令第 74 号发布《工程造价咨询单位管理办法》，自 2000 年 3 月 1 日起施行。2006 年 3 月 22 日，建设部令第 149 号发布《工程造价咨询企业管理办法》，该《办法》共有六章：总则、资质等级与标准、资质许可、工程造价咨询管理、法律责任、附则。新办法自 2006 年 7 月 1 日起施行，原《工程造价咨询单位管理办法》同时废止。

2000 年 2 月 1 日　建设部印发《关于编制〈工程建设强制性标准实施监督导则〉的通知》（建标〔2000〕31 号）。《通知》指出：为贯彻国务院《建设工程质量管理条例》，加强工程建设强制性标准的实施监督，决定组织有关部门、单位和专家，编制《工程建设强制性标准实施监督导则》。《通知》对导则的编制原则、编制内容、编制方法、组织方式、工作计划、编制经费做了规定。

2000 年 2 月 12 日　建设部印发《关于实行工程建设行业标准和地方标准备案制度的通知》（建标〔2000〕34 号），决定自 2000 年 2 月 1 日起，实行工程建设行业标准和地方标准的备案制度。备案制度规定，行业标准和地方标准在批准发布 30 日内，应向建设部备案；对同意备案的标准，在《工程建设标准化》刊物上公告。

2000 年 2 月 16 日　建设部印发《全国统一建筑安装工程工期定额》（建标〔2000〕38 号）。本《工期定额》根据我国幅员辽阔，各地气候条件差别较大的情况，将全国划分为Ⅰ、Ⅱ、Ⅲ类地区，分别制定工期定额（设备安装和机械施工工程不分地区类别，执行统一的工期定额），并按各地区施工条件不同，允许各地有 15% 以内的定额水平调整幅度。该定额是编制招标文件的依据，是签订建筑安装工程施工合同、确定合理工期及施工索赔的基础，也是施工企业编制施工组织设计、确定投标工期、安排施工进度的参考。原城乡建设环境保护部 1985 年颁布的《建筑安装工程工期定额》同时废止。

2000 年 2 月 21 日　工程建设标准工作会议在北京召开。会议通报了近两年来朱镕基总理、吴邦国副总理、温家宝副总理等国务院领导在标准组织制订和实施方面的重要指示精神，研究了工程建设标准化的主要工作，重点部署了《工程建设强制性标准实施监督导则》的编制工作，就贯彻落实《建设工程质量管理条例》做了动员和具体部署。

2000 年 4 月 20 日　建设部发布《工程建设标准强制性条文（房屋建筑部分）》（建标〔2000〕85 号），自发布之日起施行。首发式于 5 月 31 日在北京举行，建设部部长俞正声在讲话中指出，编制《工程建设标准强制性条文》是贯彻《建设工程质量管理条例》的一项重大举措，是推进工程建设标准体制改革迈出的关键性一步，大力宣传和贯彻《工程建设标准强制性条文》是保证和提高建设工程质量的重要环节。讲话要求各级建设主管部门结合本部门和本地区的实际情况，组织宣贯活动；要求负责其他部分强制性条文主编工作的有关部门，抓紧组织审查和报批工作，争取早日发布实施。强制性条文包括城乡规划、城市建设、房屋建筑、工业建筑、水利工程、电力工程、信息工程、水运工程、公路工程、铁道工程、石油和化工建设工程、矿山工程、人防工程、广播电影电视工程和民航机场工程等部分。2002年8月30日，建设部发布2002年版《工程建设标准强制性条文（房屋建筑部分）》（建标〔2002〕219号），自2003年1月1日起施行。原2000年版《工程建设标准强制性条文（房屋建筑部分）》同时废止。2002年版《工程建设标准强制性条文（房屋建筑部分）》共分9篇，突出了对直接涉及人民生命财产安全、人身健康、环境保护和其他公众利益的关键技术控制要点的补充、强化。

2000年7月13日　建设部发布《工程建设标准强制性条文（人防工程部分）》（建标〔2000〕158号），自发布之日起施行。《条文》由建筑设计、结构设计、工程防护与平战功能转换和工程施工、验收及安全4篇组成，共包括强制性条文483条，涉及现行的15项国家标准和行业标准。

2000年8月19日　建设部发布《工程建设标准强制性条文（城乡规划部分）》（建标〔2000〕179号），自发布之日起施行。《条文》由用地规划、道路交通规划、住宅建筑、公共服务设施和绿化规划、工程规划共4篇组成，共包括强制性条文132条。

2000年8月25日　建设部发布《实施工程建设强制性标准监督规定》，自发布之日起施行。《规定》指出，工程建设强制性标准是指直接涉及工程质量、安全、卫生及环境保护等方面的工程建设标准强制性条文。国务院有关行政主管部门按照职能分工负责实施工程建设强制性标准的监督管理工作。县级以上地方人民政府建设行政主管部门负责本行政区域内实施工程建设强制性标准的监督管理工作。工程建设中拟采用的新技术、新工艺、新材料，不符合现行强制性标准规定的，应当由拟采用单位提请建设单位组织专题技术论证，报批准标准的建设行政主管部门或者国务院有关主管部门审定。工程建设中采用国际标准或者国外标准，现行强制性标准未作规定的，建设单位应当向国务院建设行政主管部门或者国务院有关行政主管部门备案。建设项目规划审查机构应当对工程建设规划阶段执行强制性标准的情况实施监督。工程建设强制性标准的解释由工程建设标准批准部门负责。有关标准具体技术内容的解释，工程建设标准批准部门可以委托该标准的编制管理单位负责。任何单位和个人对违反工程建设强制性标准的行为有权向建设行政主管部门或者有关部门检举、控告、投诉。

2000 年 9 月 18 日 建设部发布《工程建设标准强制性条文（城市建设部分）》（建标〔2000〕202 号），自发布之日起施行。《条文》由城市勘察、城市供水排水、城市供热、城镇燃气、城市公共交通、城市道路、城市桥梁、城市环境卫生、城市园林绿化 9 篇组成，共包括强制性条文 1367 条，涉及现行的 78 项国家标准和行业标准。

2000 年 9 月 19 日 建设部印发《关于工程造价咨询机构与政府部门实行脱钩改制的通知》（建标〔2000〕208 号），对全国工程造价咨询机构脱钩改制工作做了总体部署。

2000 年 10 月 18 日 建设部发布《工程建设标准强制性条文（石油和化工建设工程部分）》（建标〔2000〕233 号），自发布之日起施行。

2000 年 10 月 18 日 建设部发布《工程建设标准强制性条文（水利工程部分）》（建标〔2000〕234 号），自发布之日起施行。

2000 年 10 月 18 日 建设部发布《工程建设标准强制性条文（铁道工程部分）》（建标〔2000〕235 号），自发布之日起施行。

2000 年 10 月 25 日 建设部发布《工程建设标准强制性条文（电力工程

部分）》（建标〔2000〕241号），自发布之日起施行。

2000年10月30日　建设部发布《工程建设标准强制性条文（民航机场工程部分）》（建标〔2000〕243号），自发布之日起施行。

2000年10月30日　建设部发布《工程建设标准强制性条文（广播电影电视工程部分）》（建标〔2000〕244号），自发布之日起施行。

2000年11月3日　建设部印发《关于加强〈工程建设标准强制性条文〉实施工作的通知》（建标〔2000〕248号）。《通知》指出，强制性条文是工程建设全过程中的强制性技术规定，是参与建设活动各方执行工程建设强制性标准的依据，也是政府对执行工程建设强制性标准情况实施监督的依据。必须高度重视强制性条文的实施与监督。为了进一步加强强制性条文的宣传、贯彻、实施与监督工作，一要制订计划，切实做好强制性条文的宣贯工作；二要健全机构，加强实施强制性条文的监督；三要严格执法，加大对违反强制性条文行为的处罚力度。

2000年11月23日　建设部发布《工程建设标准强制性条文（信息工程部分）》（建标〔2000〕259号），自发布之日起施行。

2000年12月4日　建设部办公厅印发《关于贯彻〈关于工程造价咨询机构与政府部门实行脱钩改制的通知〉的若干意见》的通知（建办标〔2000〕50号），进一步对工程造价机构脱钩改制工作提出了具体要求。

2001年5月8日　建设部发布《工程建设标准强制性条文（矿山工程部分）》（建标〔2001〕92号），自发布之日起施行，由中国煤炭建设协会负责具体管理、解释和发行。

2001年5月21日　建设部、民政部、交通部、铁道部、公安部、中国民航总局、国家旅游局、全国妇女联合会、中国老龄协会、中国残疾人联合会印发《无障碍设施建设工作"十五"实施方案》（残联发〔2001〕93号）。

2001年7月14日　建设部公告第28号发布《关于第一批完成脱钩改制和资质核定合格的甲级工程造价咨询机构的公告》。

2001年9月13日　建设部公告第34号发布《关于公布第二批完成脱钩改制和资质核定合格的甲级工程造价咨询单位的公告》。

2001年11月26日　建设部批准发布国家标准《民用建筑工程室内环境污染控制规范》（建标〔2001〕263号），自2002年1月1日起施行。

2001年12月9日　建设部批准发布国家标准《住宅装饰装修工程施工规范》（建标〔2001〕266号），自2002年5月1日起实施。

2002年4月14日　建设部发布《工程建设标准强制性条文（公路工程部分）》（建标〔2002〕99号），自发布之日起施行。

2002年7月19日　建设部转发《国务院清理整顿经济鉴证类社会中介机构领导小组关于规范工程造价咨询行业管理的通知》（建标〔2002〕194号）。文件明确提出建立与社会主义市场经济相适应的行业管理体制，加强行业制度建设，提高行业规范化管理水平，各类执业机构要与挂靠单位脱钩，并分类进行规范化管理的要求。

2002年10月28日　建设部、民政部、全国老龄工作委员会办公室、中国残疾人联合会印发《关于开展全国无障碍设施建设示范城（区）工作的通知》（建标〔2002〕247号），并以该文附件的形式印发了《全国无障碍设施建设示范城（区）工作协调小组组成》、《全国无障碍设施建设示范城（区）工作实施方案》、《全国无障碍设施建设示范城（区）标准（试行）》。

2002 年 11 月　朱镕基总理在国务院科教领导小组第十次会议上指出：技术标准是科学技术发展的基础，已经成为国际经济、科技经济的主要手段，要尽快完善国家技术标准体系，改变目前我国技术标准化建设滞后，特别是高新技术领域标准受制于人的状况，用高新技术标准推动经济结构调整、产业升级和对外经济贸易的发展。

2002 年 12 月 27 日　建设部发布《工程建设标准强制性条文（水运工程部分）》（建标〔2002〕273 号），自发布之日起施行。《条文》由交通部负责具体管理、解释和发行。

2003 年 1 月 2 日　建设部发布《工程建设标准体系（城乡规划、城镇建设、房屋建筑部分）》（建标〔2003〕1 号），自印发之日起实施。该《体系》体现了如下原则：一、体系编制要有继承，但更要有发展；二、标准体系要有利于新技术、新产品、新设备、新工艺的推广应用，有利于促进行业的技术发展和规范市场的行为，有利于建设工程的质量和安全；三、体系编制中，要认真研究分析国内外技术标准的现状及发展趋势，并紧密与工程建设标准化管理体制和运行机制的改革方向相结合；四、要合理划分专业、合理确定标准数量；五、划清各层次及各门类的范围，科学界定各标准项目内容。

2003 年 1 月 16–17 日　全国工程建设标准定额工作会议在吉林省长春市召开。会议总结五年来的工作,研究新的历史时期标准定额工作的形势和任务、部署下一阶段工作。建设部部长汪光焘在讲话中全面分析了工程建设标准定额工作面临的形势和任务，并就如何贯彻党的"十六大"精神，进一步做好工程建设标准定额工作提出了要求。

2003 年 1 月 27 日　建设部、民政部、全国老龄工作委员会办公室、中国残疾人联合会印发《关于加强无障碍设施建设和管理工作的通知》（建标〔2003〕38 号）。《通知》要求：一、加大执行《城市道路和建筑物无障碍设计规范》和强制性条文的力度；二、加快已建设施的无障碍改造；三、加强对已建无障碍设施的管理；四、积极开展全国无障碍设施建设示范城活动；五、做好《规范》的培训工作，提高执行《规范》的自觉性和能力；六、加强宣传，营造全社会关心残疾人、老年人等特殊群体，关注无障碍设施建设的良好氛围。

2003 年 2 月 17 日　建设部公告第 119 号发布国家标准《建设工程工程量清单计价规范》，自 2003 年 7 月 1 日起执行。2008 年，该规范作了修订（GB 20500—2008）。

2003 年 10 月 15 日　建设部印发《建筑安装工程费用项目组成》（建标〔2003〕206 号），自 2004 年 1 月 1 日起施行。文件规定：一、建筑安装工程费由直接费、间接费、利润和税金组成。二、为适应建筑安装工程招标投标竞争定价的需要，将原其他直接费和临时设施费以及原直接费中属工程非实体消耗费用合并为措施费。措施费可根据专业和地区的情况自行补充。三、将原其他直接费项下对建筑材料、构件和建筑安装物进行一般鉴定、检查所发生的检验试验费列入材料费。四、将原现场管理费、企业管理费、财务费和其他费用合并为间接费。根据国家建立社会保障体系的有关要求，在规费中列出社会保障相关费用。五、原计划利润改为利润。建设部、中国人民建设银行发布的《关于调整建筑安装工程费用项目组成的若干规定》（建标〔1993〕894 号）同时废止。

2004 年 1 月 29 日　建设部以公告第 207 号发布行业标准《城市基础地理信息系统技术规范》（CJJ 100—2004），自 2004 年 5 月 1 日起施行。本《规范》适用于城市基础地理信息系统中城市空间基础数据的获取、加工、建库、更新和系统建设、管理、维护及数据分发服务等工作。

2004 年 2 月 4 日　建设部印发《工程建设地方标准化工作管理规定》（建标〔2004〕20 号），自 2004 年 2 月 10 日起施行。

2004 年 6 月 25 日　建设部发布 2004 年版《工程建设标准强制性条文（水利工程部分）》（建标〔2004〕103 号），自 2004 年 10 月 1 日起实施。原 2000

年版《工程建设标准强制性条文（水利工程部分）》同时废止。

2004 年 8 月 23 日　建设部印发《建设部关于严格建筑用海砂管理的意见》（建标〔2004〕143 号）。

2004 年 10 月 20 日　财政部、建设部印发《建设工程价款结算暂行办法》（财建〔2004〕369 号）。此文件制定目的是为维护建设市场秩序，规范建设工程价款结算活动。办法自公布之日起实施。

2005 年 1 月 27 日、30 日　国务院副总理曾培炎、国务委员兼国务院秘书长华建敏在建设部关于开展工业建设领域标准规范工作报告上批示：在工业建设标准的修制订中，要增加集约利用土地，实行最严格的土地管理制度。以确保质量安全和推行更加严格的节能节材节水标准为重点，扎扎实实推进标准化工作。

2005 年 2 月 25 日　建设部、民政部、全国老龄工作委员会办公室、中国残疾人联合会在北京人民大会堂联合召开"创建全国无障碍设施建设示范城市总结会议"。国务院副总理回良玉出席会议并作重要讲话，建设部部长汪光焘代表四部门作工作报告，民政部部长李学举、中国残疾人联合会主席邓朴方、全国老龄工作委员会办公室常务副主任李本公在会上讲了话。会议命名北京、天津、上海、大连、青岛、南京、杭州、厦门、广州、西安、苏州、秦皇岛等12 个城市为全国无障碍设施建设示范城市，对 12 个城市在创建全国无障碍建设工作取得突出成绩的区进行了表彰。建设部、民政部、全国老龄工作委员会办公室、中国残联印发《建设部、民政部、全国老龄办、中国残联关于表彰全国无障碍设施建设示范先进区的决定》（建标〔2005〕24 号），北京市西城区、朝阳区，天津市河西区、大港区，上海市静安区、浦东区，大连市中山区，青岛市市南区，南京市鼓楼区，杭州市下城区，厦门市思明区，广州市番禺区，西安市雁塔区，苏州市工业园区，秦皇岛市海港区为无障碍设施建设先进区。

2005 年 7 月 20 日　建设部印发《关于〈"采用不符合工程建设强制性

标准的新技术、新工艺、新材料核准"行政许可实施细则〉的通知》(建标〔2005〕124号)。该细则包括总则,申请受理,审查决定,听证、变更与延续,监督检查等内容,目的是加强对"采用不符合工程建设强制性标准的新技术、新工艺、新材料核准"行政许可的管理,规范建设市场的行为,确保建设工程的质量和安全,促进建设领域的技术进步。

2005年9月9日 建设部、国土资源部批准发布《城市社区体育设施建设用地指标》(建标〔2005〕156号)。

2005年10月29日 建设部、国家发展和改革委员会批准发布《农村计划生育服务机构基础设施建设标准》(建标〔2005〕206号),自2006年3月1日起施行。

2005年11月30日 建设部批准发布《住宅建筑规范》(GB 50368—2005),自2006年3月1日起实施。同日,建设部批准发布《住宅性能评定技术标准》(GB/T 50362—2005),从适用性能、环境性能、经济性能、安全性能、耐久性能五个方面对住宅性能优良程度作出评价,与《住宅建筑规范》配套使用。

2005年12月22日 建设部印发《关于成立建设部工业建设领域标准规范工作协调委员会的通知》(建标函〔2005〕376号)。确定协调委员会由煤炭、电力、冶金、机械、纺织、电子、石油、石化、化工、有色、建材、林业、医药、国防科工委等行业协会(部门)有关工程建设标准化管理机构的委员组成,协调委员会委员由建设部聘任,并制定了协调委员会章程。

2006年1月22日 建设部办公厅印发《关于开展建筑工程实物工程量与建筑工种人工成本信息测算和发布工作的通知》(建办标函〔2006〕765号)。该《通知》部署了开展人工成本信息的测算和发布工作,并决定于2007年起,建设部标准定额司将通过中国建设工程造价信息网(www.cecn.gov.cn)发布直辖市和省会城市每个季度的人工成本信息。

2006 年 3 月 22 日　建设部令第 149 号发布《工程造价咨询企业管理办法》，自 2006 年 7 月 1 日起施行。2000 年 1 月建设部公布的《工程造价咨询单位管理办法》（建设部令第 74 号）同时废止。

2006 年 5 月 8 日　建设部发布 2006 年版《工程建设标准强制性条文（电力工程部分）》（建标〔2006〕102 号），自 2006 年 9 月 1 日起施行。原 2000 年版《工程建设标准强制性条文（电力工程部分）》同时废止。

2006 年 9 月 21 日　建设部印发《工程建设标准复审管理办法》（建标〔2006〕221 号），自发布之日起实施。《办法》规定了工程建设国家标准、行业标准复审的领导组织、复审周期、具体的复审要求等。该《办法》适用于现行工程建设国家标准、行业标准、地方标准的复审，共十四条。

2006 年 9 月 25 日　"十五"全国无障碍建设先进城市表彰会暨"十一五"全国无障碍建设城市标准工作会在山东省东营市召开。

2006 年 11 月 6 日　建设部印发《城市轨道交通工程设计概预算编制办法》（建标〔2006〕279 号），自 2007 年 3 月 1 日起施行。

2006 年 12 月 25 日　建设部令第 150 号发布《注册造价工程师管理办法》。

2007 年 6 月 8 日　建设部、国家发展和改革委员会印发《工程项目建设标准编制程序规定》和《工程项目建设标准编写规定》（建标〔2007〕144 号）。规定对工程项目建设标准编制程序和编写内容及格式提出了统一要求，自 2007 年 8 月 1 日起执行。

2007 年 6 月 26 日　建设部发布《市政工程投资估算指标》（建标〔2007〕

163 号），自 2007 年 12 月 1 日起施行。该《估算指标》适用于道路工程、给水工程、燃气工程、集中供热热力网工程合理确定和控制工程投资，满足市政建设项目编制项目建议书和可行性研究报告投资估算的需要，1996 年发布的《全国市政工程投资估算指标》同时废止。27 日，建设部印发《市政工程投资估算编制办法》（建标〔2007〕164 号），进一步加强市政工程项目投资估算工作，提高估算编制质量，合理确定市政建设项目投资。

2007 年 6 月 27 日 建设部、国家发展和改革委员会批准发布《公安派出所建设标准》（建标〔2007〕165 号）。

2007 年 6 月 27 日 建设部、国家发展和改革委员会批准发布《科学技术馆建设标准》（建标〔2007〕166 号）。

2007 年 7 月 4 日 建设部印发《注册建造师执业工程规模标准（试行）》（建市〔2007〕171 号）。

2007 年 10 月 18 日 建设部批准发布《市政工程投资估算指标（桥梁第 5 册）》（建标〔2007〕240 号），自 2008 年 4 月 1 日起施行。该《估算指标》涉及桥梁工程、排水工程、防洪堤防工程、隧道工程和路灯工程的合理确定和控制工程投资，满足该类项目编制项目建议书和可行性研究报告投资估算的需要。

2007 年 12 月 2 日 全国工程建设标准定额工作会议在四川省成都市召开。国务院副总理曾培炎向会议发来贺信。他指出：工程建设标准是经济建设和项目投资的重要制度和依据。几年来，标准定额工作取得很大成绩，对确保工程质量安全、促进城乡建设发展发挥了重要的保障作用。新的形势下，希望大家认真学习贯彻党的十七大精神，深入贯彻落实科学发展观，进一步加强工程建设标准定额工作，完善标准体系，健全法规制度，加强造价管理，加大监督力度，充分发挥标准定额的引导和约束作用，把优化工程建设与转变发展方式、调整经济结构结合起来，把提高建设标准与节约环保、改善民生结合起来，把改进企业管理与规范经济秩序、增强市场竞争力结合起来，为经济社会又好又快发展提供优质高效服务，在全面建设小康社会的进程中作出新的贡献！建设部部长汪光焘在会上做了题为《深入贯彻落实科学发展观，开创标准定额工作新局面》的讲话，建设部副部长黄卫做了工作报告。会议全面分析了工程建设标准定额工作面临的形势和任务，并就如何贯彻党的"十七大"精神、落实科学发展观和构建和谐社会，进一步做好标准定额工作提出了要求，明确了今后五年标准定额的工作任务。

2008 年 2 月 27 日　建设部、国家发展和改革委员会批准发布《档案馆建设标准》（建标〔2008〕51 号），自 2008 年 7 月 1 日起施行。该《建设标准》按照省、市、县三级将档案馆划分为三级，每级根据馆藏档案数量分为三类，城市建设档案馆等专门档案馆的建设同样执行本建设标准。

2008 年 3 月 4 日　建设部、国家发展和改革委员会批准发布《城市轨道交通工程项目建设标准》（建标〔2008〕57 号）。

2008 年 3 月 6 日　为加强对城市住宅建造成本的检测和指导，规范全国城市住宅建筑工程造价信息数据库的建设，为各级政府和有关部门及时掌握有关数据提供依据，建设部从 2008 年起开展全国城市住宅建筑工程造价信息测算和发布工作。在中国建设工程造价信息网（www.cecn.gov.cn）每半年发布直辖市和省会城市住宅建安造价指标。

2008 年 3 月 11 日　建设部、国家发展和改革委员会批准发布《民用机场工程项目建设标准》（建标〔2008〕60 号），自 2008 年 7 月 1 日起施行。

2008 年 4 月 16 日　住房和城乡建设部、国土资源部、文化部联合批准发布《公共图书馆建设用地指标》。

2008 年 5 月 26 日　住房和城乡建设部、国家发展和改革委员会批准发布《中医医院建设标准》（建标〔2008〕97 号）。

2008 年 6 月 4 日　住房和城乡建设部发布工程建设标准复审结果。按照《工程建设标准复审管理办法》的规定和《2007 年工程建设标准复审计划》（建标〔2007〕126 号）的安排，共计对 2000 年及以前的 199 项标准进行复审，确认继续有效的标准 13 项，废止的标准 67 项，予以修订的标准 119 项。

2008 年 7 月 4 日　住房和城乡建设部发布《工程建设标准翻译出版工作管理办法》（建标〔2008〕123 号），自发布之日起施行。该《办法》的发布适应了工程建设标准国际化战略的发展需要，规范了工程建设标准的翻译出版工作，保证了工程建设标准外文版质量。同时还完成了《工程建设标准英文版翻译细则（试行）》和《工程建设标准英文版出版印刷规定》，配合《工程建设标准翻译出版工作管理办法》共同实施。

2008 年 7 月 9 日　住房和城乡建设部公告第 63 号批准发布《建设工程工程量清单计价规范》，自 2008 年 12 月 1 日起实施，取代原《建设工程工程量清单计价规范》（GB 50500—2003）。

2008 年 7 月 23 日　住房和城乡建设部批准发布《地震灾后建筑鉴定与加固技术指南》。该《指南》由住房和城乡建设部组织建筑物鉴定与加固规范管理委员会、四川省建筑科学研究院和有关科研院所编制完成。

2008 年 7 月 30 日　住房和城乡建设部批准发布新修订的《建筑工程抗震设防分类标准》和《建筑抗震设计规范》（建标〔2008〕225 号）。《建筑工程抗震设防分类标准》主要作了四个方面的修订：一是将建筑工程抗震设防明确分为特殊设防类、重点设防类、标准设防类和适度设防类四个设防等级，并确定了相应的抗震设防标准；二是对幼儿园、中小学校、医院等重要建筑以及人数超过一定规模的体育场馆、博物馆、文化馆、图书馆、影剧院和商场等建筑提高了抗震设防等级，要求比当地抗震设防烈度提高一度采取抗震措施；三是对城镇给水排水和燃气热力建筑、交通运输客运建筑、广播电视通信信息中心建筑、储存危险品仓库等建筑，要求比当地抗震设防烈度提高一度，采取抗震措施的范围在原有基础上适当扩大；四是强调分类标准所确定的抗震设防类别是必须强制执行的。《建筑抗震设计规范》主要作了两个方面修订：一是根据中国地震局正式公布的《中国地震动参数区划图》修改内容，对四川、陕西、甘肃省67个相关城镇的建筑抗震设防烈度等技术要求进行了相应调整；二是进一步强化了有关建筑抗震的技术措施，扩大了强制性标准内容和范围；针对汶川地震中建筑震损特点，对山区建筑场地、楼梯间、预制板和砌体结构等方面，做了更严格的规定。2008年8月4日，住房和城乡建设部印发《关于做好〈建筑工程抗震设防分类标准〉和〈建筑抗震设计规范〉实施工作的通知》。

2008年8月18日 住房和城乡建设部、国家发展和改革委员会批准发布《乡镇卫生院建设标准》（建标〔2008〕142号）。

2008年8月28日 住房和城乡建设部、国家发展和改革委员会批准发布《公共图书馆建设标准》（建标〔2008〕150号）。

2008年9月3日 住房和城乡建设部、国家发展和改革委员会批准发布《农村普通中小学校建设标准》（建标109—2008）。

2008年9月4日 住房和城乡建设部批准发布《工程建设标准体系（石油化工部分）》和《工程建设标准体系（化工部分）》。

2008年9月5日 住房和城乡建设部批准发布《市政公用设施建设项目经济评价方法与参数》（建标〔2008〕162号），自2009年1月1日起施行。

2008年9月16日 住房和城乡建设部、国家发展和改革委员会批准发布《流浪未成年人救助保护中心建设标准》（建标〔2008〕174号）。

2008 年 9 月 23 日　住房和城乡建设部批准发布《城市轨道交通工程投资估算指标》（GCG 101—2008）。

2008 年 10 月 7 日　住房和城乡建设部批准发布《工程建设标准编写规定》（建标〔2008〕182 号），原《建设部关于印发〈工程建设标准编写规定〉和〈工程建设标准出版印刷规定〉的通知》（建标〔1996〕626 号）同时废止。

2008 年 10 月 15 日　住房和城乡建设部批准发布《城市轨道交通工程预算定额》（建标〔2008〕193 号）。

2008 年 11 月 14 日　住房和城乡建设部批准发布《工程建设标准体系（医药工程部分）》。该《体系》适用于指导医药工程建设标准的制订、修订和管理，是组织开展医药工程建设领域标准制订修订、提高标准编制质量和水平、加强标准管理的基本依据。

2008 年 12 月 4 日　住房和城乡建设部发布《民用建筑设计通则》等 44 项工程建设标准（英文版）（住房和城乡建设部公告第 177 号）。

2008 年 12 月 29 日　住房和城乡建设部、国土资源部、铁道部批准发布《新建铁路工程项目建设用地指标》（建标〔2008〕232 号），自 2009 年 4 月 1 日起施行。原 2007 年版《客运专线铁路建设项目控制指标（试行）》和 1996 年版《新建铁路工程建设用地指标》同时废止。

2008 年 12 月 31 日　住房和城乡建设部、国土资源部批准发布《煤炭工程项目建设用地指标》（建标〔2008〕233 号），自 2009 年 5 月 1 日起施行，原 2000 年版《煤炭工业工程项目建设用地指标（矿井、选煤厂、筛选厂部分）》和 1996 年版《煤炭工业工程项目建设用地指标（矿区行政、文教、卫生设施和矿区辅助企业部分）》同时废止。

2009 年 1 月 12 日　住房和城乡建设部、国土资源部批准发布《石油天然气工程建设用地指标》（建标〔2009〕7 号），自 2009 年 4 月 1 日起施行。

2009 年 1 月 14 日　住房和城乡建设部、国家发展和改革委员会批准发布《公安监管场所特殊监区建设标准》。

2009 年 1 月 14 日　住房和城乡建设部、国家发展和改革委员会批准发布《输油管道工程项目建设标准》和《输气管道工程项目建设标准》（建标〔2009〕11 号），自 2009 年 5 月 1 日起施行。

2009 年 2 月 1 日　住房和城乡建设部印发《关于进一步加强工程造价（定额）管理工作的意见》（建标〔2009〕14 号），要求各地相关部门进一步明确工程造价（定额）管理机构的职责，积极协调，落实经费，推进相关工作。

2009 年 3 月 26 日　住房和城乡建设部、国家发展和改革委员会批准发布《劳动教养管理所建设标准》（建标〔2009〕63 号）。

2009 年 3 月 26 日　住房和城乡建设部、国家发展和改革委员会批准发布《城市给水工程项目建设标准》（建标 120—2009）。

2009 年 3 月 27 日　住房和城乡建设部、国家发展和改革委员会公告 420 号批准发布了《生活垃圾转运站工程项目建设标准》。

2009 年 4 月 23 日　住房和城乡建设部、国家发展和改革委员会批准发布《植物油库建设标准》（建标〔2009〕67 号）。

2009 年 4 月 23 日　住房和城乡建设部、国家发展和改革委员会批准发布《石油储备库工程项目建设标准》（建标〔2009〕78 号）。

2009 年 6 月 11 日 2009 年工程建设标准编制工作会议在北京召开。会议主题是介绍工程建设标准化工作有关情况及要求。

2009 年 6 月 29 日 住房和城乡建设部、国家发展和改革委员会批准发布《救灾物资储备库建设标准》（建标〔2009〕114 号）。

2009 年 7 月 21 日 住房和城乡建设部、国家发展和改革委员会批准发布《森林防火物资储备库工程项目建设标准》和《森林火情瞭望监测设施建设标准》（建标〔2009〕127 号）。

2009 年 9 月 21 日 住房和城乡建设部、国家发展和改革委员会批准发布《生活垃圾卫生填埋处理工程项目建设标准》。

2009 年 9 月 21 日 住房和城乡建设部批准发布《建筑抗震设计规范》等 12 项工程建设标准（英文版）。

2009 年 9 月 28 日 住房和城乡建设部、国家发展和改革委员会批准发布《烟花爆竹批发仓库建设标准》（建标 125—2009）。

2009 年 9 月 29 日 住房和城乡建设部、国家发展和改革委员会批准发布《中、短波广播发射台建设标准》（建标 126—2009）。

2009 年 10 月 29 日 住房和城乡建设部、国家发展和改革委员会批准发布《疾病预防控制中心建设标准》（建标 127—2009）。

2009 年 12 月 9 日 为加强工程建设过程中标准的实施监督，改变管理方式，提高管理水平，住房和城乡建设部着手开展工程实施过程中加强标准实施监督工作研究和试点工作，初步确定了在沈阳、上海、深圳三个城市开展试点工作。

附 表

住房和城乡建设法律、法规、部门规章
（1982—2011年）

一、法律

序号	文件名	发布日期	实施日期	修订日期	废止日期	备　注
1	中华人民共和国城市规划法	1989年12月26日	1990年4月1日		2008年1月1日	根据《中华人民共和国城乡规划法》废止
2	中华人民共和国建筑法	1997年11月1日	1998年3月1日			
3	中华人民共和国城市房地产管理法	1994年7月5日	1995年1月1日	2007年8月30日 2009年8月27日		根据第十届全国人民代表大会常务委员会第二十九次会议《关于修改〈中华人民共和国城市房地产管理法〉的决定》第一次修正；根据第十一届全国人民代表大会常务委员会第十次会议《关于修改部分法律的决定》第二次修正
4	中华人民共和国城乡规划法	2007年10月28日	2008年1月1日			

二、行政法规

序号	文件名	颁发部门	文号	发布日期	实施日期	修订日期	废止日期	备注
1	村镇建房用地管理条例	国务院		1982年2月13日	自发布之日起		1987年1月1日	根据《中华人民共和国土地管理法》废止
2	国家建设征用土地条例	国务院		1982年5月14日	自公布之日起		1987年1月1日	根据《中华人民共和国土地管理法》废止
3	城镇个人建造住宅管理办法	城乡建设环境保护部		1983年6月4日	自发布之日起		2008年1月15日	根据《国务院关于废止部分行政法规的决定》废止

续表

序号	文件名	颁发部门	文号	发布日期	实施日期	修订日期	废止日期	备注
4	建设工程勘察设计合同条例	国务院		1983年8月8日	自发布之日起		2001年10月6日	根据《国务院关于废止2000年以前发布的部分行政法规的决定》废止
5	建筑安装工程承包合同条例	国务院		1983年8月8日	自发布之日起		2001年10月6日	根据《国务院关于废止2000年以前发布的部分行政法规的决定》废止
6	城市私有房屋管理条例	国务院		1983年12月7日	自发布之日起		2008年1月15日	根据《国务院关于废止2000年以前发布的部分行政法规的决定》废止
7	关于外国人私有房屋管理的若干规定	城乡建设环境保护部		1984年8月25日	自发布之日起		2001年10月6日	根据《国务院关于废止2000年以前发布的部分行政法规的决定》废止
8	城市规划条例	国务院		1984年1月5日	自发布之日起		1990年4月1日	根据《城市规划法》废止
9	风景名胜区管理暂行条例	国务院		1985年6月7日	自发布之日起		2006年12月1日	根据《风景名胜区条例》废止
10	城市节约用水管理规定	建设部	建设部部令第1号	1988年12月20日	1989年9月30日			
11	城市房屋拆迁管理条例	国务院	国务院令第78号	1991年3月22日	1991年6月1日		2001年11月1日	根据新的《城市房屋拆迁管理条例》废止
12	城市绿化条例	国务院	国务院令第100号	1992年6月22日	1992年8月1日			
13	城市市容和环境卫生管理条例	国务院	国务院令第101号	1992年6月28日	1992年8月1日			

14	村庄和集镇规划建设管理条例	国务院	国务院令第116号	1993年6月29日	1993年11月1日		
15	城市供水条例	国务院	国务院令第158号	1994年7月19日	1994年10月1日		
16	中华人民共和国注册建筑师条例	国务院	国务院令第184号	1995年9月23日	自发布之日起		
17	城市道路管理条例	国务院	国务院令第198号	1996年6月4日	1996年10月1日		
18	城市房地产开发经营管理条例	国务院	国务院令第248号	1998年7月20日	自发布之日起		
19	住房公积金管理条例	国务院	国务院令第262号	1999年4月3日	自发布之日起	2002年3月24日	根据《国务院关于修改〈住房公积金管理条例〉的决定》修订
20	建设工程质量管理条例	国务院	国务院令第279号	2000年1月30日	自发布之日起		
21	建设工程勘察设计管理条例	国务院	国务院令第293号	2000年9月25日	自公布之日起		
22	城市房屋拆迁管理条例	国务院	国务院令第305号	2001年6月13日	2001年11月1日	2011年1月21日	根据《国有土地上房屋征收与补偿条例》废止
23	国务院关于修改《住房公积金管理条例》的决定	国务院	国务院令第350号	2002年3月24日	自公布之日起		
24	物业管理条例	国务院	国务院令第379号	2003年6月8日	2003年9月1日	2007年8月26日	根据《国务院关于修改〈物业管理条例〉的决定》修订

续表

序号	文件名	颁发部门	文号	发布日期	实施日期	修订日期	废止日期	备注
25	建设工程安全生产管理条例	国务院	国务院令第393号	2003年11月24日	2004年2月1日			
26	风景名胜区条例	国务院	国务院令第474号	2006年9月19日	2006年12月1日			
27	国务院关于修改《物业管理条例》的决定	国务院	国务院令第504号	2007年8月26日	2007年10月1日			
28	历史文化名城名镇名村保护条例	国务院	国务院令第524号	2008年4月22日	2008年7月1日			
29	民用建筑节能条例	国务院	国务院令第530号	2008年8月1日	2008年10月1日			

三、部门规章

序号	文件名	文号	发布日期	实施日期	修订日期	废止日期	备注
1	施工企业资质管理规定	建设部令第2号	1989年6月28日	1989年8月1日		1995年10月15日	根据建设部令第48号废止
2	工程建设重大事故报告和调查程序报告	建设部令第3号	1989年9月30日	1989年12月1日		2007年9月21日	根据建设部令第161号废止
3	城市危险房屋管理规定	建设部令第4号	1989年11月21日	1990年1月1日	2004年7月20日		根据建设部令第129号修订
4	城市异产毗连房屋管理规定	建设部令第5号	1989年11月21日	1990年1月1日	2001年8月15日		根据建设部令第94号修订
5	国家优质工程奖评选与管理办法	建设部令第6号	1989年12月31日	1990年1月1日		2001年7月1日	根据建设部令第92号废止

6	城市房屋产权产籍管理暂行办法	建设部令第7号	1990年12月31日	1991年1月1日		2001年7月1日	根据建设部令第92号废止
7	城市客运车辆保养修理单位管理办法	建设部令第8号	1990年12月31日	自发布之日起		2001年7月1日	根据建设部令第92号废止
8	城市公厕管理办法	建设部令第9号	1990年12月31日	1991年1月1日			
9	城市燃气安全管理规定	建设部、劳动部、公安部令第10号	1991年3月30日	1991年5月1日			
10	城市房屋修缮管理规定	建设部令第11号	1991年7月8日	1991年8月1日		2004年7月2日	根据建设部令第127号废止
11	城市房屋拆迁单位管理规定	建设部令第12号	1991年7月8日	1991年8月1日		2011年1月26日	根据住房和城乡建设部令第9号废止
12	建筑安全生产监督管理规定	建设部令第13号	1991年7月9日	自发布之日起		2007年9月21日	根据建设部令第161号废止
13	城市规划编制办法	建设部令第14号	1991年9月3日	1991年10月1日		2006年4月1日	根据建设部令第146号废止
14	建设工程施工现场管理规定	建设部令第15号	1991年12月5日	1992年1月1日		2007年9月21日	根据建设部令第161号废止
15	工程建设监理单位资质管理试行办法	建设部令第16号	1992年1月8日	1992年2月1日		2001年8月29日	根据建设部令第102号废止
16	城市房屋便器水箱应用监督管理办法	建设部令第17号	1992年4月17日	1992年6月1日	2001年9月4日		根据建设部令第103号修订
17	监理工程师资格考试和注册试行办法	建设部令第18号	1992年6月4日	1992年7月1日		2006年4月1日	根据建设部令第147号废止
18	公有住宅售后维修养护管理暂行办法	建设部令第19号	1992年6月15日	1992年7月1日		2007年9月21日	根据建设部令第161号废止

续表

序号	文件名	文号	发布日期	实施日期	修订日期	废止日期	备注
19	城建监察规定	建设部令第20号	1992年4月20日	1992年11月1日	1996年9月22日		根据建设部令第55号修订
20	城市道路照明设施管理规定	建设部令第21号	1992年11月30日	1993年1月1日	2001年9月4日	2010年5月27日	根据住房和城乡建设部令第4号废止
21	城市国有土地使用权出让转让规划管理办法	建设部令第22号	1992年12月4日	1993年1月1日			
22	工程建设施工招标投标管理办法	建设部令第23号	1992年12月30日	自发布之日起		2001年6月1日	根据建设部令第89号废止
23	工程建设国家标准管理办法	建设部令第24号	1992年12月30日	自发布之日起			
24	工程建设行业标准管理办法	建设部令第25号	1992年12月30日	自发布之日起			
25	城市供水企业资质管理规定	建设部令第26号	1993年2月4日	1993年4月1日		2004年7月2日	根据建设部令第127号废止
26	城市生活垃圾管理办法	建设部令第27号	1993年8月10日	1993年9月1日		2007年7月1日	根据建设部令第157号废止
27	房地产开发企业资质管理规定	建设部令第28号	1993年11月16日	1993年12月1日		2000年3月29日	根据建设部令第77号废止
28	建设工程质量管理办法	建设部令第29号	1993年11月16日	自发布之日起		2001年10月26日	根据建设部令第106号废止
29	城市地下水开发利用保护管理规定	建设部令第30号	1993年12月4日	1994年1月1日		2011年1月26日	根据住房和城乡建设部令第9号废止
30	城市公共交通车船乘坐规则	建设部、公安部令第31号	1993年12月20日	1994年4月1日			

31	在中国境内承包工程的外国企业资质管理暂行办法	建设部令第32号	1994年3月22日	1994年7月1日		2003年10月1日	根据建设部、对外经济合作部令第113号废止
32	城市新建住宅小区管理办法	建设部令第33号	1994年3月23日	1994年4月1日		2007年9月21日	根据建设部令第161号废止
33	城市公有房屋管理规定	建设部令第34号	1994年3月23日	1994年4月1日		2001年10月26日	根据建设部令第106号废止
34	高等学校建筑类专业教育评估暂行规定	建设部令第35号	1994年4月5日	自发布之日起			
35	城镇体系规划编制审批办法	建设部令第36号	1994年8月15日	1994年9月1日		2010年7月1日	根据住房和城乡建设部令第3号废止
36	城市动物园管理规定	建设部令第37号	1994年8月16日	1994年9月1日	2001年9月7日		根据建设部令第105号修订
					2004年7月23日		根据建设部令第133号修订
37	建设工程抗御地震灾害管理规定	建设部令第38号	1994年11月10日	1994年12月1日		2008年12月1日	根据住房和城乡建设部令第1号废止
38	风景名胜区管理处罚规定	建设部令第39号	1994年11月14日	1995年1月1日		2007年9月21日	根据建设部令第161号废止
39	城市商品房预售管理办法	建设部令第40号	1994年11月15日	1995年1月1日	2001年8月15日		根据建设部令第95号修订
					2004年7月20日		根据建设部令第131号修订
40	城市房地产开发经营管理暂行办法	建设部令第41号	1995年1月23日	1995年3月1日		2001年7月1日	根据建设部令第92号废止

续表

序号	文件名	文号	发布日期	实施日期	修订日期	废止日期	备注
41	城市房屋租赁管理办法	建设部令第42号	1995年5月9日	1995年6月1日		2010年12月1日	根据住房和城乡建设部令第6号废止
42	开发区规划管理办法	建设部令第43号	1995年6月1日	1995年7月1日		2011年1月26日	根据住房和城乡建设部令第9号废止
43	建制镇规划建设管理办法	建设部令第44号	1995年6月29日	1995年7月1日			
44	城市房地产转让管理规定	建设部令第45号	1995年8月7日	1995年9月1日	2001年8月15日		根据建设部令第96号修订
45	建筑装饰装修管理规定	建设部令第46号	1995年8月7日	1995年9月1日		2004年7月2日	根据建设部令第127号废止
46	城市车辆清洗管理办法	建设部令第47号	1995年8月7日	1995年9月1日		2004年7月2日	根据建设部令第127号废止
47	建筑业企业资质管理规定	建设部令第48号	1995年10月6日	1995年10月15日		2001年7月1日	根据建设部令第87号废止
48	城市居民住宅安全防范设施建设管理规定	建设部、公安部令第49号	1996年1月5日	1996年2月1日			
49	城市房地产中介服务管理规定	建设部令第50号	1996年1月8日	1996年2月1日	2001年8月15日	2011年1月26日	根据住房和城乡建设部令第9号废止
50	城市燃气和集中供热企业资质管理规定	建设部令第51号	1996年7月1日	1996年8月1日		2004年7月2日	根据建设部令第127号废止
51	中华人民共和国注册建筑师条例实施细则	建设部令第52号	1996年7月1日	1996年10月1日		2008年3月15日	根据建设部令第167号废止
52	生活饮用水卫生监督管理办法	建设部、卫生部令第53号	1996年7月9日	1997年1月1日			
53	村镇建筑工匠从业资格管理办法	建设部令第54号	1996年7月17日	1996年10月1日		2004年7月2日	根据建设部令第127号废止

54	建设部关于修改《城建监察规定》的决定	建设部令第55号	1996年9月22日	自发布之日起		
55	城市房地产抵押管理办法	建设部令第56号	1997年5月9日	1997年6月1日	2001年8月15日	根据建设部令第98号修订
56	城市房屋权属登记管理办法	建设部令第57号	1997年10月27日	1998年1月1日	2001年8月15日	根据建设部令第99号修订
57	城市地下空间开发利用管理规定	建设部令第58号	1997年10月27日	1997年12月1日	2001年11月20日	根据建设部令第168号废止
58	超限高层建筑工程抗震设防管理暂行规定	建设部令第59号	1997年12月23日	1998年1月1日		根据建设部令第108号修订
59	建设工程勘察和设计单位资质管理规定	建设部令第60号	1997年12月23日	1998年1月1日	2002年9月1日	根据建设部令第111号废止
60	城市建设档案管理规定	建设部令第61号	1997年12月23日	1998年1月1日	2001年7月25日	根据建设部令第93号废止
61	城市燃气管理办法	建设部令第62号	1997年12月23日	1998年1月1日	2001年7月4日	根据建设部令第90号修订
62	城市出租车管理办法	建设部、公安部令第63号	1997年12月23日	1998年2月1日		
63	房地产估价师注册管理办法	建设部令第64号	1998年8月20日	1998年9月1日	2001年8月15日	根据建设部令第100号修订
64	建设工程勘察设计市场管理规定	建设部令第65号	1999年1月21日	1999年2月1日	2007年3月1日	根据建设部令第151号废止
65	建设行政处罚程序暂行规定	建设部令第66号	1999年2月3日	自发布之日起	2007年9月21日	根据建设部令第161号废止

续表

序号	文件名	文号	发布日期	实施日期	修订日期	废止日期	备注
66	城市供水水质管理规定	建设部令第67号	1999年2月3日	1999年5月1日	2004年7月23日		根据建设部令第132号修订
67	工程建设若干违法违纪行为处罚办法	建设部令第68号	1999年3月3日	自发布之日起		2007年5月1日	根据建设部令第156号废止
68	已购公有住房和经济适用住房上市出售管理暂行办法	建设部令第69号	1999年4月22日	1999年5月1日		2001年10月26日	根据建设部令第106号废止
69	城镇廉租住房管理办法	建设部令第70号	1999年4月22日	1999年5月1日		2004年3月1日	根据建设部、财政部、民政部、国土资源部、国家税务总局令第120号废止
70	建筑工程施工许可管理办法	建设部令第71号	1999年10月15日	1999年12月1日	2001年7月4日		根据建设部令第91号修订
71	城市房屋白蚁防治管理规定	建设部令第72号	1999年10月25日	1999年11月1日	2004年7月20日		根据建设部令第130号修订
72	燃气燃烧器具安装维修管理规定	建设部令第73号	2000年1月21日	2000年3月1日			
73	工程造价咨询单位管理办法	建设部令第74号	2000年1月25日	2000年3月1日		2006年7月1日	根据建设部令第149号废止
74	造价工程师注册管理办法	建设部令第75号	2000年1月21日	2000年3月1日		2007年3月1日	根据建设部令第150号废止
75	民用建筑节能管理规定	建设部令第76号	2000年2月18日	2000年10月1日		2006年1月1日	根据建设部令第143号废止

76	房地产开发企业资质管理规定	建设部令第77号	2000年3月29日	自发布之日起	
77	房屋建筑工程和市政基础设施工程竣工验收备案管理暂行办法	建设部令第78号	2000年4月7日	自发布之日起	2009年10月19日	根据住房和城乡建设部令第2号修订
78	工程建设项目招标代理机构资格认定办法	建设部令第79号	2000年6月30日	自发布之日起	2007年3月1日	根据建设部令第154号废止
79	房屋建筑工程质量保修办法	建设部令第80号	2000年6月30日	自发布之日起		
80	实施工程建设强制性标准监督规定	建设部令第81号	2000年8月25日	自发布之日起		
81	建筑工程设计招标投标管理办法	建设部令第82号	2000年10月18日	自发布之日起		
82	房产测绘管理办法	建设部、国家测绘局令第83号	2000年12月28日	2001年5月1日		
83	城市规划编制单位资质管理规定	建设部令第84号	2001年1月23日	2001年3月1日		
84	游乐园管理规定	建设部、国家质量技术监督局令第85号	2001年2月23日	2001年4月1日		
85	建设工程监理范围和规模标准规定	建设部令第86号	2001年1月17日	自发布之日起		
86	建筑业企业资质管理规定	建设部令第87号	2001年4月18日	2001年7月1日		根据建设部令第159号废止
87	商品房销售管理办法	建设部令第88号	2001年4月4日	2001年6月1日		
88	房屋建筑和市政基础设施工程施工招标投标管理办法	建设部令第89号	2001年6月1日	自发布之日起	2007年9月1日	

续表

序号	文件名	文号	发布日期	实施日期	修订日期	废止日期	备注
89	建设部关于修改《城市建设档案管理规定》的决定	建设部令第90号	2001年7月4日	自发布之日起			
90	建设部关于修改《建筑工程施工许可管理办法》的决定	建设部令第91号	2001年7月4日	自发布之日起			
91	建设部关于废止《国家优秀工程奖评选与管理办法》等部令的决定	建设部令第92号	2001年7月1日	自发布之日起			
92	建设工程勘察设计企业资质管理规定	建设部令第93号	2001年7月25日	自发布之日起		2007年9月1日	根据建设部令第160号废止
93	建设部关于修改《城市异产毗连房屋管理规定》的决定	建设部令第94号	2001年8月15日	自发布之日起		2011年1月26日	根据住房和城乡建设部令第9号废止
94	建设部关于修改《城市商品房预售管理办法》的决定	建设部令第95号	2001年8月15日	自发布之日起	2004年7月20日		根据建设部令第131号修订
95	建设部关于修改《城市房地产转让管理规定》的决定	建设部令第96号	2001年8月15日	自发布之日起			
96	建设部关于修改《城市房地产中介服务管理规定》的决定	建设部令第97号	2001年8月15日	自发布之日起		2011年1月26日	根据住房和城乡建设部令第9号废止
97	建设部关于修改《城市房地产抵押管理办法》的决定	建设部令第98号	2001年8月15日	自发布之日起			

98	建设部关于修改《城市房屋权属登记管理办法》的决定	建设部令第99号	2001年8月15日	自发布之日起		根据建设部令第168号废止
99	建设部关于修改《城市房地产价格评估师注册管理办法》的决定	建设部令第100号	2001年8月15日	自发布之日起		根据建设部令第151号废止
100	城市房地产权属档案管理办法	建设部令第101号	2001年8月29日	2001年12月1日		
101	工程监理企业资质管理规定	建设部令第102号	2001年8月29日	自发布之日起		根据建设部令第158号废止
102	建设部关于修改《城市房屋便器水箱应用监督管理办法》的决定	建设部令第103号	2001年9月4日	自发布之日起		
103	建设部关于修改《城市道路照明设施管理规定》的决定	建设部令第104号	2001年9月4日	自发布之日起		根据住房和城乡建设部令第4号废止
104	建设部关于修改《城市动物园管理规定》的决定	建设部令第105号	2001年9月7日	自发布之日起	2004年7月23日	根据建设部令第133号修订
105	建设部关于废止《建设工程质量管理办法》等部令的决定	建设部令第106号	2001年10月26日	自发布之日起		
106	建筑工程施工发包与承包计价管理办法	建设部令第107号	2001年11月5日	2001年12月1日		
107	建设部关于修改《城市地下空间开发利用管理规定》的决定	建设部令第108号	2001年11月20日	自发布之日起		
108	建设领域推广应用新技术管理规定	建设部令第109号	2001年11月29日	自发布之日起		

续表

序号	文件名	文号	发布日期	实施日期	修订日期	废止日期	备注
109	住宅室内装饰装修管理办法	建设部令第110号	2002年3月5日	2002年5月1日			
110	超限高层建筑工程抗震设防管理规定	建设部令第111号	2002年7月25日	2002年9月1日			
111	城市绿线管理办法	建设部令第112号	2002年9月13日	2002年11月1日			
112	外商投资建筑业企业管理规定	建设部、对外贸易经济合作部令第113号	2002年9月27日	2002年12月1日			
113	外商投资建设工程设计企业管理规定	建设部、对外贸易经济合作部令第114号	2002年9月27日	2002年12月1日			
114	建设工程勘察质量管理办法	建设部令第115号	2002年12月4日	2003年2月1日	2007年11月22日		根据建设部令第163号修订
115	外商投资城市规划服务企业管理规定	建设部、对外贸易经济合作部令第116号	2003年2月13日	2003年5月1日			
116	城市抗震防灾规划管理规定	建设部令第117号	2003年9月19日	2003年11月1日			
117	城市桥梁检测和养护维修管理办法	建设部令第118号	2003年10月10日	2004年1月1日			
118	城市紫线管理办法	建设部令第119号	2003年12月17日	2004年2月1日			

序号	名称	令号	发布日期	施行日期	修订/废止日期	备注
119	城镇最低收入家庭廉租住房管理办法	建设部、财政部、民政部、国土资源部、国家税务总局令第120号	2003年12月31日	2004年3月1日	2007年12月1日	根据建设部、国家发展和改革委员会、监察部、财政部、国土资源部、人民银行、国家统计局令第162号废止
120	《外商投资建筑业企业管理规定》的补充规定	建设部、商务部令第121号	2003年12月19日	2004年1月1日		
121	《外商投资建设工程设计企业管理规定》的补充规定	建设部、商务部令第122号	2003年12月19日	2004年1月1日		
122	《外商投资城市规划服务企业管理规定》的补充规定	建设部、商务部令第123号	2003年12月19日	2004年1月1日		
123	房屋建筑和市政基础设施工程施工分包管理办法	建设部令第124号	2004年3月17日	2004年4月1日		
124	物业管理企业资质管理办法	建设部令第125号	2004年3月17日	2004年5月1日	2007年11月26日	根据建设部令第164号修订
125	市政公用事业特许经营管理办法	建设部令第126号	2004年3月19日	2004年5月1日		
126	建设部关于废止《城市房屋修缮管理规定》等部令的决定	建设部令第127号	2004年7月2日	自发布之日起		
127	建筑施工企业安全生产许可证管理规定	建设部令第128号	2004年7月5日	自发布之日起		
128	建设部关于修改《城市危险房屋管理规定》的决定	建设部令第129号	2004年7月20日	自发布之日起		

续表

序号	文件名	文号	发布日期	实施日期	修订日期	废止日期	备注
129	建设部关于修改《城市房屋白蚁防治管理规定》的决定	建设部令第130号	2004年7月20日	自发布之日起			
130	建设部关于修改《城市商品房预售管理办法》的决定	建设部令第131号	2004年7月20日	自发布之日起			
131	建设部关于修改《城市供水水质管理规定》的决定	建设部令第132号	2004年7月23日	自发布之日起		2007年5月1日	根据建设部令第156号废止
132	建设部关于修改《城市动物园管理规定》的决定	建设部令第133号	2004年7月23日	自发布之日起			
133	房屋建筑和市政基础设施工程施工图设计文件审查管理办法	建设部令第134号	2004年8月23日	自发布之日起			
134	建设部决定的十五项入国务院行政许可的条件的规定	建设部令第135号	2004年10月15日	2004年12月1日			
135	房屋建筑和市政基础设施工程施工图设计文件审查管理办法	建设部令第134号	2004年8月23日	自发布之日起			
136	建设部决定的十五项入国务院行政许可的条件的规定	建设部令第135号	2004年10月15日	2004年12月1日			
137	城市地下管线工程档案管理办法	建设部令第136号	2005年1月7日	2005年5月1日			

序号	名称	文号		
138	勘察设计注册工程师管理办法	建设部令第137号	2005年2月4日	2005年4月1日
139	城市公共汽车电车客运管理办法	建设部令第138号	2005年3月23日	2005年6月1日
140	城市建筑垃圾管理规定	建设部令第139号	2005年3月23日	2005年6月1日
141	城市轨道交通运营管理规定	建设部令第140号	2005年6月28日	2005年8月1日
142	建设工程质量检测管理办法	建设部令第141号	2005年9月28日	2005年11月1日
143	房地产估价机构管理办法	建设部令第142号	2005年10月12日	2005年12月1日
144	民用建筑节能管理规定	建设部令第143号	2005年11月10日	2006年1月1日
145	城市黄线管理办法	建设部令第144号	2005年12月20日	2006年3月1日
146	城市蓝线管理办法	建设部令第145号	2005年12月20日	2006年3月1日
147	城市规划编制办法	建设部令第146号	2005年12月31日	2006年4月1日
148	注册监理工程师管理规定	建设部令第147号	2006年1月26日	2006年4月1日
149	房屋建筑工程抗震设防管理规定	建设部令第148号	2006年1月27日	2006年4月1日
150	工程造价咨询企业管理办法	建设部令第149号	2006年3月22日	2006年7月1日

续表

序号	文件名	文号	发布日期	实施日期	修订日期	废止日期	备注
151	注册造价工程师管理办法	建设部令第150号	2006年12月25日	2007年3月1日			
152	注册房地产估价师管理办法	建设部令第151号	2006年12月25日	2007年3月1日			
153	城市排水许可管理办法	建设部令第152号	2006年12月25日	2007年3月1日			
154	注册建造师管理规定	建设部令第153号	2006年12月28日	2007年3月1日			
155	工程建设项目招标代理机构资格认定办法	建设部令第154号	2007年1月11日	2007年3月1日			
156	外商投资建设工程服务企业管理规定	建设部、商务部令第155号	2007年1月22日	2007年3月26日			
157	城市供水水质管理规定	建设部令第156号	2007年3月1日	2007年5月1日			
158	城市生活垃圾管理办法	建设部令第157号	2007年4月28日	2007年7月1日			
159	工程监理企业资质管理规定	建设部令第158号	2007年6月26日	2007年8月1日			
160	建筑业企业资质管理规定	建设部令第159号	2007年6月26日	2007年9月1日			
161	建设工程勘察设计资质管理规定	建设部令第160号	2007年6月26日	2007年9月1日			
162	建设部关于废止《工程建设重大事故报告和调查程序规定》等部令的决定	建设部令第161号	2007年9月21日	自发布之日起			

163	廉租住房保障办法	建设部、国家发展和改革委员会、监察部、民政部、财政部、国土资源部、人民银行、国家税务总局、国家统计局令第162号	2007年11月8日	2007年12月1日			
164	建设部关于修改《建设工程勘察质量管理办法》的决定	建设部令第163号	2007年11月22日	自发布之日起			
165	建设部关于修改《物业管理企业资质管理办法》的决定	建设部令第164号	2007年11月26日	自发布之日起			
166	住宅专项维修资金管理办法	建设部令第165号	2007年12月4日	2008年2月1日			
167	建筑起重机械安全监督管理规定	建设部令第166号	2008年1月28日	2008年6月1日			
168	中华人民共和国注册建筑师条例实施细则	建设部令第167号	2008年1月29日	2008年3月15日			
169	房屋登记办法	建设部令第168号	2008年2月15日	2008年7月1日			
170	市政公用设施抗灾设防管理规定	住房和城乡建设部令第1号	2008年10月7日	2008年12月1日			
171	住房和城乡建设部关于修改《房屋建筑和市政基础设施工程竣工验收备案管理办法》的决定	住房和城乡建设部令第2号	2009年10月19日	自发布之日起			

续表

序号	文件名	文号	发布日期	实施日期	修订日期	废止日期	备注
172	省域城镇体系规划编制审批办法	住房和城乡建设部令第3号	2010年4月25日	2010年7月1日			
173	城市照明管理规定	住房和城乡建设部令第4号	2010年5月4日	2010年7月1日			
174	房屋建筑和市政基础设施工程质量监督管理规定	住房和城乡建设部令第5号	2010年8月1日	2010年9月1日			
175	商品房屋租赁管理办法	住房和城乡建设部令第6号	2010年12月1日	2011年2月1日			
176	城市、镇控制性详细规划编制审批办法	住房和城乡建设部令第7号	2010年12月1日	2011年1月1日			
177	房地产经纪管理办法	住房和城乡建设部令第8号	2011年1月20日	2011年4月1日			
178	住房和城乡建设部关于废止和修改部分规章的决定	住房和城乡建设部令第9号	2011年1月26日	自发布之日起			

基本建设重点工程项目简表

（1949－1981年）

起始/竣工时间	项目名称	工程建设简况
1950年1月动工	辽宁阜新海州露天煤矿	苏联援建的156个重点项目之一，1953年7月竣工投产，建设工期三年半，建设规模年产原煤300万吨。投资规模：19000万元，吨煤投资65元
1950年5月动工	天兰铁路（天水至兰州）	全长346公里，1952年10月1日正式通车
1950年6月16日动工	成渝铁路（成都至重庆）	全长530公里，1952年6月16日完工，1952年7月1日正式通车
1950年4月康藏动工；1951年青藏动工	康藏、青藏公路（西康雅安至西藏拉萨、青海西宁至西藏拉萨）	康藏公路全长2255公里，青藏公路全长2100公里，1954年12月修成通车。投资规模：康藏公路20000万元；青藏公路3700万元
1951年10月动工	北京永定河官厅水库工程	1954年5月13日胜利竣工，蓄洪量22亿多立方米
1951年建厂	哈尔滨亚麻纺织厂	我国最大的亚麻纺织漂染基地，20世纪80年代分厂改造项目建成投产，每年可生产宽幅亚麻细布2000万米
1952年4月5日动工	荆江分洪工程①	1952年6月20日完工，分洪区蓄水量可达50亿～60亿立方米
1952年8月动工	兴安台立井	苏联援建的156个重点项目之一，1956年7月建成投产，建设工期不到四年，建设规模年采原煤150万吨。投资规模：7200万元，吨煤投资48元
1952年7月1日动工	宝成铁路电气化工程（宝鸡至成都）	1958年元旦建成通车，1958年至1975年7月对全线进行电气化改造，是我国第一条电气化铁路，全长676公里
1952年10月1日动工	兰新铁路（兰州至乌鲁木齐）	全长1892公里，1962年6月全线通车；1955年7月1日兰新铁路黄河大桥落成通车，这是新中国成立后在黄河上修筑的第一座大铁桥
1952年开工兴建	东北轻合金加工厂	苏联援建的第一座现代化铝加工厂，主要为航空工业提供铝材，1958年建成投产，设计能力铝材3万吨。投资规模：一期工程投资3.27亿元
1952年开工兴建	山东铝厂	我国自行设计、施工建设的第一个氧化铝厂，1954年7月正式投产，后经二期建设，氧化铝年生产能力13.7万吨
1953年1月动工	本溪钢铁公司南芬露天矿	苏联援建的156个重点项目之一，1957年8月建成投产，建设工期四年半，建设规模新增铁矿开采能力470万吨。投资规模：实际投资4900万元，每吨矿石投资10.4元

起始/竣工时间	项目名称	工程建设简况
1953年5月开工兴建	哈尔滨量具刃具厂	苏联援建的156个重点项目之一，1955年1月建成投产，建设工期一年半，是我国第一座精密机械工具制造厂，生产各种量具、刃具1000吨。投资规模：5500万元
1953年7月15日开工	吉林长春第一汽车制造厂②	苏联援建的156个重点项目之一，1956年7月建成，建设工期三年，建设规模年产载重汽车3万辆。投资规模：63000万元
1953年12月26日竣工	鞍钢——无缝钢管厂、大型轧钢厂和七号高炉系统工程	苏联援建的156个重点项目之一，历时九个月至一年零三个月的时间内相继竣工并投入生产
1953年12月31日竣工	山西榆次经纬纺织机械制造厂	是我国第一座现代纺织机械厂
1953年开工兴建	沈阳第一机床厂改建工程	苏联援建的156个重点项目之一，1955年竣工，该厂占地23万平方米，建筑面积13万平方米。投资规模：5600万元
1953年动工	佳木斯造纸厂	1957年建成投产，设计规模为年产5万吨水泥袋纸。投资规模：实际完成投资9613万元，占五年间造纸工业全部投资的25.4%
1953年开工兴建	吉林染料厂③	苏联援建的156个重点项目之一，1962年全部建成，建设规模为染料41300吨，硫酸40000吨，中间体15220吨。投资规模：11000万元
1954年6月开工兴建	鞍钢耐火材料厂	1959年9月投产，建设工期五年零三个月，规模为年产耐火材料20.8万吨。实际投资7500万元
1954年8月开工兴建	兰州石油化工机器厂	1965年12月全部建成，建设工期十一年半，建设规模为年产石油化工机器设备41510吨。实际投资17000万元
1954年9月开工兴建	哈尔滨锅炉厂	苏联援建的156个重点项目之一，1957年7月投产，工期三年，规模为年产高中压锅炉4080吨蒸发量/时。投资规模：6700万元
1954年9月开工兴建	洛阳矿山机械厂	苏联援建的156个重点项目之一，1958年10月投产，建设工期四年，规模为年产矿山机器21607吨。投资规模：8800万元
1954年9月开工兴建	石家庄华北制药厂	苏联援建的156个重点项目之一，1958年6月投产，建设工期三年九个月，建设规模年产抗菌素85.6吨，淀粉14916吨，葡萄糖3362吨。完成投资6200万元
1954年10月动工	包兰铁路（内蒙古包头至甘肃兰州）	1958年10月全部建成，建设工期四年，全长990公里。完成投资3.5亿元，每公里投资36万元
1954年11月开工	白银有色金属公司	苏联援建的156个重点项目之一，至1963年底完工，形成铜采选冶炼综合生产能力1.5万吨。完成投资45527万元

起始/竣工时间	项目名称	工程建设简况
1955年2月开工兴建	西安仪表厂、西安绝缘材料厂	苏联援建的156个重点项目之一,西仪建设规模仪表41.7万只,1960年4月投产,工期三年半;西绝建设规模6000吨,1960年12月投产,工期6年。投资规模:西仪6100万元;西绝2500万元
1955年2月动工	鹰厦铁路(江西鹰潭至福建厦门)	1956年12月9日胜利建成,全长697.2公里,是通向东南沿海的交通大动脉。累计投资39884万元
1955年4月开工兴建	吉林肥料厂一期工程	苏联援建的156个重点项目之一,1957年10月投产,工期两年半,设计年产规模合成氨5万吨,实际达到能力7.5万吨。投资规模:33000万元
1955年5月开工兴建	洛阳轴承厂	苏联援建的156个重点项目之一,1958年7月投产,工期三年,建设规模年产轴承1000万套,生产建筑面积16.7万平方米;1959年,提前两年达到设计水平,生产1100多万套轴承,约占当年全国轴承总产量的四分之一。投资规模:10000万元
1955年5月开工兴建	哈尔滨汽轮机厂	苏联援建的156个重点项目之一,1958年10月投产,工期三年半,建设规模汽轮机60万千瓦,船用汽轮机50万千瓦。完成投资10000万元
1955年8月开工兴建	武汉钢铁公司	苏联援建的156个重点项目之一,1958年9月部分投产,新增能力:铁矿开采320万吨,选矿290万吨,烧结224万吨,炼焦225万吨,年产钢120万~150万吨。至1963年累计投资133000万元
1955年开工兴建	株洲硬质合金厂	1957年建成投产,设计能力年产硬质合金500吨
1955年9月动工	武汉长江大桥	1957年9月建成,正桥为铁路公路两用的双层钢桁桥梁,共长1155.5米,连同两端公路引桥总长1670.4米,公路桥车行道宽18米
1955年10月开工兴建	洛阳第一拖拉机厂④	苏联援建的156个重点项目之一,1959年10月落成,建设工期四年,规模为年产54马力拖拉机15000台
1955年10月开工兴建	北京天文馆	1957年9月29日建成开馆,占地约2.5万平方米。圆顶部分的结构由德意志民主共和国专家卡尔博士设计,为半圆球形的钢筋混凝土薄壳,直径25米,内圆顶直径23米
1955年11月21日开工	武汉热电厂	1963年投产,建设规模为16.2万千瓦。累计投资11000万元
1956年1月开工兴建	西安电力容器厂	苏联援建的156个重点项目之一,1958年6月投产验收,建设工期两年半,建设规模100万千瓦。投资规模:1300万元
1956年3月开工兴建	兰州氮肥厂一期工程⑤	苏联援建的156个重点项目之一,1958年10月建成,工期两年半,建设规模为合成氨5万吨,实际能力达到7.5万吨。投资规模:25000万元

起始/竣工时间	项目名称	工程建设简况
1956年4月开工兴建	武汉重型机床厂	苏联援建的156个重点项目之一，1958年6月投产，建设工期二年，建设规模年产重型机床38台/2000吨。投资规模：13000万元
1956年4月29日开工	兰州炼油厂⑥	苏联援建的156个重点项目之一，1959年6月投产，建设工期三年零二个月，规模为原油加工100万吨。投资规模：19000万元
1956年5月开工兴建	成都量具刃具厂	1958年4月完工投产，建设工期二年，规模为量具350吨，刃具1000吨。投资规模：3000万元
1956年6月开工兴建	富拉尔基第一重机厂⑦	苏联援建的156个重点项目之一，1959年12月完工，建设工期三年半，规模为年产机器产品6万吨。总投资43000万元
1956年6月开工兴建	洛阳热电站	苏联援建的156个重点项目之一，1958年10月完工投入运转，建设工期二年零四个月，规模一期为7.5万千瓦。投资规模：6800万元，千瓦投资906元
1956年10月15日开工	北京电子管厂⑧	苏联援建的156个重点项目之一，我国第一座现代化的电子管厂
1956年12月开工兴建	湖南株洲冶炼厂	1972年12月建成投产，建设工期十六年，新增生产能力为年铅电解5万吨、锌电解10万吨。建设投资1.25亿元
1957年4月8日开工	武汉钢铁联合企业	苏联援建的156个重点项目之一，工程包括15个主体生产厂矿和30多个辅助生产车间，一期工程1961年建成
1957年4月13日动工	三门峡水利枢纽工程	水库容量354亿立方米；发电机装机100万千瓦。1958年11月25日截流工程完成，后因泥沙淤积严重，1969年12月开始改建，1978年12月全部完工，装机容量减少为25万千瓦
1957年9月动工	邯郸马头洗煤厂	1959年9月完工投产，建设工期二年，规模为年入洗原煤200万吨。投资规模：2500万元
1957年10月8日建成	玉门油矿	1936年发现，大规模开采则自解放以后才开始，是我国第一个天然石油基地，拥有地质勘探、钻井、采油、炼油、机械修配、油田建设和石油科学研究等部门的大型石油联合企业
1957年11月动工	峰峰通顺立井	苏联援建的156个重点项目之一，1960年6月建成投产，工期两年半，总规模为120万吨。总投资4100万元，平均吨煤投资34元
1957年12月31日开工兴建	铁道部科学研究院环形铁道试验基地	我国第一条电气化环形铁道，也是当时世界上建成的第二条环形铁道，1960年完成电气化，占地约300亩
1958年1月动工	密云水库	根治海河的主要组成部分，1960年9月主体完工，1961年3月向北京送水

起始/竣工时间	项目名称	工程建设简况
1958年2月开工兴建	兰州合成橡胶厂	苏联援建的156个重点项目之一，1962年投产，规模为丁苯橡胶13500吨。投资规模：12000万元
1958年2月动工	成昆铁路（成都至昆明）	1970年7月建成通车，建设工期十二年零五个月，全线长1085公里，平均每1.7公里有一座大型或中型桥梁，每2.5公里有一座隧道，全线桥、隧总长400多公里。总投资33亿元，平均每公里投资305万元
1958年3月开工兴建	德阳第二重型机械厂	1958年至1961年、1964年至1970年分期建成投产，建设工期十一年，总规模为机械产品37800吨。投资规模：43000万元
1958年4月开工兴建	太原肥料厂	苏联援建的156个重点项目之一，1962年4月投产，建设工期四年，规模年产合成氨7.5万吨。投资规模：22000万元
1958年5月动工	郑州黄河铁路新桥	1960年4月20日建成通车，全长2890米，71跨，每跨40米
1958年5月开工兴建	贵州水城水泥厂	总规模为35万吨，1971年5月建成投产，建设工期十三年。投资规模：5500万元，平均每吨造价157元
1958年7月动工	湖北丹江口水利枢纽工程	1973年10月全部建成，工期十五年，水库容量200亿立方米，装机容量90万千瓦，一套载重150吨的升船机和两个600秒立方的灌溉渠道。累计投资92000万元
1958年7月动工	浙江富春江七里垄水电站	1976年12月建成，工期十八年，装机29.7万千瓦。累计投资26000万元，千瓦投资887元
1958年9月2日建成开播	北京电视台	我国第一座电视台，1973年10月1日正式播出彩色电视节目，1978年5月1日改称中央电视台
1958年10月开工兴建	内蒙古卓子山水泥厂	1971年建成投产，工期十三年，规模为50万吨。投资完成近5000万元，每吨水泥生产能力投资100元
1958年12月动工	刘家峡水电站	1975年2月全部建成投产，工期十七年，装机容量122.5万千瓦，是我国目前发电能力最大的水力发电。累计投资60000万元，千瓦投资495元
1958年12月动工	湖南柘溪水电站	1975年6月全部建成，建设工期十七年，装机容量为44.75万千瓦。累计投资2000万元，千瓦投资462元
1959年6月动工	南京长江大桥	我国自行设计和施工建造的最大的铁路、公路两用桥，上层为公路桥，下层为双线铁路桥，铁路桥长6772米，公路桥长4588米。1968年10月1日建成正式通车，建设工期九年零四个月。投资规模：2.9亿元，每米造价4.2万元
1959年9月	大庆油田[9]	1955年5月发现松辽盆地含油构造带，第3号探井见油，1959年起开发建设

起始/竣工时间	项目名称	工程建设简况
1959年9月相继建成	北京十大建筑①	总建筑面积达67.3万平方米,其中,仅人民大会堂建筑面积即达171800平方米,超过故宫全部有效建筑面积的总和,所有建筑均在十个多月内完成
1959年10月开工兴建	永安水泥厂	1974年11月建成,工期十五年,规模50万吨。投资规模:4700万元,每吨投资94元
1960年3月开工兴建	湖南铁合金厂	1973年建成,工期十三年,年产铁合金3.2万吨。投资规模:5000万元,单位生产能力投资1550元/吨
1960年动工	河南省林县红旗渠工程	1969年7月全部建成,总干渠长70.6公里,建成后林县水浇地面积从不到1万亩扩大到60万亩
1964年7月动工	通让铁路(内蒙古通辽至黑龙江让湖路)	全长411公里,1966年12月建成通车,建设工期两年零五个月。投资规模:2.2亿元,单位造价为53万元/公里
1965年2月开工兴建	甘肃西北铝加工厂	1972年全部建成投产,建设工期七年,建设规模为年铝加工能力1万吨,计划投资12000万元。累计完成投资11000万元,累计新增固定资产8000万元,单位生产能力投资11000元
1965年4月开工兴建	四川西南铝加工厂	1974年全部建成投产,建设工期九年,建设规模年铝加工能力24500吨。累计完成投资35000万元,累计新增固定资产27000万元,单位生产能力投资14000元
1965年4月开工兴建	甘肃西北铝加工厂	1972年4月建成投产,建设工期七年,规模为年铝加工能力1万吨。全部投资1.1亿元,单位生产能力投资1.1万元
1965年4月动工	四川映秀湾水电站	装机总容量为13.5万千瓦,1972年5月全部建成,建设工期七年零一个月。投资规模:1.5亿元,平均每千瓦投资1100元
1965年5月开工兴建	广东韶关电厂	1972年11月全部建成投产,建设工期七年半,建设规模为发电机组17.4万千瓦,计划投资5500万元。累计完成投资5600万元,累计新增固定资产5590万元,每千瓦投资325元
1965年10月开工兴建	陕西兴平化肥厂	1973年12月建成投产,建设工期八年,建设规模年产合成氨5万吨,硝铵11万吨。累计投资10000万元,累计新增固定资产7800万元
1965年10月开工兴建	江苏南京热电站	1971年7月建成投产,建设工期六年,建设规模发电机组15万千瓦,计划投资7000万元。累计投资3500万元,累计新增固定资产3300万元,每千瓦投资236元
1965年10月开工兴建	四川东方汽轮机厂	1974年10月全部建成投产,建设工期九年,建设规模年产电站汽轮机60万千瓦、燃汽轮机16万千瓦,计划投资11800万元。累计投资12000万元,累计新增固定资产11000万元

起始/竣工时间	项目名称	工程建设简况
1965年开工兴建	攀枝花钢铁工业基地一期工程	我国第一个自己设计、制造设备、安装施工的大型钢铁联合企业,1978年11月建成投产
1965年2月动工	北京地铁(北京火车站至石景山区苹果园)	中国第一条城市地下铁道,全长23.6公里,建设工期4年零7个月,1969年9月20日正式通车,1981年9月15日一期工程正式交付运营
1966年3月开工兴建	山东胜利炼油厂	1968年1月全部建成投产,建设工期一年零九个月,规模为年产加工原油250万吨。投资规模:1.3亿元,单位生产能力投资52元/吨
1966年3月动工	四川乐山龚咀水电站	装机总容量为75万千瓦,1978年12月全部建成,建设工期十二年零九个月。投资规模:累计投资5亿元,平均每千瓦投资672元
1966年6月动工	宁夏汝箕沟白笈沟煤矿	总规模年产原煤120万吨,1972年11月建成投产,建设工期六年零五个月。累计投资5800万元,单位生产能力投资49元/吨
1966年9月动工	兖州矿区南屯立井	规模为年开采原煤150万吨,1973年12月全部建成投产,建设工期七年零三个月。投资规模:6500万元,吨煤投资44元
1966年10月动工	山西大同云冈立井	规模为年产原煤150万吨,1973年3月建成投产,建设工期六年零五个月。累计投资7500万元,单位生产能力投资50元/吨
1967年9月开工兴建	北京燕山炼油厂	总规模为年原油加工250万吨,1969年9月全部建成投产,建设工期二年。投资规模:1.3亿元,单位生产能力投资52元/吨
1968年4月动工	襄渝铁路(湖北襄樊至重庆)	全长917公里,1978年6月1日正式交付国家使用,建设工期十年零二个月。总投资36亿元,每公里投资达395万元
1969年5月动工	湖北黄龙滩水电站	位处汉江最大支流堵河下游,是综合开发汉江流域的重点工程之一,装机容量15万千瓦,1974年5月建成,建设工期五年。累计完成投资1.55亿元,平均每千瓦投资1036元
1969年5月动工	浙江新安江水电站	装机总容量为66.25万千瓦,1977年10月全部建成,建设工期八年零五个月。累计完成投资4.6亿元,平均每千瓦投资689元
1969年开工兴建	安徽淮北发电厂	利用当地煤炭资源的大型坑口电站,经三期扩建改造,1982年10月30日全部完成,装机总容量达75万千瓦
1970年3月动工	焦枝铁路(河南焦作至湖北枝城)	1975年12月建成通车,建设工期五年零九个月,全长825公里。累计投资10亿元,平均每公里投资129万元

续表

起始/竣工时间	项目名称	工程建设简况
1970年4月动工	陕西韩城桑树坪矿二期工程	1979年11月全部建成,建设工期九年零七个月,规模为年开采原煤210万吨。累计投资1.45亿元,平均每吨投资69元
1970年5月开工兴建	山东省莱芜电厂	电厂共安装3×12.5万千瓦双水内冷发电机组,总容量为37.5万千瓦,1976年3月完工投产,建设工期五年零十个月。累计投资1.3亿元,平均每千瓦投资345元
1970年5月动工	开滦矿区荆各庄立井	1975年12月建成投产,建设工期五年零七个月,年开采煤炭120万吨。累计投资7000多万元,平均每吨煤投资59元
1970年9月建成通车	上海黄浦江隧道	中国第一条过江隧道
1970年9月开工兴建	大庆至抚顺输油管道	管道全长667公里,1971年10月建成投入使用,建设工期一年零一个月。投资规模:2.5亿元,平均每公里投资37.7元
1970年9月动工	枝柳铁路(湖北枝城至广西柳州)	与京广铁路平行的纵贯我国南北的第二条铁路大干线,全长883公里,1978年12月接轨通车,至此,太焦与焦枝、枝柳、黔桂铁路连成一线
1970年10月动工	湘黔铁路(湖南株洲至贵州贵阳)	全长801公里,新建地段总长632公里,1972年建成通车,工期二年
1970年12月动工	长江葛洲坝水利枢纽	1989年宣告建成,历经18年,装机总容量为271.5万千瓦,每年可发电139亿度,一号船闸为世界同类中最大
1971年8月开工兴建	福建永安维尼纶厂	规模为年产维尼纶1万吨,1975年10月建成投产,建设工期四年零二个月。投资规模:8800万元,单位生产能力投资8800元/吨
1971年10月1日开工	山东省北镇黄河大桥	桥长1391米,是我国目前黄河上最长的一座公路桥,1972年建成通车,建设工期一年。累计完成投资1500万元,平均每米造价1.1万元
1971年12月动工	贵州水城矿区汪家寨斜井	建设规模年开采原煤90万吨,建设工期六年零一个月。投资规模:6800万元,单位生产能力投资76元/吨
1972年4月动工	陕西韩城矿区桑树坪二期工程	1979年11月全部建成,建设工期为七年零七个月,建设规模为年开采原煤210万吨。累计完成投资1.45亿元,平均每吨煤投资69元
1972年4月开工兴建	铁岭至秦皇岛输油管道	总长489公里,1973年9月全部建成,建设工期一年零五个月。累计投资2.1亿元,平均每公里投资43.8万元(另,1975年7月1日,秦皇岛至北京输油管道建成,以大庆为起点的全长1507公里的大口径输油管道直通北京。)

起始/竣工时间	项目名称	工程建设简况
1973年3月开工兴建	新北京饭店	建筑面积8.8万平方米，1974年9月建成，建设工期一年零六个月。总投资7700万元，每平方米建筑面积造价804元
1973年3月动工	山西阳泉矿区一矿北丈八井	1979年9月全部建成，建设工期六年半，总规模为年开采原煤120万吨。累计投资6000万元，单位生产能力投资50元/吨
1973年6月开工兴建	辽宁辽河化肥厂	建设规模为年产合成氨30万吨，尿素48万吨，1977年12月全部建成投产，建设工期四年零六个月。完成投资3.4亿元，单位生产能力投资1144元/吨
1973年7月开工兴建	河北沧州化肥厂	建设规模为年产尿素8万吨、合成氨30万吨，1977年4月建成投产，建设工期三年零九个月。累计完成投资2.4亿元，单位生产能力投资810元/吨
1973年12月开工兴建	唐山陡河电厂	总装机容量为75万千瓦，1978年3月全部建成，建设工期四年零三个月。累计投资5.8亿元，每千瓦投资782元
1974年1月开工兴建	上海石油化工总厂	总规模年产维尼纶3.3万吨、腈纶4.7万吨、涤纶1.4万吨，1978年12月全部建成，建设工期四年零十一个月。累计完成投资21亿元，单位生产能力投资2.2万元/吨
1974年4月开工兴建	湖南洞庭化肥厂	1979年11月建成，建设工期五年零七个月，设计年产合成氨24万吨、尿素38.4万吨。投资3.1亿元，单位生产能力投资1305元/吨
1974年5月13日开工	大庆化肥厂	我国当时最大的化肥厂，1976年12月建成投产，主要生产装置从国外进口
1974年8月开工兴建	四川维尼纶厂	我国当时最大的维尼纶工厂，1979年12月14日建成并开始试产，年产维尼纶丝4.5万吨，主要设备从日本和法国进口
1974年9月动工	阳安铁路（陕西阳平关至陕西安康）	我国第二条电气化铁路，全长356公里，1977年4月建成通车，建设工期二年零七个月。全部投资8.8亿元，每公里投资247万元
1974年9月开工兴建	南京栖霞山化肥厂	1978年11月建成投产，设计能力为年产合成氨30万吨，尿素52万吨，折合标准化肥114万吨
1974年11月动工	大连油港	我国第一座十万吨级深水油港，于1976年6月建成投入使用
1975年6月动工	山东兴隆庄煤矿	1981年12月我国首次自行设计、施工的特大型矿井经国家验收正式投产，建设工期六年半，设计能力为年产300万吨原煤
1976年10月成立指挥部	四川泸州大桥	1982年10月1日正式通车，当时为我国长江最长的公路大桥，主桥长1252.5米，宽16米，南北两岸引桥长7460米，桥下可通行3000吨位的轮船

起始/竣工时间	项目名称	工程建设简况
1977年1月建成通车	洛阳黄河公路大桥	我国当时最长的公路桥，全长3428.9米，桥面行车道宽9米
1977年5月24日建成	毛主席纪念堂	1976年10月中共中央、全国人大常委会、国务院、中央军委作出关于建立毛主席纪念堂的决定，11月24日奠基
1977年11月动工	重庆长江公路大桥	1980年7月1日竣工通车，大桥正桥长1121米，加上南北引道，总长3015米，桥面宽21米
1977年第一台1000千瓦机组启动	西藏羊八井地热试验电站	第二台机组1982年1月开始发电送电，装机容量3000千瓦，成为中国利用地热发电的最大机组
1977年12月29日建成投产	鞍钢高炉工程	我国当时最大的高炉，高炉容积为2580立方米，年产铁150万吨
1978年3月动工	石太铁路电气化改造（石家庄至太原）	1982年9月全线通车，全长235公里，成为我国第一条复线电气化铁路
1978年6月开始研制	高能环形质子同步加速器研制工程	1982年12月，我国首次引出能量为300亿电子伏特以上质子束流
1978年9月27日建成	鲁宁输油管道（山东临邑至江苏南京）	已正式输油，这条输油管道贯穿山东、安徽、江苏，全长655公里
1978年12月基本建成	武汉钢铁公司一米七轧机工程	从国外引进的重点建设项目，工程包括连铸车间、热轧薄板厂、冷轧薄板厂、硅钢板厂等，每年轧制钢板能力300万吨
1978年12月23日建成投产	上海宝山钢铁总厂	大部分设备是从日本引进，年生产能力铁和钢各600万吨
1978年动工	邯长铁路（河北邯郸至山西长治）	全长220公里，1982年7月1日建成通车，设计运能1390万吨，这条铁路沟通京广、太(原)焦(作)两条干线，为晋东南地区煤炭大量外运创造了良好条件
1979年1月5日建成投产	贵州赤水天然气化肥厂	化肥装置从美国和荷兰引进，日产合成氨1000吨，尿素1620吨，全年产量折标准化肥100万吨
1979年2月建成	贵州省六盘水煤炭基地	建成三个矿区18个矿21对矿井，总设计能力为年产原煤1000万吨
1979年2月通车	京通铁路（北京昌平至吉林通辽）	沟通我国华北和东北地区的第二条主要交通线建成通车，全长868公里
1979年5月开工兴建	江苏大屯选煤厂	1982年9月1日建成投产，该厂由我国自行设计、施工，且全套设备均为国产，建设工期三年零四个月，规模为年入洗原煤180万吨
1979年12月交付使用	四川泸州天然气化工厂	设计能力为年产30万吨合成氨和48万吨尿素
1979年开工兴建	河北丰润冀东水泥厂	1983年建成，年产水泥155万吨，生产过程均由电子计算机控制

起始/竣工时间	项目名称	工程建设简况
1980年1月基本建成	贵州遵义乌江渡水电站	电站总装机容量为63万千瓦,每年发电量为33.4亿度,1982年12月4日全部建成投产发电,最大坝高165米,坝顶弧长368米,为我国已建成水电站的第一高坝
1980年4月开工兴建	烟台合成革厂	设计生产能力300万平方米,相当于制作2000万双皮鞋所需皮革。投资规模:4.6亿元
1981年7月31日架通	湖北汉阳县和武昌县超高压输电线路	我国第一条横跨长江的50万伏超高压输电线路架通,跨江线路1000米
1981年8月30日投料试车	天津石油化纤厂	我国新建的最大的石油化纤企业之一,成功地进行了投料试车
1981年9月建成、试生产	辽阳石油化纤工业总公司	我国当时最大的石油化纤联合企业建成并投入全面试生产,1982年11月27日正式投产,年产化纤原料全部抽丝织成布,可达39亿尺
1981年12月4日接轨铺通	皖赣铁路(安徽芜湖至江西贵溪)	我国华东地区一条重要铁路干线,全长551公里
1981年12月6日合龙	济南黄河公路大桥	当时为我国和亚洲最大跨度的大桥,全长2022.8米,最大跨径为220米,1982年7月14日通车
1981年12月27日通过国家验收正式投产	葛洲坝水利枢纽二江电站的一号和二号水轮发电机组	两台机组单机容量为17万千瓦,平均年发电量可达18亿度以上,是我国自行研制的最大低水头转桨式发电机组,也是目前世界上最大型的低水头机组之一
1981年年底建成通车	上海泖港大桥	我国当时跨径最大的斜拉桥之一,桥梁全长391.8米,桥面宽12米

【说明】　本表所列重点工程项目主要是反映早期中财委、国家计委和历届国家建委时期形成的以工业为重点的基建工程"代表作",是当年国家基本建设的"缩影"。表中数据节选自中国城乡建设研究所、中国基本建设经济研究会汇编的《我国基本建设大事记》和中国社会科学出版社《当代中国的基本建设》等资料。在苏联援建的156个项目中,扣除两个重复计算和四项因厂址、地质问题没有建设,最终实际施工150项,其中包括能源工业52项、冶金20项、化工7项、机械加工24项、轻工医药3项、军工44项。另外,民主德国、捷克斯洛伐克、波兰、罗马尼亚、匈牙利、保加利亚等社会主义国家也先后援助我国建设工业项目108项。

注释:

　　① 1952年3月31日,政务院发布《关于荆江分洪工程的决定》。工程内容包括:荆江大堤培修加固,修筑可容纳60亿立方米洪水的大水库,建筑54孔、长1054米的进洪闸和32孔、长336米的节制闸。

　　② 1953年6月,中共中央发布力争三年建成第一汽车制造厂的指示。7月15日,国家重点工程中国第一汽车制造厂在长春举行开工典礼,毛泽东主席亲笔写了奠基题词,《人民日报》发表短评《庆祝我国第一个汽车制造厂的兴建》。8月,建筑工程部指示华东建筑工程局组织力量支援汽车厂建设。9月,华东建筑工程局派建五师支援建厂。1956年6月,长春一汽总装配线装出了国产第一辆解放牌汽

车,结束了中国不能制造汽车的历史。

③ 吉林化学工业公司一期工程包括吉林染料厂、化肥厂、电石厂,是我国"一五"时期建设起来的第一个化工生产基地,共挖土石方300万立方米,耗用红砖2.3亿块。吉林化肥厂年产合成氨8万吨,硝铵16万吨。吉林电石厂1962年形成年产电石6.35万吨能力。

④ 1953年7月,组成建厂筹备处;1954年2月,毛泽东主席亲自确定第一拖拉机制造厂的厂址选在洛阳,当年9月宿舍工程动工;1955年10月主体厂房工程开工建设,至11月,成立探墓指挥部。经过一年多的钻探,仅在厂区钻探面积就有90余万平方米,累计钻孔102.68万个,发现古墓1568座,地下古河、古井、古坑、古蚁穴等1450个。1959年11月1日,第一期工程正式投入生产,我国自己制造的第一台"东方红"牌拖拉机问世。

⑤ 1956年3月,兰州化学工业公司工程首先开工的是氮肥厂,其次是橡胶厂。这是我国"一五"时期重点引进、最早建成的化工骨干企业之一。1958年10月氮肥厂建成,生产能力达到75万吨,投资2.5亿元;1960年春橡胶厂建成并生产出第一批丁苯橡胶,结束了中国人不能生产合成橡胶的历史。

⑥ 兰州炼油厂是我国首次兴建的规模大、自动化程度高的现代化炼油厂。原设计16套生产装置,年加工原油100万吨,一年加工量比旧中国42年的原油总产量还多。一期工程比计划提前一年零三个月竣工,主要设备由苏联引进。它的正式投产标志我国炼油工业进入了一个新的发展阶段。

⑦ 富拉尔基第一重型机器厂1960年6月正式投产。全厂占地面积580万平方米,厂房建筑面积40多万平方米。基础打桩、沉箱、金属构件制作和吊装是这个工程的三大关键。由于设备需要深入地下20多米,就要把一个底面积800多平方米的钢筋混凝土箱体沉入地下20多米,是国内外少有的大型沉箱工程,技术要求高,施工难度大。

⑧ 1956年10月15日,我国第一座现代化的电子管厂北京电子管厂举行开工生产典礼。国务院副总理李富春参加典礼并在会上讲了话。国家验收委员会主任在会上宣布验收结论:工程质量总评为优等。1957年10月5日,华北无线电器材厂在北京建成,这是我国第一座现代化的制造无线电元件的综合性工厂。它和北京电子管厂的建成,基本上改变了我国无线电工业依靠国外零件由国内装配的状况。

⑨ 因在新中国成立十周年大庆来临之际成功出油,故将油田探明地——黑龙江省原安达县至大同镇大片草原牧场取名"大庆油田"。从1960年5月开始,到1963年年底,累计生产原油1000多万吨,国家投资7.1亿元全部收回。1963年12月,新华社奉命宣告:中国石油产品已经基本自给。大庆油田的开发建设,成为当时"多快好省"的典型。

⑩ 1959年9月,首都一批雄伟的现代化公共建筑落成,包括:人民大会堂、革命历史博物馆、军事博物馆、全国农业展览馆、民族文化宫、工人体育场、北京火车站、钓鱼台迎宾馆、民族饭店、华侨大厦,史称北京"十大建筑"。人民大会堂是全国最大的礼堂,礼堂10000座席,宴会厅5000座席。钢筋混凝土框架结构。北京市建筑设计院设计,北京市第一、第三、第五建筑公司施工。除北京"十大建筑"外,还有建筑工程部机关办公楼等27项中国风格建筑物首次载入英国出版的《世界建筑史》。

工程建设标准定额目录

（1949–2009 年）

一、国家标准目录

1981年以前批准发布的工程建设（国家）标准

标准名称	编号	发布时间	发布部门
荷载暂行规定		1954	建工部
钢结构设计规范试行草案		1954	建工部
建筑设计规范		1954	建工部
单色建筑图例标准		1955.9.14	国家建委
建筑统一模数制	标准-104-55	1955.12.12	国家建委
砖石及钢筋砖石结构设计暂行规范		1955	建工部
工业企业设计暂行卫生标准		1956.3.20	国家建委、卫生部
工业企业和居住区建筑设计暂行防火标准		1956.4.3	国家建委
厂房结构统一化基本规则	标准-105-56	1956.8.15	国家建委
饮用水水质标准		1956.10.9	国家建委
工业企业人工照明暂行标准		1956.12	国家建委
建筑安装工程施工及验收暂行技术规范		1956	国家建委
建设工程验收规程		1957.1.20	国家建委
集中式生活用水给水水源选择及水质评价暂行规则		1957.4.1	国家建委
城市给水设计规范		1963	建工部
城市排水设计规范		1963	建工部
建筑制图标准	GBJ 1—73	1973.1.5	国家建委
建筑统一模数制	GBJ 2—73	1973.4.14	国家建委
砖石结构设计规范	GBJ 3—73	1973.11.12	国家建委
工业"三废"排放试行标准	GBJ 4—73	1973.11.17	国家建委、计委、卫生部
木结构设计规范	GBJ 5—73	1973.11.28	国家建委
厂房建筑统一化基本规则	TJ 6—74	1974.5.3	国家建委、一机部
工业与民用建筑地基基础设计规范	TJ 7—74	1974.5.4	国家建委

标准名称	编号	发布时间	发布部门
放射防护规定	TJ 8—74	1974.4.27	国家计委、国家建委等
工业与民用建筑结构荷载规范	TJ 9—74	1974.6.24	国家建委
钢筋混凝土结构设计规范	TJ 10—74	1974.6.28	国家建委
工业与民用建筑抗震设计规范	TJ 11—74	1974.8.3	国家建委
工业企业标准轨距铁路设计规范	TJ 12—74	1974.7.24	国家建委、交通部
室外给水设计规范	TJ 13—74	1974.9.25	国家建委
室外排水设计规范	TJ 14—74	1974.9.25	国家建委
室内给水排水和热水供应设计规范	TJ 15—74	1974.9.25	国家建委
建筑设计防火规范	TJ 16—74	1974.10.18	国家建委、公安部等
钢结构设计规范	TJ 17—74	1974.12.26	国家建委、冶金部
建筑安装工程质量检验评定标准（建筑工程）	TJ 301—74	1974	国家建委
建筑安装工程质量检验评定标准（管道工程）	TJ 302—74	1974	国家建委
建筑安装工程质量检验评定标准（通风工程）	TJ 304—74	1974	国家建委
薄壁型钢结构技术规范	TJ 18—75	1975.6.25	国家建委、冶金部
工业企业采暖通风和空气调节设计规范	TJ 19—75	1975.9.27	国家建委、冶金部
建筑安装工程质量检验评定标准（电气工程）	TJ 303—75	1975	国家建委
建筑安装工程质量检验评定标准（通用机械设备安装工程）	TJ 305—75	1975	国家建委
生活饮用水卫生标准	TJ 20—76	1976.5.3	国家建委、卫生部
建筑防腐蚀工程施工及验收规范	TJ 212—76	1976	国家建委
建筑安装工程质量检验评定标准（钢筋混凝土预制构件工程）	TJ 321—76	1976	国家建委
工业与民用建筑工程地质勘察规范	TJ 21—77	1977.8.20	国家建委
厂矿道路设计规范	TJ 22—77	1977.9.27	国家建委
工业与民用建筑抗震鉴定标准	TJ 23—77	1977.12.1	国家建委
建筑安装工程质量检验评定标准（容器工程）	TJ 306—77	1977	国家建委
建筑安装工程质量检验评定标准（工业管道工程）	TJ 307—77	1977	国家建委

续表

标准名称	编号	发布时间	发布部门
建筑安装工程质量检验评定标准（自动化仪表安装工程）	TJ 308—77	1977	国家建委
建筑安装工程质量检验评定标准（工业窑炉砌筑工程）	TJ 309—77	1977	国家建委
城市煤气设计规范	TJ 28—78	1978.8.22	国家建委、一机部
压缩空气站设计规范	TJ 29—78	1978.9.20	国家建委、一机部
农田灌溉水质标准	TJ 24—79	1979.3	国家建委
湿陷性黄土地区建筑规范	TJ 25—78	1978.6.14	国家建委
工程测量规范	TJ 26—78	1978.7.6	国家建委、冶金部
供水水文地质勘察规范	TJ 27—78	1978.7.6	国家建委、冶金部
城市煤气设计规范	TJ 28—78	1978.8.22	国家建委
压缩空气站设计规范	TJ 29—78	1978.9.22	国家建委、一机部
氧气站设计规范（试行）	TJ 30—78	1978.11.23	国家建委、一机部
乙炔站设计规范（试行）	TJ 31—78	1978.11.23	国家建委、一机部
室外给水排水和煤气热力工程抗震设计规范	TJ 32—78	1978.10.16	国家建委
工业企业采光设计标准	TJ 33—79	1979.2.1	国家建委
工业企业照明设计标准	TJ 34—79	1979.2.1	国家建委
渔业水质标准	TJ 35—79	1979.3	国家建委
工业企业设计卫生标准	TJ 36—79	1979	国家建委
工业建筑地面设计规范	TJ 37—79	1979.3	国家建委、一机部
人民防空地下室设计规范	GBJ 38—79	1979.10.5	国家建委
农村建筑设计防火规范	GBJ 39—79	1979.9.20	国家建委、公安部
动力机器基础设计规范	GBJ 40—79	1979.12.29	国家建委、一机部
工业锅炉房设计规范	GBJ 41—79	1979.12.29	国家建委、一机部、冶金部
工业企业通信设计规范	GBJ 42—81	1981.5.6	国家建委、邮电部

1982年批准发布的工程建设（国家）标准

标准名称	编号	发布时间	发布部门
电气装置安装工程施工及验收规范	GBJ 232—82	1982.4.28	国家建委
室外给水排水工程设施抗震鉴定标准	GBJ 43—82	1982	国家建委
室外煤气热力工程设施抗震鉴定标准	GBJ 44—82	1982	国家建委
高层民用建筑设计防火规范	GBJ 45—82	1982	国家经委、公安部

续表

标准名称	编号	发布时间	发布部门
工业建筑防腐蚀设计规范	GBJ 46—82	1982	国家经委
采暖与卫生工程施工及验收规范	GBJ 242—82	1982	国家建委

1983年批准发布的工程建设（国家）标准

标准名称	编号	发布时间	发布部门
混响室法吸声系数测量规范	GBJ 47—83	1983.1	国家经委
医院污水排放标准	GBJ 48—83	1983.1	国家经委
小型火力发电厂设计规范	GBJ 49—83	1983.1	国家经委
工业循环冷却水处理设计规范	GBJ 50—83	1983	国家计委
烟囱设计规范	GBJ 51—83	1983	国家计委
工业与民用供电系统设计规范	GBJ 52—83	1983	国家计委
工业与民用10千伏及以下变电所设计规范	GBJ 53—83	1983	国家计委
低压配电装置及线路设计规范	GBJ 54—83	1983	国家计委
工业与民用通用设备电力装置设计规范	GBJ 55—83	1983	国家计委
电热设备电力装置设计规范	GBJ 56—83	1983	国家计委
建筑防雷设计规范	GBJ 57—83	1983	国家计委
爆炸和火灾危险场所电力装置设计规范	GBJ 58—83	1983	国家计委
工业与民用35千伏变电所设计规范	GBJ 59—83	1983	国家计委
工业与民用35千伏高压配电装置设计规范	GBJ 60—83	1983	国家计委
工业与民用35千伏及以下架空电力线路设计规范	GBJ 61—83	1983	国家计委
工业与民用电力装置的继电保护自动装置设计规范	GBJ 62—83	1983	国家计委
工业与民用电力装置的电气测量仪表装置设计规范	GBJ 63—83	1983	国家计委
工业与民用电力装置的过电压保护设计规范	GBJ 64—83	1983	国家计委
工业与民用电力装置的接地设计规范	GBJ 65—83	1983	国家计委
土方与爆破工程施工及验收规范	GBJ 201—83	1983	建设部

标准名称	编号	发布时间	发布部门
地基与基础工程施工及验收规范	GBJ 202—83	1983	建设部
砖石工程施工及验收规范	GBJ 203—83	1983	建设部
钢筋混凝土工程施工及验收规范	GBJ 204—83	1983	建设部
钢结构工程施工及验收规范	GBJ 205—83	1983	建设部
木结构工程施工及验收规范	GBJ 206—83	1983	建设部
屋面工程施工及验收规范	GBJ 207—83	1983	建设部
地下防水工程施工及验收规范	GBJ 208—83	1983	建设部
地面与楼面工程施工及验收规范	GBJ 209—83	1983	建设部
装饰工程施工及验收规范	GBJ 210—83	1983	建设部
通风与空调工程施工及验收规范	GBJ 243—83	1983	建设部

1984年批准发布的工程建设（国家）标准

标准名称	编号	发布时间	发布部门
制冷设备安装工程施工及验收规范	GBJ 66—84	1984	国家计委
汽车库设计防火规范	GBJ 67—84	1984	国家计委
建筑结构设计统一标准	GBJ 68—84	1984	国家计委
给水排水工程结构设计规范	GBJ 69—84	1984	国家计委
矿山电力装置设计规范	GBJ 70—84	1984	国家计委
小型水力发电站设计规范	GBJ 71—84	1984	国家计委
冷库设计规范	GBJ 72—84	1984	国家计委
洁净厂房设计规范	GBJ 73—84	1984	国家计委
石油库设计规范	GBJ 74—84	1984	国家计委
建筑隔声测量规范	GBJ 75—84	1984	国家计委
厅堂混响时间测量规范	GBJ 76—84	1984	国家计委

1985年批准发布的国家标准

序号	标准编号	标准名称	批准文号	批准日期	实施日期	被替代标准编号
1	GBJ 79—85	工业企业通信接地设计规范	计标〔1985〕1110	1985.7.22	1986.1.1	
2	GBJ 78—85	烟囱工程施工及验收规范	计标〔1985〕1208	1985.8.12	1986.3.1	GBJ 7-64

续表

序号	标准编号	标准名称	批准文号	批准日期	实施日期	被替代标准编号
3	GBJ 80—85	普通混凝土拌合物性能试验方法	计标〔1985〕1889	1985.11.25	1986.7.1	
4	GBJ 81—85	普通混凝土力学性能试验方法	计标〔1985〕1889	1985.11.25	1986.7.1	
5	GBJ 82—85	普通混凝土长期性能和耐久性能试验方法	计标〔1985〕1889	1985.11.25	1986.7.1	
6	GBJ 83—85	建筑结构设计通用符号、计量单位和基本术语	计标〔1985〕1957	1985.12	1986.7.1	
7	GBJ 77—85	钢筋混凝土筒仓设计规范	计标〔1985〕1967	1985.12.4	1986.7.1	
8	GBJ 84—85	自动喷水灭火系统设计规范	计标〔1985〕2033	1985.12.6	1986.7.1	
9	GBJ 85—85	喷灌工程技术规范	计标〔1985〕2034	1985.12.10	1986.7.1	
10	GBJ 86—85	锚杆喷射混凝土支护技术规范	计标〔1985〕2064	1985.12.17	1986.7.1	
11	GBJ 87—85	工业企业噪声控制设计规范	计标〔1986〕07	1985.12.17	1986.7.1	
12	GBJ 88—85	驻波管法吸声系数与声阻抗率测量规范	计标〔1986〕04	1985.12.31	1986.6.1	
13	GBJ 91—85	铁路车站及枢纽设计规范	计标〔1986〕06	1985.12.31	1986.7.1	
14	GBJ 90—85	铁路线路设计规范	计标〔1986〕08	1985.12.31	1986.7.1	

1986年批准发布的国家标准

序号	标准编号	标准名称	批准文号	批准日期	实施日期	被替代标准编号
1	GBJ 92—86	沥青路面施工及验收规范	计标〔1986〕100	1986.1.24	1986.7.1	
2	GBJ 93—86	工业自动化仪表工程施工及验收规范	计标〔1986〕753	1986.5.14	1987.7.1	
3	GBJ 13—86	室外给水设计规范	计标〔1986〕805	1986.5.22	1987.1.1	TJ 13—74
4	GBJ 94—86	球形储罐施工及验收规范	计标〔1986〕962	1986.6.9	1987.1.1	

序号	标准编号	标准名称	批准文号	批准日期	实施日期	被替代标准编号
5	GBJ 95—86	《水文测验术语和符号标准》	计标〔1986〕1564	1986.8.23	1987.7.1	
6	GBJ 6—86	《厂房建筑模数协调标准》	计标〔1986〕1736	1986.9.15	1987.7.1	TJ 6—74
7	GBJ 96—86	《住宅建筑设计规范》	计标〔1986〕1771	1986.9.22	1987.7.1	
8	GBJ 2—86	《建筑模数协调统一标准》	计标〔1986〕2201	1986.11.4	1987.1.1	GBJ 2—73
9	GBJ 99—86	《中小学校建筑设计规范》	计标〔1986〕2618	1986.12.25	1987.7.1	
10	GBJ 1—86	《房屋建筑制图统一标准》	计标〔1986〕2614	1986.12.25	1987.7.1	GBJ 1—73

1987年批准发布的国家标准

序号	标准编号	标准名称	批准文号	批准日期	实施日期	被替代标准编号
1	GBJ 100—87	住宅建筑模数协调标准	计标〔1987〕228	1987.2.9	1987.10.1	GBJ 2—73
2	GBJ 101—87	建筑楼梯模数协调标准	计标〔1987〕228	1987.2.9	1987.10.1	GBJ 2—73
3	GBJ 98—87	人民防空工程设计防火规范		1987.2.9	1987.10.1	
4	GBJ 97—87	水泥混凝土路面施工及验收规范	计标〔1987〕226	1987.2.9	1987.10.1	
5	GBJ 102—87	工业循环水冷却设计规范	计标〔1987〕348	1987.3.5	1987.10.1	
6	GBJ 14—87	室外排水设计规范	计标〔1987〕666	1987.4.28	1987.12.1	TJ 14—74
7	GBJ 103—87	总图制图标准	计标〔1987〕966	1987.6.17	1988.1.1	GBJ 1—73
8	GBJ 104—87	建筑制图标准	计标〔1987〕966	1987.6.17	1988.1.1	GBJ 1—73
9	GBJ 105—87	建筑结构制图标准	计标〔1987〕966	1987.6.17	1988.1.1	GBJ 1—73
10	GBJ 106—87	给水排水制图标准	计标〔1987〕966	1987.6.17	1988.1.1	GBJ 1—73
11	GBJ 107—87	混凝土强度检验评定标准	计标〔1987〕1140	1987.7.9	1988.3.1	
12	GBJ 109—87	工业用水软化除盐设计规范	计标〔1987〕1244	1987.7.25	1988.4.1	

续表

序号	标准编号	标准名称	批准文号	批准日期	实施日期	被替代标准编号
13	GBJ 16—87	建筑设计防火规范	计标〔1987〕1447	1987.8.26	1988.5.1	TJ 16—74
14	GBJ 110—87	卤代烷1211灭火系统设计规范	计标〔1987〕1607	1987.9.16	1988.5.1	
15	GBJ 111—87	铁路工程抗震设计规范	计标〔1987〕1609	1987.9.16	1988.5.1	
16	GBJ 108—87	地下工程防水技术规范	计标〔1987〕1847	1987.10.14	1988.7.1	
17	GBJ 112—87	膨胀土地区建设技术规范	计标〔1987〕2110	1987.11.12	1988.8.1	
18	GBJ 113—87	液压滑动模板施工技术规范	计标〔1987〕2297	1987.12.1	1988.8.1	
19	GBJ 9—87	建筑结构荷载规范	计标〔1987〕2337	1987.12.11	1988.7.1	TJ 9—74
20	GBJ 18—87	冷弯薄壁型钢结构技术规范	计标〔1987〕2355	1987.12.12	1988.10.1	TJ 18—75
21	GBJ 22—87	厂矿道路设计规范	计标〔1987〕2366	1987.12.15	1988.8.1	TJ 22—77
22	GBJ 12—87	工业企业标准轨距铁路设计规范	计标〔1987〕2415	1987.12.20	1988.8.1	TJ 12—74
23	GBJ 115—87	工业电视系统工程设计规范	计标〔1987〕2414	1987.12.21	1988.8.1	
24	GBJ 19—87	采暖通风与空气调节设计规范	计标〔1987〕2480	1987.12.30	1988.8.1	
25	GBJ 211—87	工业炉砌筑工程施工及验收规范	计标〔1988〕42	1988.1.9	1988.9.1	GBJ 211—80

1988年批准发布的国家标准

序号	标准编号	标准名称	批准文号	批准日期	实施日期	被替代标准编号
1	GBJ 27—88	供水水文地质勘察规范	计标〔1988〕43	1988.1.9	1988.10.1	TJ 27—78
2	GBJ 116—88	火灾自动报警系统设计规范	计标〔1988〕279	1988.2.23	1988.11.1	
3	GBJ 119—88	混凝土外加剂应用技术规范	计标〔1988〕440	1988.3.22	1988.12.1	
4	GBJ 118—88	民用建筑隔声设计规范	计标〔1988〕389	1988.3.16	1988.11.1	

序号	标准编号	标准名称	批准文号	批准日期	实施日期	被替代标准编号
5	GBJ 120—88	工业企业共用天线电视系统设计规范	计标〔1988〕457	1988.3.24	1988.12.1	
6	GBJ 121—88	建筑隔声评价标准	计标〔1988〕494	1988.3.31	1988.12.1	
7	GBJ 124—88	道路工程术语标准	计标〔1988〕493	1988.3.31	1988.12.1	
8	GBJ 122—88	工业企业噪声测量规范	计标〔1988〕563	1988.4.13	1988.12.1	
9	GBJ 117—88	工业构筑物抗震鉴定标准	（88）建标字第81	1988.6.13	1989.3.1	
10	GBJ 15—88	建筑给水排水设计规范	（88）建标字第196	1988.8.24	1989.4.1	TJ 15—74
11	GBJ 5—88	木结构设计规范	（88）建标字第272	1988.10.14	1989.7.1	GBJ 5—73
12	GBJ 17—88	钢结构设计规范	（88）建标字第306	1988.10.19	1989.9.1	TJ 17—74
13	GBJ 300—88	建筑安装工程质量检验评定统一标准	（88）建标字第335	1988.11.5	1989.9.1	
14	GBJ 301—88	建筑工程质量检验评定标准	（88）建标字第335	1988.11.5	1989.9.1	TJ 301—74
15	GBJ 302—88	建筑采暖卫生与煤气工程质量检验评定标准	（88）建标字第335	1988.11.5	1989.9.1	TJ 302—74
16	GBJ 303—88	建筑电气安装工程质量检验评定标准	（88）建标字第335	1988.11.5	1989.9.1	TJ 303—75
17	GBJ 304—88	通风与空调工程质量检验评定标准	（88）建标字第335	1988.11.5	1989.9.1	TJ 304—74
18	GBJ 310—88	电梯安装工程质量检验评定标准	（88）建标字第335	1998.11.5	1989.9.1	TJ 305—75
19	GBJ 3—88	砌体结构设计规范	（88）建标字第383	1988.11.28	1989.9.1	GBJ 3—73
20	GBJ 96—86	住宅建筑设计规范	（88）建标字第28	1988.12.6	1988.12.6	局部修订

1989年批准发布的国家标准

序号	标准编号	标准名称	批准文号	批准日期	实施日期	被替代标准编号
1	GBJ 125—89	给水排水设计基本术语标准	（89）建标字第63	1989.2.16	1989.10.1	
2	GBJ 127—89	架空索道工程技术规范	（89）建标字第133	1989.3.25	1989.10.1	

续表

序号	标准编号	标准名称	批准文号	批准日期	实施日期	被替代标准编号
3	GBJ 10—89	混凝土结构设计规范	（89）建标字第141	1989.3.25	1990.1.1	TJ 10—74
4	GBJ 7—89	建筑地基基础设计规范	（89）建标字第144	1989.3.27	1990.1.1	TJ 7—74
5	GBJ 11—89	建筑抗震设计规范	（89）建标字第145	1989.3.27	1990.1.1	TJ 11—78
6	GBJ 214—89	组合钢模板技术规范	（89）建标字第150	1989.3.27	1990.1.1	GBJ 214—82
7	GBJ 126—89	工业设备及管道绝热工程施工及验收规范	（89）建标字第151	1989.3.27	1990.1.1	

1990年批准发布的国家标准

序号	标准编号	标准名称	批准文号	批准日期	实施日期	被替代标准编号
1	GBJ 233—90	110—500kV架空电力线路施工及验收规范	（90）建标字第317	1990.3.7	1991.5.1	GBJ 233—81
2	GBJ 129—90	砌体基本力学性能试验方法标准	（90）建标字第177	1990.4.19	1991.1.1	
3	GBJ 29—90	压缩空气站设计规范	（90）建标字第226	1990.5.10	1991.3.1	TJ 29—78
4	GBJ 39—90	村镇建筑设计防火规范	（90）建标字第228	1990.5.10	1991.3.1	GBJ 39—79
5	GBJ 321—90	预制混凝土构件质量检验评定标准	（90）建标字第241	1990.5.17	1991.3.1	TJ 321—76
6	GBJ 131—90	自动化仪表安装工程质量检验评定标准	（90）建标字第242	1990.5.17	1991.3.1	TJ 308—77
7	GBJ 133—90	民用建筑照明设计标准	（90）建标字第248	1990.5.18	1991.3.1	
8	GBJ 130—90	钢筋混凝土升板结构技术规范	（90）建标字第249	1990.5.18	1991.3.1	
9	GBJ 128—90	立式圆筒形钢制焊接油罐施工及验收规范	（90）建标字第250	1990.5.18	1991.3.1	
10	GBJ 25—90	湿陷性黄土地区建筑规范	（90）建标字第256	1990.5.18	1991.3.1	TJ 25—78

序号	标准编号	标准名称	批准文号	批准日期	实施日期	被替代标准编号
11	GBJ 134—90	人防工程施工及验收规范	（90）建标字第298	1990.6.23	1991.3.1	
12	GBJ 132—90	工程结构设计基本术语和通用符号	（90）建标字第304	1990.6.26	1991.5.1	
13	GBJ 213—90	矿山井巷工程施工及验收规范	（90）建标字第305	1990.6.26	1991.5.1	GBJ 213—79
14	GBJ 136—90	电镀废水治理设计规范	（90）建标字第311	1990.6.29	1991.3.1	
15	GBJ 63—90	电力装置的电测量仪表装置设计规范	（90）建标字第314	1990.7.2	1991.6.1	GBJ 63—83
16	GBJ 138—90	水位观测标准	（90）建标字第318	1990.7.2	1991.6.1	
17	GBJ 135—90	高耸结构设计规范	（90）建标字第319	1990.7.2	1991.3.1	
18	GBJ 137—90	城市用地分类与规范建设用地标准	（90）建标字第322	1990.7.2	1991.3.1	
19	GBJ 139—90	内河通航标准	（90）建标字第661	1990.12.15	1991.8.1	
20	GBJ 140—90	建筑灭火器配置设计规范	（90）建标字第666	1990.12.20	1991.8.1	
21	GBJ 141—90	给水排水构筑物施工及验收规范	（90）建标字第672	1990.12.22	1991.8.1	
22	GBJ 142—90	中、短波广播发射台与电缆载波通信系统的防护间距标准	（90）建标字第673	1990.12.22	1991.8.1	
23	GBJ 143—90	架空电力线路、变电所对电视差转台、转播台无线电干扰防护间距标准	（90）建标字第674	1990.12.22	1991.8.1	
24	GBJ 144—90	工业厂房可靠性鉴定标准	（90）建标字第686	1990.12.28	1991.8.1	
25	GBJ 145—90	土的分类标准	（90）建标字第691	1990.12.30	1991.8.1	
26	GBJ 146—90	粉煤灰混凝土应用技术规范	（90）建标字第697	1990.12.30	1991.8.1	
27	GBJ 147—90	电气装置安装工程高压电器施工及验收规范	（90）建标字第698	1990.12.30	1991.8.1	GBJ 232—82
28	GBJ 148—90	电气装置安装工程电力变压器油浸电抗器互感器施工及验收规范	（90）建标字第698	1990.12.30	1991.8.1	GBJ 232—82

续表

序号	标准编号	标准名称	批准文号	批准日期	实施日期	被替代标准编号
29	GBJ 149—90	电气装置安装工程母线装置施工及验收规范	（90）建标字第698	1990.12.30	1991.8.1	GBJ 232—82

1991年批准发布的国家标准

序号	标准编号	标准名称	批准文号	批准日期	实施日期	被替代标准编号
1	GB 50030—91	氧气站设计规范	建标〔1991〕816	1991.11.15	1992.7.1	TJ 30—78
2	GB 50031—91	乙炔站设计规范	建标〔1991〕816	1991.11.15	1992.7.1	TJ 31—78
3	GB 50212—91	建筑防腐蚀工程施工及验收规范	建标〔1991〕817	1991.11.15	1992.7.1	TJ 212—76
4	GB 50150—91	电气装置安装工程电气设备交接试验标准	建标〔1991〕818	1991.11.15	1992.7.1	GBJ 232—82
5	GB 50033—91	工业企业采光设计标准	建标〔1991〕819	1991.11.15	1992.7.1	TJ 33—79

1992年批准发布的国家标准

序号	标准编号	标准名称	批准文号	批准日期	实施日期	被替代标准编号
1	GB 50152—92	混凝土结构试验方法标准	建标〔1992〕29	1992.1.7	1992.7.1	
2	GB 50151—92	低倍数泡沫灭火系统设计规范	建标〔1992〕30	1992.1.7	1992.7.1	
3	GB 50309—92	工业炉砌筑工程质量检验评定标准	建标〔1992〕31	1992.1.7	1992.7.1	TJ 309—77
4	GB 50155—92	采暖通风与空气调节术语标准	建标〔1992〕181	1992.4.2	1992.10.1	
5	GB 50153—92	工程结构可靠度设计统一标准	建标〔1992〕182	1992.4.2	1992.10.1	
6	GB 50154—92	地下及覆土火药炸药仓库设计安全规范	建标〔1992〕183	1992.4.2	1992.10.1	
7	GB 50156—92	小型石油库及汽车加油站设计规范	建标〔1992〕353	1992.6.9	1992.12.1	
8	GB 50058—92	爆炸和火灾危险环境电力装置设计规范	建标〔1992〕354	1992.6.9	1992.12.1	GBJ 58—83

续表

序号	标准编号	标准名称	批准文号	批准日期	实施日期	被替代标准编号
9	GB 50157—92	地下铁道设计规范	建标〔1992〕372	1992.6.13	1993.1.1	
10	GB 50062—92	电力装置的继电保护和自动装置设计规范	建标〔1992〕425	1992.7.1	1992.12.1	GBJ 62—83
11	GB 50158—92	港口工程结构可靠度设计统一标准	建标〔1992〕482	1992.7.28	1993.4.1	
12	GB 50159—92	河流悬移质泥沙测验规范	建标〔1992〕516	1992.8.1	1992.12.1	
13	GB 50160—92	石油化工企业设计防火规范	建标〔1992〕517	1992.8.10	1992.12.1	
14	GB 50060—92	3～110kV高压配电装置设计规范	建标〔1992〕652	1992.9.25	1993.5.1	GBJ 60—83
15	GB 50059—92	35～110kV变电所设计规范	建标〔1992〕653	1992.9.25	1993.5.1	GBJ 59—83
16	GB 50204—92	混凝土结构工程施工及验收规范	建标〔1992〕651	1992.9.25	1993.5.1	
17	GB 50161—92	烟花爆竹工厂设计安全规范	建标〔1992〕666	1992.9.29	1993.5.1	
18	GB 50162—92	道路工程制图标准	建标〔1992〕664	1992.9.29	1993.5.1	
19	GB 50163—92	卤代烷1301灭火系统设计规范	建标〔1992〕665	1992.9.29	1993.5.1	
20	GB 50164—92	混凝土质量控制标准	建标〔1992〕667	1992.9.29	1993.5.1	
21	GB 50165—92	古建筑木结构维护与加固技术规范	建标〔1992〕668	1992.9.29	1993.5.1	
22	GB 50166—92	火灾自动报警系统施工及验收规范	建标〔1992〕807	1992.11.5	1993.7.1	
23	GB 50167—92	工程摄影测量规范	建标〔1992〕808	1992.11.5	1993.5.1	
24	GB 50041—92	锅炉房设计规范	建标〔1992〕900	1992.11.25	1993.7.1	GBJ 41—79
25	GB 50168—92	电气装置安装工程电缆线路施工及验收规范	建标〔1992〕911	1992.12.16	1993.7.1	
26	GB 50169—92	电气装置安装工程接地装置施工及验收规范	建标〔1992〕911	1992.12.16	1993.7.1	

续表

序号	标准编号	标准名称	批准文号	批准日期	实施日期	被替代标准编号
27	GB 50170—92	电气装置安装工程旋转电机施工及验收规范	建标〔1992〕911	1992.12.16	1993.7.1	
28	GB 50171—92	电气装置安装工程盘、柜及二次回路结线施工及验收规范	建标〔1992〕911	1992.12.16	1993.7.1	
29	GB 50172—92	电气装置安装工程蓄电池施工及验收规范	建标〔1992〕911	1992.12.16	1993.7.1	
30	GB 50173—92	电气装置安装工程35kV及以下架空电力线路施工及验收规范	建标〔1992〕912	1992.12.16	1993.7.1	GBJ 232—82

1993年批准发布的国家标准

序号	标准编号	标准名称	批准文号	批准日期	实施日期	被替代标准编号
1	GB 50026—93	工程测量规范	建标〔1993〕242	1993.1.3	1993.8.1	TJ 26—78
2	GB 50174—93	电子计算机机房设计规范	建标〔1993〕123	1993.2.17	1993.9.1	
3	GB 50175—93	露天煤矿工程施工及验收规范	建标〔1993〕124	1993.2.19	1993.9.1	
4	GB 50028—93	城镇燃气设计规范	建标〔1993〕211	1993.3.15	1993.11.1	TJ 28—78
5	GBJ 11—89	建筑抗震设计规范	公告第1号	1993.3.15	1993.7.1	局部修订
6	GBJ 10—89	混凝土结构设计规范	公告第2号	1993.3.15	1993.7.1	局部修订
7	GB 50176—93	民用建筑热工设计规范	建标〔1993〕196	1993.3.17	1993.10.1	
8	GB 50184—93	工业金属管道工程质量检验评定标准	建标〔1993〕456	1993.6.24	1994.2.1	TJ 307—77
9	GB 50178—93	建筑气候区划标准	建标〔1993〕462	1993.7.5	1994.2.1	
10	GB 50056—93	电热设备电力装置设计规范	建标〔1993〕513	1993.7.5	1994.2.1	GBJ 56—83
11	GB 50183—93	原油和天然气工程设计防火规范	建标〔1993〕540	1993.7.16	1994.2.1	

序号	标准编号	标准名称	批准文号	批准日期	实施日期	被替代标准编号
12	GB 50181—93	蓄滞洪区建筑工程技术规范	建标〔1993〕541	1993.7.16	1994.2.1	
13	GB 50180—93	城市居住区规划设计规范	建标〔1993〕542	1993.7.16	1994.2.1	
14	GB 50182—93	电气装置安装工程 电梯电气装置施工及验收规范	建标〔1993〕543	1993.7.16	1994.2.1	
15	GB 50179—93	河流流量测量规范	建标〔1993〕544	1993.7.19	1994.2.1	
16	GB 50185—93	工业设备及管道绝热工程质量检验评定标准	建标〔1993〕630	1993.8.28	1994.8.1	
17	GB 50186—93	港口工程基本术语标准	建标〔1993〕694	1993.9.14	1994.3.1	
18	GB 50055—93	通用用电设备配电设计规范	建标〔1993〕679	1993.9.14	1994.3.1	GBJ 55—83
19	GB 50187—93	工业企业总平面设计规范	建标〔1993〕730	1993.9.27	1994.5.1	
20	GB 50189—93	旅游旅馆建筑热工与空气调节节能设计标准	建标〔1993〕731	1993.9.27	1994.7.1	
21	GB 50188—93	村镇规划标准	建标〔1993〕732	1993.9.27	1994.6.1	
22	GB 50191—93	构筑物抗震设计规范	建标〔1993〕858	1993.11.16	1994.6.1	
23	GB 50190—93	多层厂房楼盖抗微振设计规范	建标〔1993〕859	1993.11.16	1994.6.1	
24	GB 50192—93	河港工程设计规范	建标〔1993〕871	1993.12.7	1994.8.1	
25	GB 50193—93	二氧化碳灭火系统设计规范	建标〔1993〕899	1993.12.30	1994.8.1	
26	GB 50194—93	建筑工程施工现场供用电安全规范	建标〔1994〕22	1993.12.30	1994.8.1	

1994年批准发布的国家标准

序号	标准编号	标准名称	批准文号	批准日期	实施日期	被替代标准编号
1	GB 50194—93	建筑工程施工现场供用电安全规范	建标〔1994〕22	1994.1.10	1994.8.1	

序号	标准编号	标准名称	批准文号	批准日期	实施日期	被替代标准编号
2	GB 50196—93	高倍数、中倍数泡沫灭火系统设计规范	建标〔1994〕23	1994.1.10	1994.8.1	
3	GB 50195—94	发生炉煤气站设计规范	建标〔1994〕35	1994.1.14	1994.9.1	
4	GB 50197—94	露天煤矿工程设计规范	建标〔1994〕100	1994.1.20	1994.9.1	
5	GB 50253—94	输油管道工程设计规范	建标〔1994〕156	1994.3.9	1994.11.1	
6	GB 50199—94	水利水电工程结构可靠度设计统一标准	建标〔1994〕140	1994.3.11	1994.11.1	
7	GB 50200—94	有线电视系统工程技术规范	建标〔1994〕198	1994.3.11	1994.11.1	
8	GB 50207—94	屋面工程技术规范	建标〔1994〕200	1994.3.16	1994.11.1	GBJ 207—83
9	GB 50053—94	10kV及以下变电所设计规范	建标〔1994〕201	1994.3.23	1994.11.1	GBJ 53—83
10	GB 50198—94	民用闭路监视电视系统工程技术规范	建标〔1994〕199	1994.3.31	1994.11.1	
11	GB 50251—94	输气管道工程设计规范	建标〔1994〕256	1994.4.18	1994.11.1	
12	GB 50057—94	建筑物防雷设计规范	建标〔1994〕257	1994.4.18	1994.11.1	GBJ 57—83
13	GB 50252—94	工业安装工程质量检验评定统一标准	建标〔1994〕259	1994.4.19	1994.11.1	
14	GB 50201—94	防洪标准	建标〔1994〕369	1994.6.2	1995.1.1	
15	GB 50215—94	煤炭工业矿井设计规范	建标〔1994〕438	1994.7.12	1995.3.1	
16	GB 50021—94	岩土工程勘察规范	建标〔1994〕487	1994.8.9	1995.5.1	TJ 21—77
17	GB 50216—94	铁路工程结构可靠度设计统一标准	建标〔1994〕570	1994.9.10	1995.5.1	
18	GB 50070—94	矿山电力设计规范	建标〔1994〕572	1994.9.10	1995.4.1	GBJ 70—84
19	GB 50049—94	小型火力发电厂设计规范	建标〔1994〕670	1994.11.5	1995.7.1	GBJ 49—83
20	GB 50217—94	电力工程电缆设计规范	建标〔1994〕671	1994.11.5	1995.7.1	

序号	标准编号	标准名称	批准文号	批准日期	实施日期	被替代标准编号
21	GB 50218—94	工程岩体分级标准	建标〔1994〕673	1994.11.5	1995.7.1	

1995年批准发布的国家标准

序号	标准编号	标准名称	批准文号	批准日期	实施日期	被替代标准编号
1	GB 50038—94	人民防空地下室设计规范	建标〔1995〕13	1995.1.13	1995.5.1	GBJ 38—79
2	GB 50219—95	水喷雾灭火系统设计规范	建标〔1995〕801	1995.1.14	1995.9.1	
3	GB 50220—95	城市道路交通规划设计规范	建标〔1995〕808	1995.1.14	1995.9.1	
4	GB 50221—95	钢结构工程质量检验评定标准	建标〔1995〕94	1995.3.3	1995.10.1	GBJ 301—88
5	GB 50050—95	工业循环冷却水处理设计规范	建标〔1995〕131	1995.3.16	1995.10.1	GBJ 50—83
6	GB 50205—95	钢结构工程施工及验收规范	建标〔1995〕154	1995.3.18	1995.10.1	GBJ 205—83
7	GB 50222—95	建筑内部装修设计防火规范	建标〔1995〕181	1995.3.29	1995.10.1	
8	GB 50223—95	建筑抗震设防分类标准	建标〔1995〕204	1995.4.19	1995.11.1	
9	GB 50045—95	高层民用建筑设计防火规范	建标〔1995〕265	1995.5.3	1995.11.1	GBJ 45—82
10	GBJ 74—84	石油库设计规范	公告第3号	1995.6.13	1995.10.1	局部修订
11	GB 50046—95	工业建筑防腐蚀设计规范	建标〔1995〕360	1995.7.3	1996.1.1	GBJ 46—82
12	GB 50052—95	供配电系统设计规范	建标〔1995〕324	1995.7.12	1996.5.1	GBJ 52—83
13	GBJ 16—87	建筑设计防火规范	公告第4号	1995.8.21	1995.11.1	局部修订
14	GB 50224—95	建筑防腐蚀工程质量检验评定标准	建标〔1995〕483	1995.8.23	1996.3.1	
15	GB 50225—95	人民防空工程设计规范	建标〔1995〕483	1995.11.7	1996.5.1	
16	GB 50226—95	铁路旅客车站建筑设计规范	建标〔1995〕632	1995.11.7	1996.5.1	
17	GB 50023—95	建筑抗震鉴定标准	建标〔1995〕776	1995.12.19	1996.6.1	TJ 23—77

续表

序号	标准编号	标准名称	批准文号	批准日期	实施日期	被替代标准编号
18	GB 50209—95	建筑地面工程施工及验收规范	建标〔1995〕777	1995.12.25	1996.6.1	GBJ 209—83
19	GB 50227—95	并联电容器装置设计规范	建标〔1995〕778	1995.12.25	1996.6.1	
20	GB 50054—95	低压配电设计规范	建标〔1995〕325	1995.12.26	1996.6.1	GBJ 54—83

1996年批准发布的国家标准

序号	标准编号	标准名称	批准文号	批准日期	实施日期	被替代标准编号
1	GB/T 50228—96	工程测量基本术语标准	建标〔1996〕336	1996.6.5	1996.12.1	
2	GB 50254—96	电气装置安装工程 低压电器施工及验收规范	建标〔1996〕337	1996.6.5	1996.12.1	GBJ 232—82
3	GB 50255—96	电气装置安装工程 电力变流设备施工及验收规范	建标〔1996〕337	1996.6.5	1996.12.1	GBJ 232—82
4	GB 50256—96	电气装置安装工程 起重机电气装置施工及验收规范	建标〔1996〕337	1996.6.5	1996.12.1	GBJ 232—82
5	GB 50257—96	电气装置安装工程 爆炸和火灾危险环境电气装置施工及验收规范	建标〔1996〕337	1996.6.5	1996.12.1	GBJ 232—82
6	GBJ 10—89	混凝土结构设计规范	公告第5号	1996.7.9	1997.1.1	局部修订
7	GB 50040—96	动力机器基础设计规范	建标〔1996〕428	1996.7.22	1997.1.1	GBJ 40—79
8	GB 50229—96	火力发电厂与变电所设计防火规范	建标〔1996〕429	1996.7.22	1997.1.1	
9	GB 50037—96	建筑地面设计规范	建标〔1996〕404	1996.7.26	1997.1.1	TJ 37—79
10	GB 50258—96	电气装置安装工程 1kV及以下配线工程施工及验收规范	建标〔1996〕475	1996.8.16	1997.2.1	
11	GB 50259—96	电气装置安装工程 电器照明装置施工及验收规范	建标〔1996〕475	1996.8.16	1997.2.1	

续表

序号	标准编号	标准名称	批准文号	批准日期	实施日期	被替代标准编号
12	GB 50261—96	自动喷水灭火系统施工及验收规范	建标〔1996〕527	1996.9.2	1997.3.1	
13	GB 50260—96	电力设施抗震设计规范	建标〔1996〕528	1996.9.2	1997.3.1	
14	GB 50092—96	沥青路面施工及验收规范	建标〔1996〕545	1996.9.24	1997.5.1	GBJ 92—86
15	GB 50023—95	建筑抗震鉴定标准	建标〔1996〕776	1996.11.3	1997.6.1	TJ 23—77

1997年批准发布的国家标准

序号	标准编号	标准名称	批准文号	批准日期	实施日期	被替代标准编号
1	GB 50263—97	气体灭火系统施工及验收规范	建标〔1997〕36	1997.2.24	1997.8.1	
2	GB 50264—97	工业设备及管道工程设计规范	建标〔1997〕72	1997.2.27	1997.10.1	
3	GB/T 50262—97	铁路工程基本术语标准	建标〔1997〕74	1997.4.22	1997.10.1	
4	GB/T 50265—97	泵站设计规范	建标〔1997〕134	1997.6.2	1997.9.1	
5	GBJ 15—88	建筑给水排水设计规范	公告第6号	1997.9.1	1998.1.1	局部修订
6	GBJ 16—87	建筑设计防火规范	公告第7号	1997.6.24	1997.9.1	局部修订
7	GB 50045—95	高层民用建筑设计防火规范	公告第8号	1997.6.24	1997.9.1	局部修订
8	GBJ 98—87	人民防空工程设计防火规范	公告第9号	1997.6.24	1997.9.1	局部修订
9	GBJ 140—90	建筑灭火器配置设计规范	公告第10号	1997.6.24	1997.9.1	局部修订
10	GB 50267—97	核电厂抗震设计规范	建标〔1997〕198	1997.7.31	1998.2.1	
11	GB/T 50083—97	建筑结构设计术语和符号标准	建标〔1997〕199	1997.7.31	1998.1.1	GBJ 83—85
12	GB/T 50269—97	地基动力特性测试规范	建标〔1997〕281	1997.9.12	1998.5.1	
13	GB 50235—97	工业金属管道工程施工及验收规范	建标〔1997〕278	1997.10.5	1998.5.1	GBJ 235—82

续表

序号	标准编号	标准名称	批准文号	批准日期	实施日期	被替代标准编号
14	GB 50268—97	给水排水管道工程施工及验收规范	建标〔1997〕279	1997.10.5	1998.5.1	
15	GB 50067—97	汽车库、修车库、停车场设计防火规范	建标〔1997〕280	1997.10.5	1998.5.1	GBJ 67—84
16	GB 50243—97	通风与空调工程施工及验收规范	建标〔1997〕313	1997.10.20	1998.5.1	GBJ 243—82
17	GB 50061—97	66kV及以下架空电力线路设计规范	建标〔1997〕329	1997.11.12	1998.6.1	GBJ 61—83
18	GBJ 13—86	室外给水设计规范	公告第11号	1997.12.5	1998.3.1	局部修订
19	GBJ 14—87	室外排水设计规范	公告第12号	1997.12.5	1998.3.1	局部修订

1998年批准发布的国家标准

序号	标准编号	标准名称	批准文号	批准日期	实施日期	被替代标准编号
1	GB 50089—98	民用爆破器材工厂设计安全规范	建标〔1998〕53	1998.3.24	1998.11.1	GBJ 89—85
2	GB 50028—93	城镇燃气设计规范	公告第13号	1998.4.1	1998.10.1	局部修订
3	GB 50094—98	球形储罐施工及验收规范	建标〔1998〕99	1998.5.6	1998.12.1	GBJ 94—86
4	GB 50280—98	城市规划基本术语标准	建标〔1998〕1	1998.8.13	1999.2.1	
5	GB 50282—98	城市给水工程规划规范	建标〔1998〕14	1998.8.20	1999.2.1	
6	GB 50231—98	机械设备安装工程施工及验收通用规范	建标〔1998〕9	1998.8.27	1998.12.1	TJ 231—75
7	GB 50270—98	连续输送设备安装工程施工及验收规范	建标〔1998〕9	1998.8.27	1998.12.1	
8	GB 50271—98	金属切削机床安装工程施工及验收规范	建标〔1998〕9	1998.8.27	1998.12.1	
9	GB 50272—98	锻压设备安装工程施工及验收规范	建标〔1998〕9	1998.8.27	1998.12.1	

续表

序号	标准编号	标准名称	批准文号	批准日期	实施日期	被替代标准编号
10	GB 50273—98	工业锅炉安装工程施工及验收规范	建标〔1998〕9	1998.8.27	1998.12.1	
11	GB 50274—98	制冷设备、空气分离设备安装工程施工及验收规范	建标〔1998〕9	1998.8.27	1998.12.1	GBJ 66—84
12	GB 50275—98	压缩机、风机、泵安装工程施工及验收规范	建标〔1998〕9	1998.8.27	1998.12.1	
13	GB 50276—98	破碎、粉磨设备安装工程施工及验收规范	建标〔1998〕9	1998.8.27	1998.12.1	
14	GB 50278—98	超重设备安装工程施工及验收规范	建标〔1998〕9	1998.8.27	1998.12.1	
15	GB 50277—98	铸造设备安装工程施工及验收规范	建标〔1998〕9	1998.8.27	1998.12.1	
16	GB 50285—98	调幅收音台和调频电视转播台与公路的防护间距标准	建标〔1998〕15	1998.9.3	1999.2.1	
17	GB 50284—98	飞机库设计防火规范	建标〔1998〕186	1998.9.30	1999.4.1	
18	GB 50281—98	泡沫灭火系统施工及验收规范	建标〔1998〕187	1998.9.30	1999.4.1	
19	GB 50286—98	堤防工程设计规范	建标〔1998〕185	1998.10.8	1998.10.15	
20	GB 50203—98	砌体工程施工及验收规范	建标〔1998〕234	1998.11.13	1999.6.1	GBJ 203—83
21	GB 50116—98	火灾自动报警系统设计规范	建标〔1998〕245	1998.12.7	1999.6.1	GBJ 116—88
22	GB 50289—98	城市工程管线综合规划规范	建标〔1998〕246	1998.12.7	1999.5.1	
23	GB 50098—98	人民防空工程设计防火规范	建标〔1998〕247	1998.12.7	1999.5.1	GBJ 98—87
24	GB/T 50095—98	水文基本术语和符号标准	建标〔1998〕251	1998.12.11	1999.5.1	GBJ 95—86
25	GB/T 50279—98	岩土工程基本术语标准	建标〔1998〕252	1998.12.11	1999.6.1	
26	GB 50236—98	现场设备、工业管道焊接工程施工及验收规范	建标〔1998〕253	1998.12.11	1999.6.1	GBJ 236—82

续表

序号	标准编号	标准名称	批准文号	批准日期	实施日期	被替代标准编号
27	GB 50290—98	土工合成材料应用技术规范	建标〔1998〕260	1998.12.22	1999.1.1	
28	GB 50181—93	蓄滞洪区建筑工程技术规范	公告第14号	1998.12.23	1999.1.15	局部修订
29	GBJ 108—87	地下工程防水技术规范	公告第15号	1998.12.23	1999.1.15	局部修订

1999年批准发布的国家标准

序号	标准编号	标准名称	批准文号	批准日期	实施日期	被替代标准编号
1	GB/T 50266—99	工程岩体试验方法标准	建标〔1999〕25	1999.1.22	1999.5.1	
2	GB/T 50291—99	房地产估价规范	建标〔1999〕48	1999.2.12	1999.6.1	
3	GB 50288—99	灌溉与排水工程设计规范	建标〔1999〕70	1999.3.2	1999.8.1	
4	GB 50287—99	水利水电工程地质勘察规范	建标〔1999〕69	1999.3.4	1999.8.1	
5	GB 50045—95	高层民用建筑设计防火规范	公告第20号	1999.3.8	1999.5.1	局部修订
6	GB 50090—99	铁路线路设计规范	建标〔1999〕71	1999.3.8	1999.7.1	GBJ 90—85
7	GB 50091—99	铁路车站及枢纽设计规范	建标〔1999〕71	1999.3.8	1999.7.1	GBJ 91—85
8	GB 50295—1999	水泥工厂设计规范	建标〔1999〕90	1999.3.8	1999.7.1	
9	GB 50160—92	石油化工企业设计防火规范	公告第21号	1999.3.17	1999.6.1	局部修订
10	GB 50096—1999	住宅设计规范	建标〔1999〕76	1999.3.24	1999.6.1	GBJ 96—86
11	GB 50222—95	建筑内部装修设计防火规范	公告第22号	1999.4.13	1999.6.1	局部修订
12	GB 50296—1999	供水管井技术规范	建标〔1999〕101	1999.4.13	1999.10.1	GBJ 13—66
13	GB/T 50294—1999	核电厂总平面及运输设计规范	建标〔1999〕146	1999.6.10	1999.10.1	
14	GB 50299—1999	地下铁道工程施工及验收规范	建标〔1999〕147	1999.6.10	1999.10.1	

续表

序号	标准编号	标准名称	批准文号	批准日期	实施日期	被替代标准编号
15	GB/T 50123—1999	土工试验方法标准	建标〔1999〕148	1999.6.10	1999.10.1	GBJ 123—88
16	GB 50293—1999	城市电力规划规范	建标〔1999〕149	1999.6.10	1999.10.1	
17	GB 50292—1999	民用建筑可靠性鉴定标准	建标〔1999〕150	1999.6.10	1999.10.1	
18	GB/T 50283—1999	公路工程结构可靠度设计统一标准	建标〔1999〕151	1999.6.10	1999.10.1	
19	GB 50298—1999	风景名胜区规划规范	建标〔1999〕267	1999.11.10	2000.1.1	
20	GB 50193—93	二氧化碳灭火系统设计规范	公告第23号	1999.11.17	2000.3.1	局部修订
21	GB 50307—1999	地下铁道、轻轨交通岩土工程勘察规范	建标〔1999〕318	1999.12.15	2000.6.1	
22	GB 50308—1999	地下铁道、轻轨交通工程测量规范	建标〔1999〕318	1999.12.15	2000.6.1	
23	GB 50297—1999	电力工程基本术语标准				

2000年批准发布的国家标准

序号	标准编号	标准名称	批准文号	批准日期	实施日期	被替代标准编号
1	GB 50313—2000	消防通信指挥系统设计规范	公告2000第1号	2000.2.22	2000.8.1	
2	GB/T 50311—2000	建筑与建筑群综合布线系统工程设计规范	公告2000第1号	2000.2.28	2000.8.1	
3	GB/T 50312—2000	建筑与建筑群综合布线系统工程验收规范	公告2000第1号	2000.2.28	2000.8.1	
4	GB/T 50314—2000	智能建筑设计标准	公告2000第1号	2000.7.3	2000.10.1	
5	GB/T 50315—2000	砌体工程现场检测技术标准	公告2000第1号	2000.7.6	2000.10.1	
6	GB 50057—94	建筑物防雷设计规范	公告第24号	2000.8.24	2000.10.1	局部修订
7	GB 50151—92	低倍数泡沫灭火系统设计规范	公告第25号	2000.8.25	2000.10.1	局部修订

续表

序号	标准编号	标准名称	批准文号	批准日期	实施日期	被替代标准编号
8	GB 50316—2000	工业金属管道设计规范	公告2000第2号	2000.9.30	2001.1.1	
9	GB 50317—2000	猪屠宰与分割车间设计规范	公告2000第2号	2000.9.30	2001.3.1	
10	GB 50318—2000	城市排水工程规划规范	建标〔2000〕282	2000.12.2	2001.6.1	
11	GB 50319—2000	建设工程监理规范	建标〔2000〕277	2000.12.7	2001.5.1	

2001年批准发布的国家标准

序号	标准编号	标准名称	批准文号	批准日期	实施日期	被替代标准编号
1	GB/T 50323—2001	城市建设档案著录规范	建标〔2001〕67	2001.3.5	2001.7.1	
2	GBJ 19—87	采暖通风与空气调节设计规范	公告第26号	2001.3.19	2001.4.1	局部修订
3	GB 50072—2001	冷库设计规范	建标〔2001〕88	2001.4.17	2001.6.1	GBJ 72—84
4	GBJ 16—87	建筑设计防火规范	公告第27号	2001.4.24	2001.5.1	局部修订
5	GB 50045—95	高层民用建筑设计防火规范	公告第28号	2001.4.24	2001.5.1	局部修订
6	GB 50222—95	建筑内部装修设计防火规范	公告第29号	2001.4.24	2001.5.1	局部修订
7	GB 50098—98	人民防空工程设计防火规范	公告第30号	2001.4.24	2001.5.1	局部修订
8	GB 50322—2001	粮食钢板筒仓设计规范	建标〔2001〕127	2001.6.13	2001.7.1	
9	GB 50320—2001	粮食平房仓设计规范	建标〔2001〕128	2001.6.13	2001.7.1	SBJ 03—89
10	GB 50108—2001	地下工程防水技术规范	建标〔2001〕140	2001.7.4	2001.12.31	GBJ 108—87 GBJ 208—83
11	GB 50027—2001	供水水文地质勘察规范	建标〔2001〕144	2001.7.4	2001.10.1	GBJ 27—88
12	GB 50214—2001	组合钢模板技术规范	建标〔2001〕155	2001.7.20	2001.10.1	GBJ 214—89
13	GB 50011—2001	建筑抗震设计规范	建标〔2001〕156	2001.7.20	2002.1.1	GBJ 11—89

序号	标准编号	标准名称	批准文号	批准日期	实施日期	被替代标准编号
14	GB 50300—2001	建筑工程施工质量验收统一标准	建标〔2001〕157	2001.7.20	2002.1.1	GBJ 300—88
15	GB 50086—2001	锚杆喷射混凝土支护技术规范	建标〔2001〕158	2001.7.20	2001.10.1	GBJ 86—85
16	GB/T 50100—2001	住宅建筑模数协调标准	建标〔2001〕171	2001.7.31	2001.11.1	GBJ 100—87
17	GB/T 50033—2001	建筑采光设计标准	建标〔2001〕172	2001.7.31	2001.11.1	GB 50033—91
18	GB 50324—2001	冻土工程地质勘察规范	建标〔2001〕198	2001.9.28	2001.12.1	
19	GB/T 50001—2001	房屋建筑制图统一标准	建标〔2001〕220	2001.11.1	2002.3.1	GBJ 1—86
20	GB/T 50103—2001	总图制图标准	建标〔2001〕220	2001.11.1	2002.3.1	GBJ 103—87
21	GB/T 50104—2001	建筑制图标准	建标〔2001〕220	2001.11.1	2002.3.1	GBJ 104—87
22	GB/T 50105—2001	建筑结构制图标准	建标〔2001〕220	2001.11.1	2002.3.1	GBJ 105—87
23	GB/T 50106—2001	给水排水制图标准	建标〔2001〕220	2001.11.1	2002.3.1	GBJ 106—87
24	GB/T 50114—2001	暖通空调制图标准	建标〔2001〕220	2001.11.1	2002.3.1	GBJ 114—88
25	GB 50210—2001	建筑装饰装修工程质量验收规范	建标〔2001〕221	2001.11.1	2002.3.1	GBJ 210—83
26	GB 50068—2001	建筑结构可靠度设计统一标准	建标〔2001〕230	2001.11.13	2002.3.1	GBJ 68—84
27	GB 50073—2001	洁净厂房设计规范	建标〔2001〕231	2001.11.13	2002.1.1	GBJ 73—84
28	GB 50327—2001	住宅装饰装修工程施工规范	建标〔2001〕266	2001.12.9	2002.5.1	
29	GB 50325—2001	民用建筑工程室内环境污染控制规范	建标〔2001〕263	2001.12.26	2002.5.1	

2002年批准发布的国家标准

序号	标准编号	标准名称	批准文号	批准日期	实施日期	被替代标准编号
1	GB 50021—2001	岩土工程勘察规范	建标〔2002〕7	2002.1.10	2002.3.1	GB 50021—94

续表

序号	标准编号	标准名称	批准文号	批准日期	实施日期	被替代标准编号
2	GB/T 50328—2001	建设工程文件归档整理规范	建标〔2002〕8	2002.1.10	2002.5.1	
3	GB 50003—2001	砌体结构设计规范	建标〔2002〕9	2002.1.10	2002.3.1	GBJ 3—88
4	GB 50009—2001	建筑结构荷载规范	建标〔2002〕10	2002.1.10	2002.3.1	GBJ 9—87
5	GB 50205—2001	钢结构工程施工质量验收规范	建标〔2002〕11	2002.1.10	2002.3.1	GB 50205—95
6	GB/T 50326—2001	建设工程项目管理规范	建标〔2002〕12	2002.1.10	2002.5.1	
7	GB 50007—2002	建筑地基基础设计规范	建标〔2002〕46	2002.2.10	2002.4.1	GBJ 7—89
8	GB 50010—2002	混凝土结构设计规范	建标〔2002〕47	2002.2.10	2002.4.1	GBJ 10—89
9	GB 50180—93	城市居住区规划设计规范	公告第31号	2002.3.11	2002.4.1	局部修订
10	GB 50196—93	高倍数、中倍数泡沫灭火系统设计规范	公告第31号	2002.3.12	2002.4.1	局部修订
11	GB 50203—2002	砌体工程施工质量验收规范	建标〔2002〕59	2002.3.15	2002.4.1	GB 50203—98
12	GB 50243—2002	通风与空调工程施工质量验收规范	建标〔2002〕60	2002.3.15	2002.4.1	GBJ 304—88
13	GB 50208—2002	地下防水工程质量验收规范	建标〔2002〕61	2002.3.15	2002.4.1	
14	GB 50242—2002	建筑给水排水及采暖工程施工质量验收规范	建标〔2002〕62	2002.3.15	2002.4.1	GBJ 242—82
15	GB 50204—2002	混凝土结构工程施工质量验收规范	建标〔2002〕63	2002.3.15	2002.4.1	GB 50204—92
16	GB 50207—2002	屋面工程质量验收规范	建标〔2002〕77	2002.4.1	2002.6.1	GB 50207—94
17	GB 50209—2002	建筑地面工程施工质量验收规范	建标〔2002〕78	2002.4.1	2002.6.1	GB 50209—95
18	GB50202—2002	建筑地基基础工程施工质量验收规范	建标〔2002〕79	2002.4.1	2002.5.1	GBJ 202—83
19	GB 50310—2001	电梯工程施工质量验收规范	建标〔2002〕80	2002.4.1	2002.6.1	GBJ 310—88 GB 50182—93

续表

序号	标准编号	标准名称	批准文号	批准日期	实施日期	被替代标准编号
20	GB 50303—2002	建筑电气工程施工质量验收规范	建标〔2002〕82	2002.4.1	2002.6.1	GBJ 303—88 GB 50258—96 GB 50259—96
21	GB 50206—2002	木结构工程施工质量验收规范	建标〔2002〕105	2002.4.25	2002.7.1	GBJ 206—83
22	GB/T 50329—2002	木结构试验方法标准	建标〔2002〕106	2002.4.15	2002.7.1	
23	GB 50156—2002	汽车加油加气站设计与施工规范	建标〔2002〕126	2002.5.29	2002.7.1	GB 50156—92
24	GB 50330—2002	建筑边坡工程技术规范	建标〔2002〕129	2002.5.30	2002.8.1	
25	GB 50028—93	城镇燃气设计规范	公告第51号	2002.6.26	2002.8.1	局部修订
26	GB/T 50331—2002	城市居民生活用水量标准	公告第60号	2002.9.26	2002.11.1	
27	GB 50018—2002	冷弯薄壁型钢结构技术规范	公告第63号	2002.9.27	2003.1.1	GBJ 18—87
28	GB 50003—2001（2002年版）	砌体结构设计规范	公告第67号	2002.9.27	2003.1.1	
29	GB 50333—2002	医院洁净手术部建筑技术规范	公告第90号	2002.11.26	2002.12.1	
30	GB 50069—2002	给水排水工程构筑物结构设计规范	公告第91号	2002.11.26	2003.3.1	GBJ 69—84
31	GB 50332—2002	给水排水工程管道结构设计规范	公告第92号	2002.11.26	2003.3.1	
32	GB 50212—2002	建筑防腐蚀工程施工及验收规范	公告第93号	2002.11.26	2003.3.1	GB 50212—91
33	GB 50071—2002	小型水力发电站设计规范	公告第94号	2002.11.26	2003.3.1	GBJ 71—84

2003年批准发布的国家标准

序号	标准编号	标准名称	批准文号	批准日期	实施日期	被替代标准编号
1	GB 50093—2002	自动化仪表工程施工及验收规范	公告第99号	2003.1.10	2003.3.1	GBJ 93—86
2	GB 50336—2002	建筑中水设计规范	公告第100号	2003.1.10	2003.3.1	
3	GB 50051—2002	烟囱设计规范	公告第101号	2003.1.10	2003.5.1	GBJ 51—83

序号	标准编号	标准名称	批准文号	批准日期	实施日期	被替代标准编号
4	GB/T 50081—2002	普通混凝土力学性能试验方法标准	公告第102号	2003.1.10	2003.6.1	GBJ 81—85
5	GB/T 50080—2002	普通混凝土拌合物性能试验方法标准	公告第103号	2003.1.10	2003.6.1	GBJ 80—85
6	GB 50335—2002	污水再生利用工程设计规范	公告第104号	2003.1.10	2003.3.1	
7	GB 50334—2002	城市污水处理厂工程质量验收规范	公告第105号	2003.1.10	2003.3.1	
8	GB 50074—2002	石油库设计规范	公告第106号	2003.1.10	2003.3.1	GBJ 74—84
9	GB 50500—2003	建设工程工程量清单计价规范	公告第119号	2003.2.17	2003.7.1	
10	GB 50261—2001	自动喷水灭火系统施工及验收规范	公告第135号	2003.3.28	2003.10.1	局部修订
11	GB 50015—2003	建筑给水排水设计规范	公告第138号	2003.4.15	2003.9.1	GBJ 15—88
12	GB 50029—2003	压缩空气站设计规范	公告第139号	2003.4.15	2003.6.1	GBJ 29—90
13	GB 50338—2003	固定消防炮灭火系统设计规范	公告第140号	2003.4.15	2003.8.1	
14	GB/T 50102—2003	工业循环水冷却设计规范	公告第141号	2003.4.15	2003.8.1	GBJ 102—87
15	GB 50096—1999	住宅设计规范	公告第142号	2003.4.21	2003.9.1	局部修订
16	GB 50032—2003	室外给水排水和燃气热力工程抗震设计规范	公告第145号	2003.4.25	2003.9.1	TJ 32—78
17	GB 50119—2003	混凝土外加剂应用设计规范	公告第146号	2003.4.25	2003.9.1	GBJ 119—88
18	GB 50017—2003	钢结构设计规范	公告第147号	2003.4.25	2003.12.1	GBJ 17—88
19	GB/T 50340—2003	老年人居住建筑设计标准	公告第149号	2003.5.28	2003.9.1	
20	GB 50157—2003	地铁设计规范	公告第158号	2003.5.30	2003.8.1	GB 50157—92
21	GB 50038—94	人民防空地下室设计规范	公告第153号	2003.6.3	2003.9.1	局部修订
22	GB 50253—2003	输油管道工程设计规范	公告第155号	2003.6.10	2003.10.1	
23	GB 50251—2003	输气管道工程设计规范	公告第156号	2003.6.10	2003.10.1	
24	GB 50339—2003	智能建筑工程质量验收规范	公告第159号	2003.7.1	2003.10.1	

序号	标准编号	标准名称	批准文号	批准日期	实施日期	被替代标准编号
25	GB 50337—2003	城市环境卫生设施规划规范	公告第178号	2003.9.10	2003.12.1	
26	GB 50341—2003	立式圆筒形钢制焊接油罐设计规范	公告第186号	2003.10.8	2003.12.1	
27	GB 50299—1999	地下铁道工程施工及验收规范	公告第187号	2003.10.24	2003.12.1	局部修订
28	GB 50005—2003	木结构设计规范	公告第189号	2003.10.26	2004.1.1	GBJ 5—88
29	GB 50342—2003	混凝土电视塔结构技术规范	公告第191号	2003.11.5	2004.1.1	
30	GB 50019—2003	采暖通风与空气调节设计规范	公告第192号	2003.11.5	2004.1.1	GBJ 19—87
31	GB 50077—2003	钢筋混凝土筒仓设计规范	公告第203号	2003.12.11	2004.1.1	GBJ 77—85

2004年批准发布的国家标准

序号	标准编号	标准名称	批准文号	批准日期	实施日期	被替代标准编号
1	GB 50025—2004	湿陷性黄土地区建筑规范	公告第213号	2004.3.1	2004.8.1	GB 50025—90
2	GB 50139—2004	内河通航标准	公告第214号	2004.3.1	2004.5.1	GBJ 139—90
3	GB 50343—2004	建筑物电子信息系统防雷技术规范	公告第215号	2004.3.1	2004.6.1	
4	GB 50345—2004	屋面工程技术规范	公告第230号	2004.4.7	2004.9.1	
5	GB 50134—2004	人民防空工程施工及验收规范	公告第245号	2004.6.18	2004.8.1	GBJ 134—90
6	GB 50223—2004	建筑工程抗震设防分类标准	公告第246号	2004.6.18	2004.10.1	GB 50223—95
7	GB 50034—2004	建筑照明设计标准	公告第247号	2004.6.18	2004.12.1	GB 50034—92
8	GB 50211—2004	工业炉砌筑工程施工及验收规范	公告第248号	2004.6.18	2004.8.1	
9	GB 50346—2004	生物安全实验室建筑技术规范	公告第252号	2004.8.3	2004.9.1	
10	GB/T 50344—2004	建筑结构检测技术标准	公告第265号	2004.9.2	2004.12.1	
11	GB 50347—2004	干粉灭火系统设计规范	公告第266号	2004.9.2	2004.11.1	

续表

序号	标准编号	标准名称	批准文号	批准日期	实施日期	被替代标准编号
12	GB 50348—2004	安全防范工程技术规范	公告第275号	2004.10.9	2004.12.1	
13	GB 50183—2004	石油天然气工程设计防火规范	公告第281号	2004.11.4	2005.3.1	GB 50183—93

2005年批准发布的国家标准

序号	标准编号	标准名称	批准文号	批准日期	实施日期	被替代标准编号
1	GB 50500—2003	建设工程工程量清单计价规范	公告第313号	2005.2.17	2005.6.1	局部修订
2	GB/T 50349—2005	建筑给水聚丙烯管道工程技术规范	公告第314号	2005.2.23	2005.4.1	
3	GB 50351—2005	储罐区防火堤设计规范	公告第317号	2005.3.17	2005.7.1	
4	GB 50189—2005	公共建筑节能设计标准	公告第319号	2005.4.4	2005.7.1	GB 50189—93
5	GB/T 50353—2005	建筑工程建筑面积计算规范	公告第326号	2005.4.15	2005.7.1	
6	GB 50354—2005	建筑内部装修防火施工及验收规范	公告第328号	2005.4.15	2005.8.1	
7	GB 50350—2005	油气集输设计规范	公告第329号	2005.4.15	2005.9.1	
8	GB 50177—2005	氢气站设计规范	公告第330号	2005.4.15	2005.10.1	GB 50177—93
9	GB/T 50358—2005	建设项目工程总承包管理规范	公告第325号	2005.5.9	2005.8.1	
10	GB 50352—2005	民用建筑设计通则	公告第327号	2005.5.9	2005.7.1	JGJ37—87
11	GB 50113—2005	滑动模板工程技术规范	公告第339号	2005.5.16	2005.8.1	GBJ 113—87
12	GB 50261—2005	自动喷水灭火系统施工及验收规范	公告第340号	2005.5.16	2005.7.1	GB 50261—96
13	GB/T 50355—2005	住宅建筑室内振动限值及其测量方法标准	公告第354号	2005.7.15	2005.10.1	
14	GB 50140—2005	建筑灭火器配置设计规范	公告第355号	2005.7.15	2005.10.1	GBJ 140—90
15	GB/T 50121—2005	建筑隔声评价标准	公告第356号	2005.7.15	2005.10.1	GBJ 121—88

序号	标准编号	标准名称	批准文号	批准日期	实施日期	被替代标准编号
16	GB 50197—2005	煤炭工业露天矿设计规范	公告第357号	2005.7.15	2005.10.1	GB 50197—94
17	GB 50357—2005	历史文化名城保护规划规范	公告第358号	2005.7.15	2005.10.1	
18	GB/T 50356—2005	剧场、电影院和多用途厅堂建筑声学设计规范	公告第359号	2005.7.15	2005.10.1	
19	GB 50084—2001	自动喷水灭火系统设计规范	公告第360号	2005.7.16	2005.10.1	局部修订
20	GB 50045—95（2001年版）	高层民用建筑设计防火规范	公告第361号	2005.7.16	2005.10.1	局部修订
21	GB 50233—2005	110～500kV架空送电线路施工及验收规范	公告第353号	2005.7.19	2005.10.1	GBJ 233—90
22	GB 50359—2005	煤炭洗选工程设计规范	公告第369号	2005.9.14	2006.1.1	
23	GB 50360—2005	水煤浆工程设计规范	公告第370号	2005.9.14	2006.1.1	
24	GB 50215—2005	煤炭工业矿井设计规范	公告第371号	2005.9.14	2006.1.1	
25	GB 50005—2003	木结构设计规范	公告第375号	2005.11.11	2006.3.1	局部修订
26	GB/T 50361—2005	木骨架组合墙体技术规范	公告第384号	2005.11.30	2006.3.1	
27	GB 50368—2005	住宅建筑规范	公告第385号	2005.11.30	2006.3.1	
28	GB 50366—2005	地源热泵系统工程技术规范	公告第386号	2005.11.30	2006.1.1	
29	GB/T 50362—2005	住宅性能评定技术标准	公告第387号	2005.11.30	2006.3.1	
30	GB 50365—2005	空调通风系统运行管理规范	公告第388号	2005.11.30	2006.3.1	
31	GB 50128—2005	立式圆筒形钢制焊接储罐施工及验收规范	公告第389号	2005.11.30	2006.3.1	GBJ 128—90
32	GB 50038—2005	人民防空地下室设计规范	公告第390号	2005.11.30	2006.3.1	GB 50038—94
33	GB 50225—2005	人民防空工程设计规范	公告第391号	2005.11.30	2006.3.1	GB 50225—95

续表

序号	标准编号	标准名称	批准文号	批准日期	实施日期	被替代标准编号
34	GB 50364—2005	民用建筑太阳能热水系统应用技术规范	公告第394号	2005.12.5	2006.1.1	
35	GB 50156—2002	汽车加油加气站设计与施工规范	公告第396号	2005.12.30	2006.3.1	局部修订

2006年批准发布的国家标准

序号	标准编号	标准名称	批准文号	批准日期	实施日期	被替代标准编号
1	GB 50369—2006	油气长输管道工程施工及验收规范	公告第407号	2006.1.18	2006.5.1	
2	GB 50371—2006	厅堂扩声系统设计规范	公告第408号	2006.1.18	2006.5.1	
3	GB 50014—2006	室外排水设计规范	公告第409号	2006.1.18	2006.6.1	GBJ 14—86
4	GB 50013—2006	室外给水设计规范	公告第410号	2006.1.18	2006.6.1	GBJ 13—86
5	GB 50370—2005	气体灭火系统设计规范	公告第412号	2006.3.2	2006.5.1	
6	GB/T 50378—2006	绿色建筑评价标准	公告第413号	2006.3.7	2006.6.1	
7	GB 50090—2006	铁路线路设计规范	公告第418号	2006.3.14	2006.6.1	GB 50090—99
8	GB 50091—2006	铁路车站及枢纽设计规范	公告第419号	2006.3.14	2006.6.1	GB 50091—99
9	GB 50325—2001	民用建筑工程室内环境污染控制规范	公告第428号	2006.4.10	2006.8.1	局部修订
10	GB/T 50363—2006	节水灌溉工程技术规范	公告第429号	2006.4.7	2006.9.1	
11	GB/T 50109—2006	工业用水软化除盐设计规范	公告第433号	2006.6.19	2006.11.1	GBJ 109—87
12	GB 50111—2006	铁路工程抗震设计规范	公告第434号	2006.6.19	2006.12.1	GBJ 111—87
13	GB 50381—2006	城市轨道交通自动售检票系统工程质量验收规范	公告第435号	2006.6.19	2006.11.1	
14	GB 50383—2006	煤矿井下消防、洒水设计规范	公告第436号	2006.6.19	2006.11.1	

序号	标准编号	标准名称	批准文号	批准日期	实施日期	被替代标准编号
15	GB 50382—2006	城市轨道交通通信工程质量验收规范	公告第437号	2006.6.20	2006.11.1	
16	GB 50150—2006	电气装置安装工程电气设备交接试验标准	公告第438号	2006.6.20	2006.11.1	GB 50150—91
17	GB 50281—2006	泡沫灭火系统施工及验收规范	公告第439号	2006.6.19	2006.11.1	GB 50281—98
18	GB 50367—2006	混凝土结构加固设计规范	公告第440号	2006.6.19	2006.11.1	
19	GB/T 50326—2006	建设工程项目管理规范	公告第449号	2006.6.26	2006.12.1	GB/T 50326—2001
20	GB 50016—2006	建筑设计防火规范	公告第450号	2006.7.12	2006.12.1	GBJ 16—87
21	GB 50028—2006	城镇燃气设计规范	公告第451号	2006.7.12	2006.11.1	GB 50028—93
22	GB 50253—2003	输油管道工程设计规范	公告第462号	2006.7.25	2006.11.1	局部修订
23	GB 50170—2006	电气装置安装工程旋转电机施工及验收规范	公告第464号	2006.7.20	2006.11.1	GB 50170—92
24	GB/T 50375—2006	建筑工程施工质量评价标准	公告第465号	2006.7.20	2006.11.1	
25	GB 50287—2006	水力发电工程地质勘察规范	公告第466号	2006.7.20	2006.11.1	GB 50287—99
26	GB 50169—2006	电气装置安装工程接地装置施工及验收规范	公告第467号	2006.7.20	2006.11.1	GB 50169—92
27	GB 50168—2006	电气装置安装工程电缆线路施工及验收规范	公告第468号	2006.7.20	2006.11.1	GB 50168—92
28	GB 50009—2001	建筑结构荷载规范	公告第458号	2006.7.25	2006.11.1	局部修订
29	GB 50385—2006	矿山井架设计规范	公告第470号	2006.8.24	2006.12.1	
30	GB 50388—2006	煤矿井下机车运输信号设计规范	公告第471号	2006.8.24	2006.12.1	
31	GB 50376—2006	橡胶工厂节能设计规范	公告第472号	2006.8.24	2006.11.1	

序号	标准编号	标准名称	批准文号	批准日期	实施日期	被替代标准编号
32	GB 50391—2006	油田注水工程设计规范	公告第473号	2006.8.24	2006.11.1	
33	GB 50188—2006	村镇规划标准	公告第474号	2006.8.24	2006.12.1	GB 50188—93
34	GB 50377—2006	选矿机械设备工程安装验收规范	公告第475号	2006.8.24	2007.2.1	
35	GB/T 50297—2006	电力工程基本术语标准	公告第476号	2006.8.24	2006.11.1	
36	GB/T 50379—2006	工程建设勘察企业质量管理规范	公告第483号	2006.9.26	2007.4.1	
37	GB/T 50380—2006	工程建设设计企业质量管理规范	公告第484号	2006.9.26	2007.4.1	
38	GB 50400—2006	建筑与小区雨水利用工程技术规范	公告第485号	2006.9.26	2007.4.1	
39	GB 50229—2006	火力发电厂与变电站设计防火规范	公告第486号	2006.9.26	2007.4.1	GB 50229—96
40	GB 50389—2006	750kV架空送电线路施工及验收规范	公告第487号	2006.9.26	2007.4.1	
41	GB 50386—2006	轧机机械设备工程安装验收规范	公告第489号	2006.9.26	2007.4.1	
42	GB/T 50392—2006	机械通风冷却塔工艺设计规范	公告第490号	2006.9.6	2007.4.1	
43	GB 50372—2006	炼铁机械设备工程安装验收规范	公告第491号	2006.9.6	2007.4.1	
44	GB 50390—2006	焦化机械设备工程安装验收规范	公告第492号	2006.9.6	2007.4.1	
45	GB 50387—2006	冶金机械液压、润滑和气动设备工程安装验收规范	公告第493号	2006.9.6	2007.4.1	
46	GB 50374—2006	通信管道工程施工及验收规范	公告第523号	2006.12.11	2007.5.1	
47	GB 50135—2006	高耸结构设计规范	公告第524号	2006.12.11	2007.5.1	GBJ 135—90
48	GB 50373—2006	通信管道与通道工程设计规范	公告第525号	2006.12.11	2007.5.1	
49	GB 50399—2006	煤炭工业小型矿井设计规范	公告第526号	2006.11.29	2007.5.1	
50	GB 50398—2006	无缝钢管工艺设计规范	公告第535号	2006.12.29	2007.6.1	

续表

序号	标准编号	标准名称	批准文号	批准日期	实施日期	被替代标准编号
51	GB/T 50314—2006	智能建筑设计标准	公告第536号	2006.12.29	2007.7.1	GB/T 50314—2000

2007年批准发布的国家标准

序号	名 称	类型	编 号	批准日期	实施日期
1	镇规划标准	修订	GB 50188—2007	2007.1.16	2007.5.1
2	建筑节能工程施工质量验收规范	制定	GB 50411—2007	2007.1.16	2007.10.1
3	气体灭火系统施工及验收规范	修订	GB 50263—2007	2007.1.24	2007.7.1
4	煤矿立井井筒及硐室设计规范	制定	GB 50384—2007	2007.1.24	2007.8.1
5	烧结机械设备工程安装验收规范	制定	GB 50402—2007	2007.1.24	2007.7.1
6	炼钢机械设备工程安装验收规范	制定	GB 50403—2007	2007.1.24	2007.7.1
7	消防通信指挥系统施工及验收规范	制定	GB 50401—2007	2007.2.27	2007.7.1
8	小型型钢轧钢工艺设计规范	制定	GB 50410—2007	2007.2.27	2007.7.1
9	烧结厂设计规范	制定	GB 50408—2007	2007.2.27	2007.7.1
10	民用爆破器材工程设计安全规范	修订	GB 50089—2007	2007.2.27	2007.8.1
11	入侵报警系统工程设计规范	制定	GB 50394—2007	2007.3.21	2007.8.1
12	视频安防监控系统工程设计规范	制定	GB 50395—2007	2007.3.21	2007.8.1
13	出入口控制系统工程设计规范	制定	GB 50396—2007	2007.3.21	2007.8.1
14	预应力混凝土路面工程技术规范	制定	GB 50422—2007	2007.3.26	2007.12.1
15	架空索道工程技术规范	修订	GB 50127—2007	2007.3.27	2007.12.1
16	综合布线系统工程设计规范	修订	GB 50311—2007	2007.4.6	2007.10.1
17	综合布线系统工程验收规范	修订	GB 50312—2007	2007.4.6	2007.10.1
18	冶金电气设备工程安装验收规范	制定	GB 50397—2007	2007.4.6	2007.10.1
19	钢铁工业资源综合利用设计规范	制定	GB 50405—2007	2007.4.6	2007.10.1
20	硬泡聚氨酯保温防水工程技术规范	制定	GB 50404—2007	2007.4.6	2007.10.1
21	喷灌工程技术规范	修订	GB/T 50085—2007	2007.4.6	2007.10.1
22	钢铁冶金企业设计防火规范	制定	GB 50414—2007	2007.4.13	2008.1.1
23	城市抗震防灾规划标准	制定	GB 50413—2007	2007.4.13	2007.11.1
24	水利工程工程量清单计价规范	制定	GB 50501—2007	2007.4.6	2007.7.1
25	厅堂音质模型试验规范	制定	GB/T 50412—2007	2007.4.17	2007.9.1
26	煤矿斜井井筒及硐室设计规范	制定	GB 50415—2007	2007.5.21	2007.12.1
27	煤矿井底车场硐室设计规范	制定	GB 50416—2007	2007.5.21	2007.12.1
28	城市绿地设计规范	制定	GB 50420—2007	2007.5.21	2007.10.1
29	煤矿井下热害防治设计规范	制定	GB 50418—2007	2007.5.21	2007.10.1
30	煤矿井下供配电设计规范	制定	GB 50417—2007	2007.5.21	2007.12.1

续表

序号	名　称	类型	编　号	批准日期	实施日期
31	印染工厂设计规范	制定	GB 50426—2007	2007.6.22	2007.12.1
32	有色金属矿山排土场设计规范	制定	GB 50421—2007	2007.6.22	2007.12.1
33	铁路旅客车站建筑设计规范	修订	GB 50226—2007	2007.6.22	2007.12.1
34	自动化仪表工程施工质量验收规范	修订	GB 50131—2007	2007.10.23	2008.5.1
35	火灾自动报警系统施工及验收规范	修订	GB 50166—2007	2007.10.23	2008.3.1
36	电力工程电缆设计规范	修订	GB 50217—2007	2007.10.23	2008.4.1
37	工业炉砌筑工程质量验收规范	修订	GB 50309—2007	2007.10.23	2008.4.1
38	钢铁工业环境保护设计规范	制定	GB 50406—2007	2007.10.23	2008.12.1
39	油气输送管道穿越工程设计规范	制定	GB 50423—2007	2007.10.23	2008.3.1
40	油气输送管道穿越工程施工规范	制定	GB 50424—2007	2007.10.23	2008.5.1
41	油田采出水处理设计规范	制定	GB 50428—2007	2007.10.23	2008.1.1
42	铝合金结构设计规范	制定	GB 50429—2007	2007.10.23	2008.3.1
43	工程建设施工企业质量管理规范	制定	GB/T 50430—2007	2007.10.23	2008.3.1
44	线材轧钢工艺设计规范	制定	GB 50436—2007	2007.10.23	2008.5.1
45	城市消防远程监控系统技术规范	制定	GB 50440—2007	2007.10.23	2008.1.1
46	石油化工设计能耗计算标准	制定	GB/T 50441—2007	2007.10.23	2008.4.1
47	水泥工厂节能设计规范	制定	GB 50443—2007	2007.10.23	2008.5.1
48	平板玻璃工厂设计规范	制定	GB 50435—2007	2007.10.25	2008.5.1
49	工业循环冷却水处理设计规范	修订	GB 50050—2007	2007.10.25	2008.5.1
50	地铁运营安全评价标准	制定	GB 50438—2007	2007.10.25	2008.5.1
51	工程测量规范	修订	GB 50026—2007	2007.10.25	2008.5.1
52	炼焦工艺设计规范	制定	GB 50432—2007	2007.10.25	2008.5.1
53	城镇老年人设施规划规范	制定	GB 50437—2007	2007.10.25	2008.5.1
54	煤矿巷道断面和交岔点设计规范	制定	GB 50419—2007	2007.12.24	2008.6.1
55	土的工程分类标准	修订	GB/T 50145—2007	2007.12.24	2008.6.1

2008年批准发布的国家标准

序号	名　称	类型	编　号	批准日期	实施日期
1	钢质石油储罐防腐蚀工程技术规范	制定	GB 50393—2008	2008.1.14	2008.7.1
2	高炉炼铁工艺设计规范	制定	GB 50427—2008	2008.1.14	2008.7.1
3	开发建设项目水土保持技术规范	制定	GB 50433—2008	2008.1.14	2008.7.1
4	开发建设项目水土流失防治标准	制定	GB 50434—2008	2008.1.14	2008.7.1
5	炼钢工艺设计规范	制定	GB 50439—2008	2008.1.14	2008.7.1
6	锅炉房设计规范	修订	GB 50041—2008	2008.2.3	2008.8.1
7	城市公共设施规划规范	制定	GB 50442—2008	2008.2.3	2008.7.1

序号	名　称	类型	编　号	批准日期	实施日期
8	工业金属管道设计规范	局部修订	GB 50316—2000	2008.2.3	2008.7.1
9	工业建筑防腐蚀设计规范	修订	GB 50046—2008	2008.3.10	2008.8.1
10	工业设备及管道绝热工程施工规范	修订	GB 50126—2008	2008.3.10	2008.8.1
11	城市轨道交通工程测量规范	修订	GB 50308—2008	2008.3.10	2008.8.1
12	村庄整治技术规范	制定	GB 50445—2008	2008.3.31	2008.8.1
13	盾构法隧道施工与验收规范	制定	GB 50446—2008	2008.3.31	2008.9.1
14	水泥基灌浆材料应用技术规范	制定	GB/T 50448—2008	2008.3.31	2008.8.1
15	电力装置的电测量仪表装置设计规范	修订	GB/T 50063—2008	2008.5.5	2008.11.1
16	建设工程工程量清单计价规范	修订	GB 50500—2008	2008.7.9	2008.12.1
17	建筑工程抗震设防分类标准	修订	GB 50223—2008	2008.7.30	2008.7.30
18	建筑抗震设计规范	局部修订	GB 50011—2001	2008.7.30	2008.7.30
19	建筑灭火器配置验收及检查规范	制定	GB 50444—2008	2008.8.13	2008.11.1
20	实验动物设施建筑技术规范	制定	GB 50447—2008	2008.8.13	2008.12.1
21	水泥工厂设计规范	修订	GB 50295—2008	2008.9.24	2009.1.1
22	烟囱工程施工及验收规范	修订	GB 50078—2008	2008.9.24	2009.2.1
23	古建筑防工业振动技术规范	制定	GB/T 50452—2008	2008.9.24	2009.1.1
24	石油化工建（构）筑物抗震设防分类标准	制定	GB 50453—2008	2008.9.24	2009.1.1
25	跨座式单轨交通设计规范	制定	GB 50458—2008	2008.9.24	2009.2.1
26	纺织工业企业环境保护设计规范	制定	GB 50425—2008	2008.10.15	2009.4.1
27	地下水封石洞油库设计规范	制定	GB 50458—2008	2008.10.15	2009.5.1
28	城市容貌标准	修订	GB 50449—2008	2008.10.15	2009.5.1
29	煤矿主要通风机站设计规范	制定	GB 50450—2008	2008.10.15	2009.3.1
30	煤矿井下排水泵站及排水管路设计规范	制定	GB 50451—2008	2008.10.15	2009.3.1
31	冶金工业岩土勘察原位测试规范	制定	GB/T 50480—2008	2008.10.15	2009.4.1
32	给水排水管道工程施工及验收规范	修订	GB 50268—2008	2008.10.15	2009.5.1
33	给水排水构筑物工程施工及验收规范	修订	GB 50141—2008	2008.10.15	2009.5.1
34	航空发动机试车台设计规范	制定	GB 50454—2008	2008.11.4	2009.6.1
35	工程建设标准体系（医药工程部分）	制定		2008.11.4	2008.11.4
36	工业建筑可靠性鉴定标准	修订	GB 50144—2008	2008.11.12	2009.5.1
37	工业结构可靠性设计统一标准	修订	GB 50153—2008	2008.11.12	2009.7.1
38	飞机库设计防火规范	修订	GB 50284—2008	2008.11.12	2009.7.1

序号	名　称	类型	编　号	批准日期	实施日期
39	电子信息系统机房设计规范	修订	GB 50174—2008	2008.11.12	2009.6.1
40	医药工业洁净厂房设计规范	制定	GB 50457—2008	2008.11.12	2009.6.1
41	石油化工静设备安装工程施工质量验收规范	制定	GB 50461—2008	2008.11.12	2009.5.1
42	电子信息系统机房施工及验收规范	制定	GB 50462—2008	2008.11.12	2009.6.1
43	混凝土结构耐久性设计规范	制定	GB/T 50476—2008	2008.11.12	2009.5.1
44	地下工程防水技术规范	修订	GB 50108—2008	2008.11.27	2009.5.1
45	钢制储罐地基基础设计规范	制定	GB 50473—2008	2008.11.27	2009.8.1
46	油气输送管道线路工程抗震技术规范	制定	GB 50470—2008	2008.11.27	2009.7.1
47	煤炭工业供热通风与空气调节设计规范	制定	GB/T 50466—2008	2008.11.27	2009.6.1
48	焊管工艺设计规范	制定	GB 50468—2008	2008.11.27	2009.7.1
49	隔振设计规范	制定	GB 50463—2008	2008.11.27	2009.6.1
50	石油化工全厂性仓库及堆场设计规范	制定	GB 50475—2008	2008.11.27	2009.7.1
51	水利水电工程地质勘察规范	制定	GB 50487—2008	2008.12.15	2009.8.1
52	3～110kV高压配电装置设计规范	修订	GB 50060—2008	2008.12.15	2009.6.1
53	煤矿瓦斯抽采工程设计规范	制定	GB 50471—2008	2008.12.15	2009.6.1
54	地热电站岩土工程勘察规范	制定	GB 50478—2008	2008.12.15	2009.8.1
55	煤炭工业矿区总体规划规范	制定	GB 50465—2008	2008.12.15	2009.8.1
56	电力装置的继电保护和自动装置设计规范	修订	GB/T 50062—2008	2008.12.15	2009.6.1
57	橡胶工厂环境保护设计规范	制定	GB 50469—2008	2008.12.15	2009.8.1
58	隔热耐磨衬里技术规范	制定	GB 50474—2008	2008.12.15	2009.7.1
59	电子工业洁净厂房设计规范	制定	GB 50472—2008	2008.12.15	2009.7.1
60	并联电容器装置设计规范	修订	GB 50227—2008	2008.12.15	2009.6.1
61	微电子生产设备安装工程施工及验收规范	制定	GB 50467—2008	2008.12.15	2009.7.1
62	视频显示系统工程技术规范	制定	GB 50464—2008	2008.12.15	2009.6.1
63	油气输送管道跨越工程施工规范	制定	GB 50460—2008	2008.12.15	2009.6.1
64	石油化工企业设计防火规范	修订	GB 50160—2008	2008.12.30	2009.7.1
65	石油化工建设工程施工安全技术规范	制定	GB 50484—2008	2008.12.30	2009.6.1

2009年批准发布的国家标准

序号	名　称	类型	编　号	批准日期	实施日期	公告号
1	地源热泵系统工程技术规范	局部修订	GB 50366—2005	2009.3.10	2009.6.1	234
2	城市轨道交通技术规范	制定	GB 50490—2009	2009.2.23	2009.10.1	250
3	钢铁厂工业炉设计规范	制定	GB 50486—2009	2009.2.23	2009.9.1	251
4	铝加工厂工艺设计规范	制定	GB 50482—2009	2009.2.23	2009.11.1	252
5	油气输送管道跨越工程设计规范	制定	GB 50459—2009	2009.2.23	2009.12.1	253
6	金属切削机床安装工程施工及验收规范	制定	GB 50271—2009	2009.2.23	2009.10.1	254
7	机械设备安装工程施工及验收通用规范	修订	GB 50231—2009	2009.2.23	2009.10.1	255
8	聚酯工厂设计规范	制定	GB 50492—2009	2009.2.23	2009.11.1	256
9	化工建设项目环境保护设计规范	制定	GB 50483—2009	2009.2.23	2009.10.1	257
10	石油化工可燃气体和有毒气体检测报警设计规范	制定	GB 50483—2009	2009.2.23	2009.10.1	258
11	锻压设备安装工程施工及验收规范	修订	GB 50231—2009	2009.2.23	2009.10.1	259
12	化工企业总图运输设计规范	制定	GB 50489—2009	2009.3.19	2009.10.1	260
13	腈纶工厂设计规范	制定	GB 50488—2009	2009.3.19	2009.11.1	261
14	太阳能供热采暖工程技术规范	制定	GB 50488—2009	2009.3.17	2009.8.1	262
15	微灌工程技术规范	制定	GB/T 50485—2009	2009.3.19	2009.12.1	263
16	锅炉安装工程施工及验收规范	修订	GB 50273—2009	2009.3.19	2009.12.1	264
17	地下及覆土火炸药仓库设计安全规范	修订	GB 50154—2009	2009.3.31	2009.12.1	290
18	城镇燃气技术规范	制定	GB 50494—2009	2009.3.19	2009.12.1	291
19	建筑基坑工程监测技术规范	制定	GB 50497—2009	2009.3.19	2009.12.1	291
20	猪屠宰与分割车间设计规范	制定	GB 50317—2009	2009.5.4	2009.10.1	298
21	民用建筑设计术语标准	制定	GB/T 50504—2009	2009.5.13	2009.12.1	302
22	矿山电力设计规范	修订	GB 50070—2009	2009.5.13	2009.12.1	303
23	固定消防炮灭火系统施工与验收规范	制定	GB 50498—2009	2009.5.13	2009.12.1	304
24	建筑施工组织设计规范	制定	GB/T 50502—2009	2009.5.13	2009.10.1	305

序号	名　称	类型	编　号	批准日期	实施日期	公告号
25	人民防空工程设计防火规范	修订	GB 50098—2009	2009.5.13	2009.10.1	306
26	纺织工业企业职业安全卫生设计规范	制定	GB 50477—2009	2009.5.13	2009.11.1	307
27	冶金露天矿准轨铁路设计规范	制定	GB 50501—2009	2009.5.13	2009.10.1	308
28	麻纺织工厂设计规范	制定	GB 50499—2009	2009.5.13	2009.10.1	309
29	大体积混凝土施工规范	制定	GB 50496—2009	2009.5.13	2009.10.1	310
30	棉纺织工厂设计规范	制定	GB 50481—2009	2009.5.13	2009.10.1	311
31	岩土工程勘察规范	局部修订	GB 50021—2001	2009.5.19	2009.7.1	314
32	建筑抗震鉴定标准	修订	GB 50023—2009	2009.6.5	2009.7.1	322
33	铁路工程抗震设计规范	局部修订	GB 50111—2006	2009.6.17	2009.12.1	329
34	高炉煤气干法袋式除尘设计规范	制定	GB 50505—2009	2009.6.17	2009.12.1	358
35	泵站更新改造技术规范	制定	GB/T 50510—2009	2009.6.17	2010.2.1	357
36	城市水系规划规范	制定	GB 50513—2009	2009.6.17	2009.12.1	359
37	铁矿球团工程设计规范	制定	GB 50491—2009	2009.6.17	2009.12.1	360
38	灌区规划规范	制定	GB/T 50509—2009	2009.6.17	2009.12.1	361
39	钢铁企业节水设计规范	制定	GB 50506—2009	2009.6.17	2009.12.1	362
40	维纶工厂设计规范	制定	GB 50529—2009	2009.8.10	2009.12.1	374
41	烧结砖瓦工厂节能设计规范	制定	GB 50528—2009	2009.8.10	2009.12.1	375
42	平板玻璃工厂节能设计规范	制定	GB 50527—2009	2009.8.10	2009.12.1	379
43	建筑给水排水设计规范	局部修订	GB 50015—2003	2009.10.20	2010.4.1	409
44	石油化工厂区管线综合技术规范	制定	GB 50542—2009	2009.11.11	2010.7.1	438
45	有色金属企业总图运输设计规范	制定	GB 50544—2009	2009.11.11	2010.7.1	434
46	建筑卫生陶瓷工厂节能设计规范	制定	GB 50543—2009	2009.11.11	2010.7.1	435
47	烟花爆竹工程设计安全规范	修订	GB 50161—2009	2009.11.11	2010.7.1	433
48	供配电系统设计规范	修订	GB 50052—2009	2009.11.11	2010.7.1	437
49	钢铁企业原料场工艺设计规范	制定	GB 50541—2009	2009.11.11	2010.7.1	436

续表

序号	名　称	类型	编　号	批准日期	实施日期	公告号
50	核工业铀水冶厂尾矿库、尾渣库安全设计规范	制定	GB 50520—2009	2009.11.30	2010.4.1	452
51	油气输送管道工程测量规范	制定	GB/T 50539—2009	2009.11.30	2010.6.1	448
52	核工业铀矿冶工程设计规范	制定	GB 50521—2009	2009.11.30	2010.4.1	451
53	油气田工程测量规范	制定	GB/T 50537—2009	2009.11.30	2010.6.1	450
54	石油天然气站内工艺管道工程施工规范	制定	GB 50540—2009	2009.11.30	2010.6.1	447
55	城市轨道交通线网规划编制标准	制定	GB/T 50546—2009	2009.11.30	2010.6.1	455
56	普通混凝土长期性能和耐久性能试验方法标准	修订	GB/T 50082—2009	2009.11.30	2010.7.1	454
57	核电厂建设工程监理规范	制定	GB/T 50522—2009	2009.11.30	2010.4.1	453
58	工业电视系统工程设计规范	修订	GB 50115—2009	2009.11.30	2010.6.1	449

二、全国统一的工程计价定额目录

序号	定额名称	定额号
一	仿古建筑及园林工程预算定额	88建标字第451号
1	通用项目	
2	营造法源作法项目	
3	营造则例作法项目	
4	园林绿化工程	
二	全国统一房屋修缮工程预算定额	
1	土建分册（上）	GYD-601-95
2	土建分册（中）	GYD-601-95
3	土建分册（下）	GYD-601-95
4	古建筑分册（唐）	GYD-602-95
5	古建筑分册（宋）	GYD-602-95
6	古建筑分册（明清·上）	GYD-602-95
7	古建筑分册（明清·中）	GYD-602-95
8	古建筑分册（明清·下）	GYD-602-95
9	暖通分册（上）	GYD-603-95
10	暖通分册（下）	GYD-603-95

序号	定额名称	定额号
11	电气分册（上）	GYD-604-95
12	电气分册（下）	GYD-604-95
13	电梯	GYD-605-95
14	附录	
15	工程量计算规则	GYDGZ-601-95～605-95
三	全国统一建筑工程基础定额	GJD-101-95
1	土建上册	
2	土建下册	
四	全国统一建筑工程预算工程量计算规则	GJDGZ-101-95
五	全国市政工程投资估算指标	
1	上册	HGZ47-101-96
2	中册	HGZ47-102-96
3	下册	HGZ47-103-96
六	全国统一城镇控制爆破工程、硐室大爆破工程预算定额	GYD-102-98
七	全国统一施工机械台班费用定额	建标〔1998〕57号
八	全国统一安装工程施工仪器仪表台班费用定额	GFD-201-1999
九	全国统一市政工程预算定额	
1	通用项目	GYD-301-1999
2	道路工程	GYD-302-1999
3	桥涵工程	GYD-303-1999
4	隧道工程	GYD-304-1999
5	给水工程	GYD-305-1999
6	排水工程	GYD-306-1999
7	燃气与集中供热工程	GYD-307-1999
8	路灯工程	GYD-308-1999
9	地铁工程	GYD-309-1999
十	全国统一建筑安装工程工期定额	建标〔2000〕38号
十一	全国统一安装工程预算定额	
1	机械设备安装工程	GYD-201-2000
2	电气设备安装工程	GYD-202-2000
3	热力设备安装工程	GYD-203-2000
4	炉窑砌筑工程	GYD-204-2000
5	静置设备与工艺金属结构制作安装工程	GYD-205-2000
6	工业管道工程	GYD-206-2000
7	消防及安全防范设备安装工程	GYD-207-2000
8	给排水、采暖、燃气工程	GYD-208-2000

序号	定额名称	定额号
9	通风空调工程	GYD-209-2000
10	自动化控制仪表安装工程	GYD-210-2000
11	刷油、防腐蚀、绝热工程	GYD-211-2000
12	通信设备及线路工程	GYD-212-2000
13	建筑智能化系统设备安装工程	GYD-213-2000
十二	全国统一安装工程预算工程量计算规则	GYDGZ-201-2000
十三	全国统一建筑装饰装修工程消耗量定额	GYD-901-2002
十四	建筑工程建筑面积计算规范	GB/T 50353-2005
十五	全国统一安装工程基础定额	
1	焊接	GJD-201-2006
2	切割、坡口加工	GJD-202-2006
3	刷油绝热与防腐蚀	GJD-203-2006
4	检验、试验、吹扫与清洗	GJD-204-2006
5	吊装与水平运输	GJD-205-2006
6	管道组对、安装	GJD-206-2006
7	设备制作、组对、安装（上册）	GJD-207-2006
8	设备制作、组对、安装（下册）	GJD-207-2006
9	炉窑砌筑工程	GJD-208-2006
10	电气设备、自动化控制仪表安装工程	GJD-209-2006
十六	城市轨道交通工程设计概预算编制办法	建标〔2006〕279号
十七	市政工程投资结算编制办法	建标〔2007〕164号
十八	城镇市容环境卫生劳动定额	HLD47-101-2008
十九	城市轨道交通预算定额	GCG103-2008
二十	建设工程工程量清单计价规范	GB 20500-2008
二十一	建设工程劳动定额	LD/T72.1～72.11-2008 LD/T99.1、99.4～99.8、 99.12～99.13-2008 LD/T73.1～73.4-2008 LD/T74.1～74.4-2008 LD/T75.1～75.3-2008

住房和城乡建设领域适用土地政策文献目录

发布时间	文件题名、文号	编录载体
1950年6月24日	铁路沿线留用土地办法	房产通讯杂志社编《国家房地产政策文件选编（1948～1981）》第321页
1950年6月28日	中华人民共和国土地改革法	房产通讯杂志社编《国家房地产政策文件选编（1948～1981）》第309页
1950年9月16日	政务院关于铁路留用土地办法的几点解释	房产通讯杂志社编《国家房地产政策文件选编（1948～1981）》第322页
1950年11月21日	城市郊区土地改革条例	中央文献出版社《建国以来重要文献选编》第469页；房产通讯杂志社编《国家房地产政策文件选编（1948～1981）》第314页
1950年11月25日	内务部关于镇发土地房产所有证的指示	房产通讯杂志社编《国家房地产政策文件选编（1948～1981）》第314页
1953年12月7日	中共中央为贯彻政务院《国家建设征用土地办法》给各级党委的指示	中央文献研究室《建国以来重要文献选编》第645页
1954年2月24日	政务院关于对国营企业、机关、部队、学校等占用市郊土地征收土地使用费或租金问题的批复（政财习字第15号）	房产通讯杂志社编《国家房地产政策文件选编（1948～1981）》第335页
1954年4月27日	内务部关于执行国家建设征用土地办法中几个问题的综合答复（内地（54）字第30号）	房产通讯杂志社编《国家房地产政策文件选编（1948～1981）》第327页
1954年5月31日	内务部关于城市郊区农民变更使用国有土地的问题（内地密（54）字第54号）	房产通讯杂志社编《国家房地产政策文件选编（1948～1981）》第319页
1954年8月8日	内务部答复关于国营企业、公私合营企业及私营企业等征用私有土地及使用国有土地交纳契税或租金的几个问题（内地密字第13号）	房产通讯杂志社编《国家房地产政策文件选编（1948～1981）》第336页
1954年9月22日	政务院关于变更国家建设征用土地办法中部分审核批准权限问题的通知（（54）政政习字第84号）	房产通讯杂志社编《国家房地产政策文件选编（1948～1981）》第329页
1955年5月7日	国务院关于农村土地的移转及契税工作的通知（（55）国五办云字第65号）	房产通讯杂志社编《国家房地产政策文件选编（1948～1981）》第320页
1955年11月16日	内务部关于对执行国家建设征用土地办法中几个问题的第二次综合答复（内民（55）字第235号）	房产通讯杂志社编《国家房地产政策文件选编（1948～1981）》第330页

发布时间	文件题名、文号	编录载体
1956年1月24日	国务院关于纠正与防止国家建设征用土地中浪费现象的通知	房产通讯杂志社编《国家房地产政策文件选编(1948～1981)》第337页
1958年1月6日	国家建设征用土地办法(议法字1号)	房产通讯杂志社编《国家房地产政策文件选编(1948～1981)》第323页
1958年1月7日	国务院陶希晋副秘书长关于国家建设征用土地办法修正草案的说明	房产通讯杂志社编《国家房地产政策文件选编(1948～1981)》第332页
1962年10月13日	国务院对广西处理征用土地中有关问题的批复	房产通讯杂志社编《国家房地产政策文件选编(1948～1981)》第339页
1973年6月18日	国家计委、国家建委关于贯彻执行国务院有关在基本建设中节约用地的指示的通知((73)建革综字第364号)	房产通讯杂志社编《国家房地产政策文件选编(1948～1981)》第340页
1980年7月26日	国务院关于中外合营企业建设用地的暂行规定(国发〔1980〕201号)	房产通讯杂志社编《国家房地产政策文件选编(1948～1981)》第342页
1981年4月17日	国务院关于制止农村建房侵占耕地的紧急通知(国发〔1981〕57号)	城乡建设环境保护部办公厅编《城乡建设环境保护部文件汇编(1982～1984)》第631页
1981年5月6日	国家劳动总局、国家城市建设总局、公安部、工商行政管理总局关于解决发展城镇集体经济和个体经济所需场地问题的通知((81)劳总劳字第27号)	房产通讯杂志社编《国家房地产政策文件选编(1948～1981)》第344页
1982年2月13日	国务院关于发布《村镇建房用地管理条例》的通知(国发(1982)29号)	城乡建设环境保护部城市住宅局编《国家房地产政策文件选编(1982～1984)》第271页
1982年5月14日	国务院关于公布《国家建设征用土地条例》的通知(国发〔1982〕80号)	城乡建设环境保护部城市住宅局编《国家房地产政策文件选编(1982～1984)》第274页
1982年10月29日	中共中央办公厅、国务院办公厅转发书记处农村政策研究室、城乡建设环境保护部《关于切实解决滥占耕地建房问题的报告》(中办发〔1982〕39号)	城乡建设环境保护部办公厅编《城乡建设环境保护部文件汇编(1982～1984)》第654页
1982年12月20日	国务院关于保护铁路设施确保铁路运输安全畅通的通知(国发〔1982〕151号)	城乡建设环境保护部城市住宅局编《国家房地产政策文件选编(1982～1984)》第280页
1983年11月19日	国务院关于制止买卖租赁土地的通知(国发〔1983〕182号)	城乡建设环境保护部城市住宅局编《国家房地产政策文件选编(1982～1984)》第282页
1984年5月29日	城乡建设环境保护部关于加强城市土地管理工作的通知((84)城研字第320号)	城乡建设环境保护部城市住宅局编《国家房地产政策文件选编(1982～1984)》第283页

续表

发布时间	文件题名、文号	编录载体
1984年12月25日	农牧渔业部、国家计划委员会、城乡建设环境保护部印发《关于征用土地费实行包干使用暂行办法》的通知((84)农(土)字30号)	城乡建设环境保护部城市住宅局编《国家房地产政策文件选编(1982~1984)》第284页
1985年8月2日	城乡建设环境保护部《关于建立健全城市地政管理机构的通知》((85)城住字第428号)	建设部房地产业司编《国家房地产政策文件选编(1985~1987)》第153页
1986年3月21日	中共中央、国务院《关于加强土地管理制止乱占耕地的通知》(中发〔1986〕7号)	建设部房地产业司编《国家房地产政策文件选编(1985~1987)》第154页
1986年6月25日	中华人民共和国土地管理法(第六届全国人民代表大会常务委员会第十六次会议通过)	建设部房地产业司编《国家房地产政策文件选编(1985~1987)》第147页
1986年11月29日	城乡建设环境保护部、国家体委关于颁发《城市公共体育运动设施用地定额指标暂行规定》的通知	建设部房地产业司编《国家房地产政策文件选编(1985~1987)》第719页
1987年4月1日	中华人民共和国耕地占用税暂行条例	建设部体改法规司编《中华人民共和国建设法规汇编(1949~1988)》第1329页
1987年11月1日	国家计委、国家土地管理局关于印发《关于编制建设项目用地定额指标的几点意见》的通知	建设部体改法规司编《中华人民共和国建设法规汇编(1949~1988)》第642页
1988年7月12日	中华人民共和国城镇土地使用税暂行条例	建设部体改法规司编《中华人民共和国建设法规汇编(1949~1988)》第1343页
1988年8月9日	国务院常务会议纪要(13)	建设部房地产业司编《国家房地产政策文件选编(1988~1990)》第97页
1988年9月28日	建设部《关于做好城市土地出让工作的通知》((88)建房字第250号)	建设部房地产业司编《国家房地产政策文件选编(1988~1990)》第98页
1988年11月22日	国家土地管理局关于印发《关于国家建设用地审批工作的暂行规定》的通知(〔1988〕国土(建)字第169号)	建设部房地产业司编《国家房地产政策文件选编(1988~1990)》第108页
1988年12月29日	全国人大常委会关于修改《中华人民共和国土地管理法》的决定(第七届全国人民代表大会常务委员会第五次会议通过)	建设部房地产业司编《国家房地产政策文件选编(1988~1990)》第118页
1989年5月12日	国务院《关于加强国有土地使用权有偿出让收入管理的通知》(国发〔1989〕38号)	城乡建设环境保护部办公厅编《城乡建设环境保护部文件汇编(1982~1984)》第684页

发布时间	文件题名、文号	编录载体
1989年5月27日	建设部关于《土地管理法》执行中有关问题的报告((89)建房字第260号)	建设部房地产业司编《国家房地产政策文件选编(1988～1990)》第119页
1989年7月5日	国家土地管理局印发《关于确定土地权属问题的若干意见》的通知(〔1989〕国土(籍)字第73号)	建设部房地产业司编《国家房地产政策文件选编(1988～1990)》第111页
1989年7月22日	国务院《关于出让国有土地使用权批准权限的通知》(国发〔1989〕49号)	建设部房地产业司编《国家房地产政策文件选编(1988～1990)》第99页
1989年9月13日	建设部关于对江苏省建委《关于土地管理局要求建立土地开发公司的请示报告》的批复((89)建房字第423号)	建设部房地产业司编《国家房地产政策文件选编(1988～1990)》第121页
1990年1月3日	国务院批转国家土地管理局关于加强农村宅基地管理工作请示的通知(国发〔1990〕4号)	建设部房地产业司编《国家房地产政策文件选编(1988～1990)》第122页
1990年1月19日	国务院批转国家土地管理局关于部分地方政府越权批地情况报告的通知(国发〔1990〕8号)	建设部房地产业司编《国家房地产政策文件选编(1988～1990)》第115页
1990年5月19日	中华人民共和国城镇国有土地使用权出让和转让暂行条例(国务院第55号令)	建设部房地产业司编《国家房地产政策文件选编(1988～1990)》第100页
1990年5月19日	外商投资开发经营成片土地暂行管理办法(国务院第56号令)	建设部房地产业司编《国家房地产政策文件选编(1988～1990)》第105页
1991年1月4日	中华人民共和国土地管理法实施条例(国务院第73号令)	建设部体改法规司编《中华人民共和国建设法规汇编(1991～1992)》第476页
1991年8月23日	建设部关于加强城镇国有土地经营管理的通知(建房〔1991〕548号)	建设部体改法规司编《中华人民共和国建设法规汇编(1991～1992)》第317页
1991年11月10日	建设部关于搞好规划加强管理正确引导城市土地出让转让和开发活动的通知(建规〔1992〕761号)	建设部办公厅编《中华人民共和国建设部文件汇编(1991～1992)》第814页
1991年12月4日	建设部颁布城市国有土地使用权出让转让规划管理办法(建设部第22号令)	建设部办公厅编《中华人民共和国建设部文件汇编(1991～1992)》第816页
1991年12月12日	国家土地管理局关于对土地权属争议处理问题答复的函(〔1991〕国土函字第186号)	中国房地产杂志社编《国家房地产政策文件选编(1991～1993)》第103页
1992年3月8日	划拨土地使用权管理暂行办法(国家土地管理局第1号令)	中国房地产杂志社编《国家房地产政策文件选编(1991～1993)》第96页

发布时间	文件题名、文号	编录载体
1992年4月27日	国家物价局、建设部关于解决在房地产交易中国有土地收益流失问题的通知（价费字第192号文）	建设部体改法规司编《中华人民共和国建设法规汇编（1991～1992年）》第343页
1992年5月13日	国家土地管理局印发《关于地籍管理几个问题处理意见》的通知（〔1992〕国土〔籍〕字第46号）	中国房地产杂志社编《国家房地产政策文件选编（1991～1993）》第100页
1992年7月9日	国家土地管理局、国家体制改革委员会《股份制试点企业土地资产管理暂行规定》（〔1992〕国土〔籍〕字第66号）	建设部体改法规司编《中华人民共和国建设法规汇编（1991～1992年）》第585页
1992年11月2日	国家土地管理局关于划拨土地使用权补办出让手续及办理土地登记程序的通知（〔1992〕国土〔办〕字第150号）	中国房地产杂志社编《国家房地产政策文件选编（1991～1993）》第102页
1993年9月30日	建设部房地产业司对《关于确定直管国有房屋土地使用权问题的请示》的答复（（93）建房管字第32号）	中国房地产杂志社编《国家房地产政策文件选编（1991～1993）》第110页
1993年10月9日	建设部关于国有直管公房的土地使用权登记有关问题的通知（建房〔1993〕第739号）	建设部办公厅编《中华人民共和国建设部文件汇编（1993～1994）》第742页
1993年12月13日	中华人民共和国土地增值税暂行条例（国务院令第138号）	建设部办公厅编《中华人民共和国建设部文件汇编（1993～1994）》第966页
1994年12月3日	股份有限公司土地使用权管理暂行规定（国土法字〔1994〕第153号）	中国计划出版社出版《中国城镇住房制度改革全书》第1146页
1995年1月27日	中华人民共和国土地增值税暂行条例实施细则（财政部财法字〔1995〕第6号）	中国房地产杂志社编《国家房地产政策文件选编（1994～1997）》第571页
1995年1月30日	财政部、国家土地管理局《关于做好中央部门所属外商投资企业场地使用费入库管理有关问题的通知》（财工字〔1996〕第23号）	中国房地产杂志社编《国家房地产政策文件选编（1994～1997）》第607页
1995年3月11日	确定土地所有权和使用权的若干规定（国土籍字〔1995〕第26号）	中国计划出版社出版《中国城镇住房制度改革全书》第1148页
1995年3月11日	国家土地管理局关于贯彻《城市房地产管理法》若干问题的批复（国土批〔1995〕第13号）	中国房地产杂志社编《国家房地产政策文件选编（1994～1997）》第578页
1995年3月25日	国家土地管理局关于全面清理非农业建设闲置土地的通知（国土〔建〕字〔1995〕第31号）	中国房地产杂志社编《国家房地产政策文件选编（1994～1997）》第580页

续表

发布时间	文件题名、文号	编录载体
1995年5月21日	国家土地管理局、国家计委关于对具备土地价格评估资格的中介服务机构进行确认的通知（国土〔籍〕字〔1995〕第71号）	中国房地产杂志社编《国家房地产政策文件选编（1994～1997）》第582页
1995年5月25日	财政部、国家税务总局发布土地增值税问题17项规定（财税字〔1995〕48号）	中国房地产杂志社编《国家房地产政策文件选编（1994～1997）》第575页
1995年6月28日	协议出让国有土地使用权最低价确定办法（国家土地管理局〔1995〕第2号令）	中国计划出版社出版《中国城镇住房制度改革全书》第1147页
1995年7月20日	国家土地管理局对河北省土地管理局《关于行政划拨土地使用权转让的审批权问题的请示》的批复（国土批〔1995〕第37号）	中国房地产杂志社编《国家房地产政策文件选编（1994～1997）》第584页
1995年7月21日	国家土地局关于印发《国家土地管理局关于非农建设的集体土地交易应征为国有的试点方案》的通知（国土〔法〕字〔1995〕第104号）	中国房地产杂志社编《国家房地产政策文件选编（1994～1997）》第585页
1995年8月16日	财政部、国家土地管理局、国家国有资产管理局关于认真做好清产核资中土地清查估价工作的紧急通知（财清字〔1995〕第14号）	中国房地产杂志社编《国家房地产政策文件选编（1994～1997）》第587页
1995年10月8日	财政部关于国有企业清产核资中土地估价有关财务处理问题的通知（财工字〔1995〕第108号）	中国房地产杂志社编《国家房地产政策文件选编（1994～1997）》第593页
1995年10月9日	国家土地管理局关于申报建设项目用地中土地类别划分的通知（国土〔建〕字〔1995〕第148号）	中国房地产杂志社编《国家房地产政策文件选编（1994～1997）》第594页
1995年10月16日	国家土地管理局关于城镇国有粮油零售网点土地使用权过户登记有关问题的通知（国土〔籍〕字〔1995〕第153号）	中国房地产杂志社编《国家房地产政策文件选编（1994～1997）》第595页
1995年12月1日	国家计划委员会城市国有土地使用权价格管理暂行办法（计价格〔1995〕第1628号）	中国房地产杂志社编《国家房地产政策文件选编（1994～1997）》第599页
1995年12月29日	国家土地管理局关于加强地价管理规范土地估价行为的通知（国土〔籍〕字〔1995〕第190号）	中国房地产杂志社编《国家房地产政策文件选编（1994～1997）》第602页
1995年12月29日	国家土地管理局、国家经济体制改革委员会关于小城镇土地使用制度改革若干意见的通知（国土〔建〕字〔1995〕第6号）	中国房地产杂志社编《国家房地产政策文件选编（1994～1997）》第605页
1995年12月30日	国家土地管理局关于印发《民航、铁路、交通、水利、电力五行业划拨用地项目目录（试行）》的通知（国土〔建〕字〔1995〕第188号）	中国房地产杂志社编《国家房地产政策文件选编（1994～1997）》第598页

续表

发布时间	文件题名、文号	编录载体
1996年1月5日	国家土地管理局关于印发《查处土地违法案件》文书格式的通知（国土［法］字〔1996〕第4号）	中国房地产杂志社编《国家房地产政策文件选编（1994～1997）》第609页
1996年2月1日	《国家土地管理局土地登记规则》（国土［法］字〔1996〕第184号）	中国房地产杂志社编《国家房地产政策文件选编（1994～1997）》第624页
1996年3月1日	国家土地管理局土地违法案件查处办法（国家土地局令〔1995〕第3号）	中国房地产杂志社编《国家房地产政策文件选编（1994～1997）》第632页
1996年3月5日	国家土地管理局关于切实做好非农业建设闲置土地利用工作的通知（国土［建］字〔1996〕第40号）	中国房地产杂志社编《国家房地产政策文件选编（1994～1997）》第637页
1996年3月19日	国家土地管理局、农业部关于印发《划定基本农田保护区技术规程（试行）》的通知（国土［规］字〔1996〕第46号）	中国房地产杂志社编《国家房地产政策文件选编（1994～1997）》第639页
1996年3月28日	国家土地管理局《关于对中外合作企业土地使用权投资有关问题》的批复（国土批〔1996〕第24号）	中国房地产杂志社编《国家房地产政策文件选编（1994～1997）》第654页
1996年5月10日	国家土地管理局对《关于现代企业制度试点中土地资产处置有关问题的请示》的答复（国土函字〔1996〕第51号）	中国房地产杂志社编《国家房地产政策文件选编（1994～1997）》第655页
1996年6月14日	国家土地管理局关于印发《规范股份有限公司土地估价结果确认工作若干规定》的通知（国土［籍］字〔1996〕第130号）	中国房地产杂志社编《国家房地产政策文件选编（1994～1997）》第660页
1996年7月12日	国家土地管理局、国家经济贸易委员会关于印发《国有大中型企业利用外资进行技术改造划拨土地使用权处置管理试行办法》的通知（国土［建］字〔1996〕第141号）	中国房地产杂志社编《国家房地产政策文件选编（1994～1997）》第656页
1996年7月19日	财政部关于国有企业清产核资土地估价有关问题的解答（财清办〔1996〕第191号）	中国房地产杂志社编《国家房地产政策文件选编（1994～1997）》第659页
1996年9月4日	国家土地管理局关于执行《城市房地产管理法》和国务院第55号令有关问题的批复（国土批〔1996〕第89号）	中国房地产杂志社编《国家房地产政策文件选编（1994～1997）》第663页
1996年9月18日	国家计委、国家土地管理局关于印发《建设用地计划管理办法》的通知（计国地〔1996〕第1865号）	中国房地产杂志社编《国家房地产政策文件选编（1994～1997）》第665页
1996年10月4日	国家土地管理局对《基本农田保护条例》第17条含义的请示的批复（国土批〔1996〕第96号）	中国房地产杂志社编《国家房地产政策文件选编（1994～1997）》第668页

续表

发布时间	文件题名、文号	编录载体
1996年10月4日	国家土地管理局对《中华人民共和国城镇国有土地使用权出让和转让暂行条例》第47条解释的请示的批复（国土批〔1996〕第97号）	中国房地产杂志社编《国家房地产政策文件选编（1994～1997）》第669页
1996年10月10日	国家土地管理局关于印发《煤炭行业划拨用地项目目录（试行）》的通知（国土〔建〕字〔1996〕第179号）	中国房地产杂志社编《国家房地产政策文件选编（1994～1997）》第670页
1996年10月10日	国家土地管理局关于印发《教育、体育和卫生行业划拨用地项目目录（试行）》的通知（国土〔建〕字〔1996〕第180号）	中国房地产杂志社编《国家房地产政策文件选编（1994～1997）》第672页
1996年10月11日	国家土地管理局关于印发《建设项目用地预报和审批备案制度（试行）》的通知（国土〔建〕字〔1996〕第186号）	中国房地产杂志社编《国家房地产政策文件选编（1994～1997）》第673页
1996年10月14日	国家土地管理局关于落实国务院通知精神认真贯彻实施《中华人民共和国行政处罚法》的通知（国土〔监〕字〔1996〕第160号）	中国房地产杂志社编《国家房地产政策文件选编（1994～1997）》第679页
1996年10月14日	国家土地管理局关于对土地使用权拍卖有关问题的批复（国土批〔1996〕第108号）	中国房地产杂志社编《国家房地产政策文件选编（1994～1997）》第682页
1996年10月24日	国家土地管理局《关于对河南省土地使用权出让金含义的请示》的复函（国土函字〔1996〕第94号）	中国房地产杂志社编《国家房地产政策文件选编（1994～1997）》第683页
1996年12月4日	国家土地管理局关于划拨土地使用权管理有关问题的批复（国土批〔1996〕第122号）	中国房地产杂志社编《国家房地产政策文件选编（1994～1997）》第684页
1997年3月10日	国家土地管理局发布《土地信访规定》（国家土地局令〔1997〕第5号）	中国房地产杂志社编《国家房地产政策文件选编（1994～1997）》第688页
1997年4月16日	国家土地管理局关于认真贯彻《中共中央国务院关于进一步加强土地管理切实保护耕地的通知》的通知（国土〔办〕字〔1997〕第58号）	中国房地产杂志社编《国家房地产政策文件选编（1994～1997）》第686页
1997年5月5日	国家土地管理局关于印发《国家土地管理局关于冻结非农业建设项目占用耕地的通告》的通知（国土〔法〕字〔1997〕第67号）	中国房地产杂志社编《国家房地产政策文件选编（1994～1997）》第692页
1997年5月9日	国家土地管理局关于印发《土地估价结果确认文书规范格式（试行）》的通知（国土〔籍〕字〔1997〕第69号）	中国房地产杂志社编《国家房地产政策文件选编（1994～1997）》第696页
1997年5月20日	国家土地管理局、国家计划委员会发布《冻结非农业建设项目占用耕地规定》（国家土地局、国家计委令〔1997〕第6号）	中国房地产杂志社编《国家房地产政策文件选编（1994～1997）》第694页

续表

发布时间	文件题名、文号	编录载体
1997年7月10日	国家土地管理局关于认真做好土地利用总体规划编制、修订和实施工作的通知（国土［规］字〔1997〕第100号）	中国房地产杂志社编《国家房地产政策文件选编（1994～1997）》第705页
1997年7月25日	国家土地管理局关于印钞造币企业现厂区建设与改造用地有关政策问题的复函（国土函字〔1997〕第82号）	中国房地产杂志社编《国家房地产政策文件选编（1994～1997）》第710页
1997年10月7日	国家土地管理局关于修订下发《县级土地利用总体规划编制规程（试行）》的通知（国土［规］字〔1997〕第140号）	中国房地产杂志社编《国家房地产政策文件选编（1994～1997）》第711页
1997年10月14日	国家土地管理局办公室、国家计划委员会办公厅关于对住房解困项目认定意见的答复（国土办函字〔1997〕第26号）	中国房地产杂志社编《国家房地产政策文件选编（1994～1997）》第745页
1997年10月27日	国家土地管理局关于确定全国土地规划管理试点的批复（国土批〔1997〕第112号）	中国房地产杂志社编《国家房地产政策文件选编（1994～1997）》第746页
1997年10月28日	国家土地管理局发布《土地利用总体规划编制审批规定》（国家土地局令〔1997〕第7号）	中国房地产杂志社编《国家房地产政策文件选编（1994～1997）》第739页
1997年10月30日	国家土地管理局对《土地管理法》第五十二条有关问题的答复（国土函字〔1997〕第126号）	中国房地产杂志社编《国家房地产政策文件选编（1994～1997）》第744页
1997年10月30日	国家土地管理局印发《关于认定收回土地使用权行政决定法律性质的意见》的通知（国土［法］字〔1997〕第153号）	中国房地产杂志社编《国家房地产政策文件选编（1994～1997）》第747页
1998年3月1日	国有企业改革中划拨土地使用权管理暂行规定（国家土地管理局第8号令）	中国房地产杂志社编《国家房地产政策文件选编（1998～1999）》第129页
1998年8月29日	中华人民共和国土地管理法（中华人民共和国主席令第8号）	中国房地产杂志社编《国家房地产政策文件选编（1998～1999）》第133页
1998年9月3日	国土资源部关于修改土地证书的通知（国土资发〔1998〕第118号）	中国房地产杂志社编《国家房地产政策文件选编（1998～1999）》第144页
1998年9月9日	最高人民法院关于能否将国有土地使用权折价抵偿给抵押权人问题的批复（法释〔1998〕第25号）	中国房地产杂志社编《国家房地产政策文件选编（1998～1999）》第145页
1998年12月27日	中华人民共和国土地管理法实施条例（中华人民共和国国务院令第256号）	中国房地产杂志社编《国家房地产政策文件选编（1998～1999）》第146页

发布时间	文件题名、文号	编录载体
1999年1月27日	国土资源部关于进一步推行招标拍卖出让国有土地使用权的通知（国土资发〔1999〕第30号）	中国房地产杂志社编《国家房地产政策文件选编（1998～1999）》第153页
1999年1月29日	国土资源部关于加强对"果园、庄园"等农林开发活动管理的通知（国土资发〔1999〕40号）	中国房地产杂志社编《国家房地产政策文件选编（1998～1999）》第155页
1999年2月12日	国土资源部、建设部关于认真贯彻执行工程项目建设用地指标的通知（国土资发〔1999〕48号）	中国房地产杂志社编《国家房地产政策文件选编（1998～1999）》第157页
1999年2月12日	国土资源部关于设立土地开发整理示范区的通知（国土资发〔1999〕50号）	中国房地产杂志社编《国家房地产政策文件选编（1998～1999）》第159页
1999年3月2日	土地利用年度计划管理办法（中华人民共和国国土资源部令第2号）	中国房地产杂志社编《国家房地产政策文件选编（1998～1999）》第163页
1999年3月2日	建设用地审查报批管理办法（中华人民共和国国土资源部第3号令）	中国房地产杂志社编《国家房地产政策文件选编（1998～1999）》第165页
1999年4月7日	国土资源部关于查处土地违法行为如何适用《土地管理法》有关问题的通知（国土资发〔1999〕87号）	中国房地产杂志社编《国家房地产政策文件选编（1998～1999）》第169页
1999年4月8日	国土资源部关于印发《建设用地申请表》等文书格式的通知（国土资发〔1999〕90号）	中国房地产杂志社编《国家房地产政策文件选编（1998～1999）》第170页
1999年4月28日	闲置土地处理办法（中华人民共和国国土资源部令第5号）	中国房地产杂志社编《国家房地产政策文件选编（1998～1999）》第174页
1999年5月6日	国务院办公厅关于加强土地转让管理严禁炒卖土地的通知（国办发〔1999〕39号）	中国房地产杂志社编《国家房地产政策文件选编（1998～1999）》第176页
1999年5月7日	国土资源部关于加强土地违法案件查处工作的通知（国土资发〔1999〕109号）	中国房地产杂志社编《国家房地产政策文件选编（1998～1999）》第179页
1999年5月11日	国土资源部关于严格按土地评估机构资质等级加强评估业务管理的通知（国土资发〔1999〕113号）	中国房地产杂志社编《国家房地产政策文件选编（1998～1999）》第181页
1999年6月4日	国家税务总局、国土资源部关于在土地证书年检中协作做好契税等有关土地税收征收工作的通知（国税发〔1999〕111号）	中国房地产杂志社编《国家房地产政策文件选编（1998～1999）》第183页

续表

发布时间	文件题名、文号	编录载体
1999年7月27日	国土资源部关于印发《规范国有土地租赁若干意见》的通知（国土资发〔1999〕第222号）	中国房地产杂志社编《国家房地产政策文件选编（1998～1999）》第184页
1999年7月30日	国务院办公厅关于继续冻结各项建设工程征占用林地的通知（国办发电〔1999〕9号）	中国房地产杂志社编《国家房地产政策文件选编（1998～1999）》第186页
1999年8月4日	财政部、国土资源部关于印发《新增建设用地土地有偿使用费收缴使用管理办法》的通知（财综字〔1999〕117号）	中国房地产杂志社编《国家房地产政策文件选编（1998～1999）》第187页
1999年8月10日	国土资源部关于土地利用总体规划审批和实施管理工作若干问题的通知（国土资发〔1999〕251号）	中国房地产杂志社编《国家房地产政策文件选编（1998～1999）》第191页
1999年9月13日	国土资源部关于土地评估机构与政府主管部门脱钩的通知（国土资发〔1999〕318号）	中国房地产杂志社编《国家房地产政策文件选编（1998～1999）》第193页
1999年9月17日	国土资源部关于贯彻执行《中华人民共和国土地管理法》和《中华人民共和国土地管理法实施条例》若干问题的意见（国土资厅发〔1999〕97号文）	中国房地产杂志社编《国家房地产政策文件选编（1998～1999）》第196页
1999年9月22日	国土资源部关于已购公有住房和经济适用住房上市出售中有关土地问题的通知（国土资用发〔1999〕31号）	中国房地产杂志社编《国家房地产政策文件选编（1998～1999）》第198页
1999年9月27日	国土资源部、民政部关于密切配合推进勘界工作加强土地管理的通知（国土资发〔1999〕335号）	中国房地产杂志社编《国家房地产政策文件选编（1998～1999）》第201页
1999年9月28日	国土资源部关于转发《人民检察院直接受理立案侦查案件立案标准的规定（试行部分）》内容的通知（国土资执法发〔1999〕31号）	中国房地产杂志社编《国家房地产政策文件选编（1998～1999）》第203页
1999年9月29日	国土资源部、国家发展计划委员会关于增发国债投资建设项目用地有关问题的通知（国土资发〔1999〕347号）	中国房地产杂志社编《国家房地产政策文件选编（1998～1999）》第205页
1999年10月18日	国土资源部关于土地开发整理工作有关问题的通知（国土资发〔1999〕358号）	中国房地产杂志社编《国家房地产政策文件选编（1998～1999）》第207页
1999年10月22日	国务院关于国土资源部《报国务院批准的建设用地审查办法》的批复（国函〔1999〕131号）	中国房地产杂志社编《国家房地产政策文件选编（1998～1999）》第210页
1999年12月2日	财政部、中国人民银行关于新增建设用地土地有偿使用费有关预算管理的通知（财预字〔1999〕584号）	青海省国土资源厅编《国土资源财务管理法律法规汇编（2007）》第171页～250页
1999年12月24日	国土资源部关于加强征地管理工作的通知（国土资发〔1999〕480号）	中国房地产杂志社编《国家房地产政策文件选编（1998～1999）》第213页

发布时间	文件题名、文号	编录载体
2000年1月6日	国土资源部关于建立土地有形市场促进土地使用权规范交易的通知（国土资发〔2000〕11号）	中国房地产杂志社编《国家房地产政策文件选编（2000~2001）》第819页
2000年2月14日	国土资源部关于开展土地登记公开查询试点工作的通知（国土资发〔2000〕63号）	中国房地产杂志社编《国家房地产政策文件选编（2000~2001）》第822页
2000年2月22日	国土资源部关于转变职能发挥有关事业单位在征地工作中作用的意见（国土资耕发〔2000〕002号）	中国房地产杂志社编《国家房地产政策文件选编（2000~2001）》第825页
2000年3月2日	监察部、国土资源部关于违反土地管理规定行为行政处分暂行办法（第9号令）	中国房地产杂志社编《国家房地产政策文件选编（2000~2001）》第827页
2000年3月30日	国土资源部关于做好当前土地登记和城镇地籍调查工作的通知（国土资发〔2000〕105号）	中国房地产杂志社编《国家房地产政策文件选编（2000~2001）》第831页
2000年4月13日	国土资源部关于加强新增建设用地土地有偿使用费收缴管理工作的通知（国土资发〔2000〕124号）	中国房地产杂志社编《国家房地产政策文件选编（2000~2001）》第835页
2000年5月9日	土地利用规划实施管理工作若干意见（国土资发〔2000〕144号）	中国房地产杂志社编《国家房地产政策文件选编（2000~2001）》第838页
2000年6月22日	最高人民法院关于审理破坏土地资源刑事案件具体应用法律若干问题的解释（法释〔2000〕14号）	中国房地产杂志社编《国家房地产政策文件选编（2000~2001）》第841页
2000年7月17日	国土资源部关于报国务院批准的建设用地审查报批工作有关问题的通知（国土资发〔2000〕201号）	中国房地产杂志社编《国家房地产政策文件选编（2000~2001）》第843页
2000年10月23日	国土资源部在京中央国家机关用地土地登记办法（第6号令）	中国房地产杂志社编《国家房地产政策文件选编（2000~2001）》第846页
2000年10月31日	国土资源部、国家工商行政管理局关于发布《国有土地使用权出让合同》示范文本的通知（国土资发〔2000〕303号）	中国房地产杂志社编《国家房地产政策文件选编（2000~2001）》第849页
2000年11月7日	国家投资土地开发整理项目管理暂行办法（国土资发〔2000〕316号）	中国房地产杂志社编《国家房地产政策文件选编（2000~2001）》第855页
2000年11月30日	国土资源部关于加强土地管理促进小城镇健康发展的通知（国土资发〔2000〕337号）	中国房地产杂志社编《国家房地产政策文件选编（2000~2001）》第860页
2000年12月18日	国土资源部关于规范建设项目压覆矿产资源审批工作的通知（国土资发〔2000〕386号）	中国房地产杂志社编《国家房地产政策文件选编（2000~2001）》第862页

发布时间	文件题名、文号	编录载体
2000年12月27日	国土资源部关于加强耕地保护促进经济发展若干政策措施的通知（国土资发〔2000〕408号）	中国房地产杂志社编《国家房地产政策文件选编（2000～2001）》第863页
2001年2月2日	国务院办公厅转发国土资源部、农业部关于依法保护国有农场土地合法权益意见的通知（国办发〔2001〕8号）	中国房地产杂志社编《国家房地产政策文件选编（2000～2001）》第865页
2001年2月13日	国土资源部关于改革土地估价结果确认和土地资产处置审批办法的通知（国土资发〔2001〕44号）	中国房地产杂志社编《国家房地产政策文件选编（2000～2001）》第868页
2001年4月30日	国务院关于加强国有土地资产管理的通知（国发〔2001〕15号）	中国房地产杂志社编《国家房地产政策文件选编（2000～2001）》第871页
2001年5月12日	国务院办公厅转发国土资源部、建设部关于加强地质灾害防治工作意见的通知（国办发〔2001〕35号）	中国房地产杂志社编《国家房地产政策文件选编（2000～2001）》第874页
2001年5月24日	国土资源部关于严肃执法从严处理国土资源违法违纪案件的通知（国土资发〔2001〕152号）	中国房地产杂志社编《国家房地产政策文件选编（2000～2001）》第876页
2001年6月10日	新增建设用地土地有偿使用费财务管理暂行办法（财建字〔2001〕330号）	中国房地产杂志社编《国家房地产政策文件选编（2000～2001）》第878页
2001年6月21日	国土资源部关于整顿和规范土地市场秩序的通知（国土资发〔2001〕174号）	中国房地产杂志社编《国家房地产政策文件选编（2000～2001）》第880页
2001年7月11日	建设部关于建设用地规划许可证和建设工程规划许可证发放问题的复函（建规函〔2001〕203号）	中国房地产杂志社编《国家房地产政策文件选编（2000～2001）》第883页
2001年7月25日	建设项目用地预审管理办法（国土资源部第7号令）	中国房地产杂志社编《国家房地产政策文件选编（2000～2001）》第884页
2001年7月27日	国土资源行政复议规定（国土资源部第8号令）	中国房地产杂志社编《国家房地产政策文件选编（2000～2001）》第886页
2001年8月28日	农业部、建设部、国土资源部关于促进乡镇企业向小城镇集中发展的通知（农企发〔2001〕18号）	中国房地产杂志社编《国家房地产政策文件选编（2000～2001）》第894页
2001年10月22日	国土资源部划拨用地目录（第9号令）	中国房地产杂志社编《国家房地产政策文件选编（2000～2001）》第898页
2001年11月16日	国土资源部关于切实做好征地补偿安置工作的通知（国土资发〔2001〕358号）	中国房地产杂志社编《国家房地产政策文件选编（2000～2001）》第903页
2001年11月20日	城市地下空间开发利用管理规定（建设部第108号令）	中国房地产杂志社编《国家房地产政策文件选编（2000～2001）》第906页

续表

发布时间	文件题名、文号	编录载体
2001年11月28日	国土资源部关于进一步加强和改进耕地占补平衡工作的通知（国土资发〔2001〕374号）	中国房地产杂志社编《国家房地产政策文件选编（2000～2001）》第909页
2002年3月7日	国土资源部关于认真做好土地整理开发规划工作的通知（国土资发〔2002〕57号）	中国房地产杂志社编《国家房地产政策文件选编（2002～2003）》第305页
2002年4月16日	国土资源部办公厅关于闲置土地处置有关问题的复函（国土资厅函〔2002〕101号）	中国房地产杂志社编《国家房地产政策文件选编（2002～2003）》第307页
2002年5月9日	招标拍卖挂牌出让国有土地使用权规定（国土资源部第11号令）	中国房地产杂志社编《国家房地产政策文件选编（2002～2003）》第308页
2002年7月10日	国家税务总局关于认真做好土地增值税征收管理工作的通知（国税函〔2002〕615号）	中国房地产杂志社编《国家房地产政策文件选编（2002～2003）》第312页
2002年8月1日	国土资源部关于进一步规范建设用地审查报批工作有关问题的通知（国土资发〔2002〕233号）	中国房地产杂志社编《国家房地产政策文件选编（2002～2003）》第313页
2002年8月15日	国土资源部关于改革土地估价人员和机构监督管理方式的通知（国土资发〔2002〕237号）	中国房地产杂志社编《国家房地产政策文件选编（2002～2003）》第315页
2002年8月26日	国土资源部、监察部关于严格实行经营性土地使用权招标拍卖挂牌出让的通知（国土资发〔2002〕265号）	中国房地产杂志社编《国家房地产政策文件选编（2002～2003）》第317页
2002年9月24日	国土资源部、监察部关于进行国有土地使用权招标拍卖挂牌出让工作检查的通知（国土资发〔2002〕305号）	中国房地产杂志社编《国家房地产政策文件选编（2002～2003）》第319页
2002年11月19日	国土资源部关于印发《土地证书印制管理办法》的通知（国土资厅发〔2002〕369号）	中国房地产杂志社编《国家房地产政策文件选编（2002～2003）》第321页
2002年11月25日	国土资源部办公厅关于实行建设用地电子备案的通知（国土资厅发〔2002〕83号）	中国房地产杂志社编《国家房地产政策文件选编（2002～2003）》第325页
2002年12月4日	土地登记资料公开查询办法（国土资源部第14号令）	中国房地产杂志社编《国家房地产政策文件选编（2002～2003）》第326页
2002年12月16日	国土资源部关于报国务院批准的土地开发用地审查报批工作有关问题的通知（国土资发〔2002〕404号）	中国房地产杂志社编《国家房地产政策文件选编（2002～2003）》第322页
2002年12月20日	财政部、国土资源部关于调整新增建设用地土地有偿使用费征收等别的通知（财综〔2002〕93号）	中国房地产杂志社编《国家房地产政策文件选编（2002～2003）》第328页
2002年12月26日	建设部关于加强国有土地使用权出让规划管理工作的通知（建规〔2002〕270号）	中国房地产杂志社编《国家房地产政策文件选编（2002～2003）》第329页

续表

发布时间	文件题名、文号	编录载体
2002年12月31日	国家税务总局关于"星光计划"项目建设占地免征耕地占用税的批复(国税函〔2002〕168号)	中国房地产杂志社编《国家房地产政策文件选编(2002～2003)》第331页
2003年1月3日	土地权属争议调查处理办法(国土资源部第17号令)	中国房地产杂志社编《国家房地产政策文件选编(2002～2003)》第332页
2003年1月21日	国土资源部国家投资土地开发整理项目竣工验收暂行办法(国土资发〔2003〕21号)	中国房地产杂志社编《国家房地产政策文件选编(2002～2003)》第335页
2003年1月29日	国土资源部关于按调整后等别征收新增建设用地土地有偿使用费有关问题的通知(国土资发〔2003〕26号)	中国房地产杂志社编《国家房地产政策文件选编(2002～2003)》第338页
2003年2月18日	国土资源部关于清理各类园区用地加强土地供应调控的紧急通知(国土资发〔2003〕45号)	中国房地产杂志社编《国家房地产政策文件选编(2002～2003)》第339页
2003年2月21日	国土资源部关于印发《进一步治理整顿土地市场秩序工作方案》的通知(国土资发〔2003〕49号)	中国房地产杂志社编《国家房地产政策文件选编(2002～2003)》第340页
2003年3月7日	国土资源部关于印发《全国土地开发整理规划》的通知(国土资发〔2003〕69号)	中国房地产杂志社编《国家房地产政策文件选编(2002～2003)》第343页
2003年4月2日	监察部办公厅、国土资源部办公厅关于印发《关于开展经营性土地使用权招标拍卖挂牌出让情况执法监察工作方案》的通知(监办发〔2003〕4号)	中国房地产杂志社编《国家房地产政策文件选编(2002～2003)》第352页
2003年4月10日	国土资源部关于印发《省级土地开发整理规划审批暂行办法》的通知(国土资发〔2003〕108号)	中国房地产杂志社编《国家房地产政策文件选编(2002～2003)》第355页
2003年4月11日	国土资源部办公厅关于督查和指导治理整顿土地市场秩序工作的通知(国土资厅发〔2003〕36号)	中国房地产杂志社编《国家房地产政策文件选编(2002～2003)》第357页
2003年4月16日	国土资源部国家投资土地开发整理项目实施管理暂行办法(国土资发〔2003〕22号)	中国房地产杂志社编《国家房地产政策文件选编(2002～2003)》第358页
2003年5月15日	国土资源部关于进一步治理整顿土地市场秩序情况的通报(国土资通〔2004〕122号)	中国房地产杂志社编《国家房地产政策文件选编(2002～2003)》第361页
2003年6月11日	协议出让国有土地使用权规定(国土资源部第21号令)	中国房地产杂志社编《国家房地产政策文件选编(2002～2003)》第364页
2003年7月30日	国务院办公厅关于清理整顿各类开发区加强建设用地管理的通知(国办发〔2003〕70号)	中国房地产杂志社编《国家房地产政策文件选编(2002～2003)》第367页

续表

发布时间	文件题名、文号	编录载体
2003年8月4日	国土资源部关于对治理整顿土地市场秩序工作进行联合督查的通知(国土资电发〔2003〕26号)	中国房地产杂志社编《国家房地产政策文件选编(2002～2003)》第369页
2003年8月21日	国土资源部关于严禁非农业建设违法占用基本农田的通知(国土资发〔2003〕336号)	中国房地产杂志社编《国家房地产政策文件选编(2002～2003)》第372页
2003年9月4日	国土资源部关于加强城市建设用地审查报批工作有关问题的通知(国土资发〔2003〕345号)	中国房地产杂志社编《国家房地产政策文件选编(2002～2003)》第374页
2003年9月12日	国土资源部关于开展土地专项资金财务检查工作的通知(国土资发〔2003〕348号)	中国房地产杂志社编《国家房地产政策文件选编(2002～2003)》第376页
2003年9月24日	国土资源部关于加强土地供应管理促进房地产市场持续健康发展的通知(国土资发〔2003〕356号)	中国房地产杂志社编《国家房地产政策文件选编(2002～2003)》第380页
2003年10月8日	国土资源部关于印发《土地开发整理若干意见》的通知(国土资发〔2003〕363号)	中国房地产杂志社编《国家房地产政策文件选编(2002～2003)》第382页
2004年1月2日	国土资源部关于建立土地市场动态监测制度的通知(国土资发〔2003〕429号)	中国房地产杂志社编《国家房地产政策文件选编(2004～2005)》第391页
2004年1月15日	国土资源部关于国有划拨土地使用权抵押登记有关问题的通知(国土资发〔2004〕9号)	中国房地产杂志社编《国家房地产政策文件选编(2004～2005)》第405页
2004年1月16日	最高人民法院关于转发国土资源部《关于国有划拨土地使用权抵押登记有关问题的通知》的通知(法明传〔2004〕22号)	中国房地产杂志社编《国家房地产政策文件选编(2004～2005)》第406页
2004年2月18日	国土资源部关于严格按照标准和政策界限抓紧清理整顿现有各类开发区的函(国土资电发〔2004〕5号)	中国房地产杂志社编《国家房地产政策文件选编(2004～2005)》第407页
2004年3月18日	国土资源部、监察部关于继续开展经营性土地使用权招标拍卖挂牌出让情况执法监察工作的通知(国土资发〔2004〕71号)	中国房地产杂志社编《国家房地产政策文件选编(2004～2005)》第409页
2004年3月22日	国务院关于将部门土地出让金用于农业土地开发有关问题的通知(国发〔2004〕8号)	《中华人民共和国建设部文告合订本(2004年1-12期)》第(6.1)页
2004年4月29日	国务院办公厅关于深入开展土地市场治理整顿严格土地管理的紧急通知(国办发明电〔2004〕20号)	中国房地产杂志社编《国家房地产政策文件选编(2004～2005)》第412页
2004年5月1日	国土资源听证规定(国土资源部令第22号)	中国房地产杂志社编《国家房地产政策文件选编(2004～2005)》第415页

续表

发布时间	文件题名、文号	编录载体
2004年5月14日	国土资源部关于印发《深入开展土地市场治理整顿工作实施方案》的函（国土资函〔2004〕154号）	中国房地产杂志社编《国家房地产政策文件选编（2004～2005）》第420页
2004年5月21日	国土资源部关于贯彻落实国务院紧急通知精神进一步严格土地管理的通知（国土资发〔2004〕109号）	中国房地产杂志社编《国家房地产政策文件选编（2004～2005）》第423页
2004年6月8日	国土资源部、国家发展改革委关于印发《关于在深入开展土地市场治理整顿期间严格建设用地审批管理的实施意见》的通知（国土资发〔2004〕124号）	中国房地产杂志社编《国家房地产政策文件选编（2004～2005）》第426页
2004年6月23日	国土资源部办公厅关于实行报国务院批准建设用地报批材料电子化申报的通知（国土资厅发〔2004〕83号）	中国房地产杂志社编《国家房地产政策文件选编（2004～2005）》第429页
2004年6月24日	财政部、国土资源部关于印发《用于农业土地开发的土地出让金使用管理办法》的通知（财建〔2004〕174号）	中国房地产杂志社编《国家房地产政策文件选编（2004～2005）》第430页
2004年7月8日	国土资源部关于开展2004年度土地变更调查工作的通知（国土资发〔2004〕144号）	中国房地产杂志社编《国家房地产政策文件选编（2004～2005）》第433页
2004年7月12日	财政部、国土资源部关于印发《用于农业土地开发的土地出让金收入管理办法》的通知（财综〔2004〕49号）	中国房地产杂志社编《国家房地产政策文件选编（2004～2005）》第437页
2004年7月12日	财政部、国土资源部关于印发《国土资源调查专项资金管理暂行办法》的通知（财建〔2004〕192号）	中国房地产杂志社编《国家房地产政策文件选编（2004～2005）》第440页
2004年7月16日	国土资源部办公厅关于报送建设用地备案数据有关要求的通知（国土资厅发〔2004〕38号）	中国房地产杂志社编《国家房地产政策文件选编（2004～2005）》第445页
2004年8月4日	国土资源部关于开展土地评估行业全面检查加强和规范土地评估行业管理的通知（国土资发〔2004〕68号）	中国房地产杂志社编《国家房地产政策文件选编（2004～2005）》第446页
2004年8月6日	国土资源部办公厅关于部署开展2004年度城市土地价格调查工作的通知（国土资厅发〔2004〕41号）	中国房地产杂志社编《国家房地产政策文件选编（2004～2005）》第449页
2004年8月28日	中华人民共和国土地管理法（中华人民共和国主席令第28号）	中国房地产杂志社编《国家房地产政策文件选编（2004～2005）》第454页
2004年10月21日	国务院关于深化改革严格土地管理的决定（国发〔2004〕28号）	中国房地产杂志社编《国家房地产政策文件选编（2004～2005）》第522页
2004年10月28日	国土资源部、国家发展改革委、财政部、监察部、建设部、农业部、审计署关于对深入开展土地市场治理整顿工作进行检查验收的函（国土资函〔2004〕416号）	中国房地产杂志社编《国家房地产政策文件选编（2004～2005）》第466页

发布时间	文件题名、文号	编录载体
2004年10月29日	建设部关于贯彻《国务院关于深化改革严格土地管理的决定》的通知（建规〔2004〕185号）	中国房地产杂志社编《国家房地产政策文件选编（2004～2005）》第471页
2004年10月31日	国土资源部关于贯彻落实《国务院关于深化改革严格土地管理的决定》的通知（国土资电发〔2004〕67号）	中国房地产杂志社编《国家房地产政策文件选编（2004～2005）》第475页
2004年11月1日	土地利用年度计划管理办法（国土资源部令第26号）	中国房地产杂志社编《国家房地产政策文件选编（2004～2005）》第479页
2004年11月1日	建设项目用地预审管理办法（国土资源部令第27号）	中国房地产杂志社编《国家房地产政策文件选编（2004～2005）》第482页
2004年11月1日	国土资源部关于发布和实施《工业项目建设用地控制指标（试行）》的通知（国土资发〔2004〕232号）	中国房地产杂志社编《国家房地产政策文件选编（2004～2005）》第485页
2004年11月2日	国土资源部印发《关于加强农村宅基地管理的意见》的通知（国土资发〔2004〕234号）	中国房地产杂志社编《国家房地产政策文件选编（2004～2005）》第512页
2004年11月2日	国土资源部关于印发《关于完善农用地转用和土地征收审查报批工作的意见》的通知（国土资发〔2004〕237号）	中国房地产杂志社编《国家房地产政策文件选编（2004～2005）》第515页
2004年11月3日	国土资源部关于印发《关于完善征地补偿安置制度的指导意见》的通知（国土资发〔2004〕238号）	中国房地产杂志社编《国家房地产政策文件选编（2004～2005）》第518页
2004年11月22日	财政部、国土资源部、中国人民银行《关于进一步加强新增建设用地土地有偿使用费征收使用管理》的通知（财综〔2004〕85号）	青海省国土资源厅编《国土资源财务管理法律法规汇编（2007）》第171页～250页
2004年12月27日	国土资源部关于做好土地市场治理整顿验收工作有关事项的函（国土资函〔2004〕554号）	中国房地产杂志社编《国家房地产政策文件选编（2004～2005）》第521页
2005年2月6日	国土资源部关于第三批通过规划审核开发区的函（国土资函〔2005〕37号）	中国房地产杂志社编《国家房地产政策文件选编（2004～2005）》第527页
2005年2月7日	国土资源部关于加强和改进土地开发整理工作的通知（国土资发〔2005〕29号）	中国房地产杂志社编《国家房地产政策文件选编（2004～2005）》第531页
2005年3月4日	国土资源部办公厅关于启用建设用地预审专用文号的通知（国土资厅发〔2005〕12号）	中国房地产杂志社编《国家房地产政策文件选编（2004～2005）》第534页
2005年3月4日	国务院法制办公室、国土资源部关于对《中华人民共和国土地管理法实施条例》第二条第（五）项的解释意见（国法函〔2005〕36号）	中国房地产杂志社编《国家房地产政策文件选编（2004～2005）》第535页

续表

发布时间	文件题名、文号	编录载体
2005年3月28日	国土资源部关于第四批通过土地规划审核开发区的函(国土资函〔2005〕312号)	中国房地产杂志社编《国家房地产政策文件选编(2004～2005)》第536页
2005年4月12日	国土资源部关于下达《2005年全国土地利用计划》的通知(国土资发〔2005〕70号)	中国房地产杂志社编《国家房地产政策文件选编(2004～2005)》第541页
2005年4月14日	国土资源部关于第五批通过土地规划审核开发区的函(国土资函〔2005〕313号)	中国房地产杂志社编《国家房地产政策文件选编(2004～2005)》第543页
2005年6月4日	国务院办公厅转发国土资源部关于做好土地利用总体规划修编前期工作意见的通知(国办发〔2005〕32号)	中国房地产杂志社编《国家房地产政策文件选编(2004～2005)》第546页
2005年7月1日	国土资源部关于加强土地利用计划台账管理的通知(国土资发〔2005〕124号)	中国房地产杂志社编《国家房地产政策文件选编(2004～2005)》第550页
2005年7月15日	国土资源部关于其他省级及省级以下开发区通过土地规划审核情况的函(国土资函〔2005〕458号)	中国房地产杂志社编《国家房地产政策文件选编(2004～2005)》第552页
2005年7月23日	国土资源部关于开展制定征地统一年产值标准和征地区片综合地价工作的通知(国土资发〔2005〕144号)	中国房地产杂志社编《国家房地产政策文件选编(2004～2005)》第566页
2005年8月9日	国家发展改革委员会、国土资源部、国家环保总局发布《风电场工程建设用地和环境保护管理暂行办法》(发改能源〔2005〕1511号)	国家发展和改革委员会网站http://www.sdpc.gov.cn/zcfb/zcfbtz/zcfbtz2005/t20050816_39497.htm
2005年8月22日	国土资源部关于坚决制止"以租代征"违法违规用地行为的紧急通知(国土资发〔2005〕166号)	中国房地产杂志社编《国家房地产政策文件选编(2004～2005)》第574页
2005年8月31日	国土资源部关于印发《查处土地违法行为立案标准》的通知(国土资发〔2005〕176号)	中国房地产杂志社编《国家房地产政策文件选编(2004～2005)》第576页
2005年9月28日	国土资源部、农业部、国家发展和改革委员会、财政部、建设部、国家林业局印发《关于进一步做好基本农田保护有关工作的意见》(国土资发〔2005〕196号)	国土资源部网站http://www.mlr.gov.cn/tdzt/zdxc/fzxcr/124_2007/tdgl/200712/t20071207_665755.htm
2005年10月11日	国土资源部印发《关于规范城镇建设用地增加与农村建设用地减少相挂钩试点工作的意见》(国土资发〔2005〕207号)	国土资源部网站http://www.mlr.gov.cn/xwdt/jrxw/200512/t20051205_641446.htm
2006年6月16日	《耕地占补平衡考核办法》(国土资源部令第33号)	国土资源部网站http://www.mlr.gov.cn/zwgk/zytz/200708/t20070827_652455.htm
2006年8月31日	国务院关于加强土地调控有关问题的通知(国发〔2006〕31号)	青海省国土资源厅编《国土资源财务管理法律法规汇编(2007)》第171页～250页

续表

发布时间	文件题名、文号	编录载体
2006年11月7日	财政部、国土资源部、中国人民银行关于调整新增建设用地土地有偿使用费政策等问题的通知（财综〔2006〕48号）	青海省国土资源厅编《国土资源财务管理法律法规汇编（2007）》第171页~250页
2006年12月19日	《土地利用年度计划管理办法》（国土资源部令第37号）	国土资源部网站http://www.mlr.gov.cn/xwdt/jrxw/200612/t20061226_648760.htm
2006年12月31日	财政部、国土资源部、中国人民银行关于印发《国有土地使用权出让收支管理办法》的通知（财综〔2006〕68号）	青海省国土资源厅编《国土资源财务管理法律法规汇编（2007）》第171页~250页
2007年2月27日	财政部、国土资源部关于印发《土地储备资金财务管理暂时行办法》的通知（财综〔2007〕17号）	青海省国土资源厅编《国土资源财务管理法律法规汇编（2007）》第171页~250页
2007年3月16日	《中华人民共和国物权法》（中华人民共和国主席令第62号）	中华人民共和国中央人民政府网站
2007年3月26日	财政部、国土资源部关于调整中央分成的新增建设用地土地有偿使用费分配方式的通知（财建〔2007〕84号）	青海省国土资源厅编《国土资源财务管理法律法规汇编（2007）》第171页~250页
2007年9月5日	国土资源部印发《实际耕地与新增建设用地面积确定办法》（国土资发〔2007〕207号）	国土资源部网站http://www.mlr.gov.cn/zwgk/zytz/200710/t20071018_658821.htm
2007年9月28日	国土资源部令第39号发布《招标拍卖挂牌出让国有建设用地使用权规定》	国土资源部网站http://www.mlr.gov.cn/zwgk/ldzc/xss/ldhd/200710/t20071010_653621.htm
2007年11月19日	国土资源部、财政部、中国人民银行印发《土地储备管理办法》（国土资发〔2007〕277号）	国土资源部网站http://www.mlr.gov.cn/zwgk/zytz/200712/t20071203_664556.htm
2007年12月30日	《土地登记办法》（国土资源部令第40号）	国土资源部网站http://www.mlr.gov.cn/zwgk/flfg/tdglflfg/200811/t20081121_682230.htm
2008年10月8日	国土土地总督察印发《农用地转用和土地征收审批事项督察办法》的函（国土督察函〔2008〕1号）	《国土资源通讯》2008年第24期
2009年2月4日	《土地利用总体规划编制审查办法》（国土资源部令第43号）	国土资源部网站http://www.mlr.gov.cn/zwgk/zytz/200902/t20090211_684407.htm
2009年6月17日	《土地调查条例实施办法》（国土资源部令第45号）	国土资源部网站http://www.mlr.gov.cn/xwdt/jrxw/200906/t20090622_691887.htm

住房和城乡建设历年主要统计数据

目　次

说　明

一、"住房和城乡建设历年主要统计数据"，内容包括勘察设计、建筑施工、工程监理、工程招标代理、城市建设、县城建设、村镇建设、城乡住宅建设投资、住房公积金、城市低收入家庭住房保障基本情况及指标解释。

二、统计数据来源：国内生产总值、财政收入、全社会固定资产投资、建筑施工等数据摘自国家统计局相关统计年鉴；行政区划数据摘自民政统计年鉴；其他行业指标数据均来自我部相关专业统计报表。

三、部分数据的合计数或相对数，由于计量单位和小数位数取舍不同而产生的计算误差，均未作调整。

四、有关符号说明："#"表示其中的主要项；"　"空格表示该统计指标数据不足本表最小单位数、数据不详或无该项数据。

一、勘察设计

勘察设计企业主要指标

指标＼年份	2000	2001	2002	2003	2004	2005	2006	2007	2008	2009
企业个数（个）	10753	11338	11495	12375	13328	14245	14264	14151	14667	14264
年末从业人数（万人）	64	74	76	83	91	108	112	118	125	127
勘察合同额（亿元）	139	85	93	156	201	208	235	271	334	404
岩土合同额（亿元）	25	26	28	33	49	54	73	62	112	96
设计合同额（亿元）	1158	479	549	677	847	975	1188	1399	1603	1882
专项设计合同额（亿元）				207	256	87	94	136	143	202
施工图完成投资额（亿元）	13840	16003	18663	19609	24453	28003	35125	36813	43759	58833
施工图完成建筑面积（亿平方米）	6	8	10	12	12	16	19	24	28	38
境外合同额（亿元）	15	10	5	15	24	50	95	217	410	521
营业收入（亿元）	495	719	931	1476	2214	2973	3714	4684	5968	6853
利润总额（亿元）	36	51	64	104	161	216	291	437	313	557

二、建筑施工

建筑业施工企业主要指标

指标＼年份	2000	2001	2002	2003	2004	2005	2006	2007	2008	2009
企业单位数（个）	47518	45893	47820	48688	59018	58750	60166	62074	71095	68283
从业人员（万人）	1994.30	2110.70	2245.20	2414.30	2500.00	2699.90	2878.2	3133.7	3315	3597.4
建筑业总产值（亿元）	12498	15362	18527	23084	29022	34552	41557	51044	62037	75864
建筑业增加值（亿元）	3341	4024	3822	4655	5616	6900	8116	9944	11912	15273
签订合同总额（亿元）			26734	35940	46199	55947	67194	83412	104241	131931
资产合计（亿元）	14578	16968	20390	23542	28565	31486	36009	43029	51711	
负债合计（亿元）	10345	11334	12986	14992	18240	20363	23376	28166	34035	
所有者权益合计（亿元）	4233	5634	7404	8549	10324	11123	12633	14863	17677	

续表

指标＼年份	2000	2001	2002	2003	2004	2005	2006	2007	2008	2009
企业总收入（亿元）	11507	14574	17745	22037	28093	33198	40155	49415	60736	
利税总额（亿元）	579	793	970	1279	1655	2066	2595	3275	4467	
#利润总额（亿元）	192	294	370	520	719	907	1193	1561	2202	
工程结算利润（亿元）	944	1160	1395	1674	1995	2373	2810	3366	4491	
按总产值计算劳动生产率（元/人）	59585	67275	76171	86666	101939	117317	131800	148101	161805	182647
按增加值计算劳动生产率（元/人）	15929	17621	15715	17476	20887	23427	25741	28853	32444	
房屋建筑施工面积（万平方米）	160141	188329	215609	259377	310986	352745	410154	482006	530519	587279
房屋建筑竣工面积（万平方米）	80715	97699	110217	122828	147364	159406	179673	203993	223592	229576

三、工程监理

建设工程监理企业主要指标

指标＼年份		2006	2007	2008	2009
企业个数	（个）	6170	6043	6052	5475
年末从业人员	（万人）	48.34	51.45	54.25	58.2
建设工程监理企业承揽合同额	（亿元）	457	565	756	907
#监理合同额	（亿元）	169	368	243	596
#招标代理合同额	（亿元）	11	15	25	43
#工程造价咨询合同额	（亿元）	9	14	20	29
#项目管理与咨询服务合同额	（亿元）	44	55	89	113
#其他业务合同额	（亿元）	101	113	148	127
境外完成合同额	（亿元）	46	8	74	15
营业收入	（亿元）	377	527	657	855
利润总额	（亿元）	33	60	63	83
资产合计	（亿元）	370	631	800	849

指标 \ 年份		2006	2007	2008	2009
负债合计	（亿元）	221	426	531	503
所有者权益	（亿元）	149	204	269	346

四、工程招标代理

工程招标代理机构主要指标

指标 \ 年份		2008	2009
企业个数	（个）	4961	4899
从业人员	（人）	290251	318093
#专业技术人员	（人）	249884	249307
#注册执业人员	（人）	61490	66014
中标金额	（亿元）	37509	32613
承揽合同约定酬金	（亿元）	514	593
#工程招标代理承揽合同约定酬金	（亿元）	101	112
营业收入	（亿元）	977	970
#工程招标代理收入	（亿元）	85	104
营业成本	（亿元）	2112	815
营业利润	（亿元）	944	146
利润总额	（亿元）	721	120

五、城市建设

历年行政区划情况

单位：个

指标 \ 年份	城市数	直辖市	地级市	县级市	市辖区	地(自治州、盟)	县(自治县等)	乡	镇	居委会	村委会
1995	640	3	210	427	706	124	1716	29502	17532	111860	931716
2000	663	4	259	400	787	74	1674	23199	20312	108424	731659
2001	662	4	265	393	808	67	1660	19341	20374	91893	699974
2002	660	4	275	381	830	57	1649	18639	20601	86087	681227
2003	660	4	282	374	845	51	1642	18064	20226	77431	663486
2004	661	4	283	374	852	50	1636	17451	19883	77884	644166
2005	661	4	283	374	852	50	1636	15951	19522	79947	629079

续表

指标 年份	城市数	直辖市	地级市	县级市	市辖区	地(自治州、盟)	县(自治县等)	乡	镇	居委会	村委会
2006	656	4	283	369	856	50	1635	15306	19369	80725	624428
2007	655	4	283	368	856	50	1635	15120	19249	82033	612712
2008	655	4	283	368	856	50	1635	15067	19234	83413	604285
2009	654	4	283	367	855	50	1636	14848	19322	84689	599078

全国人口(年末数)

单位：万人

指标 年份	总人口	城镇人口	乡村人口	城镇人口 比重%	乡村人口 比重%
1978	96259	17245	79014	17.92	82.08
1980	98705	19140	79565	19.39	80.61
1985	105851	25094	80757	23.71	76.29
1990	114333	30195	84138	26.41	73.59
1995	121121	35174	85947	29.04	70.96
2000	126743	45906	80837	36.22	63.78
2001	127627	48064	79563	37.66	62.34
2002	128453	50212	78241	39.09	60.91
2003	129227	52376	76851	40.53	59.47
2004	129988	54283	75705	41.76	58.24
2005	130756	56212	74544	42.99	57.01
2006	131448	57706	73742	43.90	56.10
2007	132129	59379	72750	44.94	55.06
2008	132802	60667	72135	45.68	54.32
2009	133474	62186	71288	46.59	53.41

注：资料来源于《 中国统计年鉴 》(2010)。

全国城市数量及人口、面积情况

面积单位：平方公里
人口单位：万　　人

指标 年份	城市个数（个 ）			城区人口	城区暂住 人口	城区面积		城市建设 用地面积
		地级	县级				建成区面积	
1980	223	107	113	8941				
1985	324	162	159	20893		458066	9386	8579
1990	467	185	279	32530		1165970	12856	11608

指标 年份	城市个数(个)			城区人口	城区暂住 人口	城区面积		城市建设 用地面积
		地级	县级				建成区面积	
1995	640	210	427	37790		1171698	19264	22064
2000	663	259	400	38824		878015	22439	22114
2001	662	265	393	35747		607644	24027	24193
2002	660	275	381	35220		467369	25973	26833
2003	660	282	374	33805		399173	28308	28972
2004	661	283	374	34147		394672	30406	30781
2005	661	283	374	35924		412819	32521	29637
2006	656	283	369	33289	3984	166534	33660	31766
2007	655	283	368	33577	3474	176066	35470	36352
2008	655	283	368	33471	3517	178110	36295	39141
2009	654	283	367	34069	3605	175464	38107	38727

全国主要经济指标及城市建设固定资产投资

单位:亿元

指标 年份	国内生产总值		财政收入		全社会固定 资产投资		城市市政公用设施建设 固定资产投资			
	数量	环比 增长率 (%)	数量	环比 增长率 (%)	数量	环比 增长率 (%)	数量	环比 增长率 (%)	占同期全 社会固定 资产投资 比重(%)	占同期国 内生产总 值的比重 (%)
1980	4546	7.8	1160	1.2	911	30.3	14	1.77	1.49	0.30
1985	9016	13.5	2005	22.0	2543	38.8	64	53.60	2.52	0.71
1990	18668	3.8	2937	10.2	4517	2.4	121	13.30	2.68	0.65
1995	60794	10.9	6242	19.6	20019	17.5	808	21.26	4.03	1.33
2000	99215	8.4	13395	17.0	32918	10.3	1891	18.85	5.74	1.91
2001	109655	8.3	16386	22.3	37214	13.0	2352	24.40	6.32	2.14
2002	120333	9.1	18904	15.4	43500	16.9	3123	32.79	7.18	2.60
2003	135823	10.0	21715	14.9	55567	27.7	4462	42.88	8.03	3.29
2004	159878	10.1	26396	21.6	70477	26.6	4762	6.72	6.76	2.98
2005	183218	10.4	31649	19.9	88774	26.0	5602	17.64	6.31	3.06
2006	211924	10.7	38760	22.4	109998	24.0	5765	2.91	5.25	2.75
2007	257306	11.9	51321	32.4	137324	24.8	6419	11.34	4.68	2.57
2008	314045	9.6	61330	19.5	172828	25.9	7368	14.79	4.28	2.35
2009	340507	9.1	68477	11.7	224846	30.1	10642	44.42	4.73	3.13

注:国内生产总值环比增长率按可比价计算,其余均按当年价计算。

城市建设基本情况

指标＼年份	2000	2001	2002	2003	2004	2005	2006	2007	2008	2009
年末城市数（个）	663	662	660	660	661	661	656	655	655	654
年末城区人口（亿人）	3.88	3.57	3.52	3.38	3.41	3.59	3.33	3.36	3.35	3.41
年末建成区面积（平方公里）	22439	24027	25973	28308	30406	32521	33660	35470	36295	38107
市政公用设施固定资产投资额（亿元）	1890.7	2351.9	3123.2	4462.4	4762.2	5602.2	5765.1	6418.9	7368.2	10641.5
年供水总量（亿立方米）	469.0	466.1	466.5	475.3	490.3	502.1	540.5	501.9	500.1	496.7
＃生活用水量（亿立方米）	200.0	203.6	213.2	224.7	233.5	243.7	222.0	226.4	227.4	233.4
年末供水管道长度（万公里）	25.5	28.9	31.3	33.3	35.8	37.9	43.0	44.7	48.0	51.0
用水普及率（%）	63.9	72.3	77.9	86.2	88.9	91.1	86.7	93.8	94.7	96.1
人工煤气年供气量（亿立方米）	152.4	136.9	198.9	202.1	213.7	255.8	296.5	322.5	355.8	361.6
天然气年供气量（亿立方米）	82.1	99.5	125.9	141.6	169.4	210.5	244.8	308.6	368.0	405.1
液化石油气年供气量（万吨）	1053.7	981.8	1136.4	1126.4	1126.7	1222.0	1263.7	1466.8	1329.1	1340.0
年末供气管道长度（万公里）	8.9	10.0	11.4	13.0	14.8	16.2	18.9	22.1	25.8	27.3
燃气普及率（%）	45.4	60.4	67.2	76.7	81.6	82.1	79.1	87.4	89.6	91.4
年末集中供热面积（亿平方米）	11.1	14.6	15.6	18.9	21.6	25.2	26.6	30.1	34.9	38.0
年末公共交通运营车数（万辆）	22.6	23.1	24.6	26.4	27.9	31.3	31.6	34.8	36.7	
每万人拥有公交车辆（标台）	5.3	6.1	6.7	7.7	8.4	8.6	9.0	10.2	11.1	
年末出租汽车数量（万辆）	82.5	87.0	88.4	90.3	90.4	93.7	92.9	96.0	96.9	
年末道路长度（万公里）	16.0	17.6	19.1	20.8	22.3	24.7	24.1	24.6	26.0	26.9
年末道路面积（亿平方米）	23.8	24.9	27.7	31.6	35.3	39.2	41.1	42.4	45.2	48.2
人均道路面积（平方米）	6.1	7.0	7.9	9.3	10.3	10.9	11.0	11.4	12.2	12.8
污水年排放量（亿立方米）	331.8	328.6	337.6	349.2	356.5	359.5	362.5	361.0	364.9	371.2
污水处理率（%）	34.25	36.43	39.97	42.39	45.67	51.95	55.67	62.87	70.66	75.25

指标										
年末排水管道长度（万公里）	14.2	15.8	17.3	19.9	21.9	24.1	26.1	29.2	31.5	34.4
年末建成区绿化覆盖面积（万公顷）	63.2	68.2	77.3	88.2	96.3	105.8	118.2	125.2	135.6	149.4
年末建成区绿地面积（万公顷）	53.1	58.3	67.0	77.2	84.3	92.7	104.1	111.0	120.8	133.8
建成区绿化覆盖率（%）	28.2	28.4	29.8	31.2	31.7	32.5	35.1	35.3	37.4	38.2
建成区绿地率（%）	23.7	24.3	25.8	27.3	27.7	28.5	30.9	31.3	33.3	34.2
人均公园绿地面积（平方米）	3.7	4.6	5.4	6.5	7.4	7.9	8.3	9.0	9.7	10.7
生活垃圾年清运量（万吨）	11819	13470	13650	14857	15509	15577	14841	15215	15438	15734
生活垃圾无害化处理（万吨）	7255	7840	7404	7545	8089	8051	7873	9438	10307	11232
生活垃圾无害化处理率（%）	61.4	58.2	54.2	50.8	52.1	51.7	52.2	62.0	66.8	71.4
每万人拥有公厕（座）	2.74	3.01	3.15	3.18	3.21	3.20	2.88	3.04	3.12	3.15

注：1.自2006年起，人均指标与普及率指标按城区人口计算，按照公安部门的户籍统计和暂住人口统计计算；2."年末城区人口"指标2005年及以前年份为"年末城市人口"；3."人均公园绿地面积"指标2005年及以前年份为"人均公共绿地面积"指标；4.公共交通客运管理职能划交通运输部，自2009年度起住房和城乡建设部不再统计。

全国城市市政公用设施建设固定资产投资完成额

单位：亿元

年份\指标	合计	供水	燃气	集中供热	公共交通	道路桥梁	排水	污水处理	防洪	园林绿化	市容环境卫生	垃圾处理	其他
1980	14.4	6.7				7.0							0.7
1985	64.0	8.1	8.2		6.0	18.6	5.6		0.9	3.3	2.0		11.3
1990	121.2	24.8	19.4	4.5	9.1	31.3	9.6		1.3	2.9	2.9		15.4
1995	807.6	112.4	32.9	13.8	30.9	291.6	48.0		9.5	22.5	13.6		232.5
2000	1890.7	142.4	70.9	67.8	155.7	737.7	149.3		41.9	143.2	84.3		297.5
2001	2351.9	169.4	75.5	82.0	194.9	856.4	224.5	116.4	70.5	163.2	50.6	23.5	466.6
2002	3123.2	170.9	88.4	121.4	293.8	1182.2	275.0	144.1	135.1	239.5	64.8	29.7	551.0
2003	4462.4	181.8	133.5	145.8	281.9	2041.4	375.2	198.8	124.5	321.9	96.0	35.3	760.4
2004	4762.2	225.1	148.3	173.4	328.5	2128.7	352.3	174.5	100.3	359.5	107.8	53.0	838.4
2005	5602.2	225.6	142.4	220.2	476.7	2543.2	368.0	191.4	120.0	411.3	147.8	56.7	947.0
2006	5765.1	205.1	155.0	223.6	604.0	2999.9	331.5	151.7	87.1	429.0	175.8	51.8	554.3
2007	6418.9	233.0	160.1	230.0	852.4	2989.0	410.0	212.2	141.4	525.6	141.8	53.0	735.6
2008	7368.2	295.4	163.5	269.7	1037.2	3584.1	496.0	264.7	119.6	649.8	222.0	50.6	530.8
2009	10641.5	368.8	182.2	368.7	1737.6	4950.6	729.8	418.6	148.6	914.9	316.5	84.6	923.9

注：自2009年起，公共交通固定资产投资仅为轨道交通投资，不含其他交通投资。

六、县城建设

全国县城数量及人口、面积情况

面积单位：平方公里

人口单位：万 人

指标 年份	县个数	县城人口	县城暂住 人口	县城面积	建成区面积	城市建设 用地面积
1995	1716	6747		68457	22359	646150
2000	1674	14157		53197	13135	8788
2001	1660	9012		57651	10427	9157
2002	1649	8874		56138	10496	9455
2003	1642	9235		53197	11115	10180
2004	1636	9641		53649	11774	11106
2005	1636	10030		63382	12383	12383
2006	1635	10963	934	76508	13229	13456
2007	1635	11581	1011	93887	14260	14680
2008	1635	11947	1079	130813	14776	15534
2009	1636	12259	1120	154603	15558	15671

县城建设基本情况

指标＼年份	2000	2001	2002	2003	2004	2005	2006	2007	2008	2009
年末县个数（个）	1674	1660	1649	1642	1636	1636	1635	1635	1635	1636
年末县城人口（亿人）	1.42	0.90	0.89	0.92	0.96	1.00	1.10	1.16	1.19	1.23
年末县城暂住人口（亿人）							0.09	0.10	0.11	0.11
年末建成区面积（平方公里）	13135	10427	10496	11115	11774	12383	13229	14260	14776	15558
市政公用设施固定资产投资总额（亿元）		337.4	412.2	555.7	656.8	719.1	730.5	812.0	1146.1	1681.4
年供水总量（亿立方米）	59.4	57.8	56.8	60.6	65.4	67.7	74.7	79.5	82.6	85.6
#生活用水量（亿立方米）	31.0	32.7	33.9	36.3	39.5	40.9	40.7	44.9	46.0	48.5
年末供水管道长度（万公里）	7.0	7.7	7.8	8.7	9.3	9.9	11.4	13.2	14.3	14.9
用水普及率（%）	84.8	76.5	80.5	81.6	82.3	83.2	76.4	81.2	81.6	83.7
人工煤气年供气量（亿立方米）	1.7	2.1	1.2	0.7	1.8	3.0	1.3	1.4	1.5	1.8
天然气年供气量（亿立方米）	3.3	4.4	6.4	7.7	11.0	18.1	16.5	24.5	23.3	32.2
液化石油气年供气量（万吨）	110.8	127.6	142.4	174.5	188.9	185.9	195.0	203.2	202.1	212.6
年末供气管道长度（万公里）	0.6	0.7	0.9	1.0	1.2	1.5	2.0	2.5	3.1	3.9
燃气普及率（%）	54.4	44.6	49.7	53.3	56.9	57.8	52.5	57.3	59.1	61.7
年末集中供热面积（亿平方米）	0.7	0.9	1.5	1.7	1.7	2.1	2.4	3.2	3.7	4.8
年末公共交通运营车数（万辆）	2.3	2.6	3.4	3.3	3.8	4.0	3.9	4.6	4.7	
每万人拥有公交车辆（标台）	2.2	1.9	2.5	2.5	2.8	2.9	2.6	3.1	3.0	
年末出租汽车数量（万辆）		8.8	11.1	12.4	16.1	16.1	16.9	18.7	20.2	
年末道路长度（万公里）	5.0	5.1	5.3	5.8	6.2	6.7	7.4	8.4	8.9	9.5

年末道路面积（亿平方米）	6.2	7.7	8.3	9.1	9.9	10.8	12.3	13.4	14.6	16.0
人均道路面积（平方米）	11.2	8.5	9.4	9.8	10.3	10.8	10.3	10.7	11.2	12.0
污水年排放量（亿立方米）	43.2	40.1	43.6	41.9	46.3	47.4	54.6	60.1	60.3	65.7
污水处理率（%）	7.55	8.24	11.02	9.88	11.23	14.23	13.63	23.38	31.58	41.64
年末排水管道长度（万公里）	4.0	4.4	4.4	5.3	6.0	6.0	6.9	7.7	8.4	9.6
年末建成区绿化覆盖面积（万公顷）	14.3	13.8	14.8	17.0	19.3	21.0	24.7	28.8	31.8	36.5
年末建成区园林绿地面积（万公顷）	8.6	9.5	10.3	12.0	13.7	15.2	18.5	22.0	25.0	28.6
建成区绿化覆盖率（%）	10.9	13.3	14.1	15.3	16.4	17.0	18.7	20.2	21.5	23.5
建成区绿地率（%）	6.5	9.1	9.8	10.8	11.7	12.3	14.0	15.4	16.9	18.4
人均公园绿地面积（平方米）	4.71	3.88	4.32	4.83	5.29	5.67	4.98	5.63	6.12	6.89
生活垃圾清运量（万吨）	5560	7851	6503	7819	8182	9535	6266	7110	6794	8085
每万人拥有公厕（座）	2.21	3.54	3.53	3.59	3.54	3.46	2.91	2.90	2.90	2.96

注：1. 自2006年起，人均指标与普及率指标按城区人口计算，按照公安部门的户籍统计和暂住人口统计计算。

2. "人均公园绿地面积"指标2005年及以前年份为"人均公共绿地面积"。

全国县城市政公用设施建设固定资产投资完成额

单位：亿元

指标 年份	合计	供水	燃气	集中供热	公共交通	道路桥梁	排水	污水处理及其再生利用	防洪	园林绿化	市容环境卫生	垃圾处理	其他
2001	337.4	23.6	6.2	8.3	10.0	117.2	20.4	5.3	11.8	18.2	6.9	1.6	114.9
2002	412.2	28.1	10.5	13.2	10.6	152.9	33.0	12.9	13.7	22.0	10.6	3.9	117.7
2003	555.7	38.8	13.9	18.5	11.8	228.3	44.6	16.1	17.5	30.5	14.9	7.0	136.6
2004	656.8	44.4	15.1	24.3	12.3	246.7	52.5	17.2	19.1	41.0	14.7	4.5	186.7
2005	719.1	53.4	21.9	29.8	14.1	285.1	63.5	24.6	20.4	45.0	17.0	5.4	169.8
2006	730.5	44.3	24.1	28.9	10.3	319.1	72.1	37.0	11.6	46.2	42.2	7.6	132.4
2007	812.0	42.3	26.9	42.4	17.7	358.1	107.1	67.2	17.5	76.0	29.2	16.4	94.9
2008	1146.1	48.2	35.7	58.5	18.3	532.1	141.2	80.8	26.4	174.1	37.2	23.2	74.4
2009	1681.4	78.2	37.0	72.9		690.3	305.7	225.7	42.1	222.8	94.7	62.9	137.6

注：1.县城公共交通客运管理职能移交交通部，我部自2009年度起不再统计。

2.本表中合计数由于单位取舍不同而产生的计算误差，均没有进行机械调整。

七、村镇建设

全国建制镇建设基本情况

年份 指标	2000	2001	2002	2003	2004	2005	2006	2007	2008	2009
年末建制镇个数（万个）	2.03	2.04	2.06	2.02	2.00	1.95	1.94	1.92	1.92	1.93
年末统计建制镇个数（万个）	1.79	1.81	1.84		1.78	1.77	1.77	1.67	1.70	1.69
年末镇建成区面积（万公顷）	182.0	197.2	203.2		223.6	236.9	312.0	284.3	301.6	313.1
年末实有住宅建筑面积（亿平方米）	27.0	28.6	30.7		33.7	36.8	39.1	38.9	41.5	44.2
人均住宅建筑面积（平方米）	22.6	22.7	23.2		24.1	25.7	27.9	29.7	30.1	32.1
年供水总量（亿立方米）	87.7	91.4	97.3		110.7	136.5	131.0	112.0	129.0	114.6
#生活用水（亿立方米）	37.1	39.6	42.3		49.0	54.2	44.7	42.1	45.0	46.1
用水普及率（%）	80.7	80.3	80.4		83.6	84.7	83.8	76.6	77.8	78.3
人均日生活用水量（升）	102.7	104.0	105.4		112.1	118.4	104.2	97.1	97.1	98.9
年末实有道路长度（万公里）	21.0	22.8	24.3		27.5	30.1	26.0	21.6	23.4	24.5
年末排水管道长度（万公里）	11.1	11.9	13.0		15.7	17.1	11.9	8.8	9.9	10.7
年末公园绿地面积（万公顷）	3.71	4.39	4.8		46.01	6.81	3.3	2.72	3.09	3.14
年末人均公园绿地面积（平方米）	3.0	3.4	3.5		4.2	4.6	2.4	1.8	1.9	1.9
年末公共厕所（万座）	10.3	10.7	11.2		11.8	12.4	9.4	9.0	12.1	11.6

注：1. 2003年无全国汇总数据。

2. 2006年执行新的报表制度，数据与以往年度不可对比。

全国建制镇概况及住宅情况

指标 年份	建制镇个数（万个）	建成区面积（万公顷）	建成区人口		本年建设投入			年末实有住宅建筑面积（亿平方米）	人均住宅建筑面积（平方米）
			（亿人）	非农人口	（亿元）	住宅	公用设施		
1990	1.01	82.5	0.61	0.28	156	76	15	12.3	20.0
1991	1.03	87.0	0.66	0.30	192	84	19	12.9	19.7
1992	1.20	97.5	0.72	0.32	284	115	28	14.8	20.4
1993	1.29	111.9	0.79	0.34	458	189	56	15.8	20.1
1994	1.43	118.8	0.87	0.38	616	265	79	17.6	20.3
1995	1.50	138.6	0.93	0.42	721	305	104	18.9	20.3
1996	1.58	143.7	0.99	0.42	915	373	116	20.5	20.8
1997	1.65	155.3	1.04	0.44	821	382	122	21.8	20.9
1998	1.70	163.0	1.09	0.46	872	402	141	23.3	21.3
1999	1.73	167.5	1.16	0.49	980	464	160	24.8	21.3
2000	1.79	182.0	1.23	0.53	1123	530	185	27.0	22.0
2001	1.81	197.2	1.30	0.56	1278	575	220	28.6	22.0
2002	1.84	203.2	1.37	0.60	1520	655	265	30.7	22.5
2003									
2004	1.78	223.6	1.43	0.64	2373	903	437	33.7	23.5
2005	1.77	236.9	1.48	0.66	2644	1000	476	36.8	24.8
2006	1.77	312.0	1.40		3013	1139	580	39.1	27.9
2007	1.67	284.3	1.31		2950	1061	614	38.9	29.7
2008	1.70	301.6	1.38		3285	1211	726	41.5	30.1
2009	1.69	314.0	1.38		3621	1466	799	44.2	32.0

注：1. 2003年无全国汇总数据。

2. 2006年执行新的报表制度，数据和以往年度不可对比。

全国乡概况及住宅情况

指标 年份	乡个数（万个）	建成区面积（万公顷）	建成区人口		本年建设投入			年末实有住宅建筑面积（亿平方米）	人均住宅建筑面积（平方米）
			（亿人）	非农人口	（亿元）	住宅	市政公用设施		
1990	4.02	110.1	0.72	0.17	121	61	7	13.8	19.0
1991	3.90	109.3	0.70	0.16	136	67	8	13.8	19.8
1992	3.72	98.1	0.66	0.15	168	76	10	13.4	20.4
1993	3.64	99.9	0.65	0.15	191	85	13	13.3	20.4

指标 年份	乡个数 （万个）	建成区 面积(万 公顷)	建成区人口		本年建设投入			年末实 有住宅 建筑面 积（亿 平方米）	人均住 宅建筑 面积（平 方米）
			（亿人）	非农 人口	（亿元）	住宅	市政 公用 设施		
1994	3.39	101.2	0.62	0.14	234	113	16	12.8	20.6
1995	3.42	103.7	0.63	0.15	260	133	22	12.7	20.1
1996	3.15	95.2	0.60	0.14	296	151	26	12.2	20.3
1997	3.03	95.7	0.60	0.14	296	155	33	12.3	20.5
1998	2.91	93.7	0.59	0.15	316	175	37	12.3	20.9
1999	2.87	92.6	0.59	0.15	325	193	36	12.8	21.6
2000	2.76	90.7	0.58	0.14	300	175	35	12.6	21.8
2001	2.35	79.7	0.53	0.14	283	167	33	12.0	22.6
2002	2.26	79.1	0.52	0.14	325	188	39	12.0	23.1
2003									
2004	2.18	78.1	0.53	0.15	344	188	48	12.5	23.7
2005	2.07	77.8	0.52	0.14	377	186	55	12.8	24.8
2006	1.46	92.83	0.35		355	145	66	9.1	25.9
2007	1.42	75.89	0.34		352	147	75	9.1	26.8
2008	1.41	81.15	0.34		438	187	99	9.2	27.1
2009	1.39	75.76	0.33		471	212	101	9.4	28.8

注：1.《1993 年村镇建设年报》中年末实有住宅建筑面积为 16.4 亿平方米，经核实为印刷错误，实为 13.3 亿平方米。

　2. 2003 年无全国汇总数据。

　3.“乡个数”在 2006 年以前统计的是“集镇个数”；2006 年执行新的报表制度，统计范围由原来的集镇变为乡，数据和以往年度不可对比。

全国村庄概况

指标 年份	村庄个 数（万 个）	村庄现 状用地 面积 （万公 顷）	人口		本年建设投入			年末实 有住宅 建筑面 积（亿 平方米）	人均住 宅建筑 面积 （平方 米）	实有道 路长度 （万公 里）
			（亿 人）	非农 人口	（亿 元）	住宅	公用 设施			
1990	377.32	1140.1	7.92	0.16	662	545	33	159.3	20.1	262.1
1991	376.22	1127.2	8.00	0.16	744	618	26	163.3	20.4	240.0
1992	375.45	1187.7	8.06	0.16	793	624	32	167.4	20.8	262.9
1993	372.05	1202.7	8.13	0.17	906	659	57	170.0	20.9	268.7
1994	371.29	1243.8	8.15	0.18	1175	885	65	169.1	20.7	263.2
1995	369.52	1277.1	8.29	0.20	1433	1089	104	177.7	21.4	275.0

续表

指标 年份	村庄个数（万个）	村庄现状用地面积（万公顷）	人口（亿人）	非农人口	本年建设投入（亿元）	住宅	公用设施	年末实有住宅建筑面积（亿平方米）	人均住宅建筑面积（平方米）	实有道路长度（万公里）
1996	367.57	1336.1	8.18	0.19	1516	1176	106	182.4	22.3	279.3
1997	365.93	1366.4	8.18	0.20	1538	1175	136	185.9	22.7	283.2
1998	355.77	1372.6	8.15	0.21	1585	1220	139	189.2	23.2	290.3
1999	358.99	1346.3	8.13	0.22	1607	1245	152	192.8	23.7	287.3
2000	353.75	1355.3	8.12	0.24	1572	1203	139	195.2	24.0	287.0
2001	345.89	1396.1	8.06	0.25	1558	1145	160	199.1	24.7	283.6
2002	339.60	1388.8	8.08	0.26	2002	1288	368	202.5	25.1	287.3
2003										
2004	320.74	1362.7	7.95	0.32	2064	1243	342	205.0	25.8	285.1
2005	313.71	1404.2	7.87	0.31	2304	1374	380	208.0	26.4	304.0
2006	270.9		7.14		2723	1524	501	202.9	28.4	221.9
2007	264.7	1389.9	7.63		3544	1923	616	222.7	29.2	
2008	266.6	1311.7	7.72		4294	2558	793	227.2	29.4	
2009	271.4	1362.8	7.70		5400	3456	863	237.0	30.8	

注：1. 2003 年无全国汇总数据。

2.《1993 年村镇建设年报》中村庄个数为 272.05 万个，经核实为印刷错误，实为 372.05 万个。

3. 2006 年执行新的报表制度，统计范围发生变化，数据和以往年度不可对比。

八、城乡住宅建设投资

城乡住宅建设投资情况

指标 年份	投资（亿元）	城镇	农村	施工面积（万平方米）	城镇	农村	竣工面积（万平方米）	城镇	农村
1981	295.8	149.2	146.5						
1985	641.6	314.8	326.8						
1990	1164.5	498.3	666.1						
1995	4736.7	3278.2	1458.5	140451.9	68557.9	71894.0	107433.1	37489.1	69944.0
2000	7594.1	5435.3	2158.9	180634.3	94441.6	86192.7	134528.8	54859.9	79669.0
2001	8339.1	6261.5	2077.6	182767.1	103643.6	79123.5	130419.6	57476.5	72943.2
2002	9407.1	7248.9	2158.2	193731.0	113848.5	79882.5	134002.1	59793.6	74208.5
2003	10792.3	8624.8	2167.5	205286.7	124386.5	80900.2	130160.8	54971.5	75189.2
2004	13464.1	11010.1	2453.9	217580.5	142936.6	74643.9	124881.1	56897.3	67983.8

指标 年份	投资			施工面积			竣工面积		
	（亿元）	城镇	农村	（万平方米）	城镇	农村	（万平方米）	城镇	农村
2005	15427.2	12825.8	2601.5	239769.6	166143.4	73626.2	132835.9	66141.9	66694.0
2006	19333.1	16305.5	3027.5	265565.3	187898.4	77666.9	131408.2	63046.9	68361.3
2007	25005.0	21238.3	3766.7	315629.8	226159.7	89470.1	146282.7	68820.8	77461.9
2008	30881.2	26516.0	4365.2	364354.4	269918.4	94436.0	159404.6	75969.1	83435.6
2009		30465.5		430125	310867.5	119257.5	180788	78875.8	101912.2

注：2009年城乡住宅施工、竣工面积数据来源于《中国统计摘要2010》，城镇住宅投资和施工、竣工面积数据来源于《2009年1至12月固定资产投资统计快报》，农村住宅施工、竣工数据由上述数据推算而得。

九、住房公积金

住房公积金基本情况

年份 指标	本年实缴职工人数（万人）	年末缴存总额（亿元）	年末缴存余额（亿元）	年末个人提取总额（亿元）	年末贷款总额（亿元）	年末贷款余额（亿元）
2002	6045.37	4130.60	2924.13	1206.47	1591.83	1143.10
2003	6317.68	5562.74	3813.88	1748.87	2342.90	1583.33
2004	6138.51	7400.27	4893.49	2506.78	3403.77	2230.09
2005	6329.71	9759.48	6259.54	3499.94	4599.09	2833.96
2006	6916.87	12687.37	7870.96	4816.41	6364.33	3804.71
2007	7187.91	16230.3	9605.11	6625.19	8565.9	5074.33
2008	7745.09	20699.78	12116.24	8583.54	10601.83	6094.16
2009	8031.3	26091.24	14648.8	11442.44	14804.04	8804.92

十、城市低收入家庭住房保障

城市低收入家庭住房保障基本情况

指标 年份	2008	2009
廉租住房		
本期末累计保障户数（万户）	295	470
本期末正在实施保障户数（万户）	284	436
本期新增保障户数（万户）	191	152
本期按规定渠道筹集资金总额（亿元）	382	1010

续表

指标 \ 年份	2008	2009
本期按保障方式支出资金总额（亿元）	260	712
本期新开工面积（万平方米）	2271	9694
本期新开工住宅套数（万套）	46	199
本期竣工（筹集）房屋建筑面积（万平方米）	1199	3172
本期竣工（筹集）住宅套数（万套）	25	65
本期供应土地面积（万平方米）	1540	4835
本期完成投资（亿元）	223	777
经济适用住房		
本期供应户数（万户）	78	77
本期新开工面积（万平方米）	9930	9755
本期新开工住宅套数（万套）	116	131
本期竣工（筹集）房屋建筑面积（万平方米）	6308	5616
本期竣工（筹集）住宅套数（万套）	75	85
本期供应土地面积（万平方米）	7518	5107
本期完成投资（亿元）	1314	1471

十一、指标解释

勘察设计

勘察合同额

指根据工程勘察合同额，在报告期内完成的实际工作量，包括完成工程测量、工程地质、水文地质、工程物探，以及岩土工程勘察、设计、检测、监测等工作量所对应的合同额合计。

设计合同额

指根据各类建设项目的工程设计合同额，在报告期内完成的实际工作量所对应的合同额合计。包括专项设计完成合同额。

专项设计合同额

指根据专项工程设计合同额，在报告期内完成的实际工作量所对应的合同额合计。专项设计指建筑装饰、环境工程、消防设施、建筑智能化、建筑幕墙、轻型房屋钢结构等专项工程的设计。

施工图完成投资额

指报告期内完成各类建设项目施工图设计所对应的投资额合计。

施工图完成建筑面积

指报告期内完成房屋建筑和工业厂房（有屋盖和围护结构）的施工图设计各层平面面积总和。公路、铁路、港口码头、水库、大坝、矿井、露天石油化工生产装置等均不计算建筑面积。

营业收入

指报告期末企业实际实现的全部营业收入（境内收入＋境外收入）合计。

利润总额

指告期末企业获得的利润总额合计，按企业年终《企业决算报表》"利润表"中的"利润总额"项填列。

建筑业施工

建筑业总产值

指以货币形式表现的建筑业企业在一定时期内生产的建筑业产品和提供的服务的总和。

建筑业增加值

指建筑业企业在报告期内以货币形式表现的建筑业生产经营活动的最终成果。

签订合同总额

指建筑业企业在报告期直接同建设单位签订合同的总价款和以前年度同建设单位签订合同的未完工程跨入本年度继续施工工程合同的总价款余额。

资产合计

指企业拥有或控制的能以货币计量的经济资源，包括各种财产、债权和其他权利。

负债合计

指企业所承担的能以货币计量，将以资产或劳务偿付的债务，偿还形式包括货币、资产或提供劳务。

所有者权益合计

指所有者在企业资产中享有的经济利益，它等于企业资产减去负债后的余额。

利润总额

指企业在生产经营过程中各种收入扣除各种耗费后的盈余，反映企业在报告期内实现的亏盈总额，包括营业利润、补贴收入、投资净收益和营业外收支净额。

工程结算利润

指企业经营主要业务实现的利润。

房屋建筑施工面积

指在报告期内施过工的全部房屋建筑面积，包括本期新开工的房屋面积、上期施工跨入本期继续施工的房屋面积、上期停缓建在本期恢复施工的房屋面积、本期竣工的房屋面积及本期施工后又停缓建的房屋面积。

房屋建筑竣工面积

指在报告期内房屋建筑按照设计要求全部完工，达到了使用条件，经验收鉴定合格，正式移交使用单位的房屋建筑面积。

工程监理

年末从业人员

指报告期末，在企业中工作，取得工资或其他形式的劳动报酬的全部人员。包括：再就业的离退休人员以及在各企业中工作的外方人员和港澳台方人员、借用的外单位人员等。不包括离开本企业仍保留劳动关系的人员。

建设工程监理企业承揽合同额

指报告期内建设工程监理企业承揽的总的合同额。

境外合同额

指报告期内企业在境外（包括港、澳、台）承揽的合同额。

营业收入

指报告期末企业经营主营业务以及主营业务以外的其他业务所取得的收入总计。

利润总额

指企业实现的利润总额，按企业年度财务会计报告中"利润表"（或"损益表"）的"利润总额"项的本期实际数填列。

资产合计

指企业过去的交易或者事项形成的、由企业拥有或者控制的、预期会给企业带来经济利益的资源，按企业年度财务会计报告中"资产负债表"的"资产总计"项的本期实际数填列。

负债合计

指企业过去的交易或者事项形成的、预期会导致经济利益流出企业的现时义务，按企业年度财务会计报告中"资产负债表"的"负债合计"项的本期实际数填列。

所有者权益

指企业资产扣除负债后由所有者享有的剩余权益，按企业年度财务会计报告中"资产负债表"的"所有者权益合计"项的本期实际数填列。

工程招标代理

中标金额

指报告期内企业承揽的工程的勘察、设计、施工、监理以及与工程建设有关的重要设备（进口机电设备除外）、材料采购招标代理业务的中标金额。

承揽合同约定酬金

指报告期内企业承揽所有业务所签订的合同约定酬金合计。

工程招标代理承揽合同约定酬金

指报告期内企业承揽工程招标代理业务所签订的合同约定酬金。

营业收入

指报告期末企业经营主营业务以及主营业务以外的其他业务所取得的收入总计。

工程招标代理收入

指报告期末企业经营工程招标代理业务所取得的代理酬金等收入，按企业会计"主营业务收入"或"其他业务收入"科目中对应项的本期累计数分析计算填列。

营业成本

指报告期末企业经营主营业务以及主营业务以外的其他业务所发生的实

际成本总计，按企业年度财务会计报告中"利润表"（或"损益表"）的"主营业务成本"项的本期实际数与企业会计"其他业务支出"科目本期累计数，两项合计后的数填列。

营业利润

指企业生产经营活动所实现的利润，按企业年度财务会计报告中"利润表"（或"损益表"）的"营业利润"项的本期实际数填列。

利润总额

指企业实现的利润总额，按企业年度财务会计报告中"利润表"（或"损益表"）的"利润总额"项的本期实际数填列。

城市建设、县城建设

城区（县城）面积

指城市的城区和县城的面积。

设市城市城区包括：（1）街道办事处所辖地域；（2）城市公共设施、居住设施和市政公用设施等连接到的其他镇（乡）地域；（3）常住人口在3000人以上独立的工矿区、开发区、科研单位、大专院校等特殊区域。

县城包括：（1）县政府驻地的镇（城关镇）或街道办事处地域；（2）县城公共设施、居住设施和市政设施等连接到的其他镇（乡）地域；（3）常住人口在3000人以上独立的工矿区、开发区、科研单位、大专院校等特殊区域。

城区（县城）人口

指划定的城区（县城）范围的人口数。按公安部门的户籍统计为准填报。

暂住人口

指离开常住户口地的市区或乡、镇，到本市居住一年以上的人员。一般按公安部门的暂住人口统计为准填报。

建成区面积

城市行政区内实际已成片开发建设、市政公用设施和公共设施基本具备的区域。对核心城市，它包括集中连片的部分以及分散的若干个已经成片建设起来，市政公用设施和公共设施基本具备的地区；对一城多镇来说，它包括由几个连片开发建设起来的，市政公用设施和公共设施基本具备的地区组成。因此建成区范围，一般是指建成区外轮廓线所能包括的地区，也就是这个城市实际建设用地所达到的范围。

城市（县城）市政公用设施固定资产投资

指建造和购置市政公用设施的经济活动，即市政公用设施固定资产再生产活动。市政公用设施固定资产再生产过程包括固定资产更新（局部更新和全部更新）、改建、扩建、新建等活动。新的企业财务会计制度规定，固定资产局部更新的大修理作为日常生产活动的一部分，发生的大修理费用直接在成本费用中列支。按照现行投资管理体制及有关部门的规定，凡属于养护、维护性质的工程，不纳入固定资产投资统计。对新建和对现有市政公用设施改造工程，纳入固定资产统计。

供水总量

指报告期供水企业（单位）供出的全部水量。包括有效供水量和漏损水量。有效供水量指水厂将水供出厂外后，各类用户实际使用到的水量。包括售水量和免费供水量。

标准运营车数

指不同类型的运营车辆按统一的标准当量折算合成的运营车数。

绿地面积

指报告期末用作园林和绿化的各种绿地面积。包括公园绿地、生产绿地、防护绿地、附属绿地和其他绿地的面积。

公园绿地

指城市中向公众开放的、以游憩为主要功能，有一定的游憩设施和服务设施，同时兼有健全生态、美化景观、防灾减灾等综合作用的绿化用地。它是城市建设用地、城市绿地系统和城市市政公用设施的重要组成部分。

生活垃圾、粪便清运量

指报告期收集和运送到各生活垃圾、粪便处理场（厂）和生活垃圾、粪便最终消纳点的生活垃圾、粪便的数量。

用水普及率

指报告期末城区内用水人口与总人口的比率。计算公式：

$$用水普及率＝\frac{城区用水人口}{城区人口＋城区暂住人口}\times100\%$$

燃气普及率

指报告期末城区内使用燃气的人口与总人口的比率。计算公式：

$$燃气普及率＝\frac{城区用气人口}{城区人口＋城区暂住人口}\times100\%$$

每万人拥有公共交通车辆

指报告期末城区内每万人平均拥有的公共交通车辆标台数。计算公式：

$$每万人拥有公共交通车辆＝\frac{公共交通运营车标台数}{城区人口＋城区暂住人口}$$

人均道路面积

指报告期末城区内平均每人拥有的道路面积。计算公式：

$$人均道路面积＝\frac{城区道路面积}{城区人口＋城区暂住人口}$$

污水处理率

指报告期内污水处理总量与污水排放总量的比率。计算公式：

$$污水处理率＝\frac{污水处理总量}{污水排放总量}\times100\%$$

人均公园绿地面积

指报告期末城区内平均每人拥有的公园绿地面积。计算公式：

$$人均公园绿地面积＝\frac{城区公园绿地面积}{城区人口＋城区暂住人口}$$

建成区绿化覆盖率

指报告期末建成区内绿化覆盖面积与区域面积的比率。计算公式：

$$建成区绿化覆盖率 = \frac{建成区绿化覆盖面积}{建成区面积} \times 100\%$$

建成区绿地率

指报告期末建成区内绿地面积与建成区面积的比率。计算公式：

$$建成区绿地率 = \frac{建成区绿地面积}{建成区面积} \times 100\%$$

生活垃圾无害化处理率

指报告期内生活垃圾无害化处理量与生活垃圾产生量的比率。计算公式：

$$生活垃圾无害化处理率 = \frac{生活垃圾无害化处理量}{生活垃圾产生量} \times 100\%$$

在统计时，由于生活垃圾产生量不易取得，用清运量代替。

村镇建设

村庄现状用地面积

指农村居民生活和生产聚居点的实际建设用地。包括住宅、公共建筑、生产建筑（厂房、粮食加工厂、仓库等）、村庄内的道路、绿化以及房前屋后的空地等。

年供水总量

指一年内供给建成区范围内的全部水量，包括有效供水量和损失的水量。

生活用水量

指居民家庭与公共服务的年用水量。包括饮食店、医院、商店、学校、机关、部队等单位生活用水量，以及生产单位装有专用水表计量的生活用水量（不能分开者，可不计）。

用水人口

指由集中供水设施供给生活用水的人口数。

人均日生活用水量

指用水人口平均每天的生活用水量。计算公式：

人均日生活用水量＝报告期生活用水量／用水人口／报告期日历天数 ×1000。

道路长度、面积的计算

道路长度包括道路长度和与道路相通的桥梁、隧道的长度。道路面积只包括路面面积和与道路相通的广场、桥梁、停车场的面积，不含隔离带和绿化带面积。

排水管道

指建成区范围内汇集和排放污水（雨水）的管道，只统计直径 150mm 以上的管道。

人均住宅建筑面积

指本年年末镇（乡）建成区、村庄平均每人拥有的住宅建筑面积。

计算公式：建成区人均住宅建筑面积＝建成区年末实有住宅建筑面积／建成区户籍人口；村庄人均住宅建筑面积＝村庄年末实有住宅建筑面积／村庄户籍人口。

本年建设投入合计

指本年用于房屋建设和市政公用设施维护建设的总投资。房屋包括住宅、公共建筑、生产性建筑，市政公用设施包括供水、燃气、集中供热、道路桥梁、排水（含污水处理）、防洪、集中供热、园林绿化、市容环卫（含垃圾处理）等行业。

用水普及率

指报告期末建成区（村庄）用水人口与建成区（村庄）人口的比率。按建成区、村庄分别统计。计算公式：

建成区用水普及率＝（建成区用水人口／建成区人口）×100%。

村庄用水普及率＝（村庄用水人口／村庄人口）×100%。

人均公园绿地

指报告期末建成区范围内平均每人拥有的公园绿地面积。

计算公式：人均公园绿地面积＝公园绿地面积／建成区人口

城乡住宅建设投资

施工面积

指报告期内施工的全部房屋建筑面积。包括本期新开工的面积和上期开工跨入本期继续施工的房屋面积，以及上期已停建在本期恢复施工的房屋面积。本期竣工和本期施工后又停缓建的房屋，其建筑面积仍计入本期房屋施工面积中。

竣工面积

指在报告期内房屋建筑按照设计要求已经全部完工，达到住人和使用条件，经验收鉴定合格（或达到竣工验收标准），正式移交使用单位的各栋房屋建筑面积的总和。

住房公积金

本年实缴职工人数

指本年实际汇缴、补缴住房公积金的职工人数（采取预缴方式的，每月都应计入本项指标）。本期是指自本月初起至本月末止（以下同）。

年末缴存总额

指截至本年末住房公积金的累计缴存数额。

年末缴存余额

指本年末缴存总额扣除本期末累计个人提取额后的数额。

年末个人提取总额

指截至本年末职工累计提取的住房公积金数额。

年末贷款总额

指截至本年末累计利用住房公积金发放的贷款本金数额。

年末贷款余额

指截至本年末利用住房公积金发放且尚未还清的贷款本金数额。

城市低收入家庭住房保障

本期末累计已实施保障户数

指从实施廉租住房保障制度到报告期末，按照《廉租住房保障办法》规定，通过租赁住房补贴、实物配租等方式，累计已经实施保障的户数。

本期末正在实施保障户数

指从实施廉租住房保障制度到报告期末，按照《廉租住房保障办法》规定，依据已签订的廉租住房保障合同（协议），通过租赁住房补贴、实物配租、租金核减和其他方式，正在实施保障的户数。

本期新增保障户数

指报告期内，按照《廉租住房保障办法》规定，通过租赁住房补贴、实物配租、租金核减等方式新增加实施保障的户数。

本期按规定渠道筹集资金总额

指从实施廉租住房制度到报告期末、报告期内，按照《廉租住房保障办法》规定，通过规定的资金来源渠道筹集的资金总额。

本期按保障方式支出资金总额

指从实施廉租住房制度到报告期末、报告期内，依据《廉租住房保障办法》，用于发放租赁住房补贴、筹建廉租住房房源和其他保障方式支出的资金总额。

本期新开工面积

指报告期内，廉租住房项目、经济适用住房项目建设中，新开工建设的房屋建筑面积。新开工面积以单位工程为核算对象，按整栋房屋的全部建筑面积计算，不能按照实施部位或层次的面积分割计算。

本期供应户数

指从实施经济适用住房制度到本期末、报告期内，按照《经济适用住房管理办法》的规定，累计本期解决经济适用住房供应对象住房困难的户数，包括通过出售、出租、发放货币补贴等方式供应的户数。

本期供应土地面积

指报告期内，按照《廉租住房保障办法》和《经济适用住房管理办法》规定，由政府通过行政划拨方式供应经济适用住房、廉租住房开发建设的土地面积。在商品住房项目中配建廉租住房、经济适用住房的，其供应土地面积按建筑面积所占比例分摊。

本期完成投资

指报告期末内，完成的用于廉租住房、经济适用住房的房屋建筑工程、土地开发工程及其配套服务设施建设等的投资额。

2010 年住房和城乡建设部统计报表制度一览表

序号	统计报表制度名称	实施司局
1	住房城乡建设行政复议和应诉工作统计报表制度	法规司
2	城市低收入家庭住房保障统计报表制度	住房保障司
3	保障性安居工程统计报表制度	住房保障司
4	房屋概况统计报表制度	房地产市场监管司
5	房地产市场监管统计报表制度	房地产市场监管司
6	工程招标代理机构统计报表制度	建筑市场监管司
7	工程勘察设计统计报表制度	建筑市场监管司
8	特、一级建筑业企业主要指标月度快速调查制度	计划财务与外事司
9	建设工程监理统计报表制度	建筑市场监管司
10	城市（县城）和村镇建设统计报表制度	计划财务与外事司
11	民用建筑能耗和节能信息统计报表制度	建筑节能与科技司
12	住房公积金缴存情况统计报表制度	住房公积金监管司

第四编

直属机构

第一章　直属事业单位

住房和城乡建设部稽查办公室

【历史沿革】

前身是全国建筑市场稽查特派员办公室。2001 年 7 月 12 日，根据国务院第 100 次总理办公会议精神，建设部成立全国建筑市场稽查特派员办公室，为临时机构。2005 年 7 月 5 日，根据中编办《关于成立建设部稽查办公室的批复》和人事部《关于同意建设部稽查办公室依照国家公务员制度管理的复函》，建设部稽查办公室成立。2009 年 1 月 21 日，中编办批复更名为住房和城乡建设部稽查办公室，为参照公务员法管理单位。主要职责范围：组织对住房保障、城乡规划、标准定额、房地产市场、建筑市场、城市建设、村镇建设、工程质量安全、建筑节能、住房公积金、历史文化名城和风景名胜区等方面违法违规行为的案件稽查，提出处理意见；组织或参与对上述十二个方面违法违规行为的专项稽查，提出改进工作意见；会同有关司局负责城乡规划督察员制度的实施，组织住房和城乡建设部派驻城乡规划督察员监督检查国务院审批的城市总体规划、历史文化名城保护规划、省域城镇体系规划和国家级风景名胜区规划实施情况；拟订住房和城乡建设部派驻城乡规划督察员管理制度，负责住房和城乡建设部派驻城乡规划督察员的日常管理工作，指导地方住房和城乡建设行政部门派驻城乡规划督察员工作；拟订建设稽查规则和稽查特派员管理制度，负责稽查特派员的日常管理工作；指导地方住房和城乡建设行政部门的稽查工作等。

【 历任主要负责人 】

单位名称	职务	姓名及任期
全国建筑市场稽查特派员办公室 （2001.7~2005.7）	主任	金德钧 （2001.7~2005.7）
建设部稽查办公室 （2005.7~2008.3）	主任	金德钧 （2005.7~2005.10）
		王铁宏 （2005.10~2008.3）
住房和城乡建设部稽查办公室 （2008.3~　　　　）	主任	王铁宏 （2008.3~2008.8）
		王早生 （2008.8~　　　　）

住房和城乡建设部机关服务中心

【 历史沿革 】

　　1982 年，城乡建设环境保护部成立，随即组建了城乡建设环境保护部机关服务局，承担行政管理和服务两种职能。1983 年 8 月 5 日，城乡建设环境保护部机关服务公司成立。1988 年，在机构改革中服务公司撤销，成立了建设部机关服务中心，以服务为主，同时保留了部内管理的部分行政职能。1991年 10 月，建设部决定机关服务中心为一个机构两块牌子，对内为建设部机关服务中心，对外可称建设部机关事务管理局。1994 年 4 月，中编办批复建设部机关服务中心具有事业单位法人资格。2008 年 3 月，住房和城乡建设部成立后，建设部机关服务中心更名为住房和城乡建设部机关服务中心，中编办批复时间为 2009 年 2 月。主要职责：负责部委托管理的行政事务工作和机关后勤服务保障工作。

【历任主要负责人】

单位名称	职务	姓名及任期
城乡建设环境保护部机关服务局 （1982.11~1988.4）	局长	王 兴 （1982.11~1988.4）
建设部机关服务中心 （1988.4~2008.3）	局长	王 兴 （1988.4~1988.8）
	主任	张敬渠 （1988.8~1989.2）
		马洪礼 （1989.2~1991.12）
		孙英林 （1991.12~1999.4）
		李东序 （1999.4~2001.11）
		王志宏 （2001.11~2004.3）
		张国印 （2004.3~2008.3）
住房和城乡建设部机关服务中心 （2008.3~ ）	主任	张国印 （2008.3~2009.2）
		胡子健 （2009.2~ ）

中国城市规划设计研究院

【历史沿革】

前身是建筑工程部城市设计院。1954 年 10 月 15 日，在北京成立，隶属建筑工程部城市建设局。1955 年 4 月，改为国家城市建设总局城市设计院，隶属国家城市建设总局。1958 年 2 月，改为建筑工程部城市设计院，隶属建筑工程部城市建设局。1960 年 9 月，改为国家建委城市设计院，隶属国家建委。1961 年 1 月，改为国家计委城市设计院，隶属国家计委城市建设计划局；1963 年 1 月，更名为国家计委城市规划研究院。1964 年 4 月，改为国家经委城市规划研究院，隶属国家经委城市规划局；同月，单位又被撤销。1973 年 6 月，成立国家建委城市建设研究所，隶属国家建委城市建设局、国家建委建筑科学研究院；1976 年 5 月，隶属国家建委建筑科学研究院；1979 年 6 月，改为国家城市建设总局城市规划设计研究所，隶属国家城市建设总局；1982 年 5 月，改为城乡建设环境保护部城市规划设计研究所，隶属城乡建设环境保护部；同年 7 月，经城乡建设环境保护部批准，成立中国城市规划设计研究院，为城乡建设环境保护部直属科研事业单位。1988 年 5 月，为建设部直属科研事业单位。2008 年 3 月，为住房和城乡建设部直属科研事业单位，是全国城市规划设计咨询、科学技术研究、信息中心。主要职能：对部技术服务、科研标准规范、规划设计和社会公益服务。有中国城市规划学会等 20 个挂靠在院的学术团体和专业组织机构。主办、承办《城市规划》、《国际城市规划》、《城市交通》、《城市规划通讯》等行业杂志。

"一五"时期，重点完成了配合国家 156 个重点建设项目的选址规划和兰州、包头等 8 个重点工业城市的规划，协助完成了呼和浩特、西宁、贵阳、乌鲁木齐、昆明、咸阳、德阳、绵阳、内江等城市的初步规划或选址工作。20 世纪 80 年代，承担了区域规划、城镇体系规划、城市总体规划、交通规划、旧城改造规划、风景区规划、历史文化名城保护规划、小城镇规划与详细规划等大量规划任务。完成了天津震后重建规划、深圳特区总体规划暨交通规划、三峡库区淹没城镇迁建规划、贵州西线风景区规划、遵义和承德历史文化名城保护规划等一批代表性项目。1984 年开始分别在深圳、海口、汕头、厦门、北海、钦州、惠州等地设立分支机构，为促进特区城市和沿海地区持续快速发展提供了重要的技术支持。科研方面，组织完成了《当代中国的城市建设》编写工作，参与《大百科全书〈建筑·规划·园林卷〉》的条目编写工作；组织完成了国家计委和国家建委联合下达的《京津唐地区国土规划纲要》中的专题研究，国家重点攻关项目《华北地区城市用水节水措施研究》、《居住区详细规划研究》、《大城市综合交通体系规划模式研究》、《中国城市化道路研究》、《未来城市土地合理利用的理论和对策》等课题。充分发挥作为国家城市规划科研、设计、情报中心的作用，完成了 60 余项科学研究、800 多项规划设计，编撰出版了 260 万册期刊和学术情报资料；获得国家科技进步二等奖 1 项、部省以上奖励 55 项。

20 世纪 90 年代，规划项目数量大幅增长，规划领域不断拓展，出现了开发区、商务区、保税区、风景及旅游度假区等新规划领域，"控制性详细规划"这一新的规划类型也应运而生，取得了一系列创新成果。完成了"陇海—兰新地带城镇体系规划"等区域规划，平顶山、秦皇岛、日照、厦门、钦州、茂名、中山、南海、顺德等一批城市总体规划，以及城市交通规划、历史文化名城保护规划、开发区规划、风景及旅游度假区规划等大量规划编制和设计项目。在科研工作方面，完成了"我国风景旅游资源开发前景研究"、"高科技开发区基建投资预测"等项目。编辑出版了《市域规划编制方法与理论》、《国外历史环境的保护和规划》、《中国现代城市土地利用学》等专著；主编的《城市规划标准规范体系研究》、我国城市规划行业第一部国家标准《城市用地分类与规划建设用地标准》等规范和标准的制定，奠定了城市规划科学化、规范化的基础。这一时期，完成国家技术与政策研究 130 余项、科研与标准规范编制 105 项，完成了 350 万册期刊和信息资料的编撰。

进入新世纪以来，着力发挥为国家和建设部提供技术支撑的作用、在城乡规划行业的技术发展引领作用、社会公益服务作用，区域与城镇群规划、历史文化保护、城市交通与轨道、市政、生态环境、供水安全、风景园林、旅游等各领域的规划业务快速发展。科研与标准规范编制工作取得突破性发展，有上百个科研与规划项目获得了省部级以上的奖励，为促进城市的科学决策与规划学科发展发挥了重要作用。

【历任主要负责人】

单位名称	职务	姓名及任期	职务	姓名及任期
建筑工程部城市设计院 （1954.10~1955.4）	副院长	李正冠 （1954.10~1955.1）		
	院长	贾云标（兼） （1955.1~1955.4）		

单位名称	职务	姓名及任期	职务	姓名及任期
国家城市建设总局城市设计院（1955.4~1958.2）	院长	贾云标（1955.4~1956.2）		
		鹿渠清（1956.2~1958.2）		
建筑工程部城市设计院（1958.2~1960.9）	院长	鹿渠清（1958.2~1964.4）		
国家建委城市设计院（1960.9~1961.1）	院长			
国家计委城市设计院（1961.1~1963.1）	院长			
国家计委城市规划研究院（1963.1~1964.4）	院长			
国家经委城市规划研究院（1964.4）	院长			
撤销（1964.4~1973.6）				
国家建委城市建设研究所（1973.6~1979.6）	负责人	贺雨、金经然		
国家城市建设总局城市规划设计研究所（1979.6~1982.5）	负责人	贺雨、周干峙、安永瑜	书记	万列风
城乡建设环境保护部城市规划设计研究所（1982.5~1982.7）	负责人	贺雨、周干峙、安永瑜	书记	万列风
中国城市规划设计研究院（1982.7~　　　）	负责人	贺雨、周干峙、安永瑜（1982.7~1983.11）	书记	万列风（1982.7~1984.4）
	院长	周干峙（1983.11~1985.10）		张启成（1984.4~1986.4）
				张秉忱（1986.11~1991.12）
		邹德慈（1986.1~1996.11）		邹德慈（兼）（1992.5~1994.2）
				张启成（1994.2~1996.11）
		王静霞（1996.11~2004.4）		罗成章（1996.11~2001.9）
				王静霞（兼）（2001.9~2004.4）
		李晓江（2004.4~　　）		陈锋（2004.4~　　）

住房和城乡建设部标准定额研究所

【历史沿革】

前身为国家计委基本建设标准定额研究所，1983年3月12日，根据国家科委批复成立，为国家计委直属科研事业单位。1983年8月9日，根据国务院批复，国家计委设立基本建设标准定额局。国家计委基本建设标准定额研究所与国家计委基本建设标准定额局合署，为一个机构、两块牌子。1988年7月1日，国家计委基本建设标准定额局（研究所）划归建设部，重新组建为建设部标准定额司和建设部标准定额研究所。1994年12月21日，建设部明确建设部标准定额司、标准定额研究所合署办公，成立一个领导班子，实行司长领导下的分工负责制，办理属于政府职能的业务。1998年7月6日，建设部《关于转发〈国务院办公厅关于印发建设部职能配置内设机构和人员编制规定的通知〉的通知》明确，标准定额研究所为建设部直属的全额拨款科研事业单位。2008年3月，住房和城乡建设部成立后，更名为住房和城乡建设部标准定额研究所。中编办于2009年1月正式批复。主要职责：工程建设标准化工作；工程造价管理工作；工程项目建设标准、建设用地指标工作；建设项目评价方法和经济参数工作；产品标准和质量认证工作；部管行业的国际标准化组织（ISO）国内归口的具体管理工作；标准定额信息和出版发行管理工作；开展工程建设标准、定额的研究、制订、修订工作和与工程建设标准、定额有关的咨询服务工作。

【历任主要负责人】

单位名称	职务	姓名及任期
国家计委基本建设标准定额研究所 （1983.3~1983.8） 国家计委基本建设标准定额局 （1983.8~1988.7）	所长	杨思忠 （1983.3~1988.7）
建设部标准定额研究所 （1988.7~2008.3）	所长	邵卓民 （1988.7~1995.6）
		于守法 （1995.6~1996.6）
	副所长 主持工作	邵华乔 （1996.6~1998.12）
	所长	邵华乔 （1998.12~2001.9）
	副所长 主持工作	陈重 （2001.9~2004.5）
	所长	王志宏 （2004.5~2008.3）
住房和城乡建设部标准定额研究所 （2008.3~　　　）	所长	王志宏 （2008.3~2008.8）
	副所长 主持工作	胡传海 （2008.8~2008.10）
	所长	曾少华 （2008.10~　　　）

住房和城乡建设部科技发展促进中心

【历史沿革】

前身是建设部科技发展促进中心，1994年2月，经中编办和建设部批准成立，为建设部直属科研事业单位。2008年3月，住房和城乡建设部成立后，更名为住房和城乡建设部科技发展促进中心，中编办批复时间为2009年1月。

主要职能是：推进行业科技成果产业化、建筑节能、绿色建筑和城镇减排等工作，具体负责政策研究与咨询；科技成果评估与推广；承担国家和部科研项目、示范工程管理、行业技术培训、绿色建筑评价标识以及华夏科学技术奖的评审与管理等。2006年9月，经建设部批准，成立了建设部科技发展促进中心建筑节能中心，为中心所属副司局级单位。主要职责：推进行业科技成果产业化、建筑节能和绿色建筑工作，具体负责政策研究与咨询；科技成果评估与推广；承担国家和部科研项目、示范工程管理、绿色建筑评价标识以及华夏科学技术奖、绿色建筑创新奖的评审与管理；开展技术交流、咨询、培训等技术服务。

【历任主要负责人】

单位名称	职务	姓名及任期
建设部科技发展促进中心 （1994.2~2008.3）	主任	聂梅生 （1994.6~1998.8）
		李先逵 （1998.8~1999.8）
		赖　明 （1999.8~2006.5）
		陈宜明 （2006.5~2008.3）
住房和城乡建设部科技发展促进中心 （2008.3~　　　）	主任	陈宜明 （2008.3~2008.8）
		杨　榕 （2008.10~　　　）

住房和城乡建设部政策研究中心
（中国城乡建设经济研究所）

【历史沿革】

前身是建设部政策研究中心，1988年4月成立，与中国城乡建设经济研究所合并，是一个机构两块牌子，为建设部直属事业单位。中国城乡建设经济研究所前身是国家建委基本建设投资研究所，1979年1月正式组建，隶属国家建委，由国家建委和中国社会科学院双重领导。1982年6月，拆分为中国城乡建设经济研究所（隶属城乡建设环境保护部）和国家计委投资研究所（划归国家计委）。1988年，与建设部政策研究中心合并。

2008年3月，住房和城乡建设部成立后，更名为住房和城乡建设部政策研究中心，为部直属的软科学研究机构。中编办于2009年1月批复。主要职能：承担城乡建设领域基础理论、战略性和超前性政策研究和中国人民大学MPA、中国社会科学院研究生院博士、硕士研究生专业教学和论文指导任务；为中央和部领导提供决策咨询和政策建议。主要研究城乡规划、建设和管理改革与发展，城镇化、新农村建设与发展，房地产市场、建筑市场，城市经济、区域经济和城乡一体化，保障性住房制度、市政公用事业改革与发展等。为国家有关部委、地方主要城市、大型国有和民营企业开展若干个重大战略性课题。

【住房和城乡建设部政策研究中心历任主要负责人】

单位名称	职务	姓名及任期
建设部政策研究中心 （1988.4~2008.3）	主任	包宗华 （1988.4~1992.12）
		张元端 （1993.1~1994.12）
	副主任 主持工作	王法旺 （1994.12~1996.1）
	主任	程振华 （1996.1~1999.12）
		赵　晨 （2000.1~2000.12）
		李秉仁 （2001.1~2004.3）
		陈　淮 （2004.4~2008.3）
住房和城乡建设部政策研究中心 （2008.3~　　　）	主任	陈　淮 （2008.3~2011.9）
		秦　虹 （2011.9~　　　）

【中国城乡建设经济研究所历任主要负责人】

单位名称	职务	姓名及任期
国家建委基本建设投资研究所 （1979.1~1982.6）	所长	马　洪 （1979.1~1981.1）
		薛葆鼎 （1981.2~1982.6）
中国城乡建设经济研究所 （1982.6~　　　　　）	所长	薛葆鼎 （1982.6~1986.5）
		林森木 （1986.6~1987.11）
		李梦白、包宗华 （1987.11~1992.12）
		张元端 （1993.1~1994.12）
		程振华 （1996.1~1999.12）
		赵　晨 （2000.1~2000.12）
		李秉仁 （2001.1~2004.3）
		陈　淮 （2004.4~2011.9）
		秦　虹 （2011.9~　　　　　）

住房和城乡建设部信息中心

【历史沿革】

　　前身是建设部计算机站，成立于 1986 年。1989 年 9 月，经建设部批准，组建建设部信息中心，为部直属全额拨款事业单位。1991 年 6 月，经建设部批准，同时行使建设部电子信息技术应用办公室的行政职能。1996 年 2 月，信息中心被赋予全国建设系统信息化工作管理职能（该职能后随电子信息技术应用办公室一并调整纳入部科技司）。1999 年 5 月，建设部 IC 卡应用服务中心设立并挂靠在信息中心。1998 年 1 月，中华人民共和国建设部网站（后更名为中华人民共和国住房和城乡建设部网站）正式开通。2008 年 3 月，住房和城乡建设部成立后，更名为住房和城乡建设部信息中心，中编办批复时间为 2009 年 1 月。主要职能：贯彻国家和住房城乡建设部有关信息化的法规、方针、政策、部署和要求，推进部电子政务顶层设计、信息资源统一规划和实施以及电子政务制度体系建设；负责部机关网络基础设施的建设、管理与服务；协助部办公厅开展计算机信息安全和保密管理及政府信息系统安全检查；负责全国政府系统办公业务资源网住房和城乡建设部节点、中央和国家机关密码通信专网住房和城乡建设部节点、住房和城乡建设部政府门户网站、住房和城乡建设部政务内外网和部机关通信的管理与服务；承担国家和行业信息化应用推广、技术研究、科技项目管理和标准规范编制等任务；负责部管行业统计的具体工作以及行业信息与信息技术咨询、交流、培训和《中国建设信息》、《数字城市》编辑出版等工作。

【 历任主要负责人 】

单位名称	职务	姓名及任期
建设部信息中心 （1989.9~2008.3）	主任	张金成 （1989.9~1990.11）
	主任	邵卓民（兼） （1990.11~1992.12）
	主任	孙东生 （1992.12~1994.12）
	主任	谢鸿昌 （1994.12~2007.4）
	副主任 主持工作	倪江波 （2007.4~2008.3）
住房和城乡建设部信息中心 （2008.3~　　）	副主任 主持工作	倪江波 （2008.3~　　）

全国市长研修学院

【历史沿革】

前身是全国市长研究班办公室。1983 年初，中央组织部、城乡建设环境保护部、中国科协联合举办全国市长研究班；4 月 15 日，部长办公会议研究决定，设立城乡建设环境保护部市长研究班办公室，为全国市长培训工作的常设机构，城乡建设环境保护部直属全额拨款事业单位。1988 年 5 月，为建设部直属事业单位。1991 年 8 月，更名为全国市长培训中心。2008 年 3 月，由住房和城乡建设部管理。2010 年 3 月，更名为全国市长研修学院。主要职能：负责全国设市城市的市长、分管城市建设工作的副市长和直辖市的区长、分管城市建设工作的副区长及相关领导干部的培训工作。

【历任主要负责人】

单位名称	职务	姓名及任期	职务	姓名及任期
城乡建设环境保护部市长研究班办公室（1983.4~1988.4）	主任	王长升	党支部书记	王长升（兼）（1987.8~1988.4）
建设部全国市长研究班办公室（1988.4~1991.8）	主任	王长升	党支部书记	王长升（兼）

续表

单位名称	职务	姓名及任期	职务	姓名及任期
全国市长培训中心 （1991.8~2010.3）	主任	王长升 （1991.8~1996.2）	党支部书记	王长升（兼） （1991.8~1994.11）
	主持工作	方兆瑞 （1996.2~1996.11）	党委书记	王长升 （1994.11~1996.11）
	主任	王悦华 （1996.11~1998.7）		王悦华（兼） （1996.11~1998.8）
		朱　华 （1998.7~2003.2）		朱　华（兼） （1998.8~2003.2）
		张鲁风 （2003.2~2007.1）		张鲁风（兼） （2003.2~2007.1）
		王忠平 （2007.1~2010.3）		王忠平（兼） （2007.1~2010.3）
全国市长研修学院 （2010.3~　　　）	主任	王忠平 （2010.3~2011.8）		王忠平（兼）
	院长	仇保兴 （2011.8~　　　）		江　月 （2011.9~　　　）
	常务 副院长	王忠平 （2011.8~　　　）		

住房和城乡建设部干部学院

【历史沿革】

前身是国家建工总局干部学校，于 1979 年筹建，边筹建边办学。1980 年开始，举办中央党校中央国家机关分校国家建工总局党员干部进修班，培训对象是国家建工总局机关和直属单位的处以上党员干部。1982 年，更名为城乡建设环境保护部干部学校，负责城乡建设系统管理部门处以上领导干部、后备干部的培训及一般管理干部的培养。1985 年 11 月，城乡建设环境保护部批准，在部干部学校基础上建立北京城乡建设管理干部学院；1986 年 1 月，召开北京城乡建设管理干部学院筹备领导小组会议，研究学院的筹建工作。1988 年 12 月，更名为建设部干部学院。1998 年，建设部依托建设部干部学院成立建设部直属机关党校。2008 年 3 月，住房和城乡建设部成立后，更名为住房和城乡建设部干部学院，中编办于 2009 年 1 月正式批复。2011 年 8 月，与全国市长研修学院进行整合。主要业务范围：贯彻国家干部教育的方针政策，紧密结合机关业务，为机关服务，为建设行业服务。紧紧围绕建设部的中心工作，按照建设部干部教育规划和部署，认真做好部机关公务员、直属事业单位、建设系统处以上行政管理干部的岗位、岗前、转岗培训，科技干部的继续教育，企业经营管理人员的培训，以及中央党校国家机关分校建设部党校培训班的各项工作，并结合建设事业的特点进行干部教育的科学研究。根据行业发展需要，积极开辟各种适应性的短期培训，使学院真正成为住房和城乡建设部的干部培训基地。

【 历任主要负责人 】

单位名称	职务	姓名及任期	职务	姓名及任期
国家建工总局干部学校 （1980~1982.5）	校长	韩友真（兼） （1980~　　　　）		
	副校长	王雨三 （1980~1982.5）		
城乡建设环境保护部 干部学校 （1982.5~1985.11）	副校长	王雨三 （1982.5~1983.4）		
		刘长林 （1983.4~1985）		
		唐亦弘 （1985.2~1985）		
北京城乡建设 管理干部学院 （1985.11~1988.12）	副校长	刘长林 （1985~1986.10）		
	副校长	唐亦弘 （1985~1986.10）		
	院　长	叶如棠（兼） （1986.10~1988.12）		

单位名称	职务	姓名及任期	职务	姓名及任期
	副院长	祝自玉 （1986.10~1988.12）	党委书记	祝自玉（兼） （1986.10~1988.12）
	副院长	刘长林 （1986.10~1988.12）		
建设部干部学院 （1988.12~2008.3）	院长	叶如棠（兼） （1988.12~1994.2）		
	常务 副院长	祝自玉 （1988.12~1994.2）	党委书记	祝自玉（兼） （1988.12~1994.2）
	院长	毛如柏（兼） （1994.2~1999.3）	党委书记	刘长林 （1994.2~1996.8）
	常务 副院长	刘长林 （1994.2~1996.8）		
	院长	赵宝江（兼） （1999.3~2001.6）		
	常务 副院长	朱　华 （1996.8~2003.2）	党委书记	朱　华（兼） （1996.8~2008.3）
	院长	朱　华 （2003.2~2008.3）		
住房和城乡建设部 干部学院 （2008.3~　　）	院长	朱　华 （2008.3~2009.3）		
	院长	张兴野 （2009.3~2010.10）	党委书记	朱　华（兼） （2008.3~2009.3）
				张兴野（兼） （2009.3~2010.10）
	2010 年 10 月至 2011 年 8 月，党委副书记江月主持工作			
	院长	仇保兴（兼） （2011.8~　　）	党委书记	江　月 （2011.9~　　）
	常务 副院长	王忠平 （2011.8~　　）		

住房和城乡建设部住宅产业化促进中心

【历史沿革】

前身是建设部住宅产业化办公室。1998年7月9日，建设部批准，在撤销建设部城市住宅小区建设试点办公室、国家"2000年小康型城乡住宅科技产业工程"项目办公室、建设部住宅建设办公室基础上成立，同时将上述机构和职能并入建设部住宅产业化办公室。1999年11月，根据中编办批复，建设部北京建筑设计事务所更名为建设部住宅产业化促进中心（简称住宅中心），建设部住宅产业化办公室同时撤销。2008年3月，住房和城乡建设部成立后，更名为住房和城乡建设部住宅产业化促进中心，中编办于2009年1月正式批复。主要职责：按照部工作要求，积极推进住宅产业现代化。构建符合住宅产业化发展的住宅技术保障体系、建筑体系、部品体系、质量控制体系、性能认定体系。提升住宅产业现代化的建造技术总体水平。引导和促进住宅建设及房地产开发，促进住宅部品生产的技术创新，构建新型住宅产业技术体系，提升住宅品质，建设省地节能环保型住宅。研究和提出住宅产业经济技术政策建议，负责住宅产业化的专项业务工作，并组织相关工作的实施和技术服务。促进可再生能源的推广和使用，宣传推广住宅产业的技术和成果，对保障性住房建设提供技术指导。组织实施住宅产业化示范工程——国家康居示范工程，进行国家住宅产业化基地建设，负责技术指导及经验推广。建立住宅性能及住宅部品的认定、认证制度并组织实施，开展住宅技术研究、信息沟通及国际科技合作。编制《住宅产业》杂志，管理和运营中国住宅产业网。

【历任主要负责人】

单位名称	职务	姓名及任期
建设部住宅产业化办公室 （1998.7～1999.11）	主任	聂梅生 （1998.8～1999.11）
建设部住宅产业化促进中心 （1999.11～2008.3）	主任	聂梅生 （1999.11～2001.5）
	主任	沈建忠（兼） （2001.5～2004.4）
	主任	陆克华 （2004.4～2008.3）
住房和城乡建设部 住宅产业化促进中心 （2008.3～　　　）	主任	陆克华 （2008.3～2008.8）
		刘灿 （2008.10～2011.9）

住房和城乡建设部城乡规划管理中心

【历史沿革】

前身为建设部城乡规划管理中心，1999年11月4日，经中编办同意，在建设部燃气用具安全认证事务中心的基础上组建，为建设部直属事业单位。2008年3月，住房和城乡建设部成立后，更名为住房和城乡建设部城乡规划管理中心，中编办批复时间为2009年1月。主要职能：配合有关司局，承办由国务院审批的省域城镇体系规划、城市总体规划在上报国务院之前的有关审查工作；进行规划批复后的实施监督与检查；审核由部核定的各省、自治区人民政府审批的城市总体规划中规划人口和用地规模；负责组织对申请国家历史文化名城专项补助资金项目的审查及实施情况的检查与监督。主要负责建立国家重点风景名胜区信息数据库；运用GIS、Internet、遥感技术等高科技信息手段，对风景名胜区实施动态监测；开展国家重点风景名胜区和世界遗产申报审核前工作；承担国家重点风景名胜区总体规划、近期建设详细规划和重大建设规划的前期审查工作。2003 年 10 月，在全国城市规划、建设领域首次开展了城市规划动态监测工作。2004 年面向全国国家级风景名胜区全面推开，完成了 30 个省级主管部门和 187 处国家级风景名胜区的监管信息系统本底库建设工作（不包括国务院 2009 年底新公布的 21 处国家级风景名胜区）。

【历任主要负责人】

单位名称	职务	姓名及任期
建设部城乡规划管理中心 （1999.11~2008.3）	主任	唐　凯（兼） （1999.11~2004.5）
	主任	周日良 （2004.5~2004.9）
	副主任 主持工作	刘佳福 （2005.3~2008.3）
住房和城乡建设部城乡规划管理中心 （2008.3~　　　）	副主任 主持工作	刘佳福 （2008.3~　　　）

住房和城乡建设部人力资源开发中心

【历史沿革】

前身是建设部人才交流服务中心。1994 年 2 月 25 日，经中编办批准成立，为建设部直属事业单位。1997 年 4 月 24 日，更名为建设部人力资源开发中心。1998 年，经人事部批准，中心取得国家首批"人才市场中介服务许可证"资格。2008 年 3 月，住房和城乡建设部成立后，更名为住房和城乡建设部人力资源开发中心，中编办批复时间为 2009 年 1 月。主要职能为：承办住房和城乡建设人力资源开发与相关课题项目的研究与服务；为部机关、直属单位和行业企事业单位提供全方位人事代理服务；承办部及行业专业技术人员职称申报及组织评审；面向住房和城乡建设行业组织各类人才培训与人才咨询；负责住房城乡建设人才信息网络的开发与服务，收集、整理、存储和发布行业人才供求信息，开展国际间的人才交流与合作等。主要任务：专业技术人员职务任职资格评审工作；世界银行关于"中国建筑业农民工培训和权益保护机制研究"课题的相关组织与实施工作；建设系统中英艾滋病策略支持项目、中澳艾滋病策略支持项目等防艾宣教与课题研究工作；开展住房城乡建设系统职业技能鉴定相关工作；参与、主持编制北京人才服务地方标准和人才服务国家标准工作；举办多种形式人才招聘会；创建专业人才网站，促进人才服务信息化建设。

【历任主要负责人】

单位名称	职务	姓名及任期
建设部人才交流服务中心 （1994.2~1997.4）	主任	傅雯娟（兼） （1994.4~1997.4）
	副主任 主持工作	王玉琴 （1994.4~1996.7）
		赵春山 （1996.7~1996.12）
		鞠洪芬 （1996.12~1997.4）
建设部人力资源开发中心 （1997.4~2008.3）	主任	傅雯娟（兼） （1997.4~2000.5）
		班树人（兼） （2000.5~2001.10）
		杨忠诚（兼） （2001.10~2004.6）
	副主任 主持工作	鞠洪芬 （1997.4~2005.9）
	主任	鞠洪芬 （2005.9~2008.3）
住房和城乡建设部 人力资源开发中心 （2008.3~　　　）	主任	鞠洪芬 （2008.3~　　　）

住房和城乡建设部执业资格注册中心

【历史沿革】

前身为建设部执业资格注册中心。1996 年 4 月，中编办批准成立；同年 12 月正式组建，为建设部直属事业单位。2008 年 3 月，住房和城乡建设部成立后，更名为住房和城乡建设部执业资格注册中心，中编办于 2009 年 1 月正式批复。主要职能：接受行业主管部门或经主管部门授权的职业资格管理委员会的委托，承办部各类执业资格的注册、考务及相关业务的具体事务。作为全国注册建筑师管理委员会、全国勘察设计注册工程师管理委员会、全国城市规划执业制度管理委员会、全国物业管理师制度管理委员会的办事机构，主要承担注册建筑师、勘察设计注册工程师、注册城市规划师的考试、注册、继续教育和国际交流工作，以及建造师、物业管理师的考试、注册工作，协调并指导各地、各专业委员会开展执业资格相关工作。

【历任主要负责人】

单位名称	职务	姓名及任期
建设部执业资格注册中心 （1996.12~2008.3）	主任	吴奕良 （1996.12~2000.4）
	主任	李竹成 （2000.5~2004.6）
	主持工作	赵春山 （2004.7~2005.8）
	主任	赵春山 （2005.9~2008.3）
住房和城乡建设部 执业资格注册中心 （2008.3~　　）	主任	赵春山 （2008.3~　　）

中国建筑文化中心

【历史沿革】

1995 年 12 月 27 日，中编办批准撤销建设部建筑礼堂和建筑展览馆，组建中国建筑文化中心。1997 年 6 月 10 日，中国建筑文化中心正式成立，为建设部直属科研事业单位。2008 年 3 月，住房和城乡建设部组建后，改为由住房和城乡建设部直接管理的全民所有制科研事业单位。主要职能：研究和传播中国建筑文化；陈列国内外建筑发展史，展示古今中外各种风格的建筑与装饰艺术；提供建筑技术咨询、信息检索和科技档案存储；组织国内外建筑科技成果、学术理论、新型建筑材料的交流；组织建筑行业的国内外展览；开展国内外建筑文化交流。先后参与承办了"辉煌的五年——十四大以来经济建设和精神文明建设成就展"、"光辉的历程——中华人民共和国建国 50 周年成就展"；主办了"中国国际生态建筑、建材及城市建设博览会"、"中国国际建筑装饰展览会"；联合主办了"中国国际建筑钢结构展览会"、"中国国际住宅产业博览会"等多项活动。

【历任主要负责人】

职务	姓名及任期	职务	姓名及任期
副主任 主持工作	李逢春 （1997.5~2001.8）	党委副书记 主持临时党委工作	黄秋宁 （2001.8~2002.7）
主任	李逢春 （2001.8~　　）	党委书记	黄秋宁 （2002.7~　　）

中国建筑工业出版社

【历史沿革】

1954年，经中央宣传部和国家计划委员会批准，建筑工程部决定组建建筑工程出版社。1954年6月1日正式成立，为建筑工程部在京直属事业单位。1958年，与基本建设出版社、城市建设出版社、建筑材料工业出版社合并，仍定名为建筑工程出版社。1960年11月，中央一级出版社整顿领导小组决定：由建筑工程部牵头，以建筑工程出版社为基础，中央工业口的建筑、煤炭、冶金、机械、化工、石油、地质、水电八个出版社合并成立中国工业出版社，1961年5月1日正式成立，由建筑工程部代管。原各家出版社编辑部仍在原各部内独立设置，原建筑工程出版社编辑部改名为建筑工程部图书编辑部，设在中国工业出版社内。1962年11月，中国工业出版社改由国家经委（后又改为国家科委、中国科学院）领导。1963年5月，建筑工程部图书编辑部调回建筑工程部。1971年11月1日，经中国科学院核心领导小组报请国务院批准，撤销中国工业出版社。同年，国家建委军管会决定筹建中国建筑工业出版社。1971年11月15日，中国建筑工业出版社正式成立，为国家建委在京直属单位。1982年5月，为城乡建设环境保护部直属单位。1988年4月，为建设部直属单位。2008年3月，为住房和城乡建设部直属单位。业务范围：以出版建设领域的专业应用图书、理论著作、工具书、普及类读物、专业教材、培训教材、标准定额、规程规范、图集、画册和相关的数字化产品等出版物为主，包括图书、刊物、音像制品、网络和数字化载体等各种产品。建社以来，致力于在建筑专业出版领域做大做强，出版范围覆盖到100多个大小专业，多种图书获得国家和部级优秀奖。在中宣部、新闻出版总署表彰的"优秀图书出版单位"、"中国出版政府奖先进出版单位"和"全国百佳图书出版单位"中，中国建筑工业出版社均榜上有名。

【历任主要负责人】

单位名称	职务	姓名及任期	备注
建筑工程出版社 （1954.6～1958.3）	社长	陈永清 （部办公厅主任兼）	
	党委书记	杨　俊	
基本建设出版社 （1956.2～1958.3）	社长	王亚朴	
城市建设出版社 （1956.3～1958.3）	副社长	何文、林琼	
建筑材料工业出版社 （1956.6～1958.3）	副社长	于　渤	
建筑工程出版社 （由四社合并） （1958.3～1961.4）	社长、党委书记	杨　俊	
中国工业出版社（先后由建工部、国家经委、国家科委、中国科学院领导） （1961.5～1963.5）	社长	王　台	
建筑工程部图书编辑部（先后由建工部办公厅、情报局、建筑科学研究院业务组领导） （1963.5～1971.10）	副总编辑	于　渤 （1963.5～1965.5）	
	临时领导小组组长	周　谊 （1965.5～1965.8）	
	负责人	张静娴 （1965.8～1966.4）	
	副主任	刘维屏 （1966.4～1969.10）	
	建筑科学研究院业务组领导（1969.10～1971.3）		
	负责人	杨　俊 （1971.3～1971.10）	

续表

单位名称	职务	姓名及任期	备注
中国建筑工业出版社 （1971.11～ ）	负责人	杨　俊 （1971.11～1973.8）	
	革委会主任	孟广彬 （1975.2～1975.10）	在 1973.9～1975.1 期间任党的核心小组组长
	负责人	孟广彬 （1975.10～1979.5）	
	社长 党委书记	杨　俊 （1979.6～1984.5）	
	总编辑	夏行时 （1979.6～1984.6）	
	社长 党委书记	周　谊 （1984.6～1994.7）	在 1992.6～1994.8 期间兼任党委书记；在 1984.6～1989.4 期间任总编辑
	党委书记	沈振智 （1984.6～1992.6）	
	社长 党委书记	刘慈慰 （1994.8～2003.3）	在 1994.8～2000.4 期间兼任党委书记
	总编辑	朱象清 （1989.4～2001.5）	
	社长 党委书记	赵　晨 （2003.3～2006.8）	在 2000.5～2007.2 期间任党委书记
		王珮云 （2006.9～2010.6）	在 2007.2～2010.6 期间兼任党委书记
	总编辑	沈元勤 （2006.7～2010.6）	在 2003.3～2006.7 期间任副总编辑，主持编辑工作
	党委书记	张兴野 （2010.10～ ）	
	社长 总编辑	沈元勤 （2010.11～ ）	

中国城市出版社

【 历史沿革 】

　　前身是中国城市经济社会出版社。1987 年 5 月 20 日，经新闻出版署批准正式成立，上级主管单位为中国社会科学院，主办单位为中国城市经济社会年鉴理事会。1990 年 9 月 26 日，经新闻出版署同意，更名为中国城市出版社，整建制划归建设部主管，中国市长协会主办。1991 年 11 月，新闻出版署下发《关于停办中国城市出版社的决定》。1992 年 12 月，新闻出版署批复建设部《关于同意恢复中国城市出版社的批复》。1999 年 3 月 18 日，中国城市出版社由建设部主管、主办。2008 年 3 月，改为住房和城乡建设部主管、主办，是以出版图书为主业的新闻出版机构。主要工作任务：以马列主义、毛泽东思想、邓小平理论和"三个代表"重要思想为指导，落实科学发展观，努力传播科学文化知识，提高中华民族的科学文化水平。面向城市，为城市建设与发展服务，促进我国城市化发展进程，为城市建设的可持续发展提供理论指导。主要业务范围有：出版城市经济建设，城市体制改革，城市科学理论，城市管理和生态环境，城市历史沿革，以及城市发展、建设、管理、规划等有关的著作、译著、资料。

【 历任主要负责人 】

单位名称	职务	姓名及任期
中国城市经济社会出版社 （1987.5~1990.9）	社　长	项启源 （1987.5~1988.12）
		唐丰仪（兼总编辑） （1989.1~1990.9）
	总编辑	朱铁臻 （1987.5~1989.1）

单位名称	职务	姓名及任期
中国城市出版社 （1990.9~1991.11）	社　长	唐丰仪（兼总编辑） （1990.9~1991.1）
		叶维均（兼） （1991.1~1991.11）
1991.11 ~ 1992.12 期间停办		
中国城市出版社 （1992.12~　　　）	社　长	叶维均（兼） （1992.12~1995.6）
	负责人	王立生 （1995.6~1996.5）
	社　长	刘慈慰（兼） （1996.5~2000.5）
		赵　晨（兼） （2003.2~2007.2）
	总编辑	史纯武 （1993.3~2001.5）
		李　越 （2001.6~2005.12） （在 2001.6~2003.2 期间，主持工作）
	副社长 主持工作	白若冰 （1991.1~不详）
		李　越（兼） （2003.2~2005.12）
		刘士杰 （2005.12~2009.6）
		欧阳东 （2009.7~2010.11）
		周　畅 （2010.11~　　　）
	总编辑	欧阳东 （2011.9~　　　）

建筑杂志社

【历史沿革】

前身是建设部建设杂志社。1988 年 9 月 27 日，按照新闻出版署管办分开的要求，建设部主管主办的机关刊《城乡建设》和《建筑》杂志两个编辑部合并组建了建设部建设杂志社。2004 年 10 月 9 日，更名为建筑杂志社，为建设部直属事业单位；2008 年 3 月，为住房和城乡建设部直属事业单位。负责编辑出版《城乡建设》和《建筑》杂志。

【历任主要负责人】

单位名称	职务	姓名及任期
建设部建设杂志社 （1988.9~2004.10）	社长	李根华 （1988.10~1991.12）
		李传德 （1991.12~2003.3）
	总编辑	李根华 （1988.10~1995.5）
		孙清华 （1995.5~2003.3）
	社长	王　理 （2003.3~2004.10）
	总编辑	贾衍邦 （2003.3~2004.10）
建筑杂志社 （2004.10~　　）	社长	王　理 （2004.10~2012.2）
	社长	张兴野（兼） （2012.2~　　）
	总编辑	贾衍邦 （2004.10~　　）

中国建设报社

【历史沿革】

1986 年 4 月，经中宣部批准，城乡建设环境保护部决定创办《中国建设报》，并作为部机关报向国内外公开发行；5 月 15 日，劳动人事部批复《中国建设报》社事业单位编制。同年 7 月 10 日，改名为建设报社。1987 年 1 月 1 日，《建设报》创刊。经新闻出版署批准，1991 年 7 月 1 日，报纸更名为《中国建设报》；同年 8 月 30 日，更名为《中国建设报》社。2003 年 12 月，经新闻出版总署和建设部批准，《中国建设报》实行管办分离，由建设部主管、《中国建设报》社主办。2008 年 3 月，由住房和城乡建设部主管。《中国建设报》是建设领域唯一综合性日报，国内外公开发行，每周 48 版，邮发代号 1-77，国外代号：D4413。报道内容涵盖城乡规划、工程建设、城市建设、村镇建设、风景园林、建筑业、住宅与房地产业、勘察设计咨询业、市政公用事业等建设领域各个方面。多次荣获"中国新闻奖"、"全国人大好新闻奖"、"全国政协好新闻奖"、"中国产业经济好新闻奖"、"中国经济报刊好新闻奖"、"北京建设好新闻奖"等国家及省部级奖项。

【历任主要负责人】

单位名称	职务	姓名及任期	备注
《中国建设报》社（1986.4~1986.7）	负责人	杨　慎	
《建设报》社（1986.7~1991.8）	社长	张修志（1986.11~1990.3）	1987.3~1989.3 兼任党支部书记；1989.3~1990.7 任党委书记；1986.11~1988.9 兼任总编辑
	总编辑	王立生（1988.10~1991.8）	
	社长	崔学荣（1990.7~1991.8）	1990.7~1991.7 兼任临时党委书记
《中国建设报》社（1991.8~　　　）	社长	崔学荣（1991.8~1995.5）	1991.7~1994.6 兼任临时党委书记；1994.6~1996.6 兼任党委书记
	总编辑	王立生（1991.8~1995.6）	
	社长	刘锡庆（1995.6~2001.2）	1996.8~2001.2 兼任党委书记
	总编辑	冯利芳（1995.6~2001.11）	
	社长	肖家保（2001.2~2009.6）	2001.2~2008.8 兼任党委书记，2001.11~2003.2 兼任总编辑
	总编辑	王秋和（2006.7~2009.6）	2003.2~2006.7 任副总编辑，主持编辑工作
	党委书记	常　青（2008.9~2010.9）	
	社长总编辑	刘士杰（2009.6~　　　）	
	党委书记	刘士杰（2010.9~　　　）	

全国白蚁防治中心

【历史沿革】

前身是中国白蚁防治科技协作中心。1983 年 11 月成立，由浙江省城乡建设厅代管，办公地址设在浙江杭州。1989 年 12 月 30 日，经人事部批准组建成立全国白蚁防治中心，为建设部直属事业单位，实行建设部和浙江省城乡建设厅双重领导，行政负责人的任免由浙江省城乡建设厅提名，建设部审批公布；日常行政管理工作由建设部委托浙江省城乡建设厅管理。受部委托行使组织、指导与推动全国白蚁防治和研究工作的管理职能。办公地址仍在杭州。2008年 3 月，为住房和城乡建设部直属事业单位。主要职责和任务：承担白蚁防治行业政策法规的前期研究及行业政策规范、技术标准的编制任务；开展白蚁防治行业调研与行业统计，收集、整理和分析国内外相关信息资料，建立和完善国家级白蚁防治行业网络和信息数据库；负责对白蚁防治管理规范与技术标准贯彻执行情况的检查指导，监督引导从业单位建立健全白蚁防治质量安全保证体系；开展蚁害控制对策与技术创新研究，组织对行业相关产品与科研成果的评估与论证，推广应用新技术、新设备、新药物，并提供相关的咨询服务，定期发布相关信息；组织、指导、参与建立国家级蚁害控制示范项目和国家级重点项目的白蚁防治业务；开展全国白蚁防治专业人员职业技术与岗位培训；组织开展国内外技术信息交流与科技合作；组织开展有益于全国白蚁防治事业的其他活动，完成部交办的其他任务。2008 年，开展全国白蚁防治行业基础信息调查，建立和完善国家级白蚁防治行业信息数据库，为政府部门决策提供支持。

【历任主要负责人】

单位名称	职务	姓名及任期
全国白蚁防治中心	主任	李家鸿（兼） （1991~1994.8）
		唐世定（兼） （1994.8~2007.4）
		石 勇 （2007.4~ ）

住房和城乡建设部科学技术委员会

【历史沿革】

前身是城乡建设环境保护部科学技术委员会。1983年4月，为加强科学技术工作，促进城乡建设、建筑、环境保护、测绘事业的发展，经城乡建设环境保护部党组研究决定成立。1988年4月，建设部组建，更名为建设部科学技术委员会。2008年3月，住房和城乡建设部组建后，更名为住房和城乡建设部科学技术委员会。部科学技术委员会是部长在科学技术工作方面的咨询参谋机构和联系城乡建设科技工作者的桥梁，负责组织研究或办理部领导交办的工作，研究和评议住房城乡建设科学技术中长期发展规划、重大技术政策、重大科技项目，组织重要科技问题调研等，并提出意见和建议。设主任委员1人、常务副主任委员1人、副主任委员若干人，科技委委员、顾问任期五年。

【历任主要负责人】

单位名称	职务	姓名及任期
城乡建设环境保护部 科学技术委员会 （1983.4~1988.4）	主任	戴念慈 （1983.4~1988.4）
建设部科学技术委员会 （1988.4~2008.3）	主任	戴念慈 （1988.4~1988.6）
	主任	储传亨 （1988.6~1998.11）
	主任	俞正声 （1998.11~2001.11）
	常务副主任	徐培福 （1998.11~2004.11）
	主任	汪光焘 （2002.3~2008.3）
	常务副主任	金德钧 （2004.11~2008.3）
住房和城乡建设部 科学技术委员会 （2008.3~　　）	主任	汪光焘 （2008.3~2010.1）
	常务副主任	金德钧 （2008.3~2010.1）
	主任	姜伟新 （2010.1~　　）
	常务副主任	李秉仁 （2010.1~　　）

第二章　社会团体

中国城市科学研究会

【历史沿革】

中国城市科学研究会是由全国城市科学研究方面的专家学者、实际工作者，城市发展和城市规划建设管理相关部门和单位自愿组成，经民政部登记成立的全国性学术团体。1984年1月20日，在北京召开成立大会；当月在民政部注册登记，办事机构挂靠在城乡建设环境保护部。1985年3月，经国家体制改革委员会和中国科学技术协会批准成立，并为中国科协团体会员。1988年4月，挂靠在建设部；2008年3月，挂靠住房和城乡建设部。中国城市科学研究会下设中小城市分会、历史文化名城委员会、城建档案信息专业委员会、绿色建筑与节能专业委员会、生态城市研究专业委员会、住房政策和市场调控研究专业委员会、数字城市专业委员会7个专业委员会，共有团体会员约900个、个人会员约16000人，在22个省、自治区、直辖市和20个省会城市及重庆大学等有地方城市科学研究会组织。主要业务范围：对城市发展的规律，城市社会、经济、文化、环境和城市规划建设管理中的重大理论和实际问题，开展学术研究、组织交流、提出政策建议，为政府部门在城市发展中的决策提供科学依据；接受有关部门、组织和城市政府部门委托，承担科技咨询服务、项目评估、成果鉴定、技术评价，参与并承担技术标准制定、专业技术资格评审和认证等工作；举办城市科学研究领域的学术讲座、研讨班、培训班等，普及及介绍国内外城市科学研究成果和动态，促进科技成果的推广和应用；加强同国外（或地区）有关学术团体和专业人员的友好往来，开展国际（或地区）性的学术交流与合作；开展学术研究成果的论证、评议活动，经相关政府部门批准表彰和奖励在学术活动中取得成果的城市科学工作者，发现并举荐优秀的青年科技人才；兴办与本会宗旨相适应的非营利性经济实体；出版发行全国性学术期刊《城市发展研究》，不断提高办刊质量。根据学科建设和学术研究成果，不定期编辑出版论文集、资料和科技图书。运用现代信息手段，构建城市科学研究平台；指导地方城市科学研究会工作，使其发挥在专业学术研究方面的作用；接受中国科协、住房和城乡建设部和民政部委托或交办的工作；组织符合本会宗旨的社会公益活动。

【 历届主要负责人 】

届次	职务	姓名及任期	职务	姓名及任期
第一届理事会 （1984.1~1989.12）	理事长	李锡铭 （1984.1~1985.2） 芮杏文 （1985.2~1986.7） 廉　仲 （1986.7~1989.12）	秘书长	李梦白
第二届理事会 （1989.12~1994.12）	理事长	廉　仲	秘书长	张启成
第三届理事会 （1994.12~1999.6）	理事长	廉　仲	秘书长	张启成
第四届理事会 （1999.6~2007.7）	理事长	周干峙	秘书长	张启成 （1999.6~2001.10） 顾文选 （2001.10~2007.7）
第五届理事会 （2007.7~　　　）	理事长	仇保兴	秘书长	李　迅

中国房地产研究会

【历史沿革】

前身是中国城市住宅问题研究会。1983 年 12 月，经城乡建设环境保护部批准在北京召开成立大会。1991 年 6 月，根据建设部整顿社团领导小组建议，并征求会员和理事意见，经建设部同意更名为中国房地产及住宅研究会。1991 年 8 月 23 日，经民政部批准，进行了社团登记；2009 年 4 月 30 日，经住房和城乡建设部同意，更名为中国房地产研究会，为住房和城乡建设部管理。2009 年 6 月 24 日，经民政部批准并注册登记。现有住房保障和公共住房政策、住房公积金和房地产金融、房地产市场、房地产法规政策、住宅产业和技术、人居环境、住宅设施、产权产籍和测量、房屋征收和拆迁、军队营房 10 个专业委员会和 679 个团体会员。业务范围：对住宅和房地产进行理论研究、信息和学术交流、业务培训、专业展览、书刊编辑、国际合作、咨询服务。

【历届主要负责人】

届次	职务	姓名及任期	职务	姓名及任期
第一届理事会 （1983.12~1986.8）	理事长	陆　禹	秘书长	康天锦
第二届理事会 （1986.9~1992.3）	理事长	陆　禹	秘书长	顾云昌
第三届理事会 （1992.4~1996.11）	理事长	周干峙	秘书长	包宗华
第四届理事会 （1996.12~2009.2）	会长	周干峙	秘书长	张元端
第五届理事会 （2009.3~　　　）	会长	刘志峰	秘书长	苗乐如

中国建筑学会

【历史沿革】

前身是中国建筑工程学会。1953年10月23日，在北京成立并召开第一次全国会员代表大会，会议期间定名为中国建筑学会；同年加入中华自然科学专门学会。1955年5月24日，内务部向中国建筑学会颁发社会团体登记证书。1955年7月9日，经政务院批准，中国建筑学会加入国际建筑师协会（International Union of Architects），成为理事单位；1958年，加入中国科学技术协会；1989年8月9日，加入亚洲建筑师协会（Architects Regional Council Asia）。1953年10月，主管单位为中央人民政府建筑工程部；1958年4月，挂靠在建筑工程部；1966年7月，因"文化大革命"，学会干部下放并停止一切活动；1972年6月，挂靠国家建委并恢复活动；1981年4月，挂靠国家建筑工程总局；1982年5月，挂靠城乡建设环境保护部；1988年4月，挂靠建设部；2008年3月，挂靠住房和城乡建设部。现有组织、学术、咨询、科普、财务、编辑、教育与职业实践、国际合作8个工作委员会和22个分会，有159个团体会员及1300多名个人会员和资深会员。业务范围：与城乡建设及建筑工程有关的规划、设计、科研、施工、教学等活动。组织学术讨论、交流、研究和考察；普及建设科技知识，组织青少年科技活动；提供咨询和技术服务；组织建筑设计创作竞赛和建筑工程评优；接受政府委托，承担项目评估、成果鉴定、科技文献整编与技术标准的编审，参与注册建筑师和工程师等专业技术资格考试、评审工作；开展民间国际学术交流；与港澳台地区建设科技工作者的交流与合作；参加国际学术组织；认定会员资格，开展继续教育和技术培训；举办科技讲座、专业展览，编辑出版科技书籍、学术专著、刊物、科普读物及相关音像制品，利用信息网络资源，开展学术活动；承办社会公益活动；设立必要奖项，组办评奖活动。1992年以来，先后创办"建筑创作奖"、"青年建筑师奖"、"优秀建筑结构奖"、"建筑教育奖",并且负责全国"梁思成建筑奖"评审工作。

【历届主要负责人】

届次	职务	姓名及任期	职务	姓名及任期
第一届理事会 （1953.10~1957.2）	理事长	周荣鑫	秘书长	汪季琦
第二届理事会 （1957.2~1961.12）	理事长	周荣鑫	秘书长	汪季琦
第三届理事会 （1961.12~1966.3）	理事长	杨春茂	秘书长	刘云鹤
第四届理事会 （1966.3~1980.10）	理事长	阎子祥	秘书长	花怡庚
第五届理事会 （1980.10~1983.11）	理事长	杨廷宝	秘书长	金瓯卜
第六届理事会 （1983.11~1988.6）	理事长	戴念慈	秘书长	龚德顺 （1983.11~1987.12） 许溶烈 （1987.12~1988.6）
第七届理事会 （1988.6~1992.3）	理事长	戴念慈	秘书长	张钦楠
第八届理事会 （1992.3~1996.11）	理事长	叶如棠	秘书长	张祖刚
第九届理事会 （1996.11~2000.11）	理事长	叶如棠	秘书长	窦以德
第十届理事会 （2000.11~2005.3）	理事长	宋春华	秘书长	周 畅
第十一届理事会 （2005.3~ ）	理事长	宋春华	秘书长	周 畅

中国土木工程学会

【历史沿革】

前身是中华工程师学会。创立于 1912 年，著名土木工程专家詹天佑任第一任会长。1953 年 9 月 20 日，中国土木工程学会在北京宣布重建。1958 年，学会实行挂靠制，挂靠建筑工程部；1973 年，转挂靠到铁道部；1984 年，恢复挂靠城乡建设环境保护部；1988 年 5 月，挂靠建设部；2008 年 3 月，挂靠住房和城乡建设部。学会下属 18 个专业分会（技术工作委员会）、54 个专业委员会。专业分会包括桥梁及结构工程、隧道及地下工程、土力学及基础工程、混凝土及预应力混凝土、计算机应用、防护工程、港口工程、市政工程、水工业、城市公共交通、城市燃气、建筑市场及招投标研究、质量、工程风险与保险研究、工程防火技术分会、城市轨道交通技术工作委员会、防震减灾技术推广委员会、住宅工程指导工作委员会；现有 615 个团体会员和 41320 名个人会员；在 31 个省（区、市）设有地方学会组织。学会代表中国加入了 7 个国际学术组织，还与 10 个国家和地区的 14 个学术团体签订双边合作协议。主要任务包括：贯彻执行学会理事会及其常务理事会的决议，组织国内外学术交流，办好《土木工程学报》，普及土木工程科学技术知识，管理各分科学会、团体会员的业务，指导地方学会的工作等。

【历届主要负责人】

届次	职务	姓名及任期	职务	姓名及任期
第一届理事会 （1953.9～1956.12）	理事长	茅以升	秘书长	马　奔
第二届理事会 （1956.12～1962.9）	理事长	茅以升	秘书长	马　奔
第三届理事会 （1962.9～1984.12）	理事长	茅以升	秘书长	刘云鹤 （1962.9～1965.8） 花怡庚 （1965.8～1984.12）
第四届理事会 （1984.12～1988.11）	理事长	李国豪	秘书长	李承刚
第五届理事会 （1988.11～1993.5）	理事长	李国豪	秘书长	李承刚 （1988.11～1991.7） 张朝贵 （1991.7～1993.5）
第六届理事会 （1993.5～1998.3）	理事长	许溶烈	秘书长	张朝贵
第七届理事会 （1998.3～2002.11）	理事长	侯　捷	秘书长	唐美树
第八届理事会 （2002.11～　　　）	理事长	谭庆琏	秘书长	张　雁

中国城市规划学会

【历史沿革】

前身是中国建筑学会城市规划学术委员会。1956 年，在北京成立。"文革"开始至 1978 年 7 月停办，1978 年 8 月，恢复重建。1985 年，城市规划学术委员会以中国城市规划学会的名义开展活动；1986 年，经中国科协批准，对外

使用中国城市规划学会名称；1990 年 12 月，在四川什邡召开成立大会；1992
年 12 月，经建设部、民政部批准，中国城市规划学会正式注册登记，业务主
管单位为建设部；2008 年 3 月，由住房和城乡建设部管理。2009 年，加入中
国科学技术协会。中国城市规划学会是我国在国际城市与区域规划师学会的官
方代表，也是世界银行注册的咨询机构，与主要国家的规划组织签署了双边合
作协议。学会下设有区域规划与城市经济、居住区规划、风景环境规划设计、
历史文化名城规划、城市规划新技术应用、小城镇规划、国外城市规划、工程
规划、城市生态规划、城市设计、城市安全与防灾、城市交通规划 12 个专业
学术委员会，现有团体会员 47 个，办事机构为秘书处。

【 历届主要负责人 】

届次	职务	姓名及任期	职务	姓名及任期
第一届学术委员会 （1956~1966）	主任委员	王文克	秘书长	安永瑜
第二届学术委员会 （1978.8~1981.12）	主任委员	曹洪涛	秘书长	周干峙
第三届学术委员会 （1981.12~1985.12）	主任委员	郑孝燮	秘书长	夏宗玕
第四届学术委员会 （1985.12~1990.12）	主任委员	吴良镛	秘书长	夏宗玕
第一届理事会 （1990.12~1999.11）	理事长	吴良镛	秘书长	夏宗玕
	常务 副理事长	周干峙		
第二届理事会 （1999.11~2004.9）	理事长	吴良镛	秘书长	夏宗玕
	常务 副理事长	周干峙		
第三届理事会 （2004.9~2009.9）	理事长	周干峙	秘书长	石　楠
第四届理事会 （2009.9~　　　）	理事长	仇保兴	秘书长	石　楠

中国风景园林学会

【历史沿革】

前身是中国建筑学会园林绿化学术委员会。1978 年 12 月成立，国家基本建设委员会城市建设局负责同志任主任委员。1989 年 11 月，经国家科委和民政部批准，中国风景园林学会成立，由建设部主管；1992 年 9 月 10 日，正式加入中国科学技术协会，成为中国科协所属的 190 个全国学会之一，挂靠建设部；2005 年 12 月，经国务院批准，中国风景园林学会正式加入国际景观设计师联盟（IFLA）；2008 年 3 月，挂靠住房和城乡建设部。中国风景园林学会下属 10 个分支机构，其中有城市绿化、经济与管理、规划设计、园林植物与古树名木、植物保护、风景名胜、菊花研究和信息 8 个专业委员会和园林工程、花卉盆景 2 个分会；设有《中国园林》杂志社和北京中国风景园林规划设计中心。主要专业范围包括：风景园林历史与理论，历史园林与自然文化遗产保护，园林规划设计、园林建筑、园林工程，园林植物、园囿动物，城市绿地系统、风景名胜区（国家公园）、休疗养胜地、自然保护区规划，城乡生态系统与人居环境、经济与管理等。工作任务：开展学术交流活动，进行理论探索，传播先进技术，普及科学技术知识，编辑出版学术书刊和科普读物，参与重要项目和发展战略的论证与研究，向社会提供科学技术咨询服务，开展国际学术交流活动，促进民间国际科技合作，举办行业展览、传播行业信息。

【历届主要负责人】

届次	职务	姓名及任期	职务	姓名及任期
第一届理事会 （1989.11~1993.11）	理事长	周干峙	秘书长	李嘉乐
第二届理事会 （1993.11~1999.11）	理事长	周干峙	秘书长	杨雪芝
第三届理事会 （1999.11~2008.10）	理事长	周干峙	秘书长	杨雪芝
第四届理事会 （2008.10~　　　）	理事长	陈晓丽	秘书长	刘秀晨

中国建设劳动学会

【历史沿革】

前身是中国建筑业联合会劳动分会。1984 年 8 月成立，隶属城乡建设环境保护部；1988 年 4 月，隶属建设部。1991 年 8 月，建设部按照一业一会，将中国劳动定额研究会归入中国建筑业联合会并更名为中国建筑业联合会劳动研究会，在中国建筑业联合会的统一协调下，独立开展工作。同时，作为中国劳动学会的团体会员，同意将中国建筑业联合会劳动研究会更名为中国建设劳动学会。1993 年 3 月，在民政部正式注册登记。2008 年 3 月，由住房和城乡建设部主管。中国建设劳动学会是全国建筑业、房地产业和城市建设各行业的企业、事业单位从事劳动工资、社会保障、职业技能培训和管理工作者自愿结成的具有法人资格的非营利性的社会团体组织，现有团体会员单位 165 个。主要任务：研究和参与建设行业企业劳动制度、工资制度、职业技能培训、劳动定额管理制度改革，理论研讨和经验交流与推广，开展调查研究，协助、参与业务主管部门制定有关政策、办法和规定。

【历届主要负责人】

届次	职务	姓名及任期	职务	姓名及任期
第一届理事会 （1984.8~1989.9）	会长	杨兰茹	秘书长	王孝慈
第二届理事会 （1989.9~1994.10）	会长	杨兰茹	秘书长	王孝慈
第三届理事会 （1994.10~2001.9）	会长	杨兰茹	秘书长	王孝慈
第四届理事会 （2001.10~2006.1）	会长	许溶烈	秘书长	班树人
第五届理事会 （2006.2~　　　）	会长	班树人	秘书长	班树人

中国房地产估价师与房地产经纪人学会

【历史沿革】

前身是中国房地产估价师学会。1994 年 8 月 15 日成立，隶属建设部。2004 年 7 月 12 日，经建设部同意、民政部批准，更名为中国房地产估价师与房地产经纪人学会，仍属建设部。2004 年，根据《内地与香港关于建立更紧密经贸关系的安排》（CEPA），与香港测量师学会实现了首批内地房地产估价师与香港测量师资格互认。2006 年，成为国际测量师联合会（FIG）全权团体会员。2007 年，被中央统战部确定为新的社会阶层人士统战工作联系会议成员单位。2008 年 3 月，为住房和城乡建设部管理。中国房地产估价师与房地产经纪人学会是全国性的房地产估价和经纪行业自律组织，由从事房地产估价和经纪活动的专业人士、机构及有关单位组成。协会下设秘书处和考试注册、教育培训、学术、标准和国际交流 5 个专业委员会，现有单位会员 245 个、个人会员 33696 人，建立有"中国房地产估价师"（www.cirea.org.cn）和"中国房地产经纪人"（www.agents.org.cn）两个网站。工作任务和职能：团结和组织从事房地产估价、房地产经纪活动的专业人士、机构及有关单位，开展房地产估价、房地产经纪研究、交流、教育和宣传活动，拟订并推行房地产估价、房地产经纪执业标准、规则，加强自律管理及国际间的交往与合作，不断提高房地产估价、房地产经纪专业人员和机构的服务水平，维护其合法权益，促进房地产估价、房地产经纪行业规范、健康、持续发展。业务范围：组织开展房地产估价和房地产经纪理论、方法及其应用的研究、讨论、交流和考察；拟订并推行房地产估价和房地产经纪执业标准、规则；协助行政主管部门组织实施全国房地产估价师、房地产经纪人执业资格考试；办理房地产经纪人执业资格注册；开展房地产估价和房地产经纪业务培训，对房地产估价师、房地产经纪人进行继续教育，推动知识更新；建立房地产估价师和房地产估价机构、房地产经纪人和房地产经纪机构信用档案，开展房地产估价机构和房地产经纪机构资信评价；提供房地产估价和房地产经纪咨询和技术服务；编辑出版房地产估价和房地产经纪刊物、著作，建立有关网站，开展行业宣传；代表中国房地产估价和房地产经纪行业开展国际交往活动，参加相关国际组织；向政府有关部门反映会员的意见、建议和要求，维护会员的合法权益，支持会员依法执业；办理法律、法规规定和行政主管部门委托或授权的其他有关工作。

【历届主要负责人】

届次	职务	姓名及任期	职务	姓名及任期
第一届理事会 （1994.9~2005.5）	会长	周干峙	秘书长	沈建忠 （1994.9~1999.3） 柴　强 （1999.3~2005.5）
	常务副会长	宋春华		
第二届理事会 （2005.5~　　　）	会长	宋春华	秘书长	柴　强

中国建设会计学会

【历史沿革】

前身是建筑会计学会。1986 年 4 月 9 日，经城乡建设环境保护部批准，在天津市召开成立大会，业务主管部门为城乡建设环境保护部；1988 年 4 月，为建设部主管。根据国务院《社会团体登记管理条例》规定，1992 年 6 月，经建设部会同财政部同意，民政部批准登记，更名为中国建设会计学会，成为具有法人资格的全国性行业会计学术团体，中国会计学会团体会员和理事单位。2008 年 3 月，为住房和城乡建设部管理。学会下设建筑会计、财务管理、公用事业会计、房地产开发会计、房地产经营管理会计、统计核算和市政工程财会 7 个学术委员会。创建有中国建设会计网。业务范围：组织开展会计理论研究和学术交流；宣传、贯彻国家有关财会和经济方面的方针政策、法律制度；开展业务培训、咨询服务工作；进行国际会计学术和工作经验考察与交流活动。

【历届主要负责人】

届次	职务	姓名及任期	职务	姓名及任期
第一届理事会 （1986.4~1990.11）	会长	杨 慎	秘书长	朱金鼎
第二届理事会 （1990.11~1994.10）	会长	杨 慎	秘书长	朱金鼎
第三届理事会 （1994.10~1998.12）	会长	杨 慎	秘书长	朱金鼎
第四届理事会 （1998.12~2006.12）	会长	杨 慎	秘书长	邵松山
第五届理事会 （2006.12~　　）	会长	秦玉文	秘书长	阮智勇

中国市长协会

【历史沿革】

1988 年 8 月，由沈阳市、广州市、成都市等 54 个城市市长共同倡议，年内民政部批准同意成立中国市长协会。1991 年 8 月 21 日，中国市长协会在北京正式成立，并召开了第一次市长代表大会，隶属建设部。2008 年 3 月，由住房和城乡建设部管理。会员由各城市的市长、副市长以及直辖市的区长、副区长组成，共有会员 5000 多名。中国市长协会女市长分会的前身为全国女市长联谊会，成立于 1991 年 3 月；1991 年 8 月中国市长协会成立后，归口隶属中国市长协会，改称中国市长协会女市长分会。中国市长协会与 20 多个国家和地区建立了合作关系，并与美国、法国、菲律宾、希腊等国家的市长组织签订了合作备忘录。工作任务：组织研究城市问题，为城市发展和市长工作提供参考；组织市长培训，加强城市管理者的学习能力，提高城市管理水平；组织研讨、出版，为城市和市长提供信息咨询服务；开展国际交流，加强与外国城市、市长和国际组织的合作；向国务院和有关部委反映城市和市长的建议。业务范围是：开展中国城市发展中共性问题的研究，向市长和城市政府提供建议和咨询服务。

【历届主要负责人】

届次	职务	姓名及任期	职务	姓名及任期
第一届理事会 （1991.8~1996.5）	名誉会长	彭　真	秘书长	叶维钧
	会长	陈希同		
	执行会长	侯　捷		
第二届理事会 （1996.5~2001.6）	名誉会长	彭真、万里	秘书长	陶斯亮
	会长	李其炎、贾庆林、刘淇		
	执行会长	侯捷、俞正声		

届次	职务	姓名及任期	职务	姓名及任期
第三届理事会 （2001.6~2006.8）	名誉会长	万　里	秘书长	陶斯亮
	会长	刘淇、王岐山		
	执行会长	俞正声、汪光焘		
第四届理事会 （2006.8~　　　）	名誉会长	万　里	秘书长	崔衡德
	会长	王岐山、郭金龙		
	执行会长	汪光焘、姜伟新		

中国城市规划协会

【历史沿革】

前身是城乡建设行业开发基金会城市规划设计分会。1987年12月成立，隶属城乡建设环境保护部。1991年1月，并入中国工程勘察设计协会，更名为中国工程勘察设计协会城市规划设计分会，隶属建设部。1993年5月22日，中国城市规划协会成立，隶属建设部，并在民政部核准注册登记。2008年3月，由住房和城乡建设部主管。中国城市规划协会是由从事城市规划管理、城市规划设计、城市规划信息、城市规划展示、城市勘测、城市地下管线等单位和地方规划协会自愿结成的非营利性的社会组织，是具有法人资格的国家一级行业性社会团体。现有规划管理、规划设计、城市勘测、地下管线、信息管理、女规划师、规划展示7个二级专业委员会和近900家会员单位。主要工作职能、业务范围：负责组织研究城市规划行业深化改革和发展的有关问题，向政府主管部门提出行业发展规划和有关政策、法规、标准的意见和建议；总结、交流、推广城市规划行业的先进经验及在科研、设计、信息交流等方面的优秀成果并向有关部门推荐优秀科技成果和论文，促进行业技术进步；组织开展每两年一次的"全国优秀城市规划设计奖"评选活动；受政府委托或根据市场和行业发展需要，组织开展各类城市规划专业展览活动，促进行业信息传播和交流；组织城市规划咨询服务活动；建立并管理本会的网站、编辑出版刊物和信息资料；建立与国外和港澳台地区民间社团组织的联系，开展与城市规划相关的培训交流活动；组织开展与城市规划相关的专业人才培训活动；及时向政府主管部门反映会员单位的意见和建议；承办政府主管部门委托的具体工作，组织开展有益于本行业发展的其他活动。

【 历届主要负责人 】

届次	职务	姓名及任期	职务	姓名及任期
第一届理事会 （1994.7～2000.12）	理事长	周干峙	秘书长 （法人）	陈晓丽 （1994.7～1996.9）
				邹时萌 （1996.9～2000.12）
第二届理事会 （2000.12～2008.11）	会长	赵宝江	秘书长 （法人）	邹时萌 （2000.12～2002.3）
				王 燕 （2002.3～2008.11）
第三届理事会 （2008.11～　　　）	会长	赵宝江	秘书长 （法人）	王 燕

中国房地产业协会

【 历史沿革 】

1985年5月18日，城乡建设环境保护部致函国家经济委员会，提出成立中国房地产业协会；9月20日，在山东烟台召开成立大会；11月8日，国家经济委员会批准成立。业务主管部门为城乡建设环境保护部；1988年4月，改为建设部主管；2008年3月，由住房和城乡建设部管理。2005年12月27日，经国务院同意，中国房地产业协会加入世界不动产联盟。中国房地产业协会是由从事房地产开发经营、市场交易、流通服务、修建装饰、物业管理等企事业单位、地方房地产业协会及有关单位、个人自愿参加组成的全国性行业非营利性社会组织。1986年1月，创办《中国房地信息》杂志，2010年经新闻出版署正式批复更名为《中国房地产业》；1996年经新闻出版署批复同意，《房地产开发报》报社迁京，主管单位变更为建设部，主办单位为中国房地产业协会和中国房地产开发（集团）公司；1997年，更名为《中国房地产报》，2008年，经建设部党组研究决定，主办单位改为中国建设报社。业务范围：研究探讨房地产业改革和发展的理论、方针、政策，向政府提出行业发展的经济、技术政策和法规等建议；协助政府主管部门制定和实施行业发展规划，推进行业管理，加强与房地产产业链有关的组织及单位的合作，提高全行业的整体素质和经济效益、社会效益；收集、分析国内外房地产政策法规、经济技术和市场信息，编辑出版行业报刊、文献和有关资料，举办展览，开展咨询服务；指导企业的诚信建设，加强行业自律，组织开展对企业的信用评价工作；会同住房和城乡建设部住宅产业化促进中心开展对"广厦奖"的评选活动，并以此为示范，引领行业开发建设省地节能环保型项目，推进住宅产业化；对加入本会的地方房地产业协会进行工作指导，组织经验交流，共同推进行业的发展；组织培训企业人才，提高企业素质；组织开展同国外和港澳台地区同业组织的经济、技术、学术等方面的合作与交流；承办政府部门、有关单位和会员单位委托办理的事项；根据需要开展有利于本行业发展的其他活动。

【历届主要负责人】

届次	职务	姓名及任期	职务	姓名及任期
第一届理事会 （1985.9~1990.6）	会长	萧　桐	秘书长	刘　挥
第二届理事会 （1990.6~1994.9）	会长	萧　桐	秘书长	刘　挥

届次	职务	姓名及任期	职务	姓名及任期
第三届理事会 （1994.9~1998.11）	会长	杨　慎	秘书长	潘其源
第四届理事会 （1998.11~2006.4）	会长	杨　慎	秘书长	顾云昌
第五届理事会 （2006.4~2010.3）	会长	宋春华	秘书长	朱中一
第六届理事会 （2010.3~　　　）	会长	刘志峰	秘书长	苗乐如

中国物业管理协会

【历史沿革】

2000年5月19日，经民政部登记注册，中国物业管理协会于10月15日在北京召开成立大会，业务主管部门为建设部；2008年3月，为住房和城乡建设部主管。中国物业管理协会是由从事物业管理、白蚁防治、房屋安全鉴定、物业维修资金研究工作的专业人士和单位自愿组成的全国性行业组织，下设白蚁防治、房屋安全鉴定、物业维修资金研究3个专业委员会及《中国物业管理杂志》、中国物业管理协会培训中心2个下属机构，现有团体会员单位1600余家。主要业务范围包括：宣传行业法律、法规、政策，协助制定行业道德规范、自律准则和管理标准；向政府主管部门反映行业的意见和建议；开展行业调查研究，解决行业工作中出现的新情况、新问题；举办专业培训，开展咨询服务，编辑出版行业报刊、文献和有关资料；组织行业交流研讨活动，参加国际行业会议、帮助会员企业开拓国内外市场；指导物业服务企业建立现代企业制度；承办政府主管部门交办工作；接受政府委托的其他工作。

【历届主要负责人】

届次	职务	姓名及任期	职务	姓名及任期
第一届理事会 （2000.10~2006.7）	会长	谢家瑾	秘书长	徐俊达
	法人、副会长	徐俊达		
第二届理事会 （2006.8~2009.6）	会长	谢家瑾	秘书长	陈　伟
	法人、副会长	徐俊达		
第三届理事会 （2009.7~　　　）	会长	谢家瑾	秘书长	柴　勇

中国勘察设计协会

【历史沿革】

1985 年 7 月，经国务院和国家体改委同意，国家计委发出《关于成立中国勘察设计协会的通知》，中国勘察设计协会成立，随后在民政部办理注册登记，业务主管单位为国家计委。1988 年，在国务院机构改革中，随国家计委的设计管理局等 3 个司局及其职能划归新组建的建设部，改为建设部主管。2008 年 3 月，为住房和城乡建设部主管。中国勘察设计协会是工程勘察设计咨询企事业单位、组织及相关人士自愿组成的行业性的、全国性的、非营利性的社会组织。现设有办公室、咨询工作部、资信管理部、培训工作部、法律事务工作部 5 个办事机构；分支机构包括建筑设计、园林与景观设计、市政工程设计、抗震防灾、防空与地下空间、工程勘察与岩土、建设项目管理与工程总承包、工程智能设计、建筑环境与设备、高等院校勘察设计、民营设计企业 11 个分会和工程设计计算机应用、工程建设标准设计、技术经济、质量管理、体制改革 5 个工作委员会。会员主要由团体会员、企业会员组成。团体会员除西藏、港澳台外，国内 30 个省（区、市）共有 34 个地方勘察设计协会，23 个部门、行业的专业勘察设计协会或勘察设计委员会；企业会员共有 474 家。

业务范围：开展行业调查研究，收集研究国内外行业基础资料，为制定行业发展规划和技术经济政策提供依据；协助政府有关部门研究、制定行业相关法律法规、产业政策、行业标准、行业准入条件，完善行业管理，促进行业改革发展；建立健全职业道德标准和行规行约，推进行业诚信建设，完善自律性管理约束机制，规范会员行为，维护公平竞争的市场环境，协助政府监督工程勘察设计咨询单位执行有关法令，维护会员单位的合法权益；根据授权进行行业统计，发布行业信息，依照有关规定编辑出版发行有关刊物和资料（含电子出版物），建设协会网站，组织信息交流，宣传贯彻国家有关工程建设的方针、政策；开展与勘察设计相关的法律、政策、技术、管理、市场等咨询服务，组织相关的人才、技术、管理、法规等培训，组织行业交流和推广先进经验和技术，协助会员单位提高行业信息化建设水平和技术装备水平；经政府有关部门批准，开展新技术和新产品的鉴定、事故认定、参与行业资质认证等相关工作，组织行业优秀工程项目的评选、先进人物的推介活动，表彰和鼓励先进，促进行业精神文明建设和企业文化建设；受政府委托承办或根据市场和行业发展需要举办交易会、展览会等，为企业会员开拓市场创造条件；积极发展同国际相关行业组织的联系，开展国际间经济、技术和管理等方面的合作与交流。支持、组织国内企业会员开拓国际市场，参与国际竞争，维护会员单位和国内本行业企业的利益；承担政府有关部门委托的其他任务和转移的工作。

【历届主要负责人】

届次	职务	姓名及任期	职务	姓名及任期
第一届理事会 （1985.7~1991.1）	理事长	干志坚	秘书长	吴凤池
第二届理事会 （1991.1~1995.7）	理事长	干志坚	秘书长	吴凤池
第三届理事会 （1995.7~2000.9）	理事长	吴奕良	秘书长	郑春源
第四届理事会 （2000.9~　　　）	理事长	吴奕良	秘书长	郑春源

中国建筑业协会

【历史沿革】

前身是中国建筑业联合会。1986 年 10 月 29 日，在北京召开成立大会，隶属城乡建设环境保护部；1988 年 4 月，隶属建设部。1993 年 11 月 11 日，建设部发文以中国建筑业联合会为基础组建中国建筑业协会；12 月 8 日，在民政部登记注册；12 月 27 日，在北京召开成立大会。2008 年 3 月，由住房和城乡建设部主管。中国建筑业协会是全国各地区、各产业部门从事土木工程、建筑工程、线路管道和设备安装工程及装修工程活动的企事业单位、教育科研机构、各地区和各产业部门建筑行业协会自愿参加组成的全国性行业组织，非营利性社会团体。现有分支机构包括工程建设质量管理、工程建设质量监督、建筑安全、机械管理与租赁、建筑防水、深基础施工、核工业建设、园林与古建筑施工、材料、混凝土、建筑节能、建筑技术、智能建筑、建造师、石化建设 15 个分会以及工程项目管理、建筑企业经营管理、统计、管理现代化 4 个专业委员会。至 2009 年底，共有团体会员 67 个，直属会员 2512 个。已与美国、俄罗斯、意大利、德国、法国等 14 个国家以及中国香港、澳门和台湾等地区建立了合作关系。业务范围：向政府及有关部门反映广大建筑业企业的要求和意愿，提出行业发展的经济技术政策和法规等建议；协助政府主管部门研究制定和实施行业发展规划及有关法规，推进行业管理，协调执行中出现的问题；经政府主管部门授权或委托，参与或组织制订标准规范，组织实施行业统计、诚信评价，参与资质及职业资格审核、工地达标评估等工作；引导和推动建筑业企业提高经营管理水平，保障工程质量和安全生产；对省市和产业部门建筑行业协会进行工作指导，组织经验交流，建立健全行业自律机制，开展行检行评，规范行业行为，表彰和奖励优质工程项目、优秀企业、优秀人才等；维护会员单位的合法权益，组织开展法律咨询、法律援助，帮助企业协调劳动关系；编辑、出版会刊，搞好建筑业网站建设，推广建筑科技成果，组织开展专业培训、岗位技能培训；组织开展国际经济技术交流与合作；承办政府部门、社会团体和会员单位委托办理的事项等。1987 年，创立"建筑工程鲁班奖"；1996 年 9 月，与建设部"国家优质工程奖"合并为"中国建筑工程鲁班奖（国家优质工程）"；2008 年，改为"中国建设工程鲁班奖（国家优质工程）"。

【历届主要负责人】

届次	职务	姓名及任期	职务	姓名及任期
第一届理事会 （1986.10~1993.12）	会长	萧桐	秘书长	傅仁章
第二届理事会 （1993.12~1999.8）	会长	廉仲	秘书长	张树恩 （1993.12~1998.8） 林家宁 （1998.8~1999.8）
第三届理事会 （1999.8~2006.7）	会长	侯捷 （1999.8~2000.1）	秘书长	林家宁 （1999.8~2000.7） 田世宇 （2000.7~2001.11） 徐义屏 （2001.11~2006.7）
第四届理事会 （2006.7~　　　）	会长	郑一军	秘书长	张鲁风 （2006.7~2009.1） 吴涛 （2009.1~　　　）

中国安装协会

【历史沿革】

前身是全国安装协会。1985 年 7 月，经城乡建设环境保护部建筑业管理局批复同意成立；11 月 15 日，在江苏省无锡市召开成立大会。1986 年 10 月，更名为中国建筑业联合会安装协会。1988 年 4 月，隶属建设部。1991 年 6 月 28 日，经建设部同意，更名为中国安装协会。1991 年 8 月 1 日，在民政部办理了社团登记。2008 年 3 月，由住房和城乡建设部主管。中国安装协会由十几个部门近 500 家安装企业组成，是全国性非营利性一级社团组织，现有秘书处及科学技术委员会、标准工作委员会、机械设备与起重分会、通风空调分会、管道分会、压力容器与锅炉专业委员会、电梯专业委员会、焊接专业委员会、电气专业委员会、仪表专业委员会 10 个分支机构。1998 年，设"中国安装之星"奖；2009 年，更名为"中国安装工程优质奖（中国安装之星）"。2010 年 3 月，经科学技术部批准设立"中国安装协会科学技术进步奖"。

【历届主要负责人】

届次	职务	姓名及任期	职务	姓名及任期
第一届理事会 （1985.11~1989.12）	会长	于文藻	秘书长	赵鸿岐
第二届理事会 （1989.12~1993.10）	会长	张青林	秘书长	吴小莎
第三届理事会 （1993.10~1999.3）	会长	张青林	秘书长	吴小莎
第四届理事会 （1999.3~2007.7）	会长	吴之乃	秘书长	贾立才 （1999.3~2001.3） 李传德 （2001.3~2007.1）
第五届理事会 （2007.7~ ）	会长	田世宇	秘书长	杨存成

中国建筑金属结构协会

【历史沿革】

1981 年 8 月，中国建筑金属结构协会在北京成立，隶属国家建筑工程总局，后经民政部核准登记，为全国性社会团体。1982 年 5 月，隶属城乡建设环境保护部；1988 年 4 月，隶属建设部；2008 年 3 月，为住房和城乡建设部管理。中国建筑金属结构协会是由相关企事业单位自愿结成的行业性非营利性社会组织，现有铝门窗幕墙、塑料门窗、采暖散热器、建筑扣件、建筑钢结构、建筑模板脚手架、建筑门窗配套件、光电建筑构件应用、建筑钢木门窗 9 个专业委员会和给水排水设备分会，有 4100 个单位会员。主要任务：从宏观与微观、理论与实践的结合上，密切关注技术创新和市场动态，国内外行业发展趋势，对行业改革中出现的难点和会员关心的热点，进行调查研究，提出本行业发展规划及相关技术政策的意见，为政府决策提供建议；认真贯彻国家有关经济技术政策和法律法规，以科学技术进步为先导，组织本行业为建设事业提供合格产品与服务；根据国家有关法规或接受政府有关部门授权或委托，制订、修订产品与工程技术标准、规范、产品质量认证工作和政府部门委托的其他工作；参与国内外技术交流，发展同国内外民间社团组织的友好往来和合作。为企业沟通信息，传播现代科学知识，开展技术咨询，积极扶持企业走向国际市场；开发智力，培养人才。举办各类技术、管理培训班、研讨班，委托有关院校开设大、中专班，提高全行业的技术素质和经营管理水平；监督会员依法经营，推动生产企业开展健康的竞争，对违反协会章程和损坏消费者合法权益，参与不正当竞争，有欺诈行为及其他违法行为的会员，经举报查实，本会可采取警告、业内批评、通报批评、开除会员资格等惩戒措施；协调行业企业生产规模，协调行业行为，协调会员关系，反映会员要求，组织行业进行反倾销、反垄断、反补贴的调查，向政府有关部门反映，采取措施，保护行业安全；引导和推动企业面向市场，转换经营机制，促进现代企业制度的建立；积极促进会员间开展多种形式的经济合作和横向联合，相互协作，取长补短，有效利用资源。组织本行业研发力量，共同开发新产品、新技术、新设备和新材料；遵照国家有关法律、法规保护会员的合法权益；受政府委托或根据市场和行业发展需要，组织产品展览展示，积极为企业拓展市场；通过加强行业自律，组织行业内的检查、评比、认证等工作。抵制假冒伪劣产品进入建筑市场；根据授权进行行业统计，掌握国内外行业发展动态，收集、发布行业信息；积极兴办行业公益事业，依照有关规定，做好行业杂志、技术书籍编辑、出版、发行工作。利用团体网站为行业提供信息交流。

【历届主要负责人】

届次	职务	姓名及任期	职务	姓名及任期
第一届理事会 （1981.10~1983.1）	理事长	程　希		
	常务副理事长	肖　竞		
第二届理事会 （1983.1~1984.4）	理事长	孙靖韬		
	常务副理事长	肖　竞		
第三届理事会 （1984.4~1985.11）	理事长	孙靖韬		
	常务副理事长	肖　竞		
第四届理事会 （1985.11~1989.8）	理事长	孙靖韬		
	常务副理事长	肖　竞		
第五届理事会 （1989.8~1993.10）	理事长	孙靖韬		
	常务副理事长	张国印		
第六届理事会 （1993.10~1999.3）	理事长	孙靖韬	秘书长	郑金峰
	常务副理事长	辛九普		
第七届理事会 （1999.3~2003.3）	会长	杜宗翰	秘书长	徐文铎
第八届理事会 （2003.3~2008.12）	会长	杜宗翰	秘书长	李建忠
第九届理事会 （2008.12~　　　）	会长	姚　兵	秘书长	刘　哲

中国建设监理协会

【历史沿革】

1993 年 3 月 18 日，经建设部、民政部批准，中国建设监理协会成立；同年 7 月 27 日，召开成立大会，并组成第一届理事会。中国建设监理协会是从事建设监理与工程管理咨询服务的各类企事业单位自愿组成的全国性跨行业、跨部门的行业社会团体，隶属建设部。2008 年 3 月，为住房和城乡建设部主管。现下设水电、机械、石油、化工和船舶 5 个监理专业分会，共有单位会员 870 个，其中团体会员 56 个。基本任务：开展调查研究，探讨建设监理理论和实践中的问题，为政府建设监理主管机构制订法规和政策提供参考依据；交流建设监理信息、经验和理论成果，并为会员单位提供咨询服务；开展建设监理业务培训和普及建设监理知识，提高监理队伍素质；维护行业的职业道德和会员的合法权益；开办《中国建设监理》刊物，开展监理宣传和传播信息报道工作；组织国内外建设监理理论和经验交流，以推进建设监理工作的全面发展与提高；组织制订工程建设监理工作规范标准；帮助会员单位实施 ISO 9000 贯标认证工作。

【历届主要负责人】

届次	职务	姓名及任期	职务	姓名及任期
第一届理事会 （1993.7～1996.10）	会长	谭庆琏	秘书长	何俊新
第二届理事会 （1996.10～2000.3）	会长	谭克文	秘书长	陈玉贵 （1996.10～1998.6） 田世宇 （1998.7～2000.3）

届次	职务	姓名及任期	职务	姓名及任期
第三届理事会 （2000.3~2007.4）	会长	谭克文	秘书长	田世宇
第四届理事会 （2007.4~　　　）	会长	张青林 （2007.2~2010.2）	秘书长	林之毅

中国建筑装饰协会

【历史沿革】

1984 年 9 月 11 日，经城乡建设环境保护部批准，中国建筑装饰协会在北京成立。1986 年 10 月 30 日，中国建筑业联合会成立，按照当时"一业一会"的要求，中国建筑装饰协会合并至中国建筑业联合会，并改称中国建筑业联合会装饰协会，为中国建筑业联合会的二级协会。1988 年 4 月，建设部成立后，隶属建设部。1991 年 6 月 20 日，建设部批准以中国建筑装饰协会名称办理社会团体登记手续；同年 9 月 5 日，经民政部审批，予以注册登记，成为全国行业性社会团体。2008 年 3 月，为住房和城乡建设部管理。中国建筑装饰协会现有设计、施工、幕墙工程、住宅装饰装修、信息咨询、建筑电气、材料、厨卫工程 8 个委员会，有团体会员 10000 多个。主要职能：遵守我国宪法、法律、法规和国家政策，遵守社会道德风尚；维护行业利益，培育、建立和完善建筑装饰市场运行机制和行业自律机制，充分发挥联系政府与企业间的桥梁纽带作用。主要任务：贯彻落实国家有关建筑装饰行业的政策法规，协助建设行政主管部门加强建筑装饰市场管理，向政府主管部门提出解决本行业问题的意见和建议；完成好住房和城乡建设部委托的各项工作任务；探索建筑装饰行业管理制度；根据会员单位、行业和社会的不同需求，提供优质服务；开展行业技术鉴定和工程评估，建立健全行业评价体系，推动行业科技进步和生产力发展；

提高企业竞争力，扩大市场份额，加强国际交流合作，协调贸易摩擦；支持、推动地方成立建筑装饰协会，加强业务指导。

【历届主要负责人】

届次	职务	姓名及任期	职务	姓名及任期
第一届理事会 （1984.9~1989.10）	会长	张恩树	秘书长	孟化民
第二届理事会 （1989.10~1992.5）	会长	张恩树	秘书长	田国祥
第三届理事会 （1992.5~1996.8）	会长	张恩树	秘书长	魏丙坤 （1992.5~1993.2） 石连峰 （1993.2~1996.8）
第四届理事会 （1996.8~2001.6）	会长	张恩树	秘书长	石连峰 （1996.8~1998.9） 谢少宁 （1998.9~2001.6）
第五届理事会 （2001.6~2005.12）	会长	马挺贵	秘书长	徐　朋
第六届理事会 （2005.12~　　　）	会长	马挺贵	秘书长	王振东 （2005.12~2007.5） 刘晓一 （2007.5~　　　）

中国市政工程协会

【历史沿革】

前身是中国建筑业联合会市政工程协会。1988 年 5 月 18 日成立。筹建时，由于国家经委暂停审批协会组织，经建设部协调列入中国建筑业联合会序列开展工作。中国建筑业联合会市政工程协会第二届理事会修改了章程，统一简称为全国市政工程协会。1991 年 8 月 19 日，经建设部批准同意，中国市政工程协会成立，民政部准予注册登记。1992 年 3 月 25 日，在广州市召开成立大会，隶属建设部。2008 年 3 月，由住房和城乡建设部管理。现设有市政工程施工、市政设施管理、市政工程经济工作、市政工程质量、城市道路照明、市政建设综合开发、市政工程造价、沥青混凝土、劳动、市政职工教育、市政科技以及城市照明 12 个专业委员会。业务范围：协助政府主管部门拟定行业发展规划，参与制定修订市政行业各类标准和法规，并组织贯彻实施；制订本行业行规行约，建立行业自律机制，规范行业，维护行业整体利益，大力推动行业诚信建设，制定并组织实施行业职业道德准则，推动行业的精神文明建设；组织本行业技术、管理人员和职工岗位的培训，提高市政职工队伍素质；组织行业内部企事业间横向经济联合与技术合作，协调行业内部和行业间经营开发、技术合作，总结交流行业改革和管理经验；深入开展行业调查研究，积极向政府及其部门反映行业、会员诉求，提出行业发展和立法等方面的意见和建议；参与特级资质和执业资格的研究与评审，新技术和新产品鉴定及推广，事故认定等相关工作，并提出初审初评意见；组织开展行检、行评，评选行业先进，树立榜样企业、样板工程，推动行业工程质量和管理水平的提高；组织本行业企业参与国际竞争，开拓国外市场，建设行业公共服务平台，组织国外培训考察，开展国内外经济技术交流与合作；掌握国内外行业发展动态，搜集、发布行业信息，经授权进行行业统计工作；推进技术创新、管理创新，推广应用新技术、新材料、新工艺、新设备，促进企业科技进步，提升企业管理水平；加强信息交流，搞好《中国市政》、《市政技术》和《中国市政信息网》的编辑出版和运行工作。开展法律、政策、技术、管理、市场等咨询服务。1995 年，设立"市政金杯奖"，2001 年更名为"市政金杯示范工程"。

【历届主要负责人】

名称	届次	职务	姓名及任期	职务	姓名及任期
中国建筑业联合会 市政工程协会 （1988.5~1992.3）	第一届理事会 （1988.5~1991.6）	会长	林家宁	秘书长	沈 波
	第二届理事会 （1991.6~1992.3）	会长	于 麟	秘书长	沈 波
中国市政工程协会 （1992.3~2010.6）	第一届理事会 （1992.3~1996.5）	理事长	汪光焘	秘书长	林家宁
	第二届理事会 （1996.5~2000.4）	理事长	林家宁	秘书长	沈 波 （兼）
	第三届理事会 （2000.4~2004.4）	会长	林家宁	秘书长	沈 波 （兼）
	第四届理事会 （2004.4~2009.4）	会长	林家宁	秘书长	果有刚 （兼）
	第五届理事会 （2009.4~　　　）	会长	金德钧	秘书长	朱 华 （兼）

中国城市燃气协会

【历史沿革】

前身是中国城市煤气协会。1988年5月，经建设部批准成立，后在民政部登记注册；2001年2月，更名为中国城市燃气协会，由建设部主管；2008年3月，由住房和城乡建设部主管。中国城市燃气协会是以城市燃气企业为主体、有关单位自愿参加的全国专业性非营利社团组织，具有社会团体法人资格。下设秘书处、科学技术委员会、企业管理工作委员会、产品管理工作委员会、培训工作委员会、信息工作委员会、燃气具专业委员会和钢瓶专业委员会8个工作机构，有会员单位约400个。

【历届主要负责人】

届次	职务	姓名及任期	职务	姓名及任期
第一届理事会 （1988.5~1992.5）	理事长	储传亨	秘书长	于　麟
第二届理事会 （1992.5~1996.8）	理事长	储传亨	秘书长	林家宁
第三届理事会 （1996.8~2000.11）	理事长	储传亨	秘书长	刘贺明
第四届理事会 （2000.11~2004.11）	理事长	周昌熙	秘书长	王云龙（兼）
第五届理事会 （2004.11~2008.11）	理事长	周昌熙	秘书长	迟国敬
第六届理事会 （2008.11~　　）	理事长	王天锡	秘书长	迟国敬

中国城镇供热协会

【历史沿革】

1987 年 3 月 27 日，经国家经济委员会同意，中国城镇供热协会成立；同年 6 月 20 日，在河北唐山召开成立大会，业务主管单位是城乡建设环境保护部城市建设局。1988 年 4 月，隶属建设部。1991 年 6 月 27 日，经民政部注册登记，成为全国供热行业一级社团组织，业务主管单位为建设部城建司。2008 年 3 月，由住房和城乡建设部主管。中国城镇供热协会是以全国各地供热企业为主体，有关设计、科研、院校、厂家参加的全国性行业社团，现有技术委员会、开发区供热工作委员会两个分支机构。主要职能：召集和主持理事会（或常务理事会）；检查会员代表大会、理事会（或常务理事会）决议的落实情况；代表本会签署有关重要文件；贯彻执行会员代表大会和理事会的有关决定，处理协会的日常工作，制定年度工作计划；保持与行业主管部门的沟通、联系，贯彻行业主管部门的政策，完成行业主管部门交办的工作；负责发展会员及征收会费；负责与会员单位之间的联系工作，沟通情况、传递信息、编印"供热动态"，编制、汇集、整理、保存供热行业的统计资料，建立完整的档案；负责各种会议及重大活动的组织工作及外事活动的联系与组织工作；完成理事会交办的其他工作；完成住房和城乡建设部交办的其他工作；对影响本行业发展的相关技术问题进行研究分析，并提出对策与建议；组织专家参与国家、行业及产品相关技术标准编制工作；受协会委托负责编写本行业科技发展规划；对集中供热技术提供咨询与服务；负责本行业科研课题的研究与开发；受邀参与各地供热规划方案的制定以及重大技术改造项目的评议；负责对本行业新技术、新工艺、新设备的鉴定、推广、培训工作；组织供热行业技术交流、技术合作；受协会委托参加国际同行业的技术交流活动；进行城镇供热行业经营管理方面的调查研究，总结经验进行交流，对重大问题提出建议、措施，并提交相关报告；对企业经营成本、供热价格问题进行专题研讨，促进企业降低成本、提高效率。收集、整理各地供热成本、价格情况，提交相关的统计资料；对行业发展、企业改革进行调查研究，提出政策性建议；开展供热设备情况调查，掌握各生产厂家的产品性能、质量、价格等情况，向供热企业提供安全可靠、经济实用的优质产品信息；受设备厂家和供热协会的委托，组织有关设备事故分析，找出原因，并告知行业，以防止类似事情的发生；及时反映供热行业对专用设备性能的要求和愿望，促进设备生产厂家与供热企业之间的协作，不断提高专用设备的质量和性能；积极参与新产品的开发工作，负责组织专用设备运行、维修等方面的培训工作；编辑、出版、发行协会会刊《区域供热》杂志；负责期刊的广告征集、审核、刊登工作；负责期刊的年检工作；结合我国集中供热发展趋势，搜集会员单位对计量供热的反映和要求，提出供热计量推广实施的意见，供企业单位和领导部门参考。

【历届主要负责人】

届次	职务	姓名及任期	职务	姓名及任期
第一届理事会 （1987.6～1990.11）	理事长	于 麟	秘书长	武文龙（兼）
第二届理事会 （1990.11～1995.9）	理事长	于 麟	秘书长	陈 明
第三届理事会 （1995.9～1999.7）	理事长	李 秀	秘书长	陈 明
第四届理事会 （1999.7～2003.12）	理事长	李 秀	秘书长	闻作祥
第五届理事会 （2003.12～2008.3）	理事长	李 秀	秘书长	刘淀生（兼）
第六届理事会 （2008.3～　　　　）	理事长	刘淀生	秘书长	刘贺明（兼）

中国城镇供水排水协会

【历史沿革】

前身是中国城镇供水协会。1985年4月，经城乡建设环境保护部批准、国家经济委员会核准确认正式成立，隶属城乡建设环境保护部。1988年4月，隶属建设部。1991年8月19日，在民政部注册登记。2006年9月，根据建设部《将中国土木工程学会水工业分会和中国市政工程协会城市排水专业委员会并入中国城镇供水协会的建议》要求，中国城镇供水排水协会成立并召开成立大会。2005年12月31日，在民政部注册登记，成为全国行业性社会团体组织。2008年3月，由住房和城乡建设部主管。中国城镇供水排水协会由各城镇供水、排水、节水企事业单位，地方城镇供水（排水）协会，相关科研设计单位，大专院校及供水排水设备材料生产企业和个人自愿参加组成。下设秘书处和供水专业、排水专业、科学技术、节约用水工作、设备材料工作、企业文化工作、编辑出版工作、县镇工作8个委员会。业务范围：城镇供水、排水包括污水处理和污水再生利用及城镇节水。具体为：组织会员学习、贯彻党和国家有关城镇供水排水和节水的法律、法规和方针政策；开展调查研究，收集全行业的基础资料，掌握行业动态，传播行业信息，研究和探讨会员共同关心的问题，为政府主管部门制定行业法规、政策、规划、计划和有关标准提供材料和数据；总结、交流、推广城镇供水排水业的经营、管理及城镇节约用水等方面的经验，组织开展城镇供水排水和节水领域的国内外学术和科技交流活动，促进行业改革和科技进步；总结、交流、推广新技术、新工艺，为会员提供技术咨询服务，向有关部门推荐科技成果和论文；按照国家有关规定，承担行业质量技术认证、工程项目环境影响评价、工程设计方案审查和验收工作及资质审查等；组织开展科研和技术攻关、评优表彰、人才培训等工作；组织或参与行业法规、政策、标准和规划的调研、起草、修改及其他工作；负责对供水排水和节水设备产品及创新成果的评审、推荐和推广应用工作，促进生产企业与会员和相关用户之间的交流；研究、探讨、总结、交流企业思想政治工作及其经验，提高企业素质；编辑出版会刊、会报和有关信息资料；兴办非营利性实体，促进自我发展，更好地为行业服务；参加有关国际组织并开展交流活动，邀请国外专家来华讲学，组织相关人员出国考察、进修和讲学；做好政府委托办理的工作，开展有益于本行业的其他活动。

【 历届主要负责人 】

单位名称	届次	职务	姓名及任期	职务	姓名及任期
中国城镇供水协会（1985.4~2006.9）	第一届理事会（1985.4~1988.4）	理事长	储传亨	秘书长	叶维均
	第二届理事会（1988.4~1991.10）	理事长	储传亨	秘书长	叶维均
	第三届理事会（1991.10~1995.11）	理事长	储传亨	秘书长	肖绍雍
	第四届理事会（1995.11~1999.11）	理事长	储传亨	秘书长	肖绍雍
	第五届理事会（1999.11~2006.9）	会长	冯国熙（1999.11~2004.3）李振东（2004.3~2006.9）	秘书长	刘志琪
中国城镇供水排水协会（2006.9~　　）	第一届理事会（2006.9~　　）	会长	李振东	秘书长	邵益生

中国城市环境卫生协会

【历史沿革】

　　1992 年 10 月 23 日，中国城市环境卫生协会在山东济南召开了成立大会及第一次会员代表大会，业务主管部门为建设部，随后在民政部注册登记。2008 年 3 月，由住房和城乡建设部管理。中国城市环境卫生协会是由从事城市市容环境卫生管理、科研、设计、教育、咨询和服务机构，设备制造和销售、作业服务、设施建设和运营企业以及个人自愿结成的全国性、非营利性社会组织。现设有秘书处、科学和信息部（协会刊物、网站）、市场服务部、研究部和公厕建设管理、环卫车辆、建筑垃圾管理、生活垃圾处理、市容环境卫生管理 5 个专业委员会及中环协技术咨询中心，共有会员单位约 320 个。业务范围：深入开展调查研究，积极向政府部门反映行业与会员诉求，提出政策建议；积极协助政府部门研究制订行业发展规划和相关政策、法规、标准、定额；健全自律性行业规范和职业道德准则，大力推进行业诚信建设，规范市场秩序；组织人员培训，增强创新能力，改善经营管理；开展学术研讨与经验交流，搭建行业公共服务平台，接受政府委托承办或根据市场和行业发展需要，举办展览和展示活动；接受政府委托，开展新技术、新产品和示范项目评估、认证、推广工作；推进行业文化建设和精神文明建设；加强国际交流与合作，帮助企业开拓国际市场；承担政府部门和会员委托办理的有关事项。

【历届主要负责人】

届次	职务	姓名及任期	职务	姓名及任期
第一届理事会 （1992.10～1998.12）	名誉理事长	侯 捷	秘书长	赵士绮（兼） （1992.10～1994.5）
	理事长	周干峙	秘书长	柳尚华 （1994.5～1998.12）
第二届理事会 （1998.12～2004.9）	理事长	郝圣锟	秘书长	刘京媛（兼） （1998.12～2004.9）
第三届理事会 （2004.9～2010.1）	理事长	郝圣锟	秘书长	陶 华（兼）
第四届理事会 （2010.1～ ）	理事长	肖家保	秘书长	（暂空缺）

中国动物园协会

【历史沿革】

前身是动物园协会。1985 年 6 月，经城乡建设环境保护部批准成立，并于 10 月 24 日在北京召开成立大会；同年 12 月 30 日，经国家经济委员会同意更名为中国动物园协会。1988 年 4 月，隶属建设部。1991 年 6 月，在民政部注册登记，成为全国性一级社团组织，业务主管部门为建设部；2008 年 3 月，由住房和城乡建设部管理。中国动物园协会是由全国动物园（包括有动物展区的公园）关心和支持动物事业的社会团体及有关单位组成的非营利性社会组织，现分支机构设有大熊猫繁育技术、管理工作、科技工作、科普教育编辑 4 个委员会，有会员单位 218 个。业务范围：开展对行业有关情况的调查研究，向业务主管部门反映会员的意见和诉求，提出意见和建议；广泛宣传动物园的功能、作用，组织会员开展保护教育、科学研究、技术交流；开展有关动物园发展规划、管理及动物饲养、繁殖、动物交换等业务的咨询活动；组织拟定动物园行业的行规行约，维护会员的合法权益；促进与支持会员单位的珍稀、濒危动物保护工作，促进综合保护的发展；开展与国际、国内有关组织的友好联系，推动国际间的交流活动；依照有关规定，编辑出版有关动物园的保护教育、科技信息资料和书刊；在行业内推荐、奖励对行业发展有重大贡献的会员单位和协会工作人员；承担政府业务主管部门、社会团体、会员单位委托办理的事项，以及促进本行业发展的有关事项。

【历届主要负责人】

届次	职务	姓名及任期	职务	姓名及任期
第一届理事会 （1985.10~1990.6）	会长	储传亨	秘书长	李扬文
第二届理事会 （1990.6~1995.10）	会长	储传亨	秘书长	冯友谦
第三届理事会 （1995.10~2003.2）	会长	柳尚华	秘书长	郑淑玲 （1995.10~1999.12） 谢　钟 （1999.12~2003.2）
第四届理事会 （2003.2~2009.7）	会长	柳尚华	秘书长	柳尚华（兼）
第五届理事会 （2009.7~　　）	会长	郑坤生	秘书长	呼忠平（兼）

中国公园协会

【历史沿革】

　　1988 年酝酿成立中国公园协会，1990 年召开第一次筹备工作会议并成立筹备委员会；因 1991 年开展全国社团整顿和重新登记工作暂停新社团的审批，筹备委员会于 1992 年向建设部提出申请并被批准，1993 年 6 月向民政部提出登记注册申请，1994 年 4 月 26 日在民政部登记注册，同年 11 月 22 日在广东省中山市召开成立大会。中国公园协会是由公园及公园绿地工作相关的单位和个人自愿结成的具有法人地位的行业性的、全国性的、非营利性的社会组织。业务主管单位为建设部，接受民政部的监督管理。1995 年，加入国际公园与康乐设施协会（IFPRA）。2008 年 3 月，由住房和城乡建设部管理。协会下设城市植物园、法规与管理、景观与专类公园、科技文化与信息服务 4 个专业委员会。现有会员单位 563 个，其中理事单位 206 个，常务理事单位 81 个，副会长单位 11 个。业务范围：调查了解各类公园绿地的情况，反映会员的意见和诉求，向行政主管部门提出意见和建议，提供行业发展情况和资料；宣传贯彻党和国家有关方针、政策、法规、标准，组织开展公园绿地规划、建设和经营管理经验交流，互通信息，加强协作；举办全国性或地区性的研讨、讲座，以各种形式促进公园管理水平的提高；开展有关科学技术、历史文化知识宣传，促进公园绿地的德育、智育、爱国主义宣传教育；加强对公园绿地、园林动植物物种和城市生态环境的保护，维护城市生物多样性，制止侵占公园绿地和破坏绿化成果、自然或文化遗产的行为；开展与宗旨相关的咨询和技术服务；开展同国际有关组织机构和专家的交流，发展同有关国际组织和同行业工作者的友好联系，组织参加有关国际会议、展览、信息交流和合作等活动；组织拟定行规行约，维护会员合法权益；经政府有关部门批准，推荐、奖励对行业发展有重大贡献的单位和个人；依照有关规定编辑出版有关信息资料和书刊；承办业务主管部门及其他社会团体委托事项，开展促进本行业发展的其他活动。

【历届主要负责人】

届次	职务	姓名及任期	职务	姓名及任期
第一届理事会 （1994.11~2003.2）	会长	储传亨 （1994.11~1998.11）	秘书长	王秉洛 （1994.11~1996）
		柳尚华 （1998.11~2003.2）		郑淑玲 （1996~1998.11）
				曹礼昆 （1998.11~2003.2）
第二届理事会 （2003.2~2009.5）	会长	柳尚华	秘书长	柳尚华（兼）
	常务 副会长	刘锡庆 （2003.2~2006.5）		
		林芳友 （2006.5~2009.5）		
第三届理事会 （2009.5~　　　）	会长	郑坤生	秘书长	（暂空缺）
	常务 副会长	林芳友		

中国风景名胜区协会

【历史沿革】

　　1988 年 3 月 24 日，国家经委批准成立中国风景名胜区协会。1989 年 3 月 25 日，在广西壮族自治区桂林风景名胜区召开成立大会，同时召开了第一届会员代表大会。业务主管部门为建设部；2008 年 3 月，由住房和城乡建设部管理。中国风景名胜区协会是依照相关法律法规独立自主开展活动的全国性社团组织。协会会员单位包括全国各种类型的世界遗产地、风景名胜区、大专院校和科研机构以及企事业单位等 360 多家。主要工作职能：组织对行业基本情况和有关行业发展的重大课题进行调查研究，参与相关法律法规和行业政策的研究、制定；参与行业标准、行业发展规划和行业准入条件的制订与实施工作；积极帮助、组织会员单位开拓国际市场，联系相关国际组织，开展国内外行业

间的交流，参与对外合作项目的咨询；指导、规范和监督会员单位的对外交往
活动；开展并参与有益于行业发展的各类社会活动；受政府委托承办或根据行
业发展需求举办洽谈会、交易会和展览会等；开展有关的专业培训和咨询服务，
组织人力资源开发；参与行业的资质认证以及新技术、新项目的鉴定、示范及
推广工作。根据授权开展风景名胜区的相关统计工作；组织有关风景名胜区自
然和文史资料的收集、整理、出版工作。依照有关规定创办报刊和网站，承担
信息服务和舆论宣传工作；组织有关专家就风景名胜资源保护、规划建设、信
息化建设、科学管理及经营服务等开展咨询、评估、论证和理论研讨活动；及
时向政府主管部门反映会员单位的意见和建议，维护风景名胜区行业和广大会
员的合法权益；经政府有关部门批准，表彰、奖励对风景名胜区行业及本社团
发展有突出贡献的单位和个人。

【历届主要负责人】

届次	职务	姓名及任期	职务	姓名及任期
第一届理事会 （1989.3~1993.12）	会长	储传亨	秘书长（法人）	马纪群
第二届理事会 （1993.12~2001.10）	会长	李振东	秘书长（法人）	马纪群
第三届理事会 （2001.10~2008.11）	会长	赵宝江	秘书长（法人）	林家宁
第四届理事会 （2008.11~　　　）	会长	赵宝江	秘书长（法人）	王凤武

中国出租汽车暨汽车租赁协会

【历史沿革】

前身是中国城市出租汽车协会。1985 年，经国家经济委员会批准成立的

国家一级协会,挂靠在城乡建设环境保护部。1986年12月2日,召开成立大会。1988年4月,隶属建设部。1998年7月1日,经民政部批准,更名为中国出租汽车暨汽车租赁协会。2008年3月,由住房和城乡建设部管理。中国出租汽车暨汽车租赁协会是由城市出租汽车管理部门、地方协会、企业和汽车生产及配件厂家等相关单位自愿组成的全国行业性社团,下设企业管理、科技、汽车租赁、多种经营和广告5个工作委员会。现有正式会员单位600多家,遍布全国31个省、自治区、直辖市。业务范围:行业管理、业务培训、信息交流、书刊编辑、国际合作、咨询服务。协会的宗旨和任务是:贯彻国家有关出租汽车的方针政策,团结广大出租、租赁汽车经营者和管理者,推进行业管理,加强行业之间的横向联系,为会员单位提供多种形式的服务,发挥桥梁纽带作用,促进我国出租汽车和汽车租赁事业的发展。

【历届主要负责人】

单位名称	届次	职务	姓名及任期	职务	姓名及任期
中国城市出租汽车协会（1986.12~1998.7）	第一届理事会（1986.12~1990.5）	理事长	储传亨	秘书长	于　麟（兼）
	第二届理事会（1990.5~1994.1）	理事长	储传亨	秘书长	孙健行（兼）
	第三届理事会（1994.1~1999.1）	理事长	储传亨	秘书长	孙健行（兼）
中国出租汽车暨汽车租赁协会（1998.7~　　　）	第四届理事会（1999.1~2004.9）	理事长	储传亨	秘书长	解彦敏（兼）
	第五届理事会（2004.9~　　　）	会长	解彦敏	秘书长	解彦敏（兼）

中国城市公共交通协会

【历史沿革】

　　1991年，建设部城建司牵头成立了全国公共交通协会筹备委员会。1992年8月，经建设部、民政部批准，中国城市公共交通协会成立并办理注册登记手续。1993年7月，在北京召开成立大会。中国城市公共交通协会是经民政部批准登记、由建设部主管、全国城市公共交通企事业及相关单位自愿组成的全国性行业组织，为社团法人。2008年3月，由住房和城乡建设部管理。协会现有科学技术分会、快速公交分会、地方工作委员会、轮渡专业委员会、信息工作委员会、物资工作委员会、智能交通专业委员会7个二级组织和专业委员会，有会员单位200多个，覆盖全国各省、自治区、直辖市。主要任务：向政府反映会员的愿望和要求，协助政府推行公共交通行业的政策，并提出研究和建议事项；开展对国内外城市公共交通行业基础资料的收集、统计和经营管理的调查研究，为政府有关部门制定相关的法律法规和方针政策提供依据；总结、交流和推广公共交通行业在经营管理、科技进步和改革发展方面的经验和成果；开展咨询服务，提供信息交流平台，组织"四新"成果推广；开展人员培训工作；编辑出版协会刊物和信息资料；代表中国城市公共交通行业参加有关国际组织，组织开展国际合作与交流；承担业务主管部门和会员委托办理的有关事项。职能是：代表职能，代表全体会员的共同利益；沟通职能，发挥政府和企业之间的桥梁和纽带作用；协调职能，协调价格及行业内企业之间的经营行为，解决会员单位之间的纠纷；监督职能，规范会员的经营行为；认证职能，受政府委托开展资格审查、市场准入等工作；统计职能，对本行业的基础情况进行统计和分析；研究职能，对本行业国内外发展情况进行调查研究，提出经济政策和立法建议；服务职能，通过信息发布、培训、咨询、展览、组织会议等方式为企业提供服务。此外，行业协会还可以根据需要及政府授权，开展行业服务与管理的其他工作。

【历届主要负责人】

届次	职务	姓名及任期	职务	姓名及任期
第一届理事会 （1993.7~1998.12）	理事长	汪光焘	秘书长	林家宁
第二届理事会 （1998.12~2004.9）	理事长	郑树森	秘书长	张奎福
第三届理事会 （2004.9~　　　）	理事长	郑树森	秘书长	朱　滢

中国工程建设标准化协会

【历史沿革】

前身是中国工程建设标准化委员会。经国家基本建设委员会批准，于1979年10月30日在湖北武汉成立。1983年2月，隶属国家计委。1988年4月，划归建设部。1990年1月23日，经建设部批准，更名为中国工程建设标准化协会，业务活动受建设部指导。1991年7月22日，在民政部注册登记。2008年3月，为住房和城乡建设部主管。中国工程建设标准化协会是由从事工程建设标准化工作的单位、团体和个人自愿组成，具有社团法人资格的全国性社会团体，是从事工程建设标准化活动的专业性协会，属非营利性社会组织。现有34个专业委员会、10个行业分会，共44个分支机构；有500多个单位会员、4000余名个人会员。基本任务：团结和组织全国工程建设标准化工作者，充分发扬学术民主，开展工程建设标准化有关各项活动，为提高我国工程建设标准化的科学技术水平，加速社会主义现代化建设服务。

【历届主要负责人】

单位名称	届次	职务	姓名及任期	职务	姓名及任期
中国工程建设标准化委员会（1979.10～1990.1）	第一届委员会（1979.10～1985.6）	主任委员	李云洁	秘书长	杨思忠
	第二届委员会（1985.6～1990.7）	理事长	杨思忠	秘书长	周祥生
中国工程建设标准化协会（1990.1～　）	第三届理事会（1990.7～1995.10）	理事长	干志坚	秘书长	邵卓民
	第四届理事会（1995.10～1999.11）	理事长	杨思忠	秘书长	俞德寅（1995.10～1996.7） 马进忠（1996.7～1999.11）
	第五届理事会（1999.11～2007.4）	理事长	杨思忠（1999.11～2001.10） 徐义屏（2001.10～2007.4）	秘书长	马进忠（1999.11～2001.10） 周锡全（2001.10～2007.4）
	第六届理事会（2007.4～2011.11）	理事长	王德楼	秘书长	王德楼（兼）
	第七届理事会（2011.11～　）	理事长	王德楼	秘书长	焦占拴（兼）

中国建设工程造价管理协会

【历史沿革】

前身是中国工程建设概预算定额委员会。经国家计委批准，于1985年10月成立。1990年3月20日，第一届委员会第三次扩大会议讨论通过将中国工程建设概预算定额委员会更名为中国建设工程造价管理协会，并作为全国一级协会开展活动；同年7月17日，经建设部同意、民政部批准，中国建设工程造价管理协会正式成立，并于7月18日，在贵州省贵阳市召开成立大会。隶属建设部。1991年6月，建设部清理整顿社团领导小组同意办理社会团体登记手续。2003 年 1 月 3 日，加入亚太工料测量师协会（PAQS）；2007 年 6 月 10 日，加入国际造价工程联合会（ICES）。2008 年 3 月，由住房和城乡建设部主管。中国建设工程造价管理协会是由工程造价管理单位、工程造价咨询企业和造价工程师及工程造价领域的资深专家、学者自愿组成，具有社团法人资格的全国性社会团体，是中国工程造价咨询业的行业协会，属非营利性社会组织。现有铁路、有色、核工、煤炭、水电、建行、军队、石油化工、冶金、林业、建材、公路、石油、水利、电子 15 个工作委员会和化工、电力、对外 3 个专业委员会，有单位会员约 900 个，个人会员约 1200 位。主要工作任务、职能、业务范围：研究工程造价管理体制的改革，行业发展、行业政策、市场准入制度及行为规范等理论与实践问题；接受国务院建设行政主管部门委托，承担工程造价咨询行业和造价工程师执业资格及职业教育等具体工作，研究提出与工程造价有关的规章制度及工程造价咨询行业的资质标准、合同范本、职业道德规范等行业标准，并推动实施；对外代表我国造价工程师组织和工程造价咨询行业与国际组织及各国同行组织建立联系与交往，签订有关协议，为会员开展国际交流与合作等对外业务服务；编辑、出版有关工程造价方面刊物和参考资料，组织交流和推广工程造价咨询先进经验，举办有关职业培训和国际工程造价咨询业务研讨活动；指导各专业委员会和地方造价管理协会的业务工作等。

【历届主要负责人】

届次	职务	姓名及任期	职务	姓名及任期
第一届理事会 （1990.7~1995.6）	理事长	干志坚	秘书长	管麦初
第二届理事会 （1995.6~1999.8）	理事长	杨思忠	秘书长	王绍成 （1995.6~1998.12） 王启仁（代理） （1998.12~1999.8）
第三届理事会 （1999.8~2004.2）	理事长	杨思忠	秘书长	马桂芝
第四届理事会 （2004.2~2008.12）	理事长	张允宽	秘书长	马桂芝
第五届理事会 （2008.12~　　　）	理事长	张允宽	秘书长	马桂芝

中国建设教育协会

【历史沿革】

在原建设系统普通和成人高等学校、普通和成人中等专业学校、技工学校、建筑、公用、市政职工培训等 8 个研究会、协作组的基础上，1991 年 12 月经国家教委初审批准，1992 年 8 月经民政部批准调整组建，1992 年 12 月在烟台召开第一届理事会全体会议。1992 年至 1998 年，协会业务主管部门为国家教育委员会，挂靠单位为建设部。1998 年至 2008 年 2 月，业务主管部门为教育部，挂靠单位为建设部。2008 年 3 月，业务主管部门为教育部，挂靠单位为住房和城乡建设部。2010 年 1 月 25 日，业务主管部门由教育部正式变更为住房和城乡建设部。中国建设教育协会下设普通高等教育、高等职业与成人教育、中等职业教育、技工教育、继续教育、培训机构教育、城市交通职工教育、建设机械职工教育、教育技术、建筑企业教育、房地产企业教育 11 个专业委员会。2002 年 2 月 27 日，中国建设教育网开通。主要工作任务、职能、业务范围：从建设事业实际出发，制定协会发展规划，开展学术理论研究，探索建设教育的规律和特点；对建设教育工作中共同关心的问题、教育改革与发展中的热点和难点问题，组织专题研讨，向领导机关提供咨询建议；与有关部门配合，积极开展建设教育改革试验、业务培训及咨询工作；指导会员单位的研究、协作活动，指导专业委员会开展活动；开展教育科研成果和教学成果的评估和优秀学术论文评选活动；介绍国内外建设教育的动态和经验，开展国际学术交流活动；探索建设职业教育改革的理论与方法，推动建设职业教育教学的改革与发展；组织研究建设行业主要职业的能力特征，组织编写能力培训教程和教材；建立中国建设远程教育网，与有关单位合作，开展远程的学历教育与适应性的培训；宣传党和国家关于人才队伍建设的方针与政策、住房和城乡建设部中心工作，提供国内外建设教育的动态和信息，开展学术与经验交流；向党和政府有关部门反映会员单位的意见和要求，维护会员单位的合法权益；表彰并奖励在建设教育事业的各项工作和本会活动中取得优秀成绩的单位和个人；兴办符合本协会宗旨的经济实体及其他社会服务事业；积极参与社会公益活动；加强与国内各专业教育协会、住房和城乡建设部内各行业学协会、各省市建设教育协会的合作与交流，探索共同发展的有效模式；接受建设教育等主管部门的委托，承担关于教育、教学管理，质量评估，资格认证，证书管理，教材编写和对外交流合作等工作；加强国际间的交流与合作，在已与德国等国建立合作的基础上，加强与其他国家的合作交流。

【历届主要负责人】

届次	职务	姓名及任期	职务	姓名及任期
第一届理事会 （1992.12～1997.9）	理事长	叶如棠	秘书长	赵铁凡
第二届理事会 （1997.9～2002.5）	理事长	廉　仲 （1997.9～2000.11） 郭锡权 （2000.11～2002.5）	秘书长	耿品惠 （1997.9～2000.5） 荣大成 （2000.5～2002.5）
第三届理事会 （2002.5～2008.9）	理事长	李竹成	秘书长	李竹成
第四届理事会 （2008.9～　　　）	理事长	李竹成	副秘书长 主持工作	徐家华

中国建设职工思想政治工作研究会

【历史沿革】

　　前身是全国城乡建设环境保护职工思想政治工作研究会。1986 年 10 月 26 日，在北京召开成立大会，隶属城乡建设环境保护部，挂靠在部办公厅。1988

年 4 月建设部成立，同年 10 月，全国建设职工思想政治工作研究会重新组建，挂靠在部直属机关党委。1989 年 2 月，更名为中国建设职工思想政治工作研究会。1993 年 9 月 15 日，经民政部注册为国家一级社团组织。2008 年 3 月，为住房和城乡建设部管理。中国建设职工思想政治工作研究会为全国住房城乡建设系统思想政治工作和企业文化建设的群众性研究团体。现有 31 个省级建设政研会和 70 个大型企（事）业会员单位，下设建筑、安装、城市规划、市政、城建设计、工程勘察、燃气、市容环卫、公交、出租汽车、房地产、城市开发、风景园林、工程设计 14 个行业分会，开办中国建设职工政研会网站。主要任务：在加强和改进住房和城乡建设系统思想政治工作方面努力发挥"思想库"和"智囊团"的作用，紧紧围绕全国住房城乡建设系统改革发展稳定的实际，服务中心，服务大局，为住房城乡建设事业又好又快发展提供强大的精神动力和思想保证。同时结合住房城乡建设工作的实际，充分调查、了解住房城乡建设中的思想动态和思想政治工作的实际情况，及时向有关方面进行反映，并提出工作意见和建议；组织全系统开展思想政治工作理论研究、对策研究和应用研究；总结、推广住房城乡建设系统中思想政治工作的先进经验，评选和表彰优秀研究成果；协助部有关部门表彰和奖励在思想政治工作中做出显著成绩的先进单位和个人；加强建设职工政研会系统的队伍建设，培训政工干部，提高全系统政工人员素质；组织开展国际间学术交流；指导各省（自治区、直辖市）建设政研会、各行业分会和直属会员单位开展工作；办好《建设文明论坛》和中国建设职工政研会网站。

【历届主要负责人】

单位名称	届次	职务	姓名及任期	职务	姓名及任期
全国城乡建设环境保护职工思想政治工作研究会（1986.10~1988.5）	第一届理事会（1986.10~1990.7）	理事长	廉　仲	秘书长	程振华（兼）
全国建设职工思想政治工作研究会（1988.10~1989.2）		常务副理事长	郝士钊		

续表

单位名称	届次	职务	姓名及任期	职务	姓名及任期
中国建设职工 思想政治工作研究会 （1989.2～　　　）	第二届理事会 （1990.7～1994.10）	会长	叶如棠	秘书长	梁立之（兼）
				常务副 秘书长	刘海英
	第三届理事会 （1994.10～1999.4）	会长	叶如棠	秘书长	刘海英
	第四届理事会 （1999.4～2004.7）	会长	郭锡权	秘书长	刘海英
	第五届理事会 （2004.7～2009.10）	会长	姚　兵	秘书长	秦书星
	第六届理事会 （2009.10～　　　）	会长	龙新南	秘书长	秦书星（兼）

中国建设文化艺术协会

【历史沿革】

前身是全国城乡建设职工文化艺术协会。1984 年 10 月，经城乡建设环境保护部批准成立，1985 年 3 月 18 日召开成立大会。业务主管单位是城乡建设环境保护部。1988 年 4 月，业务主管单位改为建设部，同年 5 月更名为中国建设文化艺术协会。协会是在建设部领导下，由国家建材局、中国建设建材工会、中建总公司联合组建的全国性文化艺术社团。1992 年 6 月，在民政部注册登记，具备社团法人资格。明确业务主管单位是中国文联，组织管理仍隶属建设部。2002 年 7 月 23 日，经民政部批准，业务主管单位改为建设部；2008 年 3 月，为住房和城乡建设部。主要职能和任务：会同建设部、中国建材工业协会、中建总公司、中国海员建设工会等部门组织开展全国性各项文化艺术和产业文化活动；开展全国建设建材系统各项文化艺术活动，培养和选拔各类文化艺术方面的专门人才，为弘扬祖国文化事业服务；积极开展产业文化与科学技术理论研究，促进产业文化为生产和生活服务，努力实现环境艺术产业化，推动城市环境艺术建设发展；加强建筑艺术研究和对古建筑文化艺术的保护和宣传工作，深入开展城市文化、居住文化、园林艺术研究，把繁荣中国建设文化艺术作为核心竞争力；努力推动国际间建设文化艺术交流，为实现我国建设文化科技事业同步发展做贡献。

【 历届主要负责人 】

单位名称	届次	职务	姓名及任期	职务	姓名及任期
全国城乡建设职工文化艺术协会（1985.3～1988.5）	第一届理事会（1985.3～1987.12）	主席	陈松彦	秘书长	刘素清
	第二届理事会（1987.12～1992.11）	主席	何 祥	秘书长	张国印
中国建设文化艺术协会（1988.5～ ）	第三届理事会（1992.11～1995.5）	主席	杨 慎	秘书长	王大恒
	第四届理事会（1995.5～2004.10）	主席	张青林	秘书长	王大恒
	第五届理事会（2004.10～ ）	主席	张青林（2004.10～2010.2）	秘书长	王大恒
		执行主席	王大恒（2010.2～ ）		

中国工程建设焊接协会

【 历史沿革 】

1984年3月27日，经国家计委批准，中国工程建设焊接协会在湖南醴陵正式成立。主管部门为电力部，秘书处设在电力建设研究所。1990年第二届理事会决定协会挂靠单位改为冶金部，秘书处设在冶金部建筑研究总院。1993

年，经民政部批准，重新登记注册，主管部门为建设部，挂靠单位及秘书处仍在冶金部建筑研究总院。2008年3月，由住房和城乡建设部主管。中国工程建设焊接协会围绕提高工程质量和培养焊接人才开展各项工作。现有会员单位470个。业务范围：组织技术开发、技术交流以及技术咨询服务等服务工作；协助施工企业培训焊接技术干部、技术工人、管理人员，以提高工程建设焊接技术管理水平；开展工程建设项目焊接技术的创优活动，以促进工程建设项目质量的提高；编辑出版刊物及读物，介绍焊接技术发展的新动态及交流焊接施工经验；开展同国内外焊接专业团体和科学技术工作者的联系，组织技术交流活动。围绕提高工程质量和培养焊接人才开展各项工作，其中，举办全国工程建设系统焊工技术比赛和引导各行业创建全国优秀焊接工程被国内焊接界和工程建设界誉为协会工作的两大品牌。2011年，由人力资源和社会保障部首次组团参加第41届世界技能大赛时，协会承担的焊接项目竞赛在参赛的6个项目中荣获唯一的一枚银牌。

【历届主要负责人】

届次	职务	姓名及任期	职务	姓名及任期
第一届理事会 （1984.9~1990.9）	理事长	魏明德	秘书长	刘成林
第二届理事会 （1990.9~1996.9）	理事长	姚尊放	秘书长	董文军（副理事长兼） （1990.9~1994.9） 张友权 （1994.9~1996.9）
第三届理事会 （1996.9~2001.9）	理事长	姚尊放	秘书长	姚尊放（兼）
第四届理事会 （2001.9~2006.8）	理事长	姚尊放	秘书长	刘景凤
第五届理事会 （2006.8~　　）	理事长	刘军 （2006.8~2010.1） 李佩勋 （2010.1~　　）	秘书长	刘景凤（副理事长兼）

中国益民文化建设基金会

【历史沿革】

1993 年 8 月 31 日，依据中国人民银行和建设部文件，中国益民文化建设基金会成立，隶属建设部。2005 年，在民政部重新注册登记，颁发基金会法人登记证书。2008 年 3 月，由住房和城乡建设部管理。业务范围：募集资金，资助文化事业的建设；扶持贫困地区的教育和资助贫困学生。主要任务是：联络国内外社会团体和个人，为繁荣和发展祖国的文化建设和教育事业筹集资金，并为文化事业、教育的改革、发展提供资助。

【历届主要负责人】

届次	职务	姓名及任期	职务	姓名及任期
第一届理事会 （1993.8~1999.1）	理事长	房维中	秘书长	李安民（兼）
第二届理事会 （1999.1~2005.1）	理事长	房维中	秘书长	李安民（兼）
第三届理事会 （2005.1~2010.1）	理事长	李安民	秘书长	苏 宏
第四届理事会 （2010.1~ ）	理事长	李安民	秘书长	苏 宏

中国国际贸易促进委员会建设行业分会

【历史沿革】

1996 年 6 月，经中国国际贸易促进委员会和建设部批准，中国国际贸易促进委员会建设行业分会（以下简称中国贸促会建设分会）成立，是自收自支、自负盈亏的社团单位。接受建设部、中国国际贸易促进委员会的双重领导。中国贸促会建设分会依照中国国际贸易促进委员会章程的规定独立开展业务，可以对外签订促进国际经济贸易的协议、议定书和其他文件。2008 年 3 月，由住房和城乡建设部、中国国际贸易促进委员会双重领导。业务范围如下：开展国际交流，邀请国外建设行业的知名企业和相关领域杰出人士组成的代表团来访，与会员企业洽谈合作；组织会员代表团出国考察，寻觅国外发展机会；并负责与国外对口组织在华设立的代表机构以及外国在华成立的商会进行联络，推动建设行业及相关行业的国际交流。组织国际合作项目，与有关国际组织、区域性组织及各国政府、国际商会、建设行业的协会等开展交流与合作，组织和实施合作项目、示范项目；参加有关国际组织及其活动；参加或与国外相应机构联合召开有关经贸、技术合作的国际会议。引进国外先进技术与产品，与国际同业组织和各国厂商、科研单位开展合作，引进先进技术与产品，尤其是节能减排等国家重点提倡的技术和产品，提高国内建设行业技术和管理水平，建立起一个资源节约型、环境友好型的产业；并建立相应渠道，帮助企业实现低交易成本的国际采购。举办经贸展览会，组织参加国际展览局和相关组织举办的国际贸易博览会和建设行业、建筑产品展览会；在境内举办城市建设、村镇建设、工程建设及相关领域的国际经贸、技术展览会和博览会，促进商贸交流。推动企业融资，积极引进国际化的产业基金，加速产业技术进步和企业结构调整。支持企业通过国内外资本市场筹集资金，壮大实力。提供信息服务，向国内外有关企业和机构提供建设行业及相关领域信息、咨询和资信调查等各类服务；编辑、出版电子出版物及其他出版物。开展人员培训，邀请国际知名专家举办专业讲座，开办有关专业水平认证，进行国际商务活动所需要具备的各种专业知识与技能培训；根据会员企业需要，建立国外职业培训渠道，以扩展企业国际化视野，提高企业国内外市场的竞争能力。

【历届主要负责人】

职务	姓名及任期	职务	姓名及任期
名誉会长	谭庆琏（1996.6~2010.6）	秘书长	高德俊（1996.6~2009.8）
会　长	龚沪生（1996.6~2010.6）		李　政（2009.8~2011.1）
	谢鸿昌（2010.6~　　）		王慧民（2011.1~　　）

中国电梯协会

【历史沿革】

前身是中国建筑机械化协会建筑机械制造协会电梯分会（三级协会）。1984年6月成立，中国建筑机械化协会隶属城乡建设环境保护部。1986年1月1日，变更为中国建筑机械化协会电梯协会（二级协会）。1988年4月，隶属建设部。1991年12月26日，在民政部注册登记并更名为中国电梯协会（一级协会），隶属建设部。1992年7月，中国电梯协会成立大会在江苏苏州市召开。中国电梯协会是以电梯（包括自动扶梯、自动人行道等）的设计、制造、安装、维修、经营、检测、研究和教学单位自愿结成的全国电梯行业的非营利性社会团体，下设技术委员会、安全委员会、信息委员会、设计与制造专业委员会、安装维保专业委员会、检验检测专业委员会，现有约500个会员单位。业务范围：

协助政府部门制定电梯行业发展规划、技术政策和管理办法；开展学术活动和技术交流，推动电梯企业之间的经济技术合作和技术转让；组织行业的技术力量，开展电梯技术的科技攻关和新产品开发；举办电梯技术讲座，组织各类培训班，开展电梯技术咨询服务；编辑出版《中国电梯》杂志及有关电梯的市场信息和技术资料；开展同国外电梯界的联系，组织对外技术交流和合作；研究和解决行业普遍关心的问题，向政府部门反映行业意见；完成政府有关部门交办的工作。

【历届主要负责人】

单位名称	届次	职务	姓名及任期	职务	姓名及任期
中国建筑机械化协会建筑机械制造协会电梯分会（1984.6~1985.12）	第一届理事会（1984.6~1986.4）	理事长	彭克荣	秘书长	万钟岳
中国建筑机械化协会电梯协会（1986.1~1991.12）	第二届理事会（1986.4~1989.7）	理事长	黄国炳	秘书长	彭克荣
	第三届理事会（1989.7~2000.5）	理事长	杜宗翰	秘书长	任天笑
中国电梯协会（1992.7~　　　）	第四届理事会（2000.5~2005.2）	理事长	任天笑	秘书长	张德林
	第五届理事会（2005.2~2010.2）	理事长	任天笑	秘书长	李守林
	第六届理事会（2010.4~　　　）	理事长	任天笑	秘书长	李守林

中国建筑节能协会

【历史沿革】

2009 年 3 月，住房和城乡建设部科技发展促进中心等 55 家单位发起，成立中国建筑节能协会筹备委员会；2010 年 7 月，民政部批准筹备成立；2010 年 12 月 28 日，在北京召开成立大会；2011 年 2 月，经住房和城乡建设部、民政部批准，办理了注册登记手续，业务主管单位为住房和城乡建设部，监督管理单位为民政部。中国建筑节能协会是由建筑能源节约管理、研究、技术开发、生产、应用、信息等有关单位自愿结成的全国性、行业性、非营利性社会组织。现成立了建筑节能服务专业委员会，有会员单位 300 多家。宗旨是：以科学发展观为指导，根据我国城乡建设发展和节能减排的战略目标，遵循国家"节约资源是我国的基本国策。国家实施节约与开发并举、把节约放在首位的能源发展战略"的能源资源节约工作方针，以国家建设领域节能减排工作为中心开展调查、研究、咨询、宣传、培训，组织建筑节能技术开发及推广应用，在政府和行业、企业之间发挥桥梁作用。为国家技术创新和建筑节能减排管理服务，为建设行业节能减排技术发展和应用服务，为企业建筑节能减排技术发展应用服务。业务范围：普及知识、书刊编辑、调查研究、制定标准、实施规划、行业自律、推广技术、国际交流、教育培训。

【历届主要负责人】

单位名称	届次	职务	姓名及任期	职务	姓名及任期
中国建筑节能协会 （2010.12～　　）	第一届理事会 （2010.12～　　）	理事长	郑坤生	秘书长	王有为

中国建设体育协会（已注销）

【历史沿革】

1987 年，城乡建设环境保护部决定成立中国建设体育协会并设筹备组。1993 年，建设部同意成立中国建设体育协会，并向国家体委提出申请；同年 7 月，国家体委致函民政部《关于对成立中国建设体育协会审查意见的函》，同意成立中国建设体育协会。1995 年 1 月，中国建设体育协会成立；同年 9 月 4 日，民政部准予注册登记，成为全国性一级社团，主要负责组织、指导和推动建设行业职工体育活动，加强建设行业职工体育活动的国际交流。2009 年 3 月，经民政部批复准予注销。

【历届主要负责人】

职务	姓名及任期	职务	姓名及任期
理事长	毛如柏 （1995.1~1995.9）	秘书长	车书剑 （1995.1~1995.9）
	车书剑 （1995.9~1999.1）		王育才 （1995.9~2009.3）

中国合作住宅促进会（已注销）

【历史沿革】

1996 年 9 月 10 日，经建设部批准同意，中国合作住宅促进会在北京成立，是由建设部和全国总工会共同支持组建的全国城镇住宅合作社的全国性社团组织，业务上接受建设部指导。主要任务：对合作建房管理和发展中的共性问题进行调研，及时向政府有关主管部门提出政策建议；开展有关合作建房方面的经验、信息交流和咨询服务活动；开展集资合作建房的理论研究和有关业务培训；开展住宅合作社、合作建房领域内的国际交流与合作。1999 年 3 月 11日，中国合作住宅促进会依托天津财经大学编辑出版中国合作住宅促进会会刊《合作住宅》。2008 年 3 月，为住房和城乡建设部管理。2010 年 6 月，中国合作住宅促进会注销。主要任务：对合作建房管理和发展中的共性问题进行调研，及时向政府有关主管部门提出政策建议；开展有关合作建房方面的经验、信息交流和咨询服务活动；搞好集资合作建房的理论研究和有关业务培训；开展住宅合作社、合作建房领域内的国际交流与合作。

【 历届主要负责人 】

届次	职务	姓名及任期	职务	姓名及任期
第一届理事会 （1996.9～2000.6）	会　长	邵井蛙	秘书长	石忠信
第二届理事会 （2000.6～2010.6）	会　长	杨思忠	秘书长	李泽辉

第三章　部分脱钩单位

第一节　原部属事业单位

中国建筑科学研究院

【历史沿革】

前身是建筑工程部建筑技术研究所。1953 年 10 月，建筑工程部以建筑工程部设计院建筑材料试验室为基础，成立建筑工程部建筑技术研究所。1954年，建筑工程部华东设计公司撤销后，其所属材料试验所并入建筑技术研究所，同时将华东设计公司与南京工学院合办的中国建筑研究室移交建筑技术研究所。1956 年 5 月 1 日起，建筑工程部决定将建筑技术研究所改由部技术司领导，更名为建筑科学研究院；10 月，改由建筑工程部直接领导。主要任务：研究我国工业建筑的新型结构和所应用的主要建筑材料，力图解决设计施工中的相关问题，成为建筑工程部所属全国规模最大的、综合性的建筑科学研究机构。1969 年，建筑科学研究院被撤销。1970 年 8 月，成立国家建委建筑科学研究院，主要任务是建成国家建委的技术参谋部，由在京科研设计单位包括中国建筑科学研究院、建材院、设计院、专业设计室、标准设计所、玻璃陶瓷院、水泥院等组成。1976 年到 1983 年，中国建筑科学研究院开始进入调整恢复阶段。1979 年 6 月，中国建筑科学研究院隶属国家建工总局，并定名为中国建筑科学研究院。1983 年 4 月，城乡建设环境保护部党组决定，按业务性质将中国建筑科学研究院一分为四，分别组建中国建筑科学研究院、中国建筑技术发展中心、建筑设计院和综合勘察院，均为城乡建设环境保护部直属单位。1988年5月，隶属建设部。根据国家工程建设发展需要，中国建筑科学研究院还相继成立了国家建筑工程质量监督检验中心、国家空调设备质量监督检验中心、国家电梯质量监督检验中心、国家化学建材测试中心（建工测试部），以及国家工程技术研究中心、建设部防灾研究中心等。1999年，根据党中央国务院关于中央党政机关与所办经济实体脱钩的精神，中国建筑科学研究院与建设部正式脱钩，划归中央企业工委管理。2000年10月1日，由事业单位转制为中央直属的科技型企业。2003年，改由国务院国资委管理。

【历任主要负责人】

单位名称	职务	姓名及任期	职务	姓名及任期
建筑工程部 建筑技术研究所 （1953.10~1956）	副所长	乔克明 （1953.10~1954.7）		
	所长	乔兴北 （1954.7~1956）		
建筑工程部 建筑科学研究院 （1956.5~1969）	院长	汪之力 （1956~1965）	党委书记	倪弄畔、汪之力 （1956~1965）
		张哲民 （1965~1969）		乔兴北 （1965~1969）
1969年，被撤销				
国家建委建筑 科学研究院 （1970.8~1979.6）	院长	闫子祥 （1973~1975）	党委书记	闫子祥 （1973~1975）
		袁镜身 （1976~1979.6）		袁镜身 （1976~1979.6）
中国建筑科学研究院 （1979.6~ ）	院长	袁镜身 （1979.6~1983.5）	党委书记	袁镜身 （1979.6~1983.5）
		徐正忠 （1983.5~1986.6）		李承刚 （1983.5~1993.4）
		徐培福 （1986.6~1998.10）		陈肇基 （1993.4~1998.10）
		王铁宏 （1998.10~2004.9）		袁振隆 （1998.10~2009.10）
		王　俊 （2005.9~ ）		李朝旭 （2009.10~ ）

中国建筑设计研究院

【历史沿革】

前身是中央财政经济委员会总建筑处直属设计公司。1952年5月，中央在京直属单位中共中央办公厅直属修建办事处设计室、国务院中南建筑公司、中央军委民用航空局设计处、中国建筑工程设计公司等11个建筑设计单位合并组建中央财政经济委员会总建筑处直属设计公司（简称中央直属设计公司）。1952年8月，由建筑工程部领导。1953年2月13日，更名为建筑工程部设计院，主要从事民用建筑设计，为企业单位；同年4月，建工部批准改为事业单位。1954年2月，更名为建筑工程部工业及城市建筑设计院；10月，更名为建筑工程部北京工业及城市建筑设计院，设计任务由民用建筑开始转向工业建筑设计为主；1955年3月，更名为建筑工程部北京工业建筑设计院，设计任务以工业建筑设计为主；1956年9月，机构变动，分成建筑工程部北京工业建筑设计院、建筑工程部建筑基地设计院；1957年3月，建筑工程部北京工业建筑设计院和建筑工程部建筑基地设计院分别更名为建筑工程部北京第一工业建筑设计院和建筑工程部北京第二工业建筑设计院；1958年1月，两院合并为北京工业建筑设计院；1970年12月，北京工业建筑设计院被撤销；1971-1982年，由原建筑科学研究院、北京工业建筑设计院、建筑材料科学研究院、建筑标准设计研究所以及设计局直属专业设计室等11个单位分别调集部分人员在京组建国家建委建筑科学研究院；1979年6月，改为中国建筑科学研究院。

1983年4月，城乡建设环境保护部党组决定，将中国建筑科学研究院一分为四，分别组建中国建筑科学研究院、建筑设计院、中国建筑技术发展中心和综合勘察院。自此，建筑设计院恢复建制。

1983年6月，建筑设计院正式定名为城乡建设环境保护部建筑设计院，其方向任务是：面向全国承担民用建筑和城市人防地下建筑工程的设计任务；积极开展国际建筑设计承包和设计咨询业务；开展建筑设计经验交流和研究，积极承担有关技术规范、规程和设计手册等的编制工作，协助领导部门审查重大民用工程的建筑设计方案，做好建筑设计的技术参谋、顾问工作。1988年9月，更名为建设部建筑设计院。

1983年6月，中国建筑技术发展中心正式成立，其任务方向是：面向全国，为建筑业的技术发展提供信息资料，组织情报交流和产品评选，开展技术培训和技术咨询服务；根据部关于建筑业的科技发展规划，组织开展综合研究，为技术政策论证提供依据。组织开展建筑标准、村镇建设、建筑经济和建筑理论与历史研究，组织编制有关建筑设计的标准和规范，为全行业的技术进步服务。1988年，为建设部直属单位。1989年8月，经国家科委和建设部批准，更名为中国建筑技术发展研究中心；1994年3月，经国家机构编制委员会批准，更名为中国建筑技术研究院。

2000年3月16日，建设部党组决定撤销建设部建筑设计院、中国建筑技术研究院，组建中国建筑设计研究院，为国有事业单位。2000年7月，建设部城市建设研究院与建设部脱钩，进入中国建筑设计研究院；10月，中国建筑设计研究院交由中央企业工委管理，成为中央大型科研设计企业，同时中国市政华北设计研究院进入中国建筑设计研究院。2003年，改由国务院国资委管理。

【历任主要负责人】

单位名称	职务	姓名及任期	职务	姓名及任期
中央财政经济委员会 总建筑处直属设计公司 （1952.5~1952.8）	总经理	曼　秋 （1952~不详）		
建筑工程部 中央直属设计公司 （1952.8~1953.2）	总经理	曼　秋 （1952~不详）		
中央人民政府 建筑工程部设计院 （1953.2~1954.2）	院长	周荣鑫 （1953.2~1953.6）		
		秦仲芳 （1953.6~1954.2）		

续表

单位名称	职务	姓名及任期	职务	姓名及任期
建筑工程部 工业及城市建筑设计院 （1954.2~1954.10）	院长	闫子祥 （1954.2~1954.10）	党总支书记兼副院长	袁镜身 （1954.9~1955.3）
建筑工程部 北京工业及城市建筑设计院 （1954.10~1955.3）	院长	闫子祥 （1954.10~1955.3）		
建筑工程部 北京工业建筑设计院 （1955.3~1956.9）	院长	王应慈 （1955.9~1956.9）		
建筑工程部北京工业 建筑设计院（由建 筑工程部北京工业建筑 设计院拆分而成） （1956.9~1957.3）	院长	王应慈 （1956.9~1957.3）	党委书记	袁镜身 （1956.9~1957.3）
建筑工程部北京第 一工业建筑设计院 （1957.3~1958.1）	院长	王应慈 （1957.3~1958.1）	党委书记	袁镜身 （1957.3~1958.1）
建筑工程部建筑基 地设计院（由建筑 工程部北京工业建 筑设计院拆分而成） （1956.9~1957.3）	院长	徐林 （1956.9~1957.3）	党委书记	王纯一 （1956.9~1957.3）
建筑工程部北京第 二工业建筑设计院 （1957.3~1958.1）	院长	徐林 （1957.3~1958.1）	党委书记	王纯一 （1957.3~1958.1）
北京工业建筑设计院 （1958.1~1970.12）	院长	金瓯卜 （1958.1~1960.10） 袁镜身 （1960.10~1970.12）	党委书记	王纯一 （1958.1~1965.10） 魏杰 （1965.10~不详）
国家建委建筑科学研究院 （1971~1979.6）	院长	袁镜身 （1971~1979.6）		
中国建筑科学研究院 （1979.6~1983.4）	院长	袁镜身 （1979.6~1983.4）		
城乡建设环境 保护部建筑设计院 （1983.4~1988.9）	院长	刘世瑾 （1983.7~1986.1） 由宝贤 （1986.1~1988.9）	党委书记	刘世瑾 （1983.4~1987.5） 王法旺 （1987.5~1988.9）

续表

单位名称	职务	姓名及任期	职务	姓名及任期
建设部建筑设计院 （1988.9~2000.3）	院长	由宝贤 （1988.6~1992.5）	党委书记	王法旺 （1988.9~1991.10）
		刘洵蕃 （1992.5~2000.3）		刘辉炳 （1991.10~2000.3）
中国建筑技术发展中心 （1983.4~1989.8）	主任	许溶烈 （1983.5~1985.6）	党委书记	许溶烈 （1984.4~1987.7）
		叶耀先 （1985.6~1989.8）		叶耀先 （1987.7~1989.8）
中国建筑技术发展研究 中心（1989.8~1994.3）	主任	叶耀先 （1989.8~1994.3）	党委书记	叶耀先 （1989.8~1994.3）
中国建筑技术研究院 （1994.3~2000.3）	院长	叶耀先 （1994.3~1996.11）	党委书记	奚瑞林 （1994.3~1996.11）
		樊康 （1996.11~2000.3）		符史瑶 （1996.11~2000.3）
中国建筑设计研究院 （2000.3~　　　）	院长	张文成 （2000.3~2006.12）	党委书记	樊康 （2000.3~2006.5）
		修龙 （2006.12~　　　）		黄宏祥 （2006.5~　　　）

建设部综合勘察研究设计院

【历史沿革】

前身是建筑工程部下属的设计公司勘察组，1952年7月成立。1953年2月，设计公司改组为设计院，勘察组扩充为勘测室。1954年10月9日，扩充为建筑工程部勘察公司，业务上受建筑工程部设计总局领导。1956年5月24日，建筑工程部综合勘察院正式成立，仍受建工部设计总局领导。1961年1月12日，综合勘察院及其所属分院撤销。1962年4月，建工部将各省、自治区、直辖市设计机构的勘察力量集中，合并到部非金属矿地质公司及各分公司。1964 年 3 月 9 日，建工部决定将非金属矿地质公司和分公司的勘察、凿井力量集中起来，恢复综合勘察院和机械凿井公司（一个机构两个牌子）；在西北、西南、中南、华东建立分院及东北勘察大队。1965 年 3 月 27 日，东北勘察大队迁至山西大同；1969 年，遵照上级关于干部下放劳动的指示，综合勘察院部分干部于 5 月份去河南"五七干校"，半年后，全院迁至河南博爱；1970 年 8 月 10 日，综合勘察院隶属国家建委；1970 年 9 月 30 日，国家建委决定将综合勘察院（包括大同直属勘察大队）共 500 余人下放至山西，受山西省革命委员会领导。在这期间，综合勘察院下属的各个分院都相继下放给当地领导；1974 年 7 月 29 日，综合勘察院（不包括大同勘察大队）调至河北邯郸，组建华北勘察院，隶属河北省建委；1978 年 2 月 25 日，国家建委决定将华北勘察院改由建筑科学研究院领导，更名为建筑科学研究院勘察技术研究所，同时迁至北京；1983 年 6 月 21 日，中国建筑科学研究院被一分为四，勘察技术研究所又恢复为综合勘察院，并从建研院中独立出来，受城乡建设环境保护部直接领导。1985 年 10 月 11 日，综合勘察院改名为综合勘察研究院；1988 年 5 月，由建设部领导，并更名为建设部综合勘察研究院。具有工程勘察、工程总承包甲级、施工一级、设计乙级的资质，并进入了"中国勘察设计综合实力百强"单位的行列。成为勘察设计行业中第一批有对外经营权的经营实体，并在香港、深圳、珠海、汕头、海南等地设立了分支机构，综合勘察研究院已成为拥有相当实力水平的勘察设计、科研开发机构。1994 年 3 月 14 日，更名为建设部综合勘察研究设计院；2000 年 10 月，根据国家关于部属科研事业单位转制的精神，与建设部脱钩转企进入中国电子信息产业集团公司，成为该集团公司直属科技型企业。2001 年，更名为建设综合勘察研究设计院；2009 年更名为建设综合勘察研究设计院有限公司。

【 历任主要负责人 】

单位名称	职务	姓名及任期
中央人民政府建筑工程部设计公司勘察组 （1952.7~1953.2）	组长	穆云山
建筑工程部设计公司勘测室 （1953.2~1954.10）	组长	穆云山
建筑工程部勘察公司 （1954.10~1956.5）	经理	刘 昆
建筑工程部综合勘察院 （1956.5~1961.1）	院长兼党委书记	刘 昆
1961.1~1964.3，综合勘察院被撤销		
建筑工程部综合勘察院 （1964.3-1970.8）	院长兼党委书记	钟伯铭
国家建委综合勘察院 （1970.8-1974.7）	革委会主任	何 祥
华北勘察院 （1974.7~1978.2）	院长	何 祥
建筑科学研究院勘察技术研究所 （1978.2~1983.6）	所长	何 祥
	党委书记	罗汉三
城乡建设环境保护部综合勘察院 （1983.6~1985.10）	院长	方鸿琪
	党委书记	刘辉炳 （1984.4~1985）
建设部综合勘察研究院 （1985.10~1994.3）	院长	方鸿琪 （1985~1994.3）
	党委书记	张敬渠 （1985~1994.3）
建设部综合勘察研究设计院 （1994.3~2000.10）	院长	方鸿琪 （1994.3~1998.10）
		单 昶 （1998~2000）
	党委书记	张敬渠 （1994.3~1998.10）
		尹季弟 （1998~2000）
建设综合勘察研究设计院 （2001~2009）	院长	单 昶
建设综合勘察研究设计院有限公司 （2009~ ）	董事长	单 昶
	党委书记	孟庆喆

建设部城市建设研究院

【历史沿革】

前身是城乡建设环境保护部城市建设研究院。1985 年 5 月成立，为城乡建设环境保护部直属事业单位。1988 年 5 月，更名为建设部城市建设研究院，为建设部直属事业单位，是我国城市建设行业综合性科研设计单位，具有国家批准的市政公用行业（环卫、风景园林、排水、给水、供热、道路）甲级资质、建筑工程设计甲级资质、城市规划甲级资质、工程咨询甲级资质、工程总承包甲级资质、环境工程专项甲级资质，以及市政工程和房屋建设工程监理资质证书、旅游规划设计资质证书、环境保护设施运营资质证书、对外经济合作经营资格证书。主要承担城市环境卫生、风景园林、城市给排水、城市供热、城市道路、环境工程等相关行业的发展规划、工程设计和科研任务，以及城市规划、工业与民用建筑设计。2000 年，根据国务院六部委批复的 134 个科研机构的转制方案，转制为企业，进入中国建筑设计研究院（集团）。2002 年 12 月，正式完成企业工商登记，在国家工商局注册登记名称为城市建设研究院，成为一家全民所有制企业，注册资本 1235 万元，经营方式为设计、咨询、服务，经营范围包括城市规划、市政公用、建筑等诸多方面的设计、规划、总承包、技术开发、咨询培训等业务。

【 历任主要负责人 】

单位名称	职务	姓名及任期
城乡建设环境保护部城市建设研究院 （1985.5~1988.5）	筹建组组长	彭　鑫 （1985~1987）
建设部城市建设研究院 （1988.5~2002.12）	院长	张启成 （1988~1991）
		于　麟 （1991~1995）
		许文发 （1995~1999）
	党委书记兼副院长	张洪复 （1999~2002.12）
	公司法人	张洪复 （2000~2002.12）
城市建设研究院 （2002.12~　　　）	公司法人	张洪复 （2002.12~2003）
	院长	徐文龙 （2003~　　　）
	党委书记兼副院长	张洪复 （2002.12~　　　）

建设部北京建筑机械综合研究所

【 历史沿革 】

前身是国家建委建筑机械综合研究室。1979 年 6 月，经国家基本建设委员会批准成立。1983 年 4 月，更名为城乡建设环境保护部北京建筑机械综合研究室。1987 年 5 月，经城乡建设环境保护部批准，更名为城乡建设环境保护部北京建筑机械综合研究所。1988 年 8 月，根据建设部文件，更名为建设部北京建筑机械综合研究所。2000 年 10 月，根据科学技术部等六部委联合下发的文件，科研机构转制，脱离建设部，并入中国建筑科学研究院，隶属中央企业工委。2001 年 6 月，经中国建筑科学研究院批准更名为北京建筑机械研究所。2002 年 8 月，经中国建筑科学研究院批准，与中国建筑科学研究院建筑机械化研究分院进行整建制合并，更名为北京建筑机械化研究院。

在隶属建设部期间，本单位研究方向和任务是：负责建筑机械行业的技术情报研究，组织行业技术交流和国际学术交流，开展技术情报信息咨询活动，为全行业的科技进步、生产发展和管理现代化提供技术服务，是行业技术开发中心。开展行业所需的共性、基础性、公益性技术研究，承担了大量的国家和建设部重点科研项目与建设机械行业规划，研究领域为建筑用起重设备、桩工机械、混凝土机械、夯实机械、铲土运输机械、液压油液污染检测等。

作为建设部机械设备与车辆标准技术归口单位，负责建筑施工机械与设备、土方机械、塔式起重机、施工升降机、升降工作平台等机械设备的行业标准、国家标准和国际标准（ISO/TC195 建筑施工机械与设备技术委员会、ISO/TC127 土方机械技术委员会和 ISO/TC214 升降工作平台技术委员会）的技术归口管理。

【历任主要负责人】

单位名称	职务	姓名及任期	职务	姓名及任期
国家建委建筑机械综合研究室 （1979.6~1983.4）	主任	李　民 （1979.11~1983.4）		
城乡建设环境保护部 北京建筑机械综合研究室 （1983.4~1987.5）	主任	李　民 （1983.4~1983.12） 罗龙元 （1983.12~1986.2） 王见同 （1986.2~1987.5）	书记	王见同 （1986.2~1987.5）
城乡建设环境保护部 北京建筑机械综合研究所 （1987.5~1988.8）	所长	王见同 （1987.5~1988.8）	书记	王见同 （1987.5~1988.8）

单位名称	职务	姓名及任期	职务	姓名及任期
建设部北京建筑机械综合研究所（1988.8~2001.6）	所长	王见同（1988.8~1989.1）	书记	王见同（1988.8~1989.1）
		罗世俊（1989.1~1993.1）		张保义（1989.1~2001.6）
		汪锡龄（1993.2~2001.6）		
北京建筑机械研究所（2001.6~2002.8）	所长	汪锡龄（2001.6~2002.1）	书记	张保义（2001.6~2002.1）

建设部长沙建设机械研究院

【历史沿革】

前身是建筑工程部机械施工总局设计室。1956年5月成立；同年11月，与建筑工程部金属结构安装总局设计室合并，更名为建筑工程部建筑机械金属结构研究设计室。1960年，更名为建筑工程部建筑机械金属结构研究设计院。1962年，更名为建筑机械金属结构研究设计所。1964年3月，研究所的机械部分划归第一机械工业部，成立第一机械工业部建筑机械研究所。1969年，科技人员和干部下放河南省罗山县一机部"五·七"干校劳动。同年底，留守北京的职工奉一机部军管会命令，战略搬迁至湖南省常德市。1973年10月，经一机部和湖南省革委会批准，迁建长沙市，选点筹建。1974年，由第一机械工业部委托湖南省机械局代管。1978年底，整体搬迁至长沙市现址。1978年8月，经国务院批准工程机械分为两个制造体系，建机所以研究建筑机械为主，由第一机械工业部划归国家基本建设委员会，更名为国家建委建筑机械研究所。1983年7月，更名为城乡建设环境保护部长沙建筑机械研究所。1988年5月，更名为建设部长沙建筑机械研究所。1993年1月16日，更名为建设部长沙建设机械研究院。2000年，根据国务院关于建设部等11个部门所属134个科研机构转制方案，所属关系由建设部转入中建总公司。专业范围主要有：建筑与工程起重机械，混凝土制备、输送、施工机械、压实机械、路面机械、桩工机械、铲土运输机械、环卫机械、城市车辆、建材机械、电梯、水工机电设备及耐磨材料的研究、开发、推广新技术应用，标准制（修）订，开展行业活动和技术交流。自1956年成立至2000年，共取得科技成果628项，其中获得国家、省、部级奖励123项，授权专利120项，制（修）订国标、部标和行业标准259项。

【 历任主要负责人 】

单位名称	职务	姓名及任期	职务	姓名及任期
建工部机械施工总局设计室、建工部建筑机械金属结构研究设计室（1956.5~1960.5）	副主任	任泽远（1956.5~1956.11）	支部书记	杨明英（1956.11~1960.5）
	主任	杨明英（1956.11~1960.5）		
建工部建筑机械金属结构研究设计院（1960.5~1962.1）	院长	路丙生（1960.5~1962.1）	党委书记	路丙生（1960.5~1962.1）
建工部建筑机械金属结构研究设计所（1962.1~1964.3）	所长	杨明英（1962.1~1963.12）	支部书记	杨明英（1962.1~1963.12）
				李 民（1963.10~1964.3）
第一机械工业部建筑机械研究所（1964.3~1978.8）	所长	（缺）	支部书记	李 民（1964.3~1964.12）
			总支书记	刘 榛（1964.10~1969.6）
	革委会主任	李 民（1968.9~1978.8）	临时支部书记	李 民（1969.7~1973.2）
			党委书记	余龙跃（1973.3~1975.5）

续表

单位名称	职务	姓名及任期	职务	姓名及任期
国家建委建筑机械研究所 （1978.8~1983.7）	革委会主任	李　民 （1978.8~1978.11）	代党委书记	于有林 （1979.10~1981.4）
	所长	李　民 （1978.12~1979.10）		
	代所长	王自华 （1979.10~1981.5）		
	所长	郭桂安 （1981.5~1983.7）	党委书记	于有林 （1981.5~1983.6）
			临时党委书记	丁林荣 （1983.6~1983.7）
城乡建设环境保护部 长沙建筑机械研究所 （1983.7~1988.5）	所长	郭桂安 （1983.7~1984.7）	临时党委书记	丁林荣 （1983.7~1984.11）
		王兴文 （1984.7~1988.1）		
		陈润余 （1988.1~1988.5）	党委书记	丁林荣 （1985.12~1988.5）
建设部长沙建筑机械研究所 （1988.5~1993.1）	所长	陈润余 （1988.5~1993.1）	党委书记	丁林荣 （1988.5~1990.7）
				李佑民 （1990.7~1993.1）
建设部长沙建设机械研究院 （1993.1~2000）	院长	陈润余 （1993.1~1996.8）	党委书记	李佑民 （1993.1~2000）
		詹纯新 （1996.1~2000）		
中建总公司 长沙建设机械研究院 （2000~　　　）	院长	詹纯新 （2000~　　　）	党委书记	李佑民 （2000~2005.6）
				詹纯新 （2005.7~　　　）

建设部沈阳煤气热力研究设计院

【历史沿革】

前身是沈阳市煤气化研究所。1963 年 6 月 25 日成立，隶属沈阳市公用局。1966 ～ 1976 年"文革"期间，该所隶属关系、单位名称、业务范围、领导班子成员等曾多次变动，1973 年 11 月，正式改名为沈阳市环境保护科学研究所。1978 年 7 月 12 日，重新组建沈阳市煤气化设计研究所，隶属沈阳市建委。

1980 年 8 月 7 日，更名为国家城市建设总局沈阳煤气化设计研究所，隶属关系改为由国家城建总局与沈阳市双重领导、以国家城建总局为主的管理体制。1982 年 3 月，隶属城乡建设环境保护部；7 月，更名为东北煤气化设计研究所。1988 年 5 月，隶属建设部。1993 年 1 月 16 日，更名为建设部沈阳煤气热力研究院；同年 9 月 25 日，更名为建设部沈阳煤气热力研究设计院，并实行党委领导下的院长负责制。2000 年 10 月 1 日，转制为科技型企业，与建设部脱钩，归属于中国房地产开发集团公司。主要从事以城镇燃气、热力为主的科学研究、工程咨询、工程设计、工程监理、工程总承包业务，具有市政公用行业（燃气、热力）工程设计甲级资质；压力管道 GA1（1）、GA2（2）、GB1、GB2、GC2（1）（4）和压力容器 A2 级第三类低、中压容器，A3 级球形储罐特种设备设计许可证；市政公用行业（建筑）工程设计乙级资质；化工石化医药行业（石油及化工产品储运）工程设计乙级资质；石油天然气（海洋石油）行业（管道输送）工程设计乙级资质；甲级工程咨询单位资格证书；甲级工程总承包资格证书；甲级工程监理企业资质证书等多种从业资质。

【历任主要负责人】

单位名称	职务	姓名及任期	职务	姓名及任期
沈阳市煤气化研究所 （1963~1966）	第一 副所长	刘仁贵 （1963~1966）	总支 书记	刘仁贵 （1963~1966）
1966~1973年"文革"期间，隶属关系、单位名称、业务范围、领导班子成员多次变动				
沈阳市环境保护科学研究所 （1973.11~1978.7）				
沈阳市煤气化设计研究所 （1978.7~1980.8）	所长	马彦武 （1978~1982）	党委 书记	刘仁贵 （1978~1982）
国家城建总局 沈阳煤气化设计研究所 （1980.8~1982.7）				
东北煤气化设计研究所 （1982.7~1993.1）	所长	刘仁贵 （1982~1984）	党委 书记	冯明晰 （1982~1984）
	代理 所长	刘维范 （1984~1985）	代理 书记	蔡树东 （1984~1985）
	所长	刘仲亮 （1989.4~1993）	党委 书记	孙鸿禧 （1985~1993）
建设部沈阳煤气热力研究院 （1993.1~1993.9）	院长	刘狂涛 （1993~1993.9）	党委 书记	朱玉祥 （1993~1993.9）
建设部 沈阳煤气热力研究设计院 （1993.9~2000.10）	院长	刘狂涛 （1993.9~1996）	党委 书记	朱玉祥 （1993.9~1998）
		张文璞 （1996~1998）		
		王运阁 （1998.8~2000.10）		王运阁 （1998~2000.10）
中国房地产开发集团公司 沈阳煤气热力研究设计院 （2000.10~　　　）	院长	王运阁 （2000.10~　　）	党委 书记	王运阁 （2000.10~　　）

重庆建筑大学

【历史沿革】

前身是重庆土木建筑学院。1952年，以重庆大学和西南工业专科学校等6所西南地区高等院校的土木建筑系（科）为主成立，隶属西南文教部。西南行政大区撤销后，由中央高教部和西南高教局领导。1954年4月，更名为重庆建筑工程学院，划归建筑工程部领导。1958年7月，划归四川省政府领导。1962年8月，划归建筑工程部领导。1969年12月，划归四川省委领导。1971年9月，四川省教育工作会议确定重庆建筑工程学院和重庆交通学院合并，1972年1月，重庆建筑工程学院和重庆交通学院正式合并为重庆建筑工程学院。1979年5月，重庆交通学院分出，重庆建筑工程学院划归国家建工总局领导。1982年，隶属城乡建设环境保护部。1988年5月，隶属建设部。1994年1月，更名为重庆建筑大学。2000年2月26日，划归教育部管理。2000年5月31日，与重庆大学、重庆建筑高等专科学校合并成为重庆大学，隶属教育部。

【历任主要负责人】

单位名称	职务	姓名及任期	职务	姓名及任期
重庆土木建筑学院 （1952~1954.4）	院长	李海文 （1952.10~1954.4）	总支书记	石昌杰 （1952.1~1954.4）
重庆建筑工程学院 （1954.4~1994.1）	院长	李海文 （1954.4~1955.7）	总支书记	石昌杰 （1954.4~1956.4）
		石昌杰 （1955.7~1972.6）	党委书记	宋元良 （1973.2~1978.12）
		宋元良 （1973.6~1983.10）		李仲直 （1981.2~1983.10）

续表

单位名称	职务	姓名及任期	职务	姓名及任期
重庆建筑工程学院 （1954.4~1994.1）	院长	卢忠政 （1983.10~1992.3）	党委 书记	宋元良 （1983.10~1985.6）
				刘德骥 （1985.6~1988.9）
		梁鼎森 （1992.3~1994.1）		傅大勇 （1988.12~1994.1）
重庆建筑大学 （1994.1~2000.5）	校长	梁鼎森 （1994.1~1995.12）	党委 书记	傅大勇 （1994.1~1996.2）
		祝家麟 （1995.12~2000.5）		肖允徽 （1996.3~2000.5）
重庆大学 （2000.5~　　）	校长	吴中福 （2000.5~2003）	党委 书记	祝家麟 （2000.5~2005）
		李晓红 （2003~　　）		欧可平 （2005~　　）

哈尔滨建筑大学

【历史沿革】

前身是哈尔滨工业大学土木建筑系,始建于1920年。1959年4月独立建校,扩建成为哈尔滨建筑工程学院,隶属建筑工程部。1983年8月30日,隶属城乡建设环境保护部。1988年5月,隶属建设部。1994年6月,经国家教委批准,更名为哈尔滨建筑大学。2000年6月,哈尔滨建筑大学与哈尔滨工业大学合并成为哈尔滨工业大学。

【历任主要负责人】

单位名称	职务	姓名及任期	职务	姓名及任期
哈尔滨建筑工程学院（1959.4~1994.6）	院长	郭林军（1959.4~1961.2）	党委第一书记	郭林军（1959~1961）
		孙西歧（1961.2~1964.11）	党委书记	孙西歧（1962.2~1964.11）
	院长	李承文（1965.4~1968.6）	党委书记	李承文（1965.4~1968.6）
	革委会主任	李承文（1968.6~1972.4）	核心领导小组组长	李承文（1970.6~1972.4）
		孙西歧（1972.7~1975.4）		孙西歧（1972.7~1975.4）
	院长	彭云（1975.4~1977.9）	党委书记	彭云（1975.4~1977.9）
		肖一舟（1978.1~1979.9）		肖一舟（1978.1~1979.9）
		陈雨波（1982.2~1986.1）		黄生（1979.10~1983.8）
				陈雨波（1983.8~1986）
		何钟怡（1986.1~1990.2）		吴满山（1986.10~1993）
		沈世钊（1990.2~1994.6）		荣大成（1993.5~1994.6）
哈尔滨建筑大学（1994.6~2000.6）	校长	沈世钊（1994.6~1995.9）	党委书记	荣大成（1994.6~1999.6）
		景瑞（1995.9~2000.6）		孙和义（1999.6~2000.6）
哈尔滨工业大学（2000.6~　　）	校长	杨士勤（2000.6~2002.3）	党委书记	李生（2000.6~2004.8）
		王树国（2002.3~　　）		郭大成（2004.8~2008.1）
				王树权（2008.2~　　）

沈阳建筑工程学院

【历史沿革】

前身是中国人民解放军东北军区军工部工业专门学校。始建于1948年4月；11月，由哈尔滨迁至沈阳。1950年8月，更名为东北兵工学校，隶属中央兵工总局。1951年8月，更名为东北兵工专门学校，隶属第二机械工业部第二局。1953年3月，更名为土木建筑技术学校（沈阳），隶属第二机械工业部第八局。1953年9月，更名为东北建筑工程学校，隶属建筑工程部；1954年4月，更名为沈阳建筑工程学校；1956年7月，更名为沈阳建筑机械学校；1958年8月，与沈阳建筑材料工业学校、沈阳市计划经济学校合并成为沈阳建筑材料工业学院；1959年7月，更名为沈阳建筑材料工业专科学校；1962年8月，更名为建筑工程部沈阳建筑工业学校。1973年9月，更名为辽宁省建筑工业学校，隶属辽宁省建委；1977年7月，与辽宁省建筑工程学校合并成为辽宁建工学院。1979年11月，更名为辽宁建筑工程学院，隶属国家建工总局；1984年7月，更名为沈阳建筑工程学院，隶属城乡建设环境保护部；1988年5月，隶属建设部。2000年，学校在全国高校办学体制调整中划转辽宁省，实施"中央与地方共建，以地方管理为主"的办学管理体制。2004年5月，经教育部批准，更名为沈阳建筑大学，隶属辽宁省人民政府。

【历任主要负责人】

单位名称	职务	姓名及任期	职务	姓名及任期
辽宁建工学院 （1977.7~1979.11）	负责人	穆嘉华 （1977.8~1978.10）	党委书记	穆嘉华 （1978.10~1979.11）
辽宁建筑工程学院 （1979.11~1984.7）	院长	马进才 （1982.6~1983.3）	党委书记	穆嘉华 （1979.11~1983.4）
	代理院长	谢元运 （1983.3~1983.7）	代理党委书记	马进才 （1983.3~1983.7）
	院长	谢元运 （1983.7~1984.5）	党委书记	马进才 （1983.7~1984.7）
		祁国颐 （1984.5~1984.7）		
沈阳建筑工程学院 （1984.7~2004.5）	院长	祁国颐 （1984.7~1993.2）	党委书记	马进才 （1984.7~1988.7）
		陈铿 （1993.2~1996.11）		王居安 （1988.7~1998.12）
		陈伯超 （1996.11~2001.6）		
沈阳建筑大学 （2004.5~　　）	校长	吴玉厚 （2004.6~　　）	党委书记	张福昌 （2004~　　）

西北建筑工程学院

【历史沿革】

　　前身是西北建筑工程局西安建筑工程学校。1953 年 2 月筹建，9 月命名；1954 年 5 月，更名为西安建筑工程学校，隶属建筑工程部；1958 年 7 月，更名为陕西省建筑工程学校，隶属陕西省；1962 年 9 月，复名为西安建筑工程学校，隶属建筑工程部；1965 年下放陕西省，再称陕西省建筑工程学校；1969 年 11 月，更名为国家建委第五工程局建筑工程学校，隶属陕西省；1970 年 8 月至 1974 年 5 月停办，干部及人员并入国家建委第五工程局，并成立国家建委第五工程局干部学习班（县团级）；1974 年 5 月，恢复陕西省建筑工程学校，隶属陕西省；1978 年 12 月，扩建为西北建筑工程学院，同时保留中专教育，原校改为中专部，对外称为西北建筑工程学院附设建筑工程学校，先后隶属国家基本建设委员会、国家建筑工程总局、城乡建设环境保护部、建设部和陕西省。1989 年底，根据建设部与陕西省协议，撤销附设建筑工程学校。2000 年 4 月 18 日，与西安公路交通大学、西安工程学院合并组建长安大学，隶属教育部。

【 历任主要负责人 】

单位名称	职务	姓名及任期	职务	姓名及任期
西北建筑工程局 西安建筑工程学校（筹建） （1953.2~1953.9）	组长	赵新民 （1953.2~1953.9）	支部书记	刘仁德 （1953.2~1953.9）
西北建筑工程局 西安建筑工程学校 （1953.9~1954.5）	校长	赵新民（兼） （1953.9~1954.5）	支部书记	刘仁德 （1953.9~1954.5）
中央人民政府建筑工程部 西安建筑工程学校 （1954.5~1958.7）	校长	赵新民（兼） （1954.5~1954.8）	支部书记	刘仁德 （1954.5~1954.8）
	校长	牛福海 （1954.8~1956.8）		牛福海 （1954.8~1956.8）
		李应 （1956.8~1958.3）	总支书记	李应 （1956.8~1958.3）
	代理校长、校长	田禾丰 （1958.3~1958.7）		郭三田 （1958.3~1958.7）
陕西省建筑工程学校 （1958.7~1962.9）	校长	田禾丰 （1958.7~1962.9）	总支书记	郭三田 （1958.7~1959.1）
			党委书记	郭三田 （1959.1~1962.9）
建筑工程部西安建筑工程学校 （1962.9~1965）	校长	田禾丰 （1962.9~1965）	党委书记	杜希文 （1963.4~1965）
陕西省建筑工程学校 （1965~1969.11）	校长	田禾丰 （1965~1969.11）		杜希文 （1965~1969.11）

续表

单位名称	职务	姓名及任期	职务	姓名及任期
国家建委第五工程局建筑工程学校（1969.11~1970.8）	校长	田禾丰（1969.11~1970.8）	党委书记	杜希文（1969.11~1970.8）
1970年8月停办，干部及人员并入国家建委第五工程局，并成立国家建委第五工程局干部学习班（县团级）（1971年11月）和中共国家建委五局干部学习班委员会（1972年3月），田绍锡同志为主任，何荣松同志为书记。				
陕西省建筑工程学校（1974.5~1978.12）	领导小组组长	刘治中（1974.8~1975.4） 张旭（1975.4~1978.12）	临时党委书记	刘治中（1974.9~1978.12）
西北建筑工程学院（1978.12~2000.4）	院长	张旭（1978.12~1983.3）	临时党委书记	杜希文（1978.12~1979.2）
			临时（代理）党委书记	田禾丰（1979.2~1980.5）
	代院长	张之凡（1983.3~1983.8）	党委书记	田禾丰（1980.5~1984.12）
	院长	张之凡（1983.8~1984.12）		
	院长	安昆（1984.12~1994.12）	党委主持工作	高全禄（1984.12~1988.10）
			党委书记	高全禄（1988.10~1990.9）
				安昆（1990.9~1994.5）
	副院长（主持）、院长	霍维国（1994.12~1999.4）		党新益（1994.5~2000.4）
	院长	刘伯权（1999.4~2000.4）		

续表

单位名称	职务	姓名及任期	职务	姓名及任期
长安大学 （2000.4~　　　）	校长	陈萌三 （2000.4~2002.5） 周绪红 （2002.5~2006.7） 马　建 （2006.7~　　　）	党委书记	雷　达 （2000.4~　　　）

南京建筑工程学院

【历史沿革】

前身是同济医工学堂机师科。始建于1915年8月；1935年12月，改称国立同济大学附设高级工业职业学校；1950年12月，更名华东工业部同济高级工业学校，与同济大学分开，隶属华东工业部；1953年4月，为南京建筑工程学校，隶属中央人民政府第一机械工业部；1954年7月，为建筑工程部南京建筑工程学校，隶属中央建筑工程部。1958年，江苏省建筑工程学校、江苏省城市建设工程学校、苏州建筑工程学校、洛阳建筑工程学校部分专业并入，隶属江苏省建设厅。1964年，移交至中央第二机械工业部，更名为南京建筑工程学校。1970年，中央第二机械工业部决定停办，由江苏省接管，隶属中共江苏省革命委员会基本建设局核心小组。1980年5月，教育部同意，以南京建筑工程学校为基础，建立南京建筑工程学院，实行国家建筑工程总局和江苏省双重领导，以国家建工总局为主的领导体制。1982年5月，南京建筑工程学院由城乡建设环境保护部和江苏省双重领导，以城乡建设环境保护部为主。1988年5月，直属于建设部。2000年2月，划转江苏省管理。2001年5月，经江苏省政府和教育部批准，与南京化工大学合并组建南京工业大学。

【历任主要负责人】

单位名称	职务	姓名及任期	职务	姓名及任期
南京建筑工程学校 （1953.4～1970）				
1970年，本校停办，由江苏省接管，隶属中共江苏省革命委员会基本建设局核心小组。				
南京建筑工程学院 （1980.5～2001.5）	院长	林醒山 （1983.7～1988.6）	党委副书记、代理书记	王正方 （1981.3～1983.7）
			党委书记	陆锡书 （1983.7～1987.12）
		孙景武 （1988.6～1995.3）	党委副书记主持工作、党委书记	毛希球 （1987.12～1992.7）
		宰金珉 （1995.3～2001.5）	党委书记	马天鉴 （1992.7～1996.12）
				李建生 （1996.12～2001.5）
南京工业大学 （2001.5～　　　）	校长	欧阳平凯 （2001.8～　　　）	党委书记	王卓军 （2001.8～2006.6）
				文晓明 （2006.9～2008.6）
				王德明 （2008.6～　　　）

苏州城市建设环境保护学院

【历史沿革】

1983年1月，经城乡建设环境保护部同意，筹建苏州城市建设环境保护学院，同时成立筹建处，由城乡建设环境保护部主管。1985年7月，苏州城市建设环境保护学院正式成立，由城乡建设环境保护部和江苏省双重领导，以部领导为主。1988 年 5 月，隶属于建设部。2000 年 2 月，实行中央与地方共建，由江苏省主管。2001 年 8 月，与苏州铁道师范学院合并组建苏州科技学院；9 月，实行中央与地方共建，由江苏省主管。

【 历任主要负责人 】

单位名称	职务	姓名及任期	职务	姓名及任期
苏州城市建设环境保护学院筹建处 （1983.1~1985.7）	负责人	齐铭盘 （1983.1~1983.12）	代理书记	齐铭盘 （1984.1~1985.7）
		羊　超 （1983.1~1983.12）		
	领导小组组长	齐铭盘 （1984.1~1985.7）		
苏州城市建设环境保护学院 （1985.7~2001.8）	院长	张世煌 （1988.8~1990.8）	书记	齐铭盘 （1985.7~1987.7）
			副书记主持工作	张沧禄 （1987.7~1988.9）
	院长	姚炎祥（兼） （1990.8~1998.12）	书记	姚炎祥 （1988.9~2001.8）
	院长	何若全 （1998.12~2001.8）		
苏州科技学院 （2001.8~　　）	院长	何若全 （2001.8~2009.9）	党委书记	钟元凯 （2001.8~2006.6）
		陈志刚 （2009.9~　　）		王安国 （2006.6~　　）

武汉城市建设学院

【 历史沿革 】

前身是中南建筑工程学校。1952 年 8 月，根据中南军政委员会颁发命令，由中南地区"四大高工"合并组建；12 月 3 日，在江西庐山举行成立大会暨开学典礼。1953 年 5 月，迁址武昌；1954 年 5 月，学校改由中央人民政府建筑工程部直接领导，更名为建筑工程部武昌建筑工程学校。1958 年 12 月，建工部决定将所属重庆和张家口两所学校的 3 个专业并入，组建建筑工程部武汉建筑工业学院。1960 年 1 月，经教育部批准，更名为武汉城市建设学院，列入建工部部属重点院校。1964 年 10 月，更名为建筑工程部武汉建筑工程学校。1971 年 10 月，国家建委决定，学校与因"战备"南迁武汉的北京建筑工业学院合并，组建了湖北建筑工业学院，并下放湖北省领导。1978 年，更名为武汉建材工业学院。1981 年 7 月，经国务院批准，增设武汉城市建设学院，武汉建材工业学院中原武汉城市建设学院部分专业分出组建新的武汉城市建设学院，由国家城建总局与湖北省双重领导，以国家城建总局为主。2000 年 5 月 26 日，与华中理工大学、同济医科大学合并组建华中科技大学，为教育部直属高校。

【历任主要负责人】

单位名称	职务	姓名及任期	职务	姓名及任期
中南建筑工程学校（1952.8~1954.5）	校长	郑 奕（1952.8~1954.8）	政委	郑 奕（1952.8~1954.8）
建筑工程部武昌建筑工程学校（1954.5~1958.12）	校长	方 起（1954.5~1958.9）	书记	方 起（1954.8~1957）
				刘仁德（1957~1958.9）
建筑工程部武汉建筑工业学院（1958.12~1960.1）	院长	方 起（1958.12~1960.1）	书记	刘仁德（1958~1959）
			代理书记	方 起（1959.3~1960.1）
武汉城市建设学院（1960.1~1964.10）	副院长	方 起（1960.1~1964.10）	代理书记	方 起（1960.10~1964.12）
建筑工程部武汉建筑工程学校（1964.10~1971.10）	校长	方 起（1965.3~1966）	党委书记	方 起（1964.12~1966）
湖北建筑工业学院（与北京建筑工业学校合并组建）（1971.10~1978）	革委会主任	徐多礼（1975.12~1978.7）	临时党委书记	刘天明（1972.12~1974.9）
				胡 醒（1974.9~1978.5）

单位名称	职务	姓名及任期	职务	姓名及任期
武汉建材工业学院 （1978.5~1981.7）	院长	赛　风 （1980.2~不详）	临时 党委书记	胡　醒 （1978.5~1980.2）
			党委书记	胡　醒 （1980.2~不详）
武汉城市建设学院 （由武汉建材工业学院 中原武汉城市建设学院 部分专业分出组建） （1981.7~2000.5）	副书记、 副院长	贾道恒 （1981.12~1986.6）	党委书记	（未设）
	副院长、 代理院长	吴　江 （1985.3~1987.1）		
	院长	白明华 （1987.1~1990.10）	党委书记	马耀东 （1987.1~1999.3）
		任周宇 （1990.10~1999.3）		
	院长	丁烈云 （1999.3~2000.5）	党委书记	丁烈云 （1999.3~2000.5）
华中科技大学 （与华中理工大学、 同济医科大学合并组建） （2000.5~　　　　）	校长	周　济 （2000.5~2001.2）	党委书记	朱玉泉 （2000.5~2008.10）
		樊明武 （2001.2~2005.3）		
		李培根 （2005.3~　　　）		路　钢 （2008.10~　　　）

中国市政工程西南设计研究院

【历史沿革】

前身是城市建设部给水排水设计院成都分院。1956年成立，院部位于四川省成都市；1958年5月，更名为建筑工程部给水排水设计院成都分院；1959年9月，更名为建筑工程部给水排水设计院西南分院。1965年8月，更名为建筑工程部西南给水排水设计院。1970年7月，更名为国家基本建设委员会西南给水排水设计院，隶属国家建委。1971年1月，下放地方政府，更名为四川省给水排水设计院，隶属四川省建工局。1978年11月，更名为国家城市建设总局成都市政工程设计院，隶属国家城建总局。1981年10月，由县团级改为地师级。1982年7月，更名为中国市政工程西南设计院，隶属城乡建设环境保护部。1988年5月，隶属建设部。1993年9月，更名为中国市政工程西南设计研究院，隶属建设部。2000年10月，与建设部脱钩，划归中国房地产开发集团。2009年12月，更名为中国市政工程西南设计研究总院。先后承担完成国内外各类给水排水、工业与民用建筑，道路桥梁、城市燃气、城市规划、园林绿化、电气自动化控制、机械设备和水工结构、城市污水与工业废水处理，工程测量、地形航测、水文地质、工程地质、环保评价、降水工程等市政基础工程勘察设计科研项目10000余项，国家重点攻关科研课题项目80余项，以设计为龙头的工程总承包项目100余项，工程监理项目700余项。

【历任主要负责人】

单位名称	职务	姓名及任期	职务	姓名及任期
城市建设部 给水排水设计院成都分院 （1956.8～1958.5）	第一副院长	王业俊 （1957.2～1958.5）	支部书记	王德耀 （1957.3～1958.5）
建筑工程部 给水排水设计院成都分院 （1958.5～1959.9）	院长	杨震 （1959.3～1959.9）	支部书记	王德耀 （1958.5～1959.9）
建筑工程部 给水排水设计院西南分院 （1959.9～1965.8）	院长	杨震 （1959.9～1960.5）	支部书记	王德耀 （1959.9～1960.5）
	院长	王钊 （1960.5～1965.8）		王钊 （1960.5～1965.8）
建筑工程部 西南给水排水设计院 （1965.8～1970.7）	院长	王钊 （1965.8～1968.6）	党总支书记	王钊 （1965.8～1968.6）
	主任	董家明 （1968.9～1970.7）		
国家基本建设委员会 西南给水排水设计院 （1970.7～1971.1）	主任	董家明 （1970.7～1971.1）		

续表

单位名称	职务	姓名及任期	职务	姓名及任期
四川省给水排水设计院 （1971.1~1978.11）	革委会 主任	董家明 （1971.1~1973.8）	党的核心 领导小组 组长	吴峻岭 （1971.1~1973.8）
		王钊 （1973.8~1978.4）		王进山 （1974.1~1977.5）
	院长	王进山 （1978.4~1978.11）		王国臣 （1977.6~1978.11）
国家城市建设总局 成都市政工程设计院 （1978.11.~1982.7）	院长	王进山 （1979.5~1980.5）	党的核心 领导小组 组长	王国臣 （1979.5~1980.5）
中国市政工程西南设计院 （1982.7~1993.9）	院长	王钊 （1982.7~1983.2）	临时党委 书记	王国臣 （1982.7~1983.2）
		卢复中 （1983.2~1985.4）	党委书记	王国臣 （1983.2~1986.5）
		吴松华 （1985.5~1993.3）		
		谢光文 （1993.3~1993.9）		沈永渝 （1986.5~1993.9）
中国市政工程 西南设计研究院 （1993.9~2009.12）	院长	谢光文 （1993.9~2000.3）	党委书记	沈永渝 （1993.9~1994.3）
		王志宏 （2000.3~2001.11）		侯莉 （2000.3~2008.8）
		熊易华 （2001.11~2008.8）		
		李彦春 （2008.8~2009.12）		林学海 （2008.8~2009.12）
中国市政工程 西南设计研究总院 （2009.12~　　　）	院长	李彦春 （2009.12~　　　）	党委书记	林学海 （2009.12~　　　）

中国市政工程华北设计研究院

【历史沿革】

前身是天津市建筑设计公司，1952年成立。1955年，经国家城市建设总局批准，更名为天津住宅与公共建筑设计院，隶属国家城建总局。1956年3月19日，更名为城市建设部天津民用建筑设计院。1958年6月30日，改名为建筑工程部天津工业建筑设计院，为部直属设计院。1961年2月28日，改名为建筑工程部城市煤气工程设计院。1966年11月9日，下放至天津市，隶属天津工业生产指挥部。当时从事煤气工程的设计人员以一个连的编制形式并入天津市建筑设计院。1976年12月10日，市革委办公厅批复同意成立天津市政工程设计院，隶属规划设计管理局，并将煤气设计人员并入该院，同时将原建工部北京给排水设计院"文革"中下放到河南等地的百余名技术人员调入本院，组建专业所。1978年，国家建委《关于改变部分勘察设计单位隶属关系的通知》批复，院实行国家建委和天津市双重领导，以国家建委为主。同年9月，更名为国家基本建设委员会天津市政工程设计院。1979年5月10日，更名为国家城市建设总局天津市政工程设计院，党的工作由地方领导，业务行政工作由国家城建总局领导。1982年，更名为中国市政工程华北设计院，业务由城乡建设环境保护部领导，党的工作归口天津市委城乡建设工作委员会。1988年5月，由建设部管理。1993年，更名为中国市政工程华北设计研究院，隶属建设部。2000年9月28日，改制为企业，与建设部解除行政隶属关系，同时进入中国建筑设计研究院，隶属国务院国有资产监督管理委员会。2009年，更名为中国市政工程华北设计研究总院。主要从事给水、排水、燃气、固体废弃物、热力、道桥、轨道交通、建筑、油气管道输送、油气库、公路、冶金（焦化）、园林绿化、环境工程、区域基础设施综合配套等工程的规划、可行性研究、工程设计、工程总承包、环境影响评价、工程监理等多项业务。已为31个省、直辖市、自治区的数百个城市、县镇完成了 6000 多项市政工程的设计、可行性研究、技术咨询、试验检测等技术工作。

【历任主要负责人】

单位名称	职务	姓名及任期	职务	姓名及任期
天津市建筑设计公司 （1952~1955）	筹备处主任	李守真（兼） （1952~1953）	书记	朱堂瑞 （1953.2~1954）
	经理	朱堂瑞 （1953~1954）		
天津住宅与公用建筑设计院 （1955~1956.3）	院长	贾云彪（兼） （1955~1956）		
城市建设部 天津民用建筑设计院 （1956.3~1958.6）	院长	游光辉 （1956.12~1958.6）	书记	游光辉 （1956~1958.6）
建筑工程部 天津工业建筑设计院 （1958.6~1961.2）	院长	游光辉 （1958.6~1961.2）	书记	游光辉 （1958.6~1961.2）
建筑工程部 城市煤气工程设计院 （1961.2~1965）	院长	游光辉 （1962~1965）	书记	游光辉 （1961.2~1965）
1966~1975 年，建工部被撤销，煤气工程设计院下放归天津市领导，并入天津市建筑设计院 （1966~1968 年，卫振铎任城市煤气工程设计院革委会主任）				
天津市政工程设计院 （1976.12~1978.9）	筹建负责人	裴平 （1976.12~不详）	书记	裴平（兼） （1977.1~1978）
		李森 （1976.12~不详）		
国家建委 天津市政工程设计院 （1978.9~1979.5）			书记	裴平 （1978~1979.5）
国家城建总局 天津市政工程设计院 （1979.5~1982）			书记	裴平 （1979.5~1982.1）
				刘惠群 （1982.1~　　　）

续表

单位名称	职务	姓名及任期	职务	姓名及任期
中国市政工程华北设计院（1982~1993）	院长	郭新民（代）（1983~1984.5）	书记	刘惠群（1982.1~1984.5）
		赵湧（1984.5~1992）		郭新民（1984.5~1993）
		郑民纲（1992~1993）		
中国市政工程华北设计研究院（1993~2009）	院长	郑民纲（1993~1998）	书记	何伯康（1993~1997）
		曹开朗（1998~2007）		郑民纲（1998~2001）
				黄宏祥（2002~2007）
		徐强（2007.10~2009）		曹开朗（2007~2008）
中国市政工程华北设计研究总院（2009~　　）	院长	徐强（2009~　　）		

中国市政工程东北设计研究院

【历史沿革】

前身是建筑工程部给水排水设计院东北分院。1961年2月，在长春成立，为县团级事业单位。1965年，更名为建筑工程部东北给水排水设计院。1969年，更名为吉林省给水排水设计院，上级领导机关为吉林省革命委员会。1977年，更名为吉林省给水排水勘察设计院。1978年，更名为国家基本建设委员会长春给水排水设计院，隶属于国家基本建设委员会。1979年，更名为国家城市建设总局长春给水排水东北设计院，隶属于国家城建总局。1982年，更名为中国给水排水东北设计院，隶属于城乡建设环境保护部。1983年升格为厅局级单位，1984 年实行事业单位企业管理。1985 年，更名为中国市政工程东北设计院，隶属于建设部。1993 年，更名为中国市政工程东北设计研究院。2000 年，改制为企业，与建设部脱钩，划归中国房地产开发集团公司。2009 年，更名为中国市政工程东北设计研究总院。主要承揽大中型市政工程项目的咨询（投资决策、项目建议书、可研、经济评估、招投标书、技术专项咨询等）、设计（规划、给水、排水、污水回用、垃圾处理、建筑、热力、燃气、道桥、城市防洪等）、勘测（工程地质、水文地质、工程测量、物探、岩土工程、凿井、施工降水、水源施工等）、工程总承包（项目管理、运行调试）、采购（设备成套、材料等）、科研（国家攻关课题、技术创新、开发等）、建设监理（设计监理、施工监理）、环境影响评价等业务。主持和参与编写了《城市污水回用设计规范》、《城市污水低温生化设计规范》、《排水工程快速设计手册》、《水工业工程设计手册》、《给水排水工程概预算与经济评估手册》、《城市供水水文地质勘察规范》、《城市防洪工程设计规范》、《城市给水工程项目建设标准》、《低温低浊水处理设计规范》、《室外污水设计规范》、《室外给水设计规范》、《给水排水工程玻璃纤维增强热固性树脂夹砂管道施工及验收规范》、《给水排水工程防冻设计规定》、《给水排水工程系统节能手册》、《城市地下水工程与管理手册》、《城市勘察》等多项国家标准、规范和手册。

【历任主要负责人】

单位名称	职务	姓名及任期	职务	姓名及任期
建筑工程部 给水排水设计东北分院 （1961.2~1965）	院长	李毓林 （1961.2~1962.10）	书记	赵秉祥（兼） （1963.7~1965）
		赵秉祥 （1962.10~1965）		
建筑工程部 东北给水排水设计院 （1965~1969）	院长	赵秉祥 （1965~1968）	书记	赵秉祥（兼） （1965~1968）
	革委会 主任	李喜兰（军代表） （1968~1969）		

单位名称	职务	姓名及任期	职务	姓名及任期
吉林省给水排水设计院 （1969~1977）	革委会 主任	李喜兰（军代表） （1969~1971）		
	革委会 主任	徐显瑞（军代表） （1971~1977）	书记	徐显瑞 （1971~1977）
吉林省给水排水勘察设计院 （1977~1978）	革委会 主任	徐显瑞（军代表） （1977~1978）	书记	徐显瑞 （1977~1978）
国家基本建设委员会 长春给水排水设计院 （1978~1979）	革委会 主任	徐显瑞（军代表） （1978~1979）	书记	徐显瑞 （1978~1979）
国家城市建设总局长春 给水排水东北设计院 （1979~1982）	革委会 主任	徐显瑞（军代表） （1979~1980）	书记	徐显瑞 （1979~1980）
	院长	赵秉祥 （1980~1982）		赵秉祥（兼） （1980~1982）
中国给水排水东北设计院 （1982~1985）	院长	赵秉祥 （1982~1983）	书记	赵秉祥（兼） （1982~1983）
				陈芳文 （1983~1985）
中国市政工程 东北设计院 （1985~1993）	院长	车书剑 （1986~1991.9）	书记	陈芳文 （1985~1989.5）
		张林华 （1991.10~1993）		王子详 （1989.6~1993）
中国市政工程 东北设计研究院 （1993~2009）	院长	张林华 （1993~1997.1）	书记	王子详 （1993~1997.2）
		王子详 （1997.2~1998.2）		王子详（兼） （1997.2~1998.2）
		陈立学 （1999.3~2005.6）		
		卜义惠 （2005.12~2009.11）		卜义惠（兼） （2005.12~2009.11）
中国市政工程 东北设计研究总院 （2009~　　　）	院长	郭　晓 （2009.11~　　）	书记	刘贵全 （2009.11~　　）

中国市政工程中南设计研究院

【历史沿革】

前身是武汉市市政工程设计院。1954 年 11 月 16 日成立，隶属武汉市建设局。1956 年 1 月，更名为城市建设总局给水排水设计院武汉分院，隶属城市建设总局给水排水设计院。1956 年 8 月，更名为城市建设部给水排水设计院武汉分院，隶属城市建设部给水排水设计院。1958 年 5 月，更名为建筑工程部给水排水设计院武汉分院。1959 年 10 月，更名为建筑工程部给水排水设计院中南分院。1965 年 8 月 25 日，更名为建筑工程部中南给水排水设计院，由建筑工程部直接领导。1968 年 12 月 21 日，实行军管。1969 年 1 月，按部队编制改成班、排、连管理体制。1970 年 8 月 22 日，更名为国家基本建设革命委员会中南给水排水设计院革命委员会。1971 年 1 月，下放到湖北省，由湖北省基本建设委员会领导。1973 年 9 月 1 日，更名为湖北给水排水设计院，行政上由湖北省建委领导，党的关系由武汉市建设局代管。1978 年 11 月 24 日，更名为国家基本建设委员会武汉给水排水设计院，隶属国家基本建设委员会。1979 年 9 月 16 日，更名为国家城市建设总局武汉给水排水设计院。1982 年 10 月 16 日，更名为中国给水排水中南设计院，由城乡建设环境保护部领导。1985 年 1 月，更名为中国市政工程中南设计院，隶属城乡建设环境保护部。1988 年 5 月，由建设部领导。1993 年 9 月，更名为中国市政工程中南设计研究院。2000 年 10 月 24 日，根据国务院办公厅《关于工程勘察设计单位体制改革实施方案的通知》，与建设部脱钩，进入中国国际信托投资公司。2002 年 11 月，正式加入中信集团公司。2009 年 12 月 8 日，更名为中国市政工程中南设计研究总院。业务范围：甲级城市给水、排水、燃气、热力、道路、桥梁、建筑、隧道、公共交通、轨道工程、园林景观、环境卫生工程设计及城市规划和市政工程规划、工程勘察、工程监理、工程总承包、项目管理、工程咨询、科学研究等。

【历任主要负责人】

单位名称	职务	姓名及任期	职务	姓名及任期
武汉市市政工程设计院 （1954.11~1956.1）	院长	梁天益 （1954.9~1955.2）	支部书记	周永富（不详） 苍庆云 （1955.4~1956）
城市建设总局 给水排水设计院武汉分院 （1956.1~1956.8）			总支书记	王维才 （1956.4~1956.8）
城市建设部 给水排水设计院武汉分院 （1956.8~1958.5）	院长	肖继何 （1957.12任命，未到任） 刘惠群 （1958.2~1958.5）	总支书记 党委书记	王维才 （1956.8~1957.2） 庞栋材 （1957.3~1957.8） 杨坤泉（代理） （1957.8~1958.2） 赵秉祥 （1957.12~1958.5）
建筑工程部 给水排水设计院武汉分院 （1958.5~1959.10）	院长	刘惠群 （1958.5~1959.10）	党委书记	赵秉祥 （1958.5~1959.10）
建筑工程部 给水排水设计院中南分院 （1959.10~1965.8）	院长	刘惠群 （1959.10~1960.2） 赵秉祥 （1960.10~1962.5） 孟亚洲 （1962.5~1965.8）	党委书记	赵秉祥 （1959.10~1962.5） 苏启德 （1962.8~1965.8）
建筑工程部 中南给水排水设计院 （1965.8~1970.8）	院长	孟亚洲 （1965.8~1970.8）	党委书记	苏启德 （1965.8~1970.8）
国家基本建设委员会 中南给水排水设计院革命委员会 （1970.8~1973.9）	院长	孟亚洲 （1970.8~1973.9）	党委书记	苏启德 （1970.8~1973.9）
湖北给水排水设计院 （1973.9~1978.11）	院长	孟亚洲 （1973.9~1975.4） 刘自兴 （1975.4~1978.11）	党委书记	苏启德 （1973.9~1978.11）

单位名称	职务	姓名及任期	职务	姓名及任期
国家建委武汉给水排水设计院 （1978.11~1979.9）	院长	刘自兴 （1978.11~1979.9）	党委 书记	苏启德 （1978.11~1979.9）
国家城市建设总局 武汉给水排水设计院 （1979.9~1982.10）	院长	刘自兴 （1979.9~1980.10）	党委 书记	苏启德 （1979.9~1980.10）
		魏建忠 （1980.10~1982.10）		刘自兴 （1980.10~1982.10）
中国给水排水中南设计院 （1982.10~1985.1）	院长	魏建忠 （1982.10~1983.11）	党委 书记	刘自兴 （1982.10~1983.12）
		陈伟生 （1983.11~1985.1）		王咸熙 （1983.11~1985.1）
中国市政工程中南设计院 （1985.1~1993.9）	院长	陈伟生 （1985.1~1993.9）	党委 书记	王咸熙 （1985.1~1987.7）
				陈伟生 （1986.1~1993.9）
中国市政工程中南设计研究院 （1993.9~2009.12）	院长	陈伟生 （1993.9~2004.12）	党委 书记	陈伟生 （1993.9~2006.1）
		杨远东 （2004.12~2009.12）		杨远东 （2006.1~2009.12）
中国市政工程中南设计研究总院 （2009.12~　　　）	院长	杨远东 （2009.12~　　）	党委 书记	杨远东 （2009.12~　　）

中国市政工程西北设计研究院

【历史沿革】

前身是建筑工程部给水排水设计院兰州分院。1959 年 1 月成立，同年 9 月更名为建筑工程部给水排水设计院西北分院。1965 年，更名为建筑工程部西北给水排水设计院。1968 年 4 月，成立革命委员会。1970 年，下放给甘肃省，由省革命委员会领导，同时将在宁夏、陕西的两个水源队分别下放给宁夏回族自治区和陕西省革命委员会管理。1972年4月，甘肃省革命委员会将该院和国家基本建设委员会综合勘察院兰州队、甘肃省建筑公司勘察队的化验室和六个设计组合并，组建为甘肃省革命委员会给水排水勘察设计院，隶属甘肃省革命委员会。1974年6月，与甘肃省建筑勘察设计院合并成为甘肃省建筑勘察设计院，隶属甘肃省革命委员会。1978年10月，国家基本建设委员会收回原部属设计院，将原西北给水排水设计院大部分人员和"兰勘队"、甘肃省建筑勘察设计院部分人员，组建国家基本建设委员会兰州市政工程设计院。1979年，更名为国家城市建设总局兰州市政工程设计院。1982年，更名为中国市政工程西北设计院，隶属城乡建设环境保护部。1984年，实行事业单位企业化管理，转为自收自支、自负盈亏的全民所有制勘察设计研究单位。1988年5月，隶属建设部。1993年9月，更名为中国市政工程西北设计研究院。2000年10月，与建设部脱钩，划归中国建筑工程总公司。2007年1月，与国际知名设计咨询企业——美国AECOM技术集团进行合资改制，成为世界500强——中国建筑工程总公司控股、全球第四大设计咨询公司——美国AECOM技术集团参股的中外合资大型设计咨询公司，更名为中国市政工程西北设计研究院有限公司，隶属中国建筑工程总公司，是一个跨地区跨行业的大型综合设计院，也是国内首家中外合资的大型设计院。业务范围涉及设计、咨询、监理、项目管理、规划和总承包等方面，可承担给水、排水、燃气、热力、道路、桥隧、环境卫生、风景园林、交通工程、轨道交通和工业与民用建筑、防洪、公路等工程设计业务，可承担咨询、监理、项目管理等技术服务业务，亦可承担城乡规划和总承包业务。已完成勘察设计项目4000余项，城乡规划3000余项。在高浊度水取水与净化技术、高效水处理技术、长距离输水、大型城市污水处理厂、城市供水排水管网、高浓度有机废水处理、高层及超高层建筑设计、抗震设计、湿陷性黄土及特种地基处理方面具有丰富经验。

【 历任主要负责人 】

单位名称	职务	姓名及任期	职务	姓名及任期
建筑工程部 给水排水设计院兰州分院 （1959.1~1959.9）	院长	姜克林 （1959.4~不详）		
建筑工程部 给水排水设计院西北分院 （1959.9~1965.8）	院长	贾培荣 （1964.5~不详）	党委 书记	刘开祥 （1960.8~不详） 贾培荣 （1964.5~不详）
建筑工程部西北给水排水设计院 （1965.8~1972.4）			党委 书记	迟培恩 （1971~不详）
甘肃省革命委员会 给水排水勘察设计院 （1972.4~1973）	革委会 主任	顾汉贵 （1972~1973）	党委 书记	顾汉贵 （1972~1973）
甘肃省建筑勘察设计院 （1974~1977）	革委会 主任	顾汉贵 （1974~1976） 李广民 （1976.6~不详）	党委 第一 书记	李广民 （1974.2~不详）
国家基本建设委员会 兰州市政工程设计院 （1978~1979）	院长	许子善 （1978~1979）	党委 书记	车兆先 （1978~1979）
国家城市建设总局 兰州市政工程设计院 （1979~1982）	院长	许子善 （1979~1981.4） 高伟烈 （1981.5~1982）	党委 书记	车兆先 （1979~1982）
中国市政工程西北设计院 （1982~1993.9）	院长	高伟烈 （1982~1983.7） 傅文德 （1983.7~1988.2） 贾万新 （1988.2~1993.9）	党委 书记	车兆先 （1982~1983.7） 李福田 （1985.8~1993.9）
中国市政工程 西北设计研究院 （1993.9~2007.1）	院长	贾万新 （1993.9~2000.10） 蒲钢青 （2001.9~2007.1）	党委 书记	李福田 （1993.9~1996.4） 苏发怀 （1996.4~2001.9） 孙众志 （2001.9~2007.1）
中国市政工程 西北设计研究院有限公司 （2007.1~2009.12）	总裁	蒲钢青 （2007.1~2009.12）	党委 书记	康旺儒 （2008.11~2009.12）

国家城市给水排水工程技术研究中心

【历史沿革】

1992年初筹建,1995年初正式挂牌。国家城市给水排水工程技术研究中心,是第一批国家级工程技术研究中心之一。1994年7月13日,天津市科委批复,确认中心为科研事业单位,并纳入天津市驻津科研单位序列管理,举办单位为建设部。2001年12月10日,取得事业单位法人证书。2008年,举办单位由住房和城乡建设部变更为中国市政工程华北设计研究总院。中心现为国际水环境联合会(WEF)团体会员,是代表中国参会的理事单位。主要研究开发与服务领域:组织协调和承担国家及地方给水排水技术领域重大科研开发任务,承担城市和工业部门的给水排水研究开发与工程应用项目,承担国家及地方给水排水领域的规划研究、技术咨询和工程服务任务,配合国家相关部门和行业机构,开展技术设备产品检测评估与标准制定工作,面向国家及地方相关部门和行业机构,全面提供科技咨询与工程技术服务,开展国内外技术交流、科技合作和技术信息服务,组织行业专业技术人员和管理人员培训等。

【历任主要负责人】

姓名	任期
赵　涌	1992~1995
郑民纲	1995~1998
曹开朗	1998~2007
徐　强	2007~

全国城建培训中心

【历史沿革】

前身是全国城市建设烟台信息交流站（以下简称信息站），经城乡建设环境保护部和山东省烟台市人民政府批准，由全国城建系统48家单位共同集资，1985年8月起筹建，1987年1月正式运行，为经营性事业单位。1986年12月，列入烟台市事业单位序列，由城乡建设环境保护部城建局和烟台市市政建设管理局双重管理。1987年12月，城乡建设环境保护部将其列入部事业单位序列，实行企业管理，独立核算、自负盈亏。日常工作、干部管理、党的关系、文件等由烟台市建委负责。1989年4月，更名为建设部烟台城市建设信息交流站。1989年10月，信息站的人事管理上交建设部。1991年2月，更名为全国城建培训中心。2001年11月，由建设部移交烟台市人民政府管理。2002年7月，交由烟台市建设局管理。2010年1月，由烟台市住房和城乡建设局管理。

【历任主要负责人】

单位名称	职务	姓名及任期
全国城市建设烟台信息交流站 （1987.1~1989.4）	主任	徐德元 （1987.1~1988.9）
		褚祥泰 （1988.9~1989.4）
建设部烟台城市建设信息交流站 （1989.4~1991.2）	主任	褚祥泰 （1989.4~1990.2）
	常务副主任	王建洲 （1990.2~1991.2）

单位名称	职务	姓名及任期
全国城建培训中心 （1991.2～　　　）	常务副主任	王建洲 （1991.2～1994.8）
	副主任主持工作、主任	王宝贤 （1994.8～2005.3）
	副主任主持工作	高秀水 （2005.3～2006.9）
		常建民 （2006.9～　　　）

中国市容报

【历史沿革】

前身是《市容环卫报》。1985年1月8日，经城乡建设环境保护部批准、中宣部同意，更名为《中国市容报》，对开大报，全国公开发行，隶属关系仍沿袭《市容环卫报》体制，由城乡建设环境保护部和中共重庆市委双重领导。1988年5月，建设部组建后，由建设部和中共重庆市委双重领导。2000年12月停刊，划转为地方行业杂志《城市风》，由重庆市建委管理。2004年4月《城市风》杂志停刊。

【 历任主要负责人 】

单位名称	职务	姓名及任期
《中国市容报》 （1985.1~2000.12）	社长	黄宗礼 （1985.3~1990.10）
		甘伟林、汪光焘、林家宁、 丁道三、刘成义、王根芳 （1990.10~2000.1）
		林家宁、王根芳 （2000.2~2000.12）
	副社长	高 群 （1985.3~1990.10）
	总编	徐亨成 （1985.3~1990.10）
		吴居才 （1990.10~2000.1）
	代理总编	苏 英 （2000.2~2000.12）
《城市风》 （2000.12~2004.4）	社长	杨光元 （2001.6~2004.4）
	常务副总编	陈天玲 （2001.6~2004.4）

第二节 原部属企业

中国房地产开发集团公司

【 历史沿革 】

前身是中国房屋建设开发公司。1981 年 1 月 16 日，根据国家基本建设委员会《关于成立中国房屋建设开发公司的通知》，中国房屋建设开发公司成立。1987 年 11 月，更名为中国房地产开发总公司，由城乡建设环境保护部主管。1988 年 5 月，建设部组建后，由建设部主管。1993 年 1 月，更名为中国房地产开发集团公司，1999 年 1 月，按照党中央国务院关于中央党政机关与所办经济实体脱钩的精神，中房集团公司与建设部脱钩，交由中央企业工作委员会管理。同时，原属建设部的中国城乡建设发展总公司、中国广顺房地产业开发公司、华通置业有限公司、中国住房投资建设公司按中央要求并入中房集团公司。另外，还接收了军队、武警及部委所属的 10 多家企业。2003 年，交由国务院国资委管理，成为中央房地产专营企业。2005 年，接收华能房地产开发公司、中国航空器材进出口公司所属裕宁房地产公司等资产。2006 年 10 月，列为中央企业董事会试点单位。2009 年，集团公司直管二级企业 11 家，划分为房地产板块、物业经营管理板块、设计咨询板块、风险资产管理板块。中国房地产开发集团公司的经营范围：国内外房地产综合开发（含土地开发）与经营；城市基础设施建设、民用与工业建筑（含高层建筑）总承包，建筑装修；进出口业务；黑色金属（含钢材）、非金属矿产品、机械设备、电子产品、仪器仪表、纸张、轻工产品、针纺织品、服装、五金交电、家用电器、家具、工艺美术品的销售、仓储；汽车的销售；计算机软硬件及工程建设新技术、新工艺的开发、应用、推广；与以上业务相关的各项咨询、服务。近 30 年来，集团累计开发建筑面积 3 亿平方米，建成住宅小区 1800 多个，建设保障性住房面积逾 2000 万平方米，建成学校、幼儿园近千余所。

【历任主要负责人】

单位名称	职务	姓名及任期	职务	姓名及任期
中国房屋建设开发公司（1981.1~1987.11）	董事长	萧 桐（1981.2~不详）	总经理	冯舜华（1981.2~1985.10）
				曹大澂（1985.10~1987.7）
				张耀宗（1987.7~1987.11）

单位名称	职务	姓名及任期	职务	姓名及任期
中国房地产开发总公司 （1987.11~1993.1）	董事长	杨 慎 （1991.2~1993.1）	总经理	张耀宗 （1987.11~1992.5） 孟晓苏 （1992.5~1993.1）
中国房地产开发集团公司 （1993.1~　　　　）	董事长	杨 慎 （1993.1~2000.8）	总经理	孟晓苏 （1993.1~2000.8）
	董事长	孟晓苏 （2000.8~2005.3）	总经理	殷友田 （2000.8~2005.3）
	董事长	甄少华 （2005.3~　　　）	总经理	徐立鹏 （2005.3~　　　）

中国城乡建设发展总公司

【历史沿革】

前身是中国农房建筑材料公司。1984 年 8 月，经城乡建设环境保护部批准，中国农房建筑材料公司成立，为全民所有制企业，以经营农房建材产品及制品的供应及在有条件的地方组织商品房的建设项目为主，由城乡建设环境保护部主管。1987 年，经城乡建设环境保护部批准，更名为中国村镇建设发展公司。1988 年 5 月，由建设部主管。1991 年，经建设部批准，更名为中国村镇建设发展总公司。1993 年，经建设部批准，更名为中国城乡建设发展总公司。1999 年 1 月，根据党中央国务院关于中央党政机关与所办经济实体脱钩的精神，与建设部正式脱钩并入中国房地产开发集团公司，其所有制性质不变。中国农房建筑材料公司成立后，发起并带动了全国 34 个省、直辖市、自治区、计划单列市相继成立了 1000 多家农房材料公司；截至 2009 年年底，已累计开发项目 20 余个，总竣工面积 200 余万平方米；在建项目总建筑面积 110 余万平方米。

【历任主要负责人】

单位名称	职务	姓名及任期
中国农房建筑材料公司 （1984.8~1987）	总经理	王 耀 （1985.6~1987.11）
中国村镇建设发展公司 （1987~1991）	总经理	董绍统 （1987.11~1991）
中国村镇建设发展总公司 （1991~1993）	总经理	董绍统 （1991~1993）
中国城乡建设发展总公司 （1993~1999.1）	总经理	董绍统 （1993~1995.1）
		顾耀深 （1995.1~1997.2）
		张俊生 （1997.2~1999.1）
中国房地产开发集团公司 中国城乡建设发展总公司 （1999.1~　　　）	总经理	张俊生 （1999.1~2000.3）
	总经理	顾耀深 （2000.3~2001.4）
	总经理	张德超 （2001.4~2003.6）
	总经理	陆伟强 （2003.6~2009.3）
	总经理	刘万忠 （2009.3~　　　）

中国建设机械总公司

【历史沿革】

前身是中国建筑机械总公司。1981年，为组建国内机械行业首家中外合资企业——中国迅达电梯有限公司，成立了中国建筑机械总公司，在国家工商管理局注册，与当时的机械管理局为一个机构、两块牌子，主要负责对迅达公司的管理工作及与国外企业的交流，未开展经营活动。1985年，城乡建设环境保护部将中国建筑机械总公司与机械管理局分立，公司开始经营活动。1986年，中国建筑机械总公司再次并入机械管理局并停止经营活动。1988年5月，建设部组建后，撤销机械管理局，中国建筑机械总公司重组并更名为中国建设机械总公司，隶属建设部，成为自主经营、自负盈亏、具有独立法人资格的经济实体。至1994年，已拥有14家全资或控股子公司。1995年，建设部将中国建设机械总公司与中国城市车辆总公司合并，两块牌子、一套班子，统一领导。1999年1月，根据党中央国务院关于政府与企业脱钩的文件精神，建设部、中国建筑工程总公司、中国建设机械总公司三方协商，并经党中央国务院批准，中国建设机械总公司并入中国建筑工程总公司，保留中央企业性质，同时撤销中国城市车辆总公司。2007年6月，更名为中国建设基础设施总公司，后又将公司性质由全民所有制改为法人独资有限公司，更名为中国建设基础设施有限公司。经营项目除保留一小部分原机械公司的经营项目外，增加了机场、码头、铁路、路桥等基础设施投资建设，土木和建筑工程施工、安装、设计、咨询业务等。

【 历任主要负责人 】

单位名称	职务	姓名及任期
中国建筑机械总公司 （1981~1988）	总经理	杨安年 （1981~1985）
		杜宗翰 （1985~1986）
		孙靖韬 （1986~1988）
中国建设机械总公司 （1988~2007.6）	总经理	杜宗翰 （1988~1999.1）
	法定代表人	张小轩 （1999.1~2007.6）
（中国建设基础设施总公司） 中国建设基础设施有限公司 （2007.6~ ）	总经理	马泽平 （2007.6~ ）

中国迅达电梯有限公司

【历史沿革】

1980 年 7 月 5 日，中国迅达电梯有限公司成立，为中国机械行业第一家中外合资企业，经营年限为 50 年，注册资本为人民币 86862 万元。其中外方投资占 75%，中方投资占 25%，外方股东为瑞士迅达电梯有限公司、香港怡和迅达（远东）控股有限公司，中方股东为中国建筑机械总公司、上海市机械局、北京市机械局。2001 年，经对外经济贸易部批准，中国迅达成为外商独资企业。目前包括迅达（中国）电梯有限公司和苏州迅达电梯有限公司二个营运公司、两个部件工厂（苏州电子厂、苏州爱斯克梯级厂）、一个培训中心和一个研发中心。

【历任主要负责人】

单位名称	职务	姓名及任期
中国迅达电梯有限公司	董事长	肖　岗 （1980.7.5～1982.7.5）
		陈　焱 （1982.7.5～1985.11.14）
		郑学典 （1985.11.14.～1989.3.2）
		黄国柄 （1989.3.2～1998.2.15）
		谭庆琏 （1998.2.15～2001.2.9）
		郑瑞恒 （2001.2.9～　　　　）

中国对外建设总公司

【历史沿革】

　　1990年7月，建设部决定将中国建筑市政工程公司和中建园林建设公司合并组建中国对外建设总公司。1991年2月25日，全国清理整顿公司领导小组批准成立中国对外建设总公司，为建设部直接管理的全民所有制大型企业，对外经营业务受当时的对外经济贸易部归口管理、指导和协调。1999年1月，根据党中央国务院关于中央党政机关与所办经济实体脱钩的精神，与建设部脱钩，作为子企业划归中国建筑工程总公司管理，但工商登记的主管单位仍为建设部。中国对外建设总公司划归中建总公司管理后，在中建总公司内部经历多次隶属关系变迁。2006年11月，正式被确认为中建总公司直接管理的二级公司。2008年11月，经中建总公司同意、国资委批准，与北京澳博特投资有限公司和贵阳智诚商场有限责任公司合作进行重组改制。中国对外建设总公司是大型多元化建筑安装施工企业，具有工程总承包、设计、监理、城市规划和房地产开发等多项高等级资质；同时具有对外工程承包、对外贸易、对外派遣劳务等多项对外经营权。经营范围：承担国（境）内外各类工程，境内外资工程；承担国（境）内外各类工程的咨询、规划、勘察、设计和监理业务；向国（境）外派遣各类工程、生产和服务行业的劳务人员；承担我国有关的对外经济援助项目；在国（境）内外举办合营企业；经营国（境）外承包工程和海外企业所需的材料设备的出口；房地产开发、经营和其他多种经营。

【历任主要负责人】

职务	姓名及任期	职务	姓名及任期
董事长	干志坚 （1992.1~1995.6）	总经理	傅仁章 （1992.1~1995.6）
董事长	郭锡权 （1995.6~2000.1）	总经理	刘正发 （1995.6~2000.1）

中外园林建设总公司

【历史沿革】

前身是中国建筑工程公司园林建设公司。1980年12月6日，国家建委批准成立。1981年12月20日，在国家工商行政管理局注册登记。1982年6月11日，更名为中国建筑工程总公司园林建设公司（简称中建总公司园林公司）。1990年7月23日，经全国清理整顿公司领导小组批准，中建总公司园林公司和中建总公司市政公司合并成立中国园林市政建设总公司。1991年2月25日，经国家经贸委批准，中建总公司园林公司和中建总公司市政公司合并成立中国对外建设总公司。1992年1月21日，中国对外建设总公司正式成立，中建总公司园林公司对内为中国对外建设总公司园林部；对外仍称中建园林公司。同年11月12日，经国家经贸委批准园林部改为中外建园林公司。1994年10月11日，经国家经贸委批准成立中外园林建设总公司，直属建设部领导。1999年3月29日，经国家经贸委批准，由建设部划归中建总公司。

【历任主要负责人】

单位名称	职务	姓名及任期
中国建筑工程公司园林建设公司 （1980.12～1982.6）	经理	牟锋 （1980.12～1982.6）
中国建筑工程总公司园林建设公司 （1982.6～1990.7）	董事长	牟锋 （1982.6～1983.3）
		张耀宗 （1983.3～1986.6）
	副董事长 兼经理	甘伟林 （1983.3～1990.7）
中国园林市政建设总公司 （1990.7～1991.2）	总经理	甘伟林 （1990.7～1991.2）
中国对外建设总公司园林部 （1991.2～1992.11）	经理	王泽民 （1992.5～1992.11）
中外建园林公司 （1992.11～1994.10）	总经理	甘伟林（兼） （1992.11～1994.10）
中外园林建设总公司 （1994.10～1999.3）	总经理	甘伟林 （1995.1～1998.10）
		王泽民 （1998.10～1999.3）
中建集团中外园林建设总公司 （1999.3～　　　　）	总经理	王泽民 （1999.3～　　　　）

中国广顺房地产业开发公司

【历史沿革】

1992 年 10 月，建设部向国务院经济贸易办公室申请成立中国广顺建设实业总公司；同年 11 月 9 日，国务院经济贸易办公室批复同意成立中国广顺房地产开发公司。1993 年 1 月，国家工商总局批准注册中国广顺房地产业开发公司。1999 年 1 月，根据党中央国务院关于党政机关不再经商办企业的统一部署，中国广顺房地产业开发公司与建设部脱钩，划归中国房地产开发集团公司，由国务院国资委管理。

【历任主要负责人】

职务	姓名及任期
总经理、法人代表	孙英林 （1992.12.~1994.3）
总经理	李镇泉 （1994.3~1995.1）（未到职）
法定代表人、副总经理 （主持工作）	冀胜利 （1995.12~1998.10）
总经理、法定代表人	张鸿德 （1998.10~2000.12）

华通置业有限公司

【历史沿革】

前身是中国房地产开发集团公司停车场综合开发公司。1994 年 11 月 5 日，建设部决定将中国房地产开发集团公司停车场综合开发公司列为部直管公司。1995 年 4 月 14 日，更名为华通停车场置业开发有限责任公司。1996 年 11 月 11 日，经建设部批准，并经国家工商行政管理总局核准，更名为华通置业有限公司。1999 年 3 月 29 日，与建设部脱钩，并入中国房地产开发集团公司。

【历任主要负责人】

单位名称	职务	姓名及任期
中国房地产开发集团公司 停车场综合开发公司 （1994.11~1995.4）	总经理	谢增益 （1994.12~　　　）
华通停车场置业开发有限责任公司 （1995.4~1996.11）		
华通置业有限公司 （1996.11~　　　）		

中国泛华工程有限公司

【历史沿革】

1992 年 12 月 17 日，国家体改委同意建设部组建中国泛华工程有限公司，由国家教委基本建设工程中心、北京有色冶金设计研究总院等 20 家设计、科研、开发企业共同出资，设立中国泛华工程有限公司，由建设部主管。1993 年 3 月 10 日，中国泛华工程有限公司正式成立，为建设部直属企业、中国第一家全国性工程股份制公司，可按一级资质（包括建筑装饰一级）企业承揽国内外工程。1999 年，根据党中央国务院关于中央党政机关与所办经济实体脱钩的精神，与建设部脱钩，划归中国建筑工程总公司。2001 年 7 月 16 日，泛华建设集团成立。2004 年 3 月 19 日，中建总公司以中国建筑总承包公司为载体组建中国建筑发展有限公司，并委托中国建筑发展有限公司代表总公司对泛华建设有限公司进行管理。

【历任主要负责人】

单位名称	职务	姓名及任期	职务	姓名及任期
中国泛华工程有限公司 （1993.3~2001.7）	董事长	干志坚 （1993~2004）	总经理、 总裁	杨天举 （1993~　　）
泛华建设集团 （2001.7~　　）		张青林 （2004~　　）		

中大房地产信息咨询有限责任公司

【历史沿革】

前身是中大房地产信息咨询有限公司。1993年10月18日,经国家经贸委、建设部批准,中大房地产信息咨询有限公司在国家工商局注册成立,为建设部部属一类企业、部直属全国性房地产信息咨询公司。1996年8月,更名为中大房地产信息咨询有限责任公司。1999年,根据党中央国务院关于中央党政机关与所办经济实体脱钩的精神,与建设部脱钩,挂靠到中国房地产及住宅研究会（现中国房地产研究会）。公司经营范围:房地产信息、咨询服务,房地产评估,房地产经纪,房地产投资、买卖、租赁、估价的委托代理,房地产人才培训;工程设计项目的咨询、策划、代理,企业形象设计和举办展览。

【历任主要负责人】

单位名称	职务	姓名及任期	职务	姓名及任期
中大房地产信息咨询有限公司 （1993.10.18~1996.8）	董事长	张元端	总经理	贺和平
中大房地产信息咨询 有限责任公司 （1996.8~　　）	董事长	贺和平	总经理	贺和平

中国建筑第一工程局

【历史沿革】

前身是 652 工程公司，即 1953 年秋承建长春第一汽车制造厂的建筑工程部直属施工队伍。1954 年 1 月,组建成建筑工程部直属工程公司。1958 年 8 月,更名为建筑工程部第一工程局。1960 年 11 月，从建筑工程部第一工程局抽调部分人员和设备成立建筑工程部第六工程局。1970 年 7 月，更名为国家建委第六工程局，隶属国家建委。1974 年 4 月，国家建委决定，国家建委第六工程局与 101 工程指挥部第三工程公司、安装公司合并，成立国家建委第一工程局。1979 年 3 月,更名为国家建筑工程总局第一工程局,隶属国家建筑工程总局。1982 年 6 月,更名为中国建筑第一工程局,隶属中国建筑工程总公司。1995 年，被列为国务院建立现代企业制度百家试点企业中唯一的一家建筑企业，开始了从全民所有制向公司制转型的筹备工作。1997 年 8 月 1 日,"中国建筑一局（集团）有限公司"挂牌成立，并以其为母体组建了中国建筑一局集团。2007 年 12 月 8 日，中国建筑工程总公司完成整体重组改制，创立了中国建筑股份有限公司，中国建筑一局（集团）有限公司相应变更为中国建筑股份有限公司，在系统内全面建立了现代企业制度。

【历任主要负责人】

单位名称	职务	姓名及任期	职务	姓名及任期
652工程公司 （1953.1~1954.1）	经理	张哲民 （1953.1~1953.5）		
	建厂委员会主任	饶　斌 （1953.5~1953.12）		

单位名称	职务	姓名及任期	职务	姓名及任期
建筑工程部直属工程公司 （1954.1~1958.8）	经理	刘裕民 （1954.1~1956.3） 张哲民 （1956.3~1958.8）	党委书记	冯国柱 （1954.1~1957.1）
建筑工程部第一工程局 （1958.8~1960.11）	局长	张哲民 （1958.8~1960.2）	代书记	刘一心 （1958.8~1959.1）
			党委书记	刘一心 （1959.1~1960.2） 赵化风 （1960.3~1960.11）
建筑工程部第六工程局 （1960.11~1970.7）	代局长	陈斌章 （1961.1~1964.4）	党委书记	赵化风 （1960.11~1960.12） 黄　生 （1961.1~1964.10）
	局长	陈斌章 （1964.4~1965.9）	党委 副书记 主持工作	张　铎 （1964.10~1965.4）
		吴子钧 （1965.5~1968.6）	党委书记	张　铎 （1965.4~1970.1）
	革委会 主任	傅金平（军代表， 1968.6~1969.10）		李德新 （1970.1~1970.7）
国家建委第六工程局 （1970.7~1974.4）	负责人	贾淮舟 （1971.4~1974.4）	党委书记	李德新 （1970.7~1973.12） 曹　瑛 （1973.12~1974.4）
	局长	曹　瑛 （1973.12~1974.4）	党委 第一书记	李春瑞（军代表， 1971.10~1972.9）
国家建委第一工程局 （1974.4~1979.3）	负责人	贾淮舟 （1974.4~1974.7）	党委书记	曹　瑛 （1974.7~1976.10）
	革委会 主任	曹　瑛 （1974.7~1977.10）		
	常务 副主任	杨　铭 （1976.10~1978.5）		
	局长	张恩树 （1978.5~1979.3）		张恩树 （1978.5~1979.3）

单位名称	职务	姓名及任期	职务	姓名及任期
国家建筑工程总局 第一工程局 （1979.3~1982.6）	局长	张恩树 （1979.3~1979.9）	党委书记	张恩树 （1979.3~1982.6）
	代局长	杨 光 （1979.9~1979.11）		
	局长	杨 光 （1979.11~1982.6）		
中国建筑第一工程局 （1982.6~1997.8）	局长	杨 光 （1982.6~1983.4）	党委书记	张恩树 （1982.6~1982.7）
	代局长	宋枝旺 （1983.4~1985.12）	党委副书记 主持工作	严希贵 （1983.4~1984.6）
			党委书记	严希贵 （1984.6~1985.12）
	局长	刘尔立 （1985.12~1992.4）		厉复友 （1985.12~1989.12）
				金德钧 （1989.12~1992.5）
		金德钧 （1992.5~1997.8）		李 忠 （1992.5~1997.8）
中国建筑一局（集团） 有限公司 （1997.8~2007.12）	董事长	金德钧 （1997.8~1998.8）	党委书记	金德钧 （1997.8~1998.8）
		吴庚久 （1998.8~2001.8）		吴庚久 （1998.8~2001.8）
		袁宗旺 （2001.8~2002.8）		郭宏若 （2001.8~2007.12）
		郭宏若 （2002.8~2007.12）		
	总经理	李 忠 （1997.8~1998.8）		
		袁宗旺 （1998.8~2002.8）		
		季加铭 （2002.8~2007.12）		
中国建筑股份有限公司 （2007.12~ ）	董事长	郭宏若 （2007.12~ ）	党委书记	郭宏若 （2007.12~ ）
	总经理	季加铭 （2007.12~ ）		

中国建筑第二工程局

【历史沿革】

前身由中国人民解放军建筑工程第五师和建工部直属工程公司部分施工力量所组成。建筑五师是 1952 年 5 月根据中央人民政府革命军事委员会、毛泽东主席的命令，由中国人民解放军步兵第九九师改编而成。建筑五师纳入华东建筑工程局系统。1953 年 5 月起，对外称为华东建筑工程局第二建筑工程公司；同年 8 月奉建工部命令，调往长春参加第一汽车制造厂建设；12 月，建工部决定将参加建厂的全部施工队伍组建为建工部直属工程公司。1954 年 1 月，正式成立建筑工程部直属工程公司。1958 年 8 月，直属工程公司更名为建筑工程部第一工程局。1962 年 8 月，建工部和中共四川省委联合作出决定，将建工部第一工程局与四川省建设厅合并，成立建筑工程部西南工程管理局。1965 年 8 月，建工部撤销（建工部）西南工程管理局，重新成立建筑工程部第一、二、三、四工程局。1966 年 6 月，建工部决定以建工部第一工程局一公司为主，组建长江工程指挥部。1968 年 12 月，建工部军管会决定将长江工程指挥部改名为 103 工程指挥部。1974 年 4 月，国家建委决定将 103 工程指挥部与 101 工程指挥部合并，组建国家建委第二工程局，局机关设在湖南长沙。1976 年 10 月 30 日，奉命调迁唐山新区，参加唐山的恢复建设。二局的大部分力量调到唐山，其余的施工队伍仍在湖南、湖北执行任务，其管理机构起初为二局湖南指挥部。1977 年 11 月，国家建委决定将这部分力量划出，成立国家建委第五工程局。1979 年 5 月 11 日，国家建委第二工程局更名为国家建筑工程总局第二工程局，隶属国家建筑工程总局。1982 年 6 月 11 日，中国建筑工程总公司成立；同年 7 月国家建筑工程总局第二工程局更名为中国建筑第二工程局，隶属中建总公司。2007 年 7 月 11 日，经中建总公司研究决定，中建二局改制为有限公司，改制后公司名称为中国建筑第二工程局有限公司。

【历任主要负责人】

单位名称	职务	姓名及任期	职务	姓名及任期
中国人民解放军 建筑工程第五师 （1952.5~1954.1）	师长	陈佃园 （1952.5~1954.1）	政委	张文韬 （1952）
			党委书记	冯国柱 （1953.12~1954.1）
建筑工程部直属工程公司 （1954.1~1958.8）	经理	刘裕民 （1954~1956.3）	党委书记	冯国柱 （1954.1~1957.1）
		张哲民 （1956.3~1957）	主持 党委工作	牟秋凯 （1957.1~1958.7）
建筑工程部第一工程局 （1958.8~1962.8）	局长	张哲民 （1958~1959）	党委书记	刘一心（代） （1958.10~1959）
		赵化风 （1960.3~1960.4）		赵化风 （1960.4~1962.8）
		赵化风（兼） （1960.4~1962.8）		
建筑工程部西南工程管理局 （1962.8~1965.8）	局长	赵化风 （1962.8~1965.8）	党委书记	何郝炬 （1962.8~1965.8）
建筑工程部 第一、二、三、四工程局 （1965.8~1966.6）	局长	郑奕（兼） （1965.8~1966.6）	党委书记	郑奕 （1965.8~1966.6）
建筑工程部长江工程指挥部 （1966.6~1968.12）	总指挥	任朴斋 （1966.6~1967）	党委书记	张凡 （1966.6~1967）
	军管会 主任	李敏 （1968~　）		
建筑工程部103工程指挥部 （1968.12~1974.4）	革委会 主任	梁国荣 （1969~1970）	党的核心 小组组长	梁国荣 （1970.4~1970.11）
		张铎 （1971~1974.4）		林学汤 （1970.11~1972）
国家建委第二工程局 （1974.4~1979.5）	党的核心小组副组长 （行政负责人）	良震声 （1974.4~1977）	党的核心 小组组长	张铎 （1974.4~1977）
	局长	张铎（兼） （1978.4~1979.5）	党委书记	张铎 （1978.4~1979.5）

单位名称	职务	姓名及任期	职务	姓名及任期
国家建工总局第二工程局 （1979.5~1982.7）	局长	张 铎（兼） （1979.5~1979.11）	党委书记	张 铎 （1979.5~1980）
		李亚民（代） （1979.9~1979.11）		
		李亚民 （1979.11~1982.7）		窦彬如（代） （1981.10~1982.7）
中国建筑第二工程局 （1982.7~2007.7）	局长	李亚民 （1982.7~1982.12）	党委书记	窦彬如（代） （1982.7~1982.12）
		宋兰怀 （1983.2~1984）		许景茂 （1983.2~1990.10）
	副局长 （主持工作）	郭爱华 （1985.2~1985.9）		
	局长	郭爱华（代） （1985.9~1986.5）		
		郭爱华 （1986.5~1995.2）		单星辉 （1990.10~1996.3）
		苏是嵋（代） （1995.2~1995.4）		
		苏是嵋 （1995.4~2001.8）		王福增 （1996.3~2001.8）
	董事长	邱 凡 （2001.8~2002.10）		邱 凡 （2001.8~2006.2）
	总经理	张 培 （2001.8~2002.10）		
	局长	张 培 （2002.10~2005.12）		
		李百安 （2005.12~2006.2）		
	董事长	李百安 （2006.2~2007.7）		李百安 （2006.2~2007.7）
	总经理	陈建光 （2005.11~2007.7）		
中国建筑第二工程局 有限公司 （2007.7~ ）	董事长	李百安 （2007.7~2007.11）	党委书记	李百安 （2007.7~2007.12）
		陈建光 （2007.11~ ）		陈建光 （2007.12~ ）
	总经理	罗世威 （2007.12~ ）		

中国建筑第三工程局

【历史沿革】

前身是建筑工程部第三工程局。1965年7月13日,经国务院批准,在四川渡口成立,隶属建筑工程部。1970年6月22日,更名为国家建委第三工程局,隶属国家建委。1979年3月12日,更名为国家建筑工程总局第三工程局,隶属国家建工总局。1982年6月11日,中国建筑工程总公司成立,7月5日国家建筑工程总局第三工程局更名为中国建筑第三工程局,简称中建三局,隶属中建总公司。2005年3月,更名为中国建筑三局有限公司。

【历任主要负责人】

单位名称	职务	姓名及任期	职务	姓名及任期
建工部第三工程局 (1965.7~1970.6)	局长	刘 贤 (1965.7~1968.1)	党委书记	刘 贤 (1965.9~1967.12)
	革委会主任	李 玲 (1968.1~1970.6)		
	军管委主任	张化民 (1970.2~1970.6)		
国家建委第三工程局 (1970.6~1979.3)	革委会主任	李 玲 (1970.6~1970.12)	核心小组组长	张化民(军代表) (1972.1~1974.8)
	军管委主任	张化民 (1970.6~1974.8)		
	革委会副主任	李 玲 (1970.12~1973.1)		
	革委会主任	刘 贤 (1973.1~1975.1)		
		楚福和 (1975.1~1978.10)	第一副书记	楚福和 (1975.1~1978.10)
	局长	楚福和 (1978.10~1979.3)	党委书记	岳洪林 (1978.10~1979.3)

单位名称	职务	姓名及任期	职务	姓名及任期
国家建筑工程总局第三工程局 （1979.3~1982.6）	局长	楚福和 （1979.3~1982.6）	党委 书记	岳洪林 （1979.3~1982.6）
中国建筑第三工程局 （1982.6~2005.3）	局长	楚福和 （1982.6~1983.1）	党委 书记	岳洪林 （1982.6~1983.1）
		张恩沛 （1983.1~1987.4）		楚福和 （1983.5~1991.10）
		洪可柱 （1987.4~2005.3）		傅开荣 （1992.8~2001.11）
				熊德荣 （2001.11~2005.3）
中国建筑三局有限公司 （2005.3~　　　）	董事长	熊德荣 （2005.3~　　　）	党委 书记	熊德荣 （2005.3~　　　）
	总经理	王祥明 （2005.3~2007.11）		
		陈华元 （2007.11~　　　）		

中国建筑第四工程局

【历史沿革】

前身是建筑工程部贵州工程总公司。1962年8月组建，隶属建筑工程部西南工程管理局。1965年8月7日，建筑工程部第四工程局在建筑工程部贵州工程总公司的基础上于贵阳改建成立，隶属建筑工程部。1970年7月，建筑工程部、建筑材料工业部与国家建委合并，四局更名为国家建委第四工程局，隶属国家建委。1979年3月10日，国家建筑工程总局成立，四局更名为国家建筑工程总局第四工程局，隶属国家建筑工程总局。1982年6月，中国建筑工程总公司成立，更名为中国建筑第四工程局，隶属中国建筑工程总公司。2007年12月，更名为中国建筑第四工程局有限公司。

【历任主要负责人】

单位名称	职务	姓名及任期	职务	姓名及任期
建筑工程部贵州工程总公司（1962.8~1965.8）	经理	良震声（1962.10~l965.8）	党委书记	肖茹（1962.10~1964）
建筑工程部第四工程局（1965.8~1970.7）	局长	王森（1965.10~1967.1）	党委书记	王森（1965.10~1968.9）
	革委会主任	江湘南（军代表）（1968.9~1970.3）		
	军管委主任	刘文堂（1970.3~1970.7）		
国家建委第四工程局（1970.7~1979.3）	军管委主任	刘文堂（1970.7~1972.5）	党委书记	王彩彰（1973.8~1979.3）
	革委会主任	李根牛（军代表）（1971.12~1973.5）		
		宋秋白（1973.11~1977.12）		
	局长	宋秋白（1977.12~1979.3）		
国家建筑工程总局第四工程局（1979.3~1982.6）	代局长	王发祥（1979.3~1982.6）	党委书记	王彩彰（1979.3~1980.8）
				王恩普（代）（1980.8~1980.10）
				王恩普（1980.10~1982.6）
中国建筑第四工程局（1982.6~2007.12）	代局长	王发祥（1982.6~1983.4）	党委书记	王恩普（1982.6~1984.12）
	局长	赵建华（1984.11~1989.12）		李金顺（1986.6~1993.11）
		茅盘金（1990.2~1993.11）		
		雷治樵（1993.11~2000.11）	党委书记	陈金如（1993.11~2005.1）
		徐辉义（2000.11~2004.11）		
	董事长	叶浩文（2004.11~2007.12）		叶浩文（2005.1~2007.12）
	总经理	卢遵荣（2004.11~2007.12）		

单位名称	职务	姓名及任期	职务	姓名及任期
中国建筑第四工程局有限公司 （2007.12~　　）	董事长	叶浩文 （2007.12~　　）	党委书记	叶浩文 （2007.12~　　）
	总经理	卢遵荣 （2007.12~　　）		

中国建筑第五工程局

【历史沿革】

前身是061工程指挥部施工指挥部。1965年9月~11月，为适应我国国防建设和大规模进行社会主义经济建设的形势，成立061工程指挥部，由两部（七机部、建筑工程部）领导。1966年8月~11月，以原建工部四局担任061工程建设的施工队伍为基础，成立061工程指挥部施工指挥部，隶属061工程指挥部和建工部四局领导。1968年1月1日，061工程指挥部施工指挥部直属建筑工程部领导，更名为建筑工程部101工程指挥部；同年2月2日，贵州省革命委员会批准成立建筑工程部101工程指挥部，同时撤销061工程指挥部施工指挥部。1974年4月2日，国家建委决定将103工程指挥部与101工程指挥部合并，成立国家基本建设委员会第二工程局，主要承担中南地区的重点建设任务。1976年10月，二局大部分力量调到唐山，参加唐山的恢复建设，其余的施工队伍仍在湖南、湖北执行任务。留守人员于1977年6月，成立湖南指挥部并成立临时党委；同年11月3日，国家建委决定在第二工程局湖南指挥部的基础上，成立国家建委第五工程局。1979年3月，国家建筑工程总局成立，五局更名为国家建筑工程总局第五工程局。1982年6月，中国建筑工程总公司成立，国家建筑工程总局第五工程局划归中国建筑工程总公司，更名为中国建筑第五工程局。2007年9月，更名为中国建筑第五工程局有限公司。

【 历任主要负责人 】

单位名称	职务	姓名及任期	职务	姓名及任期
061工程指挥部施工指挥部 （1966.8～1968.2）				
建筑工程部101工程指挥部 （1968.2～1970.9）	革委会 主任	贾淮舟 （1968.2～1969.2） 孙润成 （1969.2～1970.2） 聂宪镛（军代表） （1970.2～1970.9）		
国家建委101工程指挥部 （1970.9～1974.4）	革委会 主任	聂宪镛（军代表）	党委书记	谢德芝 （1971.9～1972.9） 吴子钧 （1972.9～1974.4）
国家建委第二工程局 （1974.4～1977.6）	革委会 主任	良震声（兼）	党委 第一书记	张　铎 （1974.4～1974.10）
			党的核心 小组组长	张　铎 （1974.9～1977.6）
			党委书记	于延庆 （1974.10～1977.6）
1976年10月，二局大部分力量调到唐山，参加唐山的恢复建设，其余的施工队伍仍在湖南、湖北执行任务。留守人员于1977年6月成立湖南指挥部，并成立临时党委。				
国家建委第二工程局 湖南指挥部 （1977.6～1977.11）			临时 党委 书记	于延庆
国家建委第五工程局 （1977.11～1979.3）	局长	良震声（兼）	党委书记	良震声
国家建筑工程总局 第五工程局 （1979.3～1982.6）	局长	良震声（兼）	党委书记	良震声

续表

单位名称	职务	姓名及任期	职务	姓名及任期
中国建筑第五工程局 （1982.6～2007.9）	局长	良震声（兼） （1982.6～1985.7）	党委书记	良震声 （1982.6～1985.7）
	主持 行政工作	孙悠远 （1985.7～1991.2）	主持党委 工作	田素启 （1985.7～1991.2）
	局长	马明全 （1991.2～2000.1）	党委书记	程遐 （1991.2～2001.2）
		李胜芳 （2000.1～2001.2）		
	副局长 主持行政 工作	韩汉民 （2001.2～2001.7）	党委书记 主持党委 工作	张卫东 （2001.2～2001.7）
	局长	周勇 （2001.7～2002.12）	党委书记	张卫东 （2001.7～2005.7）
		鲁贵卿 （2002.12～2007.9）	党委书记	周勇 （2005.7～2007.9）
中国建筑第五工程局 有限公司 （2007.9～　　　）	董事长	鲁贵卿 （2007.9～　　　）	党委书记	周勇 （2007.9～　　　）
	总经理	莫斌 （2007.9～　　　）		

中国建筑第六工程局

【历史沿革】

前身是国家建工总局第六工程局。1980年10月，经国务院批准，由中国人民解放军20兵团后勤部和中国人民解放军建筑工程二师、建工部直属工程公司101工区和102工区、中国人民解放军公安部队第11师4支队伍合并组建而成。1982年6月，中国建筑工程总公司成立，更名为中国建筑第六工程局，隶属中国建筑工程总公司。2007年12月，随中国建筑股份有限公司改制上市，更名为中国建筑第六工程局有限公司。2008 年 12 月 12 日，经天津市塘沽区工商行政管理局核准，正式更名为中国建筑第六工程局有限公司。2009年 6 月 2 日，更名为中建六局建设发展有限公司。

【历任主要负责人】

单位名称	职务	姓名及任期	职务	姓名及任期
国家建工总局第六工程局 （1980.10~1982.7）	代局长	张育才 （1981.3~1982.7）	党委书记	张育才 （1980.10~1981.3）
				张育才 （1981.3~1982.7）
中国建筑第六工程局 （1982.7~2007.12）	代局长	张育才 （1982.7~1984.7）	党委书记	张育才 （1982.7~1984.7）
	局长	文端仁 （1984.7~1992.2）		欧阳艾迪 （1984.7~1994.4）
	代局长	张兰祥 （1992.2~1994.4）		
	局长	郑志立 （1994.4~1996.4）		张兰祥 （1994.4~1996.4）
	局长	倪学成 （1996.4~1999.11）	党委书记	胡贻田 （1996.4~2000.2）
		王士洪 （1999.11~2001.12）		迟肇琳 （2000.2~2001.12）
		刘锦章 （2001.12~2004.10）		王士洪 （2001.12~2006.1）
		章 鸣 （2004.12~2005.10）		
		王彤宙 （2005.10~2006.1）		
	副局长主持工作	吴春军 （2006.1~2007.12）	副书记主持工作	杨 健 （2006.1~2006.7）
			党委书记	杨 健 （2007.7~2007.12）

单位名称	职务	姓名及任期	职务	姓名及任期
中国建筑第六工程局有限公司（2007.12～2009.6）	董事长	杨　健（2007.12～2009.6）	党委书记	杨　健（2007.12～2009.6）
	总经理	吴春军（2007.12～2009.6）		
中建六局建设发展有限公司（2009.6～　　　）	董事长	杨　健（2009.6～　　　）	党委书记	杨　健（2009.6～　　　）
	总经理	吴春军（2009.6～　　　）		

中国建筑西南勘察院

【历史沿革】

前身是建筑工程部综合勘察院西南分院，成立于1956年。50余年间，随着社会的发展及国家对行业的相关要求，企业几经更名。先后名为建筑工程部综合勘察院西南分院、国家基本建设委员会综合勘察院西南分院、四川省建筑勘察院、四川省综合勘察院、国家基本建设委员会西南综合勘察院、国家建工总局西南综合勘察院。1982年8月，归属中建总公司，改为中国建筑西南勘察院；1992年10月，改名为中国建筑西南勘察研究院；2003年6月，更名为中国建筑西南勘察设计研究院；2007年，因中建总公司整体上市，更名为中国建筑西南勘察设计研究院有限公司。

【历任主要负责人】

单位名称	职务	姓名及任期	职务	姓名及任期
建筑工程部 综合勘察院西南分院等 （1956.5~1982.8）	院长	赵寿亭 （1956.5~1964.6） 卞　文 （1964.6~1980.5） 王泽濡 （1980.5~1982.8）	党委书记	卞　文 （1964.6~1982.8）
中国建筑西南勘察院 （1982.8~1992.10）	院长	王泽濡 （1982.8~1983.1） 吕正义 （1983.2~1985.5） 张绳先 （1985.5~1992.10）	党委书记	卞　文 （1982.8~1983.11） 吕正义 （1985.5~1990.12）
中国建筑西南勘察研究院 （1992.10~2003.6）	院长 院长	张绳先 （1992.10~2001.11） 赵　翔 （2001.11~2003.6）	党委书记	张绳先 （1996.3~2001.10） 朱　正 （2001.11~2003.6）
中国建筑西南勘察设计 研究院 （2003.6~2007）	院长	赵　翔 （2003.6~2007）	党委书记	朱　正 （2003.6~2007）
中国建筑西南勘察设计 研究院有限公司 （2007~　　　）	总经理	赵　翔 （2007~　　　）	党委书记	朱　正 （2007~　　　）

中建科产业有限公司

【历史沿革】

1994 年 3 月，经国家经济贸易委员会批准，国家科委、建设部、中国建筑工程总公司等共同投资组建中建科产业有限公司，隶属建设部，主营房地产开发业务，拥有房地产开发一级资质。1999 年，根据党中央国务院关于中央党政机关与所办经济实体脱钩的精神，与建设部正式脱钩，划归中国建筑工程总公司管理。

【历任主要负责人】

单位名称	职务	姓名及任期
中建科产业有限公司	总经理	李承鳌 （1994.3～1997.9）
		赖　明 （1997.9～1999.9）
		孙英林 （1999.9～　　　）

中国住房投资建设公司

【历史沿革】

1998年7月10日，经建设部批准，中国住房投资建设公司在国家工商总局登记注册成立，为建设部直属公司。1999年初，按照党中央国务院关于中央党政机关与所办经济实体脱钩的精神，与建设部脱钩，并入中国房地产开发集团公司，为中房集团公司的全资子公司。公司经营范围为：房地产开发与经营；房地产经纪与代理；农业、旅游、矿产、音像制品项目投资。公司现有控股、参股企业三家：中房集团安居投资建设公司、中房东莞实业有限公司、中房集团建筑设计有限公司。

【历任主要负责人】

职务	姓名及任期
总经理、法定代表人	孟晓苏 （1998.7~2001.2）
总经理、法定代表人	殷友田 （2001.2~2004.8）
总经理、法定代表人	徐立鹏 （2004.8~2005.11）
总经理、法定代表人	李志明 （2005.11~2006.12）
总经理、法定代表人	杜绍义 （2006.12~2008.11）
总经理、法定代表人	张京生 （2008.11~　　　　）

福建八达城建综合开发公司

【历史沿革】

1994年6月，由建设部所属的哈尔滨建筑大学、重庆建筑大学、沈阳建筑大学、西北建工学院、南京建工学院、苏州城建环保学院、武汉城建学院和北京建工学院共同组建，隶属建设部人事教育司和建设部公司社团管理办公室。经营范围：房地产开发、城市规划设计、建筑设计、工程监理。下属公司有福州八达城市规划设计院、大连八达建筑设计有限公司、大连八达工程监理有限公司。2000年2月，鉴于所属院校与建设部脱离，建设部做出撤销该公司的决定。

【 历任主要负责人 】

职务	姓名及任期	职务	姓名及任期
董事长	梁鼎森 （1994.4~1996.8） （重庆建筑大学校长兼任）	总经理	张云学 （1994.4~1996.8） （哈尔滨建筑大学副校长兼任）
	朱家麟 （1996.9~2000.2） （重庆建筑大学校长兼任）		刘灿生 （1996.9~2000.2） （哈尔滨建筑大学企业处处长兼任）

后　记

新中国成立60多年来，国务院主管住房和城乡建设的部门经过多次调整，机构名称、职能也历经多次变更。根据部党组指示，决定组织编纂这部《住房和城乡建设部历史沿革及大事记》，旨在全面、准确回顾本部及前身机构发展历程，记叙重大事件，激励住房城乡建设领域广大职工在党中央、国务院的坚强领导下，立足本职，继往开来，再立新功。

2010年1月，正式启动本书编纂工作。设立编辑委员会，负责研究决定编辑过程中的重要事项，由部领导担任主任和副主任；成立执行编委会，设编委会办公室，负责编纂具体工作，制定编辑工作方案。全书四编，分别由办公厅、人事司、住房改革发展司、机关党委分工负责，住房改革发展司、办公厅牵头汇总。从相关单位抽调工作人员集中办公，采取查阅档案资料、听取老同志介绍、召开座谈会等多种方式开展编纂工作。本书编纂经历了研究拟定基本框架、收集整理素材、汇总编辑初稿、根据意见修改、形成终稿等几个阶段，历时一年有余，最终得以呈现在读者面前。

本书的编纂充分利用了国家图书馆、城市规划设计研究院图书馆和建筑文化中心图书馆的馆藏资源，以及中央档案馆和住房和城乡建设部档案库房的档案资源，共查阅百余种相关书籍和19000余卷原始档案。其中，逐卷、逐件查阅住房和城乡建设部机关库房保存的1982年至 2009 年 28 年间的部机关档案 3000 余卷；采用先筛查档案目录，再调阅原档的方式，查阅中央档案馆保存的 1949 年至 1981 年 33 年间的档案，共包括建工部、城建部、历届国家建委等全宗档案 15000 余卷。

本次编纂整理工作得到了国家档案局、中央档案馆的大力支持和帮助。在本书的编写过程中，部领导给予了高度关注和支持，从编写提纲、确定体例到成稿审阅等各环节都进行了精心指导。执行编委会老领导以及相关老同志们对文稿一丝不苟、高度负责，提供了大量工作指导和帮助。在工作过程中，各相关司局积极支持，协调配合；中国建筑工业出版社、中国建设报社、信息中心、建筑杂志社、中国城市出版社、文化中心、注册中心在人员配置上给予积极援助。全体编写工作人员勤奋团结、全心投入、不辞辛苦、精益求精。在此谨向所有支持单位、相关领导、参加编写和提出修改意见的同志，以及本书引用文献的作者与编者表示衷心感谢。

限于编者水平，书中错漏及不足在所难免，敬请读者批评指正。

本书执行编委会

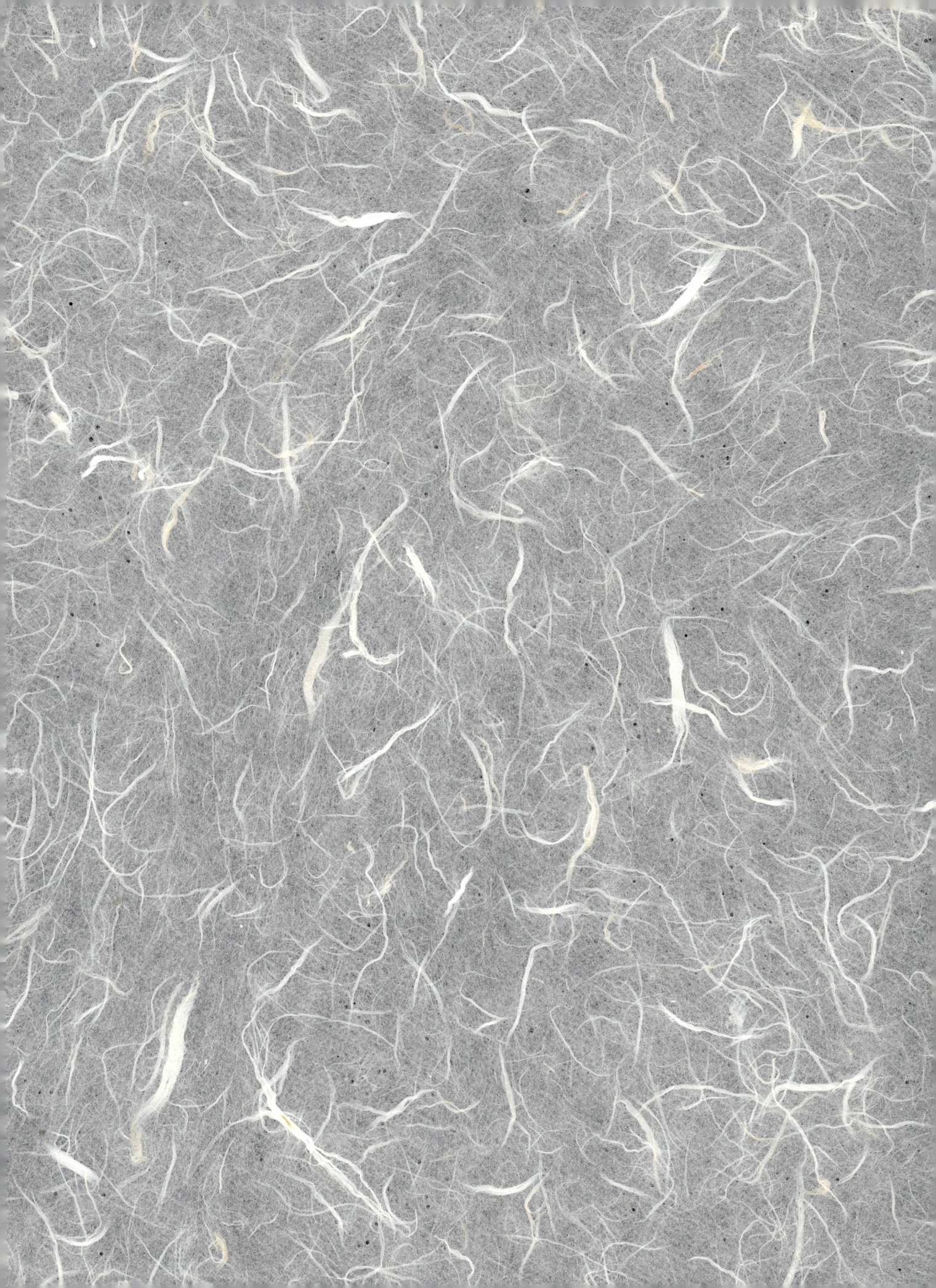

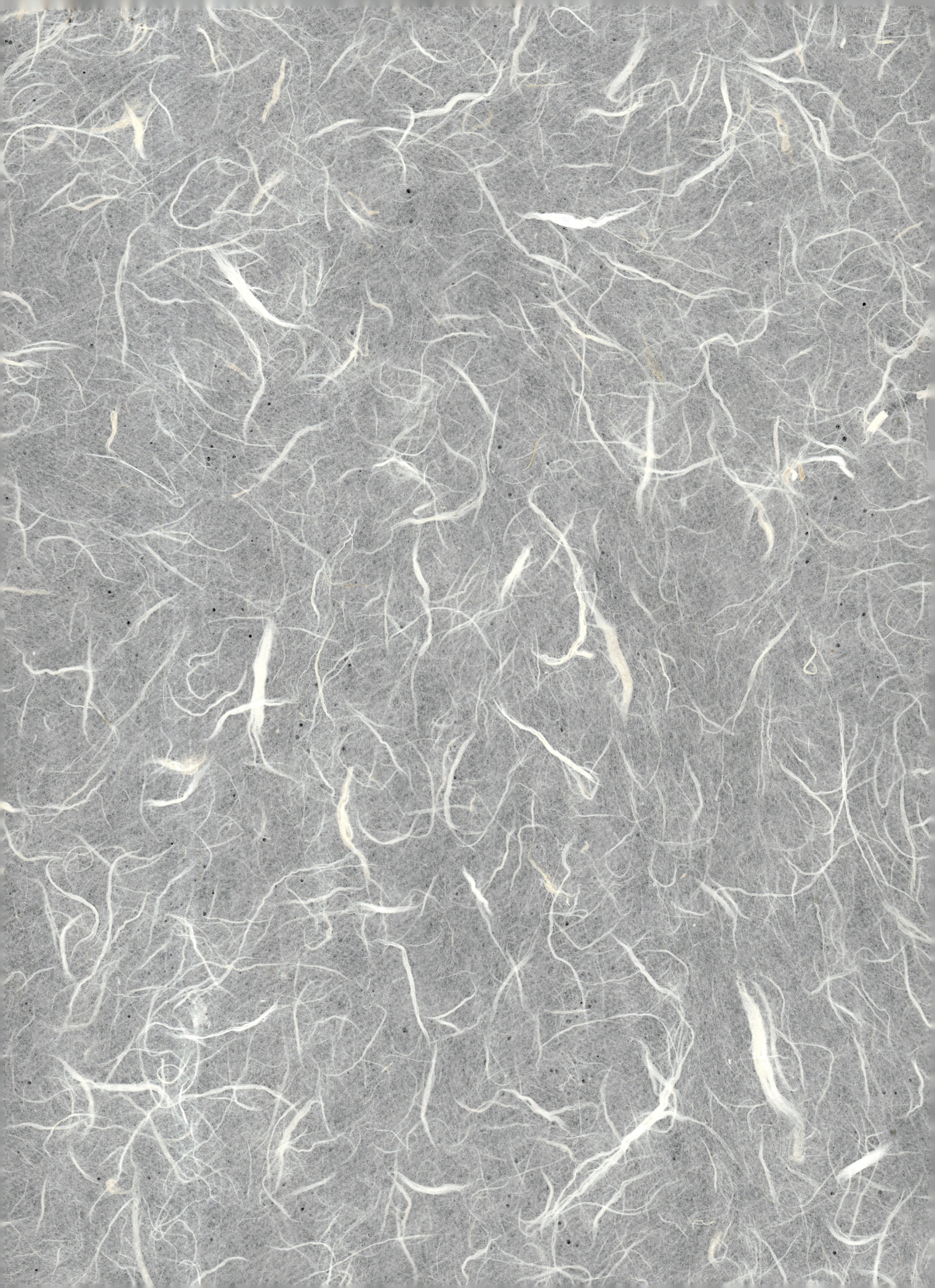